亡命と家族
Asile et Famille

戦後フランスにおける外国人法の展開

水鳥 能伸 著

有信堂

はしがき

　本書は、2006年に広島大学より授与された博士（法学）の取得論文（タイトル：『亡命と家族』）を原型としている。本来ならば、もっと早い時期に公表すべき責務を負っていたことになるが、今まで延び延びになってしまった。その責めは、ひとえに筆者の能力不足と怠慢に帰せられるべきものだが、本書が取り上げたフランスおよび欧州におけるこの分野の法・制度の変革と展開の速さという要因も否定できない。

　学問上の仕事は、時代遅れになることにこそ意義がある（マックス・ウエーバー〔Max WEBER〕『職業としての学問』）のだとしても、あまりにも時代遅れな公表は、その価値自身を損ないかねない。2006年以降の制度変革をフォローすることは不可避・不可欠なものであった。くわえて、第Ⅰ章および第Ⅱ章における個別的考察の前段階としての一般的検証を行うため、新たに「外国人法の展開」に関する序章を挿入したが、こうした「森を見る」試みは、想像以上に相当な時間と労力を要するものであった。こうした補完と挿入により、さらなる遅れを生じることになった。

　個人の書になる専門書とか研究書は、長い個なる研究と研鑽の成果であるが、その前提に恩師や同僚・同輩、そして後輩諸兄の学問的薫陶、いわゆる学恩なるものがある。本書もまた、そうした学恩に負うところが大きい。とくに、広島大学大学院でご指導頂いた4名の先生方の名をあげて、それに少しでも報いなければならない。最初の指導教授としてお世話になった故中川剛先生、その後の指導教授をお願いすることになった畑博行先生（広島大学名誉教授、近畿大学名誉学長）、留学にあたって良きアドバイスを頂いた村上武則先生（広島大学名誉教授、大阪大学名誉教授、近畿大学教授）、そして通説に身を安んじてはならないことを示して下さった阪本昌成先生（元広島大学教授、近畿大学教授）である。

諸先生方の学問的示唆と真摯な研究姿勢は、今でも私の学問的研鑽の精神的支柱になっているといっても過言ではない。とくに、中川先生には、この分野において初学者であった私に研究の道筋を示して頂き、また、畑先生には、研究者としての道を開くともに、教育者としての軸を立てて下さった大恩がある。

あわせて、本書は、平成22～24年度科学研究費補助金（テーマ：「外国人の出入国および在留制度とその運用に関する国際的比較研究」／研究代表：村上正直大阪大学大学院教授）による研究成果も取り込んでいる。ここで行われた訪問調査や外国人研究者の招聘による研究会の開催は、文献では十分に把握できない点を、インターラクティヴな形で直に往還できる機会を与えてくれ、本書の間隙や欠落を埋めるのに相当に寄与してくれた。同様に、日仏公法セミナー（代表：長谷川憲工学院大学教授およびP・ブリュネ〔Pierre BRUNET〕パリ第10大学〔ナンテール大学〕教授）による国際研究集会への参加からも、同様の機会を得た。この場を借りて、お礼を申しあげたい。

今はただ、本書がこうした様々な学恩に報いるだけの内容のものであるか畏れるのみである。

本書の研究テーマは、わが国の憲法学ではこれまでそれ程学問的関心を引き寄せなかったものであろうと思う。それを選んだのは、言葉は悪いが、誰も研究していないからという一種の「逆張り」的発想でもなければ、いわゆる「出羽の守」的舶来礼賛の権威主義からでもない。留学（パリ第2大学第3課程）時に、亡命権や家族生活の尊重の権利が、政治・社会・経済の諸生活において、また、大学や学会という学問研究生活においても、中心的テーマとして、多くの議論を引き起こしていたことに、普通に（純粋に⁉）、学問的関心を持ち、それをより深く知りたいと思うに至ったからである。そうした意識の背後には、自らをマイノリティである外国人として直接的に強く意識し、体感もしたフランスでの日常生活があったといえよう。大袈裟かもしれないが、心底に横たわった留学時のこの意識と感覚は、今、大学等の講義やゼミで憲法や人権を語る際、常に表出してくる。

博士号取得にあたっては、西村裕三先生（広島大学大学院教授）が、指導と便

宜をお図り下さった。合わせてお礼を申しあげなければならない。また、本書の細部に至るまで気を砕いて目を通して頂いた有信堂編集部の川野祐司氏にもこの場をかりて謝意を表したい。

　最後になるが、本書の公刊にあたっては、末延財団の出版助成を受けた。この助成がなければ、本書がこのように日の目を見ることはなかったであろうことを思うと、心より感謝するばかりである。

　こうした多くのご恩を受けて今日の自分があることの「幸運」と「有り難さ」に感謝し、今後の精進を誓いたい。

　2015 年 3 月

水鳥　能伸

はじめに——本書の前提と限定

「外国人（étranger）という観念は18世紀には知られていなかった。」[1]

しかし、市民革命後、近代「国民国家（État-nation）」[2] が成立するに及んで、国家という政治的統一体のメンバーシップ、すなわち国籍（nationalité）の有無によって、国民（national）と外国人との区別が生じてくる。こうした二分法は、国民統合が進んでいくにつれ強化され、国籍はしだいに国家への忠誠の証としての要素を強めていく。その結果、国籍をもたない者は、« *Hospes, hostis.* »（「すべての外国人は、敵である（Tout étranger est un ennemi.）」）と表現されるごとく「敵」と目される時代もあった。

人はさまざまな属性によって、権利享有において差別的取扱いを受けうるが、属性の一つである国籍もまた、外国人に対する差別的取扱いの免罪符的役割を演じ続けてきた。しかし、その後、一方で、国内における労働力確保という経済的観点からする外国人労働者の受入れの量的増大と、他方で、人権保障の観念の浸透力とにより、いつまでも外国人労働者を法外的存在へと放擲しておくことはできず、しだいに権利の主体として認め、その統合[3] を図ることが政

---

1) Jean-René SURATTEAU, « Étrangers », *in* Albert SOBOUL, *Dictionnaire historique de la Révolution française*, PUF, Paris, 1989, pp.425–427.

2) 「国民国家」の意義は多岐にわたるが、ここでは、「国境線に区切られた一定の領域から成る、主権を備えた国家で、その中に住む人々（ネイション＝国民）が国家的一体性の意識（ナショナル・アイデンティティ）を共有している国家」との定義（木畑洋一「世界史の構造と国民国家」歴史学研究会編『国民国家を問う』〔青木書店、1994年〕5頁）に依拠しておく。国民国家は、国家を担う主体が国民であるという点で国民主権を、他の国民国家によって主権主体と認められる存在でなければならないという点で国家主権をその原理としているということができよう。佐藤幸治教授も、ナショナル・アイデンティティという心性を取り除いて（あるいは、"Nation" のなかにすでにそれを読み込まれて）、「『国民（Nation）』を不可欠の要素とするに至った主権的領域国家」と定義されている。こうした国民国家は、自然発生的というよりは、社会契約説と結び付いて、「人為的に構成された統一体」としての性格をもつ。佐藤幸治「人権の観念と主体」公法研究61号（1999年）28頁。

策上重要な要素となってきたのである。

しかし、依然として、外国人の人権や権利の保障は、経済状況に左右される面が強い。

本書において取り上げるフランスも、ドイツをはじめとする他の欧州諸国と同様に、いわゆるオイルショック後の経済危機を受けて、1974年以降原則として外国人労働者を受け入れない政策に転じた。その結果として、政治的に迫害された個人に対する亡命権（droit d'asile）[4] と、すでに国内に合法的に定住ないしは居住している外国人による出身国に残した家族の呼寄せ（regroupement familial）[5] とが、閉じられたドアを開く鍵としての役割を担うことになった。

これによって、亡命（申請）権は濫用され、一般化され、移民の一手段とし

---

3) かつては、「同化」のイメージを強く漂わせる "assimilation" という言葉が使われていたようであるが、近時では "intégration"（「統合」）という表現が一般的であると思われる。しかし、「同化」か「統合」かは、フランスでは「一にして不可分の」共和国概念／市民権概念／国家の非宗教性を前提とする共和主義的観念と密接な関わりを有することから、議会でも条文で使用する用語をめぐる議論も展開される。例えば、"intégration" という言葉のなかには、自らの特殊性を保持しつつ、多様な文化と民族が同じ領土に共生する共同体主義の観念が存在し、特定の居住地区（ゲットー）の形成や敵対地区の併存を促すことに通ずるものとされるのに対して、"assimilation" は、受入社会の諸規範への移民者の全面的な加入として定義され（したがって、自らのアイデンティティや出自の社会的・文化的特殊性の表明は、私的領域にのみとどめられる）、共同体主義とは異なって、諸個人が最終的には溶け込まなければならない国民共同体への個人の組入れ（insertion）を促進し、すべての者が共通の目標と価値を共有することを想定するがゆえに、民主主義と両立するもので、"intégration" に代えて、"assimilation" を用いるべきであるとの主張もある（Amendement n° 62, AN, 14 septembre 2007）。これに対して、"assimilation" は、（帰化を求める者の）文化的・個人的な否定に至ることから、国籍を多様性へと開く概念である "intégration" または "insertion" という用語を選択することを主張する議論もある（Amendement n° 85, AN, 4 mars 2011.）。

4) 亡命権または庇護権に対応するフランス語としては一般的には "droit d'asile" が当てられるが、論者によっては、"droit de l'asile" あるいは "droit à l'asile" と表現し、そこに特定のニュアンスを読み込む者もいる。たとえば、D・アラン（Denis ALLAND）は、"droit de l'asile" という表現によって、「申請され、承認され、拒否されまたは再問題化された領土的または法規上の保護の際に提起され、また、国際的性質を呈する」状況に応じたあらゆる法的問題を考慮に入れることができるとし（Texte du droit de l'asile, PUF, Que sais-je?, Paris, 1998, p.3.）、P・セギュール（Philippe SÉGUR）は、"droit à l'asile" という表現を用いることによって、亡命権をよりいっそう亡命申請者側に位置付ける点で、さらに強力な意義付けを示そうとしている（La crise du droit d'asile, PUF, Paris, 1998, p.96.）。しかし、本書では、従来どおり、1946年憲法前文でも使用されている "droit d'asile" を訳語として想定している。なお、邦語訳としては、論者により、亡命権または庇護権と訳される。本書では、個人の主観的権利性が強調される場合に「亡命権」、国家の主権的権能としての性質が強い場合に「庇護権」と一応の使い分けをしているが、いずれの語を用いるかにそれ以上のニュアンスを含めるものではない。

て利用されることになる。亡命申請者は、政治的に迫害を受けた者としての特殊性を失い、単なる一人の移民希望者にすぎない取扱いを受ける状況が生じたのである[6]。同時に、家族呼寄せにより、外国人労働者家族の定住化が促進され、フランス社会に根付いていく傾向が助長された。このことは、亡命申請と家族呼寄せが、移民政策のなかで政府が最も関心を寄せ、規制を加えようとする対象となったことを意味する。こうした傾向は、後述するように、移民政策の「共同体化（communautarisation）」、つづく「欧州化（européanisation）」によって促進されるのである。これにあわせて、外国人の権利保障をめぐる政治的論争は、欧州および国内の両レベルの法的論争としてこの次元にも持ち込まれ、欧州的には欧州法の増加と拡大、国内的には通常立法の制定や改正、さらには憲法の改正と、さまざまな形態で発現するのであった。

　周知のように、日本国憲法は、欧州諸国の多くの憲法と同じように第二次世界大戦後制定されたものである。彼我の憲法における権利保障のあり方を比較してみた場合、亡命権規定と家族の積極的保護規定の存否に一つの特徴的差異が見出されよう[7]。欧州における両権利の保障は、国内憲法レベルにとどまらず、条約、とりわけ1950年11月4日の欧州人権条約と1951年7月28日の難民条約（ジュネーヴ条約）を介して、欧州および国際レベルでの保障の対象ともなっている。現象的にみても、難民の発生と家族離散とは、切り離せない関係にある。

　本書は、「アメリカ・フランス両革命の人権宣言の嫡流に属する」[8]とまで

5）　「家族呼寄せ」は、1921年12月30日の法律ですでに規定されていたが、それは国家公務員を対象にその配偶者の呼寄せを規定するものであった。Pierre KAYSER, « Le regroupement familial dans le droit communautaire, la Convention européenne des droits de l'homme et le droit interne français », *JCP G*, 1993, p.235. 本書では、これとは異なり、2003年9月22日の欧州理事会の家族呼寄せに関する指令（*JO*, L 251/12 du 3 octobre 2003）の定義（2条d）にならう形で、「家族的結合を維持するために、合法的に国内に居住する第三国出身者の家族構成員の居住国内への入国と在留」と定義しておく。こうした構成員には、他の外国人よりも優遇的な入国・在留条件が課されるのが通常である（*Id.*）。

6）　Catherine TEITGEN-COLLY, « Le droit d'asile : la fin des illusions », *AJDA*, 20 février 1994, p.98.

7）　後述するように、フランスは1946年憲法前文4項で亡命権を、10項で家族生活の権利を保障している。他にも、ドイツ連邦共和国基本法は、16a）条と6条で、イタリア共和国憲法は、10条と29条および31条で、それぞれ両権利を保障している。

8）　宮沢俊義『憲法Ⅱ　新版』（有斐閣、1971年）193頁。

評される日本国憲法の人権宣言である第3章その他に、これらの規定がないことの意義をどのように評価するのか、歴史性を考慮するにしても、人権保障の国際化という普遍的潮流のなかで、この違いが生じた理由は何なのか、消極的な規定のあり方の積極的意義というものが存在するのかという問題意識をもちつつ、戦後のフランスおよび欧州レベルにおける両権利の保障の法的・制度的な考察を行うことで、外国人の権利保障に関する比較法研究の深化を目指そうとするものである。

比較法（外国法）研究の重要性について、卓越したフランス法研究者は、その著書のなかで、「視野の拡大」という表現を用いて的確に指摘している[9]。すなわち、比較法研究は、研究対象国の法自体の認識だけにとどまらず、相対的観点からする日本法の位置付けの認識に資するということなのである（外国法を知ることは、日本法を知ることである）。

また、長年欧州の移民問題を扱ってきた秀でた研究者は、欧州との比較において日本における移民の受入れに関して、日本は、理念や原理、あるいは制度や権利を明確に構築しないままで受け入れてきたとの感想を述べている[10]。日本も事実上移民受入国へと転換しつつあるなか、西欧の移民国との類似性が現れはじめていると指摘される[11]状況のもとで、わが国が取りうる選択肢はそう多くはない。類似した状況において、欧州のなかでも移民受入れの先進国であったフランスが、とりわけ理念、原理、制度そして権利においてどのような対応をしてきたかを検討することは、学問的な視野の拡大に加えて、理念や制度の構築における現実的な有意性をも示すことになろう。

外国人の権利保障は、国民国家のなかでは二次的ないしはマージナルな位置、

---

9) 滝沢正『フランス法　第4版』（三省堂、2010年）3頁。滝沢教授は、「外国法を知るということは、そのこと自体の意義とは別に、同時にこのような相対的観点（国によって異なる法の基本構造や法に対する考え方の多様性を体得することで得られる柔軟な眼力の養成し、自国の実定法のあり方を絶対視しない見方――著者要約）から日本法の位置を知るということでもある」と指摘する。氏は相対的観点を得る学問領域としてあわせて法史学の重要性も指摘している。

10) 宮島喬「日本の移民政策の盲点と課題」クロード・レヴィ＝アルヴァレス他『反差別・統合・多民族共生――欧州と日本の経験から考える』（丸善出版、2013年）168頁。宮島教授は、もう一つの感想として、日本では、市民権に対する考え方が曖昧であるとも述べている。同論文、168〜169頁。

11) 同上、160〜161頁。

すなわち「かたわら」[12] に置かれるのが常であった。が、そうであるがゆえに逆に、外国人の権利保障のあり方を介して、一国の権利保障の本質と実態がよりよく浮き彫りにされる。

本書は、とくに1970年代後半以降のフランスに注目することになるが、それは、経済危機のなかでこそ、経済状況にとくに左右されるといわれる外国人の権利保障の真価が問われるからであり、事実、両権利や法制度そしてそれを支える理念が再問題化され、多くの議論が戦わされたのが、まさに1970年後半以降だったからである。

本書の構成と主な内容は、以下のとおりである。

序章では、本論部分に該当する第Ⅰ章および第Ⅱ章における個別的考察に入る前に、外国人法・移民政策・亡命政策の歴史的展開過程も含む外国人の権利保障の全体像の理解に努める。まずは、「外国人」の定義とその諸類型を整理する。つづいて、外国人法の法源を確認し、権利保障の構造とシステムを概説したうえで、フランスにおける外国人法と移民政策の展開を、主要な政策転換をもとに時代区分して時系列的に概観する。この際、戦後外国人の権利保障が共同体化・欧州化するなかで、フランスがそれにどのように対応してきたのかの視点を意識し、あわせて、権利保障の全体的枠組みのなかでの、「亡命権」と「家族生活の権利」の位置付けを確認する。

第Ⅰ章では、フランスにおける亡命権を取り上げ、多面的な考察を行う[13]。

まず第1節で、混同あるいは混乱され、正確に理解がされないことも多い「亡命権（庇護権）」概念を整理したうえで、その法的性質を明らかにする。第2節では、亡命権の「共同体化」の展開を前に、国内法の次元にとどまらず、共同体レベルにまで及ぶ法源について検討する。第3節では、亡命権の適用を、しだいに内容が豊富なものとなっていく立法および判例（憲法判例および行政判

---

12) マイノリティの人権を理解する上で、「かたわら（傍ら）」という言葉が持つ重みは重要である。例えば、民族学者の宮本常一は、「かたい」や「かたわ」という語は、身障であり病を持つ者が一般民衆社会のカタワラ（傍ら）におかれたことから呼ばれたのではないかと推測している。宮本常一『絵巻物に見る日本庶民生活誌』（中央公論社、1994年）49頁。

13) 第Ⅰ章に関しては、拙稿「フランスにおける亡命権論議の一考察（一）・（二）」広島法学18巻4号・19巻1号（1995年）もあわせて参照。

例）の展開を中心に追っていく。第4節では、前節での検討をもとに亡命申請者が有しうる諸権利について、社会的・経済的諸権利も含めて考察する。最後の第5節では、フランスにおける亡命権論議の展開においてきわめて重要な1993年8月13日の憲法院判決とそれに続く同年11月19日の憲法改正に至る政治過程を詳細に検証し、この件に関する「フランス的なるもの」の一端をも明らかにする。

　第Ⅱ章では、欧州連合（Union européenne、以下UEと略す）の牽引国の一つであり、伝統的な移民受入国でもあるフランスを題材に、経済的・社会的諸要因と密接な関連を有する家族呼寄せを含む国家による外国人の家族生活の尊重の権利を取り上げる。第1節では、この権利の享有の前提となる「家族」の概念および外国人家族の範囲について、フランス法と欧州法とを対比しつつその内容を明らかにしたうえで、家族形成に密接な関連を有するとともに偽装結婚を介した国籍取得にも通ずる（違法在留）外国人のフランス国民との婚姻の自由につき一項を割いて検討し、つづいて、家族の形成と維持の観点から保護の内容に考察を加えていく。つづく第2節では、家族呼寄せ権を、より広く家族生活の尊重の権利の保障の中核と捉え、それを保障する国内外の法的根拠（法源）を示す。さらに第3節では、第二次世界大戦後のこの権利の保障の歴史的展開過程を、国内的保障の展開期、国際的保障の展開期、そして国内的保障の再展開期の三つの段階に区分し、国内立法、国際取極めおよび判例を追いつつ検討していく[14]。そして第4節では、この権利の内容と限界、そして裁判的コントロールのあり方を検証する。

　結章では、序章、第Ⅰ章および第Ⅱ章での検討を手がかりに、「視野の拡大」という比較法研究の相対的観点から、とりわけ日本国憲法の規定および解釈、関連する現行法制における両権利の保障への示唆を示し、今後の議論の深化のための布石とする。

---

[14] 立法および判例による権利保障の歴史的展開過程の叙述方法は、第Ⅰ章と第Ⅱ章とで異なる。それは、亡命権に関しては、1946年憲法に明示的な保障規定が存在したことから、積極にも消極にも第Ⅰ章で検討するこの規定を中心に議論が展開されたのに対して、第Ⅱ章で取り上げる家族呼寄せ権については、欧州人権条約8条が「家族生活の保障」に関する明示規定を置き、その解釈による権利保障が先行し、1946年憲法の規定の解釈による法認がそれに続いたという事情による。

亡命と家族／目　次

はしがき　i

はじめに──本書の前提と限定　v

序章　戦後フランスにおける外国人の権利保障（概説）………　1

第1節　「外国人」の定義と憲法上の地位　1

1　「外国人」の定義と「外国人法」　1
   (1)　「外国人」の定義と諸類型　　(2)　「外国人法」の位置付けと特徴
2　国籍・市民権と外国人の憲法上の地位　8
   (1)　国籍・市民権と外国人　　(2)　外国人の憲法上の地位（statut constitutionnel des étrangers）

第2節　外国人法の法源と権利の保障制度　33

1　外国人法の法源　34
   (1)　国内法源　　(2)　国際法源
2　保障制度　52
   (1)　国内的保障制度　　(2)　超国家的保護制度

第3節　外国人法および移民政策の展開（概説）　62

1　外国人法の登場から1945年まで　63
   (1)　外国人法の登場──19世紀中葉　　(2)　第三共和制期　　(3)　ヴィシー政府と祖国解放期──1938年から1945年まで
2　1945年から1960年代末まで　67
   (1)　フランスにおける外国人の入国および在留の諸条件に関する1945年11月2日のオルドナンス　　(2)　国籍法典に関する1945年10月19日のオルドナンス
3　「黄金の30年（Trente glorieuses）」の終焉──移民統制政策への転換　72
   (1)　移民統制への政策転換　　(2)　亡命（庇護）申請者ないしは政治難民の特殊性と量的増加現象
4　左派政権の誕生と保革共存政権期──1981年から1993年まで　77
   (1)　左派政権の移民政策　　(2)　第一回保革共存政権（コアビタシオン〔cohabitation〕）以後の移民政策　　(3)　亡命権の枠付け
5　パスクワ法による「移民ゼロ（immigration zéro）」政策とその後の展開　86

(1)　1993年8月24日および12月30日のパスクワ法　　(2)　1997年4
月24日のドブレ法　　(3)　1998年5月11日のシュヴェヌマン法および
同年3月16日のギグ法
　　6　「追従的移民」から「選択的移民」へ　95
　　(1)　移民に関する2003年11月26日の法律（第一サルコジ法〔SARKOZY
1〕）　　(2)　亡命権に関する2003年12月10日の法律（ドヴィルパン
法）　　(3)　外国人の入国・滞在および亡命権に関する法典（CESEDA）
(4)　移民と統合に関する2006年7月24日の法律（第二サルコジ法
〔SARKOZY 2〕）　　(5)　移民担当省の設置と移民の統制、統合および亡命
に関する2007年11月20日の法律　　(6)　移民、統合および国籍に関す
る2011年6月16日の法律（ベソン法）

第Ⅰ章　亡命権（庇護権）………………………………………123

　第1節　亡命権（庇護権）の概念　124

　　1　「宗教的庇護」／「外交的庇護」／ジュネーヴ条約上の「難民」
125
　　(1)　宗教的庇護　　(2)　外交的庇護　　(3)　ジュネーヴ条約上の「難
民」
　　2　亡命権の法的性質——亡命権のヤヌス性　131
　　(1)　国家の主権的権能としての庇護権　　(2)　個人の主観的権利として
の亡命権　　(3)　小活

　第2節　亡命権保障の法的根拠　137

　　1　憲法上の亡命権（asile constitutionnel）　138
　　(1)　1946年憲法前文4項　　(2)　1958年憲法53条ノ1
　　2　条約上の亡命権（難民資格の認定に結び付けられた亡命権）（asile
conventionnel）　143
　　(1)　1951年のジュネーヴ条約　　(2)　亡命権に関する欧州諸条約等
　　3　法律上の領土的庇護および補完的保護　155

　第3節　亡命権保障の展開　158

　　1　立法上の展開　159
　　(1)　保護立法の欠如期（1993年以前）——デクレおよび通達による対
応　　(2)　パスクワ法による立法化とその修正期（1993～2005年）
　　(3)　法典化による体系化とその修正期（2005年以降）——CESEDAの制
定以後
　　2　判例上の展開　187
　　(1)　憲法判例の展開　　(2)　行政判例の展開——コンセイユ・デタの判
例を中心に　　(3)　小括

　第4節　亡命権保障の内容と申請棄却者の地位　220

目次　xiii

 1 亡命権保障の内容——亡命申請者の諸権利　220
  (1)　国内における亡命申請と国境における亡命申請　 (2)　保障の内容
 2 CNDA の判決と申請棄却者の地位　263
  (1)　CNDA の判決　 (2)　申請棄却者の地位

第5節　亡命権と憲法改正　266

 1 改正論議——憲法学者の議論を中心に　267
  (1)　シェンゲン条約の諸規定と前文4項の抵触の問題　 (2)　通常法での解決可能性
 2 改正に至るまでの政治過程　275
  (1)　コンセイユ・デタの意見　 (2)　政府案の確定
 3 改正による亡命権概念とその評価　282
  (1)　両院合同会議における議論——亡命権に関するものを中心に　 (2)　改正後の亡命権概念　 (3)　改正に対する評価

総括　291

第Ⅱ章　家族呼寄せ権 ……………………………………297

第1節　「家族」の概念——「婚姻」の概念も含めて　299

 1 「家族」概念と外国人家族　300
  (1)　フランスにおける「家族」概念と外国人家族　 (2)　欧州人権条約における「家族」概念と外国人家族
 2 「婚姻」概と外国人の「婚姻の自由」　313
  (1)　フランスにおける「婚姻」概念と外国人の「婚姻の自由」　 (2)　欧州人権条約における「婚姻の権利」と外国人

第2節　家族呼寄せ権の法的根拠　325

 1 国内法上の根拠　326
  (1)　1946年憲法前文10項　 (2)　CESEDA　 (3)　法の一般原理
 2 共同体法、欧州法および国際法上の法的根拠　329
  (1)　共同体レベル　 (2)　欧州（欧州評議会加盟国）レベル　 (3)　国際（国際連合加盟国）レベル

第3節　権利保障の展開　338

 1 国内的保障の展開期——移民政策から「法の一般原理」へ　338
  (1)　通達による規制——1974年以前　 (2)　行政立法による規制——1976年4月29日のデクレと1977年11月10日のデクレ　 (3)　コンセイユ・デタによる「法の一般原理」の承認
 2 国際的保障の展開期——二国間協定による保障から多国間協定による保障へ　347

（1）　二国間協定による保障　　（2）　多国間協定による保障

3　国内的保障の再展開期——諸条約の国内適用と憲法上の権利としての承認　358
（1）　行政判例の展開——諸条約の国内適用　　（2）　憲法判例の展開

第4節　権利の内容・限界と裁判的コントロール　380

1　権利の内容　380
（1）　一体的家族単位の再形成から導かれる権利　　（2）　家族単位の一体性維持から導かれる権利

2　権利行使の要件と裁判的コントロール　392
（1）　概説　　（2）　入国・在留に関して　　（3）　送還に関して

総括　416

1　憲法と家族ないしは婚姻　416
2　婚姻の多様化に対する法的評価　418
3　国内的および国際的な「家族生活の尊重の権利」の保障　421
4　フランス流統合概念と外国人家族　422

結章　日本国憲法と亡命権および家族生活の尊重の権利……425

第1節　日本国憲法と亡命権　425

1　日本国憲法における「亡命権」の解釈　426
学説および判例の整理

2　現行法制の理解と留意点　436
（1）　審査請求権と暫定的在留権、および送還措置　　（2）　申請者情報の「秘匿性」の原理と独立した審査機関の設置　　(3)「一時庇護による上陸許可制度」（同法18条の2）の位置付け

第2節　日本国憲法と家族生活の尊重の権利　444

1　日本国憲法における「家族」の理解　444
（1）　24条の制定過程　　（2）　儒教的・封建的家族から西洋近代型家族、そして現代型家族へ

2　外国人の家族生活の尊重の権利　452
（1）　憲法上の位置付けと法の現状　　（2）　国際条約の適用可能性
（3）　残された問題

総括　458

索引　463

序章　戦後フランスにおける外国人の権利保障（概説）

第1節　「外国人」の定義と憲法上の地位

1　「外国人」の定義と「外国人法」

(1)　「外国人」の定義と諸類型

①　国内法および欧州共同体法における定義

　伝統的な法理論によれば、国家は領土、人そして権力（主権）の三要素から成り立つ。国家は、領土主権を有することから、外国人の領土への入国・在留をコントロールし、また、対人高権によって、自由裁量的に国民の範囲、すなわち国籍に関する準則を定めることができる。国家は、主権の行使として、国籍を有する国民に特恵を付与することもできれば、国籍を有さない外国人を不利益的に扱うこともできるのである。

　国籍とは、法的な意味において、国家を構成する国民への人の帰属である[1]。そして、外国人とは、在留する国の国籍を有さない者である。

　フランスでは、外国人の入国・在留および亡命権に関する法典（Code de l'entrée et du séjour des étrangers et du droit d'asile、以下 CESEDA と略す）[2] L.111–1 条が、外国人を「外国籍を有するか、国籍を有しないかに関わらず、フランス国籍を有しない者」と定義している。この定義は、フランスにおける外国人の入国および在留の諸条件に関する1945年11月2日のオルドナンス（ordonnance）[3] 1 条に登場する表現をほぼそのまま再規定したものである。こ

---

　1)　Henri Battifol et Paul Lagarde, *Traité de droit international privé*, LGDJ, tome.I, 8ᵉ éd., 1993, nᵒ 59. フランスでは、国籍は、とりわけ国際私法の学問対象とされてきた。なお、国籍は、例えば船舶などの諸物（いわゆる船籍等）についても語られるが、本書では自然人に関するものに対象を限定している。

　2)　CESEDA については、本章第2節1(1)②(B)参照。

こでは、フランス国籍の有無を基準とする、国民と外国人の二分法が維持され、外国籍の保持者および無国籍者が外国人として認識されている。ただし、同法典には、国籍そのものの定義はなく、また、1993年7月22日法[4]による改正によって、国籍の帰属・取得等の国籍準則については、これまでの国籍法典ではなく民法典が規定することになった。その結果、国籍は民事上の身分関係として規律されることになったのである[5]。

　第五共和制憲法は、1条で、「出生（origines）」による差別なく法律の前の平等を保障していることから、外国人であってもフランス国籍を取得すれば、生まれながらのフランス国民と差別的に扱われることは許されない[6]。

　欧州共同体（Communauté européenne、以下CEと略す）レベルでは、シェンゲン協定施行条約[7]1条が、外国人を「CE加盟各国の所属民（国民、ressortissants）以外のすべての者」と規定している。つまりこの定義によれば、CE加盟各国を当事国として、「第三国出身者」で加盟各国の国籍を有さない者が外国人と位置付けられるのである。シェンゲン協定施行条約は、シェンゲン圏域内の国境を撤廃して人の自由な移動を促進する代わりに、圏域の外部的国境からの入域のコントロールを強化するものであるがゆえに、域外所属民にとっては従来の狭義の国境と異なるものではない。条約への加盟国が増え外部的国境が広が

---

3)　オルドナンスとは、政府が本来は権限を有しない法律領域に属する事項について国会の許可——いわゆる立法の委任——を得て行う行為であって、その期間と対象が限定されているものである。それは、国会によって承認されるまでは行政立法にとどまるが、承認後は法律としての効力を有する（1958年憲法38条参照）。

4)　Loi n° 93–922 du 22 juillet 1993, *JO*, 23 juillet p.10342.

5)　この法律による改正までは、1945年以降、国籍準則を定める一般法として国籍法典（Code de la nationalité française）が存在していた。国籍準則に関する条項の民法典への再編入は、1803年以来の伝統への復帰でもある。

6)　ただし、民法典25条は、フランス国籍取得後10年未満の者に対する国籍の剥奪（déchéance de nationalité）要件を定めて、この原理に対する適用除外を規定している。憲法院は、1996年7月16日の判決（Décision n° 96–377 DC du 16 juillet 1996, *Rec.*, p.87）において、テロリスム行為の実行者（auteurs）に剥奪を限定することで、この規定を合憲と判断している（判決理由23および24）。この立場は、その後の判決（Décision n° 2014-439 QPC du 23 janvier 2015, *JO* du 25 janvier 2015, p.1151）でも維持されている。現行規定では、1998年3月のGuigou法（Loi n° 98–170 du 16 mars 1998, *JO*, n° 64 du 17 mars 1998）による改正で、無国籍とならないことが剥奪の条件として加えられている（本章第3節5(3)⑥参照）。なお、1983年までは、フランスへの帰化後5年間は、選挙権を行使できないとの市民となるためのいわゆる「試用期間」が設けられていたが、現在では廃止されている。

7)　Convention d'application de l'Accord de Schengen, 19 juin 1990, art. 1ᵉʳ, *JO*, 2000, L.239.

ることを考えれば、域外所属民にとってはむしろ巨大化された要塞として出現している現実がある[8]。

外国人の定義にあたっては、他の類似概念、とりわけ移民者（immigré）[9]と所属民の異同についてもふれておかなければならない。前者の「移民者」とは、労働するために、恒久的な居住の（明示的ないしは黙示的）意思をもってやってくるすべての外国人のことを指している[10]。移民は、国籍の取得によって外国人ではなくなり、フランス国民となったとしても移民と称されることが多い。ここでは移民とは「異なる者（celui qui est différent）」として捉えられ、広く不確定な概念付けがなされるのである[11]。他方で、外国で生まれたフランス国民がフランス国内に移り住む場合は、移民とはいわない。フランスでは、時として濫用的に「第二世代の移民（immigrés de la deuxième génération）」という表現が用いられることがあるが、これは移民してきた外国人の親から、フランス国内または外国で生まれた子[12]を意味するものとして用いられる。しかし、前者の子のなかにはフランス領土での出生によってフランス国籍を取得しうる者が多いことから、この者を第二世代の移民と称することは必ずしも適切なものではない。そこで、これらの者を「外国出自の者（personnes d'origine étrangère）」と表現することも唱えられている[13]。

また後者の「所属民」とは、国家の管轄権——国際私法でいうところの「法

---

8)　1999年5月1日に発効したアムステルダム条約は、「シェンゲン・アキ（acquis de Schengen）をUEの枠組みに統合する議定書」の採択により、1985年のシェンゲン協定および1990年のシェンゲン協定施行条約をUEの枠組みに取り込んだ（本章第2節1(2)②(B)参照）。

9)　フランスでは、アメリカとは異なって、「（外からの）移民者」という場合、"immigrant"ではなく"immigré"を用いる。

10)　これは、1924年にローマで開催された移民に関する国際会議（Conférence internationale de l'Emigration et de l'Immigration）による定義である。Christian Nguyen Vanyen, *Droit de L'immigration*, PUF, coll., Thémis, Paris 1986, p.24.

11)　*Id.,* p.25.

12)　後者の場合は、親の移民時にすでに誕生しており、一緒にフランスに入国した場合が想定されている。

13)　Le haut conseil à l'intégration, *l'intégration à la française*, UGE, coll.,10-18, 1993, p.27. これによれば、この概念には、「フランスに移民してきた親の一人（または祖父母の一人）からフランスで生まれた者」が含まれる。したがって、このなかには、外国人とフランス国民とを両親とする者、両親ともフランス国民であるが祖父母の1人または双方が外国人である者、が含まれることになる。なお、この概念に含まれる者は、現在、約1,000万人に達しており、フランスの人口の約6人に1人が該当する（Xavier Vandendriessche, *Le droit des étrangers*, 5ᵉ éd., Dalloz, 2012, p.2）。

域（juridiction）」——に服する者を意味し、伝統的に、外国人と対置するものとして、「国民」や「市民（citoyen）」とほぼ同義的に用いられるものである[14]。ここでいう管轄とは、領土管轄（compétence territoriale）とは区別された人的管轄（compétence personnelle）の意味で理解される。それゆえに、所属民は、国籍を有する国の法域に置かれることから国民であり、居住国の権限の対象となると同時に自らの国籍国の管轄の対象ともなる外国人とは異なる。なお、厳密には、市民とはいわゆる公民としての性質に関わる権利および義務[15]の主体となる資格としての市民権（citoyenneté）を有する国民のことである。

② **外国人の諸類型——UE 市民／特恵的外国人／第三国出身外国人**

①でみたように、CESEDA によれば、外国人とはフランス国籍を有さない者であるが、こうした一般的な確定は、外国人間での不平等な取扱いを認めないことを意味するものではない。

とりわけ、欧州連合 UE を創設した 1992 年 2 月 7 日の UE 条約（マーストリヒト条約）が規定する UE 市民権（citoyenneté de l'Union européenne）[16] によって、構成国の国籍を有するすべての者は、フランスを含む構成国の領域内を自由に移動し居住する権利、居住国における地方選挙および欧州議会選挙における選挙権と被選挙権、外交的保護を受ける権利、そして請願権を有することになった（現行 UE 運営条約 20 ～ 24 条、旧条約 17 ～ 21 条）。また、欧州経済圏域（Espace économique européen、以下 EEE と略す）[17] に関する協定を UE と締結した 3 か国

---

14) かつては保護領や委任統治領の住民なども含めて、ある国がその保護下に置いた人々を広く指した。山口俊夫編『フランス法辞典』（東京大学出版会、2002 年）522 頁。

15) すなわち、ここで市民は、通常、税金の支払によって国家の負担に寄与し、兵役によって国防に参加する義務を負う一方で、投票によって公務の管理に参加する権利を有する。

16) フランスでは、大革命以来、国籍と市民権とは不可分のものとして捉えられてきたが、1992 年のマーストリヒト条約によって創設された「UE 市民権」は、構成国の「国籍」保持者に市民権を認める点では、両者の結び付きを排除するものではないが、「フランス国籍」を有さない者に、選挙権や被選挙権を含む市民権を開放するものである点で、両者の結び付きに断絶をもたらしていることから、フランス的伝統とは異なるものと認識されるのが一般的である。UE 条約は、「UE 市民権は、各国の市民権に付加して認められるものであり、それに取って代わるものではない」と慎重に規定している（同 9 条）。

17) これは、欧州自由貿易連合加盟国が UE に加盟することなく、UE の単一市場に参加できるように、1994 年 1 月 1 日に欧州自由貿易連合と UE との間で発効した協定に基づいて創設された圏域のことである。現在、この圏域には、スイスを除く欧州自由貿易連合に加盟するアイスランド、リヒテンシュタイン、ノルウエーの 3 か国と、UE に加盟する諸国が、欧州共同体（CE）の枠組みにおいて参加している。

と、国民投票でUEへの不参加を決定したもののUEと特別な協定を締結したスイス連邦の国民も、商品、人、サービスそして資本の自由な移動を保障されることにともなう特別な取扱いを受ける。

　国際的取極めにより、UE市民、EEE協定に加盟する各国民およびスイス国民は、それ以外のいわゆる第三国出身者とは区別される「特恵的な」外国人として、移動の自由を有し、国民主権の行使に関わる一定の権利を除いて平等取扱い原理が適用される結果、フランス国内においてフランス国民と同様な権利を享有できる。CESEDAも、第1編第Ⅱ章に「UE加盟諸国またはEEEに関する協定締約国の国民およびスイス国民の入国と在留、およびこれらの国民の家族構成員の在留」と題された特別な一章を割き、その在留権について規定するとともに、送還その他に関して、第三国出身者に比べ遥かに保護的な取扱いを規定している。

　これに対して、UE市民やEEE加盟諸国民やスイス国民ではない第三国出身者は、いわゆる「厳密な意味における」外国人として、差別的な地位に置かれるのである。ただしここでも、とくにフランスとの歴史的関係から締結される旧植民地国との二国間協定によって特別な法的地位におかれる外国人が存在する。したがって、普通法上の外国人法制の枠組みに入れられる外国人は、それほど多くはない。例えば、1970年代の移民政策の大転換期に、家族呼寄せに関する最初の一般的法文として制定され、現行法文の原型を提供した1976年4月29日のデクレ[18]（第Ⅱ章第3節1(2)参照）が創設した普通法[19]制度は、フランスにいる外国人の約4%の者にしか適用されず、残り96%の者は条約制度の対象であったとされる[20]。

　後でふれるように、外国人法の特徴ともいえる差別の構造は、国民との関係

---

18)　デクレ（décret）とは、大統領または首相によって署名される、一般的または個別的な効力を有する執行的決定のことである。このなかには、コンセイユ・デタの意見を聴いた後に採択されなければならない「コンセイユ・デタの議を経たデクレ（Décret en Conseil d'État）」もある。これに対して、大臣や県知事・市町村長の一般的または個別的な効力を有する執行的決定のことを「アレテ（arrêté）」という。

19)　普通法（droit commun）とは、例外的な事項・地位や特別法（lois [dispositoin] spéciales の規制に服する事項を除き、すべての範疇に共通に適用される原則的・通則的法規班のことである。一般法とも訳される。山口編、前掲書、185-186頁。

20)　Conclusion Philippe Dondoux sous CE, Ass., 8 décembre 1978, GISTI, DS, 1979, p. 63. それが逆にこのデクレの長寿をもたらしたことは一種のパラドックスといえる。

6　序章　戦後フランスにおける外国人の権利保障（概説）

においてだけでなく、外国人間においても存在するのである。

(2)　「外国人法」の位置付けと特徴

①　「移民法（droit de l'immigration）」から「外国人法（droit des étrangers）」へ

1980年代初頭以降、従来の「移民法」という用語・用法に代えて「外国人法」というそれが用いられるようになってきた[21]。客観法としての「移民法」と「外国人法」は、主観的権利としての「移民者の権利（droits des immigrés）」と「外国人の権利（droits des étrangers）」にそれぞれ対応している。

移民法が対象とする移民者は、国籍を有さない国に、恒常的に居住する労働者であり、また、移民法は、移民という行為を規律し、移民者の生活の諸条件と移民先国における移民者社会の再生の諸条件を定める法規範によって構成されるのが一般的であった[22]。そして、職場を含む移民先社会における居住期間の長さと同化のレベルが、移民者としての条件の特殊性を決定付けたのである[23]。

これに対して、「外国人法」が対象とするのは、フランス国籍を有さない者であり、かつて移民法が対象としていた恒常的に居住する外国人労働者に限定されない。従来のように、「労働者」を援用することは、「外国人」という視点に混乱をもたらす経済的・感情的な琴線にふれるものとの指摘[24]もある。移民者は、フランスに居住する外国人の重要部分を占めるものの、両者は同一ではない。それゆえに、移民者の法的地位の研究は、外国人に適用される諸規範全体の研究と混同されてはならないのである。

かつてフランスへの移民の大半を占めていた近隣の欧州諸国からの移民者は、まずはCE加盟国出身者として、つづいてUE市民として、その国籍に関わり

---

21)　Emmanuel Aubin, *Droit des Étrangers*, Gualino, coll., Master Pro, Paris, 2009, p.31.　近時のテキストも、"Droit des étrangers" とタイトルするものが一般化しているように思われる。例えば、*Id* ; X.Vandendriessche, *op. cit* ; Vincent Tchen, *Droit des étrangers*, 2ᵉ éd., ellipses, Paris, 2011. それに対して、「移民法」とタイトルしていたものとしては、例えば、C. Nguyen Vanyen, *op. cit.* や Laurent Richer, *Le droit de l'immigration*, Paris, PUF, Que sais-je ?, 1986 がある。

22)　*Id.*, p.27.

23)　L. Richer, *op. cit.*, p. 3.

24)　Philippe Ardent, « Les exclus », *Pouvoirs*, vol.,7, 1978, p.56, note 15.

なくフランス国民と同等に扱われ、入国・在留をはじめとする移動の自由と労働の権利を最大限享有できることになった結果、移民者としての特別なカテゴリーと枠組みを提供する「移民法」や「移民政策」の存在理由と対象は、現在ではいわゆる特恵的外国人を除く第三国出身者に向けてのものとなっている。

② 「外国人法」の特徴

外国人法は、自律的な固有の法領域を形成するものではない。それは、公法私法を問わず、また、国内法国際法の区分なく、「外国人」に関わる憲法、法律、政省令、国際的取極め、裁判例等によって規律される諸規範の総体として構成されるところに特徴がある。とりわけ外国人法には、実体的にみて、身分関係としての国籍に関わることから民法（国際私法を含む）が、入国および在留の条件を規律することから行政法が、就労や職業活動に関わることから労働法が、これらの規定に違反した場合の制裁措置に関わることから刑法の諸規範がそのなかに含まれる。

また、外国人法は、国家主権の行使——具体的にはその発現形態としての「公の秩序」の維持——と密接な関係を有することから、とりわけ政治的、経済的、社会的そして倫理的な観点から規律の対象となる分野である。伝統的に移民の受入国であったフランスでは、後でみるように、とりわけ1980年以降移民のコントロールが重要な政治課題となり、国内的には、政権が交代するごとに移民法制も転換するのが常態であったが、とくに2003年以降は、内相を務めていたN・サルコジ（Nicolas Sarkozy）が大統領に選出される状況のもと、彼の主導する移民政策を実施するための制度的手直しの速度が増した。彼の「追従的移民（immigration suivie）」から「選別的移民（immigraion choisie）」へという政策的スローガンが端的に示しているように、時代によって異なる労働市場の需要に応じて、移民に求められる労働の質と量は変遷してきたが、労働者としての法的地位は不安定なものであった。

目を国外に向けると、外国人法は、「共同体化」、「欧州化」そして「国際化（internationalisation）」してきているといえる。共同体化に関しては、当初はCEE創設条約（ローマ条約）によって、加盟各国の労働者の域内移動の自由が保障されていたが、とりわけ、1997年10月3日のアムステルダム条約とタンペレ（Tempere）首脳会議（1999年10月15日・16日）以降、亡命・移民政策の共

同体化によって、より統一的な政策がとられるようになった。つづいて、UE
への移行と加盟国の増大、欧州人権条約への UE の加盟により欧州化へと進展
した。国際化についてみても、世界人権宣言や国際人権規約のような人権一般
の保障の枠組みや、女子差別撤廃条約や子どもの権利条約など対象者は限定さ
れるものの、国籍に関わりなく権利を保障する国際的取極めにより、保障の国
際化が展開してきている。これらは、同時に、従来は国内的であったこの分野
の政策の国家相互間での「調和」を促すことになる[25]。

　さらに外国人法は、国家主権と国籍を基礎に、国民と外国人という二分法の
うえに成り立っていることから、差別と排除の実体と構造を有しているといえ
る。あわせて定住化とそれに続く、国籍の取得によってフランス国民となる可
能性を有する外国人を対象とする以上、国家社会への統合という視点もまた外
国人法を特徴付けるものである。統合の展開は、平等な取扱へと通ずることか
ら、外国人法が形成されるのはまずは平等保護を介してということになる。こ
こでいう二分法は、いいかえると外への「排除（exclusion）」・「差別」と、内へ
の「包含（inclusion）」・「平等」という対立・相反する要素を有しているのであ
る。

　国民と外国人、そして先にみたように特恵的に扱われる外国人とそうでない
外国人との間の二重の「差別構造」、経済状況によって左右される法的地位の
「不安定性」、そしてそのなかで国家社会への統合の前提となる「平等の希求」
が、外国人法の特徴といえるのである。

　なお、本書では基本的に「外国人法」の呼称を用いる。

2　国籍・市民権と外国人の憲法上の地位

(1)　国籍・市民権と外国人

　近代市民革命を経て成立した国民国家では、国籍が、自国民（内国民）と他
国民（外国民）とを区別する準則となり、権利の享有において、両者の差別的
取扱いを正当化する免罪符としての役割を演じてきた。

　大革命以降マーストリヒト条約による UE 市民権の創設まで、フランスで実

---

25)　ただし、この調和は、それを優先するために、権利利益の保障においても、最も規制の厳し
い加盟国の基準に合わせる傾向がないかは吟味の必要がある。

際に適用された諸憲法は、国籍と市民権との間に不可分な関係[26]を創り出した結果、フランス国籍を有さない者は、市民権も有さず、政治生活に参画する権利から排除されてきた[27][28]。国籍は、市民権行使の必要条件とされたのである。

　1958年に成立した現行の第5共和制憲法も、3条4項で「民事上および政治上の権利を享有する成年の男女フランス国民はすべて、法律の定める条件に従い、選挙人である」と規定し、市民権をフランス国籍保有者に限定している。

　フランスは、「出生、人種または宗教による差別なしに、すべての市民に対して法律の前の平等を保障する」「不可分の、非宗教的、民主的かつ社会的な一つの共和国（une République）であ」り（1958年憲法1条1項）、国民の主権（souveraineté nationale）は、人民（peuple）に属する（1958年憲法3条1項）。それゆえに、共和国、主権、人民の単一性と不可分性が導き出され、人民を形成する市民は出自に関わるあらゆる個別的属性を捨象され、平等な取扱いを受ける。この点について憲法院は、コルシカの地位に関する1991年5月9日の判決[29]で、「出自、人種または宗教による差別なく、あらゆるフランス市民（tous les citoyens français）によって構成されるフランス人民（peuple français）」の概念が

---

26)　国籍と市民権とは完全な等位物ではない。市民権を有するものはすべてフランス国民であるといえるが、国籍保有者はすべてフランス市民権の享有者というわけではない。歴史的には、女性、軍人、そして未成年者が市民権の行使から排除されていたのである。女性が選挙権を有するのは、1944年4月21日のオルドナンスによってであるし、軍人の選挙権の承認も1945年8月17日のオルドナンスまで待たなければならなかった。未成年者については、1974年7月5日の法律によって、成人年齢が18歳に引き下げられた結果、民事上の後見解除と選挙権の付与が実現した。18歳未満の未成年者には、依然として明確な形で、市民権は開かれていない。

27)　フランス憲法における市民権概念の史的展開と考察に関しては、拙稿「フランスにおける『市民権』概念小論」阪本昌成編『立憲主義——過去と未来の間』（有信堂、2000年）77頁以下参照。

28)　大革命期の1793年6月24日に制定されたいわゆるモンターニュ派憲法は、フランスの憲法史上唯一外国人にも市民の諸権利の行使を開放していた。すなわち、フランスに1年以上居住し、労働し、または財産を取得し、またはフランス国籍の女性と婚姻するか、または子を養子とするか、または老人を扶養している21歳以上の外国人男性（同4条2項）と「人類によく貢献したと立法府によって判断される外国人すべて（tout étranger qui sera jugé par le Corps législatif avoir bien mérité de l'humanité）」（同4条3項）、がこの行使を認められていたのである。しかし、結局この憲法は施行されることなく、それ以後の憲法はすべて、フランス国民に市民権の享有を限定した。とするならば、1793年憲法およびその規定をもって、革命後の憲法的「伝統」を語るには相当に慎重であるべきといえそうである。

29)　Décision n° 91-290 DC du 29 mai 1991. *Rec.*, p.50.

憲法的価値を有し、したがって、「フランス人民を構成するコルシカ人民 (peuple corse composante du peuple français)」という概念は、憲法上の一連の概念の不可分性に違背するものであると判断した[30]。ここには、フランス流の市民権概念が典型的に示されている。それゆえに、フランス国籍／市民権を有さない外国人は、共和国／人民の構成要素ではなく、主権の行使から排除される[31]。

コンセイユ・デタも、国籍を理由に外国人のビザ取得に必要とされる受入証明の提示を求める通達が争われたケース[32]で、「外国人が用いるにとどまる外国人の資格だけでは (seule qualité d'étranger)」、「裁判官の前で、当該通達を争う資格を付与する十分な利益を与えることのできるあらゆる要素が欠けているがゆえに、不十分である」と述べ、外国人申請者の取消請求を不受理とした。これは、フランス国内法上、「通達の諸条項が適用される特別なカテゴリーへの帰属を特徴付けうる」外国人資格が法的に存在していることを確認するものといえよう。

なお、1958年憲法75条は、同34条によって唯一対象となる普通法上の民事的身分 (statut civil de droit commun) を有さない共和国市民は、自ら放棄しない限り、その属人的身分 (statut personnel) を保持することを規定していることから、とくに旧植民地である海外の地方公共団体住民に関しては、国籍と市民権の不可分性は緩和される。ただし、憲法院は、海外の地方公共団体に対するプログラム法律[33]に関する2003年7月17日の判決[34]で、マヨット (Mayotte) に関する法律条文[35]について、「属人的身分を保持する共和国の諸市民は、フランス市民の資格に結び付く憲法的価値の権利や自由を共有し、同じ義務に服する」のであり、「局地法上の民事的地位 (statut civil de droit local) の存在それ

---

30) この判決は、その後の憲法院の判決でも維持されている。例えば、Décision n° 99–412 DC du 15 juin 1999, *Rec.*, p.71 参照。

31) こうした「国籍＝市民権」という大革命以来のフランス憲法の伝統に対する憲法自身が定める例外として、UE市民権とニューカレドニア市民権が存在する。詳しくは、拙稿、前掲論文、「フランスにおける『市民権』概念小論」92頁以下参照。

32) CE, 26 avril 2006, *Mme Quattara*, n° 278827.

33) プログラム法律〔計画策定法律〕(loi de programme) とは、国の経済的・社会的な活動目標を定めるものである（1958年憲法34条6項）。

34) Décision n° 2003–474 DC du 17 juillet 2003. *Rec.*, p.389.

自体を再問題化しない以上、立法府は憲法上保護された諸原理および諸権利と両立させる目的で、諸規範を展開させる性質の条項を採決することができた」（判決理由29）と述べ、フランス市民の資格に結び付く権利の優越性を承認する条項は、憲法75条に違背していないものと判断した（同30）。これによって、マヨット原住民に対する局地法の民事上の多重婚（polygamie）──ここでは、一夫多妻婚──および一方的離婚（répudiation）の廃止は、憲法上可能であるとの判断を下したものといえる。

(2) 外国人の憲法上の地位（statut constitutionnel des étrangers）[36]

　現行のいわゆる「憲法ブロック」を形成する最高法規群[37]を文面上みてみると、定義上、外国人にしか認められない「亡命権」を個別的に保障する1946年憲法前文4項と後述する1993年11月25日の憲法改正によって追加された53条ノ1を除き、「外国人」の権利保障に直接言及する条項はない。フランスの憲法条項には、第二次世界大戦後制定された他の欧州諸国のいくつかの憲法とは異なり[38]、外国人の権利保障に関する一般的あるいは総則的規定は存在しないのである[39]。

　しかしながら、1789年の宣言は、「人（homme）」の宣言でもあり、また、1946年憲法前文は、その普遍主義的指向から「すべての人（tout homme）」「何人（nul）」「各人（chacun）」等の表現を用い、権利の享有において国籍条件を

---

35) ここで問題となった2001年7月11日の法律（Loi n° 2003-660 du 21 juillet 2003, *JO*, n° 167 du 22 juillet, p.12320）は、これまでの条文につぎの条項を加えた（68条）。「局地法の民事上の地位は、人の身分および能力、夫婦財産制（régimes matrimoniaux）、相続および恵与（libéralités）を定める。局地法の民事上の地位に付随する、個別的なまたは集団的な（individuals ou collectifs）諸権利の行使は、いかなる場合においても、フランス市民の資格に結び付く権利および自由に違背しまたはそれを制限することはできない。局地法上の民事的身分について沈黙または不十分な場合には、補充的に、普通（法としての）民法（droit civil commun）が適用される。局地法上の民事的身分の対象となる者は、局地法上の民事的身分の対象となるすべての法的関係を普通（法としての）民法に服せしめることができる。」なお、マヨットは、イスラム教徒が多数を占め、伝統的にイスラムの婚姻制度である一夫多妻婚や一方的離婚が行われてきたが、2009年3月29日の住民投票での圧倒的賛成を経て、2011年3月31日にフランスの海外県になったことから、本土と同じ法が適用されることとなり、こうした制度は廃止されるに至っている。

36) 「外国人の憲法上の地位」という表現は、D・テュルパン（Dominique Turpin）により用いられ（« Le statut constitutionnel de l'étranger », *LAP*, 15 mars 1992, n° 32, pp.13–22）、B・ジュヌヴォワ（Bruno Genevois）もそれにならい（«Un statut constitutionnel pour les étrangers», *RFDA*, 9(5)septembre-octobre, 1993）、一般に受け入れられるに至ったといえるが、ここでは正規の状態にある外国人が対象とされている。

課しておらず、「すべての人間（tout être humain）」が、人種、宗教、信条による差別なく、「不可譲で神聖な権利」を有することを宣言している（前文）。こうした規定のあり方から、国籍との関係を持ち出すことを嫌うフランス憲法の特質も指摘される[40]。

　外国人は、したがって、亡命権を別にして、「外国人」それ自体の身分で権利を有するではなく、フランス国内で生活する「人」一般として、憲法上の権利が保障されうるのである。そして、「外国人の憲法上の地位」が形成されるのは、「人」として扱われる平等原理の周辺においてということになる。

---

37)　周知のとおり、憲法院は、1971年7月16日のいわゆる「結社の自由」に関する判決（Décision n° 71-44 DC du 16 juillet 1971, *Rec.*, p.29）において、1958年憲法前文が、1789年の人および市民の権利宣言（17か条）と1946年憲法前文（16か条）に対し「厳粛に愛着を宣言」し、リファーしていることに根拠付けて、さらに1946年憲法前文が「共和国の諸法律によって認められた基本的諸権利」（第1項）および「現代に必要な政治的・経済的・社会的諸原理」（第2項）に言及していることから、リファーのリファーとして、解釈によりこうした諸原理（不確定数）も憲法的価値を有するものとした。この判決を機に「憲法ブロック」という表現で、憲法的価値を有する規範の範囲が広く拡張されたのである（Louis FAVOREU et Loïc PHILIP, *Les grandes décisions du Conseil constitutionnel*, Paris, Dalloz, 2011, 16ᵉ éd., pp.55 et s.）。ちなみに1971年判決は、人権宣言を有さない1958年憲法にとって、憲法レベルでの人権の保障を確保する道を開いたものとして、憲法院への付託権者の拡大に関する1974年の憲法改正とともに、きわめて重要なものである。「憲法ブロック」は、1958年憲法本文、1789年の権利宣言、1946年憲法の前文、2004年の環境憲章、そして「共和国の諸法律によって認められた基本的諸原理（principes fondamentaux reconnus par les lois de la République、以下PFRLRと略す。これについては第Ⅱ章注72参照）」で構成される。この判決に関する最近の評釈としては、例えば、山元一「憲法院の人権保障機関へのメタモルフォーゼ」辻村みよ子代表編集『フランスの憲法判例』（信山社、2002年）141頁以下参照。憲法院は、こうした法文上の根拠規定を示しうる規範のほかにも、「憲法的価値を有する法の一般原理」（スト権〔droit de grève〕が代表例）や、「憲法的価値の目的」（公の秩序の維持や公役務の継続性が代表例）を解釈によって導き出している。なお、憲法上の諸規範・諸原理と基本的諸権利について同院の院長および事務総長（当時）が概説したものとして、Robert BADINTER et B. GENEVOIS, «Rapport présenté par la délégation française à la Ⅷᵉ conférence des Cours constitutionelles européennnes（Ankara, 7-10 mai 1990）», *RFDA*, 6(3), mai-juin 1990, pp.317-335参照。

38)　例えば、1947年のイタリア憲法は、「外国人の法的地位は、国際法規および国際条約に従い、法律によって規律される」（10条2項）と、1978年のスペイン憲法も、「外国人は、条約および法律の定める条件のもと、本編が保障する公的自由を享受する」（13条1項）との一般条項を置いている。現行ベルギー憲法も類似の規定を有している（191条）。

39)　B・ジュヌヴワは、これについて、（1958年の）制憲者が、外国人の地位について考慮していなかったからであると述べている。« Le Conseil constitutionnel et les étrangers », *in* Libertés-Mélanges Jacques ROBERT, Paris, Montchretien, 1998, p.254.

40)　Henri LABAYLE, « Le droit de l'étranger à mener une vie familiale normale, lecture nationale et exigences européennes », *RFDA*, 9(3) mai-juin 1993, p.511.

第1節 「外国人」の定義と憲法上の地位 13

　ただし、その地位の特殊性から、外国人は特別な制度に置かれる。すなわち、フランス領土への入国・在留にあたって、事前の警察許可制度に服するのである[41]。したがって、外国人法は、立法府と行政府の広範な自由裁量権限のもとに置かれ、外国人に認められる権利は、公の秩序の擁護と調整されることになる。

　ところで、外国人の権利保障を考える場合、外国人のカテゴリーを無視した単純化は、分析に耐えるうるものではない[42]。というのも、外国人を一括りで捉えることは歴史的に妥当でもなければ、現実に対応したものでもないからである。

　B・ジュヌヴワは、憲法院は、「（市民と外国人とを対置するイタリア憲法裁判所が判決で示したような——著者）類型化論によってその判決を説明付けようと試みているのではなく、原理に依拠して（dans son principe）、法律が、外国人の入国および在留に制限をもたらす可能性を容認した」[43]と述べている。彼のここでの言及は、憲法院の立場は、国家との関係で原理上外国人が特殊な状況に置かれることを認めつつも、単純な二分法的類型論を避けるものであると認識しているように思われる。事実、同院は、例えば、在留の正規性や安定性を持ち出して「正常な家族の生活の権利」を享有できる外国人を類別し、あるいはまた、UE市民権の有無を基準に、「国民主権の本質的諸条件」を侵害しない公務へのフランス国籍を有しないUE市民の就任を認めている[44]ことからみると、外国人のカテゴリー化を行っているといえよう。

　同院はまた、わが国でいう権利性質説に立脚していることも認識される[45]。それは例えば、1789年の人権宣言11条によって市民の権利とされる「思想お

41）憲法院も1993年8月13日の判決（Décision n° 93-325 DC du 13 août 1993, *Rec.*, p.224 ; note B. GENEVOIS, *RFDA*, 1993, p.883）で、「憲法的価値のいかなる原理も、またいかなる規範も、外国人に、領土への入国および在留の一般的かつ絶対的な性質の権利を保障しておらず、その入国および在留の諸条件は、公権力に拡張された特別な権力を根拠付けている諸権限を付与する行政警察措置によって制限されうる」と述べた（判決理由2）。この定式は、以後の移民法に関わる法律の審査において用いられるものとなった。

42）X. VANDENDRIESSCHE, *op. cit.*, p.2.

43）B. GENEVOIS, *op.cit.*, p.256.

44）Décision n° 91-293 DC du 23 juillet 1991, *Rec.*, p.77.

45）菅原真「ブリュノ・ジュヌヴォワ『憲法院と外国人』——翻訳と解説」東北法学32号（2008年）175頁。

よび意見の伝達の自由」は、人の権利として個人が援用することができること、同様に、「平等（1条）」、「自由（4条および5条）」、「刑事における適法手続保障（7条ないし9条）」[46]および「所有権（17条）」は、国民だけにその享有が限定されるものではないこと、1946年憲法前文12項は、「国家的災禍から生じた負担」における「すべてのフランス国民」の連帯と平等を規定しているが、この規定は国民のみを対象とするものでなく、すべての者を対象とする方向に進みつつあること[47]から窺い知れる。憲法院にとっては、1789年の宣言にいう「市民」と「人」の区別は明確に線引きされるものではなく、また、用語の文理解釈に依拠するのではなく、権利や原理の性質に基づいて享有される権利が判断されているといえる。

なお、憲法ブロックを形成する憲法的価値の諸規範間では序列が存在しない[48][49]ことから、これらの間では調整（conciliations）しか存在しないことになる。

① 外国人に保障される権利および適用される原理

(A) 概説

一度フランスにおける在留が許可されたならば、原則として、「外国人は、フランスにおいて、自らにとってとくに拒否されない諸権利を享有する。」[50]外国人は、私法上の諸権利の享有から排除されないし、司法扶助を受け裁判所へ提訴するといった訴訟法上の権利[51]も有する。人種や国籍を理由とする、財やサービス、雇用の拒否は、刑事上の処罰の対象ともなる[52]。

問題となるのは、とりわけ公法上の権利に関してである。

フランスにおけるこの権利の保障は、かつては「公的自由（libertés

---

46) 7条は、身体の自由と適法手続を、8条は、罪刑法定主義を、9条は無罪の推定を規定する条項である。

47) Hugues MOUTOUH, «Le bon grain et l'ivraie», *D.* 1999, n° 39, p.429.

48) したがって、憲法院の判例では、「規範（règles）」と「原理（principes）」との区別もない。R. BADINTER et B. GENEVOIS, «Rapport », *op.cit.,* p.318.

49) 樋口陽一教授は、アメリカ合衆国憲法の運用では強調される思想とその表現の自由を「優越的自由」としてとくに保護する考え方（違憲審査運用の場合における「二重の基準」論）は、ヨーロッパ大陸では、法制度上は必ずしも優越的ではないと指摘されている。樋口陽一『憲法第3版』（創文社、2007年）207頁。

50) C. Cass., 27 juillet 1948.

51) 1991年7月10日の法律扶助法（Loi n° 91-647 du 10 juillet 1991, *JO,* n° 162 du 13 juillet 1991, p.9170）参照。

52) 刑法典416条参照。

publiques）」の名のもとに語られ、事実、1958年憲法34条1項も、公的自由の享有主体を「市民」に限定している。それゆえに、外国人は、公的自由の享有主体ではないと語られた時期もあったが、現在では、外国人をも主体として含みうる「自由および基本的権利（libertés et droits fondamentaux）」の名称で認識され議論の深化が求められてきている[53]。

　こうした権利の枠組みにおいて重要な役割を演じているのが、合憲性の統制機関としての憲法院とその判例である。かつてフランスの憲法上の保護システムは、その研究が公法の理論家に限定され、憲法の規定も抽象的であるがゆえに具体的な適用には適さず、とりわけ裁判官や行政官のような法の実践家にはほとんど認識されず用いられることもなかったといえる。また、提訴権者の限定された事前の審査手続というフランス流合憲性審査制度の特殊性や、審署された法律の無謬性の観念から、違憲の疑いのある法律条項を訴訟当事者や裁判官が憲法院に付託することはできなかった。

　こうしたあり方は、一方で、フランス国内法への欧州人権条約の適用という効果を生み出すことになったが、他方で、1974年10月29日の憲法改正[54]によって、憲法院への付託権者が一定数の議員（実質的には、野党議員）にまで拡大された（1958年憲法61条2項）結果として修正を受け、後述するように80年代以降移民に関する政治的議論の高まりと与野党間の対立によりほとんどすべての移民関連法が憲法院に付託されるようになった。さらには、2008年7月23日の憲法改正[55]によって、コンセイユ・デタと破毀院の二系統の最高裁判所を介した憲法院への事後的付託という先行訴訟（recours préjudiciel）様式で合憲性を争いうるいわゆる「合憲性の優先問題（Question prioritaire de constitution-

---

53)　詳しくは、山元一『現代フランス憲法理論』（信山社、2014年）501頁以下参照。ただし、執行権、立法権、そして二系統の裁判所の果たす役割にも注目し、現在なお「公的自由」の名で権利保障を議論する意義を強調するものもある（Patrick WACHSMANN, *Libertés publiques*, 7ᵉ éd, Dalloz, 2013, pp.3-6）。この立場によれば、「基本的自由（libertés fondamentales）」という概念付けは、憲法判例を中心に据え、「基本的」権利にとどまることで、公的自由の一部分しか形成していない。また、公的自由の思想や国際法を参照する「人権（droits de l'homme）」で概念付けることも、公的自由の国際的次元が重要かつ動的なもの（dynamique）なものであるとしても、やはり部分的なものであるということになる。*Id.*

54)　Loi constitutionnelle n° 74-904 du 29 octobre 1974, *JO*, 30 octobre, p.11035. この改正によって、付託者が60名の国民議会議員または60名の元老院議員へと拡張された。

55)　Loi constitutionnelle n° 2008-724 du 23 juillet 2008, *JO*, n° 0171 du 24 octobre, p.11890.

nalité、以下 QPC と略す)」制度の導入もあり (1958 年憲法 61 条ノ 1)、外国人法の領域における憲法判例は豊かなものとなってきている[56]。

なお、フランスの本土と海外県・海外領土 (DOM-TOM) では、適用される制度が異なる。例えば、海外県・海外レジオン (régions) の規範的権限を拡大し、マヨットとサン・ピエール・エ・ミクロン (Saint-Pierre-et-Miquelon) の二つの自治体の地位を現実化し、また、サン・バルテルミー (Saint-Barthélemy) とサン・マルタン (Saint-Martin) の二つの新たな自治体を創設する組織法に関して、憲法院は 2007 年 2 月 15 日の判決[57]で、後者の新自治体への外国人の入国・滞在および亡命権に関する立法および行政立法の適用について、諸規定は、「明示的な言及に基づいて」のみ適用され、立法上の活動限定性の原則 (principe de spécialité législative)[58] は将来にわたってしか適用されないとの解釈留保を行った (判決理由 40)。したがって、サン・バルテルミーとサン・マルタンにおいては、組織法の審署時にすでに存在する権利が再問題化されることはなく、上記の立法および行政立法の諸条項には、両自治体への将来的適用が明示的に規定されていなければならないのである。

(B) すべての外国人に保障される権利および適用される原理

憲法院は、1993 年 8 月 13 日の判決で、フランス国内における在留の正規性に関わらず、自らの法的地位とは関係なく、外国人をも含む居住者すべてに保障される憲法的価値を有する権利のリストというべきものを明示した。そこには、個人的自由 (liberté individuelle)、安全 (sûreté)、往来の自由 (liberté d'aller et de venir)、婚姻の自由 (liberté du mariage)、そして正常な家族生活を営む権利 (droit de mener une vie familiale normale)、が含まれている (判決理由 3)。そして、こうした権利および自由を確保するために、訴願〔救済手段〕(recours) の行使

---

56) これについては、例えば、憲法院のサイトで、合憲と判断された CESEDA の諸条項の一覧表をみることができる。http://www.conseil-constitutionnel.fr/conseil-constitutionnel/root/bank_mm/QPC/ceseda.pdf

57) Décision n° 2007–547 DC du 15 février 2007, *Rec.*, p.60.

58) 活動限定性の原則とは、法人の活動は、その設立の領域と目的に限定されるという、法人の性質に内在的な原理で、法人の能力・権限を限定する諸原則をいうとされる。地方公共団体のような地域的法人は、その管轄地域によって特定される。山口編、前掲書、568 頁、中村紘一・新倉修・今関源成監訳『フランス法律用語事典 第 2 版』(三省堂、2005 年)、296 頁。後者では、「目的限定性の原理」と訳出されている。

も保障される必要があるとした（同）。1997年4月22日の判決[59]では、出国の権利（droit de quitter le territoire national）が加えられた（判決理由10）。さらに同院は、2003年11月20日の判決[60]で、いわゆる「人格的自由（liberté personnelle)」の概念を形成した。以下、これらの権利・自由についてみていく。

　(a)　**個人的自由**　個人的自由は、外国人の憲法上の地位において中核的な位置を占め、在留の適法性とは関わりなく認められるもので、現在では、1958年憲法66条を根拠としている[61]。

　同条は、1項で、「何人も恣意的に拘禁されえない」と述べたうえで、つづく2項で、司法機関を「個人的自由の守護者」と規定していることから、留置など拘禁[62]に関わる事柄は、常に司法機関の関与が求められる[63]。憲法院は、同条に関して例えば、テロリズムにより有罪宣告された外国人の国外追放のための6か月を超える留置を「憲法66条に違背する侵害を個人的自由にもたらすもの」と判断しているし[64]、また、司法機関（この場合は、釈放と拘禁の裁判官〔juge des libertés et de la détention、以下JLD[65]と略す〕が管轄権を有する）が、法上または事実上の状況が正当化するときは、何時点においても行政留置の延長を停止する可能性を保持することを前提に、最長で45日間の留置の延長を許容している[66]。

---

59)　Décision n° 97-389 DC du 22 avril 1997, *Rec.*, p.45.

60)　Décision n° 2003-484 DC du 20 novembre 2003, *Rec.*, p.438.

61)　憲法院は、個人的自由の法的根拠として、当初は共和国の諸法律によって認められた基本的諸原理（Décision n° 76-75 DC du 12 janvier 1977, *Rec.*, p.33., considérant 1）と1958年憲法66条（同 considérant 2）とをあげていたが、その後、1789年の人権宣言1、2および4条に根拠付けた（Décision n° 94-343/344 DC du 27 juillet 1994, *Rec.*, p.100., considérant 3）。現在では、1789年の人権宣言の諸条項と同時に1958年憲法66条に根拠付けている。

62)　ここでいう「拘禁」には、détention, rétention, arrestation, séquestration等が区別なく含まれる。

63)　この規定を根拠に、司法最高裁判所である破毀院は、1995年6月28日の判決（Cass. 2ᵉ civ., 28 juin 1995, n° 94-50.002, *Préfet de la Haute-Garonne c/ Bechta*）以降、留置の枠組みのなかで自由の保護する判例を展開させてきたといえる。とくに、ここでは、留置前提の警察留置（garde à vue）における司法裁判官の広いコントロール権限を承認した。

64)　Décision n° 2011-631 DC du 9 juin 2011, *JO*, 17 juin 2011, p.10306.

65)　JLDは、刑事訴訟法396条を修正する2000年6月15日の法律n° 2000-516（*JO*, 16 juin 2000, p.9038）で、従来、予審判事が行使していた審問権限と拘禁を命ずる権限とを区分する観点から、後者の権限を行使する裁判官として創設されたものである。JLDは、第一審の普通法上の司法裁判所である大審裁判所の所長が任命する。外国人法の領域におけるJLDの関与については、CESEDAもR.552-17条およびR.552-18条で規定している。

18 　序章　戦後フランスにおける外国人の権利保障（概説）

個人的自由には、安全への権利および往来の自由[67]が含まれる。

まず前者の権利であるが、これは「恣意的な逮捕・勾留・処罰から守られる権利」[68]であり、外国人法の領域においてはとくに留置手続が問題となってくる。この権利の法源としては、1789年の人権宣言の2条、7条、8条および9条があげられる。

つぎに往来の自由であるが、憲法院判例が位置付けるように、これを違法状態にある者も含めすべての外国人に認められる個人的自由に分類することは、ある意味奇異なものにみえる。いかなる国際的取極めも、自由にどの国にも入国し、出国し、移動する権利を保障するものはないからである。とするならば、それを字義通りに捉えることはできない[69]。

外国人の往来の自由との関連で問題となるのが、身分証明検査（contrôle d'identité）である。憲法院は、1993年8月5日の判決[70]のなかで、同検査を強

66)　*Id.*, considérants 74 et 75. この判決についての邦語の解説としては、拙稿「外国人に保障される基本権——移民・統合・国籍法（ベッソン法）判決」辻村みよ子代表編集『フランスの憲法判例II』（信山社、2013年）78～81頁参照。

67)　「移動の自由（liberté de circulation）」は、フランスでは、「往来の自由」の表現で、憲法的価値の原理として憲法院により認められていた（Décision n° 79–107 DC du 12 juillet 1979, *Rec.*, p.31, considérant 3）。ただし、外国人のフランス領土への入国および在留に関しては、国家主権（領土主権）から派生する公の秩序の維持の観点から、厳しく制限されることは本文中で指摘したとおりである。なお、1789年の人権宣言は、個人の移動の自由は、人間存在の不可侵の権利であることを想起しており、1790年には、「専制のなせるあらゆる業のせいであるがゆえに一層憎むべきである……警察の無秩序」（Peuchet）としてパスポートが廃止された。Gérard NOIRIEL, *Réfugiées et sans papiers*, Hachette, pluriel, Paris, 2010., p.157. 往来の自由は、"liberté d'aller, de rester, de partir" として、1791年憲法にも登場する（同第1編3）。

68)　山口編、前掲書、579頁。これは、個人的安全（sûreté individuelle）であり、国および地方自治体の組織する国家・社会の安全保護（公安）としての国家の安全保持（sûreté de l'État）とは異なる。J・ロベールは、「実体的自由に権力がもたらしうる恣意的な介入（逮捕、拘禁）に対する法的な保障」としている。J. ROBERT et Jean DUFFAR, *Droits de l'homme et libertés fondamentales*, Paris, Montchrestien, 8e éd., 2009, p.264.

69)　憲法院は、「往来の自由」が問題となる措置を、往来の自由の行使に単なる障害を設けるにすぎず個人的自由の問題を惹起することのない往来の自由の制限的措置（フランス領土内での移動の可能性に影響を及ぼすことのない警察機関へのパスポートの提示のような場合）と、移動のあらゆる自由を奪うがゆえに、往来の自由を超えて個人的自由に影響を及ぼす侵害措置（警察留置、交番での身分確認、行政留置など）に二分類していると分析されている（L. FAVOREU, *Les grandes décisions, op. cit.*, p.110. ここでは、Annabelle PENA-GAÏA, *Les rapports entre la liberté individuelle et la liberté d'aller et venir dans la jurisprudence du Conseil constitutionnel*, Thèse dact., Aix–Marseille III, 1998 の分析が援用されている）。これに依拠すれば、往来の自由が個人的自由に一応分類される趣旨が理解できる。

70)　Décision n° 93–323 DC du 5 août, 1993 *Rec.*, p.213.

化するパスクワ法を審査した際、「一般化された自由裁量的な身分証明検査の実施は、個人的自由の尊重と両立しないであろう。……関係機関は、身分証明検査を動機付ける公の秩序の侵害の危険をすべての場合において正当化しなければならず」（判決理由9）、国境における身分証明検査は、「その実施が一般的に服する様式と実体の諸条件に合致しなければならない」との解釈留保（réseve d'interprétation）[71] を付し（判決理由15）、検査があらゆる差別を排除する客観的基準を根拠として行われるべきことを求めた。2011年3月10日の判決[72] でも、身分証明検査の権限を自治体警察職員にまで拡張する条項は、司法警察[73] が、司法機関の指揮とコントロールのもとに置かれることを課す憲法66条に違背するとの判断を下した（判決理由78）。

(b) **人格的自由**（liberté personnelle）　この自由は、欧州の他の諸憲法中に存在している「人格の自由な発展（libre développement de la personnalité）」の概念[74] に対応するものであるが、フランス憲法中には、その保障の明示規定はない。

　憲法66条の個人的自由の概念を拡張しそのなかに包摂させることや、家族

---

71)　解釈留保とは、下された解釈が尊重される限りにおいて当該条文が憲法に適合するとの留保のもとに、条文を無効としないとする解釈手法である。わが国でいう合憲限定解釈に相当するものといえよう。この解釈手法によって、違憲判断の厳格性が緩和されるという利点があるが、事実上、立法権、執行権および裁判権を拘束する面も有している。これによってなされた解釈は、解釈の対象となった法律をも適用しなければならない以上、憲法62条により、「あらゆる行政機関および司法機関」に課される。しかし、憲法院は、当然ながら、コンセイユ・デタおよび破毀院に対する上訴機関ではなく、この規定によっても自らの解釈を強制することはできないが、両機関とも憲法院の解釈留保を尊重している。憲法院は、1981年1月19日・20日のいわゆる «Sécurité et Liberté» 判決（Décision n° 81-127 DC du 19 et 20 janvier 1981, *Rec.*, p.15）において、とくに、ドイツおよびイタリアの憲法裁判所が用いていたこの解釈手法を導入したのであった。L. FAVOREU, « Peu d'irrégularités constatées par les "sages" », *Le Figaro*, 17 août 1993. この手法の導入および展開には、当時憲法院のメンバーであったG・ヴデル（Georges VEDEL）の寄与が大きかったとされる。Thierry BREHIER, « Une controverse » bien ancienne, *Le Monde*, 23 novembre 1993.

72)　Décision n° 2011-267 DC du 14 mars 2011, *Rec.*, p.122.

73)　司法警察（police judiciaire）とは、共和国検事の指揮のもとに、刑事訴訟法の規定に則り、司法警察官（officier de police judiciaire）および司法警察職員（agent de police judiciaire）によってなされる、犯罪の確認・捜査および被疑者の逮捕など、秩序侵害を刑事裁判所へ訴追することを目的とした司法作用に関連し、司法権に付随した職務と活動のことである。これに対して、公の秩序の確保・維持につき権限ある行政当局により、主として侵害の予防的見地から実施される、行政権に属する法的および事実的手段（規制、許可、禁止、命令強制など）の総体は、行政警察（police administrative）と称される。山口編、前掲書、435～436頁。

74)　周知のように、ドイツ連邦共和国基本法（2条1項）をはじめとして、イタリア共和国憲法（2条）、スペイン憲法（10条1項）にも類似の規定がある。

と同様に個人に対しても「その発展に必要な諸条件」の確保を国家に課す1946年憲法前文10項を援用することも考えられたであろうが、憲法院はそうした方向は採用せず、この自由を1789年の人権宣言2条および4条に根拠付けた[75]。それは、66条の適用領域の限定、すなわち、司法機関の関与の領域を狭め、行政裁判官に「外国人の裁判官（juge des étrangers）」の役割を担わせることに通ずるものといえなくはない[76]。

こうした文脈に沿って、憲法院は、1993年8月13日の判決では個人的自由に位置付けていた婚姻の自由を、2003年11月20日の判決では、人格的自由の構成要素へと移しかえた（判決理由94）[77]。

現在の憲法判例では、婚姻の自由と私生活の権利（droit à la vie privée）がこの自由に含まれる[78]。婚姻の自由については、第Ⅱ章1節2で、私生活の権利についてはつぎの(C)(b)でふれる。

(c) 防御権（droit de la défense）　憲法院は、コンセイユ・デタによって確立された防御権に関する法の一般原理[79]の示唆を受け、共和国の諸法律によって認められた基本的原理として、この権利の憲法的価値を認めた[80]。

つづいて、同院は、欧州人権条約やCEDHの判決の展開に強く示唆を受け

----

75) 2003年11月20日の判決理由94参照。その後、2012年4月20日のQPC（Décision n° 2012-235 QPC du 20 avril 2012, *Rec.*, p.202）では、1789年の人権宣言1、2および4条に（判決理由4）、同年5月16日のQPC（Décision n° 2012-249 QPC du 16 mai 2012, *Rec.*, p.274）では、同2条および4条に根拠付けている（判決理由13）。

76) Loi du 16 juin 2011 Immigration Intégration Nationalité, Dictionnaire Permanent Droit des étrangers, n° 202-1, juillet 2011, p.3. 憲法院はすでに、1989年7月28日の判決（Décision n° 89-261 DC du 28 juillet 1989, *Rec.*, p.81）でジョクス（JOXE）法を審査した際に、外国人の権利および自由の保障における行政裁判官の権限を最大限に承認していた。こうした流れから、伝統的に公法専門家（publicists）である憲法裁判官が、憲法66条の規定にもかかわらず、行政裁判官にも同じ「個人的自由の守護者」の役割を付与することを望んでいたと指摘するものもある。Jurisprudence constitutionnelle et droit des étrangers, 2012 Editions Législatives, http://www.editions-legislatives.fr/ELNRT2/DOCUMENT/

77) 1993年8月13日判決以降も、1995年1月18日の判決（Décision n° 95-352 DC du 18 janvier 1995, *Rec.*, p.170）（判決理由3）や1997年4月22日の判決（判決理由44）では同様に、個人的自由に位置付けていた。

78) 憲法院は、人権宣言2条を根拠とする「消極的（passives）」自由と、同2条および4条を根拠とする「積極的（actives）」自由とに区別し、前者の代表例が「私生活の尊重」であり、他者に関わってくる後者の代表例が「往来の自由」や「婚姻の自由」であると指摘される。Décision n° 2010-92 QPC du 28 janvier 2011, *Cahier n° 32*, note 16.

79) 例えば、CE, Sect., 5 mai 1944, *Dame Veuve TROPIER-GRAVIER*, *Rec.*, p.133参照。

80) Décision n° 77-92 DC du 18 janvier 1989, *Rec.*, p.21.

つつ、この防御権の尊重の原理は、両当事者の権利の均衡を保障する公正で衡平な手続」の存在を含むとすることで、まずは、刑事手続に[81]、つづいて行政手続に[82]この適用を拡張していった。

ただし、同院は、1997年4月22日の判決で、同年のドヴレ法による県レベルの在留委員会[83]の廃止は、憲法に反しないと判断している。それは、同委員会が、「行政警察的措置に関する行政手続」に該当するもので、この廃止によっても、外国人から「普通法上の裁判的保護（garanties juridictionnelles de droit commun）」[84]を奪うものではないからである（判決理由48）。シュヴェヌマン法は、ドブレ法で廃止された在留委員会を復活させる在留資格委員会を再創設したが、そこでの審査が公開で行われることを規定していなかったことに対しても、防御権の観点からして憲法に違背しないものと判断した[85]。

さらに同院は、留置手続を修正する2003年11月26日の第一サルコジ法を審査した際、「最適な期間内に（dans les meilleurs délais）」に自らの権利について告げられ、「不可抗力の場合を除いて、いかなる状況においても官憲の立会いなく（confidentiellement）弁護士と接見するための場所」にアクセスできることを理由に、防御権の侵害がないと判断した[86]。2010年10月14日の判決[87]では、行政裁判所法典L.221-1条1項[88]の合議制裁判の原則が争われた事案に

---

81) Décision n° 88-248 DC du 17 janvier 1989, *Rec.*, p.18, considérant 29.

82) Décision n° 97-389 DC du 22 avril 1997, *Rec.*, p.45.

83) 県知事等が、当然に交付される正規在留許可証の対象となる外国人および国外追放の決定の対象となりえない外国人の在留資格の交付を拒否するときは、この委員会への諮問が義務付けられていた（1945年11月2日のオルドナンス18条2）。同委員会は、対審による論議と弁護人（conseil）の立会いを認めていた（同判決理由47）。なお、「弁護士」という言葉は、必ずしも「弁護士（avocat）」を意味するものではない不明確さは残る。本書では、両者を訳し分けている。

84) Décision n° 86-216 DC du 3 septembre 1986, *Rec.*, p.135. この判決で憲法院は、司法機関を個人的自由の守護者と規定している1958年憲法66条は、適切な保障のもとに、フランス領土に違法に存在する外国人に対する行政機関による出国措置を立法府が規定することを禁じていないと述べたうえで、行政決定を行政裁判所における執行停止請求をともなう裁判上の訴訟（recours juridictionnel）によって争うことができることを、「普通法上の裁判的保護」と捉えている（判決理由9）。

85) Décision n° 98-399 DC du 5 mai 1998, *Rec.*, p.245. このことは付託者により直接異議をとどめられたものではなかったが、同院が職権で（d'office）取り上げなかった（判決理由21）ことから、間接的にそれを承認したものといえる。

86) Décision n° 2003-484 DC du 20 novembre 2003, *Rec.*, p.438, considérants 49-53.

87) Décision n° 2010-54 QPC du 14 octobre 2010, *Rec.*, p.289.

おいて、「裁判編成の構成に関わる様式は、防御権を尊重する義務にいかなる効果も及ぼさない」（判決理由5）と述べたが、それは、とりわけ、CNDAにおいて、対審手続によらず、また、報告担当官の論告なしに単独裁判官が判断を下しうること（同L.733-2条）[89]が防御権の侵害には該当しないことを意味するものである。

(d) **裁判を受ける権利**（droit au juge）　　この権利は、欧州人権条約には明示的に規定されている（6条）ものの、憲法ブロック中には、保障の条項はない。しかし、上でふれたように、憲法院は、「公正で衡平な手続」の存在を含む防御権の尊重の観点から裁判を受ける権利を認めた。

同院は、国外追放、国外退去そして行政留置のいずれの手続の枠組みにおいてであれ、訴訟の行使を含む「普通法上の裁判的保護」を外国人に認めている。したがって、外国人には、「裁判のよき運営」という憲法上の原理のもとで、権利の効果的な保護を確保するために立法府によって配分された裁判権限（管轄）に従い、行政裁判所または司法裁判所によって裁判を受ける権利が保障される。

同院はまた、公平な手続と論議の公開性の必要性の観点から、行政留置施設（centres de rétention administrative）内部に設けられる法廷の設置を違憲と判断している[90]。

(e) **人間の尊厳性の原理**　　人間の尊厳性の原理（principe de la dignité de la personne humaine）は、憲法ブロック中に明文の規定を有さないが、憲法院は、いわゆる生命倫理法に関する1994年7月27日の判決[91]のなかで、1946年憲法前文の前段部分[92]に根拠付け、「あらゆる形態の隷従と品位の毀損に対抗す

---

88)　同条は、「行政裁判所の判決および高等行政院の判決は、訴訟の対象または判断すべき問題の性質を原因とする適用除外を留保として、合議制編成によって判断される」と規定している。

89)　同条は、「裁判所の長または部長（présidents de section）は、命令によって（par ordonnance）、その性質が合議制編成による関与を正当化しない事案を解決することができる」と定めている。したがって、法廷を開くことは必要ない。なお、合議制編成が求められる事案の性質とは、OFPRAの決定を再問題化しうる説得力ある要素を帯びるものである。

90)　Décision n° 2011-625 DC du 10 mars 2011, *op.cit.*

91)　Décision n° 94-343 DC du 27 juillet 1994, *Rec.*, p.100.

92)　同院があげた部分は、前文冒頭の一節の「人間を隷従させ品位を汚すことを企てた体制に対し、自由な人民が獲得した勝利の直後において、フランス人民は、すべての人間が、人種、宗教、信条の差別なく不可譲かつ神聖な諸権利を有することを、改めて宣言する。」である。

る人間の尊厳の擁護が、憲法的価値の一つの原理である」（判決理由2）と述べることで、この原理を憲法上承認した。同前文にいう「すべての人間（tout être humain）」に保障される人間の尊厳の原理の憲法的承認は、その普遍性への言及から外国人の地位の枠組みのなかでとりわけ重要性を示すものといえよう。

その後同院は、テロリズムの抑止に関する法律を審査した1996年7月16日の判決[93]で、犯罪行為とされる外国人の違法な入国・移動・在留の幇助の免責対象者を、当該外国人の配偶者、尊属および卑属だけに限定し、内縁者や兄弟姉妹を排除する規定の憲法適合性が争われた際に、適法性の原理（1789年の人権宣言6条）は、刑法の厳格な解釈を課しているが、それは専断的であるとの批判を受けることなく裁判官が判断を下すことを可能なものとしているのであって、上記の限定は、それ自体で、人間の尊厳性の擁護という憲法的価値の原理を問題化する性質のものではないと述べた（判決理由11）。

外国人法の枠組みでこの原理が援用された事例としては、2006年7月20日の判決[94]と2007年11月15日の判決[95]とがあげられる。憲法院は、前者の判決のなかでは「私的および家族的生活」とタイトルされた一時在留許可証の当然の交付対象となる外国人のカテゴリーのリストを修正するにとどまる改正条項を、後者においては、子の家族呼寄せのためのビザの申請者との生物学的な親子関係の立証のなかで、申請者の請求によってDNAテストを用いることを規定する条項を、いずれも1946年憲法前文によって認められた人間の尊厳性の尊重の原理に違背するものではないとして争われた事案へのこの原理の適用を退けたものの（それぞれ、判決理由5および18）、この原理自体は憲法上の原理として参照している。

(C) 正規の状態にある外国人に認められる権利および適用される原理

(a) **正常な家族生活を営む権利**　詳しくは、第Ⅱ章で検討するが、憲法院は、この権利を1946年憲法前文10項に根拠付けている。この権利は、外国人の在留と送還においてとくに重要なものとなってくる。というのは、「私的および

---

93) Décision n° 96-377 DC du 16 juillet 1996, *Rec.*, p.87.

94) Décision n° 2006-539 DC du 20 juillet 2006, *Rec.*, p.79.

95) Décision n° 2007-557 DC du 15 novembre 2007. *Rec.*, p.360.

家族的生活（vie privée et familiale）」とタイトルされる在留許可証の交付とともに、送還措置の取消しを可能とする根拠となるからである。ただし、行政裁判官は、欧州人権条約 8 条をより多く援用する傾向がある。憲法院は、1993 年 8 月 13 日の判決のなかで、この権利の享有をフランスにおける在留が「安定的かつ正規である」外国人に限定するとともに、とりわけこの権利の保障は、こうした外国人が、憲法的価値の目的〔対象〕である公の秩序と公衆衛生の保護による制約のもとで、配偶者と未成年の子を自らのもとに呼び寄せる権能（いわゆる「家族呼寄せ権」）から成り立っていることを宣明した（判決理由 70）。同院はまた、2006 年 11 月 9 日の判決[96]で、配偶者の一方がフランス国民である時で、外国の機関により外国で挙行された婚姻の適法性のコントロールを強化するために立法府によって規定された多様な手続は、正常な家族生活を営む権利を再問題化するものではないと述べ（判決理由 13）、外国で行われる外国人の関わる婚姻に対する立法上の規制を肯定している。

(b) **私生活の権利**　憲法院は当初、この権利を「個人的自由」と位置付けていたが[97]、2003 年 11 月 20 日の判決で、1789 年の人権宣言 2 条および 4 条に結び付く「人格的自由」に含まれることを宣明した（判決理由 22）。このことは、この権利を「人格の自由な発展」の概念に対応させ、また、同院の判決を他の欧州諸国の憲法や CEDH 判例の立場に接近させるものであった。

　憲法院は、1997 年 4 月 22 日の判決でドブレ法を審査した際に初めて外国人のこの権利について言及した。ここでは、公の秩序への「単なる（simple）」脅威を理由とする 10 年有効の正規在留許可証の更新拒否を取り消す根拠として、外国人の家族生活の権利と私生活の権利とを並列的に取り扱っている（判決理由 45）。家族生活の権利が、1946 年憲法前文 10 項に根拠付けられることからして、私生活の権利は、家族生活の権利とは別個の自律した権利であるとの位置付けも読み取れる。この取扱いは、欧州人権条約 8 条が「家族的および私的な生活（vie familiale et privée）」の権利を保障すると規定し、従来 CEDH も両者をそれぞれ個別的・自律的なものと捉えなかったが、2003 年 10 月 9 日の

---

96)　Décision n° 2006–542 DC du 9 novembre 2006, *Rec.*, p.112.

97)　Décision n° 94–352 DC du 18 janvier 1995, *Rec.*, p.170. 同院はこのいわゆるビデオ監視に関わる判決のなかで、「私生活の尊重の権利の否認は、個人的自由への侵害をもたらす性質のものでありうる」と述べていた（判決理由 3）。

Slivenko 判決[98] で私生活の権利を自律的なものと位置付け直したこととの対比でみると意義深い。

　私生活の権利の自律的位置付けは、外国人、とりわけフランスにおいて家族生活を形成しない外国人にとって無視しえない重要性をもつものといえる。

　外国人法との関連では、私生活の権利に含まれる個人情報の保護も重要になってくる。憲法院は、1997年4月22日判決で、憲法的価値の要請である公の秩序の擁護の性質を帯びる違法移民対策から、外国人の指紋情報などの収集と利用の憲法適合性を認めるものの、「特別な保護」を享有する亡命申請者のデータ化された指紋情報ファイルへの行政警察（内務省管轄下の警察および憲兵隊）のアクセスを違憲とした（判決理由26）[99]。しかし、憲法的価値を有するこうした申請者情報の秘匿性の原理は、いわゆる欧州レベレでの Eurodac システム[100] の適用によって実際には無視されているといえる。というのも、同システムは、安全保障にかかわるすべての部局がアクセスできる亡命申請者の指紋情報ファイルを作成したからである。

　(c)　**社会的保護の権利**　　フランス領土で「安定的かつ正規に居住している」外国人には、社会的保護に対する権利が認められる[101]。この権利の憲法上の根拠規定としては、すべての者に対する健康の保護と物質的安定を保障する1946年憲法前文11項および1789年人権宣言1条の平等の原理であるが、とくに、国民と外国人、外国人と外国人との間の平等取扱が問題となってくる。

　まず、国民と外国人との平等取扱いに関して、憲法院は、1990年1月9日の判決[102]で、「平等原理は、異なった方法で異なった状況によって規律されることを禁じていないだけではなく、法律の目的に均衡した〔比例した〕一般利益（intérêt général、公益〔intérêt public〕のこと——著者）を理由として、例外的

---

98)　CEDH, 9 octobre 2003, *Slivenko c/ Lottonie, Rec.*,1998-I, § 94.

99)　2003年11月20日の判決（判決理由23）もあわせて参照。

100)　European Dactyloscopy の略。これは、ダブリンⅡ規則の適用を促進するため、亡命申請者および一定のカテゴリーの違法移民の指紋を比較するシステムで、加盟各国によって収集され、欧州委員会内の中央処理装置に集積された指紋情報が、加盟国の求めに応じて情報提供されるものである。2000年12月11日の理事会規則2725/2000（*JOCE*, n° L.316, 15 décembre 2000, pp.1-10）によって規定されている。

101)　Décision n° 93-325 DC, *op. cit.*, considérant 3.

102)　Décision n° 89-266 DC du 9 janvier 1990, *Rec.*, p.15.

取扱いがなされることを禁ずるものでもない」（判決理由5）とその一般原則を示し、直後の1月22日の判決[103]のなかではより具体的に、「立法者は、共和国領土に居住するすべての者に認められる憲法的価値の基本的な自由および権利を尊重する諸条件に、外国人に対する特別な規定を設けることができる」（判決理由33）ものの、負担をともなわない社会的扶助手当の享有からフランスに正規に居住する外国人を排除することは、憲法上の平等原則に違背すると判断した（同35）。

つぎに、外国人間の平等取扱いに関しては、子が家族呼寄せの枠組みで呼び寄せられた外国人家族だけに家族手当の支給を限定する条項の合憲性が争われた2005年11月15日の判決[104]のなかで、「すでにフランスに入国していた子の正規化が、家族呼寄せの枠組みのなかで行われるような場合には、この子にもこの権利が開かれなければならない」（判決理由18）と述べ、いわゆる「その場での（sur place）」家族呼寄せが認められるべきとの解釈留保を加え、この規定を合憲と判断し（同19）、厳格性を緩和している。

ただし、違法状態にある外国人については、社会的諸権利の享有から排除されても、平等原則に反しない。例えば、1993年8月13日の判決で憲法院は、正規に在留・労働する外国人は、法律の目的からして、国民と異なった状況にあっても平等に取り扱われるが、非正規の外国人は正規の外国人と同じ状況になく、違法状態にある外国人は、社会保障基金への加入や給付を享有できないことを明らかにした（判決理由118）。

ここでは、1946年憲法前文11項の適用も問題となってくるが、憲法院はこの条項について、年齢、身体的・精神的な状態、または経済的状況を理由に、労働の不能な状態にあるすべての人間は、適切な生存手段を共同体から得る権利を有すると述べたが（同124）、その適用様式の決定権限は、同項の諸原理の尊重のもと、それぞれの権能に応じて、立法府および政府に帰属し（同125）、疾病年金、老齢年金、家族・扶助・住居の手当[105]の付与の条件として、在留の正規性（régularité）を課すことは憲法に違背しないと判断している（同127および同130）。

---

103) Décision n° 89-269 DC du 22 janvier 1990, *Rec.*, p.33.
104) Décision n° 2005-528 DC du 15 décembre 2005, *Rec.*, p.157.

②　外国人に認められない権利または制限される権利

　外国人の権利保障の可否をめぐって最も問題となるのが、国家主権の行使に関わる権利である。同院の主要な判決が示しているように、「憲法的価値を有するいかなる原理も、また、いかなる規範も、外国人に対して、国の領土に入国し在留する一般的かつ絶対的な権利を保障するものではな」[106]く、また、「国民主権の行使の本質的諸条件」に違背する政治的諸権利も外国人に開かれないのである。

　入国と在留の権利に関しては、第Ⅰ章および第Ⅱ章でも取り上げることから、ここではとくに、政治的諸権利からの外国人の排除の可否と程度について、選挙権および被選挙権と公務就任権に分け、簡略にふれておく。

(A)　選挙権および被選挙権 (droit de vote et d'éligibilité)[107]

　フランスでは第三共和制以来の憲法的伝統により、選挙権と被選挙権とを区別して議論されることはない[108]。両者は、完全な対称性をなすものではないが、表裏一体の関係にあり、一方が認められれば、同時に他方も認められる。

　1958年憲法3条4項は、「民事上および政治上の権利を享有する成年の男女フランス国民はすべて、法律の定める要件に従い、選挙人である」と規定し、国籍を有するフランス市民に政治的諸権利の享有を限定している。これにはUE市民に関する限定的な適用除外が存在する。

　マーストリヒト条約は、いわゆる「欧州市民権 (citoyenneté européenne)」を創設し、条約加盟国に居住する、自国の所属民ではないUE市民（条約加盟諸国の国籍保有者）が、その居住国においてその国民と同じ条件で、地方選挙権お

---

105)　児童に対する社会扶助手当 (prestation d'aide sociale à l'enfance)、居住・社会復帰センターへの入所における社会扶助 (aide sociale en cas d'admission dans un centre d'hébergement et de réadaptation sociale)、保険施設 (établissement de santé) によって免除される医療における医療扶助 (aide médicale)、は支給される（判決理由126）。

106)　Décision n° 93-325 DC, *op. cit.*, considérant 2 ; Décision n° 97-389 DC, *op. cit.*, considérant 36.

107)　「被選挙権」という場合、'l'éligibilité' と表現される場合もあるが、ここでは、マーストリヒト条約のなかでも用いられ、また、同条約の合憲性を審査した1992年4月9日の憲法院の判決でも使用されている 'droit d'éligibilité' という表現を前提にしている（正確には、'droit de vote et d'éligibilité' として用いられている）。この表現は、選挙人となる資格というよりは、「選挙人となる権利 (droit d'être éligible)」を意識させるものである。

108)　L. FAVOREU et Patrick GAÏA, Les décisions du Conseil constitutionnel relatives au traité sur l'Union européenne, *RFDC*, n° 11, 1992, p.391.

および欧州選挙権[109]を有することを規定していた（同G条、現行UE運営条約20条および22条）。フランスでは、憲法院が1992年4月9日の判決[110]で、同条項中とりわけ地方選挙権に関する部分について、「フランス国民だけ(seuls les nationaux français) が、地方公共団体の審議機関 (organe délibérant) の任命のために行われる選挙の選挙権と被選挙権を有する（強調著者）」（判決理由26）と述べ、選挙権および被選挙権から外国人が排除されることを明示していたことから、同年6月25日に憲法改正が行われ[111]、新たに88条ノ3が1958年憲法中に挿入された。これによると、(i)市町村会選挙の選挙権・被選挙権が、フランスに居住するUE市民にのみ (seuls citoyens de l'Union) 付与されること、(ii)同市民は、市町村長・助役・元老院議員選挙の選挙人・同選挙人の選挙人となることができないこと、とされた。こうしてUE市民にも選挙権および被選挙権が開かれることになったが、依然として国政レベルへの参画は直接にも間接にも二重に認められていない[112]。条約を根拠とするものであるとしても、フランス社会への統合の重要な指標の一つである居住期間を問うことなく市民権を認めることは、フランスの伝統にはなかったものである。

　他方、同条の反対解釈として、UE市民以外の外国人は、たとえその居住期間が長期に渡り、フランス社会への統合が進んでいるとしても、地方レベルお

---

109)　欧州議会選挙に関する憲法院判決の評価を手掛かりに、フランスの国民主権概念を検討するものとして、拙稿「フランスにおける欧州議会選挙に関する一考察——憲法院判決の評価を中心に」広島法学20巻2号（1996年）117～162頁参照。

110)　Décision n° 92-308 DC du 9 avril 1992, Rec., p.55. この判決に関しては、例えば、辻村みよ子「UE条約（マーストリヒト条約）の憲法適合性——マーストリヒト第1判決」辻村編、前掲『フランスの憲法判例』24頁以下参照。

111)　フランスが締結した国際協約に、憲法に違反する条項が含まれるときは、憲法の改正後でなければ、当該協約を批准または承認することができないため（1958年憲法54条）、憲法院による違憲判断後、1992年6月23日両院合同会議（コングレ〔Congrès〕）で新たに88条ノ3が加えられ、UE条約の適用のための憲法上の障害が取り除かれた。

112)　1992年6月25日の憲法改正により、UE市民には、市町村選挙 (élections municipales) における選挙権・被選挙権が付与されることになったが、市町村長もしくは助役の職務は行使できず、また、元老院議員選挙の選挙人の選挙または元老院議員の選挙には参加できないものとされた（1958年憲法88条ノ3）。これは、国民議会議員とともに主権を行使するものとされる元老院議員（同3条および24条）は、地方公共団体の代表を確保するものとされ、その選挙人は、県選出国民議会議員、県選出レジオン議会議員、県議会議員および市町村議員またはその代理によって任命されることから、UE市民が、直接または間接に、元老院議員の任命に関わることで、主権の行使に関与することを回避するためである。詳しくは、拙稿、前掲論文、広島法学20巻2号、117頁以下参照。

および欧州レベルでの選挙権および被選挙権を一切有しない[113]。近時、行政裁判所が、「外国籍を有する者を含む市町村の住民すべて（ensemble des habitants de la commune）に地方投票（consultation locale）を開く市町村会の決議（délibération）」を取り消した[114]のも、こうした文脈による。

(B)　公務就任権

CE創設条約39条（現行UE運営条約45条）2項は、加盟諸国出身労働者間の雇用における国籍を理由とした一切の差別的取扱いを禁ずるとともに、同4項で、「公務における雇用（emplois dans l'administration publique）」に関する適用除外を規定していた。CE司法裁判所（Cour de justice des communautés européennes、以下CJCEと略す。現在はUE司法裁判所〔Cour de justice de l'Union européenne、以下CJUEと略す〕）は、この条項を「公権力および国家の一般利益の擁護に関わる責務の行使に権限を有する資格での行政機関の特別な活動の特性を帯びる」雇用を対象とするものでしかないと限定的に解釈していた[115]。

これを受ける形でフランスも、1991年7月26日の法律[116]によって、CE加盟諸国民に、「職掌（attributions）が、主権の行使と分離されるか、国家または他の地方公共団体の公権力の諸特権の行使の直接的または間接的な参画に何ら関わらない、組織、職務および職種における管理職への就任可能性」を開いた。この法律の合憲性を審査した憲法院も1991年7月23日の判決[117]で、すべてのフランス市民に平等な公務就任権を保障する1789年の人権宣言6条は、「市民にだけ（seuls citoyens）公職を留保するものと解釈することはできない」（判

---

113)　フランス議会では、こうした外国人にも地方選挙権を付与するため議員による憲法改正案の提出がみられるが、可決に至らないのが常である。ただし、2012年に就任した社会党のF・オランド（François Hollande）大統領は、選挙公約として、2014年の地方選挙から非CE出身者が地方選挙権を行使できるための制度の改正を宣明していた。これは、UE市民の特例は別に、フランス国籍・市民権を有さない外国人への地方選挙権の一般的開放を意味することから、政治的には国論や党派を二分するきわめてセンシティヴな問題となる可能性があり、憲法的にはフランスの伝統的市民権概念の放棄や政治的代表制のあり方に関する問題が生じうる。社会党は、すでに1981年にF・ミッテラン（François Mitterrand）大統領が選出された選挙の際に同じ公約を掲げていた（本章第3節4(1)参照）ものの、世論の消極さもあり実現には至らなかった。

114)　TA Cergy-Pontoise, 4 septembre. 2002, n° 0203606, *Préfet de la Seine-Saint-Denis.*

115)　CJCE, 17 dec. 1980, aff. 149/79, *Commission c/ Belgique.*

116)　Loi n° 91-715 du 26 juillet 1991, *JO*, n° 174 du 27 juillet, p.9952.

117)　Décision n° 91-293 DC du 23 juillet 1991. *Rec.*, p.77.

決理由8) のであり、また、同法が共同体所属国民等に開いている公務は、国民主権の行使と分離されるものにとどまることから「国民主権の行使の本質的諸条件」への違背はないと判断したのであった（判決理由11および13)。その後、この権利はEEE加盟諸国およびスイス国民にも拡張された。現在では、2003年1月6日のデクレ[118] が開かれる公職のリストを掲げている。

③ 亡命権（庇護権）と家族生活の尊重の権利の重要な位置付け

先にふれたように、フランス憲法には「外国人」を享有主体として明示する一般的な保障条項は存在せず、「人」一般としての範疇から「外国人＝国籍不保持者」の特殊性を考慮し、権利の性質に応じて、具体的に保障される権利の可否と程度が判断される。

しかし、その権利の性質・内容からして、特定の条件に合致する場合に限定されるが、外国人だけを対象に保障される権利がある。いわゆる亡命権（庇護権）がそれである。1946年憲法前文4項が、自由のための行動によって迫害された「すべての者（tout homme)」に共和国領土における庇護を保障し、また、1958年憲法53条ノ1第2項が、自由のための活動を理由に迫害され、または他の理由でフランスの保護を求める「すべての外国人（tout étranger)」に庇護を付与する国家の権能について規定しているのがその例である。前者は、すべての「者」という表現をしているが、亡命権の性質上、これは「外国人」と読み替えられなければならないことは明白であろう。

他方、家族生活の尊重の権利は、外国人だけを対象とするものではないが、権利保障の恩恵を最も受けうるのが外国人家族であろうことは、フランス国民に対しては問題とされることはほとんどない家族呼寄せ権がこの権利の中心に据えられていることをみれば理解できる。例えば、1993年8月13日の憲法院判決が、家族の積極的保護を規定する1946年憲法前文10項を根拠に、在留の正規性と安定性を条件に、フランスに居住する外国人が「正常な家族生活を営む権利は、とりわけ家族呼寄せ権[119] を含んでいる（強調著者)」（判決理由70)と言及していることからも、認識されるであろう。

---

118) Décret n° 2003–20 du 6 janvier 2003, *JO*, n° 8 du 10 janvier, p.550.

119) 「家族生活の尊重の権利」、「正常な家族生活を営む権利」および「家族呼寄せ権」の関係ないしは相違については、第Ⅱ章第2節参照。

第1節 「外国人」の定義と憲法上の地位　31

　とくに、亡命申請者ないしは難民が、家族生活の尊重の権利を主張するとき、亡命権と家族生活の尊重の権利とが密接な結合性と相補性を有することになる[120]。家族離散と難民の発生の結び付きは深いものなのである。

　戦後制定された欧州諸国の憲法は、第二次世界大戦の法的次元における総括の一つといえるが、これら憲法における人権保障の特徴の一つは、亡命権の保障規定と家族の積極的保護規定の存在であることからすると、両権利への関心は、戦後欧州の共通認識であったとさえいえそうである。

　この関心は国内法レベルにとどまらない。1950年代以降、欧州の主要国は、外国人の両権利に関わる条約を締結し、移民に対する共通の規制を行うのである。すなわち、家族生活の保護に関しては1950年11月4日の欧州人権条約（Convention européenne de sauvegarde des droits de l'homme et des libertés fondamentales）が、亡命申請に関しては1952年のジュネーヴ条約[121]がそれに当たる。加盟各国は、国家主権の行使として、条約から生ずる諸権利を条件付ける権限を有するとしても、国際法ないしは欧州法の枠組みのなかで、移民の流入に関するこれら二つの権利に配慮する必要が出てくることになる。それはまた、移民のコントロール政策のなかで、両権利の規制が重要な課題となることも意味している。

　すでに指摘したように、とくに1980年代以降、欧州諸国が移民の受入れを原則として禁止する政策へと転換しつつ、あわせてUEの展開に対応したいわゆる外部的国境における移民の共通した流入規制を行うなかで、亡命と家族呼寄せの申請が、この規制のドアを開く鍵の働きを演ずるのである。

　欧州における1990年代の論争の中心は、亡命権に関わるものであったといってよいであろう[122]。それが国内的に発現したのが、ドイツやフランスにおける亡命権をめぐる憲法改正論議である。他方で、2000年代の論争の中心は、家族生活の尊重の権利をめぐるものであろう[123][124]。それはとりわけ欧州人権

120）　これについては、第Ⅱ章第4節1(1)②参照。
121）　ジュネーヴ条約は、「1951年1月1日以前に」「欧州」で生じた事件で難民となった者を対象とするものであった。それは、ドイツにおけるナチスの迫害から逃れたユダヤ人難民をはじめとする難民を念頭に、第二次世界大戦の戦後処理の一環として成立した背景を有する。1967年10月4日の「難民議定書」——いわゆるニューヨーク議定書——は、東西冷戦の結果として、東側からの難民を受け入れる政治的意図から、ジュネーヴ条約の時期的・地理的制約を取り除いた。

32   序章　戦後フランスにおける外国人の権利保障（概説）

条約の欧州人権裁判所（Cour européenne des droits de l'homme、以下 CEDH と略す）による判例の展開と国内法（判例も含む）への編入という形で特徴的に行われる。

亡命権の保障と家族の保護とは、伝統的に「亡命地（terre d'asile）」とされ、また、家族移民（immigration familiale）の多さが特徴的なフランス[125]において、外国人の権利保障のあり方を映し出す鏡の役割を演ずるにとどまらず、広く、第二次世界大戦後の欧州の諸憲法における外国人の権利保障と外国人法の展開、そしてフランスによって牽引されてきたともいえる欧州レベルでの共通した移民政策の展開をも映し出すものといえる。

本書が、戦後欧州における外国人の権利保障の展開のなかでフランスを取り上げ、また、外国人の権利のなかでもとくに亡命権と家族生活の尊重の権利の

---

122)　UE 主要 5 か国の亡命申請数の 1990 年代の推移を表に示すと以下のようになる。

	1992 年	1998 年	1999 年	2000 年	2001 年	1998/2001〔%〕
イギリス	24,600	56,600	87,700	98,900	88,300	＋ 56
ドイツ	438,190	98,644	95,113	78,564	88,287	－ 10
ベルギー	17,650	21,965	35,778	42,677	22,000	＝
オランダ	20,345	45,217	39,299	43,895	32,574	－ 28
フランス	28,872	23,791	39,071	52,605	79,801	＋ 235

　　出典：AN, Rapport, n° 817, 29 avril 2003, p.7.

　　1999 年以降のフランスでの申請件数中には、ジュネーヴ条約上の亡命申請に加えて、後述の「領土的庇護」も含まれている。なお、2000 年代のフランスにおける亡命申請者の推移については、例えば、OFPRA, Rapport 2010, p.10 を参照。これによれば、2004 年を境に申請者数は減少に転じたが、2007 年以降再び増加に転じていることがわかる。
123)　H. LABYLE, « Le droit des étrangers au regroupement familial, regards croisés du droit interne et du droit européen », RFDA, janvier-février 2007, p.101.
124)　2000 年代における家族移民の推移については以下のとおりである。

	2000 年	2001 年	2002 年	2003 年	2004 年
フランス国民の配偶者	29,946	35,632	43,988	50,192	49,888
フランス国民の子の親	4,445	5,184	7,087	9,445	10,358
家族呼寄せ	21,404	23,081	27,267	26,708	25,420
個人的・家族的関係	50,930	5,564	7,123	10,642	13,989
その他 ＊	2,721	3,150	3,370	3,058	2,964
合計	63,609	72,611	88,835	100,105	102,619

　＊家族呼寄せ以外の外国人配偶者（難民または無国籍者の家族）、家族呼寄せ以外の子、尊属

　　出典：AN, Rapport n° 3058, 26 avril 2006, p.139. この表の数値は、ANAEN からのものである。なお、2005 年の家族呼寄せによる入国者数は、2 万 2978 人である。Id., p.145.

125)　Géraud-François DUMONT, « L'immigration et l'Europe », R.P.P. n° 1046, janvier-mars, 2008, pp.30 et 31. G-F・デュモンは、これ以外の特徴として、職業従事労働者の入国の大幅な減少と亡命申請者の出身地の多様性を挙げている。

保障を考察の中心に据える理由もまたここにある。

第2節　外国人法の法源と権利の保障制度[126]

　前節で検討したように、1980年代まで、外国人の権利保障は、通達、そして行政立法であるデクレによって規律されていた。ここでは、合法性（légalité）の確保を通して、コンセイユ・デタが中心的役割を演じていた。行政立法による規律は、好調な経済状況を背景に、外国人労働者の問題が、議会における政治的な議論の俎上に載ってこなかったということでもある。しかし、景気の減退と難民の大量流入、それに対する欧州レベルでの共通した取組みの必要性や外国人の権利保障の要請等から、1980年1月10日のボネ（Bonnet）法[127]は、35年間の沈黙を破って、外国人の入国・在留を規律する1945年11月2日のオルドナンスを修正した。これ以降、政権交代の度ごとに同オルドナンスを修正する法律が議会で審議され成立することになった。それに応じる形で、外国人法の領域においても、憲法適合性（constitutionnalité）のコントロール機関としての憲法院の判決と政策決定における役割もまた増大することになる。

　他方で、コンセイユ・デタや破毀院も、欧州人権条約の国内的適用を図り、いわゆる条約適合性（conventionalité）のコントロールを介して、外国人の権利保障を担っていく。ここでは、CEDHの判例が主導的役割を演じる。

　フランスにおける権利の保障、とくに外国人の権利の保障は、国内レベルと欧州レベルにおける二元的ないしは重畳的保護構造のなかで、それぞれのレベルにおいて、立法／司法（なしは裁判）（フランスでは、憲法院、コンセイユ・デタそして破毀院による多元的構造）／行政を担当する国内諸機関間、欧州諸機関間、そして国内欧州諸機関間のそれぞれにおける保護システムが、四方縦横垂直水平に相互浸透的に作用することによって、促進されている現状が浮かび上がってくる。

---

126)　フランスにおける外国人の人権または権利の保障を全体的に概観する邦語文献としては、例えば、光信一宏「フランスにおける外国人の人権」山下健次・中村義孝・北村和生編『フランスの人権保障』（法律文化社、2001年）211～226頁、拙稿「フランスにおける外国人の人権」畑博行・水上千之編『国際人権法概論　第4版』（有信堂、2006年）198～222頁参照。

127)　Loi n° 80-9 du 10 janvier 1980, *JO*, 11 janvier, p.71.

ここでは、外国人法の主要な法源とその保護制度について個別的に概説する。

1　外国人法の法源

(1)　国内法源

①　憲法ブロック

現在「憲法ブロック」として合憲性の統制における最高法規群を構成するのは、1958 年憲法典、1789 年の人および市民の権利宣言、1946 年憲法前文そして共和国の諸法律によって認められた基本的諸原理、そして環境憲章である。詳しくは、本章本節 1 (2)(B)参照。

②　法律 (Loi)

(A)　「法律事項」と「命令事項」

フランスでは、憲法により法律事項として列記されている事項 (同 34 条) 以外の事項は、命令事項とされ (同 37 条)、政府がデクレの法形式で規律できる。

1958 年憲法 34 条は、「市民権、および公的自由の行使のために市民に認められる基本的保障」を法律事項としている (同条 2 項 1 号)。フランスの伝統的概念付けによって市民権と国籍が同一視され、また、公的自由が認められるのは市民だけであるとすれば、この条項の規定に従えば、外国人の入国および在留は、命令事項に属するものともいえる。他方で同条はまた、「人の身分」に関わる (同条 2 項 2 号) 事項を法律事項としており、外国人の入国および在留がこれに関わるとすれば、命令事項とは言い難くなる。いずれの事項に属するのかをめぐってこれまで明確な準則はなかった。この問題は、まさに 1984 年に、1945 年のオルドナンスを修正し、10 年間有効な単一の正規在留許可証を創設するにあたって、政府内で生じた論争であった。この時は、在留資格の修正は、外国人の身分の本質的要素であり、それ自体「公的自由」の対象となり、したがって法律事項に属するとの主張が政府内でも受け入れられた[128]。

いい方を変えると、34 条中の「市民」という語は、それ程厳密な意味で捉えられるのではなく、同条はむしろ「自由」一般の制度を確定する権限を立法府に帰属せしめるものとして拡張され、そのなかに、外国人が享有できるか、ないしは享有しなければならない自由も含まれるということになろう。これは、

---

128)　P. Weil, *La France et ses étrangers*, folio histoire, Gallimard, 2005, p.257.

1993年8月13日の判決で、憲法院が採用した立場であるともいえよう。

　したがって、外国人法に関しては、憲法院によって承認された基本的諸原理を尊重しつつ、諸準則を定め、公的諸機関が関与するケースと様式を確定する権限を有するのは、立法府ということになる。

⒝　外国人の入国・在留および亡命権に関する法典

　従来、外国人の入国および在留に関しては1945年11月2日のオルドナンスが、亡命権の行使に関しては1952年7月25日の法律が規定していた。この両者を統一的に法典化し、外国人法における普通法を構成することになったのが、CESEDAである。

　2004年11月25日には、CESEDAの立法部分に関するオルドナンス[129]が、官報（Journal Officiel、以下*JO*と略す）に公表され、1945年11月2日のオルドナンスおよび1952年7月25日の法律は廃止された（同オルドナンス4条）。また、施行は2005年3月1日と定められたものの（同6条）、1945年11月2日のオルドナンスの一定の条項については、同法典の行政立法条項——いわゆる行政立法部分——の公表からしか効力を有さないものとされた（同5条）。これは、1945年のオルドナンス中には、1958年憲法の規定する法律事項と命令事項とが混在し、後者に属するものと考えられる条項は、立法部分に編入させることができないからである。

　同法典は、その名称が示しているように、フランスにおける外国人の入国・在留および亡命権の行使に関する諸条件を規律しているが、その延長として、国外追放、国外退去および出国義務という送還措置、さらには規定に服さない場合の制裁措置についても規定している。

　具体的にみてみると、CESEDAは、つぎの8編から構成されている。すなわち、1編「外国人および一定の国の国民に適用される一般的条項」、2編「フランスへの入国」、3編「フランスでの在留」、4編「家族呼寄せの条件」、5編「送還措置」、6編「規制および制裁」、7編「亡命権」そして8編「共通条項および諸規定」である。

　行政立法部分も、上記の立法部分と同じ章立て同じ条文番号付けで、2006年11月15日に*JO*に公表された[130][131]。

129）　Ordonnance n° 2004-1248 du 24 novembre 2004, *JO*, n° 274 du 25 novembre, p.19924.

この法典化により、外国人法に関する構造は組織的なものとなり、また、フランスで職業活動を行う外国人に適用される労働法典や商法典の一定の条項が再録されたこともあり、より理解しやすいものとなったといえる。

ただし、1編および8編は依然として明確さを欠く。また、1998年のシュヴェヌマン法以降放棄されていたといえる移民と亡命という二つのものを一つの構想で扱う行き方に復帰し、移民の枠組みにおける入国・在留・送還に関する条項と、亡命権に関するそれとを合体している。こうした行き方は、欧州次元で共通したものであるが、亡命権の保護におけるフランスの共和主義的伝統の観点からして、亡命権を移民政策のに埋没させ、その保護を弱めることになるのではないかとの危惧もなくはない。

③　行政立法（通達を含む）

(A)　行政立法の領域と作用

行政立法は、まず、その制定者が行政機関であることから、国民投票を介した人民の主権や議会の立法権の行使による立法とは区別され、つぎに、その範囲が、一般的であることから、特定の個人が対象とされる行政による個別的決定とは区別される。

1958年憲法の法律事項と命令事項との棲み分けにより、行政立法権は、34条によって法律事項とされる領域においては自律的に規定できない。逆に、37条によって命令事項とされる領域にあっては規定できることになる。

ただし、行政立法権は同時に法律の執行権でもありうることから、法律の規定自体には含まれないものの法律の適用を可能とする細則を規定することで、法律の適用を図ることはできる。この場合でも、法律の執行にとどまらず、自ら命令を付加するものは、違法とされる[132]。

(B)　行政立法の諸様式

自律的立法または法律の執行としての行政立法には、その様式として一般に、

---

130)　Décret n° 2006-1377, 14 novembre 2006, *JO*, n° 264 du 15 novembre, p.17152.

131)　行政立法部分に関して、« R* » は、大臣会議で審議されたデクレ（Décrets en Conseil des Ministres)、« R » は、コンセイユ・デタで審議されたデクレ（Décret en Conseil d'État)、« D » は、コンセイユ・デタの事前的諮問に付されないデクレ（Décret simple）の分類と表記がなされる。

132)　CE, 9 février 1994, n° 134334, *GISTI et Association Intercapa Solidarité Étudiants Étrangers*.

第2節　外国人法の法源と権利の保障制度　37

デクレ、アレテそして通達（circulaire）がある。

　まずデクレであるが、これは行政立法の一般的な様式であり、首相の署名または担当大臣の副署によって制定される（1958年憲法21条および22条）。法律によって事前にコンセイユ・デタへの諮問が求められる場合もある。憲法院の判決によれば[133]、行政立法権は、憲法34条が法律領域に位置付けた基本的諸原理や準則を再問題化することのない立法的性質の諸条項を修正することができる。それゆえに、例えば、1945年11月2日のオルドナンス23条によりその時までは内務大臣の権限とされていた外国人の国外追放措置を宣告する権限は、デクレにより県知事（パリにあっては警視総監、以下両者を総括して県知事等と略す）に委譲されたのである[134]。外国人の入国および在留の諸条件に関する主要な行政立法の法文は、従来多くのデクレによって規律されていたが、現在ではCESEDAの行政立法部分に集められている。

　つぎにアレテである。これは、法律の規定または1958年憲法21条によって首相に与えられていた規則制定権の委任を受けた大臣が、その委任事項に関して発するものである。

　最後に通達であるが、これは、適用法文を指示したり、統一した公式の解釈を提供したりするために、大臣が自らの所管に属する部署に命令を与えるために発するものである。しかし、時として大臣はこれにとどまらない規則を制定したり、現に有効な立法条項や行政立法条項に新たな条項を付加したり、現存する規則を修正したりすることがある。大臣は、憲法上こうした権限を有さないことから、この場合のように規則制定的な通達（circulaire réglementaire）は、コンセイユ・デタによって無権限を理由に違法なものとされる[135]。

　外国人法の領域においては、対応すべき大量かつ多様な状況と様式の関係から、他の領域におけるよりも通達が多く、また、その多くは公表されず、また、関係外国人は通達の存在や内容を認知していないことが多く、外国人の権利・利益の保障にとって好ましいものではなかった。現在では、ウェブサイト上で

---

133)　Décision n° 96–179 DC du 14 octobre 1996, *Rec.*, p.115.

134)　Décret n°97–24 du 13 janvier 1997, *JO*, 16 janvier, p.764. なお、1945年のオルドナンス23条は、CESEDA L.521–1条となっている。

135)　例えば、CE, 13 janvier 1975, n°90913, *Da Silva et CFDT, Rec.*, p.16 ; CE, 27 septembre 1985, n°54114, *GISTI, Rec.*, p.260 参照。

の公開が義務付けられている[136]。

なお、法律または規則にその根拠を見出すことのできない通達は、その対象となる者にいかなる権利をも付与するものではない[137]。逆に、このことは、有利な条項でも、行政機関が適用しなければ外国人はそれを享有できないことも意味している。

(2) 国際法源

国家は、主権を行使しうるあらゆる事項について、諸外国と条約や協定を締結することができる。

フランスでは、適法に批准または承認された条約または協定は、他方当事国によるその適用を留保条件として、公布後直ちに法律に優越する権威を有する（1958年憲法55条）。

ここでは、適用の地域的範囲から、二国間協定、共同体法、欧州法そして国際法に区分し、外国人法の法源をみていく。

① 二国間協定

住居、犯罪人引渡し、社会保障基金、兵役、租税をはじめこの協定が締結される分野は少なくない。ここでは、これらについて簡略に説明を加えておく。

(A) 居住協定

フランスでは、通常、アルジェリアやチュニジアなど労働力を提供する旧植民地国との間で締結されるものが多いといえる。

この協定が存在する時には、憲法を除く同一の目的を有するフランス国内法上の諸条項に優越した法的効力を有する結果、1945年11月2日のオルドナンス（現CESEDA）の適用が排除され、同オルドナンスの適用を緩和する立法条項によってその後規定された10年間有効の正規在留許可証を当然に交付されないという不利な条件を甘受しなければならないことにもなっていた[138]。

---

136) 通達の公表条件に関する2008年12月8日のデクレ（Décret n° 2008-1281 du 8 décembre 2008, *JO* n° 287 du 10 décembre, p.18777）が、大臣通達は首相府管轄のインターネットのウェブサイト上で公開されるべきこと、このサイトに掲載されない通達は適用されないことを定めている（1条）。

137) 例えば、CE, 21 novembre 1994, n° 146608, *Albayrak, Rec.*, pp.439–440参照。

138) CE., 9 janvier 1991, n° 106856, *Ministre de l'Intérieur c/ Bezzaouya.*

(B) 犯罪人引渡し協定

犯罪人引渡しに関する二国間協定は、19世紀末から20世紀初頭に増加し、フランスでは、1927年3月10日の法律[139]がこれに関して規定を設けた。ここでは、犯罪人引渡しの条件、手続、効果について規定されるものとされたが、あくまでもこれらに関する「条約がない場合」で、条約によって規律されていない事項に適用されることが定められていたことから（同法1条）、補充的性質を有するにすぎなかったといえる。

ドイツやオーストリアとの協定をはじめ欧州諸国との協定の多くは、第二次世界大戦後再交渉され、1957年12月13日、欧州政治犯罪人引渡し協定（Convention européenne d'extradition）[140]という欧州レベルの協定の締結に至った。他方で、イスラエルやアフリカ諸国など新興独立国との協定も締結されているが、すべての外国に及んでいるわけではない。

(C) 社会保障基金協定

フランスに居住する外国人の約4分の3が、疾病保険、老齢保険、家族手当に関して、出身国との間で締結される二国間協定によってカバーされるものの、近年は、出身国の多様化によって関係する外国人人口が減少している。

この協定は、フランス国民との権利の平等と、外国人労働者または出身国での権利保持者に対する社会保障給付の支払を原則的なガイドラインとしている。

(D) その他の協定

他にも、所得税などへの二重課税の減少を目指す租税協定や、二重国籍保持者の兵役義務、とりわけその加重の制限に関わる兵役協定などが締結されることが多い。

とくに、国籍の取得等とも密接に関わる兵役に関しては、フランスの兵役法典が、平和時において、三つのカテゴリーに属する二重国籍保持者の兵役義務の免除を規定している（同法典L.38条）。それは、国籍を有するもう一つの国で18歳から21歳まで継続的に居住し、この国の徴兵に関する法律において正規に登録される者、同盟または防衛に関する協定をフランスとの間で締結した国

---

139) *JO*, 11 mars 1927.
140) この協定が発効すれば、引渡しに関する二国間協定が廃棄されることも規定されていた。この協定については、本節(2)③(B)参照。

の国籍保持者である者、フランスで高等教育を受けるために出身国を出国し出身国から入隊猶予された者、である。

② 共同体法

第二次世界大戦後、J・モネ（Jean MONNET）とR・シューマン（Robert SCHUMAN）の首唱により、フランス－ドイツ間の経済協調を介して、平和と民主主義を強化する意思をもって、欧州石炭鉄鋼共同体と欧州原子力共同体が創設され、その後、1957年3月25日、欧州経済共同体（CEE）を創設する条約が署名された。いわゆるローマ条約である。

このローマ条約と、後にふれる欧州人権条約とは、かたや経済的および社会的な発展を、かたや人権の擁護を図るという異なる目的を有するものであるが、いずれも共通した価値に立っている。

(A) ローマ条約

ローマ条約は、加盟諸国間での「関税および商品の輸出入における量的制限の排除」と「人、サービスおよび資本の自由な移動」の障害の除去とによって、「共同市場の確立と政治経済の漸進的接近」を使命とするもので（同条約1条）、外国人の権利の保障は、同条約の創設者にとって直接的な関心ではなかった。外国人が主体として登場しうるのは、あくまでも財・サービス・資本の生産者としての経済主体の資格においてであり、必ずしも加盟諸国の国民と同じ制度に服するものではなかった。

「人の自由な移動」の原理は、第三国出身の外国人労働者も含めあらゆる労働者に保障されるが、移動が同条約によって保障される権利行使の前提条件とされることから、域内での移動がない限りこの条約の保障の対象とはならない。

(B) アムステルダム条約

この状況に質的変化をもたらしたのが、1997年10月2日のアムステルダム条約である。同条約は、UE条約（マーストリヒト条約）中に新たに『ビザ、亡命、移民および人の自由な移動に関する他の政策』とタイトルされた第IV編を創設し、移民および亡命政策を「共同体化」した。この共同体化までは、移民・亡命政策は、加盟諸国間の協働にとどまる「第三の柱」に位置付けられていた。共同体化によって、以後、移民および亡命政策は、条約251条の適用により、欧州委員会の提案により、欧州議会の意見を徴収した後、欧州理事会での特定

多数決[141) によって決定されるものとなった。これまでのように全会一致を必要とするものではなくなったのである。

また、同条約の付属第2議定書は、1985年のシェンゲン協定および1990年の同協定施行条約を含む法的枠組みであるいわゆる「シェンゲン・アキ」をUEの枠組みのなかに取り込んだ。これによって、シェンゲン協定の執行委員会の機能は、UE理事会と欧州議会に移った[142)。

さらに、亡命権との関係では、アムステルダム条約付属第6議定書——いわゆるアズナール（AZNAR）議定書——に留意しておかなければならない。これは、UE加盟諸国はすべて、人権を尊重する「安全な国」とみなされ、加盟諸国民よる亡命申請は、「明らかに根拠を欠くもの」と推定されると規定するものである。詳しくは、第Ⅰ章第2節2(2)④参照。

なお、UE理事会は、2007年2月15日、UE基本権局（Agence des droits fondamentaux de l'Union européenne）を創設する規則を制定した[143)。同局は、共同体法の適用にあたって基本権の尊重を扶助する目的から、共同体の機関や組織、加盟諸国に対して、基本権に関する補佐や知見を提供する目的を有する。

(C) リスボン条約

欧州憲法創設条約の批准には憲法改正が必要であるとの2004年11月19日の憲法院判決[144) に従った憲法の改正[145) 後に実施された2005年5月29日のレフェレンダムで、同条約の批准承認案が否決された[146)。その後これに代わるものとして2007年12月13日に新たに署名されたのがリスボン条約[147) である。

---

141)　特定多数決制とは、人口比に応じて加盟国に加重的に与えられた投票数の3分の2以上の賛成で、議決を行うものである。これによって、大国の利益の優先はできず、また小国の票だけで意思決定もできないという仕組みとなっている。山根裕子『新版　EU/EC法——欧州連合の基礎』（有信堂、1995年）84頁。

142)　UE参加国とシェンゲン協定加盟国とは、必ずしも一致するものではない。第2議定書によって、シェンゲン執行委員会の機能が、UEに移管されたことは、シェンゲン条約には加わってはいるが、UEには参加していないノルウエーやスイスのような国の発言権が反映されないことを招来するものである。

143)　Règlement（CE）n° 168/2007 du Conseil du 15 février 2007, *JOCE*, n° L.53 du 22 février, pp.1–14.

144)　Décision n° 2004–505 DC du 19 novembre 2004, *Rec.*, p.173.

145)　Loi constitutionnelle n° 2005–204 du 1er mars 2005, *JO*, n° 51 du 2 mars, p.3696. この改正では、リスボン条約の発効を想定し、15章が大幅に手直しされ、同章にあわせて、同章の規定する国民投票に対する憲法院の適法性監視に関する60条が修正された。

憲法院は、2007 年 12 月 20 日の判決[148]で、同条約の批准には憲法の事前の改正が必要である判断した（判決理由9）。ただし、UE 基本権憲章と UE の欧州人権条約への加入という基本権に関する修正については、すでに 2004 年 11 月 19 日判決で、批准のための事前の憲法改正は必要ないと判断していたことから（それぞれ判決理由22 および13）、条文番号の補正にとどまる今回の修正についても、条文の内容および国民主権の行使の本質的諸条件への効果のいずれにおいても、憲法改正は必要としないと判断した（判決理由12）。

同院の判決に従って、両院合同会議で、1958 年憲法の XV 章が新たに修正され[149]、リスボン条約の批准が可能となった。同条約は、2008 年 2 月 13 日、今回は議会を介した手続によって批准され[150]、2009 年 12 月 1 日に発効した。

リスボン条約は、既存の基本条約を修正する形式をとったことから、従来の UE 条約は、新たな UE 条約に、CE 設立条約は、UE 運営条約に修正改称された。

この条約によっても、亡命と移民に関するつぎの三つの領域は、明示的または黙示的に、加盟各国の国家的権限に留保される。すなわち、明示的には、公の秩序の維持と国内の安全保障の擁護の領域が（UE 運営条約72 条）、黙示的には、国籍に関する領域と移民の正規化に関する領域が、留保されている。

ただし、リスボン条約は、旧条約では排除されていた、公の秩序の維持と安全保障の擁護を理由とする域内国境のコントロールの再設定に関して加盟各国が採用した措置に対する CJUE のコントロール権限を拡張した（UE 運営条約276 条）。同様に、国内裁判所から CJUE への先行判決手続（procédure préjudicielle）を求めることに関する制限もなくなった（同 267 条）。

---

146) フランスにつづいて 2005 年 6 月 1 日にはオランダも批准を否決した。この否決までに18 か国（2007 年 1 月に加盟予定のブルガリアとルーマニアを含む）が批准手続を終えていたが、この否決によって残りの 7 か国での批准手続が延期または凍結された。その後の熟慮期間を経て、代替案として署名されたのがリスボン条約である。

147) 正式名称は、「UE 条約および欧州共同体設立条約を修正するリスボン条約」である。2007 年 12 月 13 日に署名された。既存の基本条約に取って代わるものではなく、それを修正する形をとったことから「改革条約」とも呼ばれる。

148) Décision n° 2007–560 DC du 20 décembre 2007, *Rec.*, p.459.

149) Loi constitutionnelle n° 2008–103 du 4 février 2008, *JO*, n° 30 du 5 février, p.2202.

150) Loi n° 2008–15 du 13 février 2008, *JO*, n° 38 du 14 février, p.2712.

第2節　外国人法の法源と権利の保障制度　43

(D)　UE 基本権憲章

この憲章は、2000 年 12 月 7 日にニースで承認され、2007 年 12 月 12 日にストラスブールで再確認されていたが、リスボン条約によって、「基本条約と同一の法的価値を有する」（UE 条約 6 条 1 項）と規定され、加盟各国を拘束するものとなった。

憲法院は、2004 年 6 月 10 日の判決[151]で、共同体裁判官の管轄権を認めるにあたって、UE 条約 6 条への言及を介してこの憲章を参照した（判決理由 7）。つづく 2004 年 11 月 19 日の判決において、UE 内で刑事の確定判決により有罪または無罪とされた者を再度訴追または処罰してはならないとの憲章規定（欧州憲法創設条約 II –110 条、現憲章 50 条）を、もっぱら刑法に関するものであって、行政手続や懲戒手続に関するものではないとの留保を付することで（判決理由 20）、フランス憲法との両立性、すなわち、同憲章が憲法改正を必要としないことを明確にした（同 22）。なお、このことは、先の(C)でふれたように、2007 年 12 月 20 日の判決で確認されている。

とくに 2004 年 11 月 19 日の判決では、同憲章の憲法適合性を審査するために、初めて欧州人権条約が参照された（判決理由 18）。ここでは、同憲章の保障する宗教の自由（憲法条約 II –70 条 1 項、現憲章 10 条 1 項）が、フランス憲法に違背するかどうかを審査するにあたって、憲章の当該条項が、欧州人権条約 9 条と同じ意味と適用範囲を有するとの欧州コンヴェンション幹部会（praesidium de la Convention européenne）[152]の解説に依拠する形で、人権条約 9 条の保障する宗教の自由と、フランス共和国の非宗教性（laïcité）の原理（1958 年憲法 1 条）との両立性を認めることを介して、合憲の判断を下した[153]。ただしこの憲章は、加盟国を拘束するものの、共同体や UE に対して、新たな権限や任務を創出したり、諸条約で定められた権限や任務を変更するものでもない（51 条 2 項）。ま

---

151)　Décision n° 2004–496 DC du 10 juin 2004, *Rec.*, p.101.

152)　このコンヴェンションは、2001 年のラーケン欧州理事会で招集が決定され、欧州の将来像と欧州憲法創設条約の草案の起草と審議に当たった。議長には、V・ジスカール・デスタン（Valery GISCARD D'ESTAING）元フランス大統領が就任し、2003 年 6 月、テッサロニキ欧州理事会に草案を提出した。

153)　詳しくは、例えば、Claude WEISSE-MARCHAL, « L'application de la Charte des droits de l'Union européenne dans les ordres juridiques nationaux », *RUE*, n° 573, 2013, pp.601–608 参照。

た、憲章によって保障された権利は、必ずしも国内裁判官の前で直接援用され
うるものではなく、援用の可能性は、加盟各国がUE法を適用するときに限定
され、援用される権利も主観的権利（droits subjectifs）、すなわち原理（principes）
とは区別される狭義の権利（droits *stricto sensu*）である[154]。

③ 欧州法

第二次世界大戦後、民主主義の強化、ファシズムやナチズムといった全体主
義体制の復活の阻止、ソビエトの影響力の伸長に対する防波堤の形成を目的に、
人権尊重のイデオロギーに向けて、1949年に設立されたのが、欧州評議会で
ある。同評議会は、第一の目的を実現するために、1950年11月4日、いわゆ
る欧州人権条約を採択した。

(A) 人権および基本的自由の保護のための条約（欧州人権条約）

この条約は、1950年11月4日に署名され、フランスは、1974年5月3日に
批准した[155]。

この条約によって保障される権利や自由の享有者は、加盟各国の「法域に属
するすべての者（toute personne relevant de la juridiction）」であり、第三国出身外
国人も、権利や自由を侵害する行政的または裁判的決定の対象となる場合には、
当然ながら含まれる。

詳しくは第Ⅰ章および第Ⅱ章で検討するが、外国人との関係では、身体の完
全性が保障されない国への外国人の送還措置を禁ずるに至りうる3条（本来は、
拷問または非人道的なもしくは品位を傷つける取扱い等を禁ずるもの）、奴隷状態や強
制労働を禁止する4条、家族呼寄せや家族構成員の送還禁止を含みうる8条
（私的および家族的生活の尊重の権利を定めるもの）がとくに重要である。

---

154) この議論の展開過程で憲法院は、CEDH判決を援用し、人権条約9条が、「加盟国の憲法的
伝統と調和において」「CEDHによって常に適用されてきた」こと、またその伝統のなかには
非宗教性があることも法認されており、こうした憲法的伝統を考慮しつつ、宗教の自由と非宗
教性の原理とを調整するために、最も適切な手段を画定する広い評価権限を各国に委ねている
と述べている（判決理由18）。この判決のなかで援用されたCEDHの判決は、*Leyla Sahin c/
Turquie*（CEDH, 29 juin 2004, n° 44774/98）である。このケースでは、大学内でのイスラム・
スカーフの着用の禁止を定める規則とその適用措置が、欧州人権条約9条1項の宗教の自由の
保障に違背するかどうかを主な争点として争われたが、CEDHは、こうした規制は、同条2項
の定める目的と均衡を失するものではなく、「民主的社会において必要なもの」と思慮されう
るがゆえに、同9条の侵害はないものと判断した。

155) Décret n° 74-360 du 3 mai 1974, *JO*, 4 mai, p.4750.

欧州人権条約による保障体制が実効的であるのは、とりわけ個人による訴願の提起とCEDHによる事後的救済制度が組織化されていることによる。侵害を受けたと主張する個人は、国内的救済措置が尽くされたことを条件に（同条約35条）、同裁判所に訴えを提起できる。同裁判所の下す判決は、加盟各国を拘束する。とくに、1994年4月に同条約についての第11議定書が採択され、案件の受理可能性と本案の審理が常設機関とされた人権裁判所に一元化されて以降、その権威と機能は高まっているといえる[156]。

判決による制裁は、金銭的なものにとどまるとはいえ、非難されることの道徳的な影響は無視できず、フランスでも、最近のものでは*Gebremedhin*判決（第Ⅰ章第4節1②(B)(a)参照）後の対応にみられるように、CEDHの判決に適合させるために国内法や裁判例の変更を促される例が多くなっている。

リスボン条約の発効により、欧州人権条約の保障する基本権は、「UEの法の一般原則」を構成するものと規定され（UE条約6条3項）、また、法人格を有することになったUE自体も欧州人権条約に加盟することになった（同条2項）。これは、人権条約を批准したUE加盟国を超えて、UE自体に同条約が適用されることを意味している。

(B)　欧州政治犯罪人引渡し協定

この協定は、欧州理事会のもとで起草され、1957年12月13日にパリで署名された。フランスは、1985年12月31日に批准した[157]。同協定は、政治犯罪人の引渡し義務（1条）とそれが生ずる諸条件（2条）、およびその適用除外（3〜6条）を定めている。注目すべきは、引渡しを求められた政治犯罪人の状況が、人種、宗教、国籍または政治的意見を理由として加重される危険性のある場合（3条2項）、および引渡し請求国で死刑が科されうる場合（11条）には、引渡しが認められないとの原則を定めた規定である。この協定は、引渡しの可否を判断する国家の権限に関するもので、政治犯罪人の引き渡されない個人的権利を認めるものでないことには注意を要する。

---

156)　この議定書による組織改革以前は、受理可能性については欧州人権委員会（Commission européenne des droits de l'homme）が、本案についてはCEDHが担当するシステムであった。しかし、このシステムは、手続が複雑で遅滞が生じやすく、増大する請求を前に閉塞状態に陥っていた。第10議定書は、同委員会を廃止し、裁判所の構成に修正を加えた。

157)　Loi n° 85-1478 du 31 décembre 1985, *JO*, 1er janvier, p.14.

46　序章　戦後フランスにおける外国人の権利保障（概説）

(C)　欧州社会憲章（Charte sociale européenne）

　この憲章は、欧州人権条約と対をなすものとして、経済的・社会的諸権利の保護を目的に、1961年10月18日に採択されたが、その後修正を受け、最終的には1999年7月1日に発効した。フランスは、1999年5月7日に批准した[158]。

　労働の権利（1条）や公平な労働条件の権利（2条）をはじめとして、この憲章が保障する基本的権利の一定のものは、すべての労働者に適用される。

　なかでも19条の「保護および扶助の権利（droit à la protection et à l'assistance）」は、とくに外国人にも認められている。具体的には、無料の情報提供、報酬・団結権・労働協約の享有・税負担・訴訟参加における国民との平等取扱い、受入国の国語教育および移民労働者の子への母国語教育の権利、である。

　この憲章が保障する権利の侵害に対しては、欧州人権条約におけるような裁判所による救済制度はないため、その実効性は高いものとはいえない。各国は2年毎に欧州評議会事務局に対して報告書を提出し、専門家委員会による審査を受ける。同委員会の意見は、評議会の総会および同評議会政府社会委員会の小委員会に送付される。同小委員会は、大臣委員会に提出する報告書を作成し、大臣委員会は、各国に対して、慣行や立法、行政立法を改善するために、意見や勧告を提出することができる。

④　国際法

　先にみた共同体法や欧州法とは異なり、基本的に国際連合の枠組みのなかで組織される国際社会は、外国人法に関する法文をほとんど起草しなかった。というのも、移民政策が国家主権と結び付き、移民問題が加盟各国によって非常に異なった条件と用語によって説明されている現状から、統一的なアプローチを根拠付ける要素を欠いていたからである。しかし、外国人にとって以下のような重要な条約や協定が存在している。また、国際法の一角を形成する慣習国際法を構成する国際法の一般原理も重要な役割を有している。

(A)　世界人権宣言

　この宣言は、第二次世界大戦後初めて制定された人権に関する法文であるが、その名称が示しているように（正確には、「国連総会決議」である）、あらゆる法的強制力を欠いているというのが一般的な理解である[159]。ただし、その規定

---

158)　Loi n° 99-174 du 10 mars 1999, *JO*, n° 59 du 10 mars, p.3631.

の大部分は、14条を除いて、慣習国際法化して法的強制力を有するようになっていると主張されるとともに、同宣言のほとんどの条項は国際人権規約によって法的効力を付与されている。

　同宣言の14条は、「すべての者は、迫害からの庇護を他国に求め、かつ、これを他国で享受する権利を有する」と定め、形式的には「すべての者（toute personne）」と表現しているが、事実上、「外国人」のみを享有主体として想定する唯一の条文である[160]。規定の仕方からすれば、個人の主観的権利を保障しているようにみえるが、これに関する国家主権を制限するものではなく、加盟諸国は、庇護を付与する義務を負うものではなく、付与しうる権能を規定したものとされる。こうした解釈は、後でみるように、フランスの1946年憲法前文4項の解釈にも通ずるところである。

　この宣言によれば、「自国の統治に参与する権利」を保障する21条の政治的諸権利を除く基本的自由、例えば、財産権（17条）、思想・良心・宗教の自由（18条）、意見および表現の自由（19条）、集会および結社の自由（20条）、経済的および社会的諸権利の保障（22条ないし26条）そして文化的権利の保障（27条）に関しては、国民と同様に外国人にも保障される。

　他にも、外国人にとって重要な条文としては、移動と居住の自由および自国を含むいずれの国からも出国する権利を保障する13条、婚姻および家族形成の自由を定める16条1項がある。

⒝　難民の地位に関するジュネーヴ条約

　1967年1月31日のニューヨーク議定書[161]によって、時間的および地理的限定を取り除いた難民の地位に関するジュネーヴ条約（1951年1月28日署名）[162]は、外国人のなかでも特別な状況にある難民の保護を目指した国際的な法文である。

159）　ただし、セネガル共和国憲法のように（前文で、1789年のフランス人権宣言とともに1948年の世界人権宣言に明記された基本的権利の遵守を宣言している）、同宣言を自国の憲法に取り込んでいるアフリカ諸国にあっては、実定法上の効力を有しうる。

160）　他国で庇護を求める権利は、迫害を受ける自国からの出国を前提とする。世界人権宣言は、この点、13条2項で、自国を含むいずれの国からも離れる権利を保障している。なお、この条項は、自国民も対象としている。

161）　Protocole des Nations Unies, 31 janvier 1967 relatif au statut des réfugiés, *JO*, 18 avril 1971.

162）　Convention de Genève, 28 septembre 1951, *JO*, 29 octobre 1954.

48　序章　戦後フランスにおける外国人の権利保障（概説）

　この条約がフランス国内法において有する法的意義については後述するが、同条約はとくに、その生命あるいは自由が脅威にさらされるような国境への送還を禁ずる「ノン・ルフルマン（non-refoulement）の原則」[163]（同条約33条）と、これと同じ状況にある難民が違法に入国・在留している場合にその違法性を理由とした制裁を禁ずる「難民の刑事免責の原則」（同31条）を定めている点、およびこれらの原則が、非締約国にも課される国際公法上の一般原則を構成しているものと捉えられている点には注目しておきたい。フランスのコンセイユ・デタも、この文脈から、ノン・ルフルマンの原則を「難民に適用される法の一般原理」の名において承認し[164]、さらには、難民資格の認定申請者の暫定的在留権までも引き出している[165]。

　なお、この条約では国連難民高等弁務官事務所（Haut-Commissariat dess Nations unies pour les réfugiés、以下 HCR と略す）の難民保護に関する条約の適用に関する監督任務と、締約国と HCR との協力が謳われている（前文）。

(C)　無国籍者の地位に関する条約（Convention relative au statut des apatrides）

　無国籍者でも難民であれば、上のジュネーヴ条約は適用されるが、難民ではない無国籍者には適用されない。そこで難民であるか否かにかかわらず無国籍

---

163)　「ルフルマン」とは、無権限の滞留者に対する放逐・強制退去（expulsion）や、隔離（éloignement）とは区別され、外国からの移住希望者に対する国境線の向こう側への押し戻しであるとされる。山口編、前掲書、495頁。そこには、難民の入国を拒否せずに認めるという意味は出てこず、英語の "return" に近いものとされる。島田征男、『庇護権の研究』（成文堂、1983年）320〜327頁。

164)　CE, Ass., 1er avril 1988, n°85234, *Bereciartua-Echarri, Rec.*, p.135.

165)　CE, Ass., 13 décembre 1991, n°120560, *Préfet de l'Hérault c/ Nkodia, Rec.*, pp.439-440. 本件は、学生の資格で7年近くフランスに住んでいた Nkodia 氏が、新たに給与生活者としての在留資格を求めたところ、県知事によりその申請が拒否され、国外退去を命じられたことに対して、そのアレテの取消しを求めて越権訴訟を提起したものである。同氏は、同アレテの発せられる数日前に、フランス難民・無国籍保護局（Office français de protection des réfugiés et apatrides、以下 OFPRA と略す）に難民資格の認定を申請しており、この申請に対する判断が下されるまでは在留が認められるべきであると主張した。コンセイユ・デタは、ジュネーヴ条約およびそれをフランスに適用するための1952年7月25日の法律（これについては、本章第3節1(2)①(B)参照）は、当然に（nécessairement）、難民資格の認定を申請する外国人は、その申請について判断が下されるまでは、原則として、領土に暫定的にとどまることが認められることを前提としているとして、知事のアレテを取り消した地方行政裁判所の判決を維持した。なお後に、この暫定的在留権は、CESEDA L.742-1条において、亡命申請に対する判断が下されるまでの暫定的在留証（document provisoire de séjour）の交付と更新という形で法定された。

者を保護するため、同条約と同じエスプリで採択されたのが、1954年9月28日のこの条約である[166]。1960年6月6日に発効した。

この条約では、無国籍者を「いかなる国もその国の立法の適用によって自国民（son ressortisant）とみなさない者」と定義している（1条1項）。締約国は、人種、宗教、出身国の差別なくこの条約を適用する（3条）。

同条約は、無国籍者の定義にあたって、国籍という表現は用いていない。その結果、単に国籍を有さないことだけでなく、形式上国籍を有していても、国家機関による現実的な保護が欠けるなど事実上保有していないといえることも、無国籍の基準とされうる。例えばコンセイユ・デタは、イギリスのパスポートを携帯していても、そこでの記載に、イギリスでの在留と労働を禁じる「1971年の移民法[167]に服する」との記載があったことから、その者を無国籍者とみなすことを排除しなかった[168]。

難民でない無国籍者は、通常、その生命または自由が脅威にさらされる国籍国がない。それゆえに、この条約は、難民に関するジュネーヴ条約に比肩するような諸原理を宣言してはいないが、自国民とみなす国家が存在しないことによって奪われている法的保護を付与している（Ⅱ章）[169]。難民でもある無国籍者は、両条約から生ずる地位に服する。

(D)　国際人権規約

世界人権宣言によって宣明された諸権利に法的強制力を付与するものとして、1966年12月16日、国連総会で採択されたのがこの規約である。この規約は、市民的および政治的権利に関する規約（いわゆる自由権規約）と経済的、社会的および文化的権利に関する規約（いわゆる社会権規約）から成り立っている。フランスは、1981年1月に両規約を同時に批准した[170]。

---

166)　Convention de New York, 28 juillet 1954, *JO*, 6 octobre 1960.
167)　イギリスの1971年移民法（Immigration Act 1971（c.77））は、イギリス本土で生まれた者またはイギリス本土で生まれた親をもつ者に限り、居住権を認めた。
168)　CE., 9 octobre 1981, n° 28945, *Subramaniam, Rec.*, p.362 : sol. impl.
169)　この条約によれば、無国籍者は、居住国において、動産および不動産の所有権（13条）、知的所有権および工業所有権（14条）、結社の権利（15条）、裁判を受ける権利（16条）を有する。
170)　自由権規約については、Décret n°81-76 du 29 janvier 1981, *JO*, 1 février, p.398、社会権規約については、Décret n°81-77 du 29 janvier 1981, *JO*,1 février, p.398参照。

ただし、この規約には世界人権宣言にある庇護権の保障のような外国人の権利保障に関する固有な条項は存在せず、所属国との関係におけるものも含めて、人の権利の承認と保障という一般的使命を担っている。

この規約で保障された諸権利は、民主的な社会においては古典的なものであり、フランス国内法では、1789年の人権宣言や1946年の憲法前文で、欧州レベルでは、欧州人権条約ですでに保障されていたものといえる。このことからすれば、両規約の批准は、外国人の権利保障にとって重要な貢献をなすものとは言い難いが、世界的規模での人権保障、とりわけ第三世界に人権保障を促す広い範囲での現代的な動向へコミットメントしようとするフランスの意思を示すものといえる。

なお、自由権規約の実効性は、後述の人権委員会の活動によって担保される。

(E) 国際労働機関 (OIT) の諸協定

労働者の社会的諸権利の保護のため、国連の特別機関である同機関の枠組みのなかで、フランスは、多くの協定を批准している。このなかのいくつかのものは、とくに外国人に関するものである。例えば、報酬、団結権その他の権利の享有において、合法的に居住する移動労働者 (travailleurs migrants) と国民との平等取扱いを規定する協定97号 (1949年)、社会保障基金に関して国民と外国人との平等取扱いを規定する協定118号 (1962年)、非合法移民の組織者の処罰と非合法に雇用された移民者の保護について規定する非合法移民の禁止および処罰に関する協定143号 (1975年)、移民者 (migrants) の権利の保持に関する協定157号 (1982年) などがある。

(F) その他の条約

近年の傾向として、外国人一般の権利や特定のカテゴリーの外国人の権利を保障するものではなく、人権の保護に関する条約が増加している。なかでも実効性を確保する特別の委員会を設置するものとして、1965年12月21日の人種差別撤廃条約と1984年12月10日の拷問等禁止条約が重要である。

それ以外にも条約それ自体に実効性を担保するシステムを有さず、もっぱら国内諸機関における適用に多くを委ねる条約がある。これらも、国家や世論の人権尊重の意識を高める役割を果たしている。

(G) 国際法の一般原則

国際法の不可欠な一部を構成する一般原則は、理論上は、国内法すなわち法律に優越する位置にある。しかし、何をもって一般原則とするのかという問題を別にしても、フランスではつぎのような問題が出てくる。まず、1958年憲法55条の規定の解釈に関するものである。先にふれたように、同条は、「適法に批准または承認された条約または協定」は、相手国での適用を「留保条件」として、その「公布」後直ちに法律に優位する効力を有することを定めている。国際法の一般原則は、「条約（traités）」や「協定（accords）」に含まれないし、性質上、「公布」されるものでもない。55条を厳密に解釈するならば、一般原則には、法律に優位する効力を認めないのが憲法の立場であると解釈しうる余地のあることが問題とされる。つぎに、この一般原則の優越性を確保する憲法上の手続が存在しないことである。同憲法54条の規定により、違憲の疑いのある「国際的取極め（engagements internationaux）」は、憲法院に付託され合憲性判断の対象となるが、この手続は、慣習国際法には適用されない。

憲法院は、法律の憲法適合性を審査する機関であって、その条約適合性は審査しない[171]。合憲性審査の過程で、こうした一般原則に適合しうるような法律の解釈をなすことは考えられるであろうが、一般的には、この原則の国内的適用は、法律の条約適合性を含め、行政裁判官または司法裁判官の判断に委ねられる。

詳しくは第Ⅰ章で検討するが、フランスのコンセイユ・デタは、政治犯罪人引渡しに関するケースで、ジュネーヴ条約の難民の定義から生ずる「難民に適用される法の一般原理」に言及しているし[172]、またその後、この原理からさ

---

[171] これが1975年のいわゆるIVG判決（Décision n° 74–54 DC du 15 janvier 1975, *Rec.*, p.19）以来の憲法院の立場である。ただし、国内法の欧州法への適合性を判断するにあたって、憲法院が、2013年4月4日のQPC判決（Décision n° 2013–314P QPC du 4 avril 2013, *Rec.*, p.523）によって、UE運営条約の定める先行判決手続を利用して、CJUEに対して欧州法の解釈を求めたケースをもって、同院が国内法の欧州法への適合性を審査する責務を負う裁判官となったと指摘する者もある。Florence CHALTIEL, «Constitution et droit européen : Le Conseil constitutionnel, juge européen?», *Revue de l'Union Européene*, n° 568, pp.261–262. 今回のケースは、欧州逮捕状について規定する憲法規定（88条ノ2）に関わるものであることから、この手続の利用は限定的なものにとどまる可能性はある。なお、判決番号中の «P» は、先行判決に従って判断することを示す新たな制度改正の結果付せられるようになったものである。

[172] CE, ass., 1er Avril 1988, n° 85234, *Bereciartua-Echarri, Rec.*, p.135.

らに「家族の一体性（unité de famille）」原理を引き出している[173]。

2 保障制度

(1) 国内的保障制度

外国人の入国および在留は、伝統的に「外国人治安」に関わり、「行政警察」措置によって制限されうる。それゆえに、まずは、入国および在留に関わる行政決定の不当性あるいは違法性を争うことのできる制度をみておく必要がある。これには、一般的に以下のものがある。

① 行政不服申立て（recours administratifs）

これは、行政裁判所に提起されるものではなく、行政庁自身に対して提起される不服申立てのことである。期限の条件はない。したがって、行政訴訟を提起できる期間を徒過しても、申立ては可能である。これは、行政機関が原決定を再考することを促すためのもので、法的な議論のみではなく、当該利害関係人の個人的または家族的な状況等の人道的な議論や一般秩序（ordre général）の配慮からの議論も可能である。行政が提起された議論に対して対応的であると、早い解決に至る場合もある。しかし、行政がその決定を再考しない場合には、この制度の有用性は減じられ、つぎに述べる行政訴訟の提起が好ましいものとなる。

この申立てには、対象となる決定〔処分〕を行った機関自体に向けられる異議申立て（recours gracieux）と、当該機関の上級機関に提起される階層的申立て（recours hiérarchique）がある。後者の例としては、在留資格の交付拒否や送還措置を宣告する県知事等の決定に対する内務大臣への、労働許可の拒否決定に対する労働大臣への申立てなどがあげられる。ただし、大臣自身が原決定を下した機関である場合[174]や、決定が地方に分権化された機関によってなされた場合[175]には、階層的申立ては排除される。

---

173) CE, 2 décembre 1994, n° 112842, *Agyepong, Rec.*, p.253.

174) 例えば、かつての 1945 年のオルドナンス 26 条および 1997 年 1 月 13 日のデクレによって、権限が県知事に委譲される以前の内務大臣による追放決定がこの例である。

175) 例えば、市町村（communes）名において、身分吏（officier d'état civil）として婚姻の挙式を行う市町村長が、その挙式を拒否する場合があげられる。この場合、利害関係人は、市町村長の拒否決定を行政裁判所で争うよう県知事に求めることができるが、強制力はないため、直接自らが裁判所に訴訟を提起するほうが効果的であるといえる。

第2節　外国人法の法源と権利の保障制度　53

どちらの申立てを行うかについては、状況に応じた合目的的な配慮によるし、両者を同時に提起することも禁止されていない。異議申立てが退けられた後の階層的申立ての提起は、行政訴訟の提起期間を中断するものではない。不服申立て中の、行政訴訟の提起も可能である。

②　行政訴訟（recours contentieux）

周知のように、フランスは、互いに独立した司法裁判所（juridiction judiciaire）と行政裁判所（juridiction administrative）の二元的裁判所系統を採用しており、両系統間で管轄の抵触の問題が生ずると、権限裁判所（tribunal des conflits）が裁定を下し、利害関係人の裁判を受ける権利を担保する。行政裁判所系統の頂点には、行政最高裁判所としてのコンセイユ・デタが君臨し、そのもとに、特別法が明示的に管轄権を排除しない限り、一般的な管轄権を有する通常行政裁判所と、特別の管轄権を認められている特別行政裁判所が存在する。

(A)　通常の行政訴訟

これを担当する裁判機関として、コンセイユ・デタを頂点に下級裁判所として、行政控訴院（cour administrative d'appel）および地方行政裁判所（tribunal administratif）が存在する。訴訟には、請求に応じて一般的に二つのタイプのものが存在する。一つは、取消訴訟（越権訴訟）[176]であり、他の一つは、損害賠償請求訴訟である。前者は、その名のとおり、違法な行政決定の取消しを求めるための訴訟である。この訴訟は、とくに外国人との関係では、入国拒否決定、在留資格の交付の拒否決定や更新拒否決定、国外への送還決定、送還を前提とする行政留置決定など、外国人の入国、在留そして出国に関わる行政決定を争う場合に提起される。後者は、違法な行政決定や事実行為から生じた損害の賠償を求めるための訴訟である。例えば、違法な国外追放措置によって出身国への帰国を余儀なくされた場合に生じた費用、職を失ったことで生じた損害、などを求めるものである。同一の違法な行政決定から生じた損害の賠償を求めるときでも、取消訴訟と損害賠償訴訟とは、同時に提起することもできるが、別個に審査される。

---

176)　越権訴訟（recours pour excès de pouvoir）とは、行政決定の違法性を理由としてその取消しを求める訴訟（取消訴訟〔contentieux de l'annulation〕）の中心となる訴訟である、山口編、前掲書、489頁。詳しくは、J・リヴェロ著、兼子仁・磯部力・小早川光郎編訳『フランス行政法』（東京大学出版会、1982年）255頁以下参照。

54 序章 戦後フランスにおける外国人の権利保障 （概説）

行政裁判官の適法性コントロールの強さは、行政の裁量権の大きさに応じて変動する。このコントロールには、しだいに強化されていくつぎの四つのレベルが存在する。最小下限のコントロール（contrôle infra-minimum）、最小限ないしは限定的なコントロール（contrôle restreint ou minimum）、通常のコントロール（contrôle normal）、そして最大限のコントロール（contrôle maximum）である。最小下限のコントロールは、レジョン・ドヌール勲章の授与や大統領による恩赦のデクレ等、最小限のコントロールにおける明白な過誤の審査が及ばない合目的的な行政の裁量における審査である。最小限のコントロールは、根拠事実の事実としての具体的正確さ、法の過誤、権限濫用、そして評価の明白な過誤に基づいて行使されるものである。通常のコントロールは、内部的なもの外部的なものを問わず、適法性のあらゆる面に行使されるもので、根拠事実の法的性質の審査にまで及ぶ。通常、行政が羈束権限しか有さない場合に適用される。最大限のコントロールは、決定の合目的性が適法性の一要素を構成する限りにおいて、通常のコントロールを超えて行われるもので、採用された措置が状況に適合するものであるかどうかの評価に至る比例性コントロールである[177]。

なお、行政機関の行為であっても、それがいわゆる「暴力行為（voie de fait）」[178]を構成する場合および「個人的自由」に関わる場合には、それぞれ判例理論および憲法の規定（1958年憲法66条2項）により、司法裁判所が管轄権を有する。

(B) **自由のための急速審理**[179]

取消訴訟が提起されても、いわゆる「執行不停止の原則」により、行政決定の執行は原則として停止されない。この原則には、一定の条件を充足する場合の適用除外があるが、たとえこうした条件が充足される場合であっても、裁判官は、争われている決定が、拒否決定のような否定的内容のもの（執行的でな

---

177) Agathe VAN LANG, Geneviève GONDOUIN, Véronique INSERGUET-BRISSET, *Dictionnaire de droit administratif*, Armand Colin, Paris, 1999, 2ᵉ éd., p.88.

178) 「暴力行為」とは、判例が創り出した理論で、私人の利益（公の自由、動産・不動産の所有権の侵害）を保護し、行政の伝統的な特権の大半を失わせることによって、行政のとくに明白な違法性を制裁することを目的とする。この場合は、司法裁判所が、排他的に（損害賠償訴訟の場合）または行政裁判所と競合的に（取消訴訟の場合）に、行政の違法性を審理する管轄権をもつ。中村ほか監訳、前掲書322頁。Raymond GUILLIOEN et Jean VINCENT, *Lexique de termes juridiques*, 10ᵉ ed., Dalloz, Paris, 1996, p.564. 詳しくは、J・リヴェロ、前掲書、189頁以下参照。

い行政決定）であるときには、執行停止を命じないのがかつては一般的であった。例えば、在留資格の交付拒否決定に対して執行停止を命ずることは、行政機関に在留資格の交付という積極的な行為を強制、命令することに通じ、活動行政作用と行政裁判作用との分離という基本原則を破るものだからである。これが行政裁判官による活動行政への介入の自制として語られるものである。

しかしそれでは、国外追放措置（expulsion）のようなケースで、係争中に行政決定が執行され、執行停止がその利益の大部分を失ってしまうことも考えられる[180]。

このように外国人の利益保障においても重要な執行停止に関しては、2000年6月30日の制度改革[181] によって、フランスにおける行政上の執行停止手続は、「急速審理（référé）」手続[182] に統合され、これに関する詳細な手続が行政裁判所法典中に規定された。外国人に関しては、とりわけ県知事等による国外退去を命じる決定等につき、自動的な執行停止原則が採用されたほか、急速審理手続のなかでも「自由のための急速審理」というこれまでにない新しい手続の導入が注目に値する。この手続は、「緊急性」が認められる場合に、付託を受けた急速審理裁判官（juge des référés）は、「その権限行使において、明白に違法でかつ重大な基本的自由（liberté fondamentale）の侵害を行った」行政機関等に、「基本的自由を擁護するために必要なあらゆる措置」を命ずることができるものである。急速審理手続の導入により、かつては行政裁判官が自制的であった拒否決定（執行的でない行政決定）に対しても執行を命ずることができる

179) 行政裁判所による「自由に関する急速審理」制度とは、司法裁判所の判例理論である「暴力行為理論」の限界と行政法における仮の救済制度の機能不全に対する反省から設けられたもので、2001年1月1日に施行された。これによって行政裁判所は、行政の違法性が重大かつ明白な基本的自由の侵害をもたらす場合に、「その保全に必要なすべての措置を命ずることができる」ものとなった。この制度については、例えば、*RFDA*, 16(5), 2000, pp. 941 et s. の特集および橋本博之「行政訴訟に関する外国法制調査——フランス（上）（下）」ジュリスト1236号（2002年）85～92頁、1237号（2003年）226～232頁参照。

180) ただし、従来から行政判例によれば、在留資格の更新拒否と国外追放措置に関しては、執行を停止してきたとされる。GISTI, *Le guide des étrangers face à l'administration*, SYROS, Paris, 1997, p.56.

181) Loi n° 597–2000 du 30 juin 2000, *JO*, 1er juillet, p.9948.

182) 行政裁判所法典に規定された「急速審理手続」は、執行停止の急速審理に関する一般条項としてのL.521–1条（référé-suspension）と、人権救済のための「自由のための急速審理」条項であるL.521–2条（référé-liberté）から成り立っている。これに関する紹介と分析に関しては、例えば、橋本、前掲論文、「（下）」、226頁以下参照。

ようになった。人権救済のための「あらゆる措置」を命ずることができるより包括的な命令権限の付与によって、行政裁判官が行政機関に対する作為命令であるアンジャンクション（injonction）を発する場合が、相当程度拡大したものと評価されるのである[183]。なお近年、この手続が外国人の亡命権保障や家族生活の尊重の権利の保障においてもきわめて重要で効果的な機能を果たしているが、これについては、後述する。

(C) **特別行政裁判所としての国家庇護権裁判所における訴訟**

難民資格の認定等については、完全裁判訴訟裁判所[184]である特別行政裁判所としての国家庇護権裁判所（Cour nationale du droit d'asile、以下 CNDA と略す）が、管轄権を有する。難民申請の制度については、後述するが、CNDA（かつては、難民訴願委員会〔Commission de recours des réfugiés、以下 CRR と略す〕と呼ばれていた）は、ジュネーヴ条約をフランス国内において適用する行政上の公施設（établissements publics）[185]である OFPRA の決定に不服等がある場合に、その上訴機関として判断を下す。CNDA が OFPRA の拒否決定を取り消した場合は、「難民証書（certificat de réfugié）」が交付される。これによって、県知事等に対する在留許可証の申請と、フランス国内での労働にも道が開かれる。逆に、申請者の訴えを退けた場合には、在留許可証申請受領書（récépissé de demande de carte de séjour）は撤回され、自発的な出国を促される。期限内に出国しない場合には、強制的な出国の対象となる。CNDA の判決に対しては、コンセイユ・デタが、破毀裁判所として関与する。コンセイユ・デタにおける破毀審理には、CNDA での訴訟とは異なり、停止的効果はない。

③ **権利擁護官（Défenseur des droits）への申立て**

2008 年 7 月 23 日の憲法改正によって創設された 1958 年憲法 71 条ノ 1 の規

---

183) 橋本、前掲論文、「（下）」、229 頁。

184) 完全裁判訴訟とは、行政上の行為の適法性の審査にとどまらず、原告の権利を確定し、違法な行政上の行為の効果に関して原状回復・損害賠償などの措置について完全に裁判所が審理・裁判することである。山口編、前掲書、318 頁参照。

185) 「公施設」とは、法的カテゴリーとしての独自性は薄れつつあるものの、公役務の管理運営に関与する公法上の法人格を備える施設・機関のことである。一般には、行政的公施設（établissements publics administratifs）と商工業的公施設（établissements publics industriels et commerciaux）の二種に分類される。山口編、前掲書、211 頁、中村ほか監訳、前掲書、139 頁参照。

定によって、2011年3月31日までに設置されることになったのが、権利擁護官である。国、地方公共団体、公施設、公役務を担うあらゆる組織による権利・自由の擁護を監視する（同1項）。大統領によって6年の任期で任命され、再任はできず、政府の要員や議会の議員との兼職も禁止されている（同4項）。このように同擁護官は、身分が保障されるとともに、その職権の行使について他のいかなる機関からの指示も受けず独立性が確保されている、憲法上の独立機関（autorité constitutionnelle indépendante）である。同擁護官は、法律によって創設されていた従来の共和国行政幹旋官（メディアトゥール、Médiateur de la République）、児童擁護官（Défenseur des enfants）および全国安全倫理委員会（Commission nationale de déontologie de la sécurité）によって行使されてきた権限を行使する。同擁護官は、行政活動によって権利や自由を侵害されたと主張するすべての者（toute personne）によって直接付託されうるとともに[186]、職権で職務を遂行できる（同2項）。児童の擁護および安全倫理の擁護に関しては、私人の行為も管轄となしうる。付託は無償であり、勧告（recommandations）が尊重されない場合には、アンジャンクションを発したり、和解（transaction）を提案したり、あらゆる裁判所において聴聞され、法文の解釈の相違から生ずる障害に終止符を打つためにコンセイユ・デタに付託するなど重要な権限を行使することができる。また、広い調査権（pouvoir d'investigation）を有している。

　権利擁護官の前身であった共和国行政幹旋官は、スウェーデンのオンブズマン（Ombusman）に示唆を受けて創設されたものであった。同幹旋官の報告書においては、外国人の権利保障の領域においても、フランス国籍の保有証明の交付の遅延および不交付、短期ビザの交付の濫用的拒否、裁判所の判決の不執行、私生活および家族生活の尊重の権利を保障する欧州人権条約8条の尊重、に特に関心が示されていると指摘されていた[187]。権利擁護官も、例えば2013年の活動報告書のなかで、この領域において、外国人請求者に対して、諸申請の拒否における再審査申請に関する情報の提供や、法的問題から個別的状況に関するものまで含む裁判所への意見書の提出、法律の制定改廃に関する勧告等

186）　前身の共和国幹旋官への市民からの請願は、国民会議議員や元老院議員など一定の者を介して行われなければならなかった。

187）　GISTI, *Le guide des étrangers face à l'administration. op. cit.*, p.41.

を積極的に行っていることが示されており[188]、共和国行政斡旋官以来の伝統は受け継いでいるように読み取れる。

(2) 超国家的保護制度

前述したように、フランスでは、適法に批准・承認された条約等は、他方当事国による条約等の施行を留保条件として、公布後直ちに、法律に優位する権威をもち（1958年憲法55条）[189]、また、フランス共和国は、国際公法の諸規則を遵守する（1946年憲法前文14項）ことから、フランスが締結した国際的取極めは、行政機関を拘束する。条約等によって保障された権利の担保については、特別な国際機関への直接的または間接的な申立制度が設けられている場合もあれば、国内裁判所が条約等を直接適用する場合もある（これについては、第Ⅱ章第3節3(1)参照）。ここでは、前者に関して主要な超国家的な機関を取り上げ、その仕組みと下された判断の法的効果についてみていく。

① 人権委員会その他の国際機関への申立て

国連の枠組みのなかでは、人権に関するさまざまな条約の尊重を監視する責務を負う独立した専門の委員会が複数存在するが、なかでも重要なのが、1966年に国連総会で採択され1976年に発効した市民的および政治的権利に関する国際規約（自由権規約）に基づき設置された人権委員会である（同28条）。同委員会は、規約に定められた権利の実現のためにとった措置等に関し締約国から提出された報告書を検討し（同40条）、また、締約国からの通報についてそれを受理し、検討する権限を有している（同41条）。さらに、フランスは、1984年に、この規約に定める権利の侵害の被害者であることを主張する個人からの通報を受理し、検討する同規約の選択議定書を採択した結果、当該個人が利用しうるすべての国内的な救済措置を尽くしたこと等の一定の条件のもとに、同委員会は、個人通報を検討し、それに関する見解を送付することができるようになった（同議定書1～5条）[190]。しかし、締約国からのものであれ、個人からのものであれ、同委員会が通報を検討するには諸種の条件が付されているほか、

---

188) Rapport annuel d'activité 2013 (Juillet 2014), pp.109-112.

189) この規定から窺えるように、フランスは、国際的取極めの国内的適用に関しては、一般的受容国である。

190) 政府報告書の審査および個人通報制度に関しては、例えば、安藤仁介「国際人権規約」畑博之・水上千之編著『国際人権法概論　第3版』（有信堂、2004年）35頁以下参照。

自由権規約において宣言されている権利の大部分は、欧州人権条約とほぼ同じものであり、同条約の適用のために設置されている CEDH による権利保障のほうがより実効的な救済を与えることができることもあり、人権条約加盟国においては、人権委員会への付託による実際上の利益は限定的なものにとどまるといえる。

その他、1965 年の人種差別撤廃条約に関しては人種差別撤廃委員会が、1984 年の拷問等禁止条約に関しては拷問禁止委員会が、1989 年の子どもの権利条約に関しては子どもの権利委員会がそれぞれ設置され、条約の侵害に対して申立てを受けるが、委員会の権限としては報告書の提出にとどまる。

② CJUE への提訴

2009 年 12 月 1 日のリスボン条約の発効により、CJCE から名称変更した CJUE は、欧州基本条約[191] で与えられた権限の範囲内で行動し（UE 条約 13 条）、同条約の解釈および適用について法の遵守を確保する（同 19 条）。後でみるように、とりわけ自由な移動と居住の権利の確保に関して CJCE が果たしてきた役割には大きなものがあった。

UE 運営条約は、ジュネーヴ条約、ニューヨーク議定書および他の関連条約に従い、第三国国民の国際的保護とノン・ルフルマン原則の遵守を確保するために、庇護、補完的保護および一時保護に関する UE の共通政策を発展させることを規定している（同 78 条）。したがって、この分野における CJUE の関与の拡大も予想されるところである。

CJUE は、基本条約に従って、UE の構成国、機関、自然人または法人から提起される訴訟について裁判し、また、構成国の裁判所の要請によって、UE 法[192] の解釈または機関によって採択された行為の有効性について先行判決を与える（UE 条約 19 条 3）。

また、UE 法の侵害を理由に、利害関係人が、フランスの国家機関の行為を

191）　欧州基本条約は、同一の法的価値を有する UE 条約と UE 運営条約からなる（UE 条約 1 条）。

192）　UE の法的行為には、「規則（règlement）」、「指令（directive）」、「決定（décision）」、「勧告（recommandation）」そして「意見（avis）」の五つがある。規則は、一般的適用性を有し、あらゆる要素において拘束力をもち、構成国内において直接適用されるものである。指令は、達成されるべき結果に関して構成国を拘束するが、そのための形式と方法の選択は各国の機関に委ねられるものをいう。決定は、その対象となるものだけをあらゆる要素において拘束するもので、勧告と意見は、拘束力がない（EU 運営条約 288 条）。

フランスの国内裁判所に訴えて争うことも可能である[193]。

なお、構成国は CJUE の判決を履行する義務を負い（UE 運営条約 260 条 1 項）、もし当該構成国が判決に従うための必要な措置をとっていないと欧州委員会が認める場合は、CJUE への提訴により、一括支払金または制裁金が課される（同 2 項）。金銭賠償にとどまってはいるものの、判決の履行を担保するシステムの一つといえる。

③ CEDH への提訴

現時点において、国民であろうと外国人であろうと、個人が直接利用可能で、効果的な裁判的救済制度を整えているものが、欧州人権条約により設置されたCEDH による保護制度である。同条約は、締約国に対して、その法域内にあるすべての者に、条約で定める権利および自由を保障することを義務付けており（同条約 1 条）、その約束の遵守を確保するための常設の機関が CEDH である。CEDH は、国内的な救済措置が尽くされたことをはじめ 35 条によって規定されている受理可能性の基準に反しない限り、締約国の一つによって条約・議定書に定める権利を侵害されたと主張する自然人、非政府団体または集団からの申立てを受理することができる（同 34 条）。締約国は、CEDH によって下された最終判決に従わなければならない（同 46 条 1 項）。この判決は、閣僚委員会に送付され、同委員会が判決の執行を監視する（同 2 項）。

欧州人権条約は、前述の自由権規約とほぼ同じ内容の権利を保障している。すなわち、生命に対する権利（同 2 条）、拷問の禁止（同 3 条）、奴隷状態および強制労働の禁止（同 4 条）、自由および安全の権利（同 5 条）、公正な裁判を受ける権利（同 6 条）、法律なくして処罰を受けない権利（同 7 条）、私生活および家族生活の尊重の権利（同 8 条）、思想・良心および宗教の自由（同 9 条）、表現の自由（同 10 条）、集会および結社の自由（同 11 条）、婚姻の権利（同 12 条）、効果的救済の権利（同 13 条）、差別の禁止（同 14 条）が保障され、ほとんど網羅的であるといえる。ただし、権利によっては、「国の安全」や「公共の安全」を

193）ただし、UE 法の最終解釈権限は、CJEU に帰属する。そのため、国内裁判所が判決を下すために、UE 条約や UE の諸機関がとった行為の効力や解釈などに関する問題の決定が必要なときは、国内裁判所の求めに応じて、CJUE がいわゆる「先行判決」を行い、また、国内裁判所での審査中にこうした問題が提起され、国内裁判所の決定が国内法上上訴を許さないときは、事案は、CJUE に付託されなければならない（EU 運営条約 267 条）。

理由に制限を課すことが認められているものもある。救済の申立人は締約国の
国籍保持者に限定されていないこと、直接CEDHに提訴可能であること、条
約に直接規定されていない権利であっても、間接的な適用をはかるいわゆる
「リバウンド効果（effet par ricochet）」による保護[194]の採用などによって保護の
射程を広げる判例政策を展開していることから、外国人の権利保障においても、
きわめて効果的な救済制度となっている。

　リスボン条約によって、法人格を有することになったUEが、CEDH条約に
加入することになり（UE条約6条3項）、また、CJUEもその判決を尊重する立
場をとっていることから、加盟各国への法的拘束性は強まることが予想される
ところである。

　④　その他

　欧州レベルでは、人権条約以外にも、1961年の欧州社会憲章（Charte sociale
européenne）や1987年の拷問および非人道的なまたは品位を傷つける取扱いの
禁止に関する欧州条約（Convention européenne pour la prévention de la torture et des
traitements inhumains et dégradants）によって設置されるそれぞれの委員会が一定
の役割を担っている。前者の憲章に関しては、締約国は条約上の義務の履行に
関する報告書を提出し、独立した専門委員会による審査を受ける。同委員会は
締約国の国内立法が同憲章に合致しているか意見（observations）を提出するこ
とができ、それに基づいて締約国に勧告が出される。後者の条約に関しては委
員会が、申立てがない場合でも、締約国のあらゆる留置施設に赴き、すべての
者に自由の侵害がないかを聴取し、自由の侵害された者の保護を強化するため
のあらゆる勧告を行うことができる。

194）「リバウンド効果」による保護とは、ある措置が、欧州人権条約によって規定されていない
　　ことから保護の対象とならない権利を侵害しているにすぎない場合であっても、保護されてい
　　る他の権利侵害の原因となりうる場合には、この権利の保護の波及的効果によって、本来保護
　　の対象ではない権利にも保護が与えられるというものである。Frédéric Sudre, *La convention
　　européenne des droits de l'homme*, PUF, Que sais-je ?, Paris, 2002, p.91. CEDHは、例えば、
　　国外追放に対抗する権利は、人権条約上存在しないが、非人道的な取扱いを受ける国への追放
　　は、同条約3条が保障する権利への侵害になるとして、国外追放の対象者を間接的に保護して
　　いる。

第3節　外国人法および移民政策の展開（概説）

外国人への市民権の付与は、移動の自由に法的な根拠を与えることになる。この付与を規定する1793年6月24日のモンターニュ派憲法は例外として[195]、以後のいかなる憲法規範も、外国人に対して、フランス領土への入国と在留に関する一般的かつ絶対的な性質の権利を保障したものはなかった。国民・市民ではない者に対する敵意の存在を反映しつつ、「外国人」という語と「敵」という語とは強く結び付けられ、外国人は、国民共同体の外部的要素として認識された。外国人に対する長い不信の伝統は、外国人を特定し、監視し、さらには懲罰する意思によって描き出されてきたのである[196]。

国籍・市民権を有しない外国人は、差別的な法的カテゴリーを形成し、その地位は、国内・国民経済の保護の観点から不安定であり続け、公の秩序の維持から容易に規制の対象となった。外国人は、歴史上まさに、「法（権利）以下（infra-droit）」の地位に置かれるのが常態だったのである。

歴史は、外国人のこうした地位をしだいに改善する方向で展開してきたと総括できるであろうが、その背後では依然として、自らとは異なる「奇異な（étrange）」[197] 存在である外国人に対する人種差別主義（racisme）が残り続けていることを指摘する者もいる[198]。

以下では、重要な政策転換を基準に、外国人法の登場から現代に至るまでの展開過程を六つの段階に分け、鳥瞰しておく[199]。

---

195)　前注28参照。

196)　E.AUBIN, *op. cit.*, p.22. 第三共和制期の外国人の登録制度（registre d'immatriculation）（1888年10月2日のデクレおよび1893年8月8日の法律参照）はその典型的な事例である。

197)　'étrangeté（奇妙さ）' と 'extranéité（外国人の地位）' とは、語源的に同じである。

198)　P. WACHSMANN, *Libertés publiques*, 5ᵉ éd., Dalloz, 2005, pp.311 et s. ここで、P・ヴァクスマンが、人種差別の対象が、実際には、アフリカ出身者と中近東出身者だけに向けられ、高い失業率と伝統的価値の不安定化等の諸要因から、自由な討議という見せかけの衣のもとで、安直なスケープゴートとされていると指摘している点はいかにも直截的である。

1 外国人法の登場から 1945 年まで

(1) 外国人法の登場——19 世紀中葉

外国人による移民の問題が有意なものとなってくるのは、フランス革命からである[200]が、移民政策的な要素が初めて登場してくるのは、19 世紀中葉であった[201]。フランスにおける外国人法の登場も、この時期に遡ることができる。

この背景としては、多くの人、物そして思想の交流を可能とする交通・交流手段の発達と、南欧および東欧からの移民の受入れをもたらした経済発展という二つの要素が相互に関わっていた。

外国人に関する法制度は、一方で、領土におけるその存在が公の秩序に脅威を与えないこと、他方で、国民共同体の負担とならないように就職することという二重の配慮によって特徴付けられていた。1810 年から 1849 年までの一連の諸法律は、公の秩序への危険から、居所の不申告[202]や虚偽申告、違法在留、乞食（mendicité）、浮浪（vagabondage）、そして普通法上の軽罪または重罪の宣告による外国人の国外追放を正当なものとし、実際にも追放措置は多用された。しかし他方で、七月王政は、1830 年の革命後、祖国を追われた中央ヨーロッパ出身の難民（数にして 10 万人以上）を多く受け入れた。

この時期の外国人法制の特徴としては、政府が「高等警察（haute police）」の名のもとに無制限の権限——いわゆる「国王特権（droit régalien）」——を保持し、また、外国人管理に関して行政を規制する法文がなかったことから、行政の自由裁量に広く委ねられていたことがあげられる。その結果、フランスにおける外国人の法的地位は、極度に不安定なものであった。

---

199) 本文の概説における叙述は、とくに注を施して典拠をあげているものの他は、つぎの諸文献を総合的に参考にしている。Danièle LOCHAK, *Les lois de l'inhospitalité*, La Découverte, Paris, 1997 ; Philippe BERNARD, *L'immigration*, Le Monde, Poche, Paris, 1993 ; D. TURPIN, «Les Solutions françaises : Rapport général», *in* Immigrés et réfugiés dans les démocraties occidentales : défits et solutions, sous la direction de D. TURPIN, Economica, Paris, 1990, pp.19–20. 言及した法令についても本書との関係で重要度の高いものに限定して典拠を示している。

200) Alain LIMOUSIN, « L'histoire de l'immigration en France: une histoire impossible », *in* L'immigration, *Pouvoirs* n° 47, PUF, 1988, p.13.

201) P.WEIL, « La politique française d'immigration », *in* L'immigration, *Pouvoirs*, n° 47, PUF, 1988, p.45.

202) これは、外国人の居場所を明確にし、その移動を統制する目的のものであった。

64   序章　戦後フランスにおける外国人の権利保障（概説）

(2)　第三共和制期

　第三共和制期は、議会の立法活動も活発で、外国人を対象とする重要な法律が制定された時期でもあった。ただし、経済的不況、外国人敵視や反ユダヤ主義による政治的スキャンダルが、立法にも色濃くにじみ出ており、外国人法の分野では、一般的に想像される程には自由主義的ではなかったといえる。

　フランスにおける外国人の在留と国内労働の保護に関する1893年8月9日の法律は、外国人登録制度を創設し、雇用主に対して法定の諸様式を充足しない外国人の雇入れを禁止した。

　他方で、第一次世界大戦前には、フランスと労働力の提供国（イタリアおよびベルギー、1918年以降はポーランドとチェコスロバキア）との間で最初の国際的取極めが締結され[203]、フランス国民給与生活者と同じレベルの報酬が保障された。しかし、フランス国民労働者にはしだいに認められるようになった社会的諸権利を享有することはなかった。

　第一次世界大戦中は、国防上の必要性から、軍需省の主導によって初めて主に植民地から大量の労働者（マグレブ人、インドネシア人、中国人など）が受け入れられた。1917年4月21日のデクレでは、居所の変更のたびごとに県知事等による証明を要する外国人身分証明証制度が創設された。

　1924年には、政府との合意により、経営者組織によって「全国移民協会（Société générale de l'immigration）」が創設され、約50万人の外国人労働者が受け入れられた。その大多数は、イタリア人、ポーランド人およびスペイン人というフランスに隣接するキリスト教国出身者であった[204]。1926年8月11日の法律は、フランスにおける外国人の労働を規制し、労働契約の提出を義務付け、契約の満了前に職を変えることを許さなかった。

　ところで、政治犯罪人の引渡しに関する基本的諸原則が確立したのもこの時期であった。前出1927年3月10日の法律は、それまでは政府の自由裁量に服

---

203)　これらの国との取極めの締結は、ヨーロッパ人労働者を求める雇用主側の選択を反映するものであった。P. BERNARD, *op. cit.*, p.68.

204)　D・テュルパンは、経済的観点からみて、移民は大陸的次元において、南から北へ移動してきたと指摘したうえで、西欧民主主義国家は、まずは隣国で同化の容易な者（アメリカにおけるヨーロッパ人、ヨーロッパにおけるイタリア人、スペイン人、ポルトガル人）を、つぎに経済的拡張のため、出身を問わず、従順で安価の労働力を求め続けてきたと総括している。D. TURPIN, « Les Solutions françaises: Rapport général », *op. cit.*, pp.19–20.

第 3 節　外国人法および移民政策の展開（概説）　65

していた引渡しを改め、(i)国民を引き渡してはならないこと（5 条 1°）、(ii)引渡しは、政治的性質（caractère politique）の重罪または軽罪や、政治的な目的（but politique）を理由として請求された場合には、認められないこと（同 2°）、という二つの原則を打ち立てた。あわせて、引渡し決定が外交的配慮だけでなされる危険性に対する手続保障として、控訴院弾劾部（chambre d'accusation de la Cour d'appel）の引渡しを可とする肯定的意見（avis favorable）による場合しか認められないものとされた（17 条）[205]。

　しかし、1929 年に始まる大恐慌は、第三共和制の外国人政策に重大な影響を及ぼした。1932 年 8 月 10 日の法律は、商工業分野における職および部門による外国人労働者の割当制を導入し、外国人のフランス領土への入国が制限され、非合法外国人の正規化も拒否された。この時期は、同時に、迫り来る戦争の脅威から、世論の外国人敵視と公権力による国家安全保障上の配慮によっても特徴付けられ、例えば、1939 年 5 月 6 日のデクレ－ロワ（décret-loi）[206] は、外国語で編集された、定期・不定期の新聞・著作物、フランス語で編集され外国またはフランスで印刷され外国から発送された新聞・著作物のフランスでの流通、頒布または販売を禁止する権限を内務大臣に認めた。これは、とりわけ、出版物によるナチズムまたは反国民主義的なプロパガンダからフランスを防ぐ配慮によるものであった[207]。

　こうした時代の流れからすれば逆説的なものとみえなくはないのだが、外国人治安に関する 1938 年 5 月 2 日のデクレ－ロワは、限定的ではあるものの、

---

205)　同条は、理由付きの否定的意見（avis défavorable）が出された場合は、それが終局的であり、引渡しを行いえないと規定していた。ただし、否定的意見は、法的諸条件が充足していないか、明白な過誤を理由とするものに限定されていた（16 条）。ここでの審問は、検事や出頭者（comparant）の申請による決定の場合を除いて公開で行われ、検事と利害関係人の双方が審問され、また、弁護士や通訳を立ち会わせることもできたし、当該外国人は、暫定的にではあるが釈放もされえた（14 条）。

206)　デクレ－ロワとは、立法の委任の一種で、第三共和制および第四共和制において、国会の委任により、目的と期間を定め、国会の追認を条件として、法律と同等の効力をもったデクレのことである。これによって、政府は多くの場合、国民に不評であるが必要な改革を迅速に行うことができた。第五共和制憲法のオルドナンスに相当する（38 条）。山口編、前掲書、145 頁、中村ほか藍訳、前掲書、104 頁。

207)　このデクレ－ロワによる禁止処分は、第二次世界大戦後も、マルクス主義の出版物に、そしてフランスが特恵的な外交関係を維持する国の体制を批判する著作物等の刊行を阻止するために用いられることになった。

66 　序章　戦後フランスにおける外国人の権利保障（概説）

国外追放に関する対審手続を創設した[208]。また、この時期、「フランスの共和主義的伝統（tradition républicaine de la France）」に合致した政治難民（ロシア人、アルメニア人、東ヨーロッパのユダヤ人、反ファシストのイタリア人、共和主義者〔反フランコ〕のスペイン人）が大量に受け入れられたことは特筆に値する。

　民事上の諸権利については、1880年以降、フランス国民とほとんど変わらない保護を受けることになるが、社会的諸権利に関しては、フランス国民の労働者と比べて差別的であった。これとは別に、兵役につかせる目的から、国籍法典は、フランスで生まれた子にフランス国籍を付与する規定を置いた。

　こうした展開をみると、この時期は、多様で時として矛盾する、そしてまた国際情勢によって複雑化された経済的要請や軍事的要請を充足し、人口の欠乏を埋め合わせしてきたといえ、全体として体系的で調整された政策が存在しなかった。P・ヴェイユは、1850年から1938年までの移民政策を、移民の需給状況の観点から、「ケースバイケース的（au coup par coup）対応の時期」と評している[209]。

(3)　ヴィシー政府と祖国解放期——1938年から1945年まで

　経済的・人口的危機は、体系的で合理的な移民政策の必要性を明らかにした。

　この目的に奉仕するために、第三共和制末期の1938年に、政府内に移民および外国人に関する問題を担当する次官官房が設けられた[210]。ここでは、労働力を充足させる要求に応じた経済的有用性と、同化可能性のレベルが重視される人口的必要性とを統合した、選別的移民を行うことが説かれた。ここでいう経済的有用性とは、フランスが不足していた農・工業における労働者の確保であり、同化可能な移民には、民族的・宗教的・文化的観点から近隣諸国出身者が想定されていた[211]。

---

208)　正規の手続で入国したことを証明する外国人の国外追放について、刑事上の有罪宣告または公の秩序への脅威によって理由付けられる場合を除いて、当該外国人は、自ら望めば、知事から任命された者によって個人的に（personnellement）審問された後でしか、追放されえないことを規定していた（同10条）。

209)　P. WEIL, « La politique française d'immigration », op. cit., p.46.

210)　この官房は、この分野のパイオニアであったG・モコ（Georges MAUCO）によって展開された社会行動の論理（logique d'action sociale）の影響を受けていた。G・モコは、後に、P・セール（Philippe SERRE）内閣の一員となり、また、戦後、1946年から1970年まで、人口に関する高等委員会（Haut Comité de la Population）の事務総長を務めることになる。

次官官房は、新たな移民の民族的・職業的な選択と、外国人の法的地位を担当する全国移民局（Office national d'Immigration、以下 ONI と略す）の創設をはじめとして、統一的な政策に向けた構造的要素となる計画を策定したが、とりわけ時間的理由から、日の目をみることはなかった。

ナチスによる占領時代は、フランスの共和主義的諸原理と全面的に断絶した民族的（人種的）管理が席巻し、とくに、ユダヤ系は、国籍に関わらずその民族的（人種的）系譜を理由に、迫害の最初の犠牲者となった。ヴィシー政府の外国人法もまた、反ユダヤ主義によって特徴付けられることになる。また、同盟国出身者であるイタリア人など特別な地位を得た外国者は別にして、ユダヤ人以外の外国人も、強制労働や、帰化で取得した国籍の剥奪など、危害や侵害から免れたわけではなかった。

ヴィシー政府の諸法律は、1944 年 8 月 9 日の共和主義的正当性の確立に関するオルドナンスによって廃止され、外国人法に関しては、つぎで取り上げる 1945 年 11 月 2 日のオルドナンスが制定されることになる。

なお、この時期、政治難民たちは、自由フランス側に立って兵役に服した。

2　1945 年から 1960 年代末まで

祖国解放時、戦争による人口と出生の減少は、重大な国家的ハンディと捉えられ、これに対処する手段として計画的な移民の受入れが考えられた。

こうしたなか、先の次官官房による計画は、1945 年にド・ゴール将軍によって創設された人口に関する高等委員会や、つぎにふれる 1945 年 11 月 2 日のオルドナンスの作成に示唆を与えることになった。

しかしながら、外国人労働者の計画的受入れは、国際的な移民受入れの競争激化、経済活動の増大、計画の適用上の諸問題から、困難に直面する[212]。

とくに、1955 年以降のフランスの経済成長は、これまでの人口的必要性に代わって、経済の論理を優先させることになった。経済的繁栄に支えられ、1968 年頃までは社会的次元において、移民の諸問題はほぼ完全に無視される

---

211)　こうした同化可能性による選別的移民は、民族的差別政策に通ずるものでもあり、事実、その後ヴィシー政権下で採用されることになる。

212)　P. WEIL, « La politique française d'immigration », *op. cit.*, p.50.

68　序章　戦後フランスにおける外国人の権利保障（概説）

ことになったと評されるほどである[213]。

　1962年のアルジェリア独立後、エヴィアン（Evian）協定によって、アルジェリア国民に特恵的地位が付与され、フランスとアルジェリア間で両国民の自由な往来が可能となった。この時期、国内の経済的困難を背景に、多くのアルジェリア国民の労働者が、フランス本土を目指した[214]。人口政策を特別視していたフランス政府は、1962年以降、自由な移動に関する条項についてアルジェリア政府と再交渉し、また、他の諸国から移民を受け入れる政策を行うことによって、これまでの展開にブレーキをかけようとした。再交渉後、1968年には新たな協定が締結され、アルジェリアからの移民には両国でより厳しいコントロールが行われることになった。他方で、1963年にはモロッコおよびチュニジアと、1965年にはユーゴスラビアとトルコとの間で、労働協定が締結された。また、ポルトガルからの移民は、A・サラザール（Antonio SARAZAR）の「エスタド・ノヴォ（新国家）」専制体制からの避難者として、違法であっても、自動的に迎え入れられた。この時期は、経済的繁栄から外国人労働者が積極的に受け入れられ、いわゆる「国民の優先的選択（préférence nationale）」は存在しなかった。

　法的視点からみてこの時期を象徴するのは、つぎの二つのオルドナンスである。

(1)　フランスにおける外国人の入国および在留の諸条件に関する1945年11月2日のオルドナンス[215]

　同オルドナンスは、第二次世界大戦による人口と出生の減少に対応する必要と、ヴィシー政府によって採用された政策の反働から、フランスが移民受入れを望む国であることを明らかにした[216]。

　最初に提案された同オルドナンス案は、(i)移民受入機関としてONIの創設、(ii)移民の在留のための無期限の外国人居住カードの創設、(iii)外国人への平等な社会的諸権利の承認、(iv)国籍の平等な変更、を含み、移民政策を全体として規

---

213)　*Id.*, p.51.

214)　1945年の祖国解放時には、2万人にすぎなかったフランス本土のアルジェリア国籍の労働者は、1962年には35万人に達していたとされる。P. BERNARD, *op. cit.*, p.72.

215)　Ordonnance, n° 45-2658, 2 novembre 1945, *JO*, 4 novembre, p.7225.

216)　P. WEIL, *La France et ses étrangers, op. cit.*, p.80.

第3節　外国人法および移民政策の展開（概説）　69

律する内容をもつものであったが[217]、最終的に可決されたものは、より限定
的な領域の規律にとどまった。すなわち、公施設としてONIを創設し、外国
人労働者の受入れを独占させることにした[218]ものの、外国人の入国、在留そ
して国外追放の条件しか規定しなかったのである。すなわちここでは、「移民
の受入れ」というよりは、「外国人の入国」が意識されるにとどまったといえ
よう。

　しかし、このオルドナンスは、入国と在留に関して戦後初めて制定された一
般的な法文で、その後60年以にわたってこの領域の基本的枠組みを提供する
ことになる[219]。それは、第三共和制下の場当たり的対応を教訓として、一貫
性のある立法および行政立法によって具体化される必要性を明確に認識する政
治的意思を表わすものでもあった[220]。なお、憲法院は、第四共和制下で制定
された同オルドナンスによって、外国人の入国・在留の条件は、行政機関に拡
張的権限を付与する法制度に服せしめられていると述べ[221]、第五共和制下でも
その位置付けを維持している。

　同オルドナンスは、フランスで職業活動を行う外国人の存在を安定化させる
配慮から、有効期間の異なる三つの在留許可証を創設した[222]。この許可制度
は、普通在留許可証の交付条件として、外国人が職業活動を行うときは、雇用
者との間で労働契約が必要とされていたように、在留許可（「公の秩序」の維持
の観点から内務大臣によって認められる）と労働許可（労働市場のコントロールの観
点から労働大臣によって認められる）とを交差させ、一方を欠けば自動的に他方

217）　P. WEIL, « La politique française d'immigration », op. cit., p.49.
218）　ONIは、1946年から1977年までに、アルジェリアおよびアフリカからの出身者を除いて、
　　　約250万の外国人労働者をフランスに編入したとされる。P. BERNARD, op. cit., p.71.
219）　このオルドナンスは、2005年3月1日のCESEDAに取り込まれたことはすでにふれた。
220）　D. LOCHAK, Étrangers : de quel droit ?, PUF, 1985, p.154.
221）　Décision n° 89-266 DC du 9 janvier 1990, Rec., p.15, considérant 6.
222）　三種の許可証とは、旅行者・学生・季節労働者等に交付され1年間有効の「一時在留許可証
　　　（carte de résident temporaire）」（原則として、列記された職にしか従事できず、最初の交付
　　　条件を充足する場合のみ更新されうる）、労働または十分な収入を有し、フランスに居住す
　　　ることを望む外国人に交付され3年間有効で更新可能な「普通在留許可証（carte de résident
　　　ordinaire）」（就業しようとする場合には、在留条件として労働契約を有さなければならない）、
　　　3年以上継続してフランスに居住していることを証明し、入国時に35歳以下の外国人に交付
　　　され10年間有効で当然に更新される「特恵在留許可証（carte de résident privilégié）」（ただ
　　　し、居住期間と入国時の年齢は、フランス国籍の配偶者やフランス国籍の子の親であるような
　　　個別的状況に応じて異なる。就業条件は、普通在留許可証の場合と同じ）である。

70 序章 戦後フランスにおける外国人の権利保障（概説）

が認められないという相互関係を作り出すもので、両面からの外国人のコントロールを意図するものといえた[223]。

また、同オルドナンスは初めて完全な形で国外追放制度を規定したものでもあった。追放措置は、当該外国人のフランス領土における存在が、「公の秩序または公財政の負担（crédit public）への脅威」を構成する場合に、所定の手続を経て内務大臣により宣告されえた[224]。追放措置は、ここでは処罰的な性質ではなく、予防的性質のものであった。

ただし、同オルドナンスは、外国人の入国、在留と国外追放に関する一般法であったものの、一つの体系性を備えた移民法として制定されたものではではなかった。それゆえに、例えば、D・テュルパンは後に、社会学的には、祖国をもたずに居住する「移民」が問題となっているにも関わらず、法的には、暫定的在留にとどまる「外国人」を対象とするにすぎないと批判することになる[225]。

(2) 国籍法典に関する 1945 年 10 月 19 日のオルドナンス[226]

上記(1)のオルドナンスとともにフランスにおける移民政策の枠組みを構成する[227]のが、このオルドナンスであり、第二世代の移民者の同化（assimilation）政策を画定する意思を反映するものであった。

国籍の帰属に関しては、通常理論的には、血統主義（jus sanguinis / droit du sang）と出生地主義（jus soli / droit du sol）を二項対立的に位置付け、前者には民族的要素を、後者には契約的要素を見出して語られることが多い[228]が、実

---

223) これらの許可証は、失業期に利用される雇用状況に関わる労働省の準則が持ち出される場合を除いて、「公の秩序」の維持の観点から内務大臣によって付与された。しかし、統一された資格を求める要求から、1984 年 7 月 17 日の法律（Loi n° 84-622 du 17 juillet 1984, *JO*, 19 juillet, p.2324. いわゆるデュフォワ〔DUFOIX〕法）によって在留許可と労働許可とが統一された現在の許可証制度に改められた。

224) 正規にフランスに入国した外国人は、事前に追放措置を基礎付ける理由を通知され、自ら選択した弁護人の立会いのもとで大審裁判所の裁判官の主宰する委員会で審問を受けることが保障されていたものの、委員会の意見は、内務大臣の追放決定を拘束するものではなかった。ただし、内務大臣が、絶対的緊急（urgence absolue）を要すると判断する場合には、こうした手続的保障は確保されず、直ちに追放措置が行われるものとされた（同オルドナンスIV章 23 条以下）。したがって、絶対的緊急を理由とする追放措置の場合には、フランス領土内での訴願の提起は不可能であった。

225) D. TURPIN, « Les Solutions françaises : Rapport général », *op. cit.*, p.20.

226) Ordonnance, n° 45-2447 du 19 octobre 1945.

227) P. WEIL, *La France et ses étrangers, op. cit.*, p.78.

第3節　外国人法および移民政策の展開（概説）　71

践的には、両主義が併用されるのが一般的である。同オルドナンスも、両主義を併用し、また、男女両系主義を採用している。

　まず、血統主義から、出生地がどこであれ、(i)父または母がフランス国民であるか、父が無国籍者または国籍が知れない場合の嫡出子（17条1項および18条1項）、(ii)両親の一方がフランス国民であり、他方がフランス国籍を有さないかまたは国籍が知れない場合の非嫡出子（17条2項および18条2項）、(iii)フランス国民の母と外国人の父から生まれた嫡出子、または両親の一方がフランス国民であり他方が外国人である場合の非嫡出子（19条1項および2項）、は生まれながらの（de naissance）フランス国民である。つぎに、出生地主義から、(iv)フランスで生まれた両親の知れない子、またはフランスで見出された新生児（21条および22条）、(v)自身もフランスで生まれた外国人の両親の一方から、フランスで生まれた嫡出子または非嫡出子（23条1項および2項、24条1項および2項）、はフランス国民である。とくに(v)は、「二重の出生地主義（double jus soli）」と呼ばれ、フランスの伝統的な出生地主義の一様式といえるものである。

　また、国籍の取得に関しては、(i)フランス国籍の男性と婚姻した外国人女性 229)、(ii)フランスで生まれた外国人の子 230)、(iii)5年以上フランスに居住する外国人 231)、がフランス国籍を取得するものと規定された。国籍の取得は、フランスと諸関係を形成した外国人にとって当然の帰結と考えられ、過去の取得方法よりも広く開かれたのであった。

　1945年の二つのオルドナンスは、これまでと比較してフランス国籍取得者の著しい増加をもたらした。ただし、ONIによる移民の独占的受入れの仕組みは、より多くの移民労働力を求める雇用主の要求に応じた形で、違法入国し

---

228)　これについては、「J-G・フィヒテ－ドイツ」vs「E・ルナン－フランス」、と二項対立的に語られることが多い。これについては例えば、ジョエル・ロマン、大西雅一郎訳「二つの国民概念」『国民とは何か』（インスクリプト、1998年）8～40頁参照。

229)　婚姻と同時に国籍を取得できるとともに（37条）、フランス国籍を放棄する権能も有していた（38条1項）。

230)　16歳からフランスに居住するようになった場合には、成人（当時は21歳）になった時点で、国籍を取得する（44条）。

231)　これはいわゆる「帰化（naturalisation）」に関する規定で、フランス社会への同化（正確なフランス語を話せること）（69条）、品行の良さ（bonnes vie et moeurs）、1年以上の拘禁刑となる一定の犯罪行為によって有罪を宣告されなかったこと（以上68条）、を条件として、公権力（autorité publique）の決定（帰化のデクレ）により認められる。

た外国人の正規化が行われたことから行き詰まった。1945年11月2日のオルドナンスの定める手続は、比較的柔軟であったにもかかわらず自由主義経済体制のなかではそれでも制限的すぎるものと捉えられ[232]、国家による移民のコントロールを目指したいわゆる「嚮導主義（dirigisme）」は、成功を収めたわけではなかったのである。

3 「黄金の30年（Trente glorieuses）」の終焉——移民統制政策への転換

　人口的な配慮よりも、経済的な配慮が重視されたこの時期、外国人労働者は、従順で、非定住的で、安価で、臨時の必要性をみたす労働力とみなされ、フランス国民が好まない職を担った。

　しかし、経済活動が減速化するなか、政府は、1972年に入国を制限する目的から、すでにフランス領土にいる移民労働者の在留の正規化を停止した。とくに1973年のオイルショック後は、失業率が急速に増加したことから、1974年7月、新大統領に選出されたV・ジスカール・デスタンは、経済危機への対処の一環として、すでに政策転換していた西ドイツにならう形で外国人労働者の受入れを停止する政策へ転換した。経済成長に支えられたいわゆる「黄金の30年」の終焉である。これは、1945年11月2日のオルドナンスの諸原理への復帰を意味するものでもあった。

　こうした政策転換の結果として、国内の移民労働者は出身国へ帰還せず定住化し、自国から家族を呼び寄せるようになり、また自国で政治的な迫害を受けた政治難民が「亡命地」としての共和主義的伝統をもつフランスに押し寄せることになった。つまり、定住外国人労働者による家族呼寄せと亡命申請が、外国人に閉じられたドアをあける二つの鍵の役割を演ずることになったのである。

　この時期、世論もフランスに居住する外国人に極端にセンシティブになっていき、外国人排斥主義が高まることも危惧された。移民に関わる問題は、しだ

---

232)　経済的繁栄を謳歌するため、自由主義的な経済活動を優先し、外国人労働力を無制約に受け入れる考え方が支配的であったことは、当時、社会問題担当大臣であったJean-Marcel Jeanneneyが、「違法移民は、無用なものではない。もし国際条約の厳格な適用に従ったならば、おそらく労働力が不足するであろう」と述べ（*Les Echos*, 29 mars 1966）、労働力不足を緩和する手段として、違法移民を擁護していたことからも窺える。

第3節　外国人法および移民政策の展開（概説）　73

いに政治問題や社会問題の重要な試金石となっていくのであった。

(1)　移民統制への政策転換

ここでは、組織的枠組みと法的規制の二点から、この政策転換をみていく。

①　組織的枠組み

移民政策の体系性を確保するための組織的枠組みとして、ジスカール・デス
タン大統領は、1974年4月、J・シラク（Jacques CHIRAC）内閣のなかに、1938
年に初めて創設されて以来36年ぶりに移民担当省（secrétariat d'État à
l'immigration）を設け、A・ポステル－ヴィネ（André POSTEL-VINAY）を任命した。
これは、移民問題の重要性が増していることを認識した同大統領が、この問題
に対して新政府が優先的に対応すべきことを望んだ結果であるとされる[233]。
A・ポステル－ヴィネは、新たな外国人労働者の入国制限、すでに国内に居住
している外国人労働者およびその家族構成員の社会的統合の促進、とくにその
ための住居条件の改善、違法入国の阻止、「偽装旅行者（faux touristes）」の阻止、
不法労働に対する戦いの強化、等の政策綱領を打ち出した。しかし、なかでも
移民の停止の埋め合わせとして重要な政策であった住宅建設の財源を確保する
ことができず、また、政府内での支持も得られず、わずか3か月で辞任するに
至った[234]。その後に就任したP・ディシュ（Paul DIJOUD）は、「新移民政策
（nouvelle politique de l'immigration）」を掲げ、住居条件の改善、子の組織的就学、
成人の職業訓練、フランス国民と同等の権利保障等からなる移民の意欲的な受
入れ政策を行おうとした。しかし、その直後、移民労働者とその家族の受入れ
を停止し、正規化を認めない政策への転換によって、彼の新移民政策は実施に
は至らなかった。1977年には、移民担当省は廃止され、その権限は手工業労
働者・移民担当相であるL・ストレル（Lionel STOLÉRU）に移された。彼は、内
務大臣のC・ボネ（Christian BONNET）と司法大臣のA・ペルフィット（Alain
PEYREFITTE）とともに、「移民第一主義（primo-immigrants）」を認めず、フランス

233）　P. WEIL, *La France et ses étrangers, op. cit.*, p.108.

234）　彼は、移民流入を停止しなければならない三つの要因を認識していた。すなわち、第三世界
における人口の急激な増加と貧困の増大という世界的規模での人口予測、失業率の増加と企業
のリストラクチャリング（事業再構築）をもたらす経済危機の長期化・深刻化、フランスに居
住する外国人の住居状態の深刻さ、である。こうした認識に裏打ちされた彼の政策綱領は、し
かしながら当時は受け入れられず、彼の戦略がすべての主要政党に受け入れられるにはさらに
10年の歳月を要するのであった。*Id.*, pp.110–116.

74 序章 戦後フランスにおける外国人の権利保障（概説）

に居住する外国人数を減らす方針をとった。

② 法的規制

(A) 通達による規制

まず、二つの通達が、この政策転換を担うために制定された。1973年1月26日のマルスラン（MARCELLIN）通達と、同年2月23日のフォンタネ（FONTANET）通達である。両通達は、労働許可および住居証明をもたずに入国したすべての外国人の事後的な正規化を廃止し、1945年11月2日のオルドナンスの諸原理への復帰を目指すものであった。しかし、両通達は、無権限を理由にコンセイユ・デタによって取り消され[235]、予期された目的を達することはできなかった。政府は、こうした手続の違法性を認識していたが、一方で、法律やデクレを手直しするには時間がかかることを、他方で、移民の流入を早急に押し止めなければならない現状を考慮し、コンセイユ・デタによる審査期間が通常は2年ほどかかることを踏まえ、とりあえず通達という形で対処し、取消しまでに法律等の整備をはかることを意図したものとされる[236]。

つづいて、1977年11月10日のデクレが、フランスで就職しないことを条件としてしか、フランスに居住する外国人による家族呼寄せを認めないことを規定したが、これもコンセイユ・デタによって取り消された[237]。

この結果、職を求める外国人は、非正規に入国し続けた。法律による対応の必要性が生じてくることになったのである。

(B) 法律による規制―― 1980年1月10日の法律（ボネ法）

R・バール（Raymond BARRE）内閣の内相であったC・ボネによって主導されたこの法律は、「非合法移民の防止（prévention）に関する法律」という呼称が示しているように、望まれざる外国人のフランスへの入国を阻止する諸手段を

---

235) CE, 13 janvier 1975, *Da Silva et CFDT, Rec.,* p.16. これらの通達は、「旅行者」としてフランスに入国し、就業しようとする外国人には、労働許可が認められず、また、その許可の審査にあたって、雇用者による「住居証明」の提出または労働契約で示された住居の衛生性を条件として規定していたことが、法律、オルドナンスあるいはデクレのいかなる条項によっても規定されていない新たな条件を定めるものであるとして違法とされ、また、労働許可証の特性については大臣アレテによるべきものであるにもかかわらず通達で定めていたことも違法と判断された。

236) P. WEIL, *La France et ses étrangers, op. cit.,* p.114.

237) このデクレとこれを取り消したコンセイユ・デタの判決については、第2章第3節1(3)①参照。

用いて、移民の効果的なコントロールを行うことを目的としていた。

具体的には、フランスへの入国条件の厳格化および行政留置と国外追放の拡大・強化が主な内容となった。まず、外国人は、旅行または訪問入国する際出身国への帰還（rapatriement）保証（帰国用の飛行機チケットまたは帰国に十分な資力）が要求された。つぎに、入国許可が拒否された場合、当該外国人は通常7日間の行政留置に付されることになった。そして、これまでは公の秩序への脅威を理由とした追放措置が、非正規に在留する外国人も含まれるよう拡大されただけでなく、その実効性を確保するために、内務大臣のみならず県知事等によっても同措置が宣告されうることになった。同法は、違法移民の「防止」ではなく、現実には、フランスへの違法な入国・在留への「制裁（sanction）」を目論みていたといえる。

しかし、制定以来35年間手付かずにいた1945年11月2日のオルドナンスに初めて修正を加えるものであったボネ法は、とりわけ7日間の行政留置の経過後にしかその延長を認めるための裁判官の関与を規定していなかった点が憲法院によって、恣意的拘禁の禁止と司法裁判所を個人的自由の擁護者と定めている憲法66条に違背するものと判断され[238]、また、1981年に社会党のF・ミッテランが大統領に選出され、つづいて同党が国民議会でも多数を占めるに至って、その本質的部分は立法的にも骨抜きされることになる。

(2) 亡命（庇護）申請者ないしは政治難民の特殊性と量的増加現象

「亡命地」としての伝統を有するフランスではあるが、1970年代までは、とりわけ東ヨーロッパ出身者の庇護申請を受けていた。それに対応する法文は、1951年7月28日のジュネーヴ条約[239]とそれをフランス国内に適用するための機関であるOFPRAの創設に関する1952年7月25日の法律[240]であった。

1970年代以降は、第二次世界大戦後に経験したことのない大規模な難民を受入れることになった。その中心は、1973年にクー・デタによって成立した

---

238) Décision n°79-109 DC du 9 janvier 1980, *Rec.*, p.29, considérant 4. なお、この判決については、第I章第3節2(1)①参照。

239) *JO*, 29 oct., 1954. 同条約は、*JO*で公布されることによって、国内的効力をもつに至った（1946年10月27日憲法26条）。なお、第四共和制憲法も、適法に批准され公布された条約は、法律に優先する効力を有するものとしていた（同28条）。

240) Loi n°52-893 du 25 juillet 1952, *JO*, 27 juillet 1952, p.7642.

ピノチェト軍事政権から逃れてきたチリ人と、1975年のヴェトナムのサイゴン陥落によってタイ等に逃れていたヴェトナム人、カンボジア人、ラオス人の難民たちである。

前者については、民主的に選ばれた政府を軍部が崩壊させた事件であったことから、迫害を逃れるためのチリ人の受入れは、フランスの国民世論により支持された。しかし、それは経済移民とは明確に区別される政治難民の存在を認識させることになった。彼らには、1951年7月28日のジュネーヴ条約の定義する難民の資格がきわめて広く認められたうえ、寛容な政策によりフランスでの在留が認められ、フランス国民と同等な住居への入居、就業、社会保障給付の可能性が提供された。

また、後者のインドシナ出身の難民は、自発的に避難してきたチリ人とは異なり、HCRの職責と保護のもとに、近隣諸国のキャンプで避難生活を送った後で、フランスに入国してきた。彼らの受入れにあたっては、OFPRA創設法2条が適用された。同条は、「OFPRAは、HCRの職責の対象となり、または難民の地位に関する1951年7月28日のジュネーヴ条約1条A(2)の諸定義に該当するすべての者に難民資格を認定する」と規定しており、難民認定はOFPRAによってこの定義に合致する難民認定申請者ごとに個別的に行われるのが通常であったにもかかわらず、今回は、HCRの合意のもと、自動的、計画的、割当的に行われ、チリ人難民以上の諸権利が提供されたのであった。

他方で、人民民主主義体制下にあった東ヨーロッパからは引き続き難民がやってきていたが、彼らにはジュネーヴ条約に準拠し「政治的迫害」を理由に、OFPRAが広く難民認定を行った。また、アジア、アフリカ、南アメリカ等のいわゆる第三世界でも、独裁政権による人権侵害や内乱を避けるために大量に難民が発生し、フランスにも押し寄せてきた。しかし、彼らは、第二次世界大戦とその後の冷戦構造から生じたものではなく、ジュネーヴ条約が想定・規定する者でなかったがゆえに[241]、OFPRAおよびその決定の適否について特別行政裁判所として判断を下すCRRによってジュネーヴ条約上の難民資格の認定が多くの場合否定されることになった。その結果、本来ならば出身国へ送還されるべき者であっても、送還されずにフランスにとどまる「申請却下者

241) これについては、前注121参照。

第 3 節　外国人法および移民政策の展開（概説）　77

（débouté）」をどのように行政上取扱うかという問題が生ずることになったのである。

こうした事態は、ジュネーヴ条約の想定する受入体制が、亡命申請ないしは難民認定申請の量的増大と多様化による性質変化をともなう世界的現象を前に、その限界を示したということでもある。

1974 年の「国境閉鎖」への政策転換後は、家族呼寄せを別にすれば、亡命資格ないしは難民資格を得た者だけが入国できるものとなった結果、大量の申請を受け付ける OFPRA および CRR における審査期間が著しく長期化し、認定率は継続的・漸進的に減少していった[242]。

第Ⅰ章第 3 節 1(1)で検討するように、この時期、亡命申請者の在留条件や就業範囲を画定するのは、法律やデクレやアレテではなく、内務大臣や社会問題担当大臣の通達であった。したがって、ここでは行政上の慣行や時として統一性を欠く裁量が重要な地位を占める結果、亡命申請者等の法的地位は不安定なものにとどまっていた。こうした行き方は、法治国家のあり方とは両立しえないものであるが、行政の寛容さによって、OFPRA や CRR での審査期間中の在留許可、社会保障基金の適用へと通じる就業の権利、就業できない者への無料の医療扶助を含む最低限度の権利の享有が認められていた。

4　左派政権の誕生と保革共存政権期──1981 年から 1993 年まで

1981 年の大統領選挙で勝利した社会党の F・ミッテランは、当初、前政権との断絶ないしは前政権の政策との決別を意識し、そのシンボルとして非合法移民の正規化など柔軟な政策を採用した[243]。

しかし、外国人の排外を煽動する J-M・ルペン（Jean-Marie Le Pen）に率いられる極右勢力の国民戦線（Front national、以下 FN と略する）の伸長により[244]、いわゆる「放任主義（laxiste）」的政策を受け入れる余地はしだいに縮小してくる。フランス国民のアイデンティティが問われ、外国人の統合過程で主張され

---

242)　1973 年には約 1 年であった審査期間が、1981 年には 3 年から 4 年に長期化している。Dictionnaire législatif, *op. cit.,* p. 106.

243)　P. Weil, *La France et ses étrangers, op. cit.,* pp.204–209.

244)　国民戦線は、1970 年代後半までは移民に対して関心を示さず、もっぱら反共闘争を優先的な政治的アジェンダに位置付けていた。P. Weil, *id.,* p.480, note 1.

ることの多い「相違への権利（droit à la différence）」は、「一にして不可分な」フランスの国家社会への同化が不可能であることの証左として喧伝されることになった。

ところで、社会党が政権についた時期は、寛容な移民政策がとられたような見方がなされるのが一般的である。しかし、それは保守党政権と比較した相対的なものであって、D・テュルパンが指摘しているように、1980年代後半以降のフランスの移民政策は、政権の交代に関わらず、移民の流入を厳格に抑制する政策が維持されている点において共通しているとの評価[245]が妥当なものであるように思われる。

(1) 左派政権の移民政策

ミッテラン大統領は、その選挙公約である「提案110（110 propositions）」中の3か条において移民政策にふれていた[246]。そこでは、社会・経済的領域における移民労働者と国民との平等取扱いと諸権利の保障について言及されていた。

これを受ける形で、1981年10月29日の法律は、ジスカール・デスタン大統領時代の政策を象徴する1980年のボネ法の主要部分を廃止し、シラク内閣か

---

245) D. TURPIN, « Les solutions françaises: rapport general », dans *Immigrés et réfugiés dans les démocraties occidentales*, sous la dir. de D. TURPIN, Economica d'Aix-Marseille, 1989, p.21 et s. 1998年のシュヴェヌマン法（後述）も、1993年のパスクワ法と比較して、より制限的でない態度をとっているものの、行政留置の10日から12日への延長（23条）が示すように、厳格化が促進されている点もあった。P・ヴェイユも、1984年に議会内の左右両陣営の間で、正規に居住する外国人移民が避けられないことと、自発的でない本国への帰還が不可能であるとの合意が形成され、移民政策に関する「ゲームのルール（règle de jeu）」が確立したと指摘している。P. WEIL, *La France et ses étrangers, op. cit.*, pp.261-262. あわせて、とくに同書の265頁以下の表と評価を参照。なお、GISTI, *Le guide de l'entrée et du séjour des étrangers en France*, La Découverte, Paris, 2011, pp.7-8 は、移民政策については、継続と非継続の二つの読取りが可能であるとしながらも、産業化された諸国家は、自らが欲する労働力を獲得するための将来的な移民の必要性を考慮しており、もはや「移民ゼロ」政策は維持できず、2006年以降の「選別的移民」政策へと展開していると要約している。

246) その3か条の内容は、つぎのとおりである。「提案79：移民労働者に課されている差別的取扱いは廃止されるであろう。在留許可証の交付の拒否には、理由が付されなければならないであろう。提案80：国民と移民労働者の権利の平等（労働、社会的保護、生活保護、失業、継続的職業訓練）は、確保されるであろう。地方選挙における投票権は、フランス領土における5年の居住後に認められるであろう。結社の権利は、認められるであろう。提案81：計画（plan）が、フランスへの入国を認める年間の外国人労働者数を定めるであろう。ONIは、民主化されるであろう。不法労働に対する戦いは、強化されるであろう。」

らバール内閣までに採られた諸措置との断絶を示した。形式的にも 1945 年 11 月 2 日のオルドナンス 35 か条中 11 か条に修正を加えた。

中心となる修正点は以下のとおりである。

まず、入国に関しては、すでにボネ法によって課されていたものに加えてさらに新たな書類を提出することを求め、入国条件を厳格にした。その書類とは、入国理由、宿泊条件、生計手段に関するものである。もし、フランスに居住する友人や親を訪ねてくる場合には、訪問を受ける者によって作成され、市町村長によって認証された宿泊証明書（certificat d'hébergement）を保持しなければならなくなった。逆に、必要書類を備えている場合には、フランスへの入国が認められるものとなった。これは、警察機関が羈束権限しか有さず、恣意的措置の危険性から外国人を守ることを意味するもので、これまでの法律にはないものであった。最後に、入国拒否の決定は、決定から 1 日を経なければ本人の意思に反して執行されることはなく、この間、当該利害関係人は、領事、弁護人、自ら選択する者と接触し、扶助を求めることが可能となった。

つぎに、国外追放に関しては、ボネ法よりも追放の理由と対象者が限定された。前者の追放理由については、公の秩序への脅威だけを理由とし、しかもその重大性（gravité）が求められた。つまり、ボネ法では、「公の秩序または公財政の負担への脅威」を理由とするものであったのが、新法では「公の秩序に対する重大な脅威」（強調著者）とされたのである。また、後者の対象者については、家族関係および在留期間の観点から「送還不可能な者」がリスト化され、(i)フランス国民の配偶者、(ii)フランス国籍の子の親、(iii)10 歳から恒常的にフランスに居住している者、(iv)15 年以上フランスに居住している者、がそのリストに入れられた。くわえて、追放委員会の構成が抜本的に修正され、3 人の裁判官（司法裁判所系統からの 2 人と行政裁判所系統から 1 人）で構成されることになり、この委員会での送還を不可とする意見は、権限を有する大臣を拘束するものとされた。こうした普通法上の手続に対する例外的手続については、「絶対的緊急を要する場合（en cas d'urgence absolue）」と「国家の安全保持および公的安全に対する切迫的必要性（nécessité impérieuse pour la sûreté de l'État ou la sécurité publique）」でしか認められえなくなった[247]。

また、行政留置に関しては、留置決定から 24 時間後に司法裁判官が関与し、

80 序章 戦後フランスにおける外国人の権利保障（概説）

例外的に 6 日の留置延長を認めることができるものとされた他、留置に付された外国人の権利が尊重されるように厳格な手続が法定されることになった[248]。

国外追放や入国禁止のすり抜けのような入国・在留に関する規定に違背する行為は、軽罪の対象とされ、また、追放不可能な者を除いて、付加刑として国外退去（reconduite à la frontière）が宣告されうるものとなった[249]。

在留許可証に関しても、1984 年 7 月 17 日の法律によって改正が加えられた[250]。デュフワ（DUFOIX）法と通称される同法は、一定の範疇に属する外国人に対して、10 年有効で当然に（plein droit）更新可能な正規在留許可証（carte de résident）が発行されることを規定した。この許可証によって、フランス全土で職種を問わず給与労働者として雇用される権利が開かれたのである。この許可証が付与される範疇は、1945 年 11 月 2 日のオルドナンスが、「国外追放のアレテの対象となりえない者」としている範疇と合致している[251]。この改正は、従来の在留資格と労働資格とがたすき掛けする複雑な制度を単一化することで、状況の単純化と、付与対象外国人の地位の安定化に寄与し、その結果、法的にも事実上も、フランス社会への統合を促進する重要なものとなったのである。

247) 例えば、テロ行為、スパイ行為あるいは麻薬取引などが対象とされ、この例外的手続が適用される場合には、当該外国人に、検討されている措置が知らされることはなく、追放委員会に諮問されることもなければ、その意見に拘束されることもない。

248) その手続としては、共和国検事への通知、通訳、弁護人および医者の扶助、領事および自ら選択する者との連絡、である。なお、行政留置が普通法上の措置であり、住居指定（assignation à résidence）が命ぜられることはほとんどない。Droits des étrangers, Éditions Législatives, op. cit., p.107.

249) 実際上は、ほぼ定型的に国外退去刑が宣告されるが、宣告されない場合には、その状況を正規化し、または出国準備のために 6 か月有効の暫定的な在留許可が付与された。

250) この際、当該許可証の創設を法律で規定するか、行政立法であるデクレで規定するかについて、政府内でも論争があった。外国人の入国・在留の資格に関しては、法律領域に属するか（1958 年憲法 34 条）、行政立法領域に属するか（同 37 条）明確でなかったからである。デクレでの規定を支持する者は、議会での長い論争によって惹起されうる世論の反応を危惧し、他方で、法律による規律を支持する者は、政権交代によっても新制度が安易に改廃されないことを強調した。最終的には、在留資格の修正は外国人の地位の本質的要素であり、34 条の公的自由の対象となるがゆえに、法律領域に属するとのコンセイユ・デタ評定官の非公式の意見をいれる形で、法律により改正が行われた。政治過程においては、野党である RPR が初めて政府・与党の移民法案に賛成投票したことで、移民政策をめぐる左右両陣営の重大な対立的論争が収束し、以後の政策形成における共通の基本的スタンス（「ゲームのルール」）が定まったと評価されている。P. WEIL, La France et ses étrangers, op. cit., pp.256-262. 前注 245 もあわせて参照。

251) これは、同オルドナンス（現行 CESEDA）が「家族構成員」として認識する者の範疇である。詳しくは、第Ⅱ章第 1 節 1(1)②参照。

ただし、定住外国人の政治的統合の一つの到達点ともいうべき地方選挙権の付与については、政治状況の不安定化を招くものとして、政治日程にのぼることはことはなかった。

(2) 第一回保革共存政権（コアビタシオン〔cohabitation〕）以後の移民政策

1986年3月の国民議会選挙で勝利した保守陣営と社会党大統領による第一回目の保革共存政権（J・シラク内閣）の内相であったC・パスクワ（Charles Pasqua）は、1945年11月2日のオルドナンスを修正する1986年9月9日の法律[252]によって、つぎのように、外国人の入国・在留・国外追放の条件を厳格化した。

(i)すべての外国人は、その入国にあたって、その在留中の生計維持手段を証明できなければならないこと、

(ii)正規在留許可証が当然に交付される外国人（国外追放のアレテの対象とならない外国人、いわゆる「追放不可能者〔inexpulsables〕」）の範疇を厳密に再定義したこと、

(iii)追放委員会の追放に関する消極的意見は、内務大臣の決定を拘束しないこと、

(iv)違法に入国・在留した外国人に課されうる国外退去は、県知事等によって宣告され、その執行停止が行政裁判所に提起されているときであっても、執行的なものとされたこと、である。

しかしながら、改正法を厳格に適用することで、移民の効果的抑制を図ろうとする内相の意図とは異なり、期待した程の効果はあがらなかった[253]。

1988年6月の国民議会選挙で第一党となった社会党のM・ロカール（Michel Rocard）内閣は、内相のP・ジョックス（Pierre Joxe）の主導により1986年のパスクワ法で厳格化された上記の条件(ii)〜(iv)のそれぞれについて再度緩和する修正を加えた。すなわち、(ii)については、再定義されていた正規在留許可証が当然に交付される外国人（国外追放のアレテの対象とならない外国人）の範疇を再々定義したこと、(iii)については、国外追放委員会の消極的（否定的）意見は内務

---

252) Loi n° 86-1020 du 9 septembre 1986, *JO*, 10 septembre, p.10956.

253) 例えば、宣告される国外退去件数は、1985年から1987年までに7,453件から1万5,873件へと倍増したが、その執行率は、1987年には57％でしかなかった。Droit des étrangers, Editions Législatives, *op. cit.*, p.107.

82　序章　戦後フランスにおける外国人の権利保障（概説）

大臣を拘束すること、(iv)については、県知事等による国外退去のアレテに対する停止的訴訟を司法裁判所に提起できるようにしたこと、である。ただし、最後のものは、フランス流権力分立の原理を侵害するものであるとの憲法院の判断[254]を受け、1990年1月10日の法律は、司法裁判所に代え、行政裁判所に訴訟を提起できるように書き改めた。なお、1988年の選挙は、これまでの小選挙区2回投票制から県単位のリストによる比例代表区1回投票制へと制度が改められたことから、国民戦線の代議士が誕生し、議会という公の場で極右議員が外国人排斥をプロパンガンダすることになった[255]。

　また、この時期1990年6月19日に署名されたシェンゲン協定施行条約の適用による域内国境の撤廃に対応して、域外からの外国人、とりわけ亡命申請者の流入に対処するために、P・ジョックスの後任となったP・マルシャン（Philippe MARCHAND）は、違法状態にある外国人の輸送者に制裁を科し、また、従来の行政慣行を法定するため、亡命申請者等を「トランジット・ゾーン（zone de transit）」と呼ばれる「国際ゾーン（zone internationale）」[256]で身柄拘束する法律案を議会に提出し、可決させた。しかし、この条項は、1992年2月25日の憲法院判[257]によって、個人的自由に過度の侵害をもたらすものとして、違憲とされた。その結果、呼び名を「待機ゾーン（zone d'attente）」と変えたうえで、留置期間を限定し、留置の延長にあたって司法裁判官を関与させる新た

254）　Décision n°86-244 DC du 23 janvier 1987, *Rec.*, p.8. これは、競争協議会（conseil de la concurrence）の権限に関して、フランス流権力分立概念における管轄権配分基準として示されたものである。この判決は、憲法院判決として初めて、『重要行政判例集』のなかに取り上げられたものである（Marceau LONG, Prosper WEIL, Guy BRAIBANT, P. DELVOLVÉ, B. GENEVOIS, *Les grands arrêts de la jurisprudence administrative*, Sirey, 18e éd.,Paris, 2011, pp.628-637）。なお、この判決の邦語による解説としては、例えば、永山茂樹「行政裁判所の憲法的地位および行政処分を受ける者の防御権」辻村編前掲、『フランスの憲法判例』318頁以下参照。

255）　比例代表制への移行は、与党社会党の大敗を危惧したミッテラン大統領の意向に添うものであった。新たに議会与党となった右翼陣営は、再び小選挙区2回投票制へ戻した。この選挙で、9.65％の得票率（議席を有するための最低得票率は、5％）を得たFNは、577名の定員中、共産党と同数の35名の議席（3名の政策協定者を含む）を得た。

256）　「トランジット・ゾーン」（後の「待機ゾーン」）は、「国際ゾーン」とも称され、領土の外部とみなされる場所である。しかし、これはあくまでも一つの法的フィクションにすぎず、国内機関の管轄権に服する。具体的には、国際便の到着地点と警察のチェックポイントの間に存在する、外部と遮断されたゾーンのことである。

257）　Décision n°92-307 DC du 25 février 1992, *Rec.*, p.48. この判決については、第Ⅰ章注53も参照。

な法律[258)]が適用された。

(3) **亡命権**[259)] **の枠付け**

① 1982年5月27日のデクレ[260)]

本デクレは、入国許可に関して、1945年11月2日のオルドナンスの一部の条項を適用するために制定された。このなかで、国境でのコントロールに際し、入国拒否決定に関して権限を有する機関（警察および税関の部署長等）について規定したが、亡命権についてもつぎのような権限規定を置いた。すなわち、「国境に現れる外国人が、亡命権の享有を申請するときは、フランスへの入国拒否決定は、外務大臣への諮問を経て、内務大臣によってしかなされえない」（12条）。デクレでの規定はこれだけであったがゆえに、亡命申請者の地位については、法的効力を欠く大臣通達の規定するところであった。通達は特別な様式や手続の諸条件を行政機関に課すものではなく、また、公表もされず、しかも県によって対応のばらつきがあったため、申請者の地位は不安定な状況に置かれていた。

② 1985年5月17日の首相通達[261)]

こうした状況を改善すべく制定されたのが、1985年5月17日のL・ファビウス（Laurent Fabius）首相の通達であった。この通達は、ジュネーヴ条約によって定義される難民資格によりフランスに庇護を求める外国人に適用されること、難民資格の認定は、OFPRAおよびCRR（当時）の専権に属することを述べたうえで、亡命申請が提起された場合に適用される諸規定と難民資格の申請に対して下された最終的判断に続く措置を具体的に規定し、OFPRAと県知事等との権限配分を明確にするものであった。また、同通達は、亡命申請がOFPRAで審査されているか、OFPRAの拒否決定をCRRで争っている間、申請者に対して自動的在留権を認めるていた。すなわち、亡命権を援用しようと

---

258) Loi n° 92–625 du 6 juillet 1992, *JO*, n° 158 du 9 juillet, p.9185.
259) 亡命申請者とジュネーヴ条約上の難民資格申請者とは、本来、法的概念としては異なるものであるが、その相違が明確に認識されるようになるのは、1993年8月24日のパスクワ法およびそれを審査した同年8月13日の憲法院判決によるものであることから、同年までは慣行上の用法に沿う形で両者を同義的に取り扱っておく。詳しくは、第Ⅰ章第3節1(2)②(A)および同2(1)(B)参照。
260) Décret n° 82–442 du 27 mai 1982, *JO*, 29 mai, p.1712.
261) Circulaire du 17 mai 1985, *JO*, 23 mai, p.5775.

する外国人は、1 か月有効の暫定的在留許可（autorisation provisoire de séjour、以下 APS と略す）証を保持し、この期間が満了し OFPRA への付託を証明した場合には、3 か月毎に更新可能な在留資格申請の受領証（récépissé）を付与されることになったのである（I. A. 2°）。

しかも、申請者の在留権には、雇用状況がとくに敵対的である場合を除いて、労働のカテゴリーと地域に関係のない就労権が付随した（同）。就労権の付与は、社会保障基金や住宅手当といった労働者の資格に結び付く社会保険の適用と、就労できない場合の失業手当を始めその他の手当の給付を開くものでもあった。こうした状況は、余りにも魅力的なものと映り、亡命申請名目でのフランスへの入国要因を押し上げたことも事実であった。真正・不真正を問わず、1980 年代を通して亡命申請者数は増加し続けたのである。

こうした事態に対処するために採用された諸政策は、おおむねつぎのものであった。

(A) OFPRA および CRR の組織強化

政府は、両機関の人的および物的な強化を図るため多くの予算措置を講じた。例えば、OFPRA の事務所は、広く使い勝手がよくなり、人員も増やされた。CRR は、法律によって組織改編が行われ、行政裁判所系統の裁判官によって主宰される 10 のセクションに区分された[262]。これによって、OFPRA の決定に要する期間は、6 〜 8 か月から 3 か月へ、CRR の判決のそれは、2 〜 4 か年から 6 か月へ短縮される効果をもたらした。

(B) ジュネーヴ条約の厳格解釈

OFPRA および CRR は、ジュネーヴ条約の難民の定義を厳格に解することによって、申請者の増大に対応した。その結果、認定率は大きく減少した。後述するように、ジュネーヴ条約の難民認定には「人種、宗教、国籍もしくは特定の社会集団の構成員であることまたは政治的意見を理由」とする「迫害の脅威」の存在が必要とされる（同 1 条(2)）が、両機関は、その存在について、単に民族的または宗教的な帰属ないしは政治的意見のみを理由とするのではなく、

---

262) Loi n° 90–550 du 2 juillet 1990, *JO*, n° 154 du 5 juillet, p.7857. 各セクションの長は、必ずしもコンセイユ・デタ評議員でなくてもよくなったが、それはその職階への補充を容易にするためであった。

個人的な状況に結び付けられることを要求した。また、迫害の脅威の証明は、提出することのできる書類または文書によって裏付けられた利害関係人の申告から引き出されなければならないものとした。そして、拒否理由の大多数は、「申請者の書類の断片からも、申告からも、主張された諸事実を証明し、または陳述された迫害を根拠付けるものとみなすことができない」との理由が付されたのである。当然ながら、こうした厳格な対応に対しては、何千キロも離れ、また、迫害の脅威の存在を記述する書類等を保持できないような、利害関係人が想定できない状況のなかで生じた諸事実をどのようにすれば証明できるのかという批判がなされうる[263]。

(C) 亡命申請者の諸権利の制限

1991年9月26日のÉ・クレソン（Édith Cresson）首相通達[264] は、先のファビウス通達で認められていた特例措置である、OFPRA等での難民資格認定申請中の就労権を撤廃し、亡命申請者を他の外国人と同列に扱った。ただし、その代償として、SMIC（月額最低賃金、salaire minimum de croissance mensuel）の約30％の額の受入手当（allocation d'insertion）を与えることにした。しかし、労働者の地位を失うことは、先にふれた社会保障基金等の適用対象からも除外されることを意味した。この通達変更は、亡命申請者が多くを占める未熟練労働分野において、就労希望の申請者数を引き下げる即効的効果をもったといえる。

(D) 入国の厳格化

欧州諸国間の亡命政策の調整を図るいわゆるロンドン決議[265] の「受入第三国」原理の適用によって、申請者は、迫害にさらされた出身国から直接申請国に入国するか、申請国以外の国で亡命を申請しまたは受入れられる可能性がなかった場合に限り、亡命申請の審査を経ることなく、以前に申請者を受け入れた第三国に向けて送還されることになった。この原理は、港・空港に待機ゾーンを創設し、「明らかに根拠を欠く（manifestement infondée）」申請の拒否を可能とする1992年7月6日の法律の適用の際に、行政慣行として援用されることになった。しかし、同決議はフランス国内法上の効力を有さない国際決議にと

---

263) Droits des étrangers, Éditions Législatives, *op. cit.*, p.108.
264) Circulaire du 26 septembre 1991, *JO*, n° 226 du 27 septembre, p.12606.
265) この決議については、第I章第2節2(2)③参照。

86 序章　戦後フランスにおける外国人の権利保障（概説）

どまっていたことから、この原理に従った処分は、コンセイユ・デタによって、取り消されることになる[266]。

(E) 「再入国協定（accords de réadmission）」の締結と適用

フランスは、まずは隣接諸国と、つづいて隣接しない諸国と、違法にその国を通過してフランスに入国してきた亡命申請者を含む外国人を、その国が引き受けその国に再入国させる協定を結び、違法入国者を送還する入国管理政策をとった。

5　パスクワ法による「移民ゼロ（immigration zéro）」政策とその後の展開

(1)　1993年8月24日および12月30日のパスクワ法

①　移民ゼロ政策の提唱

1993年3月の国民議会選挙後再び内相となったC・パスクワは、フランスはもはや移民受入国であることを望まないと、いわゆる「移民ゼロ」政策の採用を宣言した。同相が主導した法案は、「移民の統制（Maîtrise de l'immigration）」とのタイトルから窺えるように、(i)亡命権と家族呼寄せに関する基本原理を確立することで、在留許可手続の濫用と戦うこと、(ii)共和国の諸価値と両立可能なように、家族呼寄せを適正に位置付けることで統合を促進すること、(iii)国外退去措置に関する立法を強化し、社会保険・社会保障の利益享受者を正規に在留する外国人に限定することで、違法移民と戦い公の秩序を擁護すること、を最重要点とした[267]。

②　関連法の大改正

そのために、同内相は、1945年11月2日のオルドナンス中に、とくに中核となる家族呼寄せと亡命申請者に関する新たな二つの章を挿入し、同オルドナンスの半分以上の条項を修正した他、多岐にわたる他の法典の改正[268]を目指

---

266)　この判決については、第I章第4節1(1)②(A)(b)で取り上げる *Rogers* 判決参照。

267)　*AN, Déb.*, 15 juin 1993, p.1614.

268)　このときに改正の対象となったのは、民法典、刑法典、刑事訴訟法典、公衆衛生法典、社会保障基金法典、農業法典（code rural）、建設・住居法典、家族・社会扶助法典、労働法典、集団による宿泊（hébérgment collectif）に関する1973年6月27日の法律、OFPRAに関する1952年7月25日の法律、であった。

す法案を議会に提出し可決させた。

しかし、憲法院は、1993年8月13日の判決で、いわゆる1993年パスクワ法の18か条に違憲判決を下した。政府は、シェンゲン、ダブリンの両条約の国内的適用を理由にこの判決をオーバーライドするための憲法改正を行い[269]、違憲とされた条項の本質的部分を変えることなく再度議会に提出し可決させた[270]。

1993年のパスクワ法については、後で詳しく検討するが、違法移民に対処するために、宿泊証明制度の修正、事後的正規化の抑制、正規在留許可証の交付条件の厳格化、フランス国民との婚姻のコントロールの強化、国際線鉄道駅への「待機ゾーン」の拡大、行政機関（県知事等）による入国禁止措置の宣告、国外追放制度の改革、（国内における）亡命権行使の厳格な概念付けの採用、亡命申請者の暫定的在留権の法認、等が行われた。違法移民に対抗するこうした諸政策は同法が新たに採用したものではなく、その点で伝統的なものといえるが、同法の新規さは、合法的移民の組織的抑止策を講じたところにあると指摘される[271]。

同法については、規律内容の厳格さに批判が向けられがちであるが、これまで通達やデクレによって規律されていた家族呼寄せ[272]、通達や判例によって認められていた亡命権の行使[273]を、法律によって規律したことからすれば、法律による保障へと保障のレベルを高めることで法的安定性の確保に寄与したものと評価されるべき点はあろうと思われる。

(2)　**1997年4月24日のドブレ法**[274]

①　**宿泊証明書の厳格化による入国規制**

C・パスクワの後を襲って内相に就任したJ-L・ドブレ（Jean-Louis Debré）[275]

269）　Loi constitutionnelle n°93-1256 DC du 25 novembre 1993, *JO*, 26 novembre, p.16296.

270）　1993年8月13日の憲法判決とそれに続く憲法改正は、外国人の権利保障、フランス憲法史における議会と違憲審査機関としての憲法院の関係と「法治国家」の成熟性の問題、共和主義的伝統である亡命権の位置付け等に関するエポック・メーキングともいうべき非常に重要なものであるので、項を改め第Ⅰ章第5節で詳しく検討を加えている。

271）　P. Weil, *La France et ses étrangers, op. cit.*, pp.289-290.

272）　詳しくは第Ⅱ章第3節1(1)および(2)参照。

273）　すでにふれた1985年5月17日のファビウス通達、および1991年のコンセイユ・デタのNkodia判決（本章注165参照）によって認められていた、亡命申請審査に判断が下されるまでの暫定的在留権の法認や、亡命資格による入国拒否決定要件の覊束化をあげることができる。

274）　Loi n°97-396 du 24 avril 1997, *JO*, n°97 du 25 avril, p.6268.

は、宿泊証明証が、ビザ切れ後も出国しない違法移民を助長しているとの観点から、この制度の厳格化を目指す法案を準備した。それによれば、宿泊証明書の署名者は、個人的または家族的な状況によって正当化される場合を除いて、居住する市町村の長に、居住している外国人の出発（départ）を通知しなければならず、また、警察等の調査により宿泊提供者の過去の申請が手続の濫用であることが明らかとなったとき、または、同証明書の署名者が検認（visa）の申請に先立つ2年内に宿泊外国人の出立を市町村等に通知しなかったときは、市町村長は宿泊証明書への検認を拒否する、というものであった。こうした手続の導入は、外国人を受け入れる者に責任を課し、宿泊外国人の出国の宣告を強制し、それに従わない場合には、将来の宿泊証明書の不同意や、違法な入国・在留・移動の扶助犯（délit d'aide）としての処罰に通ずるものであった。

　しかし、宿泊提供者に密告を強いるような行き方には強い反発が起こり、結局、国民議会の法務委員会の修正により、宿泊証明書の検認は市町村長ではなく県知事等によってなされること、県知事等は宿泊提供者の過去の申請が手続の濫用であることが明らかである場合に拒否しうること、証明書はフランス領土からの出国時に当該外国人によって提出されなければならないこと、という受け入れられやすいものへと書き改められ、成立するにいたった[276]。

②　送還措置の厳格化

　他方で同法は、違法に入国・在留している外国人、とりわけ申請が却下され在留権がなくなった亡命申請者（demandeurs d'asile déboutés）の効果的な送還を図るため新たな諸措置を定めた。まず、指紋の採取、記録、コンピューター・データ化を行い、合わせて、警察部局は、内務省の管理する指紋ファイルだけでなく、**OFPRA** のものにもアクセスできることにした（1945年11月2日のオルドナンス8条-3）。つぎに、行方をくらませたり、パスポートや旅行証書を破棄滅失することを避けるために、違法状態にある外国人のこれらの証書を警察部局が留置できることにした（同8条-1）[277]。そして、出身国への送還のための

---

275)　J-L・ドブレは、その後、国民議会議長を経て、シラク大統領により憲法院の院長に任命された（在任期間 2007年〜現在）。

276)　この修正案は、当時、国民議会法務委員会の委員長で、後の憲法院院長のP・マゾ（Pierre Mazeaud）（シラク大統領による任命、在任期間 2004 〜 2007年）によって提案されたものであった。

第3節 外国人法および移民政策の展開（概説） 89

航空機への搭乗を拒否した外国人をさらに7日間の行政留置に付すことのできるようにしたほか、司法裁判官（大審裁判所長またはその委任を受けた裁判官）が関与するまでの期間を24時間後から48時間後へ延長すること、当該外国人による書類の効果的な再提示（représentations effectives）の保証ができないことが明らかであるときには、行政留置の延長を拒否する大審裁判所長等の命令に対する上訴に停止効を与えることを控訴院長（またはその委任を受けた裁判官）に請求できる検察官の権限を規定することで留置体制を強化した（同35条ノ2）[278]。

これらの措置について憲法院は、1997年4月22日の判決[279]で、OFPRAへの難民資格の申請情報の秘匿性は、亡命権の本質的保障であると判断することで、警察部局によるOFPRA情報へのアクセスに関する条項を違憲とした（判決理由26）他、行政留置に関しても、送還の対象となる外国人が送還措置に応じなかった場合のみ、一度だけ再留置が認められるとの解釈留保を行った（判決理由52）。

③ 一時在留許可証の交付者リスト

さらに同法は、一時在留許可証が当然に交付される外国人のリストを作成した。それによると、(i)15年以上恒常的にフランスに居住していることを、あらゆる手段により証明する、多重婚状態で生活していない外国人、(ii)正規にフランス領土へ入国し、配偶者がフランス国籍を保有していることを条件に、多重婚状態で生活しておらず、この配偶者と少なくとも2年以上共同生活を中断せずに婚姻している外国人、(iii)16歳以下のフランス国籍を有する子に対する親権（一部でもよい）を行使し、少なくとも1年以上または誕生から、実際にこの子を扶養していることを条件に、多重婚状態で生活していない、その子の父親または母親、(iv)フランスの機関によって支給される労働災害または職業病による年金の受給資格者、(v)無国籍者の地位を取得する少なくとも1年前に婚姻

---

277) この措置は、本人の身分を証明し、留置されたパスポート等の留置日と変更方法を記載する受取証と引き換えに行われる。

278) これには、上訴が「直ちに通知され」、控訴裁判官が、「遅滞なく、当該上訴に停止効を与えるに理由があるかを決定する」との二つの条件が付されている。この間、当該外国人は、必要に応じて、留置施設（centre de rétention）へ移送されることも含め、裁判所の管理下で身柄拘束される（同条）。

279) Décision n° 97–389 DC du 22 avril 1997, *Rec.*, p.45. この判決については、第Ⅰ章第3節2(1)③参照。

し、または挙式が行われ、配偶者間で現実の共同生活が営まれている上記の地位を取得した外国人およびその配偶者ならびに未成年の子、である（同12条ノ2）。このリストは、ビザなしで入国したフランス国籍を有する者の配偶者や、実際に子を扶養しないフランス国籍を有する子の親である外国人で、国外追放の対象とならず、または正規化されない外国人、いわゆる「法定違法在留者（irréguliers légaux）」の問題を解決するものではなく、外国人の親とフランス国籍を有する子の家族生活の尊重に関わる問題を惹起するものであった。

④　外国人在留委員会（Commission du séjour des étrangers）の廃止

同法はまた、1989年8月2日の法律で創設され、県知事等が在留許可証の交付または更新を拒否しようとするときに諮問を受けるものとされていた同委員会を廃止した。それは、本法による修正により、同委員会の意見に県知事等が服する義務がなくなったことから、委員会の存在理由もまたなくなったものと考えられたことによる。

⑤　在留許可証の更新および撤回

同法は、両議会の修正によって、10年有効の正規在留許可証は、当該外国人の存在が公の秩序に対する脅威を構成する場合には、更新されないとの規定を追加した。しかし、憲法院は、フランスにおいて多様な関係を生ぜしめうる10年間の合法的居住の安定性を重視し、公の秩序への単なる脅威（simple menace）だけで更新を拒否することは、重大な脅威（menace grave）の場合に行政機関が国外追放を宣告できる場合と比較して、家族生活および私生活の尊重の権利への過度の侵害となるとの理由で、違憲と判断した（判決理由45）。また、同法は、フランスにおいて給与生活者として雇用される資格を保持しない外国人を雇用するか、在留資格に言及された職業・地域以外で外国人を雇用する外国人の在留資格（正規および一時の両在留許可を含む）の撤回を規定したが、こうした制裁措置は、自動的性質（caractère automatique）を有さない行政的制裁措置（sanction administrative）で、明白に不均衡なものではなく（同31）、また、本件における撤回措置は、行政的制裁措置の性質を帯びており、防御権を尊重する責務は、行政機関に帰属するとして、違憲の主張を退けた（判決理由32）。

(3)　**1998年5月11日のシュヴェヌマン法**[280]**および同年3月16日のギグ法**[281]

1997年5月の国民議会選挙で勝利し、政権に復帰した社会党は、選挙キャ

ンペーンで主張していたパスクワ・ドヴレ法の廃止、1945年11月2日のオルドナンスの大幅な改定、そして国籍に関する属地法の復活を目指した。L・ジョスパン（Lionel Jᴏsᴘɪɴ）首相は、移民問題に精通したP・ヴェイユにこれに関する報告書[282]の作成を求めた。この報告は、内相のJ-P・シュヴェヌマン（Jean-Pierre Cʜᴇᴠᴇ̀ɴᴇᴍᴇɴᴛ）と法相のE・ギグ（Elisabeth Gᴜɪɢᴏᴜ）のもとで起草された法律案に多くの示唆を与えた。

① 亡命権の改革

1998年のシュヴェヌマン法は、1993年8月24日のパスクワ法が「亡命申請者（Des demandeurs d'asile）」と題して1945年11月2日のオルドナンスになかに挿入していたⅦ章の大部分の条項を抽出し、1952年7月25日の「OFPRAおよびCRRの創設に関する法律」のなかに移しかえ、新たに「亡命権に関する法律」[283]とした。

こうした行き方は、形式的には、移民に関する諸条項と亡命権の行使に関する諸条項との分離を象徴するものであるが、問題は、実質的にみて、入国と在留に関して亡命申請者が違法移民のカテゴリーに埋没することなくその地位と状況が肯定的に改善されるものであるかどうかにあるといえる。僅かな修正内容と、待機ゾーンと県知事等による在留拒否理由がほとんど変更なく維持されたことからすれば、形式的修正が実質的変更に及ぼした影響はそれ程大きくはないといえそうであるが、具体的検討は、第Ⅰ章第3節1(2)②で行う。

なお、同法は、憲法上の亡命権、ジュネーヴ条約上の亡命権（難民資格の認定申請権）および領土的庇護（asile territorial）という三つのカテゴリーの亡命概念を法認したが、これについても第Ⅰ章第2節で検討する。

② 入国条件の緩和

同法は、CEおよびEEEの諸国民の家族構成員、家族呼寄せ許可の享有者、

---

280) Loi n° 98–349 du 11 mai 1998, *JO*, 12 mai 1998, p.7087.
281) Loi n° 98–170 du 16 mars 1998, *JO*, n° 64 du 17 mars, p.3935.
282) 委嘱をうけたP・ヴェイユは、移民を専門とする歴史学者・政治学者であり、このとき、『公正かつ効果的な移民政策に向けて（Pour une politique de l'immigration juste et efficace）』と『フランス国籍の帰属のための属地法の適用条件（Des conditions d'application du droit du sol pour l'attribution de la nationalité française）』の二つの報告書を提出した。
283) 同法の名称は、「フランスにおける外国人の入国・在留および亡命に関する法律（Loi relative à l'entrée et au séjour des étrangers en France et au droit d'asile）」である。

OFPRA または CRR によって難民資格が認められた難民等のカテゴリーに属する外国人の入国ビザの交付を拒否する場合、理由を付することを求めた[284]。また、宿泊証明書については、その様式の煩雑さと不十分さとから、国民議会の修正により最終的に削除された[285]。ただし、1998年6月23日のデクレ[286]は、これに代えて「受入証明書（attestation d'accueil）」を創設し、宿泊者の身元、その住所、受入場所、宿泊させる者の身元、入国および出国の日時を示すものとした。この証明書は、身元を示す書類と受入場所を証明する書類に基づいて、市長や警察署長等によって「認証される（certifiée）」が、この両書類の提出がない場合にしか、認証は拒否されえないものとなった。

③ 在留許可証制度の改革

同法は、公の秩序への脅威を留保として、「当然に（de plein droit）」に享有者となりうる者を含む一時在留許可証の新たなカテゴリーを創設した（1945年11月2日のオルドナンス12条ノ2および3）。そのなかには、「科学（scientifique）」、「芸術および文化的職業（profession artistique et culturelle）」、「私的および家族的生活」と言及されるものがある。同許可証はまた、「フランスに恒常的に居住する外国人」や「1952年7月25日の法律13条の適用により領土的庇護を取得した外国人」にも当然に交付される。しかし、当然の交付は、当然の更新を意味するものではなく、当該外国人が、期限満了時に最初の交付条件を充足し続ける限りにおいて、更新されるにすぎない。

他方で、正規在留許可証については、フランスへの正規の入国は要求されないものの、公の秩序に対する脅威がなく、在留の正規性が維持される限り、当然に交付されるものとなった（同15条）。したがって、国外追放はされないも

---

284) 本文中にあげた者の他、拒否の場合における理由付記の対象とされたカテゴリーとしては、フランス国民の配偶者、21歳未満または扶養下にある子、尊属、フランスで給与生活者としての職業につくことが承認された者、シェンゲン情報システム（SIS, système d'information Schengen）によって入国禁止の対象として人物特定された者、廃疾率（taux d'invalidité）が20%以上の労働災害年金または職業疾病年金の受給者、フランス国または同盟国の軍隊で軍務についたことのある外国人、である（1945年11月2日のオルドナンス5条）。ただし、「国家の安全（sûreté de l'État）」が考慮されるときは、適用除外される。

285) 法案段階では、ドヴレ法を改正し、市長に宿泊証明書の検証権限を付与し、宿泊を望む当該外国人が正常な条件で宿泊できないか、証書の記載が不正確である場合しか、市長はそれを拒否できないものと規定されていた。

286) Décret n° 98–502 du 23 juin 1998, *JO*, n° 24 juin, p.6557.

のの、在留の正規化もされないという「法定違法在留者」は依然として存続するものとなった。また、既存のどの在留資格にも該当しない外国人の存在と、欧州人権条約8条による「私生活および家族生活」の保障への対応から、上述の「私的および家族的生活」という新たな在留資格[287]が作られた。

なお、CEおよびEEEに属する諸国民で、フランスでの恒常的居住を望む者は、その家族構成員とともに、「相互主義を留保として（sous réserve de réciprocité）」、初回は10年有効で、最初の更新以降は有効期間の限定されない在留許可証が付与される（1945年11月2日のオルドナンス9条ノ1）。ただし、この許可証の交付と更新に関しては、その存在が「公の秩序への脅威」を構成しないとの条件には服せしめられる。

ところで、同法案を審議した国民議会は、1997年4月24日の法律によって廃止されていた外国人在留委員会を新たに「在留資格委員会（Commission du titre de séjour）」として復活させた。この委員会は、行政裁判所長または同所長から任命された行政裁判官が主宰し、大審裁判所長から任命された司法裁判官と、県知事等によって任命された有資格者によって構成され、県知事等が在留資格の交付または更新の拒否を検討する際に諮問されるが、この答申（意見）は県知事等の決定を拘束しない（同12条ノ4）。

④　家族呼寄せ条件の緩和

これに関して同法は、申請者である外国人のフランスにおける在留期間を再度1年に戻したほか、収入の評価に申請者本人のみならず、その配偶者の収入を加算できること（ただし、家族手当は算入されない）、SMICと同額である場合には収入の不十分さを理由に申請拒否できないこと、適正な住居の評価期日は申請時ではなく家族の入国時とすること、など家族呼寄せ条件の緩和化を行った（同29条）。

また、1993年のパスクワ法で規定されていた違法な家族呼寄せへの制裁措置を廃止した。すなわち、1993年法は、家族呼寄せ手続以外の手続で家族構成員を入国させた外国人の在留資格の撤回を定めていたが、1998年法は、在

287）　現行CESEDAも、この資格が当然に交付される場合以外に、在留特別許可（admission exceptionnelle au séjour）による付与（同L.313-14）と、売春斡旋や人身売買を密告した外国人への付与（同L.316-1）の二つのケースにおいて、行政の裁量による交付を認めている。

留資格の拒否、国外退去等から違法に入国した家族構成員だけを制裁の対象とした。他方で、配偶者、尊属および卑属を違法な入国・在留の幇助犯の対象から外した。

⑤ **送還措置と行政留置の手直し**

1998年のシュヴェヌマン法は、県知事等によって国外退去のアレテに付加される入国禁止措置（Interdiction du territoire français、以下ITFと略す）の可能性を排除した。その結果、入国禁止措置については、以後、補充刑として刑事裁判官だけが宣告できるものとなった。また、留置されている外国人の司法裁判官への出頭期限を24時間から48時間へと延長する代わりに、国外退去のアレテに対する訴願期間も同様に48時間へと延長した[288]。したがって、当該外国人は、司法裁判官への出頭の場合は、この訴願の存在を知らされることになる。

また同法は、行政留置の2回目の延長期間を5日間とすることによって、1回目の延長期間も含めて12日間とした（従来は合計で10日間）。憲法院は、1998年5月5日の判決で、この延長を追認した[289]。2回目の延長は、絶対的緊急性を要する場合およびとくに重大な脅威となる場合のみならず、送還措置を執行できないことが、利害関係外国人の旅行証書の喪失または破棄、身分の隠匿、または送還措置の意図的妨害から生ずるときに、司法裁判官によって認められうる。

先のドブレ法は、大審裁判所長（またはその委任を受けた裁判官）による留置の延長を拒否する命令（ordonnance）に対する上訴に停止効を付けることを求めうる検察官の権限を規定していたが、シュヴェヌマン法はその条項を削除した。

⑥ **国籍法の改正**

ギグ法は、外国人の親からフランスで生まれた子によるフランス国籍の取得を「意思の表明（manifestation de volonté）」に服せしめていた1993年7月22日

---

288) この期間は、退去のアレテが行政的手段（voie administrative）によって通知される場合である。通知が郵送で行われる場合は7日間である。

289) Décision n° 98-399 DC du 5 mai 1998, *Rec.*, p.245. ただし、この判決以前の諸判決では、個人的自由の尊重の観点からは、10日間の留置が最大限であるとの思慮していたように思われる（Décision n° 79-109 DC du 9 janvier 1980, *Rec.*, 29; Décision n° 86-216 DC du 3 septembre 1986, *Rec.*, p.135 ; Décision n° 93-325 DC du 13 août 1993, *Rec.*, p.224.）。

の法律が導入した民法典21条ノ7の規定を削除した。

　以後、外国人の親からフランスで誕生した子は、フランスに居住していることと、成人の日に、11歳のときから継続的または断続的に少なくとも5年間フランスで恒常的に居住していたことの二つの証明を要件に、自動的にフランス国籍を取得できるようになった（民法典21-7条）。ただし、子は、成人になる6か月前または成人後11か月間の期間内に、宣告によって、フランス国籍を辞退できるし（同21-8条）、逆に、先の二つの要件を充足する限り、16歳以降は親の承認なくフランス国籍を申請できるとされた（同21-11条1項）。

　また国民議会での修正により、外国人の親からフランスで誕生した未成年の子が13歳に達すると、フランスでの実際の居住およびこれまでの5年間の継続的な居住を条件に、外国人の親は、子の同意を得て、子のためにフランス国籍を申請できることになった（同条2項）。

　ギグ法はまた、出生証明書の余白に、「国籍証明の最初の交付およびこの国籍に関わる裁判所の諸判決」を記載することを規定する一項を挿入した[290]。これは、身分証明書の情報化によってしだいに困難になってきたフランス国籍の証明を容易なものとする目的からである。

　国籍剥奪についても、無国籍となる場合には剥奪を行いえないとの一節を加える修正を行った（同25条）。

6　「追従的移民」から「選別的移民」へ

　1998年のシュヴェヌマン法（RESEDA法）は、左右両派のコンセンサスを得ることで、継続的で均衡の保たれた法文（texte d'équilibre）として策定されたにもかかわらず、2003の第一サルコジ法以降の展開は、こうした期待を裏切り[291]、制度改革や法律の修正は続く。

　2002年の大統領選挙およびそれに続く国民議会選挙では、移民問題は争点とはならず、したがって1945年11月2日のオルドナンスや1952年7月25日の法律への取組みも提起されなかった。同年の大統領選挙では、移民排除を掲

---

290)　利害関係人の申請により、国籍に関する言及は、出生証明書の抄本（extrait d'acte de naissance）および家族手帳（livret de famille）にも記載されることになった（民法典28-1条参照）。

291)　GISTI, *Le guide de l'entrée et du séjour des étrangers en France, op.cit.*, p.15.

げる極右政党 FN の J-M・ルペン、が社会党候補の L・ジョスパン首相を抑え決戦投票に進んだことから、左右両派で FN 包囲網が形成されたのである[292]。

しかし、再選されたシラク大統領によって首相に任命された J-P・ラファラン（Jean-Pierre RAFFARIN）内閣の成立後、亡命手続の統一化を主張する外務大臣の D・ドヴィルパン（Dominique de VILLEPIN）と、「二重処罰（double peine）」[293]の廃止の検討を宣言した内務大臣の N・サルコジとによって、1945 年のオルドナンスと 1952 年法の大改正が試みられることになった。

(1) 移民に関する 2003 年 11 月 26 日の法律（第一サルコジ法〔SARKOZY 1〕）[294]

① 二重処罰の部分的廃止

全体として外国人・移民に厳格な同法のなかで、好意的であったといえるのがこの措置である。主刑の宣告による刑期を終えた外国人には、さらに自動的に付加されていた補充刑の ITF が執行されていた[295]。同法は、フランス国籍の犯罪者との平等性の観点から、両刑の自動性を廃して、ITF に対する二段階の保護を創設した。一つは、相対的保護というべきもので、「公の秩序への重大な脅威」を構成しても、「国家の安全保持または公的安全に対する切迫的必要性」のある場合以外は、1945 年 11 月 2 日のオルドナンス 25 条で国外追放されえないと列記された外国人[296]は、違法行為の重大性、個人的および家族的状況（situation personnelle et familiale）からみてとくに理由付けられない限り、

---

292) FN のルペン党首は、第一回目の投票で 16.86％の得票率であったが、第二回目の決選投票では 17.79％しか獲得できなかった（これに対して、RER の J・シラクは、第一回目は、19.88％、第二回目は 82.21％であった）。しかし、FN 党首が 550 万票以上を獲得した事実は重い。

293) 二重処罰とは刑事法上の概念であり、刑事訴訟法 368 条は、「何人も、適法に、無罪と宣告された時は、異なる罪名（qualification）であろうとも、同一の行為により再び逮捕され、または告訴されえない」と規定している。

294) Loi n° 2033-1119 du 26 novembre 2003, JO, n° 274 du novembre, p.20136.

295) 刑法 131–30 条 1 項および 2 項（第一サルコジ法による改正前の規定）は、それぞれ「フランス領土への入国禁止刑が法律によって規定されているときは、重罪または軽罪によって有罪となった外国人すべてに対して、終身（à titre définitif）または最長で 10 年間、当該刑が宣告されうる」「ITF は、場合により、拘禁刑または懲役刑の刑期満了時において、当然に（de plein droit）、国外退去をもたらす」と法定している。この条項を二重処罰であると批判する者は、拘禁刑または懲役刑を最初の刑罰、入国禁止（場合により、国外追放も含む）を二番目の刑罰と捉えることになる。それに対して、二重処罰に該当しないとする者は、最初のものを主刑（peine principale）、二番目のものを補充刑（peine complémentaire）と位置付けることになる。

裁判所はITFを宣告しえないというものである（刑法 131-30-1 条）。他の一つは、フランスにおいて非常に強い家族的・社会的な関係を有するなど、同オルドナンス 26 条が国外追放しえない外国人として列記している者[297]に対する絶対的ともいえる保護である（刑法 131-30-2 条）。この保護の対象となる外国人のITFは、「国家の基本的諸利益に侵害をもたらしうるか、またはテロ活動と関係付けられるか、あるいは出自または宗教を理由とする差別、憎悪、暴力を惹起する行為を構成する行動」を理由とする場合しか認められない。ここでの手続は、絶対的緊急な場合を除いて、対審的手続で行われる（同 24 条）。

② 国外追放のアレテの定期的再検討

同法は、5 年ごとに行われる追放措置の組織的再検討の手続を規定する 1 項を挿入した（同オルドナンス 23 条）。これによって、追放措置の廃止に至ることもあるが、権限を有する内務大臣（または場合により県知事等）が沈黙を維持する場合には、それを拒否したものとされる。

③ 行政留置制度の改正

送還過程にある外国人の行政留置制度は、主につぎの四点において修正され

---

296) 同オルドナンス 25 条（現行 CESEDA L.521-2 条）に列記されている国外追放されえない外国人とは、①フランスに居住するフランス国籍を有する未成年者の父または母で、子の出生後または 1 年以上、実際に（effectivement）、扶養および教育への寄与の証明を条件に、多重婚状態にない者（1°）、②共同生活が断絶せず、配偶者がフランス国籍を保持することを条件に、フランス国籍を保持する配偶者と 2 年以上婚姻状態にある者（現行規定では、3 年以上に引き上げられている）（2°）、③「学生」と言及される一時在留許可証の保持者を除いて、15 年以上恒常的に（habituellement）フランスに在留していることをあらゆる手段を通して証明する者（現行規定では削除）（3°）、④「学生」と言及される一時在留許可証の保持者を除いて、10 年以上正規に（régulièrement）フランスに居住する者（4°）、⑤フランスの機関によって支給される労働災害または職業疾病の年金の受給資格者で、永続的不能率（taux d'incapacité permanente）が 20％以上の者（5°）、であった。現行規定では、10 年以上フランスに居住する UE 加盟国、EEE 構成国、またはスイス連邦の国民も加えられている（6°）。
297) 同条が規定する外国人は、①13 歳以降恒常的にフランスに居住することをあらゆる手段を通して証明する者、②20 年以上正規に居住する者、③フランス国籍保持者（または上記①の者）と 3 年以上婚姻状態にあり、有罪宣告の原因となった犯罪行為以前に婚姻し、その婚姻関係が断絶していないことを条件に、10 年以上フランスに正規に在留する、多重婚状態にない者（現行規定では、婚姻期間は、4 年以上に引き上げられている）、④フランスに居住するフランス国籍を有する未成年者の父または母で、子の出生後または 1 年以上、実際に、扶養および教育への寄与の証明を条件に、多重婚状態になく、10 年以上正規にフランスに居住する者、⑤出身国では適切な治療を事実上受けることができないことを留保として、治療を欠くことが例外的に重大な結果をもたらしうる健康状態にある、恒常的にフランスに居住している者、である。なお、同条はその後の修正を経て現行 CESEDA L.521-3 条となっている。

た（同オルドナンス 35 条ノ 2）。

　まず留置期間についてであるが、12 日から最長で 32 日へと延長された。その内訳は、県知事等の留置の決定による 2 日間、「個人的自由の守護者」（1958 年憲法 66 条 2 項）としての司法裁判官[298] である JLD の決定による 15 日間の延長、そして、「絶対的緊急性を要する場合およびとくに重大な脅威となる場合、または、送還措置を執行できないことが、利害関係外国人の旅行証書の喪失または破棄、身分の隠匿、または送還措置の意図的妨害から生ずる場合に」同裁判官によるさらなる 15 日間の再延長である。

　憲法院は、2003 年 11 月 20 日の判決[299] のなかで、「法的諸状況または事実状況によって正当化されるときに、司法機関が、その固有の判断または当該外国人の請求によって、留置による身柄拘束の延長を何時点においても中断することのできる可能性を保持する」との解釈留保を示すことで、この留置期間の延長を容認した（判決理由 66）。

　つぎに、同法は、JLD の命令を争う上訴に停止効を宣言するよう控訴院長に求めることを検察官に認める条項を再導入した。これは、1997 年のドヴレ法によって導入され、1998 年のシュヴェヌマン法によって削除されていたものである。

　さらに、同法は、JLD に対して、留置場所に隣接して特別に設置された法廷（salle d'audience）でも判断を下し、また、県知事等の提案により、当該外国人の同意に基づき、通信の秘匿性（confidentialité de la communication）を保障する視聴覚遠距離通信手段（télécommunication audiovisuelle）を利用してその法廷が進行されることを決定する権限を付与した。

　最後に、同法は、留置中に提起された亡命申請は、当該外国人にその権利が知らされてから 5 日内に提起された場合のみ受理可能であるとの規定を加えた。

　他方で、こうした規制の穴埋めとして、同法は、司法官（magistrats）、諸団

---

298)　司法裁判官が、個人的自由の守護者とされることは、フランスにおける絶えざる伝統であるとされ（TC, 18 décembre 1947, *Hilaire et Dame Cortesi*, 2 arrêts, D, 1948, note FRÉJAVILLE, *JCP*, 1948, n° 4087）、1958 年憲法 66 条 2 項も「司法機関は、個人的自由の守護者であり、法律によって定められた条件に従って、この原理の尊重を確保する」と規定しこのことを確認している。

299)　Décision n° 2003–484 DC du 20 novembre 2003, *Rec.*, p.438.

体の代表および行政の代表から成り、「留置された外国人の権利の尊重とその収容条件を監視する」責務を負う「留置施設および留置場のコントロールに関する全国委員会（commission nationale de contrôle des centres et locaux de rétention）」を創設した（同オルドナンス35条ノ9）。

④ 待機ゾーンにおける身柄拘束制度の改正

待機ゾーンで身柄拘束されている外国人に対しても、行政留置の場合と同様に、隣接法廷と視聴覚遠距離通信手段の利用に関するJLDの権限が認められた。

また、違法状態にある外国人を輸送する船舶の接岸のような事態に対処するために、港湾だけでなく上陸地に隣接する場所にも待機ゾーンを設置することが可能となった。

待機ゾーンでの亡命申請についても、送還過程における行政留置の場合と同様に、身柄拘束期間の最後の4日以内に申請が提起されると、身柄拘束は自動的に申請日から4日延長され、この延長については、直ちにJLDに告げられるとともに、JLDはその拘束を終了させることもできるようになった（同35条ノ4）。こうした取扱いは、申請審査前に身柄拘束期間が満了し、亡命申請者を入国させなければならないような事態が生ずることを回避するためのものである。

⑤ フランスへの入国条件の修正

同法は、1998年のシュヴェヌマン法によって廃止された宿泊証明書に代えて、新たに「受入証明書」を創設した。この証明書は、外国人の宿泊の保証を引き受ける者によって署名され、市町村長の検認（visa）によって有効なものとされる。市町村長は、手続の濫用が疑われる場合には、検認を拒否することができる（同5-2条）[300]。この証明書の署名者は、検認の有効期間またはシェンゲン協定施行条約加盟国の領土への入国から3か月間、受入外国人がフランスでの在留経費を自ら確保することができない場合には、その費用を負担すべき義務を負う（同5-3条）。

つぎに、家族訪問または旅行による在留で入国を希望する外国人は、帰国保証（garanties de son rapatriement）だけでなく、医療費や入院費の保険業者

300）　明示的または黙示的な場合を含め、この拒否決定については、訴訟を提起することができるが、知事への階層的訴願の前置が必要とされる（同5-3条）。

（opérateur d'assurance）による引受けを証明しなければならない（同5条）。これは、外国人の疾病や入院の場合に、社会保障基金による負担を回避するためである。

さらには、入国拒否決定の通知では、正味1日を経過する以前には本国送還を拒否できる権利があることについて言及しなければならず、また、通知を受けた外国人は、その権利の享有を望むかどうかを明らかにすることを求められる（同条）。したがって、この権利は、通知時に行使される必要があり、当該外国人の沈黙は、この期間の権利の放棄を意味することになる。

⑥ 在留資格制度の改正

これに関しては、まず、UE加盟諸国民等の特恵的外国人は、フランスでの居住のための在留資格を保持する義務が免除された（同9条1）。

一時在留許可証の当然の享有者リストが大幅に修正されたが、なかでも家族呼寄せに結び付く在留権が最も影響を受けている。すなわち、これまでは、呼び寄せられる家族構成員は、呼寄せ人と同じ在留資格を享有していたが、以後は、一時在留許可証しか交付されず、3年間を経た後（同29条Ⅲ）、自らの「共和主義的統合（intégration républicaine）」を証明してはじめて、正規在留許可証を請求できるようになった（同14条）。

他方、正規在留許可証については、当然にそれを享有していなかった外国人は、5年の合法的在留（これまでは3年）の後で、しかも「共和主義的統合」を留保として、交付されるものとなった（同条）。

こうした措置の採用は、フランスに恒常的に居住する外国人の数を制限し、また、2003年11月25日の「長期居住の第三国国民の地位」に関する共同体指令[301]を事前に編入することを目的とするものであった。

なお、家族呼寄せ資格で入国を認められた家族構成員とフランス国籍を有する子の父親または母親は、当然に正規在留許可証を享有する者のリストからはずされ、「共和主義的統合」を要件とする上述の手続へと移しかえられた[302]。

⑦ 一時保護（protection temporaire）制度の導入

同法は、強制移住者（personnes déplacées）の大量流入に関する一時保護の付

301）Directive 2003/109/CE du 25 novembre 2003, *JOUE*, n° L.16 du 23 janvier 2004, p.44.

302）すなわち、1945年のオルドナンス15条から14条への移動である。

与のための最低準則に関する 2001 年 7 月 20 日の共同体指令[303] を国内法に編入するために、亡命権に関する 1952 年法を修正した。この保護は、UE 理事会（Conseil de l'Union）の確定する「特殊な集団（groupe spécifique）」に属する者に、3 年を最長期間として認められるものであるが、1951 年の難民条約に規定される難民資格の適用除外に該当する場合には（同条約 1 条 C 項以下）、拒否されうる。

なお、この保護の享有者は、保護期間中更新される「場合により一時的な労働許可をともなう一時的在留許可証」を受け取る。その家族構成員も当然に同じ在留許可証を受ける。

⑧　新たな情報カードの創設

同法は、つぎの三種の情報カードを新たに創設した。(i)市町村長が作成する、受入証明書の有効性に関するもの（1945 年のオルドナンス 5 条 -3）、(ii)在留資格の交付を申請するか、フランスで違法状態にあるか、またはフランス領土からの送還の対象となる外国人居住民の指紋および写真に関するもの（同 8 条 -3）、(iii)領事館またはシェンゲン条約加盟諸国の外部的国境において、フランスまたは同条約加盟各国の領土での在留を目的に、ビザの交付を申請する外国人の指紋および写真に関するもの（同 8 条 -4）、である。

⑨　国籍に関する諸条項の修正

フランス国民と婚姻した外国人が、宣告（déclaration）によってフランス国籍を取得するのに必要とされる婚姻期間は、1998 年 3 月 16 日の法律によって 1 年とされていたが、新法は、1993 年 7 月 22 日法の規定に復帰し、再び 2 年とした（民法典 21-2 条）。婚姻にかかる宣告による国籍取得には、夫婦間の共同生活が、愛情的かつ物質的（affective et matérielle）なものであることが必要であり、当該外国人が宣告時に、婚姻から少なくとも 1 年間のフランスでの継続的居住を証明できないときは、この期間は 3 年へと延長される。婚姻前後における子の出生を理由とする期間の免除は、削除された。

また、帰化のための統合条件として、国籍の取得から生ずる権利と義務の十分な認識が必要とされた。15 年以上フランスに合法的かつ恒常的に居住する 70 歳以上の政治的難民および無国籍者については、フランス語の認識条件は免除されたものの、こうした権利・義務の認識については免除されることはな

---

303)　Directive 2001/55/CE du 20 juillet 2001, *JOUE*, n° L.212 du 7 août, p.12.

102　序章　戦後フランスにおける外国人の権利保障（概説）

い（民法典 21-24 条 1）。

⑩　婚姻に関する諸条項の修正

2003 年法は、「強制結婚（mariage forcé）」の阻止するため、大使館または領事館の吏員に、婚姻の公示時、婚姻証明書の交付時または婚姻の登録時に、将来の配偶者夫婦を同時に聴聞することを認め、また、身分吏は、この聴聞が必要でないことが書類からみて明らかな場合を除き、聴聞後でなければ婚姻の公示や挙式を行うことができないものとした（民法典 170 条）[304]。

つぎに、偽装結婚に対応するために、同法は、計画されている婚姻が、民法典 146 条の規定[305] により、取り消されうることを推定させる重大な徴憑〔状況証拠〕（indices sérieux）が存在するときには、身分吏は共和国検事に事案を付託することができ、同検事は、付託を受けた日から 15 日以内に、挙式を行わせるか、それに反対するか、あるいは調査の結果を待って、それを延期させるかを決定することができるものとした（同 175-2 条）[306]。これと関連して、在留資格やフランス国籍を取得するか取得させることを唯一の目的とした婚姻行為は、犯罪を構成するものとされた（1945 年のオルドナンス 21 条 4）。

⑪　外国人・移民受入機構（Agence de l'accueil des étrangers et des migrations〔ANAEM〕）の創設

第一サルコジ法の適用と移民管理の合理化の延長線上に、2005 年 1 月 18 日の法律[307] によって、労働法典が修正され、従来の OMI に代えて、フランス全土にわたって定住を認める資格を有する、外国人の受入れに関する公役務を担う行政上の公施設として、ANAEM が創設された（同法典 L.341-9 条および L.340-10 条）。この公施設は、3 か月以下の入国・在留に関する行政的・公衆衛生的・社会的な活動、亡命申請者の受入れ、家族呼寄せ資格または給与労働者として第三国出身者の受入れ、3 か月以上在留が認められた外国人の医療検診、出身国への帰還と再受入れ、そして外国におけるフランス国民の雇用、に参画

304）　同条は、2006 年 11 月 14 日の法律（Loi n° 2006-1376 du 14 novembre 2006, *JO*, n° 264 du 15 novembre, p.17113）によって削除された。

305）　同条は、「合意のない婚姻は成立しない」と規定している。

306）　なお、延期期間は、2 か月間で、この期限の満了時に、検事は、理由を付した決定でもって、挙式を行わせるか、それに反対するかを、身分吏に知らせる（同条）。

307）　Loi n° 2005-32 du 18 janvier 2005, *JO*, n° 15 du 19 janvier, p.864.

する。あわせて、協定（convention）の締結により、地方公共団体や移民援助を専門とする非営利の私法上の組織などの公的または私的な組織を、上述の職務に結合させることができる。

(2) 亡命権に関する2003年12月10日の法律（ドヴィルパン法）[308]

① 領土的庇護の廃止と補完的保護（protection subsidiaire）の導入

同法は、1952年の法律を修正し、1998年のシュヴェヌマン法によって導入された領土的庇護に代えて「補完的保護」を導入した。これは、将来の欧州指令[309]を先取りするものであった。

修正された1952年の法律2条によれば、補完的保護は、「難民の地位の付与条件を充足しないものの、出身国において、死刑、拷問または非人道的なもしくは品位を傷つける取扱いもしくは刑罰にさらされている者、民間人に関しては、国内または国際の軍事紛争状態から生じた全土に広がるに暴力によって、直接かつ個別的に、その生命または身体への重大な脅威、にさらされていることを証明するすべての者」に、難民条約によって規定された適用除外事由を留保として、認められるものである。

この保護は、1年の有効期間で認められ更新可能なものである。当該外国人の状況は、毎年組織的に再審査され、保護の付与を正当化した諸状況がもはや存在せず、保護が必要とされない十分に深甚な変化があるときには、更新されない。

これは、以下の亡命手続の統一や迫害主体に関する理論の放棄とともに、亡命権の保障と深く関わるものであることから、詳しくは、第Ⅰ章第2節3で検討する。

② 亡命手続の統一化と窓口の一本化

2003年法は、従来別個のものとして存在し、重複し煩雑化していた庇護ないしは保護に関する手続を統一し、窓口をOFPRA（場合により、その上訴機関と

---

308) Loi n° 2003-1176 du 10 décembre 2003, *JO*, n° 286 du 11 décembre, p.21080.

309) Directive 2004/83/CE du 29 avril 2004, *JOUE*, n° L.304 du 30 septembre, pp.12-23. この指令のタイトルは、「難民の地位に関する1951年の条約および1967年の議定書に従って、難民の地位を要求しうるために、第三国民および無国籍者が充足すべき諸条件、または、他の理由で（pour d'autres raisons）」、国際的保護（protection internationale）を必要とする者が充足すべき諸条件、ならびにこれらの地位の内容に関する指令」である。

してのCRR）に一本化した。OFPRAは、まず、1951年のジュネーヴ条約に関わる申請を審査し、難民資格の認定条件が充足しない場合に、つづいて補完的保護の適用の可否について検討するようになった。こうした手続の統一化は、外国人の状況に応じた保護へのアクセスを促進するものといえる。

申請者は原則としてOFPRAによって聴聞（audition）されるが、とりわけ、ジュネーヴ条約1条C5）[310] が適用されていた国の国籍を有しているとき、または、申請の根拠として提出された諸要素が明らかに根拠を欠くものであるときは適用が除外される。

この修正によってCRRの権限も拡張され、主権的権限の行使といえる補完的保護についても判断を下しうることになった結果、これまではHCRから任命されていたCRRの裁判官も、フランス国籍を有する者のなかから、コンセイユ・デタ副院長の拘束的意見に基づき、HCRによって指名されることになった。

③ 迫害主体に関する従来の法理の放棄

同法はまた、難民資格は、迫害が出身国の公的機関（autorités publiques）に起因するか、同機関によって促進されまたは意図的に黙認されるときにしか、難民資格は承認されないとのこれまでの「迫害主体」に関する法理を放棄し、HCRの採用する理論に立った（1952年7月25日の法律2条Ⅲ）。これは、難民資格の認定であれ、補完的保護の承認であれ、「国家、国家または国土の主要な一部を支配下におく党派または組織の諸機関、または非国家的な迫害主体の諸機関」による迫害へと主体概念を拡大するものである。

これにともない、これまでフランス法では認識されなかったつぎの二つの概念が新たに導入された（同条）。

一つは、「保護官（agent de protection）」であり、保護を提供することのできる機関は、国家および国際的ないし地域的な組織の諸機関とされた。

他の一つは、「内部的保護（protection interne）」である。これは、OFPRAが、「出身国の一地域で保護を受けるであろう者の亡命申請は、当該申請者が、その地域で、迫害される恐れがあったり、重大な侵害にさらされたりするいかな

310）　同項は、「難民であると認められる根拠となった事由が消滅したため、国籍国の保護を受けることを拒むことができなくなった場合」に、本条約の適用が終わることを規定している。

る理由もなく、また、この地域にとどまることができると推量することが合理的である場合には、拒否することができる」対象となる保護の一形態である。

(3) 外国人の入国・在留および亡命権に関する法典（CESEDA）

① 法典化に向けた取組み

1945年11月2日のオルドナンスは、度重なる修正によってその読取りが非常に難しいものとなっただけでなく、条文の番号付けにも統一性がなく、一条文における項数にも数十を超すものも出てきた[311]。また、「諸条項（Dispositions diverses)」と題された章は、きわめて雑多な条項の寄せ集め状態にあった。そこで、法典化に関する高等委員会（Commission supérieure de codification）は、1996〜2000年期の法典化の全体計画のなかに、「外国人の入国、在留および労働に関する法典（Code de l'entrée, du séjour et du travail des étrangers)」を入れた[312]。しかし、その公表は延期されていたが、2003年の第一サルコジ法によって、法典化が推進され、政府にオルドナンスによって同法典の立法部分（partie législative）の採択を行うことが政府に委任された。この法典化は、規範的序列の尊重と集められた法文の編集上の一貫性を確保し、法の現状を調和させるために、「不変的に（à droit constant)」[313]になされなければならなかった（同法92条）。

② 法典の発効と構造

これに関しては、本章第2節 **1**(1)②(B)参照。

(4) 移民と統合に関する2006年7月24日の法律（第二サルコジ法〔Sarkozy 2〕）[314]

いわゆる「追従的移民」から「選別的移民」へのスローガンで語られるのが、この第二サルコジ法である。内務大臣のサルコジは、同じ立法期に二つ目の移

---

311) 例えば、5条は、5-1条、5-2条、5-3条と表記されているに対して、12条は、12*bis*条、12*ter*条とされていた。また、10条が削除されたことから、9条の後に、9-1条につづいて11条がくるような形となっていた。さらには、例えば、35 *bis*条は、11項から成り立っていた。

312) この全体計画は、1995年12月4日に採択され、1996年5月5日の首相通達で*JO*に公表されていた（Circulaire 30 mai 1996, *JO*, n° 129 du 5 juin, p.8263)。

313) 「不変的な法典化（codification à droit constant)」とは、従来の法文は、明示的に廃止されるものの、その内容は法典のなかで再度取り上げられる結果、実定法として継続するという現在のフランスの慣行である。

314) Loi n° 2006-911 du 24 juillet 2006, *JO*, n° 170 du 25 juillet, p.11047.

民に関する法律を採択させたが、第一サルコジ法よりも、2006年法の方がより厳格さが増しているのは、前法が期待された結果をもたらさなかったことによる。

第二サルコジ法は、これまでの伝統的なやり方と、独自なそれとを併用した。まず前者では、在留資格の交付条件の厳格化、外国人による一定の権利の享有に必要とされる期間の長期化、家族呼寄せの抑制、である。後者では、統合条件の一般化、「能力および才能（compétences et talents）」を理由とする新たな在留資格の創設である。

①　長期在留ビザの義務化

これまでの CESEDA の規定では、APS の付与には、3 か月を超えるいわゆる長期在留ビザの提出の条件を付することができる（peut être subordonné）とされていたものが、同許可および「能力および才能」と称される在留資格の付与は、以後、同ビザの提出を条件とする（sont subordonnés）ものに改められた。すなわち、同ビザの提出が原則とされたのである（CESEDA L.311–7 条）[315]。

この義務に服せしめられるのは、フランス国民の配偶者、「科学（scientifique）」および「芸術家・通訳（artiste-interprète）」と称される在留許可証の候補者、外国人学生、フランス国民またはその配偶者の尊属および扶養下にある子、給与を受ける職業などを行うためにフランスに入国した外国人、である（それぞれ、同、L.313–11 条 4°、L.313–8 条、L.313–9 条、L.313–11 条 2°、L.313–10 条）。

②　在留資格と「受入・統合契約」（contrat d'accueil et d'intégration）

初めてフランスでの在留を認められた外国人は、季節労働者、学生または駐在の給与労働者を除き、「公民教育（formation civique）および場合により言語教育」を受ける義務を課す「受入・統合契約」を国との間で締結しなければならない（同 L.311–9 条）。この契約の尊重は、一時在留許可証または「能力および才能」資格での在留許可証の更新の際に考慮される。

さらに CESEDA は、最初の正規在留許可証の交付を、フランス社会への共和主義的統合（intégration républicaine dans la société française）の条件に服せしめている。とくにこの条件は、フランス語とフランス共和国を規律する諸原理の

315）　ただし、国際的取極めおよび CESEDA の立法条項によって規定される適用除外が存在する（同条）。

認識に関して評価される（同 L.314-8 条〜 L.314-10 条）。統合条件の評価にあたっ
て、行政機関は、当該外国人が正規在留許可証を申請する市町村長の意見を求
めることができる（同 L.314-2 条）。

③ 在留資格の交付条件の修正

第二サルコジ法は、つぎのように、一時および正規の在留許可証の享有条件
に多くの修正を施している。(i)学生は、少なくとも修士号（master）に対応す
る学位免状の取得のための教育課程に登録する場合には、複数年在留許可証
（carte pluriannuelle）（最大で 4 年間）を取得することができる（同 L.313-4 条）。(ii)
「能力および才能」資格、CE 出身長期在留者[316]、職業訓練者（stagiaires）、季
節労働者、駐在の給与労働者、等の許可証の享有者カテゴリーが創設された
（同 L.313-6 条以下）。(iii)少なくとも 10 年以上フランスに継続して居住してきた
外国人は、「私的および家族的生活」と称される在留許可証を受けることはな
い（同 L.313-11 条）。(iv)13 歳から継続的にフランスに居住してきたことを証明
する外国人は、この証明に加えてさらに、フランスにおいて少なくとも両親の
一人と生活してきたことを示さなければならない（同 L.313-11 条 II）。(v)一時在
留許可証は、当該外国人の例外的な理由から、人道的配慮（considérations
humanitaires）によって、例外的に交付される（同 L.313-14 条）。

とりわけ、(ii)の在留資格のための多様化・細分化されたカテゴリーの創設は、
フランス在留中の活動または地位の変更を難しくする目的を有しているし、(iii)
の条件変更は、「追従的移民」を拒否する同法の中心的課題に対応するもので
ある。

④ 家族呼寄せ条件の厳格化

フランスにおける近時の移民の特徴は、前述したように、家族移民の多さで
ある。「追従的移民」から「選別的移民」を掲げる第二サルコジ法が、家族呼
寄せの行使条件に規制を加え、「能力および才能」資格を創設しているのも、
こうした政策転換の反映である。

家族呼寄せに関しては、つぎのように厳格化された。(i)家族を呼び寄せるこ
とのできる外国人に必要とされる正規の在留期間を、1 年から 18 か月へと延

---

316)　これは、共同体指令 2003/109/CE du 25 octobre 2003 の国内法への編入による。CESEDA,
　　　L.313-4-1 参照。

長する（同 L.411–1 条）。(ii)フランスで居住している外国人の配偶者は、18 歳以上にならなければ家族呼寄せを受けることができない（同）[317]。(iii)申請者は、少なくとも SMIC と同額の収入を証明しなければならない。この額には、扶助による収入を参入することはできない（同 L.411–5 条）。(iv)住居条件は、「地理的に同じ地域で（dans la même région géographique）で生活している」比較の対象となる家族にとって通常（normaux）とみなされる住居を基準に評価される（同）。これまでは、比較の対象とされる家族は、「フランスで生活している（vivant en France）」ものとされていた。(v)家族呼寄せ資格で交付された在留許可証が撤回される条件となる「共同生活の断絶（rupture de la vie commune）」のない期間を、その交付から 3 年間へと延長する（同 L.411–1 条）[318]。

⑤　**在留資格の新たな撤回事由の創設**

以下のような、在留資格の撤回事由が新たに付け加えられた。(i)「能力および才能」資格保有者が、その交付条件を充足していないこと（同 L.311–8 条）、(ii)正規在留許可証の保有者が、生涯にわたる身体の損傷（mutilation）または心身障害（infirmité）を引き起こした未成年者への暴行により有罪宣告を受けていないこと（同 L.314–5 条）、(iii)CE 長期在留許可証の保有者が、3 年以上の期間継続して UE 外で居住していないこと、または 6 年以上の期間継続してフランス領土外で居住していないこと、あるいは、他の加盟各国で長期在留者の地位を取得していないこと（同 L.314–7 条）、(iv)「学生」資格保有者が、承認された年間労働期間の 60％の上限を尊重していないこと（同 L.313–5 条）、である。また、(v)家族呼寄せ資格で入国した外国人は、フランスでの在留承認から 3 年間の共同生活の断絶が生じていないこと（同 L.431–2 条）、(vi)フランス国民の配偶者は、婚姻後 4 年間の共同生活の断絶が生じていないこと（同 L.314–5–1 条）が、撤回を受けないためには必要となる。

⑥　**出国義務**

第二サルコジ法は、「フランス領土から出国する義務（obligation de quitter le territoire français、以下 OQTF と略する）」と呼ばれる新たな送還措置を創設した（同 L.511–1 条 I）。特別に保護されるカテゴリーの外国人を除いて（同 L.511–4 条、

---

317)　これは、外国で行われた強制結婚に対処するためである。

318)　なお、この期間は、2003 年の第一サルコジ法では 2 年間、それ以前は 1 年間であった。

後述⑦参照）、この送還措置は、(i)在留資格の交付または更新を拒否された外国人、(ii)公の秩序への脅威の存在以外の理由で、在留資格、在留許可証の申請の受領証、APSの撤回された外国人、(iii)UE加盟諸国、EEE加盟諸国およびスイス連邦の国民で、いかなる在留の権利も証明しない者、に対して宣告されうる。

　このOQTFは、外国人の在留許可申請に関して、行政機関によりなされる決定という点で、国外退去と共通した性質を有するが、領土からの出国と（自主的に出国しない場合）送還国の確定を、単一の決定でなす点で、国外退去とは異なる（同L.511–1条Ⅰ）。

　OQTFを課された者は、30日以内に出国しなければならず、この期間を徒過すると、送還国への送還のために留置に付されうる。

　OQTFに対しては、その通知から30日以内に、地方行政裁判所への取消訴訟が認められており（同L.512–1条–Ⅰ）、加速化された手続で審理されるものの、国外退去訴訟に関する諸条項は、原則として適用されない（行政裁判所法典R.775–1条以下）[319]。付託を受けた地方行政裁判所は、3か月以内に判断を下す（同）。ただし、外国人が留置措置に付されると、以後は国外退去のアレテに適用される手続に従う（同R.775–1条2項）。判決に不服のあるときは、判決の通知から1か月以内に、行政控訴院への上訴もできるが、停止効は付かない。

⑦　OQTFから保護される外国人のカテゴリー

　OQTFから保護される外国人のカテゴリーも修正され、(i)10年以上継続的であってもその居住が不正規であった外国人は、もはやこれらの措置から保護されず、(ii)フランス国籍を有する子の親は、少なくとも2年以上（これまでは1年以上であった）この子を養育していなければならず、(iii)フランス国民の配偶者は、少なくとも3年以上（これまでは2年以上であった）婚姻関係が継続していることが必要となった（同L.511–4条）[320]。

⑧　婚姻の効果と外国人配偶者の地位

　フランス国民の配偶者である外国人は、長期在留ビザ[321]の保有者である場合しか一時在留許可証を保有することができない。正規在留許可証の交付に関しても、もはや同配偶者はそれを当然に享有することはなく、交付の評価は行政機関が行うことができるし（同L.314–9条3°）、婚姻後4年内に共同生活が断

---

319)　国外退去処分を争う訴訟の場合には、論告担当官の論告が行われ、合議制で裁判される。

絶した場合には、撤回されうる（同 L.314-5-1 条）。また、婚姻から3年を経なければ、国外退去および OQTF に対して保護されることはなく（同 L.511-4 条7°）、婚姻から4年を経るかフランスにおいて10年の正規の在留を経なければ、国外追放に対して保護されることもない（同 L.521-3 条3°）。

⑨　**国籍の取得**

婚姻を理由とする国籍の取得に関しては、婚姻から4年の愛情的かつ物質的な生活共同体の形成とフランス語の十分な認識が必要とされる（民法典 21-2 条）。政府による婚姻故障申立（opposition）の期間と宣告の登録期間（délai d'enregistrement）は、いずれもこれまでの1年から2年へと延長された（それぞれ、民法典 21-4 条および 26-4 条）。

帰化[322] による国籍取得については、外国に居住する未成年の子は、両親の一方がフランス国籍を獲得し、帰化申請に先立つ5年間この親とフランスで居住していたことを証明する場合には、帰化が認められうる（同法典 21-22 条）。

---

320)　現行規定（CESEDA L.511-4 条）でこの義務から保護される外国人は、次の10のカテゴリー（3° は削除）に分類されている。それは、18歳の外国人未成年者（1°）、13歳に達したときから継続的にフランスに居住していることを証明することのできる外国人（2°）、「学生」と言及された一時在留許可証の保持者であった場合を除いて、10年以上正規にフランスに居住している外国人（4°）、20年以上正規にフランスに居住している外国人（5°）、出生からまたは少なくとも2年以上、民法典 371-2 条に規定された条件で、子の扶養および教育に現実に寄与していることを証明できる、フランスに居住するフランス国籍の未成年者の父または母で、多重婚状態で生活していない外国人（6°）、共同生活が婚姻以降断絶せず、配偶者がフランス国籍を保持していることを条件に、少なくとも3年以上この配偶者と婚姻している外国人（7°）、10年以上正規にフランスに居住している外国人で、多重婚状態で生活していない、上記2° の対象となる外国人居住者と3年以上婚姻し、その共同生活が婚姻以降中断していない者（8°）、フランスの機関によって支給される労働災害または職業疾病の年金受給者資格で、永続的不能率が20%以上の者（9°）、送還国で適切な治療（traitement approprié）を受けられないとの条件のもとに、フランスに恒常的に居住する外国人で、治療を欠くことが例外的に重大な結果（conséquence d'une exceptionnelle gravité）をもたらしうる治療を必要とする健康状態にある者、ただし、地方保健局（agence régionale de santé）の局長の意見を聞いたうえで、行政機関によって、例外的な人道的状況（circonstance humanitaire exceptionnelle）にあると評価された場合を除く（10°）、そして、UE 加盟国、EEE 加盟国およびスイス連邦の国民、およびそれらの家族構成員で、（その存在が公の秩序への脅威を構成する場合を適用除外として認められる）L.122-1 条の規定する恒常的在留権を享有する者（11°）、である。

321)　同ビザは、不正行為、婚姻の取消しまたは公の秩序への脅威の場合にしか拒否されえない（同 L.311-11 条4）。

322)　帰化は、成人に達する自動的取得、婚姻、帰化そして再取得（réintégration）によって行われる（民法典 21 条～ 21-27 条1）。

⑸ 移民担当省の設置と移民の統制、統合および亡命に関する 2007 年 11 月 20 日の法律 [323]

① 2007 年 5 月 31 日のデクレによる移民・統合・国民的アイデンティティ・相互発展省の創設

2007 年の大統領選挙で勝利した N・サルコジは、就任後、選挙戦での宣言とおり、「移民・統合・国民的アイデンティティ・相互発展省」（ministère de l'immigration, de l'intégration, de l'identité nationale et du codéveloppement）（以下、移民担当省と略す）を創設し、担当大臣に、B・オルトフ（Brice Hortefeux）を指名した [324]。2007 年 5 月 31 日のデクレ [325] によれば、同省は、以下の領域の諸権限を行使する。

（ⅰ）亡命権および補完的保護の行使と当該利害関係者の社会的負担、（ⅱ）フランスでの居住を希望する外国人の受入れ、（ⅲ）司法大臣との協力による帰化および婚姻を理由とする国籍宣告の登録、（ⅳ）外務大臣および経済・財政・雇用大臣との連携による相互発展政策、移民のコントロールに寄与する協調および発展の援助に関する他の諸政策の画定と実施、（ⅴ）移民および移民者の統合に関するデータの収集、分析および普及の調整、および人口に関するデータの収集と分析への参加、である。

担当大臣は、自らの所管とされた事項に関する権限を行使し、規制措置をとることが求められる場合には、外国人治安（police des étrangers）に関わる領域において、個別的決定をなすことができるのである。

移民領域において広範な権限を有することになった同相は、2003 年の第一サルコジ法および 2006 年の第二サルコジ法によって着手された改革を進めることを意図して、在留資格の取得のための統合の諸要求を強化することを指導理念の一つとする法案を議会に提出した。

当初提出された法案は、僅かに 18 条項のみであったが、議会での審議の過程で、著しい修正と追加を受け、結果的には家族移民、労働移民そして亡命権に至るまでの諸規範を修正する 65 か条からなる法律となった。以下に主要な

---

323) Loi n° 2007-1631 du 20 novembre 2007, *JO*, n° 270 du 21 novembre, p.18993.

324) その後、E・ベソン（Eric Besson）が二代目大臣に就任したものの、同省は 2010 年 11 月に廃止された。

325) Décret n° 2007-999 du 31 mai 2007, *JO*, n° 125 du 1er juin, p.9964.

改正点をあげるが、議会での論争の中心を占めたのは、「ADN（DNA）テスト」の導入（後述）と「人種的・民族的起源（origines raciales et ethniques）に関する研究の実施」に関わるものであった[326]。

② 統合条件の拡張

第二サルコジ法で要求された統合契約への署名に加えて、オルトフ法は、家族呼寄せ手続によって、その家族構成員を呼び寄せた側の外国人が締結する「家族のための受入・統合契約（contrat d'accueil et d'intégration pour la famille）」を創設した。それによって、当該外国人またはその配偶者は、フランスにおける親の権利および義務に関する研修を受けるとともに就学義務を尊重する義務を負うことになった。この義務の履行は、利害関係を有する外国人の在留資格の更新の際に考慮される（CESEDA L.311-9-1 条）。

さらに、フランス国民の配偶者でフランスでの居住のために長期在留ビザを申請する 65 歳以下の者は、フランス社会への共和主義的統合の準備を可能なものとするために、ビザの申請時に「フランス語および共和国の諸価値の認識レベルの評価」により必要性が明らかになれば、2 か月を超えない期間の研修を受けなければならない。この研修期間の終了時に、新たな評価が行われる。ビザの交付は、この研修を受けた証明書の提出を条件とする（同 L.211-2-1 条）。

ここでは、2006 年の第二サルコジ法で示された統合の観点が、入国および在留の資格の条件とされるに至ったことが窺える。

③ 「永住許可証（carte de résident permanent）」の創設

オルトフ法は、共同体法の影響のもとに、期間の定めのない「永住許可証」を創設した。これは、10 年有効の正規在留許可証の満了時に、それを申請する外国人に対して、公の秩序への脅威とフランス社会への共和主義的統合（同 L.314-14 条）[327] を条件に、交付されるものである。

---

326) 憲法院は、2007 年 11 月 15 日の判決（Décision n° 2007-557 DC du 15 novembre 2007, *Rec.*, p.360）で、前者に関しては、解釈留保付きで合憲判断を下したものの（後述）、後者に関しては、修正条項が、法案に掲載されている諸条項とあらゆる関係が欠如していること、問題となっている取扱いは、たとえ客観的データに基づくものでありうるとしても、人種的または民族的な出自に基づかずして、平等原理に違背することはありえないこと、の二つの理由を挙げ違憲と判決した（判決理由 29）。

第3節　外国人法および移民政策の展開（概説）　113

④　在留特別許可（admission exceptionnelle au séjour）

同法は、非正規の状態にある外国人に交付される在留特別許可（同 L.313–14 条）の条件を拡張した。すなわち、募集の困難さが明らかな職業および地理的な区域において、給与職業活動に従事するための「労働契約の保有者（titulaire d'un contrat de travail）」に対して、同許可が交付されるようになった（同 L.313–10 条1）。ここでいう職業と区域は、雇用者および給与生活者の代表からなる組合組織への諮問を経て、行政機関によって全国レベルで策定されたリストに掲載される。この許可証は、労働法典 L.341–2 条 [328] を根拠に、雇用状況によって対抗される場合を除いて、交付される。

⑤　DNA テストの導入

同法案の議会審議において、大きな論争となったのが、この DNA テストの導入についてである。国民議会の法務委員会報告者である T・マリアニ（Thierry Mariani）は、家族呼寄せ権の行使のための親子関係の証明方法として、いわゆる DNA テストを導入する修正案を提出した。これには議会内でも反対意見が強く、憲法院もその判決のなかで、解釈留保をつけた。最終的には、DNA による親子関係の確定は、身分証書（acte de l'état civil）が存在しない場合、または、同証書が本物であることに重大な疑念（doute sérieux）が存在する場合、に利用されうるという限定的なものにとどまった。加えて、父親とではなく母親との親子関係を証明する一つの要素として、しかも検査が求められる者の事前かつ明示の同意が必要とされ、また、大使館または領事官の吏員は、有用なあらゆる調査と対審的弁論（débat contradictoire）を行ったうえで、DNA テストの実施の必要性について判断を下すように、遅滞なくナント大審裁判所に付託することが条件付けられたのである（同 L.111–6 条）。

327）　ここでいういう「フランス社会への共和主義的統合」は、フランス共和国を規律する諸原理の尊重への個人的義務（engagement personnel）と、これらの諸原理の実際の尊重、そしてフランス語の十分な認識からとくに評価される（同 L.314–2 条）。

328）　同条は、行政機関によって検認される労働契約書または労働許可証の提出を求めることで敵対的要件を規定している。なお、同条は、2005年1月18日の法律 Loi n° 2005–32 du 18 janvier 2005（JO, n° 15 du 19 janvier, p.864）による修正で、フランスで恒常的に居住する意思を表明する外国人労働者は、上記の書類に加えて、コンセイユ・デタで審議されたデクレが定める条件に従い、過去の経験からフランス語の十分な認識能力を証明するか、入国後それを獲得することを約束するかしなければならないものとされた。

⑥ 亡命申請の拒否決定に対する停止的訴訟制度の導入

これについては、第Ⅰ章第4節1(1)で検討を加えるが、従来から、亡命申請が国内で行われるか、国境（国際線の空港、港、鉄道駅等）で行われるかによって、申請者の法的保護に質的な差異が生じていたのであるが、とくに入国拒否決定に対する訴訟の提起に対する停止効の有無が手続上重要な点であった。

オルトフ法は、CEDH の判決[329]を受け、国境での亡命申請者の入国拒否決定に対する取消訴訟に停止効を付与した結果、これに関する判断が下されるまで[330]、当該入国拒否決定は執行されないものとなった。

当該外国人は、審問に召還されなければならないが、それに応じないときは欠席したものとみなされうる。審問は、自らの理解できる言語で正式に知らされた当該外国人が反対しない限り、待機ゾーンに設置された審問室で、この部屋と通信の秘匿性が確保される視聴覚遠距離通信手段で連結された状況のなかで、付託を受けた地方裁判所長等により行われる。論告担当官（commissaire de gouvernement）の論告（conclusion）はない。

もし、待機ゾーンでの身柄拘束中の最後の4日間中に訴訟が提起されたならば、身柄拘束は自動的に4日間延長される。ただし、この場合は、その延長は、直ちに JLD に知らされ、同 JLD は、その拘束を解くこともできる（CESEDA L.222-2条）。入国拒否決定が取り消されたときは、待機ゾーンにおける当該外国人の拘束は直ちに停止され、フランスでの在留を8日間正規化するビザを携帯して入国が認められる（同 L.213-9条）。

⑦ OFPRA の後見機関の変更

移民担当大臣が、亡命担当大臣とされたことから、同法は、OFPRA の監督機関をこれまでの外務省から同省へと変更した（同721-1条）。これによって、OFPRA の理事会委員長（président du conseil d'administration）の任命の提案（同 L.722-1条）および最終的に却下された亡命申請者の書類の管理（同 L.722-4条）を行うのは、同大臣とされることになった。OFPRA の局長（directeur général）

---

329) CEDH, *Gebremedhin [Gabramadhien] c/ France*, 26 avril 2007, nº 25389/05. 詳しくは、第Ⅰ章第4節1(1)②(B)(a)参照。

330) 訴訟は、拒否決定の通知後48時間以内に地方行政裁判所に提起されねばならず、同所長またはその委任を受けた裁判官は、付託から72時間以内に判断を下さなければならない（CESEDA L.213-9条）。

の任命の提案については、外務大臣と共同して行う（同L.722-2条）。

⑧　亡命手続の変更

OFPRAの決定は、書面で当該亡命申請者に通知される。この書面には、決定に関する事実上および法的な理由（motivation en fait et en droit）、訴訟の手続と期間を付さなければならない。こうした書面による通知義務は、普通法の適用除外であるが、「いかなる決定もOFPRAによる沈黙からは生じえない」（同L.723-3-1条）ことの論理的結果である。

他方、CRRは、「国家庇護権裁判所（CNDA）」と名称変更され、亡命に関する争訟を管轄する特別の独立行政裁判所であることがより明確なものとなった。CNDAは、OFPRAによる難民資格の認定の拒否および補完的保護の拒否に対する取消訴訟を扱う。

⑨　OQTFの正当化理由の免除と申請の却下された亡命申請者へのOQTF
　　の拡張

1979年7月11日の行政行為の理由付記および行政と民衆との関係改善に関する法律[331]は、自然人および法人に対して、自らに関わる不利益な個別的行政決定（décisions administratives individuelles défavorables）の理由を遅滞なく通知される権利を付与しており、そのなかには、公的自由の行使を制限し、または、一般的に、警察措置（mesure de police）を構成するものも含め定めている（1条）。フランス領土からのOQTFは、行政機関による警察に関わる個別的決定であるにもかかわらず、CESEDA L.511-1条Iは、その適用除外を設け、理由付記は必要のないものとした。というのも、在留資格の交付または更新の拒否には理由付記が必要とされている以上、こうした拒否の論理的結果であるOQTFには、もはやその理由付記は必要ないとの理由による。

また、在留許可の更新が撤回または拒否された場合、亡命申請者は、フランスからの自発的出国のために1か月の期間が与えられていたが、以後は同条の規定するOQTFの対象とされうるものとなった（本節6(4)⑥参照）。

⑩　新たな国外退去事由

少なくとも1年以上執行可能な状態にあるOQTFの対象となる外国人に対し、行政機関は国外退去のアレテを発することができるようになった（同

331）　Loi n° 79-587 du 11 juillet 1979, *JO*, 12 juillet, p.1711.

L.511–1 条）。これまでは、1 年以上遡り事実上執行されなかった OQTF は、新たな OQTF の宣告によってしか、送還されえなかったのである。

⑪　待機ゾーンにおける身柄拘束の修正

2007 年法は、従来の CESEDA の規定を修正し（同 L.221–3 条）、県知事等によって宣告される待機ゾーンでの最初の留置期間を、48 時間から 4 日へと延長した。その代わりに、再延長はなくなった。この期間が過ぎると、JLD に付託され、留置の延長は同 JLD によって決定されることになった。

JLD は、例外的状況によって正当化される場合に加えて、出国を阻止する意図的な意思が当該外国人にある場合には、12 日間の留置延長を決定することができる。

待機ゾーンでの拘束は、当該外国人が新たな留置期間の最後の 6 日間に亡命申請を提起したときは、6 日間延長されうる。従来は、これらの期間は 4 日間であった。

なお、亡命申請者の入国拒否決定に対する取消訴訟の提起は、最後の留置決定によって定められた待機ゾーンでの最後の 4 日間の拘束期間内になされた場合には、その提起から自動的に 4 日間延長される（同 L.222–2 条 3 項）。

⑫　2008 年 1 月 30 日のアレテ [332] による新移民政策の憲法的枠組みに関する委員会の創設

移民担当大臣は、「政府によって検討される諸改革の憲法的枠組みに関する考察」をなす責務を負う委員会（Commission sur le cadre constitutionnel de la nouvelle politique d'immigration）を組織するアレテを発して、憲法院の院長を務めた P・マゾを委員長に任命した。

同委員会は、つぎの二つの指針に基づいて検討をなすべきことを求められた。

一つは、移民の割当制（quotas d'immigration）の定義に必要な規範的適合性についてである。すなわち、移民の割当ないしは上限を定める政策を採用するにあたって、その定義に必要な法的枠組みの検討である。移民の割当政策は、受入れの必要性と能力に応じて年間の移民数を定めることで、移民の全体的統制を可能とし、また、経済移民に限定されない移民の異なる構成要素を選択できるものとみなされている。また、亡命申請者と政治難民の数を制限する割当の

---

332)　Arrêté 30 janvier 2008, *JO*, n° 32 du 7 février, p.2321.

第3節　外国人法および移民政策の展開（概説）　117

画定は排除された。そして、国民的利益（intérêt national）から検討される移民割当の方向性は、とりわけ、憲法および欧州人権条約から生ずる家族生活の保護、婚姻の自由および平等原則の尊重の観点から論ぜられるべきことも、同大臣の書簡によって付け加えられていた。

　他の一つは、二つの裁判所系統間での権限の配分を単純化し、外国人の入国・在留・送還措置に関する争訟をいずれか一つの系統に統一化する可能性についての検討である。ここには、現存のシステムの複雑さが、外国人のみならず送還措置のよき執行にとっても支障の多いものであるとの認識がある。それゆえに、同委員会は、外国の適切な経験を注意深く検討した後、防御権を尊重しつつ、こうした争訟の単純化・統一化、さらには場合により、特別裁判所の創設、という仮説について吟味すべきものとされた。

　同委員会は、2008年7月、報告書を同大臣に提出した[333]。それは、サルコジ大統領の期待に反して、「選別的」移民政策に否定的なものであったといえる。同報告書は、「制限的な移民割当政策は、労働移民に関して現実的有用性を欠くものであり、違法移民に対して効果的なものではないであろう」と述べ、割当は、移民規制にとってよい解決策とはならないとした。また、外国人に関する訴訟における特別裁判所の創設は、有用ではなく費用のかかるもの（coûteuse）であると判断し、これにかかる憲法の改正に反論し、公権力に対して改正手段をとらないように促した。

(6)　移民、統合および国籍に関する2011年6月16日の法律（ベソン法）[334]

　同法は、つぎでふれる三つの欧州指令の国内法への編入を図る目的と、上でふれたマゾ委員会の報告を反映するため、2007年法を修正しようとしたものである。

　しかし、政府は、これにとどまらず根本的な改革を目指したことから[335]、この法案は、2010年3月31日の閣議決定後、同年末に設定された同指令の編入完了日を超過した2011年5月11日、国民議会および元老院で最終的に可決された法案提出表明から実に18か月を要していた。同法を審査した憲法院は、

---

333)　*Le Figaro et Libération,* 7 juillet 2008.
334)　Loi n° 2011–672 du 16 juin 2011, *JO,* n° 139 du 17 juin, p.10290.
335)　最終的に同法は、111か条から構成された。最初の法案が84か条であったことからすると、審議の過程でその量的な増加の大きかったことが窺い知れる。

付託された条文中、1か条に部分的な違憲判断を、2か条に厳格でない解釈留保を付したほか、他の条項には異議を認めなかった。

同法の成立過程で特筆すべきことは、サルコジ大統領が、警察官等の国家公務員の生命に危害を加えた帰化外国人の国籍を剥奪する条項の挿入を求めたことに対し、出生による差別なくすべてのフランス市民の法律の前の平等を保障する憲法1条に違背するとの反論が噴出し、与党議員の反対もあり、最終的に政府により関連条文案が撤回されたことである。

① 三つの欧州指令の国内編入

ベソン移民担当大臣は、2009年11月末、違法在留する第三国民の「再入国（retour）」、「雇用主の制裁（sanction）」および「高度専門職の入国・在留資格（carte bleue）」と称される三つの欧州指令[336]の国内法への編入を目指す法案の閣議提出を表明した。なかでも「再入国」指令は、2010年12月24日までに編入に関する国内法令の整備の完了を規定していた（同指令20条1項）。

② 移動待機ゾーンの創設

2010年1月23日にコルシカ島の海岸線で生じた事件[337]を契機に、「移動待機ゾーン（zone d'attente itinérante）」と称されるゾーンが創設された。これは、国境通過点以外の1地点または最大で10キロ離れた数地点に、10人以上の一集団が到来した場合に、26日間を限度として、これらの者が発見された地点から最も近い国境通過点まで拡張される待機ゾーンである（CESEDA L.221-2条）。

③ 待機ゾーンおよび留置における諸手続の改革

待機ゾーンおよび留置に付された外国人は、「最良の期間内に（dans les

---

336) この指令とは、Cons. UE, dir. « carte bleue » 2009/50/CE, 25 mai 2009 (séjour des ressortissants de pays tiers aux fins d'un emploi hautement qualifié), *JOUE* n° L.155, 18 juin 2009, p.17; PE et Cons. UE, dir. «retour» 2008/115/CE, 16 décembre 2008 (norms et procédures communes applicables au retour des ressortissants de pays tiers en séjour irrégulier), *JOUE* n° L 348 du 24 décembre 2008, p.98; PE et Cons. UE, dir. «sanction» 2009/52/CE, 18 juin 2009 (normes minimales concernant les sanctions et les mesures à l'encontre des employeurs de ressortissants de pays tiers en séjour irrégulier), *JOUE* n° L.168 du 30 juin 2009, p.24. である。

337) この事件は、123人のクルド人が船でコルシカ島の海岸に上陸し、亡命を求めたものである。この場合は、国境における亡命申請手続には当てはまらず、国内における申請手続が適用される結果、その申請が明らかに根拠を欠くものであろうかどうかを審査する期間、待機ゾーンで身柄拘束できない現行法の盲点が突かれるものとなった。申請手続の相違については、第Ⅰ章第4節1(1)参照。

meilleurs délais）」諸権利（通訳および医者の扶助の申請、弁護人または自らの選択する者との連絡、待機ゾーンにあってはフランス以外の目的地への任意の出国）を告知され（待機ゾーンに関しては同 L.221-4 条／行政留置に関しては同 L.551-2 条）、手続の形式上の瑕疵に対して異議を申し立てることが規定された（同 L.222-8 条／同 L.552-8 条）。また、拘束の延長における JLD が判断を下す期間も定められた（同 L.222-3 条／同 L.552-1 条）。

④　OQTF と再入国禁止（Interdication de retour sur le territoire français、以下 IRTF と略す）

再入国指令に沿う形で、同法は、2007 年法で導入されていた OQTF に関する規定を改正し、国外退去の手続と理由とを同義務のものに吸収させる形で[338]、強制出国制度を再編した（CESEDA L.511-1 条）。あわせて OQTF の対象となると当該外国人[339]には、原則として、その通知から 30 日間の自発的出国のための期間が与えられた（同 L.511-1 条Ⅱ）。したがって、期限の利益を有さない即時の（sans délai）出国は例外的なもので、同条に列記された 8 項目[340]に該当する場合だけ可能なものとなる（同Ⅱ 2 項 1°～ 3°a）～ f））。ただし、行政裁判所で OQTF 決定に異議をとどめている場合は、その対象とはならない（同 L.512-1 条Ⅰ）。

行政機関は、この OQTF に付随して、理由を付した決定によりフランス領

---

338)　ただし、再入国指令が対象としなかった「公の秩序への脅威」と「違法労働」という二つの理由による送還を可能とするために、一部で「国外退去」を残した（同 L.533-1 条）。その結果、強制的出国制度はそれ程理解しやすいものとはならなかったことは指摘できよう。なお、国外退去は、即時の出国義務に関する規範に服する。

339)　CESEDA L.511-1 条Ⅰが規定する対象外国人は、正規に入国したことを証明できない者（1°）、ビザの有効期間を超えて在留した者（2°）、在留資格の更新が拒否されたか、撤回された者（3°）、一時在留資格の更新申請をせず、この資格の満了後も在留している者（4°）、交付されていた在留許可証等の受領証が撤回されたか、在留許可証等の更新が拒否された者（5°）、である。

340)　同条の規定する 8 項目とは、OQTF の対象となる外国人が、公の秩序に対する脅威を構成する行動をとる場合（同 I-1°）、明白に根拠を欠くか詐術的な申請により在留資格等これに類する資格の更新を拒否される場合（同 2°）、正規にフランスに入国したことを証明できない者が在留資格を申請しない場合（同 3°a））、在留資格の交付を申請せずビザの有効期間を越えてフランス領土に居住する場合（同 3°b））、更新を申請せずに在留資格の有効期限満了後 1 か月以上フランス領土に居住する場合（同 3°c））、以前の送還措置の執行を免れた場合（同 3°d））、在留資格や身分証書等を偽名で偽造や変造等した場合（同 3°e））、身分証書の保持を証明することができないなど十分な（書類等の）提示（représentation）の保証を提出しない場合（同 3°f））である。

土——さらには UE 諸国——への再入国を禁止することができるようになった（同Ⅲ）。この措置は、当該外国人が自発的出国期間を超えて在留しているか、または違法に再入国した場合に、「人道的理由を除いて」、その通知から 2 年を超えない期間で宣告されうる。自発的出国期間が定められていない場合は、3 年に延ばされる。行政機関は、この禁止措置およびその期間を判断するにあたって、当該外国人の在留期間、フランスとの諸関係の性質と古さ（ancienneté）、これまで送還措置の対象となったことがあるか否か、および公の秩序への脅威を考慮する（同Ⅲ7 項）。憲法院は、2011 年 6 月 9 日の判決で、再入国禁止措置は、行政警察的措置であって制裁措置ではないがゆえに、違憲ではないと判断している（判決理由 45 ～ 56）。

⑤　**違法在留外国人の送還手続の効率化と訴訟の強化**

同法は、国外退去のアレテに対する異議申立ての諸手続を移しかえる形で、OQTF 決定の取消しに関する行政訴訟を規定している（同 L.512–1 条以下）。ここで取消しの対象とされる行政決定は、OQTF 決定の以外にも、在留に関する決定、送還目的国に関する決定、およびフランス領土への再入国禁止決定、である。訴訟は、自発的出国期間を有する者は、決定の通知から 30 日以内に、期間の利益を有さない者は、行政的手段による通知から 48 時間以内に提起できる。通訳の選任や（同条Ⅲ3 項）、決定の根拠となった書類の閲覧を求めることもできる（同 L.512–2 条）。地方行政裁判所長は、付託から 72 時間以内に、公開法廷で審議を行い判断する（同 L.512–1 条Ⅲ2、3 および 4 項）。報告官（rapporteur public、かつての論告担当官）の論告は行われず、判決の言渡しについては、適正に召喚された場合には、当該外国人の出廷は必要とされない（同 4 項）。当該外国人は、弁護人の補佐を受け、または同所長に職権によるその補佐の選任を申請することもできる（同）。

⑥　**疾病外国人の在留の厳格化**

従来のコンセイユ・デタの判決[341]では、「私生活および家族生活」資格で在留する疾病外国人の一時在留許可証の更新を拒否し、送還国を指定した OQTF を課すにあたって、県知事等に、送還先である出身国（本件の場合、Côte d'Ivoire）において事実上適切な医療を受けうるかを考慮すべきことを求めてい

---

341)　CE, 7 avril 2010, n° 316625, Min. de l'Immigration: JurisDate n° 2010–003426, *Rec.* Lebon.

た。しかし、国民議会の審議によって新たに修正可決された条文は、例外的に人道的な状況を除いて、出身国で適切な医療を受けられないことが、「例外的に重大な結果」をもたらすような健康状態にある外国人だけに在留資格を限定することによって、この判決をオーバーライドした（同 L.313-11 条 11° および同 L.511-4 条 10°）。

⑦　行政留置に関する行政裁判官の関与の強化と司法裁判官の役割

2011 年法は、再入国指令の求める「留置の適法性に関する加速化された裁判的コントロール」の要請（同 15 条 § 2a) et b)) に対応するとともに、憲法的価値の要請である「裁判のよき運営」の原則のもとに行政留置に関する裁判的手続を合理化する目的から、同決定に関する訴訟手続に重大な変更を加えた。それは、同法は、行政留置の延長決定を判断する JLD による関与を、留置決定から 5 日後（これまでは 2 日間）へと延長し（同 L.552-1 条）、この 5 日間（地方行政裁判所長に留置決定の取消しを求めうる 2 日間と〔同 L.512-1 条 III〕、同所長が判断を下す 3 日間〔同 III2 項〕）は、行政裁判官が上述した行政決定の適法性を確保するように改めた。こうした行政裁判官と司法裁判官の関与に関わる変更に、行政措置の適法性のコントロールにとどまらない行政裁判官の役割の拡張と、個人的自由の守護者である司法裁判官の役割の縮小をみてとる見解もある[342]。

⑧　テロリズム行為を原因とする最長 6 か月間の行政留置の延長

刑法典 IV 編 II 章に規定されるテロリズム行為によりまたは刑事上テロリズムの性質を有するものと認定された活動に結び付く行為により、入国禁止または国外追放措置が宣告された外国人に対しては、JLD により最長 6 か月の留置延長が決定されうる（同 L.552-7 条 4 項）。両院により最終的に可決された法文では、初回の留置期間は 6 か月で、「行政の必要な手続の達成にもかかわらず、当該外国人の協力を欠くか、管轄権を有する領事からの必要な旅行証書の取得の遅延により、送還措置が執行されえない場合には」、当該外国人の行政留置を 12 か月延長できると定められていた。しかし、憲法院は、2011 年 6 月 9 日の判決で、憲法 66 条の個人的自由への侵害を理由に、この規定を違憲と判断した（判決理由 76）。12 か月という付加的な延長期間は、本来的な留置期間の 6 か月を

---

342)　V. TCHEN, Étrangers: regards critiques sur la réforme du 16 juin 2011, *Droit administratif-Revue mensuelle LexisNexis jurisclasseur*, n° 8-9, 2011, p.26.

はるかに超えており、このことが付加的なものとはいえず、侵害的なものに映ったことは容易に想像できる。

⑨　その他

亡命審査手続における修正については、第Ⅰ章第3節1(3)③参照。

第I章　亡命権（庇護権）

　現行法上、外国からの移民の受入れを想定しておらず、また、これまで正面から亡命権（庇護権）の問題と取り組むことのなかったわが国[1]とは異なり、伝統的に移民の受入国であったフランスやイギリス、近年受入国に転じたスペインやアイルランドをはじめとする欧州諸国において、亡命権問題は、移民政策のあり方を問う重要な試金石となってきた。

　いわゆる「国境なき欧州」の展開で、人の移動が自由になり、圏域内での亡命権の問題は存在理由を失ったかにみえる[2]。しかし、それに相反する形で、圏域外からの亡命申請に対しては、共通した亡命政策の必要性が主張される。各国まちまちの政策では、圏域外からの大量の亡命申請者の流入と亡命手続の濫用に効果的に対応できないためである[3]。

　大革命以降、フランスは、亡命権に対して特別な愛着を示し、主権の行使と

---

1)　例えば、戦前、朝鮮独立運動の指導者であった金玉均、中国革命の父であった孫文、インド独立の闘士であったビハリ・ボーズなどが日本に亡命を求めてきた。しかし、これらの者に対して、日本政府は正面から政治亡命者として庇護を与えたのではなく、緊急避難や政治犯罪人不引渡原則といった法理を援用したのであった。宮崎繁樹「国際人権の法理」法律時報41巻8号（日本評論社、1969年）8頁。

2)　ただし、アムステルダム条約に付された後述のいわゆる「アズナール（AZNAR）議定書」に関しては、依然として圏域内での亡命申請が問題として残っている。これに関しては、本章第2節**2**(2)④参照。

3)　例えば、1999年9月、イギリス対岸に位置するフランスのカレー市サンガト（Sangatte）に創設された赤十字センター（2002年12月の閉鎖）は、亡命政策に関する欧州諸国間の協働の不十分さを象徴するものであった。同センターには、イギリス入国を望む外国人が押し寄せ、仏英両政府間に政治的緊張を引き起こした。というのも、イギリスでは、亡命申請すれば6か月間の労働許可が与えられ、たとえ申請が退けられても、その者がアフガニスタン人であるならば、在留特別許可（autorisation exceptionnelle de rester）が付与されていたからである。しかも、一度入国すれば、何人といえども、身分証明書の提示義務がなく、亡命申請者にとってはきわめて魅力的な国となっていた。

して庇護を与えてきた。1793年6月24日のモンターニュ派憲法のなかで、ヨーロッパではじめてこの権利を承認してから（120条）、七月王政下で、難民の受入政策を主導したのをはじめ、第三共和制末期およびペタン政権期を除いて、第四共和制に至るまでほぼ一貫して自らを亡命地として自認する意思を表明してきた（第四共和制憲法前文4項）。つづく第五共和制憲法は、前文で第四共和制憲法前文を参照するだけでなく、1993年11月25日の憲法改正で、亡命権に関する条項を本文中に書き記すに至った（53条ノ1）。その間、1954年には、1951年7月28日のジュネーヴ条約の批准によって、難民の国際的保護に賛同する立場をとった。他方で、UEの推進役として、亡命申請に制限的に作用する余地のある亡命の「共同体化」[4]──とくに、「亡命ショッピング（course à l'asile: 仏, asylum-shopping: 英）」[5] と呼ばれる申請の抑止──に与しなければならないというジレンマに陥った。フランスにおける亡命権の保護は、とりわけアムステルダム条約以後、その評価は別にして、徐々に国内問題から欧州化し、共通の移民政策・亡命政策の枠組みに組み込まれてきているのである。

第1節　亡命権（庇護権）の概念

Petit ROBERT 1 の定義によれば、亡命権（庇護権）とは、「ある権力が、追跡されている者に、ある場所へのアクセスを提供し、その者の追跡者にはそれを禁ずることのできる特権」[6] である。この定義に依拠すれば、分析の視点として、特権を付与する「権力」、提供される「場所」、そして「追跡されている

---

4) 後述するように、亡命申請の単一的取扱に関する手続とそれに責任を負う国の確定に関するシェンゲンおよびダブリンの両条約からはじまり、マーストリヒト条約による加盟国政府間の「司法および内務の領域における協力」の対象──厳密な意味での共同体法の対象ではない──を経て、アムステルダム条約は、亡命権問題および移民問題に関して共同体法への統合を定めた（63条）。こうした共同体化はまた、この件に関するCJCEの権限の承認をともなうことになる。フランスは、1999年1月25日の憲法改正によって、これに関する権限の共同体への移譲を承認した。

5) 「亡命ショッピング」とは、申請が認められる可能性が最も高い国か、受入条件が最も寛容な国に亡命申請することである。これに対処するため、共通した亡命政策の展開が痛感されることになったのである。

6) " Immunité en vertu de laquelle une autorité peut offrir l'accès d'un lieu à une personne poursuivie et l'interdire à ses poursuivants. " *Petit ROBERT*, Paris, 1988, p.111.

者」、すなわち、庇護の「対象者」を抽出することができる。これにはさらに、定義の前提とされている「追跡される理由」、いいかえれば、「庇護を付与する条件」を加えることができる。以下、こうした視点に留意しつつ、時に混同され、また誤用が助長されることさえ多い諸概念の整理を行う[7]。具体的には、まず、「宗教的庇護」および「外交的庇護」との相違についてふれたうえで、ジュネーヴ条約上のいわゆる「条約難民」との相違に言及し（**1**）、つぎに、国家主権との関わりから、亡命権の法的性質を検討する（**2**）。

1 「宗教的庇護」／「外交的庇護」／ジュネーヴ条約上の「難民」

⑴ 宗教的庇護

これは、国家の領域内にあるか否かにかかわりなく、「聖域（sanctuaire）」としての「教会（個別の教会のみならず教団も含む）」が付与する庇護を意味する。フランスにおける庇護は、まずは宗教上の制度であった[8]。しかし、近代国家の出現によって、庇護の主役が交代する。例えば、「国家が、処罰権（pouvoir répressif）を保持して以来、亡命が向けられるのは公権力に対してのみである」[9] といわれるように、国家がその領域内で主権——領土主権（souveraineté territoriale）——を確立し、その及ばない国家内部の飛び地や聖域を排除した結果、宗教的庇護は、法的次元においてはもはや存在しないものとなった。

宗教的庇護は、「イエス・キリストの前では、あなたがたは一個の存在に過ぎない」[10] との聖書の一節の引用で示されたり、「人道的庇護は、犠牲者の庇

---

7) 例えば、R・ダエム（Rudolph d'HAËM）は、今日のフランスにおける亡命（庇護）を理解するためには、つぎのようなカテゴリー内での区別をなす必要性があると述べている。すなわち、「亡命申請者（demandeur d'asile）」、「条約難民（réfugié statutaire）」および「申請を却下された外国人（étranger débouté）」間の用語上の区別、「条約上の亡命権（asile conventionnel）」、「憲法上の亡命権（asile constitutionnel）」および「領土的庇護（asile territorial）」の法的根拠に関する区別、申請者の状況に応じて異なる「亡命申請の取扱い（traitement des demandes d'asile）」に関する区別、である。R. d'HAËM, *L'entrée et le séjour des étrangers en France*, PUF, Que sais-je ?, Paris, 1999, p.90. 本書もこれと共通する基本的認識に立っている。

8) Claude NOREK et Frédérique DOUMIC-DOUBLET, *Le droit d'asile en France*, PUF, Que sais-je ?, Paris, 1989, p.7 ; P. SÉGUR, « Réflexions sur l'asile religieux », *LPA*, 20 septembre 1995, n° 113, p.15.

9) L. BOLESTA-KOZIERBRODSKI, *Le droit d'asile*, Leyde, 1962, Sijthoff, p.18. いわゆる亡命権の「公共化」ないしは「国家化」である。Olivier BEAUD, « Propos inactuels sur le droit d'asile: asile et théorie générale de l'État », *LPA*, 13 octobre 1993, n° 123, p.16.

126　第 I 章　亡命権（庇護権）

護であった。政治的庇護は、英雄たちの庇護なのである」[11)] と表現されるように、国家によって付与される庇護と比べて、つぎのような特徴を有する。すなわち、教会の普遍的・宗教的使命に従って、人道的な観点から、ジャンルを問わず庇護を望むものすべてに選別なく開かれていることである。それに対して、国家のなす庇護は、人道的見地を含む場合があるものの、基本的には政治的な観点からのものであり、その対象者も、選択的なものである[12)]。例えば、ヨーロッパではじめて亡命権を憲法典中に規定した1793年のモンターニュ派憲法が、「フランス人民は、自由のために祖国を追われた外国人に庇護を付与し、専制君主には拒否する」（120条）と規定したが、それは専制君主によって迫害を受けた革命の支持者に庇護を与えるとともに、専制君主にはそれを否定するという闘争的な政治的価値を宣言していたのである[13)]。1793年憲法の亡命権は、亡命権の「非宗教化 (laïcisé)」版[14)] ともいえる。

　教会によって付与される宗教的庇護は、ときとして、領土主権の排他性に基づいて国家が独占する庇護と敵対する。国家は、主に政治的観点から、自らの庇護概念を定め、それと両立しない行為を行った者——例えばテロリスト——を、庇護対象者のカテゴリーから排除することによって、庇護権の適用範囲を限定する[15)]。それに対して教会は、こうしたカテゴリーの区別を行わず、すべての者に庇護を与える。国家による世俗の裁きに対して、宗教的庇護は神の裁きを優先し、場合によっては、国家の法に対する市民的不服従すら唱導することで、国家の法を侵害することもありうる[16)]。

10)　新約聖書「ガラテヤ人への手紙」3章28参照。「ユダヤ人もギリシャ人もなく、奴隷も自由人もなく、男子も女子もない」との一節がこれに先行している。

11)　Élisabeth ZOLLER, « Rapport de la section française », in Centre d'étude et de recherche de droit international et de relations internationales, Le droit d'asile, Dordrecht, Nijhoff, 1990, pp.18–19.

12)　O.BEAUD, op. cit., p.17.

13)　ただし、亡命に政治的性質を付与したのは、このモンターニュ派憲法からであり、それ以前は、教会による庇護と同様に、国家はその恩寵によって、庇護を受ける者を区別することなく、自由裁量的にそれを与えていたとされる。H. LABAYLE, « Le droit d'asile en France: normalisation ou neutralisation? », RFDA, 13(2), mars-avril, 1997, p.243.

14)　G. NOIRIEL, op, cit. p.307.

15)　例えば、犯罪人引渡に関して定めるスペイン憲法13条3項は、「政治犯は、犯罪人の引渡から除外されるが、テロ行為は、政治犯とはみなされない」と規定している。テロリズム犯罪の概念が拡張され、政治犯の概念から除外される現代的状況は、政治犯の概念の縮小をもたらしている点は注目されてよい。

(2) 外交的庇護 [17)]

「領土的庇護（asile territorial）」（本章第2節3参照）と混同されることの多いのがいわゆる外交的庇護である。これは、大使使節（外交使節）ないしは領事使節の公館の不可侵 [18)] を根拠にして主張される庇護のことである。

領土的庇護と外交的庇護とは、いずれも政治的ないしは人道的配慮から付与されるものであるという点では共通している。しかし、領土的庇護は、庇護を付与する国家の領土主権の行使としてなされるのに対して、外交的庇護は、接受国の領土主権の枠内で行使されるものであるという違いがある。大使館等の公館といえども治外法権地区を形成するものではないからである。その結果、庇護の性質も、領土的庇護が主権的受入れ（accueil souverain）であるのに対して、外交的庇護は（一時的）避難（refuge）と異なってくる [19)]。

外交的庇護とは、接受国がその行使を認める場合のみ行われうるもの、別ないい方をすれば、外交関係が断絶されないことを条件に、国際的儀礼を尊重する接受国の寛容的行為にとどまるのである [20) 21)]。

外交的庇護は、ほとんどの場合、接受国の政治的不安定期に起こるものであり、また、事実上、使節の公館が接受国内における避難場所とされることもあって、庇護を認めることは、領土的庇護の場合以上に、非友好的態度の表明と同視されかねない危険性を孕んでいる。したがってその一般的導入は、庇護を実践してきた歴史的伝統を有しない地域にあっては、常に、国家間の紛争の種

---

16) フランスでは、対独協力者（いわゆる「コラボ（collaborateur）」）であったP・トゥヴィエ（Paul Touvier）事件における教会の態度が国民的関心を引き起こした。教会にとっては、対独レジスタンスも対独協力者も同次元に置かれていたからである。O. Beaud, *op. cit.*, p.17.

17) 外交的庇護の歴史に関しては、例えば、Egidio Reale, « Le droit d'asile », *RCADI*, 1938, I, pp.473–493 et p.511 参照。

18) 大使使節の公館の不可侵は、1961年の外交関係に関するウィーン条約が、領事使節のそれに関しては、1963年の領事関係に関するウィーン条約が、それぞれ22条と31条で規定している。同22条は、接受国の官吏は、使節団の長の同意なしには、その公館に立ち入ることはできないことを規定しているにとどまる（1項）。同31条の類似の規定を置いている。

19) H. Labayle, « Le droit d'asile », *op. cit.*, p.246.

20) Pierre Dupuy, « La position française en matière d'asile diplomatique », *AFDI*, XXII, 1976, 749.

21) 国際司法裁判所も、外交的庇護に関して、「領土主権に対するこのような例外は、法的根拠が特別な各事例において定められない限り、承認されえない」と述べ、外交的庇護に関する国際慣習法の存在を認めなかったことが注目される。CIJ, *Affaire du Droit d'asile*, 20 novembre, 1950, Rec., 1950, p.275.

128 第Ⅰ章 亡命権（庇護権）

となることが危惧されるのである[22]。

　外交的庇護は、使節の公館を有する国家が、接受国に対して有する一般的権能ではなく、庇護を求める個人が、その身体的安全性に重大かつ緊急な脅威を受けるおそれのある場合に例外的に行われる人道的な介入であるといえる[23]。逆説的ではあるが、例外的で、マージナルなものにとどまるがゆえに、その有効性が確保されるともいえる[24]。

　ただし、申請者に庇護を付与するかどうかは、あくまでも申請を受けた国家の自由裁量的な判断で、たとえ生命および身体が重大な脅威にさらされる場合であったとしても、当該申請者の主観的権利を構成するものではない[25]。

　この点で、外交的庇護を語る際に引き合いに出されることの多い1961年の外交関係に関するウィーン条約および1963年の領事関係に関するウィーン条約は、実際のところ、庇護に関するいかなる条項も含んでいないことには留意を要する[26]。

　外交的庇護については、導入の議論はなされてきたものの[27]、現在のところ国際的規模の一般的条約として法典化されるには至っていない。

(3) ジュネーヴ条約上の「難民」[28]

　第五共和制下で「憲法ブロック」を構成している1946年憲法前文4項は、「自由のための行動によって迫害された者はすべて、共和国領土において亡命権を有する」[29]と規定し、いわゆる「自由の闘士」が亡命権を享有するもの

---

22) P. Dupuy, *op. cit.*, p.752. くわえて、外交的庇護を国際条約によって一般的に規定することが否定的に捉えられる理由としては、外交的庇護の概念自体の曖昧さ、外交的庇護の実践の多様さ（原則的対応、例外的対応その他）、そして庇護が承認される諸状況の尊重（仮に一般的準則を確立した場合、それに含まれない状況を排除する方向に作用する可能性がある）等が指摘される。*Id.*

23) *Id.*, p.754.

24) *Id.*, p.753.

25) *Id.*, p.755.

26) 前注18参照。

27) *Id.*, pp.750–752.

28) フランスのCESEDAは、難民保護に関するジュネーヴ条約に規定される難民以外にも、1950年12月14日の国連総会によって採択された国連難民高等弁務官事務所の地位に関する規程6条および7条の定める職務の対象となる者にも難民の地位が認められると規定しているが（同L.711-1条）、これによって対象とされる難民の基準と、ジュネーヴ条約上の難民資格の認定の基準とは本質的に異ならないから（Anicet Le Pors, *Le Droit d'asile*, PUF, Que sais-je ?, Paris, 2010, p.35）、本書では、ジュネーヴ条約を考察の中心に据えている。

としている。他方で、1951年7月28日のジュネーヴ条約1条[30]は、難民を
「人種、宗教、国籍、一定の社会集団への帰属または政治的意見によって迫害
される正当な脅威にさらされており、国籍を有する国の外にいるか、こうした
脅威故に、国籍国の保護を申請することができないか、または望まないすべて
の者」と定義している。

　フランスでは、歴史的に、亡命権と難民資格とが概念的に幾分混同されてき
たこと[31]、実際にも難民が庇護を申請し、あるいは庇護申請者が難民として
の資格を求めてきたこと、ジュネーヴ条約をフランス国内で適用する機関とし
て創設されたOFPRAが通常これらの申請に対処する機関とされてきたこと、
さらには、憲法条文を具体的に適用する法律がなかったことから、亡命権は、
ジュネーヴ条約を介してのみ存在することになった[32]。亡命申請者と難民資
格申請者とは、重なりあうケースが多く、実際の適用においても、要件のより
厳格でない難民資格申請者として、亡命申請者が扱われることは事実である。

　しかしながら、両者は、文言上の違いにとどまらない、本来区別されるべき
性質の異なる二つの法的概念である[33]。注目すべき相違は、法源、保護の内容、
そして要件の三点に関わっている。

① 法源

　亡命申請は、憲法や法律といった国内法、難民申請は条約（国際法）と、規
範的序列・効力の異なる規範に依拠している。

② 保護の内容

　憲法は、いわゆる「庇護（亡命）(asile)」を対象としているのに対して、条
約は「避難」を対象としている[34]。庇護とは、出身国において被っている危

29）　原文は、つぎのとおりである。《 Tout homme persécuté en raison de son action en faveur
de la liberté a droit d'asile sur les territoires de la République. 》
30）　ジュネーヴ条約は、1954年10月14日のデクレ n°54-1055で公表されることによって、フラ
ンス国内で法的効力を有することになった。同条約は、第五共和制憲法の制定に先立って適用
されていた。
31）　Claude NOREK et Frédérique DOUMIC-DOUBLET, *Le droit d'asile en France*, PUF, Que sais-je?,
Paris, 1989, n°2855, p.35.
32）　Frank MODERNE, 《 Le droit d'asile 》, *AIJC*, n°10, 1994, p.291.
33）　両者は、異なる法的概念であるが、実際には相互に関連したものであることも指摘される。
D. ALLAND, 《 Le dispositif international du droit de l'asile 》, in *Droit d'asile et des réfugiés*,
Pédone éd., 1997, p.16.

130　第 I 章　亡命権（庇護権）

険から免れるために保護を求める外国人に対して、国家が承認するものである[35]。亡命権は、本来的に「領土的庇護」[36]を要素としているのである[37]。ここでは、先に検討したように国家の領土主権が前提とされている。したがって、その承認の効果は、領土への入国と在留の承認として現れてくる。それに対して、ジュネーヴ条約は、条約当事国に対して、難民資格申請者である外国人の入国を認める義務を課すものでもなければ、この資格が認定された者に在留を認める義務を課すものでもない。同条約は、正確には、亡命に関する条約ではないのである[38]。あくまで加盟諸国の領土主権を前提にしたうえで、同条約が加盟諸国に課している義務としては、違法入国または違法在留を理由として、刑事制裁を課さないこと（31条ノ1）[39]、および、その生命または自由が脅威にさらされる領土の国境に向けて難民を追放または送還しないこと（33条）[40]——いわゆるノン・ルフルマンの原則——だけであり、入国と在留の保障は含まれていないのである。

③　要件

まず、前文4項は、亡命権の行使に「自由のための行動」という政治的理由のみを要件としているのに対して、条約1条は避難の根拠として「政治的意見」という政治的理由以外にも、「人種」という民族的理由、宗教的理由、「社会集団への帰属」という社会的理由も合わせて掲げている。つぎに、前文4項は、自由のための積極的な政治的行動（action）を求めているのに対して、条約1条は、単なる政治的意見（opinion）にとどまる場合でもよく、自由のため

---

34)　D.ALLAND, « Jurisprudence française en matière de droit international public », *RGDIP*, tome 98, 1994 / 1, pp.211–220.

35)　François JULIEN-LAFERRIÉRE et Xavier CRÉACH, « Ministre de l'Intérieur c/ Rogers », *D*, 1997, p.395.

36)　「領土的庇護」の概念は、後述する1998年5月11日の法律（本章第2節3参照）によって、フランス実定法中に初めて導入された。

37)　Vincent TCHEN, *Le droit des étrangers*, Dominos, Évreux, 1998, p.105.

38)　F. JULIEN-LAFERRIÉRE et X. CRÉACH, *op. cit.*, p.395.

39)　この条項は、難民として認定された者に適用されるだけでなく、「申請者」にも適用され、また、刑事制裁にくわえて、行政上の制裁を課すことも禁止していると解釈されている。*Id.*

40)　ノン・ルフルマンの原則は、コンセイユ・デタによって、「難民に適用される法の一般原理」とされ、追放や送還以外にも、犯罪人引渡しをも含め、領土からのあらゆる送還措置にまで適用が拡張されている。CE, Ass., 1er avril 1988, *Bereciartua-charrei, Rec.*, p.135. 合わせて、序章第2節1(2)④(G)参照。

第1節　亡命権（庇護権）の概念　131

であるかという中身は問わない。そして、前文4項は、迫害された事実が過去において存在したことを求めているのに対して、条約1条は、迫害される現在または将来の「恐れ」に根拠付けられた理由でよいこと、があげられる[41]。ただし、迫害の主体に関してみると、前文4項は、その限定がないことから、国籍国による保護を前提に、迫害がその国の公権力機関による場合に限定している[42]ジュネーヴ条約に比して、厳格でない[43][44]。

　これからみてわかるように、憲法前文4項の定義の方が、ジュネーヴ条約の定義よりも制限的であり、前文の定義に該当する者はすべて条約の定義に必然的に当てはまるが、逆は真ならず、ということになる。

2　亡命権の法的性質──亡命権のヤヌス性

　国家と個人がいずれも亡命権（庇護権）の有資格者であると述べるのは、避けられるべき言葉の誤用であり[45]、国家と亡命（庇護）との間の真の法的関係

---

41)　Claude Lombois, « Immunité, exterritorialité et droit d'asile en droit pénal international », *RIDP*, 1947, p.347.

42)　ジュネーヴ条約自体は、「公権力機関」による迫害を条件としておらず、フランスやドイツを除く他の諸国では、公権力機関による迫害に限定していないものが多かった。フランスではその後この要件は、2003年12月10日のドヴィルパン法によって放棄されることになった。詳しくは、序章第3節6(2)③参照。

43)　ただし、こうした相違は、出身国の公権力機関が、自国民の安全を確保できない場合にも、迫害の脅威の存在を考慮することによって、消え失せる傾向にあった。例えば、かつてCRRは、旧ユーゴスラビアの崩壊に際して、セルビア人よる領土の支配を理由にボスニアの公権力の保護を求めることができないボスニア人申請者に難民資格を認定し（CRR, Sections réunies (SR), 12 février 1993, *Dzebric*, req. 216617.）、また、居住地域が民兵組織によってコントロールされ、クロアチアの公権力機関の保護を求めることができないクロアチア人申請者にも難民資格を認めていた（CRR, SR, 12 mars 1993, *Dujic*, req. n° 230571; CRR, 7 avril 1993, *Karaica*, req. n° 125776 et *Stankovic*, req. n° 125777.）。

44)　この点で、ジュネーヴ条約の「難民」概念を拡大しようとする条約もある。例えば、1969年9月10日のアフリカ統一機構条約（Convention de l'Organisation de l'Unité Africaine）は、ジュネーヴ条約上の難民に加えて、「出身国または国籍を有する国の一部または全土における、攻撃、外国の占領、外国の支配、または公の秩序に重大な侵害をもたらす事件」によって生じたあらゆる犠牲者（victime）を難民と定義している（1条2項）。この定義は、その後、1984年11月22日の中央アメリカ、メキシコおよびパナマにおける難民保護に関するカルタヘナ（Carthagène）宣言によっても採用された。欧州議会も1987年3月12日および6月18日の決議によって、この定義が好ましいことを宣言した（ただし、2004年の欧州共同体の「資格」指令および2011年のUEの「改訂」指令〔本章第2節2(2)②⑥(C)参照〕では、この概念は採用されていない）。国連難民高等弁務官事務所も、こうした拡張的概念を支持しており、例えば、内戦の犠牲者も難民資格を取得すべきことを主張している。

を明らかにするためには、「国家は、庇護権を行使し、個人は亡命権を享有する」[46) と表現しなければならない、との主張がある[47)。こうした主張からすれば、亡命権とは、亡命（庇護）を求める個人のために国家が権利を設定したものであり、それゆえに、亡命権とは、庇護を認める権能であって、その結果として、庇護の付与者として国家がこの権能の主体であることと、国家が庇護を認める個人が亡命権の享有者であることを区別することに通じていく[48)。

では、どのように理解すればよいのであろうか？

これに関しては、国家（État）の角度から位置付けるものと、個人（individu）の角度から位置付けるものの二つのアプローチが存在する[49)。

(1) 国家の主権的権能としての庇護権

たとえ世界人権宣言が、「迫害を前にして、すべての者は庇護を求め、他国において庇護を享有する権利を有する」（14条）と規定し、文面上は個人的権利として亡命権を取り扱っているようにみえても、それはあくまでも宣言にとどまる。一般的適用範囲を有し、法的強制力をともなう国際法上の法文のなかで、個人の主観的権利として亡命権を認めているものはないのである。

フランスも批准している 1950 年の欧州人権条約や 1966 年の国際人権規約[50)にも、亡命権に関する規定はない

先にみた 1951 年のジュネーヴ条約も、「難民」の認定権を条約当事国に委ねているにとどまり、亡命を承認すべきいかなる義務も課していない。

さらには、シェンゲン条約およびダブリン条約も、こうした法的状況を修正するものではないといえる。シェンゲン条約が、仮に VII 章で「亡命申請（demande d'asile）」という表現を用い、1 条で「亡命」を、「ジュネーヴ条約に従って難民資格の認定を得るために、……外国人によって提起される申請」と

---

45) O. BEAUD, *op. cit.*, p.19.

46) L. BOLESTA-KOZIERBRODSKI, *op. cit.*, pp.14–15.

47) O・ボウ（Olivier BEAUD）による L. BOLESTA-KOZIERBRODSKI の引用（*Id.*, p.9.）参照。

48) *Id.*

49) F. MODERNE, *op.cit.*, p.288.

50) 国連人権委員会が亡命権を規約化から排除したのは、「亡命が承認される基本的権利」は存在せず、「庇護を認める国家の権能」が存在するだけであるとの認識がメンバーの多くによって共有されていたからであり、亡命権に関する規定が存在しないことは、無意識の脱落や脱漏によるものではなく、政治的決定として権利性が否認されたことを意味している。D.ALLAND, *op. cit.*, p.212.

第1節　亡命権（庇護権）の概念　133

定義していようとも、29条4項が「……条約当事国は、とりわけ国内法に由来する特別な理由から、たとえ本条約の意味する責任が他の条約当事国に帰する場合であっても、亡命申請の取扱いを確保する権能を保持する」と規定する国内法への留保は、国家の特権、すなわち主権の行使を意味するものなのである。

　国際法上の権限という観点からして、領土主権から生ずる領土的庇護の付与は、いかなる国際条約によっても条件付けられるものではない。

　つまり、庇護権は、国家主権、とりわけ領土主権の枠組みのなかで行使される、主権的行為（acte de souveraineté）として国家が庇護を承認・付与する権能なのである。別ないい方をすれば、庇護は、国家主権の証ないしは表明の一つであり、領土へのアクセスに関する国家の独占的統制の対象であり、自由裁量の領域に属するものなのである[51]。そこでは、迫害国と受入国という二つの主権国家を対峙させるものとして亡命が描かれている[52]。こうした立場は、国家と個人とを対峙させ、亡命権を個人的権利と構成する主観的定義と対立しうる。ただし、現実には、フランスのような法治国家では、主権的権能の行使といえども、無制限なものでもなければ、自由裁量的でもない[53]。

　それゆえに、この件に関する国家の主権的権能の移譲による「共同体化」を定めるアムステルダム条約が適用される場合を別にすれば、国内法規範のみが、フランス国家の主権を制限し、亡命を個人の権利として理解させることができるのである[54]。

---

51)　*Id.*, p. 210. 例えば、フランス政府は、OFPRA が難民資格の認定を拒否したハイチの独裁者であった J-C・デュヴァリエ（Jean-Claude DUVALIER）元大統領に領土的庇護を付与し、また、他の理由から、難民の地位を取得することのできなかった旧ユーゴスラヴィア居住民に庇護を付与した例があげられる。*Id.*, p.211; CRR, *Duvalier*, 31 juillet 1992, req. n° 81963.

52)　H. LABAYLE, « Le droit d'asile », *op. cit.*, p.243 ; O. BEAUD, *op. cit.*, p.16.

53)　この点について例えば、憲法院は、1992 年 2 月 25 日の判決のなかで、「国家は、その領土における外国人の管理に関する諸条件を定める権能を有するとしても」、「自らが締結した国際的取極めおよび憲法的価値の諸原理の尊重を留保として、それを行使しなければならない」と述べている。Décision n° 92-307 DC du 25 février 1992, *op. cit.*, considérant 8.

54)　ただし、亡命に関する国家権能の共同体への移譲が、国民主権の行使の本質的諸条件に違背し、憲法に反すると憲法院によって判断されれば、国内法である憲法を改正し、憲法中の障害を取り除かない限り（1958 年憲法 54 条）、共同体化は行われない。これは、まさに、アムステルダム条約の批准に関する 1999 年 1 月 23 日の憲法改正のケースであった。

134　第Ⅰ章　亡命権（庇護権）

(2)　個人の主観的権利としての亡命権

　こうした立場は、亡命が、迫害国と受入国という二つの主権国家を対峙させるものであるとの視点に由来する[55]。別ないい方をすれば、国家的枠組み、そしてそこから生ずる自国民と外国人との間の基本的仕切りである国籍を現代社会にとって本質的なものとする視点でもある[56]。

　しかし、国内法的観点からして、立憲者は、亡命権を憲法上の個人的権利として規定することもできれば、立法者も法律によってそうした規定を置くことは可能である。例えば、1946年憲法の立憲者、そして同憲法の前文を自らの前文で参照している1958年憲法の立憲者の意思は、憲法上の亡命権を個人の権利（droit de l'individu）と位置付けているのである。すなわち、1946年憲法前文4項は、「自由のための行動によって迫害された者はすべて、共和国領土において亡命権を有する」（強調著者）と規定することによって、亡命に対する個人の主観的権利を承認している。そのことは、通常、有資格者を庇護すべき義務が公権力に課されることを意味し、結果として、亡命権は、フランス国家の受入義務へと転化することになる[57]。同項は、その政治的起源を1793年6月24日のモンターニュ派憲法120条に求めることができるとしても、同条が「フランス人民は、自由のために祖国を追放された外国人に庇護を付与する。専制君主にはそれを拒否する」（強調著者）と宣言し、庇護を「権利（droit)」として構成せず、また、庇護の「拒否」にまで言及していることと比較すれば[58]、1946年憲法前文4項の規定の意味するところが一層よく理解されるものといえよう。

　学説も、前文4項を個人の主観的権利を定めたものとみるものが支配的である。

　例えば、G・ヴデルは、前文4項の定める亡命権は、誰に庇護を付与するか

---

55)　*Id*, p.18.

56)　*Id*.

57)　Isabelle DODET-CAUPHY, «La difficile reconnaissance du droit d'asile constitutionnel», *RFDA*, 15(3)mai-juin 1999, p.479.

58)　さらに同条は、『フランス共和国と諸外国との関係（Des rapports de la République française avec les nations étrangères)』と題される章に置かれていることもその性質を物語っている。この条文の着想は、M・ロベスピエール（Maximilian ROBESPIERRE）によるものとされている。D. ALLAND, *op. cit.*, p.212.

否かについてフランスが自らの好みに応じて自由に与えうる恩恵（faveur）ではなく、必要な条件を充たしている外国人に認められた個人的権利であるとしている[59]。

また、D・テュルパンは、前文4項の亡命権規定は、たとえ適用領域は広くなくとも、同項に関わる者を受け入れる真正な義務（véritable obligation）に結び付き、それによってフランス国内に入国する真正な主観的権利（véritable droit subjectif）が与えられていると述べている[60]。

L・リシェール（Laurent RICHER）も、前文4項は、「受け入れられる権利（droit à être accueilli）」を付与するものであるとしている[61]。

F・モデルヌ（Franck MODERNE）も同様に、主観的権利説に立った後述の1993年8月13日の判決以前の判決のなかで憲法院が、前文4項の直接適用または間接適用に代え、ジュネーヴ条約に訴えていたことをとらえて、「亡命権をジュネーヴ条約へと転移させることにより、フランス国家がその領土に、自由のための行動によって迫害を受けたものを受け入れる義務を排除し、前文4項からその効果を減少させることにつながっている」と評価することで、主観的権利説に与する立場を採用しているものと思われる[62]

(3) 小括

以上の考察から、先に示した分析の視点に沿って、その性質を要約するならば、庇護権とは、出身国で政治的迫害を受けたこと等を理由に保護を求めてくる者に対して、国家主権の行使として、出身国の追跡を断ち切って、その領土内において庇護を与える国家の特権である、ということになろう。

フランスの例をもとにさらに敷衍するならば、つぎのような確認を加えることができる。

まず、国際法上、個人の主観的権利としての亡命権は存在せず、それはあくまでも国内法秩序から生ずるものである[63]。

---

59) G. VEDEL, « Les petits cailloux de Schengen », *Le Nouvel Observateur*, 9–16 septembre 1993, n° 1505, p.41.

60) D.TURPIN, « Le statut constitutionnel de l'étranger », *LPA*, 15 mars 1992, n° 32, pp.13–22.

61) Laurent RICHER, *Le droit de l'immigration*, PUF, Que sais-je?, Paris, 1986, n° 2303, p.48.

62) F. MODERNE, « Les aspects constitutionnels du droit d'asile: Les bénéficiaires ou titulaires de droits fondamentaux en France », *AIJC*, VII–1991, p.237.

63) D. ALLAND, *op. cit.*, p.210

136　第Ⅰ章　亡命権（庇護権）

　庇護権は、まずは、領土主権を有する国家の権能、すなわち、庇護を承認する国家の特権であるといえる。この点で、亡命権は、「庇護を得る権利（droit d'obtenir l'asile）」ではなく、「庇護を申請する権利（droit à demander l'asile）」にとどまるのであって、そこには申請者を受け入れる国家のいかなる義務も存在しない。その結果、庇護を申請する権利の適用は、もっぱら立法等の活動により、権利行使に必要な手続が定められることになる。

　と同時に、フランスでは、立憲者の意思として、個人の憲法上の主観的権利として構成されている[64]。これは、前文4項の要件が充足される限り、国家は庇護申請を拒否できないとの義務を負うことを意味している。そして、最終的には、裁判所において救済される可能性を有する権利であるということに通じうる。

　憲法院は、1992年2月25日の判決[65]のなかで、「国家は、自らが締結した国際的取極めおよび憲法的価値の諸原理——そのなかには、個人的自由と同様に亡命権も含まれる——の尊重を留保として、自国領土内に外国人を入国させる諸条件を定めることができる」と述べ（判決理由8）、また、1993年8月13日の判決のなかでも、「国際条約に従って、亡命申請の取扱に責任を負う他の一国を確定することは、……当該条約が、自国の国内法に固有な諸事項を適用して亡命申請の取扱いを確保するフランスの権限を留保している場合のみ認められうる」のであり、「他の条約当事国に対する（フランス——著者）国家の主権的権能は、こうした義務（前文4項に基づいて亡命申請した者に、暫定的在留を認め、審査を行う義務——著者）の完全な尊重を確保するために、立法者に留保されているものと理解しなければならない」（判決理由88）と述べているが、それは、国家の主権的権能と個人の主観的権利という亡命権の二面性を物語っていよう。それゆえに、亡命権は、庇護の義務（devoir d'asile）に自動的に還元されるものではない。だからといって、個人の権利が排除されるものでもないのである[66]。

　フランスでは、個人の主観的権利性を認めた1993年8月13日の憲法院判決をオーバーライドするために憲法改正が行われ、前文4条を残したまま新たに

---

64)　H. Labayle, « Le droit d'asile », op. cit., p.244.

65)　Décision n° 92–307 DC du 25 février 1992, Rec., 48.

66)　H. Labayle, « Le droit d'asile », op. cit., p.244.

53条ノ1が1958年憲法の本文中に挿入された。ここでは、「共和国の諸機関は、自由のための行動によって迫害されたか、または他の理由でフランスの保護を求めるすべての外国人に対して、庇護を付与する権能を絶えず有する」(2項)と規定され、亡命権の国家的権能性が明記されている(詳しくは、本章第5節3参照)。ここには、亡命権のヤヌス性が形式的にも条文中に見出されているといえる。

なお、亡命権を国内法(憲法または法律)上の主観的な権利とする規定を欠く国にあっては、国家主権の行使として自由裁量的に適用されるか、外国人に適用される一般規定の解釈により、その枠内で適用されることになろう。

第2節　亡命権保障の法的根拠

1980年代まで、「憲法上の亡命権」は、長きにわたって忘却されていた[67]。外国人一般の受入れに関する規範として1945年11月2日のオルドナンスがあったが、そこには亡命権に関する規定は存在しなかった。第二次世界大戦後の経済成長にともなう政策的な外国人労働者の積極的受入れは、個別的な亡命権の必要性をとくに認識させることもなかったのである。しかし、オイルショック後、外国人労働者の受入れを原則的に停止する政策への転換によって、1980年代終わりのジュネーヴ条約上の「難民」資格申請の急増に対応することを迫られたフランスは、新たな概念の構築によってこの状況に対応したのではなく、従来からのアプローチ、すなわち第二次世界大戦直後の状況を想定したジュネーヴ条約によるアプローチで対応したのである。その結果、通常の移民から真正な難民さらには亡命者を選別保護する必要性が生じ、「憲法上の亡命権」が再び思い起こされるに至ったのである。「憲法上の亡命権」は、それ故に、「条約上の亡命権」(正確には、難民資格の認定に結び付いた避難を求める権利)[68]とそれを適用する国内法との組合せの基礎のうえに構築される、ある種錯綜した構造をともなうものとなったのである。

---

67) *Id.,* p.247.

138 第 I 章 亡命権（庇護権）

1 憲法上の亡命権（asile constitutionnel）

亡命権は、いわゆる「憲法ブロック」のなかで、1946年憲法前文4項と1958年憲法53条ノ1とで規定されている。

(1) 1946年憲法前文4項

1946年憲法前文4項は、「自由のための行動によって迫害された者はすべて、共和国領土において亡命権を有する」と規定している。

先にふれたように、この条文は、1793年のモンターニュ派憲法120条の系譜に属するものである[69]。しかし、同憲法が、「庇護（亡命）を与える」（強調著者）フランス人民の権能として規定していたのに対して、前文4項は明らかに、「亡命権を有する」（強調著者）と表現することで、個人の主観的権利として規定しているという相違がある。この点で、1946年5月5日のレフェレンダムで退けられた第一立憲議会の提案した同年4月19日の憲法草案[70]の人権宣言6条の規定との密接な関連性を想起させる。同6条は、「この宣言によって保障される自由および権利の侵害によって迫害された者はすべて、共和国領土内において亡命権を有する」（強調著者）と規定していた。ただし、この規定は、自由のための積極的闘争を要件としていない点からみても、亡命権の享有者の範囲は、1946年憲法前文4項の規定よりも広いものであったと理解できる。なお、ナチズム・ファシズムに対する民主主義の勝利後、「自由の闘士」に庇護を与える1793年憲法120条を思い起こすことは、かつてないほど、そして何人もあえて異議を唱えないほどに必要なものと理解され、第一立憲議会が新憲法の制定作業を始めたとき、この原理を憲法条文中に書き込むことは当然な

---

68) 本節2(1)でみるように、ジュネーヴ条約は、難民資格の享有者に領土への入国と在留の権利を付与するものではなく、その地位の認定および領土への入国と在留の承認はあくまでも国家の自由裁量的権能としている。その点で、「条約上の亡命権」という表現は、適切ではなく、正確には、「難民資格の認定に結び付いた避難を求める権利」とでも表現するのが妥当である。ただし、難民と認定された者には、通常、領土への入国と在留が承認されるという慣行、くわえて、両者を同一次元で扱っている慣行上・用語上の取扱いが存在することからして、本書では、憲法上の亡命との対比から、とりあえず「条約上の亡命権」との表現を使っておく。

69) Robert PELLOUX, «Chronique constitutionnelle / Le préambule de la Constitution du 27 octobre 1946», *RDP*, 1947, p.347.

70) 1946年4月19日の憲法草案の骨格、同草案が否決され、つづいて第二立憲議会が組織されるに至った経緯については、例えば、Yves GUCHET, *Histoire constitutionnelle de la France 1789-1974*、Paris, Economica, 1993, 3ᵉ éd., pp.251 et s; 山口俊夫『概説フランス法 上』（東京大学出版会、1978年）100頁以下参照。

第2節　亡命権保障の法的根拠　139

ものと認識されていたという[71]。

　その後、1946年憲法を審議した第二立憲議会において、亡命権を「自由の闘士」にではなく、その「政治的行動」を理由に迫害を受けるすべての者に認めるとの修正案が提出されたが、「自由のため」の行動に限定しないことで、フランスをファシストの避難所とする危険性があるとの理由から退けられている[72) 73)]。

　ただし、革命の大義の支持者に庇護享有者を限定するモンターニュ派憲法120条の闘争的性質は、1946年憲法前文4項にも受け継がれ、亡命権の享有者は、ジュネーヴ条約にみるような自らの地位やある種のジャンルへの帰属によるのではなく、「自由のための」行動によって特別に画定されるのである。

　同項による亡命権を享有するには、いわゆる「自由の闘士（combattant pour la liberté)」でなければならない。具体的にみれば、つぎの二つの基準を満たす必要がある[74]。一つは、「政治的闘争者（acteurs du combat politique)」でなければならないこと、他の一つは、その闘争が「自由のため（pour la liberté)」のものでなければならないことである。前者の要件は、単なる思想家の権利や知的傍観者の権利ではなく、「行動」を起こした者の権利、すなわち、自らの政治的意見を実現するために行動した闘争者または反体制者の権利であることを意味している。また、後者の要件は、そうした闘争者の行動が、「自由のため」という方向性をもつものでなければならないことを意味している[75]。ただし、この要件は、主観的要素をともない、また政治的状況によって変化するものであることは注意を要する[76]。

---

71)　T. BRÉHIER, «Le préambule de la Constitution / l'unanimité de 1946 », Le Monde, 20 novembre 1993.

72)　Id.

73)　なお、起草委員会では、前文4項の文面中に、「国家の安全保持および経済秩序の制限内において（dans les limites de la sécurité nationale et de l'ordre économique)」という表現を付け加える修正案が提出されたが、退けられた経緯がある。R. PELLOUX, op. cit., p.370.

74)　H. LABAYLE, «Le droit d'asile», op. cit., p.244.

75)　このことから、テロリズムを抑止し、自由に敵対する政治的活動を行なった者に対して、庇護を付与しない条約の合憲性が導かれることになる。Id.

76)　例えば、スペインのフランコ総統支配下で独立を主張した分離独立派集団が、カルロス王政下では、テロリストと呼ばれ、外国による庇護も受けられなくなった事例が想起されよう。この点に関しては、本節2(2)④のアズナール議定書参照。

140　第Ⅰ章　亡命権（庇護権）

なお、前文4項中には、迫害者の特定や定義に関する規定はない。

⑵　**1958年憲法53条ノ1**

1993年11月25日の憲法改正[77]によって、1958年憲法の本文中に53条ノ1としてつぎの条文が挿入された。

「共和国は、亡命および人権と基本的自由の保護に関して、自国と同一の国際的取極め[78]によって結び付けられる欧州諸国と、提起される亡命申請の審査のための各国の権限を定める協定を締結することができる。

　前項にかかわらず、この協定によれば当該申請が自らの権限に帰属しない場合であっても、共和国の諸機関は、自由のための行動によって迫害されたか、または他の理由でフランスの保護を求めるすべての外国人に対して、亡命を付与する権能を常に有する。」（強調著者）

　この条文は、1993年8月13日の憲法院判決が、1946年憲法前文4項を直接適用される個人の主観的権利と解釈し、同年8月24日のパスクワ法の中核となる諸条項に違憲判断を下したことに対して、名目的には、亡命申請の単一的取扱を定めるシェンゲン協定施行条約の適用が困難になるとの理由から、実質的には、憲法院判決をオーバーライドしようとする政治的意図から、当時の保革共存政権下で付加されたものである（詳しくは、本章第5節参照）。

　この憲法改正、とりわけ、同2項で「共和国の諸機関は、……亡命を付与する権能を常に有する」と規定されたことによって、憲法上の亡命権は、個人の主観的権利から、国家の主権的権能へと引き戻され、憲法上の亡命権が深く変質したものと受け止められる見解が改正当時は多数を占めていた[79]。しかし、

---

77)　Loi constitutionnelle n° 93-1256 du 25 novembre 1993, *JO*, 26 novembre, p.16296.

78)　ここで用いた「国際的取極め」は、"engagements" の訳で、この直後に出てくる「協定」は、"accords" の訳である。1958年の第五共和制憲法は、第Ⅵ章『条約および国際協定（Des traités et accords）』で、大統領が批准する条約（traités）（52条1項）、大統領の批准を要せず単に交渉について報告を受ける協定（accords）（同2項）、法律による批准または承認の対象となる条約または協定（53条1項）に大別している。

79)　例えば、1993年11月19日の両院合同会議におけるP・マソン（Paul MASSON）元老院議員の演説（新条項は、条約または裁判上の規範を参照することなく、主権の判断だけで何人をも保護できる一種の国王特権を憲法に含めるものであると述べるもの〔第5節**3**⑴②(A)参照〕）や、Bernard PACTEAU, « Les droits fondamentaux des étrangers », *REDP*, 1995, p.625.（亡命権は、庇護を受ける個人的権利ではなくなり、庇護を付与する国家の権能、すなわち、「主権的権能（droit souverain）」であり、訴訟の可能性もOFPRAの権限も存在しないものとなる評する）参照。

その後の展開は、本章第3節2でみるように、こうした予想よりも単純なものであったことが理解される[80]。それは、同1項の規定する条約締結行為および同2項の定める国家の主権的権能としての庇護の付与の合憲性については、シェンゲン協定施行条約およびマーストリヒト条約に関する憲法院判決のなかで確認されていたのであり、すでに合憲とされているものを改めて確認するために、憲法改正は必ずしも必要不可欠なものではなかったからであろうと思われる。くわえて、亡命権には、国家の主権的権利性と個人の主観的権利性という二面性があり、1958年憲法本文53条ノ1は前者を規定するものであるといえる。したがって、同条は、後者を規定する前文4項を失効させるような新たな条項（いわゆる「後法」）を構成するものではなかったのである[81]。

　この53条ノ1は、国家の主権的権能としての性質を、憲法本文中に書き入れた点以外にも、つぎのような革新性を有している。それは、「他の理由で（pour un autre motif）」庇護を付与できるとしていることである。これは、一般的には、憲法上、庇護の付与に関する国家の自由裁量的権能を認めるものといえる。しかし、「自由のための闘争」に敵対するような独裁者（1793年のモンターニュ派憲法の言葉でいうならば「専制君主」）にも、庇護を付与する可能性を否定するするものではないと読めなくもない[82]。それゆえに、大革命以来のフランスの伝統に違背する余地のある庇護の付与に対して、明文による憲法上の根拠を提供しうる余地があることは、認識されてしかるべきである。

　53条ノ1に関しては、他にも、つぎのような解釈上の不確実性が存在する。

　まず、88条ノ2の規定[83]と比較すれば容易に理解されるように、53条ノ1で言及されている「国際的取極め」が、個別・具体的にどの条約を意味するのか明らかでないことである。一般的には、「亡命に関する」条約としては、ジュネーヴ条約およびそれに連なるシェンゲン・ダブリンの両条約を、「人権と基本的自由に関する」条約としては、欧州人権条約が想定されているものとい

---

80)　H. LABAYLE, « Le droit d'asile », op. cit., p.248. 同旨、D. ALLAND, op. cit., p.234.

81)　H. LABAYLE, « Le droit d'asile », op. cit., p.248; D. ALLAND, op. cit., p.233.

82)　これに関しては、前注51の事例を参照。

83)　88条ノ2は、「相互主義の留保のもとに、かつ、1992年2月7日に調印されたUE条約の定める様式に従い、フランスは、欧州経済通貨連合の設立に必要な権限の移譲、および欧州共同体加盟国の域外国境の通過に関する規則の決定に必要な権限の移譲に同意する（強調著者）。」と規定している。

えよう。しかし、同条の規定を読む限り、それはほのめかし以外のものではない[84]。

　つぎに、国際的取極めの「同一性」とは、何を基準として判断されるのかが明確とはいえないことである。通常、それは、取極めの適用および留保における「相互主義」（réciprocité）を意味するものとされよう[85]が、この相互主義に関しては、留意すべきことが二つある。一つは、「人権の保障に関する国際的取極め」に関わるものである。従来、憲法院は、55条によって規定されている相互主義[86]を条件として、国際的取極めのフランス国内法への導入をコントロールしてきたが[87]、国際刑事裁判所の地位に関する条約の合憲性を審査した1999年1月22日の判決[88]で、人権保障に関する国際的取極めには、相互主義の要件が適用されないとの立場を採用した。とすれば、「人権と基本的自由に関する」条約の「同一性」は、相互主義によっては確保されない、または、その必要性はないということになるのではないか、という問題である。他の一つは、「その他の理由」による国家の自由裁量的な特権としての庇護の付与を規定する2項と、自由裁量的判断と抵触することもありうる他国による取極めの適用とをどのように両立させるのかという問題である。

　さらに、「欧州諸国」との表現によって画定される「欧州」の地理的限定に関わる不明確さが残ることがある[89]。同項の起草時に、コンセイユ・デタは、同項を『CEおよびUE』に関する第XV章に挿入するとの意見を答申したものの、政府と議会はこれを受け入れず、『条約および国際協定』に関する第VI章に挿入したのであったが（詳しくは、本章第5節2(2)参照）、それによって、「欧

---

84)　D. ALLAND, *op. cit.*, p.233.

85)　*Id.*

86)　憲法55条は、つぎのように規定している。「適法に批准または承認された条約もしくは取極めは、相手方当事国による当該条約もしくは取極めの施行を留保条件として、その公布後直ちに、法律に優越した権威を有する。」（強調著者）

87)　Décision n°74–54 DC du 15 janvier 1975, *Rec.*, p.79. これに関する邦語の解説としては、例えば、建石真公子「人工妊娠中絶法における『生命の尊重』と『自由』」辻村編、前掲『フランスの憲法判例』79頁以下参照。

88)　Décision n°98–408 DC du 22 janvier 1999, *Rec.*, p.29. これに関する邦語の解説としては、例えば、建石「国際刑事裁判所規程の憲法適合性」辻村編、前掲『フランスの憲法判例』48頁以下参照。

89)　D. ALLAND, *op. cit.*, p.233.

第2節　亡命権保障の法的根拠　143

州諸国」が必ずしも CE や UE に限定されない余地が出てくるのである[90]。

2　条約上の亡命権（難民資格の認定に結び付けられた亡命権）（asile conventionnel）

　欧州統合の展開に結び付いた争点として亡命権の問題を生み出すことになった、大量かつ急激な難民の流入という地政学的条件の大転換[91] に直面し、欧州諸国は、欧州建設の枠組みのなかで、この問題に関する協力を促進するため1990年のシェンゲンおよびダブリンの両条約[92] を採択する。これを受けてフランスは、両条約の適用に必要な国内措置をとるために、一大立法活動を展開することになった[93]。しかし、そこで依拠すべき基本的法文とされたのは、異なる時代に異なる文脈において制定された1951年の政治的難民に関するジュネーヴ条約であった。以後の欧州の諸条約も、このジュネーヴ条約に準拠しているのであるが、現在では、とくに、プラグマティクな権利保障を重視する欧州人権条約からみて、同条約は時代遅れと評されることもある[94]。

---

90)　例えば、欧州評議会（Conseil de l'Europe）は、その構成メンバーに非欧州のトルコやウクライナも加わっている。また、亡命に関する共同の取組みを欧州諸国に促した大量の難民の流入は、「欧州圏域」内の旧ユーゴスラビアから分裂誕生したクロアチア等の「欧州」諸国から生じてきた現実が指摘されている。H. LABAYLE, « Le droit d'asile », op. cit., p.248. ただし、欧州評議会の構成メンバーは、設立の当初から欧州諸国に限定されたものではなかった。

91)　Id., p.249 ; D. ALLAND, op. cit., p.233.

92)　ここでは、1985年6月14日に締結されたシェンゲン協定（Accord de Schengen）を適用するための様式・条件等を明確にするために締結された1990年6月19日のシェンゲン協定施行条約（Convention d'application de l'Accord de Schengen）のことを指している（施行に代え、適用・付加・補足とも訳される）。シェンゲン条約は、ダブリン条約（Convention de Dublin）よりも広範囲な対象を含んでいるが、難民の地位の申請に関しては、後者のほうが詳細な定めを置いており、また、UE加盟諸国間の条約であるため、ダブリン条約が優先的に適用されることになっていた。

93)　I. DODET-CAUPHY, op. cit., p.473.

94)　H. LABAYLE, « Le droit d'asile », op. cit., p.269. 例えば、欧州人権裁判所は、条約3条が禁ずる取扱い——拷問または非人道的な取扱いや刑罰——を受けうる個人を、人権条約に加盟していない出身国へ送還することを加盟国に禁ずる意味に同条を解釈することによって領域外適用（application extra-territoriale）を承認している（CEDH, 15 novembre 1996, Soering c/ Royaume-Uni, Rec. 1996-V）。この判決は、1951年のジュネーヴ条約に依拠する「難民」のみを対象とする限定的保護に比べて、より広い適用範囲を有する「人」権に基づく保護を展開するものであったといえる。Nabil BENBEKHTI, « Le droit d'asile et l'Union européenne-Actualité et Droit international », RAJAI, octobre 2002, pp.8-9.

144 第Ⅰ章 亡命権（庇護権）

(1) 1951年のジュネーヴ条約

1967年1月31日のニュー・ヨーク議定書によって従来の地理的・時間的制約を取り除かれた1951年7月28日のジュネーヴ条約は、出身国における迫害を主張する者に提供される保護の諸目的と諸様式について唯一具体的に定めている法文である。本章第1節1(3)でふれたように、同条約が、締約国に課している最も重要な義務は、「難民」と認定された者を、迫害される正当なおそれのある国の国境に向けて送還してはならないという、いわゆるノン・ルフルマンの義務である。そして、ここで問題となっているのは、主権的権能の行使としての「庇護」ではなくて「避難」である。そのことは、同条約自身が、難民と認定された時の状況が存在しなくなり、国籍国の保護を求めることができる状況になった場合には、同条約の適用がなくなること、すなわち、難民資格の撤回を規定していること（1条C-5）からも明らかである。

フランスは、同条約を国内的に適用する具体的なシステムを組織するために、本章第3節1(2)①で言及するOFPRAの創設に関する1952年7月25日の法律[95]を制定した。

(2) 亡命権に関する欧州諸条約等

1980年代以降の亡命申請者の急増に対して、欧州諸国は、それぞれ独自の対応を行なった結果、一方で、申請を審査せずに他国に送り出す「難民（申請者）のたらい回し（réfugiés en orbite）」と、他方で、同一申請者による「重複申請」という現象が生ずるに至った。こうした事態に対処するため、欧州諸国は、共通した基準作りに取り組むことになる。

① シェンゲン協定施行条約およびダブリン条約[96]

1990年6月19日のシェンゲン協定施行条約は、「締約国は、その適用領域にいかなる制約を加えることなく、……ジュネーヴ条約の規定に対する諸国の責務を再確認する」こと（28条）を強調した後で、ジュネーヴ条約の「留保のもとに」の条文が適用されることを明確に述べている（135条）。

---

95) この法律が1945年11月2日のオルドナンスとともに、CESEDAとして法典化されたことは、序章でふれたとおりである。

96) シェンゲン協定施行条約は、1993年9月1日発効したが、実際に適用されたのは、技術的・法的諸条件が整った1995年3月26日であった。他方、ダブリン条約は、1997年9月1日に発効した。

また同条約は1条で、「亡命申請（demande d'asile)」を「ジュネーヴ条約1条の意味する難民資格（qualité de réfugié）の認定を得るための……あらゆる申請」（強調著者）と定義している。

そして、締約国における亡命申請の責任国と申請の単一的取扱の原則を定めたうえで、責任国が亡命申請者の受入れを望まない場合に、他の締約国は自らの固有の領土に当該申請者を受け入れることが可能であると規定している（29条4項）。

1990年6月15日のダブリン条約は、CEの一加盟国に提起される亡命申請に責任を負う国の確定に関するもので、その着想はシェンゲン協定施行条約と同じものである。例えば、1条1項bは、「亡命申請」を「ジュネーヴ条約1条にいう難民資格に基づいて、ジュネーヴ条約上の保護を加盟諸国の一つに求める外国人による申請」（強調著者）と定義し、また、2条においても、条約加盟国がジュネーヴ条約上の諸義務を再確認することがうたわれており、ジュネーヴ条約の規定に忠実であることが確認できる。

両条約は厳密な意味での用語の混同はあるものの、いずれもジュネーヴ条約を唯一準拠すべき法的文書とし、それとの整合性によって支配されているといえる。したがって、加盟国は、ジュネーヴ条約の場合と同様に、庇護の付与を義務として強制されないだけでなく、自らの判断で各々の国内法規範に基づいた独自の庇護システムに従い、庇護を与えることを妨げられないのである[97]。

ただし、ジュネーヴ条約とは異なり、両条約は、難民保護という人道的使命よりもむしろ、安寧維持の配慮が優先されていると評されることはある[98]。

1997年9月1日に12か国の批准により発効したことを受けて、ダブリン条約はシェンゲン協定施行条約第7章の規定にとってかわった。

さらに、④でふれるアムステルダム条約による亡命権の取扱いに関する共同体化を受け、ダブリン条約はいわゆる「ダブリンⅡ (Dublin Ⅱ)」共同体規則へと形を変えることになった（2003年2月）。

② マーストリヒト条約

1992年2月7日のマーストリヒト条約は、第Ⅵ章「司法および内務に関する

---

97) CE, 3 mai 2001, *Dziri, D*, 2001, note F. JULIEN-LAFERRIÈRE, p.3480.

98) H. LABAYLE, «Le droit d'asile», *op. cit.*, p.250.

146 第Ⅰ章 亡命権（庇護権）

協力（coopération en matière de Justice et d'affaires intérieures）」――通常、「第三の
柱（troisième pilier）」と呼ばれている[99)]――のなかのK条からK9条にかけて、
亡命権に関する条項を置いている。

　しかし、第三の柱は、厳密な意味での共同体法の対象ではなく、法上はあく
までも加盟諸国政府間の協力にとどまるものであった。「亡命政策（politique
d'asile）」は、単に、UEの諸目的を実現する見地からする「共通利益（intérêt
commun）」と考えられているにすぎなかった（K1条1）。それは、「1950年11月
4日の人権と基本的自由に関する欧州条約および1951年7月28日の難民の地
位に関する条約の尊重のもとに、政治的理由によって迫害された者に対して加
盟諸国によって認められる保護を考慮して」取り扱われるものなのである（K2
条）。

　マーストリヒト条約の合憲性が争われた際に[100)]、憲法院は、この第三の柱
を審査の対象としなかった。それは、同院にとって、憲法上の亡命権との結び
付きが直接的なものでないと思われたこと、また、とくに第三の柱が、政府相
互間の協議の対象にとどまり、共同体レベルでの自律的規範の生成を認めるも
のでないこと、すなわち、主権の喪失を含まないものであることが認識されて
いたからであろうとされる[101)]。

③　ロンドン決議

　大量の亡命申請による危機的状況に対処するため、とくにドイツの要請によ
って、1991年6月28日・29日にルクセングルグで開催された理事会で、亡命
に関する作業の加速化が表明されたのを受けて、加盟諸国は、マーストリヒト

---

99)　マーストリヒト条約が適用されていた当時は、「第二の柱」と称される「外交政策および共
　　同安全保障（politique étrangère et sécurité commune）」も同じく共同体権限には含まれてお
　　らず、唯一、共同体組織の役割を規定している「第一の柱」のみが、共同体権限の対象であっ
　　た。アムステルダム条約は、亡命および移民政策を含む「第三の柱」の一部を共同体権限に移
　　行するものである。

100)　マーストリヒト条約をめぐって、憲法院は三つの判決を下したが、ここでは、1992年4月9
　　日の判決（いわゆるマーストリヒト第一判決）を指している。これに関する邦語の解説として
　　は、例えば、辻村みよ子「欧州連合条約（マーストリヒト条約）の憲法適合性――マーストリ
　　ヒト第1判決」辻村編、前掲『フランスの憲法判例』24頁以下、第二および第三判決に関し
　　ては、山元一「欧州連合条約（マーストリヒト条約）のための憲法改正と憲法院――マースト
　　リヒト第2判決・第3判決」同30頁以下参照。

101)　H. LABAYLE, « Le droit d'asile », op. cit., p.15.

条約の発効を待つことなく、1992年11月30日と12月1日の両日、ロンドンでつぎの三つの決議を採択した。

(ⅰ)「明らかに根拠を欠く申請（demandes manifestement infondées）に関する決議（résolution）」

(ⅱ)「迫害の重大な脅威が存在しない国に関する取極め（conclusions）」

(ⅲ)「受入第三国（pays tiers d'accueil）に関する問題へのアプローチの調整に関する決議」

　通常、一括して「ロンドン決議」と呼ばれているこの三つの決議は、とくに、亡命申請の取扱いにおける「明らかに根拠を欠く申請」と「受入第三国」（欧州諸国の大部分の国内立法では「安全な第三国（pays tiers sûr）」と称されている）に関わるデリケートな問題を扱っており、その後の欧州亡命政策の展開にとって重要なものであった。ただし、単なる「決議」に過ぎず規範的効力を欠いていることから、その適用範囲は限定的なものであった[102]。

　この決議は、ある概念上の混同をもたらした。というのも、「明らかに根拠を欠く申請」の概念が、本来は区別されるべき「安全な出身国」の存在と「安全な第三国」の存在とに対して区別されることなく適用されるものと考えていたからである（詳しくは、本章第4節1(1)③(A)(b)参照）。こうした混同とその整理は、フランスにおいても、コンセイユ・デタの*Rogers*判決（同参照）、そして2003年12月10日のいわゆるドヴィルパン法にも関わってくる。

④　アムステルダム条約[103]とアズナール議定書

　序章第2節1(2)②(B)でふれたように、1997年10月2日のアムステルダム条約は、亡命政策を共同体の権限領域とした。「第三の柱の一部の共同体化」[104]と称されるものである。

　同条約は、理事会が決定する措置に関する73K条(1)で、「難民の地位に関する1951年7月28日のジュ・ネー・ヴ・条約……に従った亡命に関する措置」（強調著者）という表現を用い、さらに、難民資格の申請者を亡命申請者とするシェンゲン条約以来の混同を整序することなくそのまま維持している。

---

102)　決議とは、理事会が決定する「共通見解（positions communes）」でもなければ、「共通行動（actions communes）」でもなく、閣僚、国家元首または政府首脳間で視点が一致したことの表明に過ぎない。F. JULIEN-LAFERRÈRE et X. CRÉACH, *op. cit.*, p.396.

148　第 I 章　亡命権（庇護権）

　同条は、同様に、全会一致で決定を行っている共同体閣僚理事会が、条約が
発効して 5 年を経過すれば、全会一致制から、欧州議会との共同決定手続を介
する特定多数決制へ移行することも規定しており[105]、当然ながら、第三国出身
者によって提起された亡命申請の審査に責任を負う国の決定に関する基準とそ
のメカニズムや条約加盟国内における亡命申請者の受入れを規律する最低限の
準則をはじめ、亡命に関する諸措置も特定多数決で決せられる対象となった[106]。

　これによって、亡命権についても、ダブリン条約によってではなく、共同体
規則または指令によって規律されることになった。その結果、2003 年 2 月、
いわゆる「ダブリンⅡ」規則が制定され[107]、従来のダブリン条約に取って代
わることになった。

　同条約は、これまで各国の主権の対象であった亡命政策および移民政策に関
する権限を CE に移譲するものであったため、「国民主権の行使の本質的諸条
件」に違背し、共同体への「権限の移譲」の枠組みを超えるものとして[108]、
フランス憲法院は同条約を違憲とした[109]。この判決を受けて、1999 年 1 月 23

---

103)　本書では取り上げないが、政治的にみた場合、アムステルダム条約発効後の 1999 年 10 月 15
　　　日および 16 日にフィンランドのタンペレ（Tempere）で開催された理事会の議長総括
　　　（Conclusions de la Présidence）は、欧州における亡命政策のグランド・デザインを描いた点
　　　で重要なものである。そこでは、「絶対的亡命権（droit absolu à l'asile）」が確認されるととも
　　　もに、「最小限の準則（normes minimales）」の策定にとどまるアムステルダム条約（63 条）
　　　の目指す目的を超え、加盟諸国が「欧州共通亡命制度（régime d'asile européen commun、
　　　以下 RAEC と略す）」へ進むべきことが示されている。この体制が具体的に目指すところは、
　　　明確かつ実用的な亡命申請審査責任国の確定手段、公平かつ効果的な亡命手続のための共通準
　　　則、亡命申請者受入れに関する共通の最低限の条件、難民資格の認定と内容に関する統一した
　　　準則、の策定である。http://presidency.finland.fi/netcomm/news/showarticle1457_911.html
　　　参照。これらは、2007 年のリスボン条約により、UE 運営条約 78 条に取り込まれている。

104)　Jean-Éric SCHOETTL, AJDA, 2 / 1998, p.135.

105)　同条約が発効するまでは、諸決定は、委員会の提案または条約加盟国の発案に基づいて、共
　　　同体閣僚理事会の全会一致によって行われる（73 O 条(1)）。これは、共同体と政府との相互の
　　　関わりのなかで決定を行なうという中間的手続を規定したものといえる。しかし、5 年を経過
　　　すれば、委員会の提案に基づいてのみ、閣僚理事会が決定をなすことができるようになる結果、
　　　加盟諸国は発案権を喪失する。加盟諸国ができるのは、閣僚理事会に提出される委員会案に自
　　　らの意見を反映させることを求めることだけとなるのであった（73 O 条 2、EC 条約 67 条 2）。

106)　その他としては、難民資格を主張しうるために、第三国出身者が充足しなければならない諸
　　　条件に関する最低限の規範、加盟諸国内における難民の地位の取得および撤回に関する手続に
　　　ついての最低限の規範（以上、73 K 条(1)、EC 条約 63 条(1)）があげられる。なお、この規定は、
　　　2007 年のリスボン条約の発効により、現行 UE 運営条約 78 条(1)に受け継がれている。

107)　Règlement n° 343 / 2003 du 18 février 2003, JOCE, n° L.50 / 1 du 25 février, pp. 1-10.

日、第 XV 章「CE および UE」中の 88 条ノ 2 および同条ノ 4 を修正する憲法改正が行われ、亡命に関する権限の移譲を認める規定が、1958 年憲法本文中に挿入された[110]。

これらの諸条約は、本来異なる法的概念である憲法上の亡命申請者を意識的にジュネーヴ条約上の難民資格申請者に置き換えているようにもみてとれる。くわえて、アムステルダム条約は、「難民」に加えて、「避難民（personnes déplacées）」という新たな概念を導入しており（73K 条(2)、EC 条約 63 条(2)）、さらなる概念上の混乱を招きえた。こうした取扱いは、第 3 章でふれるフランスにおける立法および憲法判例ないし行政判例にも影響を及ぼしていることは明らかである[111]。

同条約は、こうした目的を具体化する期限を、発効後 5 年以内、すなわち、2004 年 5 月 1 日に設定した。それゆえに、フランスもこの期日までに、国内の立法活動をはじめとするその他の諸活動を終えておかなければならなかったのである。それが、フランスにおける亡命権に関する一大立法活動をもたらすことになったのは、先にふれたとおりである。

ところで、アムステルダム条約には、「UE 加盟諸国の国民の亡命権に関する議定書（29 号議定書）」——通常、提案者であるスペイン首相の名をとり「アズナール議定書」と呼ばれる——が付加された。これは、UE 加盟諸国はすべて、人権を尊重する「安全な国」とみなされ、加盟諸国民よる亡命申請は、

---

108) H・ラベル（H. LABAYLE）は、この共同体化を「真の革命（véritable révolution）」を構成するものと評している。H. LABAYLE, « Les nouveaux domaines d'intervention de la Cour de justice: l'espace de liberté, de sécurité et de justice », dans Marianne DONY et Emmanuelle BRIBOSIA, *L'avenir du système juridictionnel de l'Union européenne*, Édition de l'Université, 2002, p.73.

109) Décision n° 97-394 DC du 31 décembre 1997, *Rec.*,344. これに関する邦語の解説としては、例えば、鈴木眞澄「アムステルダム条約の憲法適合性」辻村編、前掲『フランスの憲法判例』36 頁以下参照。

110) Loi constitutionnelle n° 99-49 du 25 janvier 1999, *JO*, n° 21 du 26 janvier, p.1343. 88 条ノ 2 の 2 項は、「相互主義の留保のもとに、かつ、1997 年 10 月 2 日に署名された UE 条約に由来する文書のもとで、欧州共同体を創設する条約に定められた諸様式に従って、人の自由な移動とそれに関連する領域について諸規則の決定に必要な権限の移譲に同意することができる」と規定している。

111) CE レベルにおける亡命政策の展開過程に関しては、例えば、Christine PAUTI, « Les sources du droit d'asile », in Laura JEANNIN, Marco MENEGHINI, C. PAUTI et Raphaëlle POUPET, *Le droit d'asile en Europe-Étude comparée*, L'Harmattan, Paris, 1999, pp.13-145 参照。

150 　第Ⅰ章　亡命権（庇護権）

「明らかに根拠を欠くもの」と推定されると規定するものである。同議定書は、直接的には、スペインのバスク地方のテロリストがUE加盟国に亡命申請する機会を阻止しようとするものであるが、巨視的にみれば、「安全な国」とされる加盟諸国からの難民や亡命申請者は存在しないとの前提に立つものである。その結果、難民・亡命申請者の問題を、第三世界諸国（pays du tiers-monde）にいわば放逐・封印する効果をもつものであると評される点で[112]、明らかに、欧州における亡命政策の展開にとって無視しえないものといえる。くわえて、個別的な迫害の存在を審査するのではなく、国籍の相違、すなわち、出身国の別による定型的・形式的な審査を行うことは、申請の個別的審査を前提とするジュネーヴ条約に違背するものであるとの指摘がなされている[113]。

　欧州における移民および亡命に関する政策の完全な共同体化は、2009年12月1日に発効したリスボン条約によって行われた。

⑤　UE 基本権憲章

　序章第2節1(2)②(C)でふれたように、リスボン条約は、UE基本権憲章に基本条約と同一の法的価値を認め、同憲章に定める権利、自由および原則を承認している（6条1）[114]。同憲章は、第2章18条で「亡命権は、難民の地位に関する1951年7月28日のジュネーヴ条約および1967年1月31日の議定書の諸規範の尊重と、欧州共同体設立条約に従って、保障される」と規定し、亡命に対する権利を保障している。

⑥　CE 立法

　EC条約は、ジュネーヴ条約、ニュー・ヨーク議定書および他の関連条約に従って、アムステルダム条約発効後5年以内に亡命等に関して採るべき措置について規定した（同63条）。これに沿って、つぎの諸指令が順次採択された。これらは共通して、ジュネーヴ条約の尊重によって根拠付けられた「欧州共通

---

112)　R. POUPET, *op. cit.*, p.201.

113)　詳しくは、例えば、F. JULIEN-LAFERRIÈRE, « La compatibilité de la politique d'asile de l'Union européenne avec la convention de Genève du 28 juillet 1951 relative au statut des réfugiés », in *La convention de Genève du 28 juillet 1951 relative au statut des réfugiés 50 ans après: bilan et perspectives*, Bruxelle, Bruylant, 2002, pp.262-264. 参照。

114)　同条は、法人格を有するUE（同47条）が、欧州人権条約に加入すること（同6条2）、同条約により保障され、かつ構成国の共通の憲法的伝統に由来する基本権は、UEの法の一般原則を構成することもあわせて規定している（同条3）。

亡命制度（RAEC）」——これは、「単一の地位（statut unique）」と「共通手続
（procédure commune）」の採用から成り立っているといえる——の構築が、UE 内
で合法的に保護を求める者にとって開かれた、自由、安全そして公正な圏域の
漸進的な形成を目指す UE の目的の構成要素の一つであることを謳っている[115]。
これらの指令は、順次フランス国内法（CESEDA）に編入されている。

　(A)　2001 年 7 月 20 日の指令 2001/55[116]（以下、「一時保護」指令と略す）

　この指令は、コソボ（Kosovo）紛争のような軍事的紛争を念頭に、これから
逃れ出身国に帰還できない大量の避難民に対して、一時保護（protéction
temporaire）を与えるとともに、彼らを受け入れる各国の努力（efforts）の均衡
を図り、責任ある受入措置に関する最低限度の準則を定めるものである（1条）。

　この指令により、加盟各国は、一時保護の享有者に対して、在留資格やビザ、
就労、住居、生存に関わる扶助、医療扶助、教育制度へのアクセス等、を提供
する責務を負う（3章8、10～14条）。これらは、理解可能な言語による文書に
よって行われる（同9条）。

　亡命手続との関連では、まず、この保護の付与がジュネーヴ条約による難民
資格の承認に対する予断を与えるものではないことが明記されている（3条1）。
つぎに、この保護の享有者は、何時点においても亡命申請を提起する可能性を
保持できなければならず（17条1）、審査責任国は、自国領土への避難民の移送
を承認した国である（18条）。審査によって、難民の地位が承認されなかった
場合でも、保護期間（更新の場合も含めて最長で2年）が残存している場合には、
一時保護を享有し続けることができるものとされた（19条2）。

　(B)　2003 年 1 月 27 日の指令 2003/9[117]（以下、「受入」指令と略す）

　この指令は、亡命申請者に対してその尊厳に値する生活と条件とを保障する
ため、受入れの最低限度の準則を定めるものである[118]。加盟各国は、申請者
が尊厳を欠く生活状態に陥らない十分な物質的受入条件、医療および精神的な
処置、必要により未成年者の教育制度・言語講習へのアクセスを確保しなけれ

---

115)　あわせて、前注 103 参照。
116)　Directive 2001/55/CE du Conseil du 20 juillet 2001, *JOCE*, n° L 212 du 7 août, pp.12–23. なお、
　　　この指令は、CE 条約 63 条(2)–(a)および(b)に対応している。
117)　Directive 2003/9/CE du Conseil du 27 janvier 2003, *JOCE*, n° L 31 du 6 février, pp.18–25.
118)　ただし、この指令は、「一時保護」指令が適用される場合には、適用されない（同3条3項）。

ばならない。

同指令13条はとくに、加盟各国は、亡命申請者が亡命申請するときは、物質的受入条件にアクセスするように対応し（1項）、健康に適合した生活水準を保障し、申請者の生計（subsistance）の確保を可能とする物質的受入条件に関する措置をとること（2項）を規定している。

この指令は、亡命申請者の資格で領土にとどまることが認められる限り、加盟各国の国境または領土内で亡命申請を提起するすべての第三国民および無国籍者（およびその家族構成員）に適用される（同3条1項）。ここでいう亡命申請者とは、ジュネーヴ条約に従った各国による国際的保護の申請を提起した第三国民または無国籍者で、その申請に対する最終的判断の下されていない者と定義され（同2条b）およびc））、亡命申請者に保障されるべき「物質的受入条件」とは、「現物または金銭的手当もしくは引換券で支給される、住居、食料、衣服および毎日の手当（allocation journalière）」である（同2条j））。

(C) 2004年4月29日の指令2004/83[119]（以下、「資格」指令と略す）および2011年12月13日の指令2011/95[120]（以下、2011年「改訂」指令と略す）

この指令は、難民資格と補完的保護（15条、なお、つぎの本章第2節3参照）によって付与される資格とを「国際的保護（protection internationale）」として包括し（2条a））、UE基本権憲章によって承認されるような基本的諸権利の尊重、とくに、亡命申請者およびその家族構成員の人間的尊厳と亡命権の十全な尊重を図ろうとするものであった（前文10項）。

そのために、ジュネーヴ条約の意味する難民の定義と地位の内容に関する最低準則と（15条）、この地位の承認に関する共通準則を定め（16条）、また、難民保護を補完すべき補完的保護の定義と地位の内容に関する最低準則をアレテすることによって（前文24項）、同条約を適用する権限を有する各国の機関に寄与しようとした。

そうした目的に奉仕するため、国際的保護の申請の評価（Ⅱ章4〜8条）、難民とされるための条件（Ⅲ章9〜12条）とその地位（Ⅳ章13〜14条）、補完的保

---

119) Directive 2004/83CE du Conseil du 29 avril 2004, *JOCE*, n°L 304 du 30 septembre, pp.12-23.

120) Directive 2011/95/UE du Parlement et du Conseil du 20 decembre 2011, *JOUE* n°L 337 du 20 décembre, pp.9-26.

護の享有者とされるための充足条件（V章15〜17条）とその地位（Ⅵ章18〜19条）、国際的保護の内容（Ⅶ章20〜34条）[121]、その他（Ⅷ章の行政的協力〔35〜36条〕および9章の最終章〔37〜40条〕）に関する詳細な規定が置かれた。

　この指令は、より高次の共通した統一的保護をはかり、各国間の最大限の連帯を保障するために、2011年「改訂」指令によって改訂された。この目的を達するため、保護条件の緩和化された調整と保護主体（acteurs）の定義の調和という二つの方向がとられた。最初の保護条件の調整については、先の「資格」指令における曖昧さを克服するために、新たに「国際的保護の享有者」、「申請者」そして「未成年者」の定義を加えるとともに（2条b）、i）、k））、「家族構成員」の概念を明確にした（同条j））。とくに最後の明確化は、国際的保護の享有者への個別的な依存状況に応じた家族構成員の保護と子の最善の利益の特別な配慮との強化を目指すものである（前文19項）。ほかにも、領土内保護（8条）、迫害の理由（10条）[122]に関して修正が行われている。つぎの保護主体に関しては、UE内の保護主体の確定基準が加盟各国によって大きく異なること、とりわけ、保護を確保する「政党または組織（partis ou organisations）」の概念の範囲が多様で、保護へのアクセス可能性、持続性、効果性の評価についても相違があった。そこで、2011年「改訂」指令は、付与される保護は「効果的かつ一時的なものではない」と規定し、保護の性質を明確にすることで、保護に関する加盟国の評価の幅を縮小させ、保護の付与機関を確定する効果をもたらそうとしているといえる（7条）。

　(D)　2005年12月1日の指令2005/85[123]（以下、「手続」指令と略す）および2013年6月26日の指令2013/32[124]（以下、2013年「改訂」指令と略す）

　この指令は、加盟各国内における難民の地位の付与と撤回の手続に関する最

---

121)　とりわけ、この保護内容は、送還に対する保護（21条）、情報へのアクセス（22条）、家族的結合の維持（23条）、在留資格（24条）、旅行証書（25条）、雇用へのアクセス（26条）、教育へのアクセス（27条）、社会的保護（28条）、保健衛生（29条）、同伴していない子の保護（30条）、住居へのアクセス（31条）、国内での移動の自由（32条）、統合プログラムへのアクセス（33条）、帰国扶助（34条）と詳細かつ広範囲にわたっていた。

122)　迫害理由と迫害行為との間には因果関係が存在しなければならないが、「改訂」指令は、迫害行為に対する「保護の欠如（absence de protéction）」と迫害の理由との間に関連があるときには、この因果関係が充足することを明確にしている（9条3項）。

123)　Directive 2005/85/CE du Conseil du 1er décembre 2005, *JOCE*, n° L 326 du 13 décembre, pp.13–34.

154 第Ⅰ章 亡命権（庇護権）

低準則を定めるためのもので（1条）、RAEC 構築の第一ステップといえる先の「資格」指令に続く第二ステップに当たるものである。

それゆえに、適用領域も、国内のみならず国境やトランジット・ゾーンにおいて提起されるあらゆる亡命申請をカバーし、また、各国はあらゆる国際的保護を対象とする申請の取扱いにこの指令を適用できるものとされた（3条）。全体で、6章[125]、46か条および3付属文書から構成される詳細な規定となっている。

なお、この「手続」指令については、EC 条約の定める制定手続とは異なる手続で定めることを規定している条文が存在するとして、取消しを求める欧州議会の提訴を受け、CJCE は、議会側の主張を認め、その一部を取り消した[126]。

しかし、この指令によっても加盟各国間での手続の相違は縮小せず、いわゆる「亡命ショッピング」の動きを抑止するものではなかった。これに対応するため、「単一手続（procédure unique）」の創設によってその修正を図ろうとしたのが、2013年の「改訂」指令である。それゆえに、「手続」指令以上に詳細な規定を置いている。

先の「手続」指令より保護的なものとなった主な点は、国際的保護の申請が提起されたときは、権限を有する国内機関は、その提起から3日内に登録を行うこと（6条1項）、申請の「適切かつ徹底した（approprié et exhaustif）」な審査が、その提起から6か月内に行われること（31条2項および3項）、33条[127]に従って申請が不受理と宣告される前に、申請者は個人的聴聞の際に当該国内機関において見解を述べることができなければならないこと（34条）、虐待やレイプなどの犠牲者や心理的・身体的・性的な暴力による犠牲者に対する特別な手続的保障が規定されたこと（24条）、申請の不受理や再審査の申請の却下の場合

---

124) Directive 2013/32/UE du Parlement et du Conseil du 26 juin 2013, *JOCE*, n° L 180/60 du 29 juin, pp.60–95.

125) 第Ⅰ章「総則」、第Ⅱ章「基本原理および基本的保障」、第Ⅲ章「第1管轄における手続」、第Ⅳ章「難民の地位の撤回手続」、第Ⅴ章「効果的救済手段」、第Ⅵ章「通則的・最終的条項」からなる。とくに、第Ⅲ章は、6節にわたっている。

126) CJCE, *Parlement / Conseil*, 6 mai 2008, Aff. C-133/06, I-3207. 問題となった条文は、同指令29条1項および2項、36条3項で、いずれも安全な第三国リストの採択・修正に関して、「理事会は、委員会の提案に基づき、欧州議会と協議した後に、特定多数決で決定する」と規定していたことが、「理事会は、委員会の提案か構成国の発議に基づき、欧州議会と協議した後に、全会一致で決定する」と規定する CE 条約67条1項に違背するとして取り消された。

等に対する効果的救済手段、すなわち停止付き救済手段の原理を規定したこと（46条）[128]、この効果的救済手段の権利の行使の期間中は、申請者は領土にとどまる権利（droit de rester sur le territoire）を有すること（同条5項）、であるといえる。

ただし、安全な出身国リストに関する規定は、「申請者が、自らの個別的事案において当該国が安全でないと信ずるに足りる理由を援用するときは、この国を安全な国と指定することは、もはや正当なもの（pertinente）なものとはみなされない」（前文42項）とされたものの、削除されず存続した（38条）。

加盟各国は、この指令を2015年7月20日までに国内法に編入しなければならない（51条1項〔審査手続期間に関する条項〔31条3～5項〕は、2018年7月20日まで〔同条2項〕）。

3　法律上の領土的庇護および補完的保護

領土的庇護とは、「自国において自らがさらされている生命、自由または安全に対する脅威を免れさせるために、（他の）国家によりその領土内で承認される保護」[129] のことであり、国家の領土主権に由来する。国家は、いかなる理由においても、自由にそれを承認することができる。1998年5月11日のシュヴェヌマン法によって、初めて欧州人権条約3条の規定内容が、こうした領土的庇護の付与要件として、フランス法中に組み入れられた[130]。

また、後者の補完的保護は、2003年12月10日のドヴィルパン法によって、1998年法を修正して、これまでの領土的庇護に代えて取り入れられたものある。

---

127)　同条は加盟各国が申請を不受理としうる場合を、国際的保護が他の加盟国によって認められていたとき(a))、加盟国でない国が申請者の最初の亡命国とみなされるとき(b))、加盟国でない国が申請者にとって安全な第三国とみなされるとき(c))、当該申請が、2011年「改訂」指令による国際的保護の享有者の地位を主張するために要求される諸条件を充足するか否かを決定する審査に関して新たな要素や事実が提示されないような事後申請（demande ultérieure）であるとき(d))、申請者の扶養下にある者が、自らの事案が自らの名で取り扱われることに同意した後で、別個の申請として扱われることを正当化するものがないような申請を提起するとき(e))、とあげている。

128)　ただし、これは自動的なものではなく、したがって、停止的であるかどうかは権限を有する国内裁判所の判断による。また、加盟各国は、この権利の行使が不可能となったり、過度に困難なものとなることのない合理的期間を定める（同条4項）。

129)　X. Vandendriesshe, *Jurisclasseur administratif, V Étrangers-Fascicule* 234, 8, 1999, p.20.

156 第Ⅰ章 亡命権（庇護権）

この保護は、ジュネーヴ条約によって対象とされていない状況をカバーするために、諸国が、とくに欧州人権条約（3条）[131]、国連の拷問等禁止条約（3条）[132]、市民的および政治的権利に関する国際規約（いわゆる国際人権規約B規約）（7条）[133]から生ずる諸要請を考慮するもので、概念自体は、共同体法に由来する[134]。

　現在、補完的保護は、CESEDA L.712-2条による適用除外の場合を除いて、(ⅰ)死刑、(ⅱ)拷問、または非人道的もしくは品位を欠く刑罰または取扱い、(ⅲ)民間人に関して、国内または国際の軍事紛争状態から生じた全土に広がるに暴力によって、直接かつ個別的に、その生命または身体への重大な脅威、に自国でさらされていることを証明する者に付与される（CESEDA L.712-1条）。

　(ⅰ)の要件については、司法機関の死刑判決が問題となる場合には、申請者は脅威の現実性を証明しなければならず、かつてコンセイユ・デタが、死刑の不執行を保障する国への死刑判決を受けた犯罪人の引渡しを認めた事例[135]からして、CNDAは、死刑判決の現実的な執行可能性について注意しなければならないものとされる[136]。つぎの(ⅱ)の要件については、補完的保護の中心をな

---

130) ただし、これまでにも難民認定されなかったものの、戦争や暴力が広がっている国の出身者に対して、内務省などの行政機関が、非公式に事実上の「領土的庇護」を付与したケースもある。旧ユーゴスラビア居住民などがその代表例である。この場合、APSや、場合により労働許可が与えられるが、それらはすべて内務省や外務省の電報・テレックスによるものであった。したがって、その地位は不安定で、何時点でも再問題化されうるものであり、裁判的保護の対象となるものではなかったのである。GISTI, *Le guide de l'entrée et du séjour des étrangers en France*, 2ᵉᵐᵉ éd., La Découverte, Paris, 1995, pp.199-200.

131) 同3条は、つぎのように規定している。「何人も、拷問および非人道的または品位を欠く取扱に服せしめられない。」

132) 同3条は、つぎのように規定している。「締約国は、いずれの者をも、その者に対する拷問が行なわれるおそれがあると信ずるに足りる実質的な根拠がある他の国へ追放し、送還しまたは引き渡してはならない。権限ある機関は、1項の根拠の有無を決定するにあたり、すべての関連する事情（該当する場合には、関係する国における一貫した形態の重大な、明らかなまたは大規模な人権侵害の存在を含む）を考慮する。」

133) 同7条は、つぎのように規定している。「何人も、拷問または残虐な、非人道的なもしくは品位を傷つける取り扱いもしくは刑罰を受けない。とくに、何人も、その自由な同意なしに医学的または科学的実験を受けない。」

134) Directive 2004/83/CE du 29 avril 2004, *JOCE*, n° L.304 du 30 septembre, p.12. 憲法院も、2010年12月17日判決で、補完的保護の付与に関して規定するフランスのCESDEA L.712-2条が、同指令の条件を付さない正確な条項（dispositions inconditionnelles et précises）であることにふれている。Décision n° 2010-79 QPC du 17 décembre 2010, *Kamel D, JO*, 19 décembre, p.22373, considérant 4.

135) CE, 12 juillet 2001, *Einhorn*, req. n° 227747.

すものといえ、OFPRA も CNDA もその付与の判断にあたって、送還国の確定およびかつての領土的庇護の領域における行政裁判所の判決から示唆を受けることが予想された[137]。難解ともいえる最後の(iii)の要件については、軍人は補完的保護を受けることができず、また、民間人でも自国が混乱状態（situation troublée）にあることだけをもって保護を主張することはできず、直面する個別的な脅威の存在を証明しなければならないものとされている[138]。

　同 L.712-2 条の規定する適用除外の対象となる者については、つぎの四つが規定されている。(i)平和に対する犯罪、戦争犯罪、人道に対する犯罪を犯した申請者、(ii)普通法上の重大な犯罪を犯した者、(iii)国連の目的および諸原理に違背する行動によって有罪と宣告された者、(iv)フランス領土で、公の秩序、公的安全、国家の安全保障に重大な脅威を与える活動を行った者、である。それぞれの留意点は、つぎのとおりである。(i)の犯罪については、1945 年 8 月 8 日のニュールンベルグ国際軍事裁判所憲章 6 条[139] にほぼ対応していること、(ii)については、いつどこで犯罪を犯したかについては言及されておらず、そのことから補完的保護の付与後フランスで犯された犯罪を含む、保護を無効とする可能性に至るものであること、(iii)については、1907 年のハーグ陸戦法規、捕虜の取扱いに関する 1949 年 8 月 12 日のジュネーヴ条約、国際刑事裁判所条約、旧ユーゴスラビアおよびルワンダの刑事裁判所に関する諸法文の侵害が想定されていること[140]、(iv)については、「重大な脅威」の評価を残すものであること、である。OFPRA および CNDA は、この適用除外条項の規定する(i)〜(iv)に該当すると思慮するの「顕著な理由（raisons sérieuses）」の存在を明確にすることによって、補完的保護の付与の拒否を正当化する責任を負う。

　補完的保護を受けた外国人には一時在留許可証が交付される（CESEDA L.313-13 条；L.742-6 条）。配偶者や未成年の子をはじめ一定の近親者にも、年齢や共同生活など「家族呼寄せ」の場合と同じ条件で、同じ許可証が交付される

136）　GISTI, *Le droit d'asile en France après la loi du 10 décembre 2003*, les cahiers juridiques, Paris, 2004, p.10.

137）　*Id.*

138）　*Id.*

139）　同条は、a)項で平和に対する犯罪、b)項で戦争犯罪、c)項で人道に対する犯罪を規定している。

140）　GISTI, *Le droit d'asile en France après la loi du 10 décembre 2003, op. cit.*, p.11.

158   第 I 章　亡命権（庇護権）

が、家族呼寄せの場合と違って、住居や収入に関する条件は求められない（同
L.313-13 条）。

　なお、亡命申請手続において、申請者は、迫害の存在ないしは迫害のおそれ
を根拠に亡命を申請するだけで、憲法上の亡命をはじめとしてどの庇護（ない
しは保護）を認めるかは、OFPRA および CNDA の判断に委ねられている。こ
のことは、いい方をかえると、同じ権利の享有を求めても、申請者に応じてそ
の取扱い手続と保護の内容に区別を生じ、平等原則への違背を生じさせる可能
性もなくはないということである。これについて憲法院は、立法府が、異なる
状況を異なるやり方で規制することや、結果として生ずる取扱いの相違が法律
の目的と直接的（direct）関係にある限り、一般利益を理由として例外を定める
ことは平等原則に反するものではないとの一般論を述べたうえで、難民資格の
承認と補完的保護の付与との取扱いの相違を規定する法律は、それらの付与条
件を充足する者をより良く保護するために、亡命申請を適切なやり方で取り扱
うもので、一定の申請者を異なって取り扱っても平等原則に違背するものでは
ない、と判断している[141]。

第 3 節　亡命権保障の展開

　序章でふれたように、フランスでは、外国人の法的地位の規制については、
法律事項か、それとも命令事項のいずれに属するかという問題も生ずる。利害
関係を有する外国人の個人的自由が問題となるときは、法律事項として立法者
が権限を有することになるが（1958 年憲法 34 条）[142]、他方で、外国人の入国に
関しては、例えばその拒否が、個人的自由の侵害を構成しないように、命令事
項として行政権による命令で規律されることになる（同 37 条）。

　この点、亡命権は、本節 2 でみるように、1993 年 8 月 13 日の憲法院判決に
よって、「外国人のなかの特定の者」に対して承認される「憲法的価値を有す
る」権利と位置付けられており、法律の適正な委任なくしては命令で規律でき

---

141)　Décision n° 2003-485 DC du 4 décembre 2003, *Rec.*, p.455, considérants 9 et 10.
142)　1958 年憲法 66 条 2 項もまた、「司法機関は、個人的自由の守護者であり、法律によって定め
　　られる条件に従って、この原則の尊重を確保する」（強調著者）と規定している。

ないだけでなく、立法者の関与もまた「亡命権をより効果的なものとするか、憲法的価値を有する他の規範または原理との調整をはかる」ものでなければならない（判決理由81）[143]。

　本節では、亡命権に関する立法上および判例上の保障の展開を取り上げる。

1　立法上の展開

　ここでは、1993年のパスクワ法が、外国人の入国および在留に関する1945年のオルドナンス中に亡命権に関する規定を挿入し、亡命権をいわば立法化した時期をはさんで、それ以前の立法の欠如期と、その後これまでの諸立法を法典化した時期（CESEDAの制定）以後の三期に分け検討を加えていく。

(1)　保護立法の欠如期（1993年以前）——デクレおよび通達による対応

　後述する1993年8月24日のパスクワ法までは、1946年憲法前文4項の意味する亡命権に関連した規定を置くものは、つぎの三つであった。国民役務法典3条[144]、国境における亡命申請に関して定めるために1945年のオルドナンスの一部の規定を適用する行政立法である1982年5月27日のデクレ[145]、そして同オルドナンスを修正し、船舶または飛行機で入国する亡命申請者を対象に、その申請が「明白に根拠を欠く」ものでないかどうかを決定する審査に必要な期間、港および空港の待機ゾーンでの身柄拘束を認める1992年2月26日の法律[146]、である。

　国民役務法典を別にすれば、これらの規定は、「国境における（à la frontière）」亡命申請だけを取り扱い、また、「船舶または飛行機で」フランス領土へ入国した者の「待機ゾーン」での身柄拘束を規定する点で二次的にしか亡命問題を取り扱っていなかった[147]。つまり、亡命権の保護については、そ

---

143)　これは、いわゆる立法に対する「歯止め効果（effet cliquet）」である。これについては、本章第3節2(1)②参照。また、この判決に関する邦語の解説としては、例えば、光信一宏「外国人の憲法上の地位」辻村編、前掲『フランスの憲法判例』67頁以下参照。

144)　同条は、「国籍を有さない外国人で、亡命権を享有する（bénéficiant du droit d'asile）者は、国民役務（service national）に服する」と定めていた。

145)　このデクレについては、序章第3節4(3)①も参照。この規定は、現行CESEDA R.213-3条となっている。

146)　Loi n° 92-625, *JO*, 9 juillet 1992, p.9185.

147)　I. Dodet-Cauphy, *op. cit.*, p. 472.

れぞれの法規範が必要に応じて個別的に条文で対応し、系統的立法は存在しなかったのである。この点を捉えて、フランスは、1993年のパスクワ法まで、亡命権に関して立法がなされていなかった希有な民主主義国家の一つであったと評される[148]。

それまで亡命申請は、通常、外国人治安の担当大臣である内務大臣の通達、訓令または電報によって規律されていた[149]。このなかで亡命資格での入国の手続について一般的に規律していたのが序章で取り上げた1985年5月17日の首相通達（ファビウス通達）であった。

通達等によって規律されるにすぎなかったという事実は、まさに外国人の亡命問題に関する無関心さを物語っていると評されるものの[150]、他方で、亡命申請と難民資格申請との混同と、庇護を認めるフランス国家の自由な態度から、ジュネーヴ条約の規定しない場合であっても、すべての難民が亡命権を享有するものと考えられていた。同条約のこうした自由な解釈は、前文4項の一般原理と結び付き、この領域におけるフランスの慣行に影響を及ぼしたに違いないものとされる[151]。

(2) パスクワ法による立法化とその修正期（1993〜2005年）

① 原型法としての二法

亡命権の保障は、領土内における庇護、いわゆる領土的庇護が本質的要素であることから、一方で、外国人の入国・在留に関する一般法である1945年11月2日のオルドナンスが、他方で、ジュネーヴ条約の難民資格認定と深く結び付いていることから、同条約を国内に適用するための具体化法である1952年7月25日の法律が立法上の原型となり、1993年のパスクワ法以後、両法の修正を繰り返す形で、2005年のCESEDAの成立まで立法的な展開を遂げていく。

(A) 1945年11月2日のオルドナンス

同オルドナンスについては、序章第3節2(1)ですでにふれた。

---

148) L. FAVOREU, «①L'octroi de l'asile, acte de souveraineté de l'État », *Le Figaro*, 22 septembre 1993. もちろんこれは、「系統的な」ないしは「組織的な」意味での立法の欠如と捉えられなければならないことはいうまでもない。

149) *Id.*

150) H. LABAYLE, « Le droit d'asile », *op. cit.*, p.252.

151) C. NOREK et F. DOUMIC-DOUBLET, *op. cit.*, p. 35.

第3節　亡命権保障の展開　161

　同オルドナンスは、外国人一般を対象とする入国と在留に関して、フランス
で初めて制定されたもので、2005年にCESEDAとして法典化されるまで、以
後50年以上にわたり外国人一般を対象とする入国と在留に関する体系的枠組
みを提供してきたが、1993年のパスクワ法によって、このなかに亡命権に関
する規定が挿入されたことで、1998年のシュヴェヌマン法による修正まで、
「亡命に関する普通法」[152] の働き担うことになった[153]。

(B)　1952年7月25日の法律

　これは、「フランス難民・無国籍保護局および難民訴願委員会の創設に関す
る法律」というタイトルから窺われるように、ジュネーヴ条約上の亡命権をフ
ランス国内に適用するための最初の法律である。

　同法は、外務大臣の監督のもとで、難民認定を専管する「(行政的) 公施設」
としてのOFPRAと、OFPRAによる難民資格の認定拒否に対して提起された
訴願[154] に完全裁判訴訟裁判所[155] として判断を下す特別行政裁判所のCRR (現
在のCNDA) の組織、権限、認定と訴願に関する手続を法定した。

　この法律は、条約上の事実上の亡命申請者にとって、自らの権利を行使する
ために利用すべき、そして利用することのできる唯一の法文であった。

　なお、この法律ではとくにHCRとの協力がうたわれている (2条I、現
CESEDA L.721-2条最終項)。それは、難民認定におけるHCRの責務を尊重する
にとどまらず、CRRの裁判官のなかにHCRの代表者が加わることをみても明
らかであった。

②　1993年8月24日の法律 (1993年パスクワ法) による立法化

　1993年のパスクワ法は、1985年の首相通達やコンセイユ・デタの判例でし
か認められていなかったこれまでの亡命申請手続を法律の領域に取り込み、
1945年のオルドナンスに第VII章として「亡命申請者 (Des demandeurs d'asile)」
と題する5か条からなる1章を置いたものである。

---

152)　Conclusion Jean-Marie DELARUE sous CE, Ass., 18 décembre 1996, *Ministre de l'Intérieur c/ Rogers, RFDA*, 1997, p. 279.

153)　その内容に関しては、拙稿 (一)、p.118以下参照。

154)　ただし、第3節1(2)③(B)でみるように、2003年のドヴィルパン法によって、いわゆる「補完的保護」の認定拒否に対する訴願も取り扱うこととなった。

155)　完全裁判訴訟については、序章注184参照。

同法を審査した 1993 年の憲法院判決が、亡命権に関する憲法改正論議を引き起こした政治過程については本章第 5 節で取り上げることにして、ここでは亡命権に関する規定を中心に要約しておく。

まず、非合法にフランス国内にいる外国人と、合法または非合法にフランス国内にいるジュネーヴ条約 1 条の定義に該当する難民とを区別し（同オルドナンス 31 条 I）、後者は OFPRA および CRR の管轄に服せしめ（同 31 条 II）、他方で、前者は、亡命申請者の範疇でくくり、同条約 33 条の尊重のもとに、その申請を拒否できる四つの事由を挙げ、OFPRA ではなく県知事等の管轄下に置いた。四つの事由とは、(i)シェンゲン・ダブリンの両条約の適用により、亡命申請の審査に関する権限がフランス以外の条約加盟国の管轄に属する場合、(ii)亡命申請者が効果的な保護を受けうるフランス以外の国で受け入れられうる場合、(iii)利害関係人の存在が公の秩序に対する重大な脅威となる場合、(iv)申請が故意の詐欺に基づくか、申請手続の濫用的行使となるか、もしくは差し迫った退去措置を妨げる目的だけで提出された場合、である。

つぎに、四つの事由中、最初の(i)の事由においては、OFPRA に対して難民申請することができず（同条 5 項）、その結果として、OFPRA の決定に対する訴願を審査する CRR も管轄権を有さないものとされた（同 46 条）。他の三つの事由に関しては、OFPRA への難民申請も CRR への訴願の提起も可能である。

ただし、四つの事由のいずれに該当する場合であっても、フランスは国家主権の行使として、自由に庇護を与えることができることも規定された（31 条 4 項）。

1993 年 8 月 13 日の憲法院の違憲判決は、とくに、シェンゲン・ダブリンの両条約の適用の対象となる亡命申請者が、ジュネーヴ条約ではなく、1946 年憲法前文 4 項を根拠として亡命申請する場合、OFPRA そして場合により CRR への付託の道を閉ざしている上記の条文に向けられたものであった。

③　その後の修正

(A)　1998 年 5 月 11 日の法律（シュヴェヌマン法）[156]

上記の二つ原型法の一部を修正し、憲法上の亡命権の具体的な適用を規定し、あわせて「領土的庇護」制度を導入したのがこの法律である。同法は、内務大臣である J-P・シュヴェヌマンの主導のもとに採択されたものであるが、その

内容は、1997年の総選挙で勝利した左翼政権によって、従来の外国人法制の見直しのために意見を求められた移民政策の専門家であるP・ヴェイユの報告[157]に沿うものである。

　この法律は、1980年代以降の亡命権に関する立法改革の終点ではないものの、一つの基本的段階、すなわち、憲法上の亡命権の法律による具体化の終点を示すものと位置付けられる[158]がゆえに、ここで検討を要する。ただし、亡命権保障の内容に関しては、本章第4節1(2)で検討するので、ここではそれ以外の点に限定しておく。

　(a)　修正点　　形式上、同法は先にふれたように、1993年のパスクワ法によって1945年のオルドナンス中に規定されていた「亡命申請者」に関するⅦ章を、1952年の法律に移しかえ（2章10条以下）、また、新たに「領土的庇護」を導入した（同オルドナンスの12条ノ3）[159]。特徴となる修正点は、以下のとおりである。

(ⅰ)HCRが同事務所規程に従いその職責を行使するうえで対象となるすべての者[160]、および、ジュネーヴ条約1条の定義に該当する者に加えて新たに、「難民資格は、自由のための行動によって迫害されたすべての者に対して、OFPRAによって認定される」と規定したこと（2条2項）、

(ⅱ)領土的庇護の承認に関する他の手段を妨げることなく（sans préjudice des autres voies d'admission à l'asile territorial）、OFPRA局長またはCRR委員長は、難民資格が認定されなかったものの、領土的庇護の対象となるものと自らが

---

156)　同法の解説としては、例えば、François LUCHAIRE, « La loi relative à l'entrée et au séjour des étrangers et au droit d'asile devant le Conseil constitutionnel », *RDP*, n° 4, 1998, pp.1014–1030 ; Nicole GUIMEZANES, « La loi du 11 mai 1998 relative à l'entrée et au séjour des étrangers en France et au droit d'asile », *JCP*, 25 novembre 1998, n° 48, pp.2047–2054 参照。

157)　*Le Monde*, 2 août 1997. P・ヴェイユ教授は、その報告書のなかで、ジュネーヴ条約上の政治亡命（asile politique）と区別される憲法上の亡命と領土的庇護とを考慮に入れるべきことを強調し、場合により、OFPRAへの特別な手続によって、具体的内容が憲法原理に付与されるべきこと、従来、内務大臣の通達に帰せしめられていた領土的庇護の執行が、法律上の根拠を有すべきことを提案している。

158)　I. DODET-CAUPHY, *op. cit.*, p.470.

159)　その他の主だった修正点については、序章第3節5(3)参照。

160)　同事務所規程に関する1950年12月14日の国連総会決議428(v)6条および7条に基づく、いわゆる「マンデート（sous mandat）難民」のことである。同規程6条によって同事務所の権限が及ぶ者の定義は、難民条約1条のそれとほぼ同じものである。なお、7条は6条の適用が除外される者に関する規定である。UNHCR, *Document* A / RES / 428.

164　第Ⅰ章　亡命権（庇護権）

思慮するすべての者の事案を内務大臣に付託する」と定め、フランス法上は
じめて法文中に「領土的庇護」の概念を導入したこと（同条最終項）、

(iii)「国家の諸利益と両立する諸条件のもとで（dans les conditions compatibles avec
l'intérêt du pays）、領土的庇護は、その生命または自由が出身国において脅威
にさらされているか、または、出身国で、人権と基本的自由に関する欧州条
約3条に違背する取扱いにさらされていることを証明する場合に、外務大臣
への諮問を経たうえで、内務大臣によって、当該外国人に承認されうる。内
務大臣の決定には、理由を付す必要はない。コンセイユ・デタの審議を経た
デクレが本条の適用に関する諸条件を定める」としたこと（13条）、である。

　(b)　**検討**　　まず、(i)に関してであるが、同項は、1946年憲法前文による
「自由の闘士」に付与される亡命権と、ジュネーヴ条約によって認定される亡
命権とを併置し、両者を概念上一応切り離したうえで、自由の闘士にも、
OFPRAによって難民の地位が認定されるものとしている。それゆえに、難民
資格の認定には、二つの根拠が存在することになる。それゆえに結局のところ、
シュヴェヌマン法は、フランス国内法のなかに、性質の異なる二つの亡命概念
——国内的性質の「憲法上の亡命」概念と国際的性質の「条約上の亡命」概念
——の混同をもたらすことになったと評されるのである [161]。

　しかし、こうした異なる根拠に対応した二つの認定制度が別個のものとして
自律的に存在するのではなく、実際には、ジュネーヴ条約に依拠する単一の手
続しか定められていない。したがって結果として、憲法上の亡命権は、条約上
の亡命権と同じ効果を生み出すにとどまるのである [162] [163]。

　こうした憲法上の亡命権から条約上の事実上の亡命権への移行は、法的には
異議をとどめられるものであろう。

　そこでまず、立法者がこのような対応をとった意図とは、どのようなもので

161）　Note, F. JULIEN-LAFFERRIÈRE sous *Dziri, op. cit.,* p.3480.

162）　1998年5月28日の通達（*BO int.,* p.50）では、手続の同一性が強く意識され、申請の書式に
　　　おいても、参照となる根拠法には言及しない単一の書式となっている。

163）　実際にも当時、「憲法上の亡命権」の適用はマージナルなものにとどまっており、2001年に
　　　8件、2002年に5件が認められたにすぎなかった。*AN, Rapport n° 883,* 28 mai 2003, p.8. 憲法
　　　上の亡命権は、「自由の闘士」であることを要件とすることから、その適用範囲が限定される
　　　であろうことは、すでにOFPRAによって指摘されていた。I. DODET-CAUPHY, *op. cit.,* p.480,
　　　note 79.

あったのかを確認しておかねばならない。

　OFPRA、CRRおよびコンセイユ・デタは、ジュネーヴ条約1条の「難民」の認定にあたって、とくに迫害主体に関して制限的な解釈をとってきた。つまり、迫害行為が、「国家機関の行為、または少なくとも国家によって黙認されもしくは促進された行為」でなければならないとの見解を採用してきたのである[164]。この基準に照らすと、国家機関がその居住民の安全を確保できないなかで、武装集団またはテロリスト集団——例えば、アルジェリアのイスラム救国戦線（Front Islamique du Salut; FIS）——によって迫害された者に難民資格を付与することはできない。当該国家は、こうした集団の行為を黙認してもいなければ、促進することもしていないからである。そこでこれらの者を救済するために、立法者は、コンセイユ・デタ等の判例変更を待つよりも、「自由の闘士」の概念を介して、難民の地位の適用領域を拡張する方向を選択したのである[165]。と同時に、難民認定は、領土へのアクセスを含むものでないがゆえに、難民資格の付与にとどめる選択をすることによって、立法者は、亡命申請者が享受する保障、とくに領土へのアクセスに関する保障を求める根拠として、憲法上の亡命権が利用されることを了解していなかったのである[166]。

　つぎに、(ii)および(iii)の領土的庇護についてであるが、ここではこの保護の対象者と想定される者を確定することが必要となってくる。というのも、同法は、OFPRAまたはCRRによって認定される「難民の地位」と、内務大臣によって付与される「領土的庇護」とを区分しているからである。(iii)の13条で規定された領土的庇護の付与を可能とする脅威は、一定の集団への帰属（人種、宗教、社会集団への帰属等）と脅威の発生源（公権力から生じているか否か）[167]を別にす

---

164)　この立場は、1983年の *Dankha* 判決によって明らかにされ（CE, 27 mai 1983, *Dankha, Rec.*, p.220）、それ以後の判決でも、確認されていた。例えば、CE, 31 janvier 1996, *Abib, Rec.*, p.25 参照。ただし、同条約上のこうした要件は、出身国の公権力が、自国民の安全を確保することができない場合にも、難民資格の付与を認める柔軟な対応によって、事実上、迫害の主体が公権力であるか否かという区別は緩和され、または消滅しうるものともいえた。現在では、2003年のドヴィルパン法によって、この概念が放棄されていることは序章第3節6で述べたとおりである。

165)　Frédéric Bonnot, « Quelle réforme du droit d'asile ? », *Le Monde*, 9 décembre 1997.

166)　I. Dodet-Cauphy, *op. cit.*, p.481.

167)　この点で、領土的庇護の要件となる脅威の発生源は、公権力を含むあらゆる者が想定されている。*Id.*

166　第Ⅰ章　亡命権（庇護権）

れば、地位の認定条件とされる脅威と同一のカテゴリーから生じている。したがって、領土的庇護の享有者は、同時に、難民の地位の享有者でもあるといえる。ただし、領土的庇護の享有のために必要とされている脅威は、難民の地位の認定ために必要とされている脅威よりも、個別的な性質のものとされよう[168]。

　こうした点を確認すると、つぎの三つの状況が区分される[169]。

　第一の状況は、1946年憲法前文の「自由の闘士」に対応する状況であり、自由の闘士に対して OFPRA は「難民資格」を認定する。第二の状況は、ジュネーヴ条約によって定められた諸条件を充足する「難民」に対応する状況であり、この難民に対して OFPRA は「難民資格」を認定する。第三の状況は、前二者に該当しない者、すなわち、自由のための積極的行動を行わなかったがゆえに1946年憲法前文の対象ともならず、かつ、ジュネーヴ条約によって定められた諸条件を充足しなかったがゆえに難民とも認定されず、しかしながら、その生命または自由が脅威にさらされている者の状況であり、こうした者に対して、内務大臣は、所定の手続を経て、「領土的庇護」を付与するのである。

　つまり、第一の状況は1946年憲法前文を、第二の状況はジュネーヴ条約を、そして第三の状況は1958年憲法53条ノ1最終項の「他の理由からフランスの保護を求める者」という一節に対応しているといえる[170]。

　起源も性質も異なる三つの手続が、同一法文中に規定されているわけである。

　亡命権が、保護の内容として、本来的に領土的庇護をその要素とすることを考えれば、憲法上の亡命権とシュヴェヌマン法の定める領土的庇護とが性質上結び付けられうる。これを考慮すれば、第一の状況と第三の状況とを結合させることも可能であると考えられる。しかし、同法は、保護を付与する理由または享有者の範囲という観点に立って、自由の闘士の概念が、難民資格の認定申請者の概念のなかに含まれうることから、同一の手続を前二者に適用しているものと思われる。ただし、こうした行き方は、亡命権に一層の複雑さをもたらすことも危惧される[171]。

　ところで、第三の状況に適用される領土的庇護は、あくまでも領土主権の行

168）　F. Luchaire, *op. cit.*, p.1018

169）　*Id.*

170）　*Id*；I. Dodet-Cauphy, *op. cit.*, p.484.

171）　F. Bonnot, *op. cit.*

使として、付与の「可能性」を示すものにとどまる。1945年のオルドナンスが、12条ノ3で、「公の秩序」によって、領土的庇護の申請者に対抗できるとしているのも主権の行使であることが含意されている。また、国民議会の法務委員会の提案に基づいて、この条文中に「国家の諸利益と両立する諸条件において」という一節が加筆されたこと[172]、さらには、内務大臣のシュヴェヌマンも、議会審議のなかで、「領土的庇護は、人道的な緊急措置であり、依然として例外的なものにとどまるべきであ」り、これを認める決定は、「広く自由裁量的なものでなければならない。そこにこそ、この決定が内務大臣に付与される理由が存在するのである」と述べている[173] ことからしても、この条項の性質が窺い知れるし、内務大臣のこの決定に理由が付されないのは、その形式的な表れであるといえる。

　しかし、その時まで、行政上の慣行として、もっぱら通達のみで枠付けられ、付与が拒否された場合、その決定を争う訴訟の提起に関するいかなる権利も想定されなかったことからすれば[174]、この法定によって、内務大臣の拒否決定は、行政的性質を有し、越権訴訟裁判官のコントロールに服するものとなったのである[175]。ただし、その場合でも、行政機関の評価権限が本質的部分を構成し、それに対応して、行政裁判官のコントロールもいわゆる「評価の明白な過誤」[176] に限定されることになろうと思われる。

　領土的庇護に関しては、OFPRAおよびCRRの権限も問題となってくる。

　内務大臣による領土的庇護の付与に関しては、前段階として、OFPRAまたはCRRによる、対象候補者の選定と大臣への付託が行われるが（1952年法2条最終項）、両機関はあくまでもジュネーヴ条約を国内的に適用するための機関である（同2条1項および5条1項）。こうした錯綜からは、つぎのような二つの

---

172) Rapport n° 451 de Gérard GOUZES, AN, Doc., 1997–1998, p.7.

173) AN, Déb., 16 décembre 1997, p.7815.

174) X. VANDENDRIESSCHE, Jurisclasseur administratif, op. cit., p.20 ; du même auteur, Le droit des étrangers, 2ᵉ éd., Dalloz, Paris, 2001, p.56.

175) F. LUCHAIRE, op. cit., p.1018.

176) 行政裁判官が行使する「明白な過誤」の法理とは、行政機関の事実評価の裁量権に対する行政裁判所の監督を拡大するために構想された判例理論のことで、行政裁判所は、行政機関の明らかな過誤であるとみなすものに対して、事実評価の審査を介して、コントロールを加えていく。山口編、前掲書、209頁、中村ほか監訳、前掲書、138頁参照。なお、行政裁判所によるコントロールについては、序章第2節2(1)②参照。

問題を生じうる。一つは、越権訴訟裁判官としての行政裁判所と、特別行政裁判所であるCRRとの権限の競合に関する問題であり、他の一つは、ジュネーヴ条約を国内に適用する機関であるOFPRAおよびCRRが、憲法上の概念である「自由の闘士」への該当性を判断する権限を有するか否かの問題である[177]。

他に注目すべき点としては、同法が、欧州人権条約3条に違背する取扱いを出身国で受けている場合にも領土的庇護を付与できると規定していることがあげられる。難民だけを対象としているジュネーヴ条約のみならず、外国人一般に適用可能な欧州人権条約も参照条文としていることは、ジュネーヴ条約ではカバーしきれない領域を補完し、享有者の範囲を広める効果を有するであろう。というのも、例えば、迫害の主体が公権力に限定されておらず、また、「迫害の脅威」よりも「非人道的または品位を欠く取扱い」のほうがより広い対象を含みうるからである。

同一手続が適用される憲法上および条約上の亡命権に加えて、外国人が、領土的庇護を申請した場合、難民資格の付与に関する最終的判断が下されるまで、同庇護に関する審査は停止される[178]。

なお、難民と認定された者には、10年有効の正規在留許可証が交付されるのに対して、領土的庇護が認定された者には、一時在留許可証が交付されるに過ぎない[179]。これを除けば、ジュネーヴ条約が規定する資格の撤回条項や保護条項も同様に適用される[180]。

(B) 2003年12月10日の法律（ドヴィルパン法）

アムステルダム条約によって、亡命および移民に関する権限が共同体へと移譲されたことにともない、2001年9月21日の理事会指令案に沿って、シュヴェヌマン法を修正したのが、法案の責任者である外務大臣[181]の名を冠したい

---

177) これに関しては、本章第3節2(2)①(B)でふれる *Traoré* 事件で問題となった。

178) 1998年5月11日のシュヴェヌマン法の適用に関する1998年5月12日の通達（*BO int.* p.29）。ここでいう「最終的」判断とは、場合によって、CRRの判決までを意味しているものと思われる。なお、内務大臣による領土的庇護の承認の拒否決定を争う訴訟の提起に対しては、停止効は与えられていなかった。

179) 今回の改正で、1945年のオルドナンス12条ノ3として規定された。難民資格の認定と同様に、その存在が、公の秩序に対する脅威を構成しないことを条件に付与される。現行CESEDA L.313-13条。

180) Circulaire du 26 mai 1998, INT/D/98/00113/C（non publiée）Ministère de l'intérieur.

わゆるドヴィルパン法である。

　1998年のシュヴェヌマン法は、OFPRAが担当する憲法上および条約上の亡命権と、内務大臣が決定する領土的庇護という二つの手続を創設し、両者の競合を認めていた。しかし、この間、前者の申請数は、4万8,000件、後者のそれは3万1,000件（いずれも2001年）となり、3年間で3倍増となった。とりわけ当初は補充的なものにとどまると思われていた領土的庇護の申請増加は、同手続の挫折を示すものと認識された[182]。こうした数的増加は、亡命申請を在留手段の一つと化さしめ、違法移民を増加させただけでなく、社会的コストも増加させた[183]。

　こうした現状に対処し、また、他の主要な欧州諸国によって採用されている基本的政策に準ずるため、1998年法に修正が加えられることになった。

　(a)　修正点　　修正は多岐にわたるが、主要なポイントは、つぎの三つに要約される。

(i)まずは、両申請の競合から生じた長期化した審査期間[184]を短縮するために、従来、外務大臣の意見聴取後、内務大臣が行使していた領土的庇護（2003年法では、これに代えて「補完的保護」との表現が使われている）に関する審査権限をOFPRAに移すことで、両手続を統一すること、

(ii)つぎに、この統一化にともない、OFPRAおよびCRRの組織と権限を修正すること、

(iii)最後に、「共同体化」を展開する観点から、フランスが採用していた従来の「迫害」概念を拡張するとともに、「安全な出身国」の概念[185]および「域内庇護（asile interne）」の概念[186]を導入すること、である。

　修正された主な条文内容を具体的にみてみると、おおむねつぎのとおりであ

181）　外国人の出入国に関する一般法である1945年のオルドナンスの改正は、従来どおり内務大臣の所管であった。

182）　*AN, Doc., n° 810*, 15 avril 2003, p. 4; *AN, Doc., n° 817, op. cit.*, p.5.

183）　2001年には150万ユーロ、2002年には270万ユーロにも達している。*AN, Doc., n° 810, op. cit.*, p.4; *AN, Rapport n° 883, op. cit.*, p.14.

184）　国民議会の報告書によれば、2001年を例にとると、憲法上・条約上の亡命申請の審査にOFPRAが要する期間が平均で7か月、OFPRAの拒否決定の際にCRRが審査する期間が平均で6か月——OFPRAの拒否決定の75%から80%のものが上訴されている——、領土的庇護申請の審査に内務大臣が要する期間が平均で22か月というデータが示されていた。*AN, Rapport n° 883, op. cit.*, pp.12–13.

170　第Ⅰ章　亡命権（庇護権）

る。

(ⅰ) OFPRA は、「難民の地位の付与に関する条件を充足せず、かつ、その出身国においてつぎのような重大な脅威の一つにさらされることを証明するすべての者に、補完的保護の享有を承認する」と規定し、重大な脅威として、a)死刑、b)拷問または非人道的もしくは品位を欠く取扱い、c)民間人に対して、国内的なまたは国際的な武力闘争の状態から生ずる全土に広がった暴力（violence généralisée）を理由とする、その生命または安全に対する重大、直接かつ個別的な脅威をあげている（1952 年法 2 条Ⅱ 2 項 2 号）。

(ⅱ) 難民資格の付与において考慮される迫害、または補完的保護の付与において考慮される重大な脅威を惹起する迫害主体を、国家機関の行為に限定せず、国家または国家の大部分をコントロールする党派や組織等の行為にも拡大した。加えて、亡命申請者が、出身国の領域内の一部において保護を受けうる場合（いわゆる「域内庇護」概念の採用）や、同じく出身国でもはや迫害や重大な脅威にさらされる恐れのない場合（いわゆる「安全な出身国」概念の採用）に、OFPRA は、当該申請を拒否することができることも規定した（同条Ⅲ）。

(ⅲ) 補完的保護が承認されないものと考えられる重大な理由を有する者を a)平和に対する犯罪、戦争犯罪、人道に対する犯罪を犯した者、b)普通法上の重罪（crime grave）を犯した者、c)国連の目的および原理に違背する行為により有罪と宣告された者、d)領土におけるその存在が、公の秩序、公的安全または国家の安全保障に対する脅威となる者、と列記した（同Ⅳ）。

(ⅳ) OFPRA の執行委員会（conseil d'administration）の構成（国民議会議員および元老院議員各 1 名、国の代表者〔複数〕および OFPRA 職員代表 1 名からなる）と OFPRA が「安全な出身国」のリストを作成すること、さらには、OFPRA に

---

185)　「安全な出身国」とは、「自由、民主制、法治国家という諸原理、そして人権と基本的自由を尊重する」国として定義されている（2003 年 12 月 10 日の法律 5 条によって挿入された、1952 年 7 月 25 日の法律 8 条 3 項 2 号）。これは、2001 年 9 月 12 日の理事会指令案の定義に依拠するものである（現行 CESEDA L.741-4 条 -2°）。

186)　域内庇護概念は、徹底した審査、緊急手続の否定、庇護の「安全性」と「合理性」、申請時の庇護の有効性、という一定の条件が充足されていることを条件に、HCR によっても認められており、また、多くの西欧諸国によっても実践されているものである。この概念は、事実上、迫害主体が非国家機関である場合を対象としている。Jean-Éric SCHOETTL, « La nouvelle loi relative au droit d'asile est-elle constitutionnelle? », LPA, 5 février 2004, n° 25, pp.5-6.

HCR の代表者が出席し、報告・提案できることを規定した（同3条）。

(v) CRR は、コンセイユ・デタ副長官によって、同評議員のなかから任命される委員長と、行政裁判官、会計検査官（magistrats de la Cour des Comptes）[187] および司法裁判官のなかから、それぞれコンセイユ・デタ副院長、会計検査院長、司法大臣によって長が指名される複数の部局 [188] によって構成されるものとされた（同5条Ⅰ）。つぎに、CRR の権限は、「難民資格の認定」に関する訴願に加えて、「補完的保護」に関する訴願も対象とするものとされた（同条Ⅱ）。

(b) 検討

(i) 補完的保護について　新たに導入された「補完的保護」は、2001年の理事会指令案に沿う形で表現を変えているものの、基本的には、1998年のシュヴェヌマン法で、「領土的庇護」と称されていたものに対応する。領土的庇護と同様に、補完的保護もジュネーヴ条約上の難民資格は承認されえないものの、拷問、非人道的もしくは品位を欠く取扱い、または人権の重大な侵害を被る危険性のある者が享有すべき保護であるが、付与の事例が領土的庇護の場合よりもより具体的に規定されている。また、人種等を理由とする迫害の脅威を考慮しなければならない難民資格の付与とは異なり、補完的保護を受けようと望む者は、単に、人権侵害の危険性を証明することで足りる [189]。

　1998年のシュヴェヌマン法は、先にみたように、難民資格の認定申請と領土的庇護の申請という二つの手続の併存を前提に、管轄の相違と競合を認めていた。それは結果として、申請の根拠となる状況は同じでありながら、法的根拠が異なることを理由として、申請が繰り返されることを容認するものとなった。こうした審査の重複を回避し、申請の窓口を OFPRA に一本化するため（いわゆる「窓口一本化（guichet unique）」である）に、1998年法の改正が考慮されなければならなかったのである [190]。

---

187)　フランスでは、会計検査院（Cour des Comptes）は裁判所とみなされている。

188)　この部局には、他にも、コンセイユ・デタ副長官の拘束的意見（後注200および504参照）に基づき、HCR の指名するフランス国籍を有する人物、および OFPRA の執行委員会に代表者を送る大臣（外務大臣または内務大臣のこと）の提案に基づき、コンセイユ・デタ副長官が指名する人物が加わる（同5条Ⅰ）。

189)　N. BENBEKHTI, *op. cit.*, pp.8–9.

190)　*AN, Rapport n° 817, op. cit.*, p.29 ; *AN, Rapport n° 883, op. cit.*, p.15 et p.30.

172　第Ⅰ章　亡命権（庇護権）

　この窓口一本化にともなって、留意すべきつぎの二つの変化がもたらされたことを指摘しておく必要がある。

　一つは、補完的保護の付与行為の羈束化である。1998年法が、領土的庇護の付与は、内務大臣によって「国家の諸利益と両立しうる条件のもとに」「認められう・る・（peut être accordé）」（強調著者）とその自由裁量権を承認していたのに対して、2003年法は、補完的保護は、法律によって列記された先の条件を充たす者すべてに対してOFPRAによって付与されるべき義務的なものとしていることである[191]。それにともない、1998年法では、内務大臣による領土的庇護の拒否決定には理由を付す必要はなかったのに対して、OFPRAが拒否決定する場合には、理由を付記すべきこととされた（1952年法3条2項）。また、一週間という期限が付いているものの、補完的保護に関するOFPRAの拒否決定を争う訴願には、停止効が付与された（同5条Ⅲ）。停止効に関するこの規定は、制度運用上の観点からして、相当の重要性を有するものといえる。くわえて、これまでの「国家の諸利益」という漠然とした評価基準から、「公の秩序、公的安全または国家の安全保障に対する重大な脅威」の存在という「安全（sécurité）」に結び付く理由だけが、補完的保護の拒否を正当化するものとされている点（8条3項3号）[192]も注目される。ここではさらに、1998年法の定める「単なる」脅威だけでは足りず、その重大性が要件とされている点も留意されよう[193]。

　従来の領土的庇護の場合と同様に、補完的保護の付与要件に関する2条2項の文言[194]は、第2節3でふれたように、国際諸条約の要請に対応するものであるが、とくに、欧州人権条約3条の規定との関わりが重要であろう。それは、

---

191)　*AN, Rapport n° 810, op. cit.,* p.5 ; *AN, Rapport n° 817, op. cit.,* p.22.
192)　*AN, Rapport n° 883, op. cit.,* p.32.
193)　これは、国民議会の審議のなかで加筆修正されたものである。*Id.*
194)　2001年9月21日の共同体規則案では、補完的保護が付与されるべきケースとして、2003年法2条Ⅱ2項2号a）およびb）の要件以外に、「加盟国の国際法上の義務を発動させるための、個人的諸権利の一つの十分に重大な侵害（violation suffisamment grave）」および「武力紛争に結び付く、対象の限定されない暴力（violence non ciblée）、または、人権の組織的または全体的な侵害（violations systématiques ou généralisées des droits de l'homme）を理由とする、生命、安全または自由に対する脅威」があげられていたが、国内的システムとしての適用からして、あまりにも広すぎるとの理由により、他の多くの加盟国にならう形で、同法中には規定されなかった。*AN, Rapport n° 817, op. cit.,* p.21.

第3節　亡命権保障の展開　173

今後同条約 3 条の規定の解釈・適用において、欧州人権裁判所の判例が、フランス国内における同法の行政上および裁判上の適用に影響を与える可能性のあることを意味している [195]。

　ただし、こうした覊束化によって、庇護の付与がすべてこの規定に従うこと、別な表現をすれば、内務大臣は、庇護の付与に関する一切の裁量権限を喪失したといえるかは、不確実である。補完的保護の付与の法定に関わらず、フランスの諸機関（具体的には、内務大臣）が、憲法 53 条ノ 1 の定める「他の理由で」、要件に該当しない者に国家主権の行使として庇護を与える可能性は依然として留保されているものと考えられるからである [196]。

　他の一つは、国民主権の原理との関係で、特別行政裁判所としての CRR の権限と構成に変更が加えられたことである。これまで憲法院は、1998 年 5 月 5 日の判決 [197]（本節 2 (1)③(B)参照）で、裁判作用のような「国民主権の行使と不可分な作用を、原則として、外国籍の者または国際組織の代表者に付与することはできない」と述べた後で、「フランスの締結した国際的取極めの適用に必要な措置として、かつ、国民主権行使の本質的諸条件に侵害をもたらさない限りにおいて、この原理に適用除外を設けることができる」とし [198]、国際機関である HCR の代表者が、国際条約をフランス国内で適用する組織である（かつ、「フランス人民の名において」判決を下す特別行政裁判所でもある）CRR 内で数的に少数にとどまっている限り、国民主権行使の本質的諸条件を侵害しないものとしていた [199]。

　今回の改正によって、CRR は、OFPRA によるジュネーヴ条約上の難民資格

---

195)　CEDH の判決が、フランスの法律改正に直接的影響を及ぼした例としては、本章第 4 節 1 (1)③②(B)参照。

196)　前注 51 参照。こうした行き方は、「フランス憲法に国家理性を入り込ませる」ものであり、「フランコにも」、「悔い改めないファシスト」にも庇護の付与を拒否するために「自由の闘志」概念を導入した 1946 年憲法の立憲者意思（*JO*, 29 août 1946, p.3369.）に明確に反するものでもあると批判されている（Julien Dray, *AN, Doc., n° 646.*）。

197)　Décision n° 98–399 DC du 5 mai 1998, *Rec.,* 245.

198)　「国民主権の行使と区別しうる（séparables de l'exercice de la souveraineté）」職務へのアクセスを、フランス国籍を有さない他の欧州経済共同体諸国出身者に認めることは、国民主権の行使の本質的諸条件に違背するものではないと判決した 1991 年 7 月 23 日判決（Décision n° 91–293 DC du 23 juillet 1991, *Rec.,* p.77）もあわせて参照。

199)　国内裁判所の裁判官として HCR の代表者が加わることは、他国ではみられず、「フランス的例外（exception française）」とも称されていた。

174 第Ⅰ章 亡命権（庇護権）

の認定拒否の審査に加えて、OFPRAによる補完的保護の拒否決定に対しても、その上訴機関として審査すべきよう権限が変更された。とすれば、CRRはもはや単に同条約を国内的に適用する機関にとどまらないのであり、この特別行政裁判所に、フランス以外の国際機関の代表または外国籍の者が、たとえ少数にとどまるものとしても、裁判官として関与し判決を下すことは、上記の憲法院判決と抵触する可能性があるといえた。

そこで、改正法では、HCRとのこれまでの連携を維持する配慮を示しつつ、こうした疑義をも解消するために、CRRの諸部局のメンバーは、「コンセイユ・デタ副院長の拘束的意見（avis conforme）[200]に基づき、国連難民高等弁務官によって指名される、フランス国籍を有する（de nationalité française）有資格者」（強調著者）から選ばれることとなった（1952年法5条Ⅰ-2項2号）。しかしそれでも、国民主権の行使に関わる補完的保護の付与に、国際機関の代表者が国内裁判所の裁判官として関与することの正統性の疑念は残る[201]。

(ii) 「安全な出身国」の概念　　これは、ロンドン決議、さらにはアズナール議定書でふれられていたものである。この概念は、法的には異なる様式ではあるものの、すでに1998年のシュヴェヌマン法律によって、1952年7月25日の法律8条3項2号として、フランス法にも導入されていた。OFPRAは、安全な出身国のリストを作成するが、申請の個別的審査というジュネーヴ条約上の要請から、OFPRAによる審査においても、リスト作成によって「出身国の安全性を考慮に入れることは、各申請の個別的審査に障害をなしうるものではない」と規定された（同法8条3項2号）。憲法院もこの法律を審査した2003年12月4日の判決[202]で、このリストがCRRによる脅威の評価を拘束するものではないことを確認することによって、同法を合憲と判断している（判決理由40）。

同法の基礎となった2001年9月12日の理事会指令案は、同時に「安全な第

---

200) 拘束的意見とは、その意見が決定機関を拘束するもので、この場合、決定機関は、意見を採用するかしないかの権限しかなく、それ以外の決定、例えば第三案を採用することは許されなくなる。詳しくは、後注504参照。

201) 他にも、OFPRAの代表者がCNDAの各セクションの裁判官として関与することの公平性と独立性に関する疑義もあったといえる。

202) Décision n° 2003–485 DC du 4 décembre 2003, *Rec.*, 455

三国」概念の国内法への導入も求めていた。この概念も「安全な出身国」の概念と同様に、ロンドン決議でふれられていたが、両者は異なるものである。フランスでは、1996年12月18日のコンセイユ・デタの*Rogers*判決[203]の論告で、この概念は、ジュネーヴ条約のみならずフランス憲法とも両立しえないものと評され[204]、同法に関する国民議会の報告書も、導入に否定的であった[205]ことから、同法では規定されなかった。

しかし、イギリス、オランダ、フィンランド、デンマークなど多くの欧州諸国は、この概念を適用しており、亡命権に関してほぼフランスと同一の規定を有していたドイツも1993年6月28日に憲法改正により、この概念を導入した[206]。フランスが自ら独自の立場にとどまることは、大革命以来の伝統に忠実であろうとする意思には合致するものの、「欧州共通亡命体制」の確立・展開の効果を削ぐ可能性のあることは指摘できる。

(3) 法典化による体系化とその修正期（2005年以降）──CESEDAの制定以後

1945年11月2日のオルドナンスは、制定時35か条しかなかったが、その後の度重なる改正[207]で66か条にまで増え、内容的にもその複雑さは疑う余地のないものであった。

しかし、法規範の複雑さは、その効果を弱めるものである。憲法院も、法典

---

203)　CE, Ass., 18 décembre 1996, *Ministre de l'Intérieur c/ Rogers, Rec.*, p. 509. これについては、本章第4節 1(1)(2)(A)(b)参照。

204)　Conclusion J.-M. DELARUE sous CE. Ass., 18 décembre 1996, *Ministre de l'Intérieur c/ Rogers, RFDA*, 13(2)mars-avril, 1997, pp.290–292. 論告担当官は、論告のなかで、国内における亡命申請を拒否するための抗弁の一つである「安全な第三国を経由してきたこと」を規定していた31条ノ2は、亡命権の保護と調整されるべき憲法的価値を有する「公の秩序」に結び付けることができないだけでなく、本来保護の対象となるべき申請者にも適用されるがゆえに、憲法による亡命権保障の原理に違背し、同時に、第三国に居住し、その国によって国民と同様に取り扱われている者である場合しか適用除外としていないジュネーヴ条約にも反していると述べていた。この論告は、出身国における迫害の個別的審査を排除することはできないとの考えに依拠しているものと思われる。こうした個別的審査の要件は、2003年12月4日の憲法院判決の判断基準の核心をなすものでもあったといえよう。

205)　*AN, Rapport n° 817, op. cit.* この報告書のなかでも、「安全な第三国」の概念の採用は、選択的である場合のみ受け入れられるものであり、フランスは、この概念を用いないとの意思が示されている。*Id.,* p.28.

206)　ドイツ基本法16a条参照。この改正では、「安全な第三国」のみならず（同2項）、「安全な出身国」の概念（同3項）も憲法中に導入された。詳しくは、後注484参照。

176　第Ⅰ章　亡命権（庇護権）

化に関する判決のなかで、「法律の要接近性（accessibilité）と要理解性（intelligibilité）」が、憲法的価値を有すること、そして、人権宣言6条によって言及されている「法律の前の平等」と同16条によって要求されている「権利の保障」は、市民が自らに適用される規範を十分に認識できなければ、効果的なものではありえないことを明確にしていることもある[208]。

　1945年のオルドナンスの法典化も、この意味では不可避なものであり、2004年11月24日のオルドナンス[209]によって、「外国人の入国と在留および亡命権に関する法典」としてまずは法律編から法典化がなされた。亡命権に関してはCESEDA第7編「亡命権（Le droit d'asile）」[210]の規定するところとなった。

①　2006年7月24日の法律（第二サルコジ法）[211]

　2003年の第一サルコジ法とドヴィルパン法、そして2004年の法典化によって、亡命権に関する法制の手直しは終了した感があった。しかし、1998年以降の亡命申請者はしだいに減少してきてはいるものの高止まりし、フランスが依然として「欧州の最も選ばれる国」であることから[212]、2003年の第一サルコジ法が目指した改革をさらに推し進め、2007年の大統領選挙を目指す内務大臣のサルコジによって「追従的移民から、選別的移民へ」というスローガンで表わされた政策[213]を展開する諸手段を提供する観点から、亡命申請者の受入条件が手直しされることになった。ただし、この法律の主眼は、家族移民の規制（いわゆる「家族移民」から「職業移民」へ）[214]と共和主義的統合のための

---

207)　制定から10年単位で改正回数をみてみると、1945年から1955年まで0回、1955年から1965年まで2回、1965年から1975年まで3回、1975年から1985年まで7回、1985年から1995年まで10回、1995年から2005年まで10回、である。その改正のリズムは、加速化されている。なかでも、1980年から1986年までと2003年から2007年までのそれぞれ4回の改正が、外国人法においては特筆すべきものといえる。E. AUBIN, *op. cit.*, p.97.

208)　Décision n° 99–421 DC du 16 décembre 1999, *Rec.*, p.136, considérant 13.

209)　Ordonnance n° 2004–1248 du 24 novembre 2004, *JO* du n° 274 du 25 novembre, p.19924. このオルドナンスは、1958年憲法38条の規定に沿う形で、2006年7月24日の法律（いわゆる第二サルコジ法）によって追認された（120条1号）。

210)　第7編は、第1章「一般項目」、第2章「OFPRA」、第Ⅲ章「CNDA」、第4章「亡命申請者の在留権」、第5章「その他の規定」、第6章「海外自治体、ニューカレドニア、フランスの南極地方に適用される条項」から構成されている。

211)　Loi n° 2006–911 du 24 juillet 2006 relative à l'immigration et à l'intégration, *JO*, n° 170 du 25 juillet, p.11047.

212)　AN, *Rapport n° 3058, op. cit.*, p.29.

第3節 亡命権保障の展開 177

受入・統合契約にあったため、亡命権に関する修正は、小幅なものにとどまった。

(A) 修正点

亡命権に関しては、つぎの2点の修正が加えられた。

(a) 国家による「安全な出身国」リストの作成について（64条による修正／CESEDA L.722-1条）　「安全な出身国」リストは、亡命権に関する1952年7月25日の法律を修正する2003年12月10日の法律によってフランス法に導入されたものであるが、2003年法では、同法の発効日とこのリストに関する共同体法が採択される間、OFPRAの執行委員会がこのリストを作成する[215]ものと規定されていた。この件に関する共同体法としては、難民の地位の付与と撤回の手続に関する最低限の準則に関する2005年12月1日の理事会指令2005/85/[216]が、安全な第三国に関する最低限の共同リストの採択を規定していた（同29条）。ただし、同指令はまた、理事会が作成する安全な出身国に関する共同体リスト以外にも、加盟各国でリストを作成することを認めた（同30条）。2006年法は、この共同体規定に基づき、新たに、「共同体法の諸条項の規定する条件の下に、安全な出身国と考えられる国家レベルの出身国リスト」をOFPRA執行委員会が作成するとの規定を加えたのである。

(b) 「亡命申請者受入施設」の法的地位について（65条による修正／社会的活動と家族に関する法典L.348-1〜L.348-4条）　2005年1月18日の社会的団結に関する法律[217]は、困難な状況にある個人および家族に、2005年以降新たに5,800

213) *Le Monde*, 13 juillet 2005. サルコジ内相は、かつての「移民ゼロ政策」は、「絵空事（mythe）」でしかなく、現実は、フランスの受入能力と経済的必要性に配慮した「選別的移民」政策がとられるべきことを明確にするとともに、この政策にとって家族移民の統制が必要であると述べた。

214) 短期・有資格の労働者が入国者の半数を占める結果、家族呼寄せも比較的少ないイギリスの例に比して、職業従事者の入国が減少し、他方で、家族呼寄せが非常に高い入国比率を占めていることが、フランス的な特徴として指摘されている。G-F. DUMONT, *op. cit.*, pp.30 et 31.

215) 同執行委員会は、2005年6月30日に最初のリストを作成し、12か国（ベナン、ボスニア、カップ・ヴェール、クロアチア、グルジア、ガーナ、インド、マリー、モーリス、モンゴル、セネガル、ウクライナ）をその対象国とした。2006年5月3日には、アルバニア、マケドニア、タンザニア、ニジール、マダガスカルが加えられたが、アルバニアとニジールは、2008年2月13日のコンセイユ・デタの判決（CE, 13 février 2008, Forum des refugies, req. n° 295443）を受け、リストからはずされた。同委員会は、2009年11月20日にはグルジアをリストからはずし、新たにアルメニア、セルビア、トルコを加えた。

216) Directive 2005/85/CE du 1er décembre 2005, *JOCE* n° L 326 du 12 décembre, p.13.

か所の宿泊所を提供する財政的措置を規定していた。そのなかで、亡命申請者受入施設（Centre d'accueil pour demandeurs d'asile、以下CADAと略す）は3年間で4,000か所の増設を確保され、1800か所にとどまる、一般人を受入対象とする宿泊および社会復帰施設（centres d'hébergement et de réinsertion sociale、以下CHRSと略す）よりも優先的に取り扱われることとなったが、実態は、CHRSの作り変えにすぎず、また、CHRS名目で劣悪なホテルに宿泊していた。そこで、2006年の第二サルコジ法は、CADAを亡命申請の審査が継続中の者だけの宿泊に当てるために、固有の法的地位を付与した。これ以降、CADAは、社会的・社会医療的活動を革新する2002年1月2日の法律[218]の対象となる社会的・社会医療的施設（établissements sociaux et medico-sociaux）となり、社会的活動および家族に関する法典（Code de l'action sociale et des familles、以下CASFと略す）第3編第4章のなかに新たに第8節「亡命申請者受入施設」を割き、L.348-1条からL.348-4条として規定されることになった。

(B) **検討**

(a) (A)-(a)の**「安全な出身国」リストの作成について**　原規定は、共同体によってリストが作成されるまでの過渡的期間を想定し、この間のOFPRA執行委員会によるリスト作成を認めるものであった。上述したように、これに関して共同体指令が、共同体法によるリスト以外に、加盟各国によるその作成権限を認めたことに対応して、リスト作成に関する国家権能を法文上明記する意図で法律改正を行ったものといえる。「選別的移民」政策を標榜する第二サルコジ法が、全体として、「原点回帰主義（nativiste）」ないしは「主権至上主義的（souverainiste）」と評される[219]ことからすれば、移民政策の本質的部分が共同体権限の対象となるなかで、リスト作成における国家の権能を条文中に僅かばかりでも書き込もうとする政治的意図が読みとれるように思われる[220]。なお、

---

217) Loi n° 2005-32 du 18 janvier 2005 de programmation pour la cohésion sociale, *JO*, n° 15 du 19 janvier, p.864.

218) Loi n° 2002-2 du 2 janvier 2002 rénovant l'action sociale et médico-sociale, *JO*, n° 2 du 3 janvier 2002, p.124.

219) E. AUBIN, *op. cit.*, p.102.

220) 政府の法案理由書のなかでも、「こうした権能（faculté）が、法案64条の対象である」と述べられている。Exposé des motifs de la loi n° 2006-911 du 24 juillet 2006 relative à l'immigration et à l'intégration.

OFPRAの執行委員会によるリストへの該当国の搭載決定は、コンセイユ・デタによる裁判的統制を受ける。

(b) (A)–(b)のCADAについて　　CADAは、申請の審査期間中[221)]、当該亡命申請者の受入れ、宿泊、社会的・行政的援護（accompagnement social et administratif）の確保を使命とする社会的・社会医療的施設とされた（CASF L.348–2条Ⅰ）。この施設への収容は、CESEDA L.742–1条で言及された在留証書保持者に限定される結果、一般人や亡命申請を認められなかった者は対象から除外された。また、施設への入所は、権限を有する行政機関（県知事等）の同意を得て、施設の管理者によって宣告され（CASF L.348–3 Ⅰ）、受入れや宿泊に要する費用は、コンセイユ・デタの審議を経たデクレによって定められることになった（同 L.348–2条Ⅱ）。CADAへの入所が認められた者は、生活保護給付（prestation de l'aide sociale）も受ける（同 L.111–2条2）[222)]。こうした制度改革によって、亡命申請者がとくに社会的保護の対象として特別に抽出され、あわせて生活保護に関する国家の関与が強化されることになったものと評価できよう。

② 2007年11月20日の法律（オルトフ法）

　2007年のオルトフ法は、同年に大統領に就任したN・サルコジが内務大臣時代に成立させた厳格な移民政策をとる2003年の第一サルコジ法および2006年の第二サルコジ法を継承・強化するものであった。第二サルコジ法が入国後の「受入・統合契約」の義務化で共和主義的統合を図ろうとしたのに対して、本法は、入国前から出身国におけるフランス語の習得[223)]と共和主義的価値の理解[224)]を課すことで、呼寄せ家族の共和国への統合を図ろうとするものであった。亡命権に関しては、OFPRAの監督官庁の変更と、国境における亡命申

---

221)　したがって、同施設の役割は、例外的な場合を除いて、OFPRAによる資格の拒否決定に対するCRR（現CNDA）への訴願期間の満了またはCRRの判決の通知日に終了する（CASF L.348–2条Ⅰ）。

222)　亡命申請者は、通常、補完的保護の享有者などと同様に、暫定的待機手当（allocation temporaire d'attente）を受ける（労働法典（Code du travail）L.5423–8条）が、CADAへ入所し、生活保護給付を受けるときは、待機手当を受けることはできない（労働法典 L.5423–9条によるL.5423–8条の適用除外）。

223)　フランス語の習得は、フランス社会への現実的統合の基礎となるだけではなく、1958年憲法2条1項が、「共和国の言語は、フランス語である」と規定していることによって、統合の法的根拠が提供されることになる。

180　第Ⅰ章　亡命権（庇護権）

請に関する CEDH の判決（後述の *Gebremedhin* 判決）を国内に適用するための修正を行った。また、CRR は「国家亡命権裁判所（CNDA）」と名称変更されることになった。なお、この法律では、呼寄せ人と呼び寄せられる者との親子関係（母子関係）を証明するために DNA テストを使用する条項がとりわけ大きな論争となった[225]。

(A)　修正点

(a)　移民・統合・国民的アイデンティティ・相互発展大臣による OFPRA の監督について（同法 28 条による CESEDA 関連条文の修正）　　同省は、2007 年 5 月 18 日の政府の編成に関するデクレ[226] によって創設された、これまでの伝統からして全く新しい官庁である。

　　同大臣は、その名が示す広範な権限を有し、亡命権の行使や補完的保護に関しても、以後、同大臣が所管することになった[227]。2007 年法は、同大臣へのこうした権限の帰属にともない、OFPRA も、「外務大臣」からこの「亡命担当大臣のもとに配置され」（CESEDA L.721–1 条）、また、OFPRA の執行委員会の委員長の任命も外務大臣から亡命担当大臣へと移ることになった（同 L.722–1 条）。

---

224)　フランス語の試験は、日常生活の活動に関する理解について、口頭と筆記の評価が行われる。理解が不十分と判断されれば、48 時間から 2 か月を限度とする習得研修が行われる。再度、不十分と判断されれば、フランス入国後再試験を受けなければならず、事実上、再習得研修を受けることになる。試験に合格すれば、入国後の再試験は免除される。また、共和国の諸価値の認知テストは、当該外国人の理解する言語によって、「カードテスト（fiche-teste）」と呼ばれる、六つの問題に対して口頭で短く答える個別的な対面形式で行われる。5 問正解しなければ、3 時間の研修が課される。領事は、ビザの申請から 6 か月を限度に、研修終了の証明書が交付されるまで、ビザの申請の判断を延期する（CESEDA R. 211–4–2 条）。

225)　DNA テストに関する条項は、憲法院も解釈留保を付したうえで合憲としたが、これについては、第Ⅱ章第 3 節 3 (2)③(D)参照。

226)　Décret n° 2007–991 du 18 mai 2007, *JO*, 19 mai 2007, p.9714.

227)　Décret n° 2007–999 du 31 mai 2007, *JO*, 1er juin, p.9964. 同大臣は、移民、亡命、移民者の統合、国民的アイデンティティの促進と相互発展に関する政府の政策の準備・実施、外国人居住者のフランスにおける入国・在留・職業活動に関する規範の準備・実施に至るまで担当する。それゆえに、内務大臣と連携しての違法移民と虚偽文書の防除、内務大臣・労働大臣との連携による違法労働の防除、外務大臣と共同したビザの付与政策、移民者の受入れと教育・文化・コミュニケーション・職業訓練・社会活動・援護・雇用・住居等の統合に関する諸政策、帰化と婚姻による国籍付与宣告、フランス語の習得・規律・普及に関する政策、市民権と共和国の諸価値の促進、相互発展政策を担当する（同デクレ 1 条）。2007 年法は、家族呼寄せの条件として、フランス入国以前のフランス語習得と共和国の諸価値の認識を求めた（同法 1 ～ 5 条）結果、同省の関与は、それと平行して拡張されることとなった。その後、同省は、2010 年 11 月に廃止された。

同様に、OFPRAの局長の任命も、従来の「外務大臣と内務大臣の共同提案に基づいて」なされるものから、「外務大臣と亡命担当大臣の共同提案に基づいて」と変更された（同 L.722-2 条）。さらには、申請が最終的に却下された亡命申請者の書類も、外務省の部局からこの亡命担当省の部局の保管へと移されることになった（同 L.722-4 条）。

(b) **国境における亡命申請手続の修正について（24 条による CESEDA 関連条文の修正）** CEDH による 2007 年 4 月 26 日の *Gebremedhin* 判決[228]を受け、CESEDA を主につぎのように修正した。

CESEDA 第Ⅱ編第Ⅰ章第Ⅲ節（タイトル「入国拒否」）L.213-2 条に、「亡命申請の場合、（入国拒否——著者）決定は、L.213-9 条に基づく取消訴訟を提起する権利にも言及し、当該訴訟の手順と期間を明示する」との一節を付加し、また、新たに L.213-9 条を創設し、「亡命資格でフランス国内への入国拒否の対象となった外国人は、この決定の通知後 48 時間以内に、理由を付した抗弁書により、地方行政裁判所長に対して、その取消しを求めることができる」と定めたうえで、所長による裁判手続の追行と裁判所の構成、通訳や補佐人（conseil）の補助を求める申請者の手続的権利等について具体的に規定した。訴訟の停止的性質に関しては、「亡命資格での入国拒否決定は、その通知後 48 時間の期間が満了する以前に、または、地方行政裁判所長への付託の場合には、同所長またはこの目的で委任を受けた裁判官が判断を下す以前に、執行することはできない」と規定された[229]。

(c) **CNDA の創設について（同法 29 条による CESEDA L.731-1 条以下の修正）**
従来、OFPRA による申請の拒否決定に異議のある場合、その上訴機関として特別行政裁判所である CRR が置かれていたが、2007 年法は、組織的・財政的にその独立性を強化し、CRR が特別行政裁判所であること[230]を明確にするために、その名称を「国家庇護権裁判所」と変更し、関連諸規定の変更を行った。権限の実質的変更はない。

---

228) CEDH, *Gebremedhin c/ France, op. cit.* 詳しくは、本章第 4 節 1(1)②(B)(a)参照。
229) 同裁判所長の判決に対しては、15 日以内に、行政控訴院への上訴が可能であるが、この上訴は停止的ではない（同条）。また、亡命資格での入国拒否決定が取り消された場合は、直ちに待機ゾーンでの身柄拘束が解かれ、入国許可決定の場合と同様の OFPRA への申請を可能とする通常の手続へと移行する（同条）。

182 　第Ⅰ章　亡命権（庇護権）

(B) 検討

(a) (A)–(a)の移民（亡命）担当大臣による OFPRA の監督について　　1952 年の創設以来、国際関係の担当省である外務省に付属していた OFPRA が、この法律によって、移民担当省へと付属を移されたことは、2003 年当時内務大臣であったサルコジ大統領の強い政治的意思を示すものである[231]。この官庁の権限は、領事機関による受入れから統合、国籍の付与、あるいは出身国への送還に至るまで、フランスにおける移民に関するあらゆる行程に及んでいる。これによって、OFPRA の公平性が損なわれるわけではないであろうが[232]、亡命申請者が、家族呼寄せ申請者と同様に、「追従的移民」の論理のなかへと入って行くことを示すものとの評価もある[233]。

(b) (A)–(b)の国境における亡命申請手続について　　CEDH は、この判決で、「待機ゾーン」での申請は、停止的な訴訟に当然にアクセスできず、「効果的救済」の権利を保障する欧州人権条約 13 条に違背するものと結論付けた。今回の改正は、この欧州判例を国内的に適用するためのものでもあった。

　国境における亡命資格による入国拒否決定に対する裁判的救済制度としては、a)通常の行政裁判官による取消訴訟、b)行政裁判所法典 L.521–1 条の定める「停止に関する急速審理裁判」、そして c)同 L.521–2 条の定める「自由のための急速審理裁判」の三つが競合的しうる。しかし、こうした訴訟の提起はいずれも、行政決定の執行を当然に停止するものではない。それゆえに、これらの制度を前提に、CEDH の判決に沿った制度へと修正するためには、このいずれかの訴訟の提起に、停止的性質を持たせることが考えられた。

　当初、政府によって提案された法案は、上記の c)を採用し、国境での亡命

---

230) 憲法院は、2003 年 12 月 4 日判決のなかで、CRR が OFPRA の決定に対する訴訟判断を下す権限を有する特別裁判所であることを認めていた（判決理由 49）。CESEDA も、CNDA がコンセイユ・デタ副院長によって任命されるコンセイユ・デタの評定官である裁判所長の権威下にある「行政裁判所」であると規定している（同 L. 731–1 条）。

231) 当時内務大臣であったサルコジは、OFPRA を内務省に付属させようとしたが、当時の外務大臣であったドヴィルパンの強い反対にあって頓挫した経緯があった。

232) 移民・統合・国民的アイデンティティ・相互発展相の帰属権限に関する 2007 年 5 月 31 日のデクレ nº 2007–999（*JO* nº 125 du 1ᵉʳ juin 2007）は、「OFPRA および CRR の帰属権限を尊重して」、同大臣に付与された亡命と補完的保護に関する権限が行使されるべきことを明示している（1 条）。

233) E. Aubin, *op. cit.*, p.193.

第3節　亡命権保障の展開　　183

申請の拒否決定に対して提起された自由のための急速審理裁判に当然の停止的
性質を付与するものであった[234]。すなわち、法案は、CESEDA L.213–9 条を
「亡命資格でのフランス領土への入国拒否決定は、当該決定の通知から 24 時間
の期間満了前に、または、当該外国人が、この期間中に、行政裁判所法典
L.521–2 条に基づき、急速審理の請求を提起した場合は、当該請求について判
断が下される前には、送還措置を正当化することはできない」としていたので
ある（法案6条）。こうした方向性は、亡命権を行政裁判所法典 L.521–2 条の意
味する基本的自由と位置付け、入国拒否決定の審査に最終的判断が下されるま
での暫定的在留権をその保障のコロラリーと位置付けていたコンセイユ・デタ
の判例展開にも合致するもののように思われた[235]。

　しかし、国民議会は、自由のための急速審理手続の利点を認識しつつも、司
法裁判所が、CEDH の *Gebremedhin* 判決に対して行政裁判所とは異なる解釈
をし、CEDH は亡命資格での入国拒否決定の「取消し」を可能とする本案に
関わる実体的な停止的訴訟の行使を求めていると判断したこと[236]を考慮して、
完全な停止効付き取消訴訟（recours en annulation de plein suspensif）に代えるた
め政府案の修正を行い[237]、両院協議会で成案を得て、最終的に規定されるに
至ったのである。[238] あわせて、この訴訟の排他性も規定され、第一審地方行
政裁判所から、破毀裁判所としてのコンセイユ・デタに至る普通法上の訴訟手
段となった。

　なお、自由のための急速審理手続が採用されなかったことから、亡命資格で
の入国拒否決定を争う外国人は、この手続の要件である請求の「緊急性」と、
入国禁止がもたらす基本的自由（亡命権）への「重大かつ明白に違法な侵害」

---

234)　Projet de loi relatif à la maîtrise de l'immigration, à l'intégration et à l'asile, *AN, n° 57*, 4 juillet 2007, pp.4–5.

235)　すなわち、国境（待機ゾーン）での亡命申請が、「明白に根拠のない」ものでない外国人に
　　フランス領土への入国を拒否することは、L. 521–2 条の規定する基本的自由への「重大かつ明
　　白に違法な侵害」をもたらすということである。

236)　例えば、Cour d'appel de Paris, *Hisbaou c/ prefet de la Seine-Saint-Denis*, ... ここでは、現行
　　制度は、「実体的に（au fond）訴訟に判断を下す判決が、待機ゾーンにおける身柄拘束期間内
　　に下されえない」がゆえに、亡命資格での入国拒否決定に対抗する停止に関する急速審理と取
　　消訴訟とを同時に行政裁判官に提起した外国人の待機ゾーンでの身柄拘束決定を終了させねば
　　ならないことを根拠付けるために、CEDH の 2007 年の *Gebremehin* 判決が援用された。

237)　Amendement n° 38 Rect, *AN*, 13 septembre 2007.

を示す必要はなくなったといえる。

(c) (A)-(c)のCNDAについて　　周知のように、OFPRAは行政機関であり、CRRはOFPRAの亡命資格および補完的保護の拒否決定に対する上訴機関としての特別行政裁判所である。しかし、CRRの置かれている現状は、OFPRA抜きでは考えられないものであった。というのも、OFPRAの局長は、CRRの支出に関する支払命令者であり、CRRの職務に応じ、CRR職員を管理する。CRRはまさに、行政的・予算的・会計的にOFPRAに従属していたのである。2007年のオルトフ法によるOFPRAの監督の移民担当大臣への変更は、CRRの独立性と自律性に関して、それなりの困難さをもたらしうるものであったといえる[239]。そこで、国民議会は、今回の監督変更の機会に、行政機関とその決定に対する訴訟に判断を下す裁判機関との分離を明確にするため、両者の組織的な分離を可能とする予算措置を図ることにしたわけである。あわせて、行政機関を想起させる「委員会（commission）」という呼称と、いまだ認定されていないのに「難民」という表現を利用している曖昧さを避け、この裁判機関の国際的信用性と裁判官の専門分化もたらすべく、新たに「国家亡命権裁判所」との名称に変える修正案を可決したのであった[240]。

③ 2011年6月11日の法律（ベソン法）

　ベソン法の内容全体については、すでに序章第3節6(6)でふれた。ここでは亡命権に関するものに限定して取り上げる。改革は、おおむねつぎの四つであるが、基本的に亡命制度を再問題化するものではなく、改革は二次的なものに

---

238)　その結果、行政裁判所法典L.777-1条は、つぎのように修正された。「地方行政裁判所の所長または所長の任命した裁判官が、亡命資格でのフランス領土へ入国拒否決定に対して提起された取消訴訟（recours en annulation）を審査する様式は、CESEDA L.213-9条によって定められる準則に服する。」また、この条文で言及されているCESEDA L.213-9条も、「亡命資格でフランス領土内への入国拒否決定の対象となった外国人は、当該決定の通知後48時間以内に、理由を付した請求により（par requéte metivée）、地方行政裁判所長に対して、その取消しを求めることができる」と修正された。あわせて、同L.213-2条中には、この拒否決定では、申請者が、同L.213-9条に基づき、取消訴訟を提起できる権利についても言及すべきことが定められた（同2項）。

239)　同じ問題はOFPRAが外務大臣の監督に服していたときにもあったが、その監督はほとんど形式的なものであり続けていたのであり、また、国民議会法務委員会のヒアリングを受けた同局長も、亡命申請の許可率に関して大臣訓令を受けたことがないと述べている。*AN, Rapport n° 160*, 12 septembre 2007.

240)　Amendement n° 45 Rect, *AN*, 13 septembre 2007.

とどまっている。

　(A)　修正点

　(a)　司法扶助（裁判援助、aide juridictionnelle）の限定について　同法95条は、CESEDA L.731-2条を修正し、司法扶助の条件に二重の限定を加えた。一つは、司法扶助は、CNDAへの訴願の受領通知（avis de réception）の受領から起算して遅くとも1か月内に申請されうるというものである。他の一つは、司法扶助により選任された弁護士が立会い、OFPRAまたはCNDAによって一度審問された場合、再審査の請求を拒否するOFPRAの決定に対する訴願の枠組みのなかで再び同扶助を受けることはできないというものである。前者の条件には、申請者が訴願の申請様式を理解するものと合理的に推測される言語で通知されることが必要とされている。

　(b)　意図的欺罔に基づく亡命申請について　同法96条は、亡命申請が、OFPRAによる優先的審査手続の対象となるCESEDA L.741-4条-4°のなかで、これまで明確にされることのなかった「意図的欺罔」を具体的に示している。すなわち、当局を誤導するために、間違った情報を提供し、身分、国籍またはフランスへの入国様式に関する情報を隠蔽する外国人によって提起された申請、が意図的欺罔を構成するものとしている[241]。

　(c)　遠隔法廷（audience à distance）について　ベソン法98条は、CESEDA L.733-1条を修正し、裁判のよき管理を確保し、利害関係人による疎明（explications）の提起を促進するために、CNDAの法廷は、通信の秘匿性（confidentialité de la transmission）を保障する視聴覚遠距離通信手段（télécommunication audiovisuelle）によって、司法省の管轄にあり、申請者がより容易にアクセスできる場所（locaux）に置かれ特別に整備された公開の法廷と直結されることを規定した。また、書類はすべていつでも自由にコピーでき、弁護人がいる場合には直接利害関係人に陪席していなければならないとした。海外の地方公共団体にいる申請者はこの視聴覚遠距離通信手段を利用した遠隔

---

241)　同項は、意図的欺罔以外にも、「亡命手続の濫用的訴願」を構成する申請と、「宣告され、または切迫した送還措置を回避するためだけで提起された」申請を理由とする拒否事由をあげ、前者に関しては、「とくに」と言及し、異なる身分で亡命資格による数個の在留許可申請をする詐欺的なもの、UEの他の加盟国で同一の申請が係争していることが明らかであるにも関わらず、海外地方公共団体で提起された申請、をあげている。

186 第 I 章 亡命権（庇護権）

法廷システムを利用することになる。フランス本土に居住している利害関係人が視聴覚遠距離通信手段による審問を拒否したときは、その申請により、CNDA内に召還される。

(d) CNDAによるコンセイユ・デタへの争訟的見解請求（demande d'avis contentieux） 行政裁判所法典 L.113–1 条は、新たな法的問題を提起し重大な困難さを示す、多くの争訟のなかで提示される請求に判断を下す前に、いかなる訴願の対象ともならない決定によって、地方行政裁判所または行政控訴院が、案件をコンセイユ・デタに移送し、コンセイユ・デタは、3か月以内にこの問題を審査することを規定している。ベソン法 99 条は、この条項を CNDA が同様な請求を受けた場合にも準用している。したがって、CNDA が、コンセイユ・デタに案件を移送した時は、前記 L.113–1 条に従い、コンセイユ・デタの見解まで、または、それがなければこの期間の満了まで、あらゆる実体的判決を停止しなければならないものとされたのである。

(B) 検討

(a) (A)–(a)の司法扶助について この二つの条件は、司法扶助の多様に制限を加えるものである。ただし、CNDA による第一審で司法扶助を受けた訴訟当事者が、上訴審または破毀審ではもはや扶助を受ける権利を有さないことまで意味しているのかは明確でないように思われる。また、司法扶助の事務局が、どのようにしてその言語を証明するのかの認識に関する問題が残っている。

(b) (A)–(b)の意図的欺罔に基づく亡命申請について 申請を拒否できる場合として、この概念と同様にあげられている「亡命手続の濫用的訴願」が、「とくに（en particulier）」と言及していることと比較すれば、意図的欺罔の概念は網羅的であり、場合によりこれを明確にするのはコンセイユ・デタの判決によるであろうと指摘される[242]。また、2011 年 6 月 17 日の適用通達が述べているように、この新条項の適用は、自動的性質を有するものではなく、個別的な状況の審査に根拠付けられなければならず、いかなる場合においても、当該外国人が自国を出国した諸状況の評価と、その評価が CNDA のコントロールのもとに排他的に OFPRA の権限となっている申請の諸理由とを県知事等が評価できな

---

242) Loi du 16 juin 2011 Immigration Intégration Nationalité, Dictionnaire Permanent Droit des étrangers, *op.cit.*, p.45.

いこと[243]、さらに、同通達は、指紋の採取義務に応じることを拒否したり、指紋の特定を意図的に不可能なものとする亡命申請者への適用も指摘している[244]。

　(c)　(A)-(c)の**遠隔法廷について**　　理論上、CNDAにおける審理への申請者外国人の出廷は、義務的なものではないが、とりわけ出身国での迫害の現実性等の判断に当たって、口頭での弁論の重要性は経験上認識される。CNDAは、パリ近郊に1か所しかないことから、海外の公共団体での申請者に対してはこれまで、数か所でいわば出張使節を組織して対応してきた[245]。しかし、組織化の困難さとこれに要する費用の問題から、立法府は海外の公共団体での申請者を審問するために視聴覚遠距離通信手段による遠隔法廷を創設したのである。フランス本土での申請者は、望めば直接CNDAで審問されうることから、両者の取扱い相違は、平等原則の侵害および公正かつ衡平な手続保障の侵害という問題は惹起しうるであろう。

　つぎに、憲法院は、2003年の第一サルコジ法を審査した際、視聴覚遠距離通信手段の使用が、1789年人権宣言16条に由来する公正かつ衡平な手続の権利に反しないと判断するために、申請者の同意を必要とすると判断していたが、今回の法改正では、その同意が必要とされていないことをどのように捉えるかの問題について、同院がどのように判断するかが問われよう（本節**2**(1)④(D)参照）。

　(d)　(A)-(d)の**争訟的見解請求について**　　コンセイユ・デタへのこうした争訟的見解請求手続は、普通法上の行政裁判所において有用性と効率性を発揮しており、この手続がCNDAへの適用されたことは、複数の課による合同法廷（sections réunies）の役割の制限、さらには消滅をもたらすに違いないものとの見方もある[246]。

2　判例上の展開

(1)　憲法判例の展開

1946年憲法前文4項の亡命権は、憲法中に規定され、その規定の仕方も命

---

243)　Circulaire du 17 juin 2011, Annexe n° 3, NOR : IOC/K/11/10771/C.

244)　*Id.*

245)　これは、グアドゥルプ（Guadeloupe）、ギアナ（Guyane）およびマヨットで組織されていた。

246)　Loi du 16 juin 2011 Immigration Intégration Nationalité, Dictionnaire Permanent Droit des étrangers, *op. cit.*, p.46.

令的である[247)にも関わらず、規範的内容が不明確であり、また、外国人だけが享有者であることから公の秩序の要請が優先されるものとされる「第二順位の権利」ないしは「保護の減じられた権利」と位置付けられていた[248)。同条は、1980年代までは、単なる宣言的価値しか有していなかったのである[249)。

ここでは、1980年代以降の憲法院判決の展開を以下の四つの時期に分け、憲法院によるこの権利の展開を概括する[250)。

① **法律および国際条約による間接適用期——「憲法的価値の原理」としての漸進的承認——1980年1月9日判決から1992年2月25日判決まで**

この時期、憲法院は、数度にわたり[251)、1946年憲法前文4項、すなわち、憲法上の亡命権は、「法律および国際条約によって適用される」との立場を採用していた[252)。つまり、前文4項は直接適用されるものではないということである。ここで想定されている国際条約とは、ジュネーヴ条約を、法律とは1951年のOFPRAの創設に関する法律を意味していることは明らかであった。ただし、1980年1月9日の判決および同年7月17日の判決[253)では、単に、「1958年10月4日の憲法前文によって言及されている1946年10月27日の憲法前文によって承認される亡命権」と表現されているだけであるが（それぞれ、判決理由1に先立つタイトルおよび判決理由5）、1986年9月3日の判決では、前文4項を参照したうえで（判決理由4）、「この原理は、法律および憲法55条に規定される権威をともなって国内法に導入される国際条約によって適用される」と述べ（判決理由5）、つづいて、1992年2月25日の判決では、前文4項をもとに、「明らかに根拠を欠く」申請だけにトランジット・ゾーンでの留置の可能性を限定する解釈留保を行ない（判決理由11）、その規範性をしだいに高めよう

---

247) B. GENEVOIS, «Un statut constitutionnel pour les étrangers », *op. cit.*, p.883.

248) L. FAVOREU, « Le droit d'asile : aspect de droit constitutionnel comparé », in *Immigrés et réfugiés dans les démocraties occidentales*, sous la dir. de D.TURPIN, *op. cit.*, p.220.

249) F. MODERNE, *op. cit.*, p.291.

250) 1993年8月13日判決までの判例展開の検討は、拙稿（一）、p.121以下参照。

251) この時期の判決で、L・ファヴォルがとくに重要であると指摘する（«① L'octroi de l'asile », *op. cit.*）のは、つぎの四つの判決である。Décision n° 79-109 DC du 9 janvier 1980, *Rec.*, p. 21 ; Décision n° 86-216 DC du 3 septembre 1986, *Rec.*, p.137 ; Décision n° 91-294 DC du 25 juillet 1991, *Rec.*, p.91; Décision n° 93-307 DC du 25 février 1992, *Rec.*, p.48.

252) I. DODET-CAUPHY, *op. cit.*, p.474;拙稿（一）122頁以下参照。

253) Décision n° 80-116 DC du 17 juillet 1980, *Rec.*, p.36.

としていた意図が窺える[254]。

　前文4項という憲法規範の適用を、法律や国際条約に依拠せしめるこうした概念付けは、とりわけ、D・テュルパンによって激しく批判されていた。同教授は、とくに、1946年憲法前文4項の規定は、適用領域は狭いものの、利害関係を有する外国人を受け入れる国家の真正な義務、すなわち、当該外国人の真正な入国の権利を与えるほどに十分な明確性——少なくとも、ストライキ権程には——を有していると強く主張していた[255]。

　しかし、本章第1節1で検討したように、亡命申請権と難民資格申請権とは、本来、その性質においても、保護の内容においても、明らかに異質なものであるにもかかわらず、ジュネーヴ条約の難民概念を介して憲法上の亡命権が適用される結果、亡命権は、憲法上、主観的な権利としてのカテゴリーとは切り離された、一つのフィクションに減じられることになったとされる[256]。

　こうした批判はあったものの、法律および国際条約を介しての間接「適用」は、1946年憲法前文が、その内容の不明確さゆえに、直接適用されるものではないとの判例を支配していた当時の観念を説明するものであり、それは、先に検討したように、前文4項と行政機関との間には、通達を除けば、ほとんど適用規範が存在しなかったことからも明らかである。F・モデルヌの言葉を借りればこうした「立法的欠落（vide législatif）」[257] が存在することによって、憲法上の亡命権が、国際条約によって適用されること、別ないい方をすれば、前文4項の亡命権が、ジュネーヴ条約上の政治難民の地位に結び付けられることを促したのである。その理由をD・テュルパンは、1946年憲法前文によって規定された憲法上の権利の具体的適用条項を確定することは立法権および行政立法権に帰属し、とりわけ立法権が（ジュネーヴ条約よりも狭いものの利害関係人にとってより確定的な適用領域に）憲法上の亡命権の具体的適用条項を明確に定めることを憲法院が期待しているからに違いないと述べていた[258]。

---

254)　ただしL・ファヴォルは、この判決が前文4項を解釈留保の根拠として引用したことを「事実上いかなる意味も有していなかった」と述べ、むしろ直接的効力を認めなかった点を強調している。L. FAVOREU, « Monument ou façade? », Le Figaro, 7 septembre 1993.

255)　D. TURPIN, « Le statut constitutionnel de l'étranger », LPA, 15 mars 1991, n° 32, p.20.

256)　F. MODERNE, op. cit., p.291.

257)　F. MODERNE, « Les aspects constitutionnels du droit d'asile», in Colloque pour le quarantième anniversaire de l'OFPRA, Paris, 1992, p.100.

190　第 I 章　亡命権（庇護権）

　この結果、憲法上の亡命権は、ジュネーヴ条約を介して適用される条約上の権利にとどまり、「1945 年のオルドナンスと前文 4 項との比較から」亡命権に与えられる唯一の保障は、「本国送還に対する保障」（1992 年 2 月 25 日判決の判決理由 9）に過ぎなかったのである[259]。

　B・ジュヌヴワが適切に述べているように、この時期、憲法院は、「前文によって確立された原理は、法律および憲法 55 条に規定される承認（法）（autorisation）により国内法に導入された国際条約によって適用されるものであると指摘することで、参照すべき憲法規範の範囲を相対化し」ていたのである[260]。

　しかしながら、こうした混同は、「適用」に関して、解釈上、つぎのような二つの疑念を生み出すこともまた事実である。

　一つは、亡命権に関する国際条約が、その批准前に異議をとどめられ、憲法院に付託されるならば、同院は、1951 年のジュネーヴ条約を合憲性判断の参照規範とするのかどうかということであり[261]、他の一つは、1986 年の判決がいうように、国際法規範である条約が、国内法規範である憲法を「適用する」と述べることは、異なる二つのロジックを互いにはめ込むという危険性を生ぜしめるものではないかというものである[262]。

　このように、国際条約を介して憲法上の亡命権が適用されることに関して、法的にみて疑義が呈せられる余地はあるものの、戦術的ないし実際の運用上は

258）　D. TURPIN, « Le statut constitutionnel de l' étranger », op. cit., p.20. しかし、実際には、スト権と同様にきわめて微妙な問題である亡命権に関して、立法権は慎重に介入を控えてきたのであり、その結果、国内へのアクセス権の承認や拒否に関しては、行政権が事実上自由裁量権を保持しているようにみられると指摘されたのである。L. FAVOREU, « Le droit d'asile : aspect de droit constitutionnel comparé », op. cit., pp.215–220.

259）　この点に関して、J・ロベールは、1986 年判決を総括するなかで、明らかにジュネーヴ条約 33 条を念頭に置きつつ、「亡命権に関する唯一の実定法上の責務は、難民または亡命申請者をその生命および自由が脅威にさらされる国へ送還することだけを禁ずる条約、法律および政令から生じている」としていた。J. ROBERT, « Les accords de Schengen », RAE, n° 32, p.12.

260）　B. GENEVOIS, La jurisprudence du Conseil constitutionnel, Paris, STH, 1988, p.265.

261）　おそらくは、1980 年 7 月 11 日の判決（Décision n° 80-118 DC du 17 juillet 1980, Rec., p.19）に依拠して、ジュネーヴ条約と他の国際条約という二つの条約を対置して、合憲性判断を行うことはないであろう（くわえて、ジュネーヴ条約自身が、憲法典中に明示されていないこともある）。ただし、1958 年憲法の制定以前に批准されていたジュネーヴ条約自体が新たに修正され、その批准法の合憲性が憲法院で争われる場合に、憲法院がどのような合憲性判断のテクニックに依るのかは定かでないように思われる。

262）　D. ALLAND, op. cit., p.221.

是認されうるところであろう[263]。というのも、繰り返し述べたように、憲法上の亡命権を広く直接適用する法令が欠けていたからである。

② **憲法条項の直接適用期──憲法上の自律的権利としての承認── 1993年8月13日判決**

こうした状況に劇的な変化をもたらしたのが、1993年8月13日の憲法院判決である。同院は、憲法上の亡命権と条約上の亡命権（難民資格の認定申請権）とを区別し、憲法上の亡命権は、法律や国際条約を介することなく「直接適用」されるものであり、「自由のための行動によって迫害された者」に承認される主観的権利として位置付けることによって、憲法上の亡命権をいわば「再発見」[264]した。前文4項の規範性を強めようとする同院の態度は、立法者の関与を、「憲法的価値の原理である亡命権をより効果的なものとするか、憲法的価値を有する他の規範または原理との調整をはかる」ことに限定している──いわゆる立法に対する「歯止め効果」である──こと（判決理由81）からも窺い知れる。

本章第3節1で検討したように、1990年以降、フランスは、シェンゲンおよびダブリンの両条約を適用するために一大立法活動を行うことになったのであるが、こうした活動は、憲法院に付託される法律の増加を招くことになった。その結果、逆に、憲法院をして、亡命申請者および難民資格の認定申請者に対する憲法上の根拠に関する曖昧さを取り除くことに向わしめたのである[265]。

L・ファヴォルは、適切にも、この判決において憲法院は、三つの視点を有していたと指摘している[266]。まず、前文4項が、行政機関および裁判機関によって援用されうるように直接的効力を与えることであり、つぎに、亡命権を「（国内に）引き揚げる（nationaliser）」こと、すなわち、条約上の亡命権（ジュネーヴ条約の仮の亡命権〔pseudo-droit d'asile〕）を憲法上の亡命権（前文4項の「真正な」亡命権〔"vrai" droit d'asile〕）に置き換えることであり、最後に、ジュネーヴ条約上の難民が、「人種、宗教、国籍、ある社会集団への帰属または政治的意

---

263) I. DODET-DAUPHY, *op. cit.*, p.479; B. GENEVOIS, « L'entrée des étrangers en France: le rapport des exigences constitutionelles », *RFDA*, 8(2), mars-avril 1992, p.191.

264) F. MODERNE, *op. cit.*, p.291.

265) I. DODET-DAUPHY, *op. cit.*, pp.473–474.

266) L. FAVOREU, « ① L'octroi de l'asile », *op. cit.*

見」による迫害を根拠として難民申請できるとしていることに対して、前文4項は、「自由のための行動によって迫害を受けた」者だけが亡命申請できるとすることで、亡命権の適用範囲を限定していることである。

憲法院は、こうした位置付けを単に宣言するだけにとどまらず、直ちに、亡命申請者がフランスの諸機関に対抗しうる二つの原理を引き出した。一つは、暫定的在留権に関するものであり、他の一つは、防御権に関わるものである。

両者については、本章第4節1(2)で改めて具体的に検討するので、ここでは、1946年憲法前文4項に依拠する申請を自律的なものと扱うことに付随する、審査に責任を負う機関の問題に焦点を当てることにする。

これに関して、1993年判決は、OFPRAおよびCRRには直接言及することなく、審査機関としての「行政機関および司法機関（autorités administratives et judiciaires）」[267] の義務について述べている（判決理由88）。そうすると、つぎの二つの可能性が考えられることになる。

第一の可能性としては、行政機関としてOFPRA、司法機関として特別行政裁判所であるCRRが考えられる。しかし、両機関は、当時、ジュネーヴ条約を国内的に適用する機関であり、法文上も、前文4項を援用した領土的な庇護の申請を審査・決定する権限を有していなかっただけでなく、実際上も、OFPRAは、一度も前文に依拠した申請を認めたことはなかった[268]。おそらくは、「裁判のよき運営（bonne administration de la justice）」のもとに立法者の関与を認めた1987年1月23日の憲法院判決[269] が示唆していたように、前文4項に依拠した権限をOFPRAに付与できるのは、立法者のみであろうと思われた。

第二の可能性としては、行政機関としては県知事等[270] が、裁判機関としては行政機関の行為の適法性をコントロールする行政裁判所が考えられよう。この可能性の展開は、県知事等による在留承認の拒否決定の適法性をコントロー

267）　ただし、「司法の（judiciaire）」という表現は、適切さを欠くものであり、それはおそらくは「裁判の（juridictionnel）」と読み替えなければならないであろうと指摘される。例えば、Catherine Teitgen-Colly, « Le droit d'asile : la fin des illusions », *AJDA*, n° 54, 20 février 1994, p.109 et p.113; D. Alland, *op. cit.*, p.227. ここでは、行政裁判権が前提とされていることから、こうした指摘は妥当なものである。

268）　1993年11月19日の両院合同会議におけるP・マソン元老院議員の演説で言及されたOFPRAへの問合せへの回答による。本章第5節3(1)②(A)参照。

269）　この判決については、序章注254参照。

ルする行政裁判官が、1993年の憲法院判決に従う形で、前文4項からいかなる効果を引き出すかに関わっているものといえる。ここで、行政裁判所は、ジレンマに陥る。というのも、仮に、前文4項の自律性を承認するならば、ジュネーヴ条約を適用するための難民認定システムに類似または対応した、独自の亡命認定システムを有さなければならないことになるが、それは、*France terre d'asile*判決[271]以来の判例の変更をもたらすことになる。逆に、承認しなければ、コンセイユ・デタの従来の判例は踏襲できるが、憲法院判決からその効果を奪うことに通ずるからである。

その後、2003年のドヴィルパン法は、第一の可能性を具体化する方向で、法改正を行ったことは本節1(2)③(B)で述べたとおりである。

③ 条約上の亡命権との混同の促進期──自律的な憲法上の権利の否認── 1997年4月22日判決以降

周知のように、1993年の憲法院判決は、亡命権を個人の主観的権利としたがゆえに、公権力には、要件を充足した者に亡命を付与する義務を課すことになった。その結果、シェンゲン条約の適用が不可能に陥るとの時の政権側の政治的意図に沿うかたちで、同判決をオーバーライドするために同年11月25日に憲法が改正された。この憲法改正によって導入された53条ノ1は、本章第2節1(2)で検討したように、亡命権に関する二つの概念付けを共存させている。

ここでは、この改正以後の判例の流れを作ったといえるつぎの二つを取り上げる。

(A) 1997年4月22日判決[272]

これは、1997年4月24日のドブレ法が、在留資格のコントロールまたは送還措置において、OFPRAが保有する難民資格申請者のコンピューター処理さ

---

270) 例えば、1993年8月24日のパスクワ法を適用するための同年9月8日の内務大臣通達（texte dans *Documentation Réfugiés*, n° 226 / 1993, p.13 et s.）は、「31条ノ2で規定されている四つのケースにおける在留承認の拒否は、自動的性質（caractère automatique）をともなうものではないことを強調しておくことが重要である。これらの状況の一つにあたる者にも、知事は、在留を承認する可能性を保持しているのである。人道的ケースの場合も同様に、問題となっている外国人が1946年憲法前文4項の領域にあることが証明されるときには、この権限が行使される」と述べている。

271) CE, 27 septembre 1985, *France Terre d'asile*, *Rec.*, p.263. この判決については、本節2(2)①(B)参照。

272) Décision n° 97-389 DC du 22 avril 1997, *Rec.*, 45.

れた指紋検索リスト（fichier informatisé des empreintes digitales）を、内務省の担当部局および国家憲兵隊が照合できるとしていた条文（修正された1945年11月2日のオルドナンス8条ノ3）の合憲性審査を行ったものである。この判決のなかで、同院は、1946年憲法前文4項の文言から生ずる「憲法上の要請（exigence constitutionnelle）」が確保されるための立法者の責務を想起した（判決理由25）[273] 後で、つぎのように述べた。「フランスに難民資格を申請している者に関して、OFPRAによって保持されている情報データの秘匿性（confidentialité des éléments d'informations）は、難民の地位の申請者（demandeurs du statut de réfugiés）が特別な保護を享有することをとくに意味している憲法的価値の原理である、亡命権の本質的保障（garantie essentielle du droit d'asile）であ」り、また、「その結果として、とりわけ難民の地位（statut de réfugié）の付与によって、亡命権（droit d'asile）を適用する権限を与えられた吏員だけが、こうした情報にアクセスすることができるのである」（判決理由26）（強調著者）。こう述べたうえで、憲法院は、8条ノ3の関連条項を違憲と判断したのであった。ここで、同院は、明らかに、難民資格の申請者に関する情報の秘匿を、亡命権の本質的保障と位置付け、保障内容を展開・深化させたうえで、憲法上の亡命権は、難民資格の付与によって「適用される」[274]と述べ（強調部分）、憲法上の亡命権と条約上の亡命権とを結び付けているのである。なお、この判決では、1993年の判決の「歯止め効果」を示す表現が使われていないこともあわせて指摘できる。これは、亡命権問題に関する立法者の広い裁量権を憲法院が承認するものといえる。この方向は、2003年12月4日判決以後の判決においても確認できる。

(B) 1998年5月5日判決

　これは、同年5月11日のシュヴェヌマン法を審査した判決である。ここでは、

---

273)　この言及は、憲法上の原理の尊重を条件に、立法者の広い裁量権を認めるにとどまらず、とくに、付託者が、8条ノ3は、1952年7月25日の法律3条によって規定されている「OFPRAによって保持されているあらゆる書類の不可侵性の原理（principe de l'inviolabilité de tous les documents）」に侵害をもたらすものであると主張したことに対して、憲法院は、前後の法律の対置による審査を行わないことを、従来の類似した表現を援用する形で行ったものと思われる。こうした立場は、その後の判決においても確認されている。例えば、前記2003年12月4日の判決理由56参照。これは同時に、1999年判決で示されていた「歯止め効果」の原理の放棄とも関連していよう。

274)　憲法上の権利が、条約によって「適用」されることの意味の不明確さについてはすでに指摘した（本節2(1)①参照）。

第3節　亡命権保障の展開　　195

フランス共和国の組織ではないHCRの代表者が、フランスの特別行政裁判所
であるCRRのメンバーとなり、「フランス人民の名において」判決を下すこと
が、国民主権の原理に違背するか否かを中心的争点としていたが[275]、亡命権
に関しても、つぎのように言及した。すなわち、「ジュネーヴ条約1条に基づ
く難民資格認定申請と、1946年憲法前文4項に依拠する難民資格認定申請とは、
両者間で、密接な関係を有しており、異なる法的根拠に基づいて提起されるも
のであるとしても、事実上同一の状況によって解明される一つの審査を求めて
いるのであり、付託された法律29条2項[276]によって、同一の保護をはかるこ
とを目的とする。」（判決理由20）（強調著者）[277]　それゆえに、法的根拠がどのよ
うなものであろうとも——憲法上の亡命申請であろうと、条約上の亡命申請で
あろうと——、申請者の利益を図る観点から、難民資格認定申請のため、
OFPRAおよびCRRが関与する手続に統一することは、「裁判のよき運営とい
う利益のもとに、申請者の利益をはかるために」、立法者の権限に帰属してい
たのであり（判決理由20）、「憲法的価値のいかなる原理にも、規範にも違背し
ない」のである（判決理由21）。憲法院にとって、憲法上の亡命権と条約上の亡
命権とは、区別しうるものであるが、両者は、「同一の状況」に対して「同一
の審査」で対応し、「同一の保護」を事実上与えるものであるがゆえに、立法
者が、亡命申請者の利益のために、前文4項に依拠する亡命権とジュネーヴ条

275）　憲法院は、CRRが、たとえ行政裁判所であっても、国際条約を適用するための機関であり、
　　例外的事例に該当するものであること、CRRにおけるフランス国民ではない者（ただし、こ
　　こでいう「フランス国民でない者」とは、フランス国籍を有しない者のみならず、フランス国
　　籍を有していても、フランス共和国に属さない機関の出身者も意味する）の存在が常に少数に
　　とどまるものであること（CRRは、コンセイユ・デタ副院長によって任命される委員長とし
　　てコンセイユ・デタ評議員1名、HCRの代表者1名、OFPRAの代表者1名の計3名によって
　　構成されていた〔1952年の法律旧5条〕を理由に、CRRの構成は、国民主権の行使の本質的
　　諸条件に違背していないと判断した。しかし、その背景には、過去から現在に至るまでの
　　CRRの活動をすべて問いなおすことができないという事実上の困難さがあったであろうこと
　　は想像に難くない。その他、この機関の構成と国民主権の原理との解釈上の問題に関しては、
　　F. LUCHAIRE, op. cit ; Groupe d'études et de recherches sur la justice constitutionnelle
　　(Université d'Aix-Marseille III), Droit constitutionnel jurisprudentiel, D, 3 février 2000-n°
　　5, p.60参照。
276）　同項は、「難民資格を認定される者はすべて、1951年7月28日のジュネーヴ条約によって、
　　難民に適用される諸条項により規律される」と規定している。
277）　判決のこの部分は、明らかに、CRRおよびコンセイユ・デタの Traoré Djibril Mary 判決に
　　依拠するものである。この判決については、本節2(2)①(B)参照。

約に依拠する亡命権とを結び付けることに異議をとどめなかったものといえる。これによって、1998年のシュヴェヌマン法は、異なる二つの法的根拠を、一つの同じ地位へと織り込ませることができたのである。

　ところで、1993年判決は、1946年憲法前文4項の自律性、すなわち、憲法上の亡命権と条約上の亡命権との区別と、直接適用される主観的権利性という二点を重要な内容とするものであった。そこで、ここではこの二点を中心に据え、1993年判決との対比を行うことで、1997年および1998年の両判決を検討してみる。

　まず前文4項の自律性の問題に関してであるが、1997年判決および1998年判決はともに、1993年判決と同様に、憲法上の亡命権と条約上の亡命権との区別は概念上ないしは表面上は維持しているようにみえる。しかし、事実上ないしは内容からして、憲法上の亡命権は、条約上の亡命権に吸収される形で、自律性が奪われてしまっていることは先にふれたとおりである。それは、1998年のシュヴェヌマン法まで、憲法上の亡命権を適用する法律が制定されなかったこと、そして、すぐ後で検討するように、行政裁判官も、同判決の可能性を展開させることなく、従来の行政判例に従うかたちで、憲法上の亡命権の自律性をいわば奪効化する判例展開を行ってきたこと、さらには、亡命に関する欧州の諸条約も、亡命申請を難民資格の認定申請と法文で明確に位置付けしていること等が、反映していることは疑いようもない。

　つぎに直接適用される主観的権利性の問題であるが、両判決は、憲法上の亡命権の根拠条文として、1946年憲法前文4項しか参照していない。この点には留意を要する。とくに、1998年判決は、シュヴェヌマン法中の「自由のための行動によって迫害されたすべての者」という条項は、立法者によって、1946年憲法前文4項から引き出され再規定された表現形式であると述べ（判決理由9）、国家の主権的権能を規定する1958年憲法53条ノ1第2項には言及していない。くわえて、前文4項から直接、1997年判決は申請者に関する情報の秘匿性を、1998年判決は審査を求める権利をそれぞれ引き出している。このことからして、両判決は、直接適用される主観的権利としての憲法上の条文として引きつづき前文4項を位置付けることには変更を加えていないものといえる。D・ルソーは、これを捉えて、憲法院は、53条ノ1を「無視（ignorer）」

しようとしているように思われると評している[278]。

④ **亡命権保障の実質化期――手続的保障の促進――2003年11月20日判決から2011年6月2日判決まで**

憲法上の亡命権を再問題化するような根本的な論争には終止符が打たれたこともあり、その後の亡命権に関わる立法は、すでにみたように、手続的な保障を補完したり実質化する欧州立法や欧州判例の国内法への編入に関わる修正が中心を占めた。それに対応する形で憲法院の判決も、亡命権保護の観点から、手続的保障を厳格化したり、保障の実質化をはかることに向けられるようになる。ここでは、2003年11月20日の第一サルコジ法に関する判決以後の憲法院の判決のなかで亡命権が重要な争点とされたものを取り上げ、必要に応じて検討を加えることにする。

⒜ **2003年11月20日判決――第一サルコジ法判決**

同法は亡命権に関して、留置施設に到着後、亡命権に関して行使しうる諸権利を知らされ、亡命申請は、この通知後5日以内に提起されなければ、以後は受理されないことを規定していた。こうした亡命申請の提起期間の制限が、亡命権を侵害するものと批判された（判決理由55）。憲法院は、亡命権の憲法上の根拠規定として、1946年憲法前文4項を援用したうえで、1993年判決以降定型化した表現を用い、この憲法上の要請が包含する法的保障の総体（ensemble des garanties légales）をあらゆる状況において（en toutes circonstances）確保する立法者の責務を強調した（同57）。そして、亡命申請期間の限定については、立法府が、亡命権の尊重と、濫用的申請を回避することによって、公の秩序の性質を帯びる送還措置の執行を保障する必要性とを調整する（concilier）ことを望んだ結果であり、この期間内に申請を提起することが完全に（pleinement）通知されること、情報の通知にとってこの期間は不十分なものではないこと、立法者がとくに留置「施設（centre）」に言及していることの裏返しとして、こうした施設以外での留置においてこの5日を超す期間で情報の通知もありうること（同58）、また同法は、送還措置は、自らの生命や自由が脅威にさらされ、または欧州人権条約3条に違背する取扱いを受けることを証明する国には送還されえないことを規定していること（同59）、を条件に当該条項は憲法に反し

---

278) D. Rousseau, *Droit du contentieux constitutionnel*, 6ᵉ éd., Montchrestien, Paris, 2001, p.409.

198　第Ⅰ章　亡命権（庇護権）

ないと判断した（同60）。

（B）　**2003年12月4日判決──ドヴィルパン法判決**

　同法については、すでに、本節1(2)③(B)で取り上げた。同法は、亡命権に関する法律であり、また、OFPRAやCRR（当時）による亡命権の適用における主要概念が問題となったことから、少し詳しい検討を必要とする。

　同法を審査した憲法院は、「域内庇護」を創設する条項、および行政立法権（コンセイユ・デタの審議を経たデクレ）への委任を定めた条項について解釈留保を加えたが（それぞれ判決理由17および62）、異議のとどめられたその他の条項については憲法適合性を承認した。ここでは、前二者に加えて、判決中とくに注目される、「安全な国」の概念、「補完的保護」、優先的審査手続（procédure prioritaire d'examen）、そして申請棄却者に関するOFPRAの書類の送達について、順に判決内容をみていく。

　（a）　**域内庇護について**　　これについては、同一の動乱（mouvement）のなかで、実際に迫害される危険性と、その危険性のある同じ国での在留の選択とを同時に考慮するという、憲法上越え難いパラドックスが存在し、ジュネーヴ条約の定める基本的準則と同様に、フランス国の伝統にも著しく反しているとの批判に対して、同院は、同法の規定が出身国の「安全な」一部地域での保護へのアクセス可能な者の亡命申請を拒否「できる（peut）」と規定することでOFPRAに権能（faculté）を与えていること、すなわち、拒否「しなければばらない（doit）」と義務（obligation）命じているのではなく（判決理由14）、また、この権能を行使する場合でも、拒否可能な条件を厳格に限定することによって（同17）[279]、各申請の論拠の具体的な要素が個別的に審査されるとの留保を付し、その批判を退けた（同）。この留保によって、法文からあらゆる「有毒性（venin）」が取り除かれたと評されている[280]。、したがって、域内庇護は、事前に作成された安全とみなされる区域や地方のリストに基づいて、すべての申請

---

[279]　対象国の一部地域における迫害の脅威の不存在は前提であるとして、拒否の条件とは、この地域における居住と生活の安全性（sûreté）と通常性に関するものである（判決理由17）。申請者には、アクセスできない地域での保護を求めることは課されないし、その地域で通常の家族的・社会的・職業的生活を営むことができなければならないという、相当に厳格な限定であるといえる。

[280]　*Les Cahiers du Conseil constitutionnel*, Cahier n° 16, Commentaire de la décision n° 2003-485 DC du 4 décembre 2003.

者に一様かつ抽象的に適用されることはないのである。この点で、個別的な審査を課しているジュネーヴ条約に違背することなないということになる。

(b) 行政立法への委任について　ドヴィルパン法は、その適用様式の確定をコンセイユ・デタの審議を経たデクレに委任していたが、そのなかには、CRRのメンバーの職務任期（durée des fonctions）も含まれていた（同法10条6°）。これが、亡命権の本質的保障の確保にとって固有の立法規定（prescriptions）を行政立法権に委ね、立法府の権限領域を侵害すると批判されたのであった。これに対して、同院は、CRRのメンバーの任期の限定性が立法事項であるとしても、立法府はそれを明確にする配慮を行政立法権に委任することができる[281] が、そのメンバーの公平性と独立性に侵害を及ぼさないとの条件においてであるとの留保を付した（判決理由62）。

(c)「安全な国」のリスト作成について　付託議員は、OFPRAの執行委員会によるこのリストの作成は、憲法およびジュネーヴ条約に反すると主張した（判決理由36）。その主張の妥当性を吟味するに当たって、まずは、「安全な国」の概念に関するつぎの二つ事項を確認しておかなければならない。

一つは、この概念は、亡命申請の受理可能性（recevabilité）を条件付けるものと理解されてはならないことである。間違った形で認識されることが多いのであるが、OFPRAの執行委員会によって分類された安全な国の国民であるという事実は、その国出身の申請者による申請が受理されえないことを何ら意味するものではない。要は、安全な国の国民による申請は、優先的手続に従うことはあっても、OFPRAのケースバイケースの審査の対象となり、この規定があるからといって、申請書類が個人的・個別的に審査される権利が侵害されることはないのである。

他の一つは、この概念は、ジュネーヴ条約中にも存在していることから、亡命権からその本質的保障を奪うものではないということである。すなわち、国籍国の保護について規定する同条約1条C–5)は、迫害の不存在という意味で、

---

281)　憲法院は、1964年12月21日の判決（Décision n° 64-31 L du 21 décembre 1964, *Rec.*, p.43）で、1958年憲法34条の対象となる裁判所の裁判官の任期は、法律が定める規則（règles）であると判断していた（判決理由2）。この点で、判例変更が語られうるが、憲法院は、職務期間それ自体ではなく、この期間の限定性を、立法事項であると思慮したものと評される。*Id.*

200　第Ⅰ章　亡命権（庇護権）

安全な国の存在を認めているのであり、この条項は、1952年法中にも編入・再録されて以降不変のものでありつづけている。しかも、同条約3条には「出身国に関して、差別なく」締約国は難民に同条約を適用するとの一節があり、これに違背しない同概念は、申請の受理可能性のレベルでいわゆる「国別フィルター（filtre national）」を創設する、差別的なものではないのである[282]。

　したがって、憲法院が、このリストの作成が申請の受理不可能性をもたらすものであるとの前提による付託者の違憲の主張を退けたこと（判決理由38）は正当といえるのである。

　つぎに、付託者は、OFPRAによるリストの作成について、1958年憲法34条の「立法事項」であるがゆえに、この権限をOFPRAに委ねることは、同条に違背し（同29および30）、また、CRRの独立性と公平性を問題化すると主張した（同36）。これに対して憲法院は、前者について、ドヴィルパン法は、「安全な国」の判断基準を明確に法定していること（同法8条2°──詳しくは、本節1(2)③(B)参照）（判決理由32）、後者について、このリストを確定する決定は、越権訴訟の対象となり、CRRによる各申請の状況の評価を免除するように拘束するものではないこと（同40）を理由に、いずれの主張も退けている（それぞれ同32および40）。

　(d)　優先的審査手続について　　付託者は、OFPRAによる亡命申請の審査に関する優先的手続を、在留承認に関する県知事等の決定に服せしめることによって、ドヴィルパン法は亡命権からその本質的保障を奪っていると主張した（判決理由55）。憲法院は、この場合でも、利害関係外国人は、OFPRAによる決定の通知までフランス領土に在留する権利を有し、また、公の秩序の維持という憲法的価値の要請から、立法府は入国拒否に関する三つのケースの申請を審査の優先的手続に服せしめることができるがゆえに、亡命権からいかなる本質的保障を奪うものではないと判断した（判決理由56）。

　優先的手続が適用されて、加速化された審査が行われる場合でも、OFPRAによって申請の個別的審査が行われ、提出された基本的諸要素（éléments）が吟味され、さらにはこの手続継続中は送還措置の対象とはなりえないことからすれば、同院の判断は妥当なものといえよう。加えて、三つのケースの適用に

---

282)　*Id.*

おける県知事等の判断が誤認であることが明らかであった場合、OFPRAが申請を改訂し（requalifier）、優先的でない通常の手続を続行することを妨げるものは何もなく、実際、OFPRAは、県知事等の入国禁止決定の対象となる場合であっても、審査に必要であると自らが判断する時間をとっているとされる[283]。

　なお、OFPRAにおける手続は、行政立法事項であるため、その期間の定めはデクレに委ねられる（判決理由57）[284]。

　(e)　**申請棄却者の書類の送達**について　　これについては、いわゆる申請者情報の秘匿性原理が問題となった。すでに本節**2**(1)③(A)で検討したように、1997年4月22日の憲法院判決は、OFPRAの保有する難民資格申請者の情報の諸要素の秘匿性は、憲法的価値の原理であると判断していたが、この原理が、申請棄却者にも適用されるのかが、問われたわけである。というのも、ドヴィルパン法は、OFPRAまたはCRRによって申請が退けられた場合、その決定または判決が内務大臣に送達され、また、内務大臣の請求により、OFPRA局長は、この者の送還措置に必要な国籍のわかる戸籍または旅行証書に関する書類を、資格を有する吏員（agents habilités）に送達することを規定していたからである。

　憲法院は、先の判決を再確認したうえで（判決理由43）、つぎのような条件を付すことで、憲法適合性を承認している（同47）。すなわち、伝達されうる書類は、OFPRAの決定またはCRRの判決によって最終的に申請が退けられた者に関するものだけに限定され、いかなる場合においても、申請を証明立てるために提出された書類を対象とすることはできず、国籍を証明しうる戸籍または旅行証書に限定されること（同44）、資格を有する吏員についても、外国人の入国・在留に関する立法の適用の枠組みのなかで、自らが行使する責任に応じて個別的かつ特別に（personnellement et spécialement）に任命されるようにコンセイユ・デタの審議を経たデクレによって規定されるものであること（同45）、書類の送達は、送還措置の執行に必要不可欠であるが、いかなる場合においても、利害関係人およびその近親者の安全に侵害をもたらすものであってはならないこと（同46）、である。

283）　*Les Cahiers du Conseil constitutionnel*, n° 16, *op. cit.*
284）　優先的手続の適用（CESEDA L.723–1条2項）によってOFPRAへの付託が行われた場合には、申請者が行政留置に付されている場合を除いて、15日以内に判断すべきことが、規定されている（CESEDA R. 723–3条）。

申請が最終的に退けられたいわゆる申請棄却者は、亡命権の有資格者とはいえず、もはや申請者ではない。それゆえに、真正な亡命申請者と認められなかった者は、亡命権を名目として特別な保護は受けえない。他方で、本人特定と国籍の調査の困難さが、送還措置を不可能なものとしている現状からして、最終的な申請棄却者の本国への帰還の促進は、亡命権の適正な行使を確保し、真正な申請者の迅速で適切な保護に道を開くことになるであろう。同院の判断にはこうした点が考慮されたものと思われる[285]。

(C) 2011年4月8日のQPC判決[286]──*M. Ismaël A.* 判決

本件は、2008年7月23日の憲法改正により導入された1958年憲法61条ノ1の規定に従い、CESEDAの4条項[287]についてIsmaël A氏より提起され、破毀院より付託された違憲の抗弁について憲法院が判断したものである。

最終的には、争われていた4条項についてはすべて、これまでの憲法院判決のなかですでに合憲の判断が下されていたことを理由に、また、CNDAの諸条項に対する継続的判例解釈（interprétation jurisprudentielle constante）の憲法適合性に関する抗弁に付いても、CNDAの判例が、行政裁判所系統の頂点に位置し、訴願の権利の保障を確保するコンセイユ・デタに付託されなかったことから、憲法適合性の再問題化を正当化する状況の変更（changement de circonstances）とみなすことはできないとの理由から[288]、違憲の抗弁を退けた。

とくに亡命権については、優先的手続の適用される亡命申請の場合、OFPRAの拒否決定の通知まではフランスにとどまれるものの、CNDAへの訴訟の提起には停止効がないため、外国人申請者が申請の放棄を了解しないなか、自らの意思に反して出身国へ送還されると審査は暫定的に停止され、訴訟は一時的に対象を欠くものとみなされ[289]、フランスへ帰還した際にはCNDAによる判断を受けうる[290]とのCNDAの解釈が、1789年人権宣言16条によって保障される訴願の権利を侵害しているとの主張は受け入れられなかった（判決理

---

285) *Les Cahiers du Conseil constitutionnel*, n° 16, *op. cit.*
286) Décision n° 2011-120 QPC du 8 avril 2011, *M. Ismaël A*, *Rec.*, 194.
287) 四条項とは、同 L.551-1条、同 552-1条、同 741-4条、同 742-6条である。
288) つまり、裁判所の判例による状況の変更を持ち出すことができるのは、両系統の最高裁判所（コンセイユ・デタまたは破毀院）によって確認されていた場合しかないということである。
289) CRR, 1er juin 2007, *Aydin*, n° 573524.
290) CNDA, 20 avril 2009, n° 598533.

由 5 〜 9）。したがって、CNDA は、送還措置が執行された場合には、免訴（non-lieux à statuer）を宣言することになる。

(D) 2011 年 6 月 2 日判決──ベソン法判決[291]

同法については、序章第 3 節 **6**(6) で取り上げた。同法の審査のなかで、亡命権に関して憲法院が判断したのは、司法扶助と遠隔法廷についてである。

(a) **司法扶助**について　これに関して、すべての外国人は最初の審査において司法扶助を求めることができるのであって、この審査で扶助を受けなかった場合にだけ、再審査での扶助を限定しているとしても、当該条項は、すべての外国人に対して、通常は義務的でない弁護士の援助をともなった CNDA での審問を一度は保障しているのであるから、効果的な訴願の権利を奪うものではないとして違憲の主張を認めなかった（判決理由 88）。

(b) **遠隔法廷**について　これに関しても、「裁判のよき運営」および「国庫収入のよき利用（bon usage des deniers publics）」に寄与することを指摘して合憲性を認めた。また、フランス本土での請求には、遠隔か CNDA での直接審問を選択させているのに対して、海外の公共団体では遠隔法廷に限定することについても、平等原則に反するものでもなければ、公正で衡平な手続に対する権利を侵害するものではないと判断した（判決理由 93）。ここで憲法院は、こうした訴訟が裁判のよき運営と国庫金のよき使用に寄与するものであることを理由としたが、これは、同院が、裁判のよき運営のなかで、国庫金のよき使用に、訴訟当事者に提供される保障と同様な重みを置いているとの評価に通ずるものである。

憲法院は同法の審査のなかで、海外の公共団体での視聴覚遠距離通信手段による遠隔法廷の選択に関して、利害関係外国人の「同意（consentement）」を必要としないことについては判断を下していない。しかし、2003 年の第一サルコジ法の審査の際には、「法廷の進行は、当該外国人の同意、情報伝達の秘匿性および公衆に開かれた二つの法廷の各々における手続の進行に服せしめられる」と述べ（判決理由 82）、視聴覚遠距離通信手段の利用にあたっては当該外国人の同意を必要としていた。それゆえに、この相違について確認をしておく必要がある。

---

291) この判決に関する邦語の解説としては、序章注 66 参照。

204　第Ⅰ章　亡命権（庇護権）

2003年の判決においては、「（争われた条項の規定とそれに対する憲法院の解釈による——著者）こうした諸条件のもとに（dans ces conditions）」、この視聴覚遠距離通信手段の利用は違憲ではないと判断されていた。いい方をかえると、同意は、視聴覚遠距離通信手段の可否の本質的条件ではなく、重要な諸条件の一つと位置付けられているということになる。したがって、同意を欠くことそれ自体で、これに関わる法文が違憲と判断されることはないというのが両判決の読取りから窺えそうである。

(2)　行政判例の展開——コンセイユ・デタの判例を中心に [292)]

憲法院判決は、「行政判例の決定的な論拠なしにはその軌道を修正することがない」と一般的に指摘され [293)]、また、憲法裁判官による行政判例の「受入——適応（reception-adaptation）」が語られる [294)] ことから、憲法判例の理解においても、さらには行政判例の独自の展開を理解するにおいても、行政判例に目を向けておかなければならない。

これまでの検討からもわかるように、用語上や実務上の混同もあり [295)]、亡命権の法的根拠は多様である。そのことが、行政裁判官をして、長期にわたって亡命権に完全な適用を拒否せしめてきた一面を説明しているといわれる [296)]。

本節2(1)②でみたように、憲法院は、1993年の判決で、付託された法律の抽象的な合憲性審査の過程のなかで憲法解釈を行い、1946年憲法前文4項に自律性を付与したのであったが、憲法裁判官としては、この指摘をなすことで

---

292)　難民認定に最終的判断権を有する特別裁判所であるCRR（現CNDA）の判決も重要である。これに関しては、例えば、Frédéric Tiberghien, *La protection des réfugiés en France*, Paris, Economica-PUAM, 2ᵉ éd., 1988 ; Jean Fougerousse et Ronald Ricci, « Le contentieux de la reconnaissance du statut de réfugié devant la Commission des Recours des Réfugiés », *RDP*, n° 1-1998, p.179-224 参照。なお、2005年以降のCNDAの判決については、http://www.cnda.fr/jurisprudence_cnda/ で検索が可能である。

293)　F. Moderne, « Les aspects constitutionnels du droit d'asile : bénéficiares ou titulaires de droits fondamentaux en France », *AIJC*, VII-1991, p.237. なお、L・ファヴォルによれば、1993年8月13日の憲法院判決は、この研究を参照した可能性があると指摘されている。L. Favoreu, « Monument ou façade? », *op. cit.*, note 1.

294)　G. Vedel, « Réflexions sur quelques apports de la jurisprudence du Conseil d'État à la jurisprudence du Conseil constitutionnel », in *Mélanges Chapus*, Montchrestien, Paris, 1992, p.647.

295)　例えば、亡命申請者数の統計は、難民資格の申請者数を対象としていることをみても明らかである。

296)　H. Labayle, « Le droit d'asile », *op. cit.*, p.243.

一応その任務は終えられる。しかし、行政裁判官は、こうして承認された憲法上の亡命権を具体的に適用する国内法上の法文が存在しないことに直面して、憲法前文4項自体から訴訟の対象となっている事案に適用できる効果をどれだけ引き出すのかが問われるのである。

この点で、コンセイユ・デタの判例は、1993年の憲法院判決以前も以後も、憲法上の亡命権によってもたらされる保障を、条約上の難民に対する保障に結び付ける態度で一貫していることが理解できる。それは、1998年のシュヴェヌマン法によって、「自由の闘士」の概念が、法律のなかに導入された後も同様である。その後、自由のための急速審理制度の導入により（これについては、序章第2節2(1)②(B)参照）、行政裁判所法典の定める「基本的自由」の保護を介して、亡命権保護の憲法化が図られ、さらには、共同体法の国内への導入にともない、亡命権保障の実質化へと展開していくことになる。

ここでは、こうしたコンセイユ・デタの判例の展開を三期に分け、主要な判決を取り上げることで検討を加えていく。

① ジュネーヴ条約の助長的アプローチ期

(A) 1985年9月27日の *France terre d'asile* 判決

コンセイユ・デタが、1946年憲法前文4項に言及したのがこの判決である。ここで、コンセイユ・デタは、1958年憲法によって参照されている1946年憲法前文4項の「原理は、十分な明確性には欠けるものの、法律またはフランス国内法に導入されている国際条約に含まれる諸条項と諸条件のもとにおいてのみ、行政立法権に課されている」と述べたうえで、1982年5月27日のデクレ（1945年11月2日のオルドナンスを適用するために定められたもの）と1952年7月25日の法律（ジュネーヴ条約を適用するための国内機関としてのOFPRAおよびCRRの創設に関するもの）との両立性に関して、後者の法律の諸条項は、「OFPRAの局長に外国人のフランス領土における在留承認に関する権限を付与する目的も、効果も有していない。それゆえに、とりわけ外国人治安に関して権限を有する内務大臣に、亡命申請者のフランス領土への入国を拒否する権限を付与することによって、争われている同デクレは、上記の1952年7月25日の法律2条の諸条項に違背するものではない」と判決している。

これは、前文4項の亡命申請にかかる入国・在留の承認が、法律または国際

206 第Ⅰ章 亡命権（庇護権）

条約による規制のもとに、伝統的に外国人治安を所管する内務大臣の権限に属することを前提に、OFPRAがジュネーヴ条約を国内的に適用する機関であって、前文4項の適用にあたる機関ではないこと、すなわち、難民資格の認定という限定的な目的において判断を下す機関であることを了解しているものといえる。

(B) 1996年4月3日の *Traoré* 判決[297]

コンセイユ・デタは、その後この判決で、CRRの権限にふれる機会を有した。申請人であるTraoré氏は、難民資格の認定申請を根拠付けるために、ジュネーヴ条約に加えて、憲法前文4項も合わせて援用していたが、OFPRAは、同氏に難民の地位を付与しなかった。同氏は、CRRに上訴したが、認められなかった（1993年12月17日）[298]。そこで同氏は、CRRは、憲法前文4項に依拠して判断を下す権限を有していなかったこと、すなわち、CRRの無権限を根拠として、その判決の破棄をコンセイユ・デタに求めたのである。

このケースは、1993年8月13日の憲法院判決と同年11月25日の憲法改正を十二分に意識した訴えであり、難民認定に最終的権限を有するCRRが、1946年憲法前文4項の「自由の闘士」の概念を根拠として、憲法上の亡命権を適用するかどうか、別ないい方をすれば、前文4項が自律的規範であるかどうかを問うものであった。

コンセイユ・デタは、CRRの判決が、「難民資格の認定を得る目的を有する抗弁と区別された抗弁を構成するものではなく、こうした抗弁を支える一つの抗弁を構成するもの」（強調筆者）と捉えたことは、法の過誤（erreur de droit）を犯すものではないと述べたうえで、「たとえ申請人が部分的に自らの訴えを1946年憲法前文に根拠付けたとしても」、CRRが権限を有するとしたのであった。

---

297) CE, 3 avril 1996, *Traoré, Rec.*, p.113.

298) CRR, SR, 17 décembre 1993, *Traoré Dijibril Mary*, req. n° 253648. この判決のなかで、CRRは、「審査は、難民資格の認定を得ることを目的とする抗弁の根拠として、申請人が、自国で迫害を被ったと申告し、または、政治的意見を理由に自国に帰還した場合の迫害の脅威を援用する際に、当該利害関係人によって自国でなされた政治的行動（action politique）が帯びえたさまざまな様相、とりわけ、同人が、自由のために（en faveur de la liberté）行いえた行動を考慮することに、必然的に（nécessairement）通じていく」（強調著者）と述べた（判決理由2）。

第3節　亡命権保障の展開　207

　これは、コンセイユ・デタが、自由のための行動は、将来において迫害の脅威を受けるものと主張しうる政治的行動様式の一つであること[299]、そして、自由の闘士は、難民の定義の部分集合をなすカテゴリーであると結論付けたこと[300] を意味している。こうした見解はまた、前文4項に、自律性を承認しない立場である。

(C)　1996年11月22日の *Massara* 判決[301]

　この判決は、先の *Traoré* 判決で示した立場を確認したものである。本件では、アルジェリアのテロリスト集団によって迫害されていたMassara氏は、ジュネーヴ条約に加えて[302]、憲法53条ノ1の規定する「自由の闘士」に根拠付けることによって、コンセイユ・デタへの破毀手続により、自らの訴えを退けたCRRの判決に異議をとどめたのである。コンセイユ・デタは、「フランスにおける難民の地位の認定条件は、……とりわけジュネーヴ条約1条によって定められているのであり……、（53条ノ1に依拠する――著者）抗弁は、ジュネーヴ条約に依拠したOFPRAおよびCRRに提起された難民資格の認定申請の根拠付けとしては、効果のないものである（inopérant）」とした。

　ところで、Massara氏は、ここで、1946年憲法前文4項ではなく、1958年憲法本文53条ノ1を援用していた。前文4項に依拠する憲法上の亡命権と条約上の亡命権との混同という立法上・判例上の観点からすれば、53条ノ1に依拠する亡命もまた、この線上に乗せることも可能であると同氏は考えたのであろうか？　しかし、本章第2節1(2)で検討したように、53条ノ1は、国家の主権的権能としての庇護権を規定するものであり、その条文を根拠として、自己の主観的権利としての亡命権と構成することは、そもそも無理があったように思われる[303]。

---

299)　H. LABAYLE, « Le droit d'asile », *op. cit.*, p.263.

300)　D. ALLAND, *op. cit.*, p.236. これは、同教授が、CRRの判決の評釈において指摘していたことである。

301)　CE, 22 novembre 1996, *Massara, Rec.*, n° 167195.

302)　コンセイユ・デタの解釈によれば、ジュネーヴ条約上の迫害は、公権力によるものか、または、個人によるものであっても、公権力によって「意図的に促進されたか、または黙認された」ものであることが必要とされていた（CE, 27 mai 1983, *Dankha, Rec.*, p.220）。Massara氏は、自らの申請を憲法53条ノ1に根拠付ける以外にも、テロリスト集団による行動（agissements）が、アルジェリア政府によって、「暗に黙認されていた」と主張したが、受け入れられなかった。

208　第Ⅰ章　亡命権（庇護権）

(D)　1996年12月18日の *Rogers* 判決

　この判決では、母国であるリベリアを出国した Rogers 氏が、「安全な第三国」であるジュネーヴ条約加盟国のカメルーンで難民申請できていたにもかかわらず、それをなさなかったことを理由に、「国境における」亡命資格で求められた入国申請を、「明らかに根拠を欠く」ものとして内務大臣が拒否したケースが争われた。

　コンセイユ・デタは、「国境における」亡命申請を退け、入国を拒否する抗弁としての「明らかに根拠を欠く申請」（1992年の「待機ゾーン」に関する法律によって修正された1945年のオルドナンス35条ノ4）であることを判断するにあたって、「国内における」亡命申請を拒否するための抗弁事由の一つである「安全な第三国を経由してきたこと」（1993年のパスクワ法によって修正された同オルドナンス31条ノ2）を援用することはできないとの前提に立ち、内務大臣は、拒否決定をなすにあたって、考慮に入れることができない要素を考慮することで法の過誤を犯したと認定し、同氏の難民申請を拒否することはできないとした。

　これによって、コンセイユ・デタは、本来、内務大臣による自由裁量的な領土的庇護の次元に位置付けられる領土への入国拒否の適法性判断にあたって、難民資格の申請基準、すなわち、ジュネーヴ条約の準則に依拠したのである[304]。つまり、コンセイユ・デタは、ジュネーヴ条約の諸準則が充足されているかどうかを問うことなく「安全な受入第三国」を経由してきたことをもって「明らかに根拠を欠く申請」として退けるアプローチ——これは、いわゆるロンドン決議の考え方である——を採用せず、出身国における（個別的）脅威の存在の有無を判断の基準とするジュネーヴ条約の準則を採用したのである[305]。これ

---

303)　CRR も、他の判決で、1958年憲法53条ノ1の諸条項が「フランスの諸機関に対して亡命申請の審査を行うことを認める」ものであるとしても、「当該利害関係人は、本件亡命申請手続において、これらの諸条項を利用することはできない」と述べ、同条に基づいて、迫害にさらされていると主張したカトリック信者であるエジプト人居住者の申請を退けた。CRR, 11 octobre 1996, *Wagih Wasily Atta*, req. n° 279702.

304)　I. DODET-DAUPHY, *op. cit.*, p.481.

305)　明らかに根拠を欠く申請の判断にあたって「安全な第三国経由」を考慮するのが、前述したロンドン決議にみられる欧州諸国の立場である。コンセイユ・デタが、同決議の国内における法的効力を否定したことは、この件に関する欧州の統一的政策形成に冷水を浴びせるものであった。この判決を受けて、「安全な第三国」基準は、同法から削除されることになった（本章第4節1(1)①(B)(b)参照）。

はまた、難民資格の認定を拒否するために、受入第三国が存在していたことだけを根拠とすることはできないと判断していた従来の判決[306]を踏襲するものであったともいえよう。

(E) 小括

こうした一連の判決によって、コンセイユ・デタは、亡命申請者が享受しうる保障の根拠法文として、ジュネーヴ条約を促進するアプローチを正当化しているものと思われる。それはまた、憲法裁判官と同様に、行政裁判官も、前文4項の自律性を認めず、憲法上の亡命権と条約上の亡命権との区別から法的効果を引き出していないことを意味している[307]。コンセイユ・デタにとって、理論上、憲法上の亡命権と条約上の難民資格とが区別されるべきものであるとしても、実際上、憲法上の亡命権は、その固有な内容を有しておらず、また、憲法上の亡命権が効果的に適用されるのはジュネーヴ条約を介してであると考えられているといえよう[308]。ここで憲法上の亡命権を保障するものとして想定されている条文は、憲法院判決と同様に、1946年憲法前文4項である。

以上の対応をみると、この時期、コンセイユ・デタは、解釈によっていわば「前文4項の自律性（＝1993年8月13日の憲法院判決）の奪効化」を図ることで、「ジュネーヴ条約の助長的アプローチ」を行っていると称することもできよう。

② 急速審理裁判官による憲法化の促進的アプローチ期

こうした混同を前提としつつ、自由のための急速審理手続の登場によって、亡命権の保障は、新たな一つの展開を示すことになる。

(A) 2001年1月12日の Hyacinthe 判決[309]

亡命申請の取扱責任国に関するシェンゲン・ダブリン体制の再入国（réadmission）手続を留保としつつ、同裁判官によって、1946年憲法前文4項による亡命権の保護領域を拡張する嚆矢となったのがこの判決である。この事件は、ハイチ国籍をもつ Hyacinthe 夫人が、すでに亡命申請していた同国籍の夫に合流するためフランスに到着した後、暫定的に留置された刑務所で出産し、

---

306) CE, Ass., 16 janvier 1981, *Conté, Rec.*, p.19.

307) I. DODET-DAUPHY, *op. cit.*, p.480.

308) David RUZIÉ, « Droit administratif et droit international : Actualité jurisprudentielle », *RFDA*, 12 (4) juillet-août 1996, p.832.

309) CE, 12 janvier 2001, *Hyacinthe, AJDA*, 2001, p. 589, note Johann MORRI et Serge SLAMA.

210　第 I 章　亡命権（庇護権）

その後難民資格の認定申請を提起しようとしたところ、知事部局によって、申
請用紙の交付を二度にわたり拒否されたことが争われたものである。ここで同
裁判官は、「……憲法上の亡命権は、難民の地位の申請権をそのコロラリーと
しており、フランスへの入国・在留を規律する特別な措置に服し、入国の自由
を有さない外国人居住者にとって、この地位の取得は、外国人居住者に一般的
に承認される自由の行使において決定的なものである」と述べた。

(B)　その後の判決[310]

　同裁判官は、その後の判決でも *Hyacinthe* 判決で示された立場を確認してい
る。例えば、2003 年 3 月 25 日の *Sulaimanov* 判決[311]でも、それを確認したう
えで、「憲法上の亡命権は、難民資格の認定を申請する外国人は原則として、
自らの申請について判断が下されるまで、フランス領土にとどまることが認め
られることを含んでいる」と判断している。つまり、ここでは、認定申請の審
査請求権と暫定的在留権とが、憲法上の権利にまで引き上げられているのであ
る。そして、2009 年 9 月 10 日の *Zara* 判決[312]以後の判決では、*Hyacinthe* 判
決で示された上述の様式に言及することから判決文が構成されるようになって
いる。

(C)　小括

　同裁判官は、これらの判決のなかで、亡命権が、行政裁判所法典 L.521-2 条
の急速審査における「基本的自由」を構成すると述べ、憲法上の亡命権がこの
自由の概念のなかに含まれることを明確に示している[313]。こうした対応は、
急速審査手続の枠内で保護される「自由（libertés）」と、その保護から排除され
る「権利（droits）」とを区別することで、同手続の適用領域を限定しようとす
る解釈を退け、同裁判官の広い関与を可能とするものになるとの指摘がある[314]。
ただし、同裁判官は、前文 4 項の適用を亡命申請の取扱い責任国に関するシェ

---

310)　代表例として、CE, 12 novembre 2001, *Farhaud*, req. n° 239792; CE, 15 février 2002, *Hadd*,
　　　n° 238547; CE, 3 mai 2001, *Dziri, D*, 2001, n° 42, p.3478, note F. JULIEN-LAFERRIÉR; CE, 25 mars
　　　2003, *Sulaimanov*, *AJDA*, 2003, p.1662, note Olivier LECUCQ.

311)　CE, *Sulaimanov*, *op. cit.*

312)　CE, 10 septembre 2009, *Zaza et Eleonora*, req. n° 331430.

313)　比較的近時の判決としては、例えば、CE, 2 mars 2007, *Suleyman*, req. n° 302034; CE, 24
　　　mars 2005, *Adel*, req. n° 278805. 参照。

314)　J. MORRI et S. SLAMA, note, *op. cit.*, p.592.

第3節　亡命権保障の展開　　211

ンゲン・ダブリン体制の再入国手続にまでは拡張していない[315]。

　急速審理裁判官が議論の前提とする憲法上の亡命権と条約上の亡命権の混同
はしかしながら、1998年のシュヴェヌマン法以降の立法および判例の展開と
は明確に区別されるべき点がある。従来は、憲法上の亡命権をジュネーヴ条約
上の亡命権に同乗させる形での混同であった。それは、例えば、「難民資格は、
自由の闘士に対して」認定されるとのシュヴェヌマン法の規定をみても明らか
である。このことは難民資格の享有者の拡大には寄与するものの、保護の射程
は限定されることを意味する。というのも、同条約の保障の中心は、いわゆる
ノン・ルフルマンの原理にとどまるからである。確かに、コンセイユ・デタは、
1991年12月13日の *Nkodia* 判決[316] で、難民資格の申請者に対してその申請
に関する判断が下されるまでの暫定的在留権を認めてきたが、それは、法律よ
りも規範的効力の劣る「法の一般原理」の名においてである。しかし、急速審
理裁判官が、憲法上の亡命権のコロラリーとして難民資格申請権を位置付け、
暫定的在留権をもそこに含めたことは、本来「自由の闘士」に限定される憲法
上の亡命権の享有者の範囲を拡大する可能性があるのみならず、保障のレベル
を憲法の次元にまで高めるという意義が見出されるのである。これは、当然な
がら、防御権の保障をはじめとする保障の範囲の拡大に連なってくるものと思
われる。

　さらに1998年のシュヴェヌマン法によって改正された1952年の法律が、「自
由の闘士」に難民資格を付与することで、逆に、領土へのアクセス権を含む憲
法上の亡命権の利用を排除しようとしていたこと、そして、従来の憲法判例や
行政判例が、難民資格申請者に保障される権利の側から議論を展開していたこ
とと対比すれば、憲法上の亡命権から難民資格申請権を位置付けていく急速審
理裁判官による判例展開は、この権利の「新たな一つの躍進」と評される[317]
に値するものといえるであろう。

---

315)　CE, *Dziri, op. cit.* コンセイユ・デタは、この判決で、シェンゲン条約に従って、亡命申請の
　　　審査が他の一加盟国の審査の対象となる時は、たとえ当該申請者が「自由のための行動によっ
　　　て迫害を受けた」と主張しても、審査責任国への送還措置（再入国手続）は、急速審理手続に
　　　いう基本的自由の「重大かつ明らかに違法な侵害」を構成するものではないと判決した。

316)　CE, Ass., 13 décembre 1991, *Nkodia, op.cit.* この判決については、序章注165参照。

317)　O. LECUCQ, *note, op. cit.*, p.1662.

212　第Ⅰ章　亡命権（庇護権）

③　共同体指令の国内編入アプローチ期——申請にかかる物質的条件の実質化

　亡命申請者には、1991年のクレソン通達以降、原則として労働権は認められていない。それゆえに、申請に関する最終的判断が下されるまでいかにして生計を維持するかが、亡命権の実質的な保障にとって重要な要素となる。

　亡命申請者への物質的条件の保障に関しては、前述の2003年1月27日の「受入」指令が定めている（本章第2節2(2)⑥(B)参照）。この指令は、亡命申請者に対する物質的受入条件として、「住居・食料・衣服」と「毎日の手当」の付与を規定している（同2条j)）。

　この指令の国内的適用において争点となったのは、この権利を享有する亡命申請者の範囲と、物質的受入条件の内容と提供の仕方についてである。ここでも大きな役割を演じたのは、自由のための急速審理裁判官であった。以下、これに関する主要判決をみていくが、とくに最初の争点の内容の錯綜を避けるために、初めに整理を行っておく。

　「受入」指令は、その定義のなかで、物質的受入条件を享有できる亡命申請者の資格に制限を設けていない。これに対して、国内法である社会的行動および家族に関する法典（CASF）L.348-1条は、フランスにおける物質的受入条件の一つであるCADAへの入所条件について、CESEDA L.742-1条で言及された暫定的在留証（document provisoire de séjour）[318]の保持を課し、また、労働法典（Code du travail）L.5423-9条は、終局的な拒否決定につづいて、OFPRAにおける再審査請求を提起する亡命申請者を、申請者への一時待機手当（allocation temporaire d'attente、以下ATAと略す）の享有から排除している（同1°）。CASF L.348-1条が援用するCESEDA L.742-1条が言及する在留書類については、それが拒否されうる四つのケースを同L.741-4条が規定している（詳しくは、本章第4節1(1)①(B)参照）。すなわち、ジュネーヴ条約33条のノン・ルフルマンの原則の尊重を留保として、いわゆる共同体規則であるダブリンⅡの適用により再入国手続に該当する者（1°）、ジュネーヴ条約1条C-5の対象となる国か、安全な出身国と考えられる国の出身者（2°）、公の秩序等への重大な脅威となる者（3°）、そして亡命申請手続を濫用する者（4°）である。そこで、国内法であ

---

318)　これは、APSを意味するものと考えてよい。

る CASF および労働法典によって排除の対象となっている者にも、再審査請求期間も含めて、OFPRA または場合により CNDA による最終的判断が下されるまで、国（実際には県知事等）は受入指令の定める物質的受入条件を享有させなければならないのかが、最初の争点となっていたのである。

(A) 2008 年 6 月 16 日の *Cimade* 判決[319]

上記の労働法典 L.351-9 条を適用するために制定された 2006 年 11 月 13 日のデクレ[320] は、同法典中に、補完的保護を付与される外国人は、最長で 12 か月間 ATA を受けうるとする規定（同 R.351-7 条）と、この ATA の権利を一度だけに限定する規定（同 R.351-9 条）とを挿入した。これらの規定が、「受入」指令に反するとして避難民の扶助団体である Cimade によって越権訴訟として提起されたのが本件である。コンセイユ・デタは、この規定を取り消すなかで、CESEDA L.741-1 条 2° にふれ、「これらの諸条項（「受入」指令の諸条項——著者）からは明らかに（clairement）、申請を提起すると直ちに、加盟各国の領土にとどまることが認められる期間、申請の審査手続がどのようなものであれ（quelle que soit la procédure d'examen de leur demande）（いずれも強調著者）、住居、食料、衣服、そして同じく日々の手当を享有する権利を有する」と述べた[321]。さらに、新たな要素に基づく再審査の請求についても、OFPRA 局長が、利害関係人の情況の新たな審査を行うことが正当であると決定した場合は、新たな申請の提起から ATA の享有を主張できるものと判断した。

(B) 2009 年 3 月 23 日の *Gaghiev* 判決[322]

この判決にもかかわらず、国内法は改正されず、CESEDA L.741-1 条 1° の対象となる亡命申請者の物質的受入条件の問題は解決されなかった。

こうしたなか、県知事によって提供された亡命申請者への物質的受入条件の

---

319) CE, 16 juin 2008, *Cimade*, n° 300636, *Rec.* Lebon.

320) Décret n° 2006-1380 du 13 novembre 2006, *JO* n° 264 du 15 novembre, p.17913. 本件で争われたデクレはこれを含めて三つあるが、法的な議論において中心をなすのが、このデクレであった。他の二つのデクレは、ATA の額についてのものであった。

321) CESEDA L.741-4 条 2° に該当し、フランスでの在留が認められない場合でも、同 R.723-1 条および R.723-3 条の適用により、15 日以内に提起することが認められる亡命申請が、OFPRA によって審査の対象となることが規定されていることから、OFPRA の決定の通知までは、フランスに在留する権利を有する。

322) CE, réf., 23 mars 2009, *Gaghiev*, req. n° 325884.

妥当性について争われたのが本件である。この事件は、県知事に対して難民資格を申請するために亡命権を行使し、住居を求めたスーダン出身のGaghiev氏とその妻に対して、CADAへの入所を勧めたものの空き部屋がなく、その代わりにATAを支給されたことに対して、訴えを受けた地方行政裁判所の急速審理裁判官が、県知事のこの行為は黙示的な住居提供の拒否であり、基本的自由の緊急かつ重大な侵害に当たるとその訴えを認めたことに対して、コンセイユ・デタが、その命令を取り消したものである。コンセイユ・デタの急速審理裁判官は、ここで、「自らの申請について最終的に判断が下されるまで、亡命申請者に妥当な物質的受入条件を保障するため、法律によって規定された諸措置の享有を奪うことは、難民の地位を申請する権利をそのコロラリーとする憲法上の亡命権の重大かつ明白に違法な侵害を構成する余地がある」と述べ、新たにこの権利が、行政裁判所法典L.521-2条によって保護される基本的自由である亡命権のコロラリーとしての難民の地位の申請権に帰属することを法認した。さらにつづけて、同裁判官は、県知事が、APSを付与し、相対的な優先順位に従って割り当てられるCADAへの入所を提案したうえで申請者の同意を得て、「受入窓口（plate-forme d'accueil）」を教示し、また、CADAか、または緊急宿泊施設（centre d'hébergement d'urgence）などの社会的保護施設（veilles sociales）への入所待機中のATAの支給を認めた本件では、憲法上の亡命権への重大かつ明白な侵害はなかったものと判断している。

(C) 2009年8月6日の *Epoux Qerimi* 判決 [323)]

　本件は、亡命申請者の収容に責任を負うことを拒否する県知事の決定の執行停止と、申請者を受け入れる収容施設の指示を県知事に命ずることを求めた請求を退けた地方行政裁判所の急速審理裁判官の命令の取消しを求めたものである。請求者であるコソボ人夫婦は、2009年夏、5人の未成年の子とともにフランスに入国し、亡命資格での入国を求めるため県知事部局に出頭したものの、同部局の夏の業務遂行上の理由から、申請審査のための召還が約1か月後に引き延ばされた。その間、APSが与えられなかったがゆえに、CADAへの入所申請もできず、ATAの支給も受けられなかった。ただし、知事部局は、社会的保護施設で受け入れられうることは示したものの、実際にはほぼ1か月間、こ

---

323)　CE, réf., 6 août 2009, *Epoux Qerimi*, req. n° 330536.

第3節　亡命権保障の展開　215

うした施設に入所することができなかった。

　このように知事部局の夏の業務遂行上の理由による申請の引延しと、いかなる種類の補償もともなわない不確かな収容施設の提案にとどまっていたこと、身体の弱い夫人の健康状態に配慮を欠き、誠実な対応を示さないばかりか、妥当な物質的受入条件を確保すべき責務を怠ったことにより、県知事は、難民資格を申請する当該家族の権利を侵害したのであり、この侵害は、重大かつ明白に違法なものとみなされなければならなかった。にもかかわらず、地方行政裁判所の急速審理裁判官は、審査すべき申請の他の抗弁理由を審査しなかったことで、法の過誤を犯したとして、コンセイユ・デタの急速審理裁判官は、この命令を取り消すとともに、県知事に対して24時間以内に受入施設を示すよう命じたのであった。

　(D)　2009年9月17日の *Salah* 判決 [324]

　事件の概要はおおむねつぎのとおりである。スーダン出身のSalah嬢は、亡命資格での在留許可を申請するために県知事のもとに出頭したが、必要書類をそろえて再出頭するための召還日が1か月後に指定された。この際、CESEDEA R.742–1条の規定によって申請から15日以内に交付されるべきAPSが与えられなかった。そのため、OFPRAへ亡命申請することも、CADAへのアクセスも、さらにはATAの給付も受けることができなかった。県知事のこの措置に対して、24時間以内に受入可能な場所を示すように命じた地方行政裁判所の急速審理裁判官の命令の取消しを移民担当大臣が求めたのが本件である。

　コンセイユ・デタの急速審理裁判官は、申請者の最初の特別な必要の評価（évaluation des besoins spécifiques）が求められるときや、通常は受入可能な住居が一時的に不足しているときは、県知事は、法令により規定されているものとは異なる様式に訴えることができるとしても、「できる限り短い合理的な期間で、亡命申請者の基本的必要を充足することによ」るのであって、「こうした規定の享有を奪われることが、明白に違法で、かつ亡命申請者にとって重大な結果をもたらすときには、急速審理裁判官による、行政裁判所法典L.521–2条から引き出される権限の行使に至らしめうる」と述べている。

---

324)　CE, réf., 17 septembre 2009, *Salah*, n° 331950. *Rec., Lebon.*

216　第Ⅰ章　亡命権（庇護権）

　この判決は、とくに APS の交付に関して、上述(B)の *Gaghiev* 判決および(C)
の *Epoux Qerimi* 判決を敷衍するものといえ、県知事が APS を付与しなかった
ことから、Salah 嬢が、2003 年 1 月 27 日の「受入」指令の命ずる諸措置の享
有を妨げられたことを問題としたのであった。

　この事案は、CESEDA L.741–4 条の規定内容に関わりなく、亡命手続から生
ずる待機の場合には、申請者に妥当な物質的受入条件が享有されるべきことを
認めたものといえる。

　(E)　2009 年 10 月 20 日の *Mirzoian* 判決[325]

　グルジア出身の Mirzoian 夫人と 2 人のこの事案も、上記の Salah 嬢の事案と
似たものである。夫人たちは、亡命資格での在留許可を求めて県知事のもとへ
出頭し、1 か月後に書類の審査を行うことが通知されたが、この間、彼女たち
には妥当な物質的受入条件が提示されることはなかった。訴えを受けた地方行
政裁判所の急速審理裁判官は、24 時間以内に、彼女たちを受入可能な場所を
提示するようにアンジャンクションを付与したものの執行されずにいた。そこ
で、罰金付きの執行請求が求められたが、同裁判官は、これより先に同夫人た
ちがスイスとポーランドに亡命申請していたことから、ダブリンⅡ規則の再入
国手続規定の適用によりフランスは亡命申請の審査に責任を負わないこと（上
記 CESEDA L.742–1 条 1°）を理由に、この請求を認めなかった。これに対して、
コンセイユ・デタの急速審理裁判官は、同規則による再入国手続への着手は、
当該亡命申請者の妥当な物質的受入条件の享有権に何ら影響するものではない
と判断し、*Salah* 判決と同様に、亡命手続の申請期間中の妥当な物質的受入条
件の享有を認めた。

　(F)　小括

　この時期の一連の判決により、亡命申請に最終的な判断が下されるまで、妥
当な物質的受入条件を享有する権利が、行政裁判所法典 L.521–2 条によって保
護される基本的自由である亡命権のコロラリーとしての難民の地位の申請権に
含まれることが法認された。

　そして、この権利の享有をめぐって争いの中心となったのは、権利を享有す
る亡命申請者の範囲（(a)）、物質的受入条件の内容と提供の仕方（(b)）について

---

　325)　CE, réf., 20 octobre 2009, *Mirzoian*, req. n° 332631.

である。

(a) **亡命申請者の範囲について**　急速審理裁判官は、上記(A)、(D)および(E)の諸判決で、国内法規定に関わらず「受入」指令を優先させる判例展開を行っており、このことはすでに確立した判例としての通用性を有しているものといえる。すなわち、CESDEDA L.741–4 条によって亡命を申請する外国人の入国が拒否されうるケースに該当する場合も含め、申請手続がどのようなものであれ、すべての亡命申請者は、「受入」指令にいう亡命申請者として、フランス国内において、妥当な物質的受入条件を享有する。

　ただし、ATA に関する 2009 年 11 月 3 日の移民担当大臣の通達[326] は、2008 年の *Cimade* 判決に言及し、CESEDA L.741–4 条 2° が言及するジュネーヴ条約 1 条 C–5 の対象となる国か、安全な出身国と考えられる国の出身者には、ATA の享有を認めているものの、上述した他の判決からは諸効果を引き出すことなく、依然として同 L.741–4 条 1° のダブリン II 共同体規則が適用され再入国手続の対象となる亡命申請者を明示的に排除している[327]。

(b) **物質的受入条件の内容および提供の仕方について**　上述したように 2003 年の「受入」指令が規定している物質的受入条件とは、住居、食料、衣服および日々の手当である。コンセイユ・デタによれば、それは、CADA への入所、それができない場合の他の緊急施設等への入所、（現物、金銭またはクーポンで提供される）食料・衣服、そして ATA である。また、医療扶助等も受ける。このなかで中心となるのは、CADA への入所と ATA の支給である。

　ところで、CADA への入所が不可能であるとしても、申請者の入所や入所できない場合の財政的援助を可能とする解決策を見出す努力をしている場合には、亡命権の重大かつ明白な侵害を構成するものとはみなされない。ただし、県知事等は、申請に対する判断が下されるまで申請者が収容されうるよう解決策を探し求めなければならないのである[328]。これと関連して、同裁判官は、申請者が、APS を交付されず、CADA 等の居住施設での居住申請や、ATA の受取

---

326)　Circulaire interministériel, NOR IMIM 0900085C.
327)　この条項の違法性とコンセイユ・デタによるサンクションの可能性については、強く示唆されるところである。S. SLAMA, Droit de touse les demandeurs d'asile à des conditions matérielles d'accueil décentes des leur accueil en préfecture, *AJDA*, 8 février 2010, p.209.
328)　例えば、CE, réf., 22 septembre 2009, *Safarov*, req. n° 332003.

218　第I章　亡命権（庇護権）

り等ができない状態に放置したまま、申請者に対する聴聞日を「後日（date ultérieur)」に延期することをサンクションしている[329]。

　結局のところ、2003年の「受入」指令の求める諸条件の享有が奪われる場合には、亡命申請者にとって、明白に違法かつ重大な結果をもたらすもので、急速審理裁判官は、行政裁判所法典 L.521–2 条に規定されたアンジョンクションをはじめとする諸権限を行使するに至るのである[330]。

　しかし、県知事等による亡命申請者の受入条件の提供に対しては、つぎの二つの制限があるといえる。

　一つは、CADAでの空き場所を待つ間に、申請者がATAを受給してホテルに滞在したり、CADAを自主的に退去した場合のように、自らの意思で入所過程から離脱する場合である。この場合県知事等が、当該申請者を緊急宿泊施設等の優先順位者と考えなくても違法ではなく、基本的自由に対するいかなる重大且つ明白に違法な侵害も特徴付けられないのである[331]。

　他の一つは、家族構成員全員が同じCADAではなく異なる数個のCADAに居住するケースのように、家族の離別が生じたとしても、亡命申請者の居住に関する行政の義務の重大かつ明白な違背とはみなされないことである[332]。通常こうした事案では、家族生活の尊重から、家族の一体性の原理への抵触が問われることになろう。同指令も8条で、住居が提供される場合には、申請者の同意を得て、可能な限りその原理が尊重されるに適切な措置が採られることを求めている。しかし、CADAへの入所は、一時的なものであるし[333]、家族の一体性の原理への違背が重大かつ明白なものとまでいえない場合には、離別が

329)　CE, réf., 6 août 2009, *Epoux Qerimi. op., cit.* ここでは、4週間の遅延を難民資格申請権に対する重大かつ明白な侵害をもたらすものと判断している。また、CE, réf., 17 septembre 2009, n° 331951, *Ahmat* では、県知事が「APSを保持させず、また、審査を待つ間、基本的な生活必需品を賄う物質的受入条件を手に入れるいかなる措置も講ぜず」、申請の審査を約1か月遅らせたことが、重大かつ明白な侵害に該当すると認定している。

330)　CE, réf., 17 septembre 2009, *Salah. op. cit.*

331)　CE, réf., 10 septembre 2009, *Zaza, op. cit.*

332)　CE, réf., 22 septembre 2009, *Safarov. op. cit.* この事案では、夫婦と3歳および4歳の子からなる一家4人の家族が、同一の施設にでなく、父親だけが他の3人と30km離れた施設に収容されたことが、県知事に課された居住施設に関する義務の重大かつ明白な違背にはならないものと判断された。

333)　ただし、CADAでの平均在留期間は、1年半であることが示されている。S. SLAMA, *op. cit.*, p.208.

生じるとしても CADA への入所による物質的条件の充足がより重視されるということであろう。

なお、コンセイユ・デタの急速審理裁判官は、諸決定のなかで、CADA が十分に機能しえない現状に立って、それを補完するものとして各種の一般的な社会的保護施設との連結をとくに重視している。ただし、「住宅権（droit au logement）は、憲法的価値の目的を構成するものであるとしても、行政裁判所法典 L.521-2 条にいう基本的自由の一つには含まれない」[334] と述べ、在留権にとどめることで限界を設定している。

先に同裁判官は、2001 年 1 月 12 日の *Hyacinthe* 判決以降、国内法である憲法の亡命権保障から、難民資格申請者の暫定的在留権を認めたが、その後 2008 年 6 月 16 日の *Cimade* 判決を皮切りに、「受入」指令を根拠にこの権利の実質化を進めたと評価できよう。そこでは、*Cimade* 判決の論告担当官が述べているように、「在留権は、個人的資財なくして自国を離れた者にとって、亡命申請の審査期間中、当該利害関係人に妥当な生活を確保する物質的受入条件をともなう場合しか、効果的なものではありえない」[335] と意識されているように思われる。

(3) 小括

違憲審査機関でもある憲法院による亡命権をめぐる憲法上の本質的論議は、1980 年代の萌芽期を経て、1990 年代の諸判決のなかで活発に展開された。そのなかには本章第 5 節で検証するように、亡命権に関するフランス的な憲法的伝統によって立つ憲法院と、欧州の共通亡命政策を促進しようとする時の政権との緊張関係を生み出し、憲法改正を引き起こすに至る判決もあった。しかし、2000 年代になるとこうした論争的・対立的議論は終息し、欧州指令の国内への編入を介して手続的保障を中心とする亡命権の具体化・実質化へと進んできたといえそうである。

他方、行政最高裁判所であるコンセイユ・デタは、とりわけ、自由のための急速審理制度を介して、方や、ジュネーヴ条約上の難民の定義と保障を憲法上の亡命権に結節し、片や、亡命申請者の物質的保護に関する共同体法を国内的

---

334) CE, 16 juin 2008, *Cimade, op. cit.*
335) Conclusion Luc Derepas sur CE, du 16 juin 2008, *Cimade, op.cit.*

に適用し、その実質化を図る自由な判例展開を行っているように思われる。こうしたアプローチは、申請者全体の社会的条件を統一すること、とくに、法的にマージナル化され、浮浪者化される者を効果的に救い出すものであると評価されるとともに、より広くは、新たな社会的行政訴訟として、法律からではなく共同体指令から生じる社会的諸権利の新たな原初形態（forme originaire）を形成するものであると位置付ける者もいる[336]。

　両者はその組織原理、構成や役割、そして過去の判例との体系性の観点から、その展開は一枚岩ではないものの、決して対立的・対抗的なものではない。むしろコンセイユ・デタは、条約上の亡命申請者を憲法院によって設定された憲法的枠組みのなかに実質化していこうとしているように見受けられる。他方、憲法院は、例えば、司法機関が排他的管轄を有する「個人的自由」に代わる「人格的自由」の概念を導き出し、また、外国人の権利保障にあたって司法裁判官よりも広い関与を認めることで、行政裁判官に「外国人の裁判官」の役割を担わせようとしているようにも思われる[337]。今後、両者の関係は、QPCを介してより相互浸透的なものへと展開していく予感がある。

第4節　亡命権保障の内容と申請棄却者の地位

　この章では、亡命権保障の内容（1）と、CNDAによって最終的に申請を棄却ないしは却下[338]された者の地位（2）について取り扱う。

1　亡命権保障の内容——亡命申請者の諸権利

　亡命権に関する法制の研究は、すでに領土内にいる実在的亡命申請者（demandeur d'asile réel）と、領土に入国することを望む潜在的亡命申請者（demandeur d'asile potentiel）とを区別することからはじまる[339]。国外にいる後者は、受入国においていかなる憲法上の地位も有さないのに対して、前者の地

---

336) S. SLAMA, *op. cit.*, p.205.

337) これについては、序章第1節2(2)①(B)(b)および序章注74参照。

338) フランスでは、わが国とは異なり、棄却と却下の区別は用語上存在しない。山口編、前掲書、504頁。

339) F. MODERNE, *op. cit.*, p.292.

位は、より保護的なものである。

　ところで、亡命権の本来的な保障は、いわゆる領土的な庇護の付与である。この点で、亡命申請者は、いまだ真正な亡命者ではないがゆえに、その法的地位は当然ながら、仮のあるいは暫定的なものにとどまらざるをえない。しかし、亡命権の保障は、この申請者にいかなる保障を及ぼすかが鍵となる。

　1993年8月13日の憲法院判決は、1946年憲法前文4項の直接適用性を承認した後、直ちにそこから亡命申請者が有すべき権利として、領土に暫定的にとどまる保障と、防御権の尊重の下で、亡命申請が審査されることを可能ならしめる保障、とを引き出した[340]。両者は、亡命権の保障にとって相補的なものであるが、前者は、後者の必須・必要な条件となるものである。

　フランスでも、適法または違法に[341] 国内に入国した外国人による亡命申請と、国境においてなされる亡命申請という二つの制度が設けられている。両者は、いずれも CESEDA によって規定されているが、前者は、1993年のパスクワ法によって導入された1945年のオルドナンス31条（現行 CESEDA L.741-1条）および1998年のシュヴェヌマン法によって挿入され、2003年のドヴィルパン法によって表現を修正された1952年7月25日の法律8条（同 L.741-2条）が、後者は、1992年の法律によって導入され、2003年の第一サルコジ法で一部字句を整えられた同オルドナンス35条ノ4（同 L.221-1条）が規定していた。

　ここでは、幾分混同して捉えられることのある、二つの亡命申請の相違にふれたうえで（(1)）、保障の内容（(2)）について論じていくことにする。

(1)　国内における亡命申請と国境における亡命申請[342]

①　国内における（sur le territoire / à l'intérieur du territoire）亡命申請と四つの抗弁事由（CESEDA 第Ⅳ章 L.741-1条以下）

(A)　亡命申請手続

　CESEDA L.741-1条は、「本法典または国際条約によって規定されている在留資格の一つを援用して、いまだフランスにおける在留を承認されておらず、

---

340)　H. LABAYLE, « Le droit d'asile », op. cit., p.254.
341)　違法入国の場合にも、適法な入国と同様に取り扱われる理由は、申請の際、出身国から正規の旅行証書等を得ることは通常考えられないこと（CESEDA L.741-3条も、同 L.211-1条で言及された文書やビザを保持していないことだけを理由として、在留許可が拒否されえないことを規定している）があげられる。

222　第Ⅰ章　亡命権（庇護権）

亡命資格で、フランスにおける在留を申請する、フランス領土に存在する外国人はすべて、本章によって定められている諸条件に従って亡命申請を提起する」と定めている。この条文以降のⅣ章が、フランス国内における亡命申請者に適用される。

　フランス国内で提起される申請は、通常、鉄路、海路または空路を利用してフランスに来た者とは異なり、フランスの行政機関による事前の審査を受けずに道路等の陸路を利用して入国した者が自発的に提起する申請が一般的である。国内における亡命申請の場合、領土での在留許可申請を審査し、その可否を判断する権限を有するのは、県知事等である（同 L.741-2 条；同 R.741-1 条）。県知事等は、ジュネーヴ条約 33 条のノン・ルフルマンの原理の尊重のもとに、つぎの(B)で取り上げる、申請を拒否しうる四つの抗弁事由のいずれか一つに該当する場合を除いて、申請者のフランスへの入国を拒否することができない（同 L.741-4 条）。ここでは、国境における亡命申請で入国拒否理由として援用される「明白に根拠を欠く」との抗弁を援用することはできない（後述本節 1 (1)②(A)(b)参照）。

　県知事等による拒否決定に対する取消訴訟は、越権訴訟裁判官としての行政裁判官の管轄となる[343]。コンセイユ・デタは、この抗弁事由に厳格に該当する場合にしか、警察機関による送還措置を適法なものとしておらず、亡命資格での入国申請について判断が下される前に、違法入国を理由に当該外国人を送還することを認めていない[344]。

　県知事等は、亡命申請を登録すると、15 日以内に、利害関係人に対して「OFPRA への手続準備（en vue démarches auprès de l'OFPRA）」と言及された 1 か

342）　国境における亡命申請は、全申請の 4％にすぎない。また、両申請にくわえて、申請者が自国に存在する外国の大使使節や領事使節の公館において申請する場合——いわゆる「外交的庇護」——もあるが、圧倒的に数が少なく、また、これを規律する国内法上の法文も存在せず、もっぱら、外務省による慣行に委ねられている。なお、「外交的庇護」に関しては、本章第 1 節 1 (2)参照。なお、2004 〜 2007 年の国境における亡命申請者数は、2,390 人（2004 年）、2,424 人（2005 年）、2,866 人（2006 年）、1,819 人（2007）、であった。*Rapport Sénat*, nº 470, 26 septembre 2007.

343）　当然ながら、OFPRA の決定に対する上訴機関である特別行政裁判所の CNDA は、この入国拒否に対する亡命申請者の訴訟に対して無権限である。

344）　CE, 2 novembre 1996, *Préfet de la Savoie c／ Timon*, req. nº 159221, *AJDA*, p. 102, conclusion J.-M. Delarue.

第4節　亡命権保障の内容と申請棄却者の地位　　223

月有効の APS を付与するとともに（CESEDA R.742-1条）、OFPRA への亡命申請書を交付する。申請者は21日以内に必要書類を添えて OFPRA に申請を行わなければならない（同 R.723-1条）。APS の有効期間が切れる際には、OFPRA から郵送された申請を示す手紙を提示して申請の証明をすることで、県知事等から、OFPRA、または場合により CNDA が申請について判断を下すまで、3か月有効で更新可能な《亡命申請の提示を確認する（constatant le dèpôt d'une demande d'asile）》受領書（rècepissè）が、交付される（同 R. 742-2条）とともに、APS が付与される（同 L.742-1条）。これが通常手続である。県知事等への在留資格申請は、亡命申請にとって不可分な前段階を構成していることから（同 L.741-2条）、OFPRA への申請以前に、この在留許可を申請しない場合には、OFPRA への申請そのものが不受理なものと判断される[345]。ただし、つぎの(B)でふれる四つの抗弁事由の(a)以外のケースに該当し、暫定的在留が拒否された場合でも、亡命申請に関して「優先的に」判断を下すのは OFPRA である（同 L.723-1条）。つまり、亡命申請それ自体を評価する審査の本質的部分は OFPRA、場合によって CNDA（旧 CRR）に帰属しているのである[346]。ここでは、入国在留許可申請と亡命申請とが明確に区別され、前者は警察機関が、後者は OFPRA および CNDA が専管的かつ排他的な管轄を有するように規定されているのである。また、CNDA の判決に対して、コンセイユ・デタは破棄裁判官として関与するにすぎず、事実認定に関しては CNDA の判断が終局的・絶対的なものとなる[347]。憲法院も、1997年の判決のなかで、亡命申請者のデ

---

345)　CE, 5 décembre 2001, *Préfet de police c/ Ba*, req. n° 222662, *Gaz. Pal.*, septembre-octobre, 2002, p.1610.

346)　ただし、OFPRA および CRR だけが難民資格の認定権を独占しているわけではない。コンセイユ・デタ（CE, 9 octobre 1981, *Rec.*, p.749）、刑事裁判官（Cass. Crim., 9 décembre 1987, *RDIP*, 1989, sommaires, p.775）、そして司法裁判官（CAA Paris, 9 janvier 1968, *Seicaru, RCDIP*, 1969, sommaires, p.69）も認定権限を有すると認める判決もある。しかし、これに対して、OFPRA および CRR の認定に関する独占権を肯定する判決もある（CAA, Aix-Provence, 7e Chambre, 24 octobre 1997）。

347)　CRR は、自らの判決が、破毀裁判官によって取り消されることを回避するために、提起された訴願を退けるに際して、証拠の不存在を持ち出し、法律問題を解決しない傾向があること、他方で、破毀裁判官であるコンセイユ・デタも、しだいに、付託された判決の要約をコピーし、また、CRR が書類を歪曲していなければ、異議をとどめられている CRR の判決がジュネーヴ条約の諸条項に違背していないことを確認するにとどめ、その判決を何とか救済しようとしていると指摘されていた。J. Fougerousse et R. Ricci, *op. cit.*, p.223.

224　第Ⅰ章　亡命権（庇護権）

ータに排他的にアクセスすることのできる「亡命権を適用する権限を付与され
ている吏員」として OFPRA の吏員を想定している（判決理由26）。申請者は、
OFPRA による亡命申請の審査結果が通知されるまで、フランス領土にとどま
る権利を有する（同 L.742-3 条）[348]。この間、CADA への入所や ATA の給付な
ど物質的受入条件の付与を受ける（CASF L.348-1 条、労働法典 L.5423-9 条）。

(B)　四つの抗弁事由

　実定法の現状において、亡命申請のための入国許可申請は、ジュネーヴ条約
33 条のノン・ルフルマンの原則の尊重を留保として、すでに述べたように、
つぎの四つのケースで拒否の対象となりうる。すなわち、亡命申請が、ダブリ
ン Ⅱ 共同体規則の適用によって、条約加盟国中の一国の管轄となるとき ((a))、
亡命申請者がジュネーヴ条約 1 条 C5 の諸条項が適用された国または「安全な
出身国」とみなされる国の国籍を保持しているとき ((b))、申請者のフランス
における存在が公の秩序等に対する重大な脅威を構成するとき ((c))、申請が
意図的に不正な手段の利用による、亡命手続の濫用的行為を構成するとき
((d)) である。

　前述したように、これらのケースにおいて入国審査を行なうのは、県知事等
である。(a)のケースに関しては、OFPRA および CNDA は無権限とされるが
（同 L.723-1 条および L.742-4 条）、(b)〜(d)のケースの対象となる者は、OFPRA へ
の申請が可能であり（同）、この場合、上記(A)で述べたように、OFPRA が、「優
先的に」判断を下す。この手続が利用されるときは、利害関係人は必ずしも聴
聞されることなく、OFPRA による審査も 15 日以内に行うように加速化される
（同 R.723-3 条）。申請外国人が行政留置に置かれているときには、96 時間以内に
判断を下す必要がある（同）。APS は交付されず、送還決定も下されうるが、
OFPRA の判断が下されるまではフランス領土にとどまる権利を有する（同
L.742-6 条）。CNDA への上訴には停止効は付かない（同）。したがって、OFPRA
による申請却下の通知から直ちに送還の対象となりうる[349]。これが利用され
ないときは、先の(A)で述べた通常手続が適用される[350]。CESEDA L.741-4 条は、

────────────
348)　亡命申請の取扱が、ダブリン Ⅱ 共同体規則の適用対象となる一国の管轄に属する場合には、
　　当該申請者は、フランス領土に入国・在留することはできず、管轄国に送還されうる。ただし、
　　本文中でふれたように、フランスは、独自の判断で、国家主権の行使として入国・在留を許可
　　することもできる。

「亡命の享有を申請する外国人のフランスへの入国は、つぎの場合にしか拒否されえない」[351]（強調著者）と規定し、(a)～(d)のケースをあげていることから、フランス国内で申請を提起した外国人の入国は、この四つのケース以外の理由では、拒否されえない[352]。

なお、入国拒否の四つの抗弁事由のいずれに該当する場合でも、国家の主権的権能の行使として、庇護を付与することができる（同L.741-4条最終項）。これは、本章第2節1(2)で検討した憲法53条ノ1の規定に沿うものである。

以下、順にこれらの抗弁について検討を加えていく。

(a) 他の一加盟国の管轄の対象となる申請（CESEDA L.741-4条1°）

(i) 亡命申請取扱責任国の確定　亡命申請——正確には、ジュネーヴ条約上の難民資格の申請——における「亡命（申請）ショッピング」を回避するために、ダブリンIIは、「亡命申請の単一的取扱いの原則」（「非重複性の原則」ともいわれる）を定めている。この原則によれば、申請に責任を負う国はつぎのようにして確定される。

1) 原則として、ビザまたは在留資格を交付した国、

2) 数か国がそれらを交付していた場合には、期間の最長のものを与えた国、

3) ビザまたは在留資格がなければ、最初の受入国、

4) 重複申請の場合または一国で申請が退けられた後の申請の場合は、最初に亡命が申請された国、

---

349) 「優先的手続」の利用のための抗弁事由は、漫然的であり、県知事等によって頻繁に誤って用いられるがゆえに、その決定の適法性に細心の注意を払うべきことが指摘されている。GISTI, *Le guide de l'entrée et du séjour des étrangers en France*, op.cit., pp.304-305. この点が、1789年人権宣言16条の保障する防御権、欧州人権条約13条の保障する効果的救済についての権利の保障の観点から問題とされることになる。憲法院は、この点について、1993年の判決以降一貫してこの規定を妥当なものと判断していることについては、本文中で検証したとおりである（本章第3節2(1)②および③参照）。

350) OFPRAが優先的に判断を下すのは、暫定的在留証（document provisoire de séjour）が四つの抗弁事由中、(b)～(d)のケースで言及された理由の一つによって拒否、撤回または更新拒否された場合も同様である（同条）。

351) 原文では、« l'admission en France d'un étranger qui demande à bénéficier de l'asile ne peut être refusée que si : (……) » である。

352) コンセイユ・デタも、この規定から、「1952年7月25日の法律10条1°から4°までの諸条項（現CESEDA L.741-4条1°から4°までの諸条項——著者）によって限定的に列挙された」理由以外の理由によるあらゆる送還措置の違法性を引き出している（CE, 8 mars 2002, n° 238074, *Préfet de police c/ Ohason-Dauhon Edoghogho*）。

226　第 I 章　亡命権（庇護権）

以上の準則に、つぎのような二次的準則が加えられる。

5) 申請者の家族構成員の 1 人を難民と認定した国、

6) いわゆる主権の行使として、人道的、家族的または文化的な諸理由から庇護
　を与えようとする国、

　ただし、6) の準則は、他の諸準則に優先するし、5) の準則も、当該利害関係
人が同意した場合には、他の準則に優先する。

　なお、亡命申請が提起された国が、6 か月以内に、上記の準則に従って、責
任国に申請者を付託しなかった場合には、その国自身が申請を取り扱わなけれ
ばならないものとされている。

　(ii)　在留拒否と責任国への付託──再入国（réadmission）手続　　これらの
準則に従って、フランスが責任を負わない場合に、県知事等は、在留許可を与
えず、申請者を責任国へと送還する。再入国手続の適用である。この手続は、
先にみたように新たなカテゴリーの送還措置を構成しており、国外退去に関す
る訴訟の対象とはならない。かつて、コンセイユ・デタが、*Dakoury* 判決で確
立した暫定的在留権の保障という原理によっても、ダブリン II の諸条項に対
抗できず[353]、その結果として、他国の管轄となる亡命申請者は、人道的理由
等による主権行使の場合（同 L.741-4 条最終項）のほかは、暫定的にも在留が認
められることはないのである。

　責任国への付託は、2003 年 2 月 18 日の共同体規則[354] により、最初の亡命
申請から 3 か月以内になされなければならず（同 17 条）、付託を受けた国は、2
か月以内に回答する（同 18 条）。無回答の場合は、黙示的な受入れとみなされ
る（同条 7）。付託を受けた国が、申請者を受け入れる場合には、受入決定およ
び身柄の移送決定が当該申請者に通知される。逆に、付託を受けた国が拒否す
る場合には、受入責任の認定のための補充的議論が両国間で行われる。それで
も受入国が拒否する場合には、フランスが当該申請を取り扱うことになる。

　通知を受けた申請者は、1 か月以内に自発的に責任国へ出国することが求め
られる。出国しない場合には、違法状態となり、取締検査（contrôle）を受けた

---

353)　CE, 7 octobre 1994, *Ministre de l'Intérieur c/ Ponnudurai, AJDA* 1995, p.49.

354)　Règlement（CE）n° 343/2003 du Conseil du 18 février 2003, *JOUE*, n° L.050 du 25 février,
　　p.1-10.

とき、または、すでに身柄が確保されているときは、責任国に強制的に移送される[355]。

(b) **亡命申請者がジュネーヴ条約1条C5の諸条項が適用される国または「安全な出身国」とみなされる国の国籍を有しているとき（同2°）**　ジュネーヴ条約1条C5は、同条約の適用が終了する場合の一つとして、「難民と認められる根拠となった事由が消滅したため、国籍国の保護を拒むことができなくなった場合」をあげており、1998年5月11日の法律は、これを援用して、従来の規定を削除し、同条約と一致させた。この規定は、難民認定の基礎となった状況が喪失した結果、出身国籍国への帰還が可能になったとの仮説に立ち、当該外国人の在留認定を拒否する可能性を示すものである。

「安全な出身国」とは、「自由、民主制、法治国家、人権と基本的自由を尊重する」国のことである（CESEDA L.741-4条2°）。OFPRAの執行委員会が、これに該当する国のリストを作成する[356]（同L.722-1条）。

それまでの規定は、「亡命申請者が、迫害される恐れのある国以外の国で、とりわけ送還に対する効果的な保護を受けることができる国に現実に（effectivement）受け入れられることが明らかである場合」と定めていた[357]。これは、いわゆる「安全な第三国」の法理を採用したものである。この法理は、本章第2節1(2)③でみたように、1992年11月30日および12月1日のいわゆるロンドン決議[358]に由来するものであり、また、1993年7月の基本法の改正

---

355)　送還措置による出国後、許可なく再入国した外国人は、3年の懲役が宣告され（CESEDA L.624-1条）、または場合により、最高で10年間の入国禁止刑が宣告される（同624-2条）。

356)　先にふれたように、憲法院は、2003年12月4日の判決で、法律が「安全な出身国」の定義を明確にしている以上、CRRが現状を判断してこの定義に対応する国のリストを作成してアレテすることは、法律の定めによる適用措置で、行政立法の対象となり、1958年憲法34条の法律留保事項には該当しないと判断している（判決理由31および32）。なお、2005年6月に最初のリストが作成された。2014年現在でこのリストに掲載されている国は、18か国である。http://www.ofpra.gouv.fr/

357)　「受入第三国」の法理は、1993年8月24日の法律によって、1945年11月2日のオルドナンス31条ノ2 2°に移しかえられていた。

358)　ロンドン決議中の「受入第三国に関する決議」は、つぎのように、第三国を定義していた。すなわち、申請者が、加盟国に亡命を申請する以前に、すでに、当該加盟国の諸機関の保護を得ていたか、または、その国境または領土内で保護を受ける可能性を有していた国、または、申請が承認されることが明らかな国、または、申請者の生命または自由が、ジュネーヴ条約33条の意味する脅威にさらされない国、または、申請者が、ジュネーヴ条約の意味する送還に対する確実な保護を受ける国、である。

228　第Ⅰ章　亡命権（庇護権）

でドイツが採用していたものと同じ考えに立つものでもある[359]。法的には異なる形態ではあるが、「安全な出身国」の概念と「安全な第三国」の概念は、「出身国」と「第三国」との違いはあるが、「安全性」を基準とする点で実質的には同じものと評することができる。

　ロンドン決議における受入第三国の確定は、亡命申請および亡命理由の審査という実体的問題に先行する形式的問題であり、この法理は、難民として受け入れられるか否かにかかわらず、亡命申請者すべてに適用されるものとされる。そして、受入第三国が存在する場合に、申請は拒否され、当該申請者はこの第三国に送還されうる。

　したがって、この決議の定める「受入第三国」の法理は、実体的審査を経ることなく、亡命申請を「明らかに根拠を欠く」ものと宣告しうるものである[360]。

　しかし、つぎの本節 1 (1)②(A)(b)でみる *Rogers* 事件におけるコンセイユ・デタの判決に沿う形で修正が施された結果、この法理は退けられ、ジュネーヴ条約も採用する「安全な出身国」の法理に置き換えられたわけである。

　「安全な出身国」の法理にしろ、「安全な第三国」の法理にしろ、該当国のリストを作成し、そのリストへの形式的当てはめをもって亡命申請を拒否することは、個人的な「迫害の脅威」（ジュネーヴ条約）や、「自由のための行動」（1946年憲法前文 4 項）を前提に、個別的な審査を求めている両規範に抵触し、ひいては申請者間の平等取扱いに反する余地がある[361]。

　憲法院は、2003 年 12 月 4 日の判決のなかで、「安全な出身国」のリストの作成について、この法理はすでにジュネーヴ条約によって定められていること、異議をとどめられている条文中に「出身国の安全性の考慮は、各申請の個別的審査（examen individuel de chaque demande）を妨げることはできない」との規定

---

359)　ドイツ基本法 16 a 条は、「政治的に迫害された者は、亡命権を有する」と規定する 1 項につづいて、2 項で「欧州共同体を構成する国家から入国する者、または、難民の法的地位に関する協定ならびに人権および基本的自由の保護に関する条約の適用が確保されているその他の第三国から入国する者は、第 1 項を援用することができない」と規定し、「安全な出身国」および「安全な第三国」の概念を導入している。なお、同 3 項は、立法府が政治的迫害の不存在を推定させる国家リストを作成することができることも規定している。詳しくは、後注 484 参照。

360)　F. Julien-Laferrère et X. Créach, *op. cit.,* p.396.

361)　ただし、議論の立て方として恣意的要素の入り込む余地のある個別的審査よりも、統一した基準を当てはめる審査の方が平等であるとの考え方もありえよう。ここには、平等における形式主義と実質主義との優先に関する理念の対立がある。

第4節　亡命権保障の内容と申請棄却者の地位　　229

（8条3項2°；現行 CESEDA L.741-4条2°）があること、「安全な出身国」の国籍を
保持していることを理由に、**OFPRA** が利害関係人の聴聞を行う義務が免除さ
れるものではないこと等を理由に、この法理に基づくリストの作成をもって亡
命権が侵害されるものではないと判断した（判決理由37）。

　また、平等取扱いに関しても、立法者が、異なる状況——安全な出身国であ
るかどうか——を、異なる様式で——難民資格または補完的保護を与えるかど
うか——規律することがあっても、そうした差別的取扱いが、一般利益、公益
を理由とし、法律の目的と直接的な関係を有する限り、平等原理に違背するも
のではないとした（判決理由39）。

　(c)　**公の秩序等への重大な脅威**（同3°）　　申請者は、その存在が公の秩序、公
的安全または国家の安全保持に**重大な**（強調著者）脅威を与えるときには、入
国拒否の対象となる。ここでは、単なる脅威では足りず、「重大性」が要件と
されていることに留意しておく必要がある。

　公の秩序を理由とする入国拒否は、1945年11月2日のオルドナンスを修正
する1980年1月10日の法律によって初めてフランスの実定法中に書き入れら
れることになったが、それは、国家主権の属性として、これまで慣行上十分に
確立され、また、行政判例によっても承認されていた自明な法理を確認するも
のにほかならなかった[362]。憲法院も、1986年9月3日の判決で、この法理に
よる入国拒否が、憲法とりわけ1946年憲法前文4項の規定する亡命権の保障
に違背しないと判断して以降、一貫して「公の秩序の維持」が憲法的価値を有
する目的であることを確認している。

　公の秩序への脅威となる人物かどうかは、FPR（追跡者リスト、Fichiers des
personnes recherchées）[363] または SIS（シェンゲン情報システム、Système d'Information
Schengen）[364] に登載されているかどうかよって明らかにされる[365]。ただし、

---

362)　D. TURPIN, « Le statut constitutionnel de l'étranger »,*op. cit.*, pp.29-30.

363)　Décret n° 96-417, 15 mai 1996, *JO*, 18 mai 1996, p.7487. FPRへの掲載は、国外追放措置、公
　　の秩序への脅威を構成する外国人に対する領土への入国禁止措置、フランスにおける居住禁止
　　措置をもとに行なわれる。

364)　SISの情報検索システムは、1995年5月6日のデクレ n° 95-577 によってフランス国内にお
　　いて適用された（*JO*, 7 mai 1995, p.7420）。SISにおける人物特定に関しては、シェンゲン協定
　　施行条約第IV章参照。

365)　CE, 21 mai 1997, *Préfet du Doubs c/ Tomescu*, req. n° 169563.

230　第 I 章　亡命権（庇護権）

フランスへの入国を拒否するために、こうしたリストを機械的に援用すること
は、国内的な「公の秩序」への脅威の現在性の判断や、個別的審査の要請に合
致するものであるかとの疑念がつきまとう。また逆に、他の加盟国の指定によ
るリストへの掲載を根拠として「公の秩序」への侵害を判断することは、国家
主権の行使に対する制約要素となるのではないかとの疑義もありえよう。

　2003 年 12 月 10 日の法律は、国際テロリズムへの対処として、従来の「公の
秩序」に加えて新たに「公的安全」と「国家の安全保持」という要件を加えて
いる[366]。

　ジュネーヴ条約も、加盟諸国が、「国家の安全（sécurité nationale）または公の
秩序を理由とする場合しか、合法的に領土に存在する難民を追放してはならな
い」と規定し（同 32 条 1 項）、ノン・ルフルマンの原則を述べたうえで（同 33 条
1 項）、この原則の適用除外として、当該難民が、国家の安全保障に対する脅威
と考えられる重大な理由が存在する場合に加えて、重罪または特に重大な軽罪
の最終宣告の対象となり、自らが存在する国の社会共同体に対する脅威
（menace pour la communauté）を構成する場合をあげているが（同 2 項）、それは
この抗弁理由が国家の主権的な判断に基づくことを前提としているからである。

　(d)　意図的な詐術〔欺罔〕行為（fraude délibérée）または濫用的訴願（recours
abusif）（同 4°）　　ここでは、亡命申請が、意図的な詐術〔欺罔〕に基づいてい
たり、濫用的といえる訴願を構成する場合、あるいは宣告されたまたは切迫し
た送還措置を単に免れるためだけに提出されている場合が対象とされる。

　同項は、とくに、異なる身分証明書を利用して、複数の亡命資格での入国申
請を行うような欺罔行為と、UE の他の一国で審査を受けているにもかかわら
ず、フランスの海外公共団体でも申請を行うような場合をあげている。他にも、
全く根拠に欠ける再審査請求を行う場合[367]などが当てはまるであろう。

　こうした手続の濫用的行使の概念については、コンセイユ・デタの判例のな
かで、繰り返し述べられてきた[368]。ただし、例えば 30 日の短期ビザを取得す

---

366)　*AN, Rapport* n° 883, *op. cit.*, p.51.

367)　再審査請求とは、OFPRA による最終的な拒否決定の後、新たな要素（éléments
nouveaux）を提示し、自らの申請の再審査を求めることである（CESEDA R.742-1 条）。申請
がなされた場合は、交付される APS の有効期間は、14 日間に限定される（同）。

368)　B. Genevois, « Un statut constitutionnel pour les étrangers », *op. cit.*, p.885.

るために詐欺的手段を利用したことは、亡命申請それ自体を「意図的欺罔行為」とするには不充分であると判断されている[369]。

何を基準に「濫用的」と判断するかは、漠然かつ不明確な場合もあり、これを理由とする入国拒否は、申請の実体的審査を回避するための言い逃れとなる危険性が付きまとう[370]。

したがって、行政裁判官は、この概念を限定的に解釈していると指摘される[371]。

2011年のベソン法は、これに関して、当局を誤導するための虚偽表示等が意図的欺罔行為を構成するとの加筆修正を行ったことはすでに述べた（本章第3節1(3)③参照）。

② 国境における亡命申請とオルトフ法による制度改正（CESEDA 第2章 L.221-1 条以下）

(A) 亡命申請

(a) 申請手続

CESEDA L.221-1 条は、「鉄路、海路または空路で、フランスに到来した外国人で、フランス領土への入国が認められないか、または亡命資格で入国を申請する者は、行政立法によって（par la voie réglementaire）定められたリストに掲載された国際線に通じる鉄道駅、港または上陸地近郊、もしくは空港における待機ゾーンで、その出国に厳密に必要な期間（temps strictement nécessaire）、身柄拘束されうる。もし、当該外国人が亡命申請者である場合は、その申請が明らかに根拠を欠くものでないことを決定する審査に厳密に必要な期間、同じ措置に付されうる」と、国境における亡命申請について規定している[372]。2011年のベソン法は、外国人の集団が船で港以外の海岸に上陸するような事態に対処するため[373]、上陸場所から直近の国境通過点まで待機ゾーンを拡張する修正を行った（CESEDA L.221-2 条、序章第3節 **6**(6)参照）。

---

369) CE, *Préfet de la Moselle c/ M. Saïd Belaïd*, req. n° 152338, *AJDA*, 20 janvier 1997, pp.101-102.

370) X. Vandendriessche, *Jurisclasseur administratif, op.cit.*, p.24.

371) H. Labayle, « Le droit d'asile », *op. cit.*, p.260; CE, 2 octobre 1996, *Préfet de la Moselle c/ Belaïd*, req. n° 152338; conclusion J.-M. Delarue, *AJDA*, 1997, p.98.

372) 他方で、待機ゾーンに留置されている外国人は、いつでも外国に出国できる（同条）。

373) この条文の追加は、2010年1月23日、船でコルシカ島の海岸に上陸してきた123名のクルド人を送還するために行政留置に付した決定が、行政裁判所により取り消された事件を契機としている。

232　第Ⅰ章　亡命権（庇護権）

　本条は、国境に出現する外国人で、入国を拒否された者[374]および亡命申請者という二つのカテゴリーを対象に、待機ゾーンでの身柄拘束を規定するものであるが、とくに亡命申請者に拘束ついて、その申請が「明らかに根拠を欠く」ものかどうかの審査は「厳密に必要な期間」に行うものとしている。

　ここでいう「待機ゾーン」は、当初は「トランジット・ゾーン」と呼ばれていたもので、外国人がフランスに入国しなかったものとみなされる「国際ゾーン」という法的フィクションであり[375]、フランスでは、権限を有する行政機関、すなわち県知事等によって画定される（CESEDA L.221–2条；同 R.221–1条）。

　亡命申請者の入国を拒否する決定は、申請者の聴聞を行う OFPRA の意見を聞いたうえで、移民担当大臣が行う（同 R.213–2条；R.213–3条）[376]。この決定に不服のあるときは、この通知から 48 時間以内に理由を付した書面により、地方行政裁判所長にその取消しを求める訴えを提起することができる。この手続は、オルトフ法によって新たに導入されたものである（詳しくは後述、本節 1 (1)②(B)(b)参照）。

　申請が明白に根拠を欠くものではないと判断したならば、警察機関は、普通法上の亡命手続の枠内で申請を提出させるために、当該申請者に対して、入国を認める 8 日間有効な通行証（sauf-conduit）を交付する。これを受けて、申請者は、フランス領土への入国が可能となり、県知事等に亡命資格による在留許可を申請する。県知事等は、亡命申請書類を OFPRA に移送するとともに、申請者に一時在留許可証（1 か月有効）を交付する。これによって、国内における亡命申請と同様に普通法上の手続過程に入ることになる。

　ところで、裁判権の分離という確立された憲法原理によって、司法裁判官は、身柄拘束の決定を含め行政決定に対する審査権限を有しない。つまり、身柄拘

---

374)　同条は、亡命申請者以外にも、「フランス領土への入国が認められない者」の待機ゾーンでの身柄拘束も規定しているが、この対象となるのは、「入国不許可者（non-admis）」（CESEDA L.211–1条で列挙された必要証書を携帯しない者等）および「トランジットの中断された状態にある外国人（étrangers en "transit interrompu"）」（輸送会社によって搭乗を拒否され、または、最終目的国の機関によって入国を拒否された結果、フランスに送り戻された者）である。

375)　H. Labayle, « Le droit d'asile », op. cit., p.264. これに関しては、序章注 256 参照。

376)　亡命申請以外の国境における入国申請に対する拒否決定は、国境のコントロールにあたる国家警察または税関の長によって行われる（同 L.213–2条、同 R.213–1条）。この決定は、理由を付した書面で行われる（同 R.213–1条）。

第4節　亡命権保障の内容と申請棄却者の地位　　233

束と送還の決定に関しては、行政裁判官の管轄となり、身柄拘束の延長決定の
みが司法裁判官の管轄となるということである。しかしながら、拘束の延長に
際して、拘束の前提となっている「明らかに根拠を欠く申請」か否かの警察機
関等による判断について審査することは避けられない。この点で、2011年のベ
ソン法は、JLD が始めて関与できる日を身柄拘束から5日目と規定した（CESEDA
L.552–1条）ことから、この間は拘束決定の適法性については、行政裁判官が判
断する。したがって、この決定が違法と判断されれば、当該外国人は釈放され、
適法であると判断されれば、送還措置に付されうることにもなる[377]。憲法院は、
こうした裁判を組織し、より効果的な送還手続を可能とした法律規定を、憲法
的価値の目的である「裁判のよき運営」と「公の秩序の保護」と個人的自由の
保護とを調整したもの（判決理由72）とし、いわゆる「法律の留保（réserve de
loi)」の理論[378]によって立法府の裁量を認めた合憲判断を下している。これ
については、66条の個人的自由の保護の要請を歪めているとの批判もある[379]。
　「待機ゾーン」での身柄拘束は、状況により、個人的自由への重大な侵害と
なり、それによっていわゆる「暴力行為」を構成し、管轄権が司法裁判所へ移
行する場合もある[380]。
　なお「待機ゾーン」での身柄拘束が、20日間を最長とする審査に必要な期
間（CESEDA L.222–1条および同222–2条）を超える場合は、当該外国人は、8日
間有効の正規化ビザ（visa de régularisation）が与えられ、フランスへの入国が認
められる（同L.224–1条）。この期間内に県知事等が交付するAPSまたは在留許
可申請の受領証もしくはOFPRAによる亡命申請の受領証を得ない限り、ビザ

---

377)　こうした手続は、行政裁判官にも個人的自由の守護者としての役割を担わせることに通ずる
　　余地がある。この点を指摘するものとして、V. TCHEN, « Étrangers: regards critiques sur la
　　réforme du 16 juin 2011 », op. cit., p.26参照。憲法院はこの点について判断を示していない。
378)　「法律の留保」の理論とは、法律事項について規定する憲法34条を根拠として、議会（法
　　律）は、憲法上保障された諸権利の規制のために独自の権限（compétence irréductibles）を
　　行使することができるとするものである。L. FAVOREU et les autres, Droit des libertés
　　fondamentales, Dalloz, 2009, 5ᵉ éd., p.149.
379)　V. TCHEN, « Étrangers », op. cit., p.26.
380)　例えば、「待機ゾーン」における警察機関による亡命申請登録の意図的引延しが、行政側の
　　暴力行為となることを認める判決もある。CA Paris, 29 décembre 2001, Diallo, n° 2402,
　　Dictionnaire permanent Droit des étrangers, bull. n° 92 （mars 2002), p.7831. なお、暴力行為
　　に関しては、序章注178参照。

234 第Ⅰ章 亡命権（庇護権）

の期間満了時に出国しなければならない（同）。なお、入国拒否決定が行政裁判所によって取り消された場合もこれに準ずる（同 L.213–9 条、これについては後述、本節 1⑴②(B)(b)参照）。自主的に出国しない場合には、状況により、行政留置に付され、送還措置の対象となる。

　(b)　「明らかに根拠を欠く」申請の抗弁事由（CESEDA L.221–1 条）　　この条項は、いわゆる待機ゾーン——かつてのトランジット・ゾーン——のある入国地点に外国人が存在する場合、すなわち、国境で亡命申請を提起するときに適用されるもので、移民担当大臣が権限を有する（CESEDA R.213–3 条）。

　この概念もまた、相当に漠然としたものであるがゆえに、常に濫用の危険性がともなう。

　ただし、この概念は、真正な申請者に保護を集中させる目的から、HCR の執行委員会によって、1983 年以降認められてきたものである。

　通常、「明らかな（manifeste）」とは、素人にとっても自明で（évident）、認識できる（visible）ことをいう[381]。

　憲法院も、1992 年 2 月 25 日の判決[382]のなかで、この条項を挿入した 1992 年 2 月 26 日の法律[383]の合憲性を審査した際、亡命申請者は、申請が、「明らかに根拠を欠くものと思われる場合のみ、適切な保障を介しながら、その出発に必要な期間、トランジット・ゾーンにおける身柄拘束の対象となる」（判決理由 11）と述べた後ほぼ同様に、「明らかに根拠を欠く」とは、「いかなる調査を行なう必要もなく（sans avoir à procéder à aucune recherche）、当該利害関係人の状況を理解する」ことであるとして、この概念に限定を加えようとした（判決理由 32）。

　コンセイユ・デタもまた、いわゆる 1996 年の *Rogers* 判決のなかで、この概念を審査する機会を得ている。リベリア国籍を有する申請者は、自国を発った後、カメルーンでドイツ船舶に忍び込み、フランスのダンケルクで発見された際、船舶上から、亡命資格でのフランスへの入国を申請した。内務大臣は、1945 年のオルドナンス 35 条ノ 4 に基づき、外務大臣の意見を聴取したうえで、

381）　F. Julien-Laferrière, *Hommes et migrations, op. cit.*

382）　Décision n° 92–307 DC du 25 février 1992, *Rec.*, p.48.

383）　Loi n° 92–190 du 26 février 1992, *JO*, 27 février, p.3094.

ジュネーヴ条約加盟国として「安全な第三国」であるカメルーンで難民申請することができたことを理由に、同氏の申請は「明らかに根拠を欠く」ものであるとして、入国を拒否した。ここで内務大臣は、ロンドン決議に依拠して、安全な第三国の通過を、「明らかに根拠を欠く」申請の構成要素として含めること、いいかえれば、前者を後者の属カテゴリーとする考え方を採用したわけである。

これに対してコンセイユ・デタは、「安全な第三国」を経由してきた申請者の入国拒否について規定している同オルドナンス31条ノ2（1998年に改正される前の1952年の法律10条2号に対応するもの）は、領土内において提起された申請に適用されるものであり、国境で提起された申請に対して対抗される「明らかに根拠を欠く」ことを理由とする抗弁を援用することはできず、内務大臣は、この点で、「法的に考慮することのできる状況の一つではなかった」ものを考慮することによって、法的過誤を犯したものと判断した。別ないい方をすれば、相当に漠然とした「明らかに根拠を欠く」申請の概念のなかに、「安全な第三国」の法理を読みこむことも可能であったにもかかわらず、コンセイユ・デタは、両者の濫用的な同一視を退けることによって、亡命拒否の諸抗弁に対して厳格な解釈をとってきた従来の立場を踏襲したといえる[384]。

それゆえに、コンセイユ・デタの *Rogers* 判決は、規範的効力をもたない決議を法的根拠として援用できないことを確認した点[385]からすれば、法的には正当化されるものの、欧州の共通した亡命政策の展開にとっては、大打撃を与えるものであったと評される[386]。

ただし、**OFPRA** は、ロンドン決議に示唆を受けつつ、また、これまで経験と慣行から、「明らかに根拠を欠く」か否かの性質を判断するために、以下の

---

384) H. LABAYLE, « Le droit d'asile », *op. cit.*, p.261. コンセイユ・デタは、ジュネーヴ条約に加盟している第三国であるセネガルに4年間滞在していたことのみをもって、難民資格の認定を奪われうるものではないと判断していた。CE, Ass., 16 janvier 1981, *Conté, Rec.*, p.19.

385) ロンドン決議は、共同体の制度的枠組みのなかで起草・採択されたものではなく、したがって批准または承認ないしは公表の対象とされず、フランスの法的枠組みのなかに組み込まれていなかったがゆえに、コンセイユ・デタは、その規範的効力を否定したのであった。

386) H. LABAYLE, «Le droit d'asile», *op. cit.*, p.261. 同教授は、移民に関する欧州政策の特徴の一つとして、決議等の強制力を欠く法形式で規定されることをあげ、それが条約の不完全性に由来する、意図的であると同時に技術的なものであると指摘したうえで、こうした手法による抑制的な亡命政策の「共同体化」を予想していた。*Id.*

236　第Ⅰ章　亡命権（庇護権）

ような準則を引き出している[387]。すなわち、

(ⅰ)援用された理由が、亡命問題の枠外に位置付けられるもの（経済的理由、純粋に個人的な都合による理由等）、

(ⅱ)申請が、意図的詐術によるもの（利害関係人が明らかに自分のものではない国籍を利用する場合、虚偽の申請の場合等）、

(ⅲ)申告が、あらゆる実体を欠き、個別的でなく、具体的でない場合、

(ⅳ)利害関係人が個別的要素を語ることなく、動揺するまたは不安定な一般的状況に言及する場合、

(ⅴ)申告が、ストーリーのあらゆる信頼性を奪う、致命的なまでに一貫性を欠いていたり、重大な虚偽または矛盾によって損なわれている場合、

である。

　亡命申請が「明らかに根拠を欠く」かどうかの判断およびそれに必要な期間の待機ゾーンにおける身柄拘束の決定は、国境のコントロールに当たる国家警察や税関が行う（CESEDA L.221-3条；同 R.221-1条）。外国人の亡命申請審査に関しては、OFPRAおよびCNDAの権限に属するものの、警察機関等が、入国を決定する際に、「明らかに根拠を欠く」の概念よって先行的に申請をふるいにかけるわけである。

　すでにふれたように、この概念の漠然性および不明確性、警察機関等による恣意的運用の危険性[388]から、合理的期間を越える身柄拘束は人身の自由や移動の自由に対する侵害となる。それゆえに、CESEDAも、拘束決定は、理由を付した書面で行われることを要求し（同）、拘束期間も4日を超えることはできないものと規定している（同 L.222-1条）。もしこの期間を超える場合は、「個人的自由の守護者」としての司法裁判官（JLDが担当する）の関与が必要とされ、8日間を限度に延長が求められる（同）[389]。

---

387)　CEDH, *Gebremedhin, op. cit.*, considérant 26.

388)　警察機関による運用の実態を報告するものとしては、例えば、F. JULIEN-LAFERRIÈRE, Le traitement des demandeurs d'asile en zone d'attente, entre théorie et réalité, *Hommes et migrations*, n° 1238, 2002. 参照。そこでは、「人間性の境界」と位置付けられる法なき（non-droit）ゾーンの現実が浮き彫りにされている。

389)　例外的または当該外国人が出国を意図的に阻害する場合には、同裁判官の決定によりさらに8日を越えない期間内での身柄拘束が認められる（CESEDA L.222-2条）。

(B) オルトフ法による制度改正

　国内における亡命申請と国境における亡命申請とは、亡命申請という対象物は同じでも、申請場所の違いによって、実体的にも手続的にも大きな差異と不平等を生ぜしめるものであった。

　そこで当然ながら、こうした差異を正当化するだけの合理的理由があるのかがまずは問われることになろうが、その前提として、両申請が法的にみていかなる関係にあるのかを認識しておくことが必要となる。

　これに関しては、1996年の*Rogers*判決が示唆するように、国境における亡命申請制度は、ジュネーヴ条約の準則に基づく普通法制度に対する一つの例外的制度（régime d'exception）と捉えられるのが一般的である[390]。

　これに対して、憲法院がどのような立場をとっていたかというと、国境における亡命申請に関する1992年2月25日の判決および国内における亡命申請に関する1993年8月13日の判決を対比する限り、申請を提起する場所に応じて申請者に認められる諸権利が異なることから生ずる平等原則侵害を主張する付託者側の違憲性の抗弁には賛同しなかった。同院にとって、外国人の入国・在留の権利は憲法の保障する一般的・絶対的な権利ではなく、その入国・在留の諸条件は、公権力の広汎で特別な権力行使としての行政警察措置によって制限される（1993年8月13日の判決理由2参照）ことから、平等原則の問題ではないということであろう。

　しかし、両申請の差異は、手続上の相違の大きさもあり、申請の偶然性による外国人間の不平等を助長する結果をもたらし、法律の前の平等という憲法原理（1789年の人権宣言6条）からして、問題を含んでいるとする批判も強い[391]。

　国境における亡命申請が受け入れられず、入国拒否決定が下された場合、当該利害関係人は、直ちに送還の対象となる。拒否決定の取消しを求める場合、他のすべての行政決定と同様に、行政裁判所による取消訴訟の対象となるものの、その訴訟には停止効がないからである。また、行政裁判所法典L.521–1条およびL.521–2条の規定する急速審理手続（これについては、序章第2節2(1)②(B)参照）に訴えた場合でも、急速審理裁判官が判断を下すまで、入国拒否決定の

390）　例えば、H. LABAYLE, «Le droit d'asile», *op. cit.*, p.265.
391）　*Id.*, p.259.

238　第Ⅰ章　亡命権（庇護権）

執行が停止されるものではない。これがフランス行政法の原理ともいえる「執行不停止原則」が適用される国境における亡命申請者への従来からの対応であった。

　これに対して、人権条約13条の「効果的救済〔訴願〕の権利」の保障の観点から、疑義を唱えたのがつぎのCEDHの判決（(a)）であり、その判決を受けて国内法の手直しを行ったのが、下のオルトフ法（(b)）である。

　(a)　CEDHの *Gebremedhin* 判決（2007年4月26日）[392]

　(i)　事件の概要　　エリトリア国籍を有するGebremedhin氏は、国内での反政府活動家との関わりから逮捕された。6か月間の勾留中に虐待を受け、病気による入院後、スーダンに出国したものの生命の危険を感じ、南アフリカ経由でフランスのパリ・シャルルドゴール空港に到着した。そして、亡命資格による入国許可を申請した。同氏は、その申請が、本節1(1)②で述べた「明らかに根拠を欠く」ものでないかどうかの審査を受けるために、警察機関によって、その審査に厳密に必要な期間、待機ゾーンに身柄拘束された（拘束は、最大限の20日に及んだ）。2日後、OFPRAの係官の最初の聴聞を受け、同係官は、Gebremedhin氏の亡命資格での入国に有利な意見を提出した。しかし、同係官の報告書は、その上司によって不十分なものと判断された結果、二回目の聴聞が通訳付きで当該上司によって行われた。2日後、当該上司は、同氏の申告には多くの不正確さや誤った言及があり、その主張の現実性を根拠付けることはできず、したがって明白に根拠を欠く申請であるとの否定的な意見を提出した。翌日、内務大臣は、同氏の亡命資格での入国申請を拒否し、エリトリアまたは合法的に受け入れ可能な国への送還を決定した。その翌日、同氏は、当該入国拒否決定は、亡命権の重大かつ明白に違法な侵害であると同時に、欧州人権条約3条の意味する非人道的または品位を欠く取扱いを受けない権利を侵害するものであるとして、行政裁判所法典L.521–2条の規定する自由のための急速審理手続に訴えた。同裁判官は、CESEDA L.711–1条[393]によって、OFPRAに付託されるのは、フランス領土への入国が認められた外国人が、難民資格を申請する場合だけであり、本件のように国境における亡命申請に関する判断は内務大臣だけがなしうるとの理由から、同氏の訴えを退けた。

────────────────

392)　CEDH, *Gebremedhin [Gaberamadhien] c. FRANCE, op. cit.*

第 4 節 亡命権保障の内容と申請棄却者の地位　　239

　その後、同氏はエリトリア大使館によって同国への通行許可証が交付されることになったが、付託を受けていた CEDH が、同裁判所規則 39 条[394] を適用して、送還停止の申請を認めたことから、内務大臣は、同氏の入国を認めることになった。その後は、国内における亡命申請手続に従い、OFPRA へ亡命資格を申請し、その結果、パリ到着後約 4 か月で、難民資格が認定されることになった。

　(ⅱ)　判決の概要　　CEDH は、人権条約 13 条によって要求される救済手段は、法上も事実上も（en pratique comme en droit）、「効果的なもの」でなければならず（判決理由 53）、本件でとられた国境での入国拒否決定は、亡命申請の提起に対して障害をなしているだけでなく、当該決定は、執行的なものであるがゆえに、直ちに送還が実施されうることを問題視した（同 54）。とくに、同条約 3 条との組合せによる 13 条の「効果的救済手段」の概念は、3 条の禁止する取扱いにさらされる重大なおそれのある者によって惹起されるすべての主張に対する「独立した厳格な審査（examen indépendant et rigoureux）」を必要としており、本件の場合には、「3 条に違背する取扱いの危険性の存在を確信する重大な理由が存在すること」と「争われている措置の執行を停止させる可能性」を意味していると判断したのであった（同 58）。

　CEDH はまた、国内における亡命申請手続と国境におけるそれとを対比して、その制度的不備を指摘している。すなわち、前者は、3 条の取扱いの対象となりうる申請者の送還に対して、OFPRA および（裁判機関である）CRR による対審的審査と、申請手続中の送還不可能性を結び付けることで、申請者が享受しうる確実な手続といえる。これに対して、後者は、警察機関によって申請が「明白に根拠を欠くもの」と判断されたならば、入国申請が拒否され、OFPRA

---

393)　同条は、「難民資格は、自由のための行動により迫害を受けたすべての者、1950 年 12 月 14 日の国連総会によって採択されたその他の地位に関する第 6 条および第 7 条の規定により HCR がその職務を行使するか、または、難民の地位に関する 1951 年 7 月 28 日のジュネーヴ条約第 1 条の定義に対応するすべての者、に承認される。これらの者は、上述のジュネーヴ条約によって難民に適用される諸条項によって規律される」と規定している。

394)　同裁判所規則 39 条は、「法廷（chambre）、または場合により、その裁判長は、訴訟当事者または他のすべての利害関係人の請求により、または職権で、当事者の利益または手続のよき進行の利益から、採用されるべきであると自らが思慮するあらゆる暫定的措置（toute mesure provisoire）を、当事者に指示する（indiquer）ことができる」と規定している。

240　第Ⅰ章　亡命権（庇護権）

へ亡命申請を提起する可能性もなく、自動的に送還される。また、こうした評価をなすために最長で 20 日間しかなく、申請を補強する余地もなく、その結果警察機関によるこの概念の「拡張的」適用と申請の表面的評価に至るのである（判決理由 59、60 および 61）。急速審理裁判官への付託に関しても、当然の停止効を有さないことから、申請者は、同裁判官が判断を下す前に、警察機関によって適法に送還されることを、国連拷問禁止委員会の批判を援用しつつ[395]問題視したのであった[396]。

　結局、同裁判所は、利害関係人が当然に停止的な訴願にアクセスできることが 13 条の要請であり（同 66）、本件においては、「待機ゾーン」で、当然に停止的な訴願にアクセスすることができず、申請者は、人権条約 3 条から引き出された自らの主張をなすための「効果的救済手段」を用いることができなかったがゆえに、3 条と組み合わされた 13 条へ違背が存在するものと結論付けたのであった（同 67）[397]。

---

395)　同委員会は、拷問が行われるおそれがあると信ずるに足りる実質的な根拠がある国への送還を締約国に禁じている同条約 3 条を根拠に、停止効のない訴願の提起手続を問題視し、同条約 22 条の個人通報手段による同委員会への付託を含むあらゆる既存の訴願（référé-suspension または référé-injonction のこと）を利用することができるための措置をとるように勧告していた（判決理由 52 参照）。

396)　*Gebremedhin* 判決のなかで、原告側は、空港で提起された入国申請の 93％が、拒否されているとの数値をあげている（判決理由 13）。元老院の報告書（*Rapport Sénat*, n° 470, *op. cit.*）から算出した数値でも、拒否率は、2004 年 92％（2,390 の申請件中、2,203 件）、2005 年 78％（2,424 件中 1,883 件）、2006 年 77％（2,866 件中 2194 件）、2007 年 64％（1,819 件中 1,157 件、ただし第一期の数値）、となっている。

397)　CEDH は、待機ゾーン等のいわゆる国際ゾーンにおける身柄拘束については、これまでも人権条約 5 条 1 項の保障する「自由と安全の権利（droit à la liberté et à la sûreté）」の観点から、重大な関心を寄せてきた。CEDH は、フランスを被告とする 1996 年 6 月 25 日の *Amuur* 判決（CEDH, 25 juin 1996, *Amuur c/ France, Rec.*, 1996, III, série A n° 11）のなかで、空港内の国際ゾーン〔トランジット・ゾーン〕における身柄拘束は、欧州人権条約 5 条 1 項に違背するものと主張する訴えを審査した際、同ゾーンにおける身柄の拘束によって、「亡命申請者から、難民の地位の決定手続に効果的にアクセスすることを奪ってはならない」のであり（判決理由 43）、「とりわけ亡命申請者が問題となっているときには、恣意のあらゆる危険性（danger d'arbitraire）を避けるために、自由の剥奪を認める国内法は、十分に、アクセス可能で、明確なもの（accessible et precise）」でなければならず、こうした適法性原理の特徴は、基本的諸権利の保護と国家の移民政策の要請とを調整する必要性を考慮しつつ、「空港での亡命申請者を対象とする領域において基本的な重要性」を帯びていると強調している（判決理由 50）。なお、CEDH は、空港の国際ゾーン〔トランジット・ゾーン〕における外国人の身柄拘束は、欧州人権条約 5 条の意味する「自由の剥奪（privation de liberté）」を構成すると判断した（判決理由 49）。

第4節　亡命権保障の内容と申請棄却者の地位　　241

(b) **2007年11月20日のオルトフ法による修正**　　この判決にフランスの立法を適合させるために「国境における亡命申請」の拒否決定に対する保護手続を規定したのがこのオルトフ法である。CEDHの判決に対応するためには、通常の行政訴訟と二形態の急速審理という先にあげた三つの既存の制度に修正を加えることが考えられたのであるが、最終的に選ばれたのは、つぎのような停止効つきの取消訴訟の導入であった（CESEDA L.213-9条）[398] [399]。

亡命資格でなされた入国申請に対する警察機関による拒否決定に対して、その通知後48時間以内に管轄を有する地方行政裁判所長に対してその取消訴訟が提起されねばならず、同所長（またはその委任を受けた裁判官）は、付託から72時間以内に判断を下す。この訴訟の提起には停止効がともなうため、裁判所による判断が下されるまで送還等の入国拒否決定の執行はできない。

申請者は、通訳の協力を求めることができ、1人の弁護人の立会いも可能である。法廷は、論告担当官の論告なしに進行される。

ここで下された判決に対しては、その通知から15日以内に、管轄を有する行政控訴院への上訴が可能である。ただし、この上訴には停止効はない。

入国拒否決定が取り消された場合には、直ちに待機ゾーンでの身柄拘束が終了し、8日有効の正規化ビザが交付され入国が認められる。この期間内に行政機関は、当該外国人がOFPRAへ亡命申請を提起できるようにAPSを交付する。

なお、入国を拒否された外国人が、JLDによって延長された8日間の身柄拘束期間中の6日までに亡命申請を提起した場合には、申請日から自動的に6日間延長されるが、通知を受けたJLDは、その延長期間を終了させることができる（同L.222-2条）。また、亡命資格での入国が拒否された外国人が、待機ゾーンでの最後の身柄拘束期間の終了前の4日以内に取消訴訟を提起したときは、拘束期間は自動的に4日間延長されるが、JLDはいつでもその拘束を終了させることができる（同）。

---

398)　この規定の導入の経緯等については、本章第3節1⑶②(B)(b)参照。

399)　それまでは、入国拒否決定に対する取消訴訟は、24時間以内に行われなければならず、また、判決は、期間に関する普通法上の要件が課される結果、通知を受けた後、2か月内に下される（行政裁判所法典R.105条）。外国に住居を有する申請者は、「遠隔（distance）」期間の2か月が加えられる（同条）。その結果、申請者は、訴訟提起時にはタイムレースにさらされるとともに、実際には送還された国から訴訟を提起する可能性しか残されていなかった。

なお、この訴訟は、他の訴訟と非競合的であり、亡命資格での入国拒否決定に対する他の訴訟は提起できない（同 L.213–9 条）。

(2) 保障の内容

本章第3節2(1)②でふれたように、憲法院は、1993年8月13日の判決のなかで、前文4項の亡命権から、亡命申請者が、フランスの諸機関に対抗しうる二つの原理を導き出した。一つは、実体的な視点からする入国・在留権に関するもので、他の一つは、手続的な視点からの「防御権」に関するものである。別ないい方をすれば、同院にとって、前文4項の亡命権は、領土における在留が問題となる実体的要素と、申請の審査という手続的要素とによって具体化されるのである[400]。CESEDA も、「フランスで在留を認められた外国人は、OFPRA の決定の通知まで、または、訴願が提起された場合には、CNDA の判決の通知まで、フランス領土にとどまる権利（droit de s'y maintenir）を享有する」と規定している（同 L.742–3 条）。

先に行政判例の展開でみたように、近時は、コンセイユ・デタの「自由のための急速審理」裁判官が、2003年1月27日の「受入」指令とそれを適用する国内法に依拠しつつ、亡命申請者の「妥当な物質的受入条件」の確保の観点から保護の領域を拡張して行く積極的な判例形成を行っている。

ここでは、在留権の保障（(1)）、審査に関わる手続的諸権利の保障（(2)）、そして物質的受入条件の保障を含む経済的・社会的権利の保障（(3)）の諸観点から、その内容について検討していく。

① 在留権の保障

(A) 暫定的在留権

この権利は、最初、コンセイユ・デタによって、「すでに、フランス領土に存在する」亡命申請者（難民資格の認定申請者）のために、その申請に判断が下されるまで領土に暫定的にとどまることができるという難民に関する「法の一般原理」として行政判例上承認されていた[401]。

1993年8月13日の憲法院判決は、この判決を下敷きとしつつ、「亡命権の尊重は、一般的に、この権利を主張する外国人は、自らの申請に関して判断が下

---

400) D. ALLAND, *op. cit.*, p.222.
401) CE, Ass., 13 décembre 1991, この判決については、序章注165参照。*Nkodia, op. cit.*, p.439.

されるまでは、フランス領土に暫定的に在留することが認められて」おり、公
の秩序との調整を留保として、在留は、「当然に（nécessairement）」承認される
ものと述べた（判決理由84）。この暫定的在留権は、いわゆる領土的庇護に連な
るものである。ただし、この在留権は、依然として一時的なものであり、1993
年判決以後の憲法院判決および立法そして行政判例は、亡命申請を難民の地位
の申請に結び付けているがゆえに、暫定的在留権も、難民の権利によって条件
付けられることになり、真正な入国の権利を保障するものではない[402]。

　現在では、「自由のための急速審理」による判決のなかで、「憲法上の亡命権
は、難民資格の認定を申請する外国人は原則として、自らの申請について判断
が下されるまで、フランス領土にとどまることが認められることを含んでい
る」と判断されている[403]。CESEDA も、『亡命申請者の在留権』とタイトル
された第Ⅳ章（L.741-1条以下）で、暫定的在留権について法定している。とく
に同 L.742-3条は、「フランスでの在留が認められた外国人は、OFPRA の決定
の通知、または訴訟が提起された場合には、CNDA の判決の通知まで、フラ
ンスにとどまる権利を有する。当該外国人は、フランス領土からの自発的出国
のために、在留許可の更新拒否またはその撤回の通知から、1か月を有する」
と規定している。

　なお、急速審理裁判官は、さらに前述の *Zaza* 判決で、審査に関する最終的
判断が下されるまで亡命申請者に保障される「妥当な物質的受入条件」に関し
て判断を下した。これに関しては、下の③で検討する。

(B)　送還に対する保護

　亡命申請（難民資格申請）が認められなかった者を含め、フランスでの在留
が認められなかった外国人は、出国しなければならない。自らの意思で出国し
ない場合には、送還の対象となる。

---

402)　I. DODET-CAUPHY, *op. cit.,* p.479. ジュネーヴ条約は、加盟諸国間の主権に配慮する観点から、
　　難民の地位の認定と入国許可とを区別する立場に立っている。また、フランスの行政機関は、
　　OFPRA または CNDA が難民資格を認定した場合、それを尊重して、在留資格を付与するの
　　が一般的な慣行ではあるが、付与すべき義務を課されているわけではない。入国・在留の可否
　　決定は、外国人一般と同様に、ジュネーヴ条約上の難民に対しても、国家主権の属性と考えら
　　れているのである。なお、憲法院判例および行政判例の展開については、本章第3節2(1)およ
　　び(2)参照。

403)　CE, *Sulaimanov, op. cit.*

244　第Ⅰ章　亡命権（庇護権）

通常、送還措置としては、政治犯罪人引渡し、国外退去（reconduite à la frontière）、国外追放（explusion）、再入国、そして出国義務（obligation de quitter le territoire français, 以下 OQTF と略す）が存在する。

現在最も一般的な送還措置は、OQTF である。以下では、これを中心に、一部で亡命者（難民）や亡命申請者（難民資格申請者）に関わってくるその他の送還措置について検討を加える。

なお、送還に関しては、ジュネーヴ条約を根拠とするノン・ルフルマンの原理が援用される。これは、直接には、難民（慣行上、難民資格の申請者も含められる）を、その生命・自由が脅威にさらされる国の国境へ追放または送還してはならないことを意味しているが（同条約33条1項）、フランスでは、コンセイユ・デタによって、難民に適用される「法の一般原理」にまで高められ、政治犯罪人引渡の場合も含め[404]、フランス領土からのあらゆる送還措置に拡張されている。CESEDA も国籍国または有効な旅行証書を交付した国もしくは合法的に入国が認められた国への送還を規定しつつも、生命および自由が脅威にさらされ、または、欧州人権条約3条の規定に違背する措置にさらされることを証明した場合には、そうした国へ送還ができないことを明記している（同 L.513-2条）。

送還に際しては、自由のための急速審理裁判官の関与、さらには欧州人権裁判所による人権条約3条の「間接適用」による保護もなされうる。

(a)　OQTF　　2006年7月25日の法律によって新たに創設された一般的送還手段で、一部の例外を残し、これまでの国外退去措置に代わるものである（同第Ⅴ編第Ⅰ章 L.511-1条以下）。

OQTF は、UE や EEE の特恵的外国人と適用除外に該当する一定のカテゴリーに属する外国人を除いて（同 L.511-4条）[405]、(i)正規に入国したことを証明できない者（同 L.511-1条 I1°）、(ii)ビザの有効期間を越えて領土にとどまっている者（同2°）、(iii)公の秩序への脅威の存在以外の理由で、在留資格の交付または更新を拒否されたか、撤回された者（同3°）、(iv)一時在留資格の更新申請をなさなかった者（同4°）、(v)在留許可証の受領証または交付されていた一時在留

---

404) CE, Ass., 1er avril 1988, *Bereciartua-Echarri, Rec.*, p.135.
405) 10項目からなるこのカテゴリーについては、序章注320参照。

許可を撤回された者、またはこれらの書類の更新が拒否された者（同5°）、に対して県知事等によって適用される（同L.511-1条I）。この決定には、理由を付記しなければならない（同）[406]。OQTFは、送還目的国も確定する（同）。すなわち、一つの決定で、1か月以内の領土からの退去と、この期間内に自発的に出国しない場合の送還国の決定、という二つの内容を含む警察措置である。ただし、訴訟上は、別個の決定とされ、OQTFに対する訴訟と同時に提起されない限り、送還国の決定に対する訴訟は、執行停止されない（同L.513-3条）。

亡命申請者（ないしは難民資格の認定申請者）の場合、通常、多くは違法に入国・在留している。そこで、CESEDAは、必要な書類やビザを保持していないこと、すなわち、違法な入国を根拠として、入国が拒否されないことを規定している（同L.741-3条）[407]。

CESEDA L.742-7条は、とくにいわゆる申請棄却者（demandeur d'asile débouté または単にdébouté）[408] について、「難民資格の認定または補完的保護の享有が最終的に拒否され、他の資格で領土に居住することが認められえない外国人は、フランス領土から出国しなければならない。出国しない場合には、第V編第I章に規定される送還措置[409] の、場合により、第VI編第II章第1節に規定される刑[410] の対象となる」と規定している。

県知事等は、OQTFに、領土への再入国禁止措置（IRTF）を付加することができる（同L.511-1条III）。

OQTFには、二つの様式がある。一つは、自発的出国期間をともなうものであり、他の一つは、それがともなわないものである（同L.511-1条II）。

---

406) なお、自発的出国期間をすぎると、利害関係外国人は、送還国に向けた行政留置に付されうる。理由は付されない。それは、OQTFの前提となる在留資格の交付や更新の拒否決定にはすでに理由が付されていることによる。

407) くわえて、難民資格の申請者は、入国に際して、自らの生命等が脅威にさらされている国から来ていること、また、遅滞なく諸機関に申告することの二つの条件のもとに、違法在留を理由として、刑事訴追されない（ジュネーヴ条約31条1項）。

408)「申請棄却者」とは、亡命申請が終局的に（définitivement）認められなかった者をいう。すなわち、CNDAに訴訟が提起されなかった場合のOFPRAの拒否決定、CNDAに訴訟が提起された場合には、同裁判所の棄却判決、を受けた者である。なお、CNDA判決に対してコンセイユ・デタへの棄却申立が提起された場合でも、申請棄却者とみなされる。

409) これは、OQTFを課す規定である。

410) これは、違法入国および在留に対して、禁固、罰金、入国禁止の刑を科す規定である。

246　第Ⅰ章　亡命権（庇護権）

(i)　自発的出国期間をともなう OQTF

　これは、フランスから自発的に出国するために 30 日間が付与されるものである（同 - Ⅱ）[411]。この OQTF に対しては、その通知から 30 日内に、行政裁判所へ取消訴訟を提起することができる（同 L.512-1 条）。この場合、同時に、在留資格に関する決定、送還目的国に関する決定、そして IRTF を課す決定のそれぞれの取消しを求めることもできる（同 L.512-1 条Ⅰ）。

(ii)　自発的出国期間のともなわない OQTF

　これは、県知事等の理由を付した決定により、この期間の猶予が認められなくなり、出国を強制されるものである。この理由としては、つぎの三つが法定されている。

a)外国人の態度が、公の秩序への脅威を構成する場合（同 - Ⅱ 1°）、

b)在留資格、在留許可申請の受領書、または一時在留許可の交付または更新が、明白に根拠を欠くか詐欺的であることを理由に拒否された場合（同 2°）、

c)外国人がフランス領土から出国する義務を免れる危険（risque）がある場合（同 3°）[412]、

である。

　亡命申請者は、OFPRA による難民認定の可否決定、または場合により CNDA の可否判決の通知までは、フランスに在留することが認められているため、上記の(C)は適用されない（同 L.742-3 条による同 L.511-1 条Ⅱ -3° の適用除外）。

　この OQTF に対しては、その通知から 48 時間以内に行政裁判所への取消訴訟の提起が可能であり、また、出国期間をともなう OQTF と同様に、在留に関する決定、自発的出国期間を拒否する決定、そして IRTF の決定のそれぞれの取消しを求める訴えを提起することもできる（同 L.512-1- Ⅱ条）。

---

411)　県知事等は、当該外国人の「個人的状況（situation personnelle）」を斟酌して、「例外的に（à titre exceptionnel）」30 日を超える出国期間を認めることができる（同）。この状況の判断は、実際には、自由裁量的にであることが指摘されている。GISTI, *Le guide de l'entrée et du séjour des étrangers en France, 2011, op. cit.,* p.168.

412)　この「危険」は、当該外国人が、①正規に入国したことを証明できず、在留資格の交付を申請しなかった場合、②在留資格の交付を申請せずに、3 か月のビザの有効期間を越えて領土に留まっている場合、③更新申請をせずに、在留資格の期限切れ後 1 か月以上領土に留まっている場合、d)先行する送還措置の執行を免れた場合、④偽名で在留資格等を偽造・変造した場合、⑤身分を証明する書類の保持を証明できないなど、十分な書類の提示の保証（garanties de représentation suffisantes）をしない場合、の五つのケースに、証明されたものとされる（同）。

第4節　亡命権保障の内容と申請棄却者の地位　247

(b)　政治犯罪人引渡し　これに関しては、序章第3節1(2)でふれたように、1927年3月10日の法律[413] が、「犯罪人引渡しは、重罪または軽罪が政治的な性質を有するとき、または政治的な目的から申請されているときには、認められない」(5条) と規定し、政治犯罪人である政治難民の引渡しを禁じていた。コンセイユ・デタは、1937年まではこれを、越権訴訟の対象とはなりえない統治行為と考えていた[414]。その後しだいに、政治犯罪人引渡しに関するコントロールを強め[415]、1984年には、政治犯罪人引渡しを求める国の法システムが、人の基本的権利および自由を尊重するものでなければならないとの政治犯罪人引渡しに関する「法の一般原理」——いわゆる「政治犯罪人不引渡し原則 (principe de non-extradition)」である——を確立した[416]。1987年の *Fidan* 判決[417]では、とりわけ死刑に処せられる危険性のある申請国に政治犯罪人を引き渡すことはできないと判決した。そして、1996年の著名な *Koné* 判決[418] では、犯罪人引渡しを規定する条項は、「政治的な目的から (dans un but politique) 犯罪人引渡しが申請されるときに、国家は、当該犯罪人の引渡しを拒否しなければならないとの共和国の諸法律によって承認された基本的原理に合致するよう解釈されなければならない」と述べるまでに至っている[419]。

---

413)　*JO*, 11 mars 1929.

414)　1937年の大法廷判決 (*Decerf, Rec.*, p.534) 以前のことである。

415)　とりわけ、犯罪人引渡しを規定する国際条約に関するデクレの適法性をコントロールすることを認めた1952年の *Kirkwood* 判決 (CE Ass., 30 mai 1952, *Dame Kirkwood, Rec.*, p.291)、犯罪人引渡しの諸理由に関する完全なコントロールを認めた1977年の *Calleja* 判決 (CE Ass., 24 juin 1977, *Astudio Calleja, Rec.*, p.290) および *Croissant* 判決 (CE Ass., 7 juillet 1977, *Croissant, Rec.*, p.292) が注目される。

416)　CE, Ass., 26 septembre 1984, *Lujambio Galdenao, AJDA*, 1984, p.702.

417)　CE, 27 février 1987, *Fidan, D*, 1987, n° 21, p.305. ここでは、死刑の廃止に関する1981年10月9日の法律および死刑の廃止に関する欧州人権条約第6議定書を根拠に、フランスと死刑制度を維持しているトルコとの間に犯罪人引渡しに関する条約がないがゆえに、トルコの裁判権を拘束するものではないこと、フランス政府が、死刑宣告の際にそれが執行されない保証をトルコ政府から得ていなかったことが、引渡しを命ずるデクレを取り消す理由としてあげられている。

418)　CE Ass., 3 juillet, *Koné, Rec.*, p.225.

419)　判決は、つづけて、「政治的な性質の違法行為およびそれと密接に関連する違法行為を唯一の理由とする犯罪人引渡しを、フランス国家が拒否する権限を制限するものではありえない」と述べ、フランスが締結した犯罪人引渡しに関する二国間条約によっても、犯罪人引渡しに関するフランスの国家主権が制約を受けないこと、すなわち、主権の優越性に言及している。*Id.*

248　第Ⅰ章　亡命権（庇護権）

　すでにふれたように、この犯罪人引渡しは、個人的自由との関わりを有することから、現在では、控訴院弾劾部の拘束的意見を経たうえで、デクレによって決定される。ただし、対外的には国家主権の行使とみなされる。

　なお、現代的傾向としてテロ行為が政治犯罪とみなされることは少なくなっており、また、政治犯罪人引渡しも、当該犯罪行為が、引渡請求国だけでなく、引渡国でも刑事犯を構成する場合に限定されるのが一般的である。

　(c)　**国外退去**　　国外退去は、2011年6月16日のベソン法によって前述のOQTFが創設されるまでは一般的な送還措置であったが、現在では、つぎの二つの場合にその適用が限定されている。一つは、刑事訴追の対象となる行為[420]を犯し、その態度が公の秩序に対する脅威を構成する場合であり、他の一つは、労働許可を得ないで労働した場合である（同L.533-1条）。ただし、この措置は、3か月以上正規に居住する外国人には適用されない（同）。

　OQTFの場合と同じく、CESEDA L.511-4条の適用除外に該当する者には適用されない。この措置に関する行政手続および争訟手続については、OQTFに関する準則が適用される（同条最終項）。

　コンセイユ・デタは、国外退去措置が一般的な送還措置であったとき、退去を正当化する違法行為が先行しない限り国外退去措置は違法なものとなるとの判例を確立していたといえる。例えば、違法入国での聴聞の際に亡命が申請されると、亡命資格での在留許可申請に対して権限を有する行政機関（県知事等）は、まず入国申請について判断を下してからでなければ国外退去措置に訴えることができなかったし[421]、送還措置を宣告することもできなかった[422]。同様に、OFPRAが付託を受け、その判断を下していないにもかかわらず、難民資格の申請者に対して国外退去のアレテが宣告された場合も違法とされていた[423]。

　(d)　**国外追放**　　国外追放とは、たとえ在留が正規のものであっても、その存在が公の秩序に対する重大な脅威（menace grave pour l'ordre public）を構成す

---

420)　CESEDA L.533-1条は、一時在留許可証の撤回に関する条文（L.313-5条）を援用することで、主に、これと同じ刑法上の犯罪行為に言及している。代表例として麻薬取引、麻薬蔵匿、人身売買またはその未遂、売春の斡旋・勧誘、公共輸送機関での窃盗などがあげられる。それ以外にも、15歳以下の未成年への暴力行為、誘拐や不法監禁など対象となる犯罪行為は広い。

421)　例えば、CE, *Préfet de Savoie c/ Timon, op. cit.*

422)　例えば、CE, 2 juin 1997, *Osmanovic*, req. n° 173078.

423)　例えば、CE, 30 juillet 1997, *Deli*, req. n° 184985.

る場合に、法定の適用除外に該当する者を除き（CESEDA L.521-2条、L.521-3条、L.521-4条）、外国人を送還する措置である（同 L.521-1条）。県知事等のアレテによって宣告される（同 R.522-1条）。絶対的緊急性を要する場合、国家の安全保障または公的安全にとって切迫的必要性のある場合の追放は、通常は適用除外として追放の対象とならない外国人でも対象とされ、内務大臣によって宣告される（同 R.522-2条）。難民資格を認定されたり、補完的保護を与えられて正規に在留する外国人も、適用除外に該当していないがゆえに、当然ながらこの措置の対象となりうる。

追放措置に当たっては、当該外国人は、審問のために、県庁所在地の大審裁判所長または同所長から任命される裁判官（juge）、同裁判所の総会において任命される司法官（magistrat）および行政裁判所の評定官の3名からなる委員会に召還される（同 L.522-1条）。公開での審議の後、理由を付記された同委員会の意見をもとに、県知事等が追放の可否の判断を下す（同 L.522-2条）。追放のアレテは、行政機関によって職権で執行されうる（同 L.523-1条）。もし、追放対象となる外国人が、出身国に帰国できないか、他国へ出国できないことを証明して、領土から出国できないことを明らかにするときには、OQTFが課され、または、居住指定（assignation à résidence）の対象となりうる（同 L.523-3条）[424]。追放のアレテは、いつでも、権限を有する行政機関により廃止されうる（同 L.524-1条以下）。

(e) **再入国手続**　再入国手続とは、ダブリンⅡ共同体規則の定める準則に従って、亡命申請の審査に責任を負う国が確定された場合に、当該責任国に身柄を送還する新たな措置である[425]（CESEDA第Ⅴ編第Ⅲ章）。コンセイユ・デタは、一連の判決によって、亡命申請の審査が他の一加盟国の審査の対象となる場合には、たとえ当該申請者が「自由のための行動によって迫害を受けた」と主張しても、この手続に従った審査責任国への送還措置は、自由のための急速審理手続にいう基本的自由の「重大かつ明白に違法な行為」を構成するものではないと判決している。逆に、再入国手続を経て出国させる必要のある者でも、

424）　居住地指定を受けた外国人が、命じられた期限内に指定居住地に赴かない場合や、行政機関の許可無くこの居住地を離れた場合は、3年の拘禁刑に処せられる（同 L.624-4条）。

425）　Rép. Min. n° 35572 : *AN*, Q 29 janvier 1996, p.535.

250　第Ⅰ章　亡命権（庇護権）

主権的権限の行使として、この手続に服せしめないことはできる（CESEDA L.531-2条による L.741-4条の援用）。この手続の決定は、理由を付した書面でなされなければならないが、その決定は自動的に執行されうる（同 L.531-1条）。

②　審査を受ける権利と防御権の保障

憲法院は、1993年8月13日の判決で、「1946年憲法前文4項は、同項の対象となる亡命申請者の状況を審査する義務を、行政機関および司法機関に課してお」り、「フランス国民であろうと、外国人であろうと、あるいは無国籍者であろうと、すべての者に対して、憲法的性質の権利を構成する防御権を効果的に行使すること」が重要であると述べた（判決理由84および100）[426]。ここでは、特定のカテゴリーに属する亡命申請者の審査を受ける権利が、すべての者に保障される防御権に結び付けられる結果、保護のレベルが高まるものといえる。

M・ドゥヴィリエ（Michel De Villiers）によれば、防御権は、憲法院によって、憲法的価値を有する共和国の諸法律によって承認された基本的原理とされ──したがって、立法者はその尊重が課される──、自らの意思に反する重大な個別的措置の対象となりうる者が享有しなければならない一連の手続的保障として理解されている。具体的には、当該措置の理由付記、対審制、不利益措置の通知、書類へのアクセス、措置の確定に先立つ口頭または文書による聴聞、防御をなすための期間の付与、弁護人の自由な選任、なされた決定の理由の通知、効果的な裁判的訴願手段の行使、があげられる。防御権は、権利の憲法化（constitutionnalisation du droit）過程の最も顕著な一例である[427]。

防御権は、行政判例上形成されてきたものであり、権威ある注釈書によれば、本質的に、つぎの三つの要素を含むものとされる。まずは、処分手続が開始された通知を受け、その理由が付されることである。この通知は、当該制裁的処分等が確定する前に、効果的に防御をなし、（早すぎも遅すぎもしない）合理的期間内に関与できるためのものでなければならない。つぎに、懲戒の場合は、

---

426)　憲法院が、行政手続に対して、共和国の諸法律によって認められた基本的原理として、すなわち、憲法的価値の権利としの防御権の原理の適用を認めたのは、1977年7月20日の判決においてであった（Décision n° 77-83 DC du 20 juillet 1977, *Rec.*,39）。

427)　M.De Villiers, *Dictionnaire du droit constitutionnel*, 3ᵉ éd., Dalloz, Armand Colin, Paris, 2001, p.91.

第4節　亡命権保障の内容と申請棄却者の地位　251

組織と作用と両立しないか、法令によって除外されている場合を除いて、利害
関係人が、弁護士の補佐を受けることができなければならないことである。最
後に、利害関係人が自らの一件書類の通知を受ける権利を有することを法文が
規定しているときは、通知される書類は、もれなくすべてにわたるもの
（intégrale）でなければならないことである[428]。

　ただし、D・アランも指摘するように[429]、防御権の概念付けは、行政判例上、
諸利益〔諸特権〕が拒否されるケースにしか適用されないのであり、在留の承
認申請または難民資格の認定申請が問題となっている「申請者（demandeurs）」
が、防御権に関する諸原理が適用される「防御人（défenseurs）」に置き換えら
れることは通常は理解しがたい。そこでこの点をとらえて、憲法院による防御
権の原理の拡張的概念付けが語られるのである[430]。この種の申請者を対象と
するものとしては、「対審制原理（principe du contradictoire）」を援用することで
十分であった[431]といわれるゆえんもそこにあろう。

　したがって、「審査を受ける権利」とは、裁判へのアクセス権と対審性原理
とが組み合わされた裁判的コントロールの下に、権限ある機関によって申請の
審査を受ける権利、と要約することができるであろう[432]。そして、対審制の
原理とは、対審的論争を確保する裁判官の義務、そしてこの論争に申請者が参
加する権利として理解される[433]ことになろう。

　2003年のドヴィルパン法による制度の整備後は、ここでいう裁判的コント
ロールとは、特別行政裁判所であるCNDAないしは破毀裁判所としてのコン
セイユ・デタによるものが、権限ある機関としては、OFPRAないしはCNDA
が該当することになる。なお憲法院は、2003年12月4日の判決で、特別行政
裁判所であるCRR（現CNDA）の公平性と独立性が、亡命権の本質的保障を構
成するものと述べ（判決理由62）、権限ある機関の組織原理にまで、亡命権の保

---

428)　M. LONG, P. WEIL, G. BRAIBANT, P. DELVOLVÉ, B. GENEVOIS, *Les grands arrêts de la jurisprudence administrative*, Sirey, 18ᵉ éd., Paris, 2011, p.348-349.

429)　D. ALLAND, *op. cit.*, p.222.

430)　B. GENEVOIS, « Un statut constitutionnel pour les étrangers », *op. cit.*, p.882.

431)　D. ALLAND, *op. cit.*, p.222 ; H. LABAYLE, « Le droit d'asile », *op. cit.*, p.268.

432)　F. MODERNE, *op. cit.*, p.293.

433)　Laure JEANNIN, « Le droit au recours du demandeur d'asile », in *Le droit d'asile en Europe-Étude comparée, op. cit.*, p.343.

252　第 I 章　亡命権（庇護権）

障を及ぼそうとした。なお、公平性と独立性の観点からすれば、これまでのよ
うに OFPRA の代表者が CNDA に加わることの違憲性の疑義も出てこなくはな
いのであるが、これに関して憲法院が判断を下したことはなかった[434]。

　以下ではとくに、対審制の確保とそれに参加する利害関係人の手続的諸権利
の保障（(A)）、弁護人および通訳の立会いを求める権利の保障（(B)）、そしてと
くに申請者情報の秘匿性（(C)）に区分して、検討を加えていくが、ここでの手
続保障は、全体として、申請者の防御権の保護に配慮されたものであると評価
できよう。

(A)　対審制の確保と手続的諸権利の保障

　利害関係人は、弁護人および通訳の付添いを受けて CNDA において、弁明
（explications）なすことができる（CESEDA L.733-1 条）。この際、裁判のよき運営
を確保し、利害関係人の弁明の可能性を容易なものとするために、裁判所長は、
法廷が、秘匿性を保障する視聴覚遠距離通信手段によって公開法廷につながり、
利害関係人の権利を尊重する条件のもとで、申請者が容易にアクセスできる司
法省の管轄する場所の設置を準備することができる（同）。裁判所長および裁
判長は、事案の性質が合議制裁判編成を正当化するものでない限り、命令でも
って、事案を解決する（régler）ことができる（同 L.733-2 条）。

　ここでは、訴訟の提起、審査、そして判決に至る一連の過程で、CESEDA
がどのように規定しているのかをみてみる[435]。

　(a)　**訴訟の提起について**　　訴訟の中心を占める OFPRA による申請の拒否決
定を争う訴訟で、亡命申請者は、氏名をはじめとする記載事項と拒否決定をも
たらした議論に対抗する理由説明書（exposé des motifs）をフランス語で作成の
うえ、署名して提出する。これには、決定の正本またはコピーを添付しなけれ

---

　434)　かつては、OFPRA を代表するメンバーも CNDA の前身である CRR の構成員であった
　　　（OFPRA の創設に関する 1952 年 7 月 25 日の法律〔Loi n° 52-893, JO 27 juillet 1952, p.7642〕5
　　　条）が、現在では、CNDA の各セクションの構成員には、OFPRA の執行委員会に代表される
　　　大臣の一人の提案に基づき、コンセイユ・デタ副委員長によって任命される有資格の
　　　（qualifiée）人物が含まれるように規定が改められている（CESEDA L.732-1 条 3°）。
　435)　なお、CNDA が対象とする訴訟は、OFPRA の亡命の享有を認める決定または拒否する決定、
　　　亡命の享有を撤回し、または終了させる手続に後続して OFPRA によってなされた決定、
　　　CNDA の判決が不正行為（fraude）に由来すると主張される事案における判決見直し
　　　（révision）、そして再審査（réexamen）申請の却下決定、である（CESEDA R.733-6 条）。

ばならない。また、請求の正当性を証明するあらゆる書類を付加することもできる（同R.733–7条）。当然ながら、OFPRAの決定を覆すうえで、この理由説明書はきわめて重要であり、とりわけ迫害や迫害の脅威等、拒否決定の根拠となった諸要素に反駁できるよう、よりよく練り上げられたものでなければならないといえる。

訴状は、受理申請書（demande d'avis de réception）とともにCNDAの事務局に書留郵便またはファクシミリで届けられる（同733–8条）[436]。

訴訟は、OFPRAの決定の通知から1か月内に提起されなければならない（同733–9条）[437]。

(b) **審理**　CNDAの事務局長は、OFPRAの拒否決定の取消しを求める訴えのリストを作成して遅滞なくOFPRAに通知し、これを受けたOFPRAは保持する申請者毎の書類をCNDAに移送する（同R.733–10条）。申請者の弁護士は、この書類を自由に用いることができる（同）。

他方で、OFPRA局長は、この移送から1か月以内に意見書（observations）を提出するために、案件に関する書類のすべての閲覧を求めることができる（同条）。

CNDAの担当裁判長は、事案の審理の準備が整えば、命令でもって、審理の終了日時を決めることができる（同733–11条）。この命令には、理由は付されず、いかなる不服申立てもできない（同）。

審理終了命令の通知の記載された受取通知（avis de réception）の請求をともなった書留郵便が、審理終了日の少なくとも15日前に当事者に通知される（同733–11条）。

審理における期間の定めは厳格といえ、審理の終了後の提出された趣意書（mémoires）は、当事者に通知されず、判決のなかで対象とされることもない。また、趣意書に含まれる申立て（conclusions）や理由は、裁判所によって審理されない（同733–13条）。

担当裁判長は、決定でもって、審理を再開することができる。この決定は、

---

436)　ファクシミリによる訴状の提起に関しては、それに固有のファクシミリ番号が用意されている。趣意書や司法扶助にもそれぞれ固有の番号が割り振られている。
437)　判決見直し請求の場合は、不正行為が確認された後2か月以内に提起されなければならない（同R.733–9条）。

254 第Ⅰ章 亡命権（庇護権）

審理終了の命令と同様に、理由も付記されなければ、いかなる不服申立ての対象ともならない（同733-14条）。なお、審理の終了と再会の間に提出された趣意書は、当事者に通知される（同733-15条）。

(c) 判決　CNDAの所長および裁判長は、OFPRAの決定の理由を再問題化する重大な要素を提示しない申請については、性質上、合議制裁判編成を正当化するものではないとして（前述、同L.733-2条の適用）、事案の説明を担当する報告官（rapporteur）[438] による書類を検討した後、命令でもって判断を下すことができる（同R.733-16条）。この報告担当官は、審理には加わらない（同R.733-17条）。

訴訟当事者は、意見書（observations）を提出することもできる（同）。

裁判長は、法廷の秩序を維持し、状況により、非公開審理を命ずることもできるし、訴訟当事者による審理の延期申請についても判断を下す（同）。

CNDAは、CESEDA L.733-1条に由来する秘匿性の保障など利害関係人の諸権利を損なうことなく、請求者自身の出廷を命じたり、OFPRA局長を審問することもできるなど、自らが有用であると判断するあらゆる審理手段を命ずることができる（同733-18条）。

また、対審制と同時に語られる公開法廷における審理と判決[439] の言渡しに関してみると、かつてCRRにおける審理は、非公開であり、コンセイユ・デタも、公正な裁判を受ける権利を保障する欧州人権条約6条1項は刑事裁判を対象とするものであると限定的に解釈することによって、同項がCRRにおける訴訟に適用されないものと判断していた[440]。しかし現在では、CNDAの裁判は、

---

438)　報告官は、CNDA所長の提案に基づき、コンセイユ・デタ副院長のアレテによって、CNDAに配属された吏員以外の者からも任命されうる（同R.733-3条）。

439)　下されたCRRの判決は、大量であり、特別な場合しか公表されず（ただし、1993年以降は、*Rec. CRR*中にCRRの諸判決が掲載されるようになった）、破棄裁判所としてのコンセイユ・デタの判決の多くも、*Lebon*判例集（*Recueil Lebon*）に掲載されていない。このことは、難民の出身国とフランス世論との関係で、「政治的に神経質な」判決を構成するからであると指摘されるが（J. Fougerousse et R. Ricci, *op. cit.*, p.214 et 215）、権利主張の基礎資料ともいうべき判決が公表されないことは、難民の権利擁護、とりわけ防御権擁護の観点からすれば、重大な情報へのアクセスが閉ざされていることを意味しているといえよう。現在では、*Rec. CNDA*で、2005年以降、CNDAとコンセイユ・デタの判決が開示されている。http://www.cnda.fr/ta-caa/media/documment参照。

440)　CE, 29 juillet 1994, *Département de l'Indre*, et les conditions pertinentes de J. C. Bonichot, *RFDA*, 1995, p.161 et s; CE, 27 février 1995, *Odum, Rec.*, CRR, p.14.

第4節 亡命権保障の内容と申請棄却者の地位　255

公開とされるし（同R.733-17条）、判決も公開法廷で読み上げられる（同R.733-19条）。これまでも1953年5月2日のデクレに従い、公開で読み上げられなければならないものとされていた（同25条）が、1983年のコンセイユ・デタの判決[441]まで、CRRは、一度も公開法廷でそれを行ったことはなかった[442][443]。CRRにおける従来のこうした訴訟の展開は、欧州人権条約の加盟国間で認識されつつあった衡平手続の尊重の要請に必ずしも合致するものではないとも批判されていたのであった[444][445]。

　CNDAの判決は、OFPRAの拒否決定の場合と同様に（CESEDA L.723-3-1条）[446]、理由が付記され（同R.733-19条）、申請者（当該外国人およびOFPRA局長）が理解するものと合理的に考えられる言語で同人に通知される（同733-20条）。判決の諾否の部分について（caractère positif ou négatif）は、県知事等およびフランス移民・統合局（Office français de l'Immigration et de l'intégration, 以下OFIIと略す）[447]局長にも通知され、また、県知事等の求めに応じて、受取通知のコピーも提供される（同）。こうした行き方は、(c)でみる申請者情報の秘匿性の保障に関わ

441）　CE, 8 janvier 1982, *Serban*, conclusion B. GENEVOIS, *Rec.*, p.9.

442）　J. FOUGEROUSSE et R. RICCI, *op. cit.*, p.223.

443）　ただし、コンセイユ・デタによれば、CRRは、申請者が出廷して判決を宣告する義務はなく、判決の読み上げ日を当該申請者に知らせる必要もないものとされていた。CE, 13 novembre 1985, *Prempeh, Rec.*, p.633. CESEDAはこの点について規定していない。したがって、規定の不存在を理由に、消極に解するこの判決が維持されるように思われる。ただし、判決は申請者にも通知される（CESEDA R.733-20条）。

444）　J. FOUGEROUSSE et R. RICCI, *op. cit.*, p.220.

445）　この他にも、CRRは、申請者の提出すべき証拠とその評価に関して、きわめて厳格な態度をとってきており、これもまた防御権を十分に尊重していないことを示すものとされていた。具体的には、難民の地位の撤回の場合も含めて、「迫害の脅威」の証明責任を申請者に負わせていること、証拠として提出する証書は、オリジナル（原本）でなければならず、コピーは排除されること、新聞記事は、翻訳され、原本が添付されているうえに、記事が申請者に言及しているか、その活動を明確にしているものに限定されること、医師の診断書は、原本に基づき、主張される迫害と傷害疾病との間の因果関係が明確でなければならないこと、などである。詳しくは、J. FOUGEROUSSE et R.RICCI, *op. cit.*, pp.214-224参照。

446）　OFPRAの拒否決定には、事実および法的な理由が付され、これに対する訴訟の提起方法と期間が明記される（同）。OFPRAの沈黙は、拒否決定とはみなされない（同）。

447）　OFIIは、2009年4月に創設された（Decret n° 2009-331, *JO*, n° 0073 du 25 mars, p.5480）。その前身は、ANAEM、OMIそしてONIとたどることができる。OFIIは、現在では内務省を監督官庁とする、移民の受入れとフランス社会への統合を担当する行政的公施設で、①県庁や外交・領事施設における正規の手続の管理、②フランスで恒常的な在留の認められた移民および受入・統合契約の署名者の受入れと統合、③亡命申請者の受入れ、④外国人の出身国への帰還と社会復帰、を担うことが使命とされている。

256　第Ⅰ章　亡命権（庇護権）

るものである。棄却判決は、移民担当大臣に移送される（同）。

　なお、CNDA での手続は、無料で訴訟費用の負担もない（同 L.733–2 条）。

　これをみる限り、裁判所（裁判長）の強い訴訟指揮権のもとに、申請者の手続的諸権利に配慮した形で対審的討論を取り込んでいると評価できよう[448]。

(B)　弁護人・弁護士および通訳の立会いを求める権利[449]

　防御権の保障を強調する立場からすれば、自らの権利・利益を主張するために、弁護人にアクセスする権利や言語を理解できない者に通訳を付けることが視野に入ってくる。

　CESEDA は、CNDA での審査における利害関係人の弁明の際に、弁護人と通訳を立ち会わせることができると規定し（同 L.733–1 条）、この権利を法定し

---

448)　自由のための急速審理手続が利用される場合には、急速審理裁判官は、公開審理の日時を遅滞なく当事者に通知し、書面もしくは口頭による対審手続で判断を下さなければならないものとされている（行政裁判所法典 L.522–1 条）。

449)　この権利は、CNDA での審理に関わらず、亡命申請から送還に至る行政過程でも重要な要素を占めるものである。これについては、おおむね、つぎのように要約することができる。
　　弁護人・弁護士依頼権について　　国境で亡命申請した外国人の入国拒否決定に対して行政裁判所に訴訟が提起されたときは、弁護人がいる場合には立ち会われ、また、裁判所長に対して職権で弁護人を選任するよう求めることができる（同 L.213–9 条）。また、「待機ゾーン」で身柄拘束された外国人に対しては、「……宿泊施設内において、弁護士（avocats）に対して、当該外国人と司法官警の立会いなく接見する（s'entretenir confidentiellement）ことのできる場所が用意される。このために、不可抗力の場合（en cas de force majeure）を除いて、いかなる状況においても（en toutes circonstances）、弁護士の申請があれば、接見される」（同 L.221–2 条）と規定されている。この待機ゾーンでの拘束の延長に関しては、当該外国人は、JLD に対して職権での弁護人の選定を求めることができる（同 L.222–3 条）。亡命申請が拒否された者も含め送還のため行政留置に付された外国人については、JLD による留置期間の延長の審問の際に、弁護人がいれば召還され、いなければ当該外国人は同裁判官に職権でその選任を行うよう求めることができる（同 L.552–1 条）。
　　通訳依頼権について　　国境で亡命申請し待機ゾーンに身柄拘束された外国人が、フランス語を話さない場合には、当該外国人は、自らが理解し、読むことのできる言語を示し、この言語が手続の最後まで用いられるのであるが（CESEDA L.111–7 条）、入国決定に対して行政裁判所に訴訟が提起されたときは、当該外国人は、裁判所長に対して、通訳の協力を求める請求をすることができる（同 L.213–9 条）。外国人は、留置場所に着くと、「最も適切な期間内に（dans les meilleurs délais）」「自らの理解できる言語で」、弁護人や医師とともに「通訳の立会いを求めることができる」ことが通知されると規定されている（同 L.551–2 条）。なお、知事等による国外退去措置、出国義務のアレテの取消訴訟において、当該外国人は、管轄を有する地方行政裁判所長に対して、通訳の協力を求める請求をすることができるし、弁護人の立会いや選任を求めることもできる（同 L.512–2 条）。また、国外追放に関して意見を述べる委員会に召還された利害関係外国人は、弁護人または自らの選択する者の立会いと通訳を介した審問を受ける権利を有している（同 L.522–2 条）。

ている。なお、OFPRA での通訳の立会いについては、法定されていないこと
から、法律の沈黙を理由として、否定的に解されるように思われる[450]。

　通訳を求める権利に関しては、欧州人権条約6条3項e)も関係してくる。同
項e)は、「刑事被告人はすべて、法廷で用いられている言語を理解しないか、
話さない場合には、無料で通訳の補佐を受ける権利を有する」と規定している
が、それが、亡命申請手続にも援用されるかが問われるからである。この点に
関してコンセイユ・デタは、同項e)は、刑事事件に関してのみ適用されると
の限定的立場をとっている[451] ことからすれば、OFPRA や CNDA における亡
命審査手続における同項の適用については消極的に解されるものと思われる。

　通訳を求める権利と関連して、訴訟申請書等における外国語の使用について
の問題も出てこよう。CESEDA は、CNDA に提起される訴訟は、フランス語
で作成されることを必要としており（同 R.733–7条）、この要件に関して判例は
極めて厳格であるとされる[452]。例えば、コンセイユ・デタは、フランス語で
記されていない申請はすべて受理不能であると宣告しており、また、申請書に
添付された書類もフランス語で記されるか、あるいは、申請書が外国語で記さ
れている場合には、内容に相違のないことを証明されたフランス語の翻訳の添
付を求めている[453]。

(C)　申請者情報の秘匿性の保障

　これに関しては、先の憲法判例の展開を検討するの際（本章第3節2(1)参照）
に取り上げた 1997年4月22日の判決および 2003年12月4日の判決が言及し
ている。

　前者の判決のなかで、憲法院は、「フランスに難民資格を申請している者に
関して、OFPRA によって保持されている情報データの秘匿性は、難民の地位
の申請者が特別な保護を受けることをとくに意味している憲法的価値の原理で

---

450)　L. JEANNIN, *op. cit.*, p.341.

451)　例えば、CE, *Avakian*, 27 septembre 1985, *Rec.*, p.259; CE, *Felicia Serwaah*, req. n° 93993, 7
　　novembre 1990, conclusion Mme LEROY, *Rec.*, p.311 ; CE, *Gazi Maqsood Ahmed*, req. n°
　　97083, 3 juillet 1991.

452)　L. JEANNIN, *op. cit.*, p.341. これに関して、CRR もかつてはリベラルな態度をとっていた時期
　　もあり、外国語で書かれた書類も考慮に入れていた。*Id.*

453)　例えば、CE, 24 octobre 1984, *Sauthakumar*, req. n° 50581, *Rec.*, p.335; CE, 27 septembre
　　1985, *Avakian*, req. n° 54090, *Rec.*, p.259; CE, 15 novembre 1991, *Ozcifi*, req. n° 109921.

ある亡命権の本質的保障（garantie essentielle du droit d'asile）であ」り、また、「その結果として、とりわけ難民の地位の付与によって、亡命権を適用する権限を与えられた吏員だけが、こうした情報にアクセスすることができる」と述べた（判決理由26）。ここでいう「亡命権を適用する吏員」とは、OFPRAの吏員を指すのであり、警察機関は、OFPRAが保有する申請者情報にアクセスすることはできないものとされたのである。

　同院は、この判決で、1946年憲法前文4項しか援用しておらず、また、情報データの秘匿性を、「憲法的価値を有する亡命権の本質的保障」と位置付けている。ということは、この保障は、前文4項から引き出されるものと捉えているといえよう。

　この違憲判決を受けて、1945年11月2日のオルドナンスは、警察および国家憲兵隊が請求しうる情報から、OFPRAの保有情報を除き、内務省によって管理されている情報だけにその対象を限定した（8条ノ3第2項／現CESEDA L.611-4条）。

　憲法院の審査を受けた後の2003年のドヴィルパン法は、亡命申請が退けられた場合、OFPRA局長またはCRR委員長は、その理由を付した決定または判決を内務大臣に送付するが、その際、同大臣の求めに応じて、OFPRA局長は、当該申請者の国籍を証明するために戸籍または旅行証書もしくはそれらのコピーを、同大臣から委任を受けた吏員に引き渡さなければならないことを定めていたが（1952年の法律3条6項／現CESEDA L.722-4条、CESEDAでは、亡命担当大臣への送付）、秘匿性原理を尊重するために、こうした書類の引渡は、送還措置の執行に必要不可欠なことが明らかであり、かつ、当該申請者とその近親者の安全に侵害をもたらさない場合に限定されるとの条件が付されていた（同7項／現CESEDA L.723-4条）。憲法院も、2003年12月4日の判決で、秘匿性原理を亡命権の本質的保障に関わる原理であると再確認したうえで（判決理由42および43）、こうした要請が尊重される条件のもとで同法は合憲であると判断したのであった（判決理由43から48）。

　CESEDAの現行規定では、OFPRAに帰属するか、保有される記録文書および一般的方式での（d'une façon générale）あらゆる文書の不可侵を規定したうえで、申請が最終的に退けられた亡命申請者の書類は、亡命担当大臣の所管する

担当部局に委託され、OFPRA局長の承認した者だけがこれにアクセスできるものとなっている（同L.722-4条）[454]。CNDAにおける視聴覚遠距離通信手段を利用した審理では、法廷間の情報伝達の秘匿性が法定されている（同733-1条）。

③ 経済的・社会的権利の保障

(A) 経済的権利の保障──労働市場へのアクセス権

先に取り上げた1985年5月17日のファビウス通達は、OFPRAへの難民資格の申請後、県知事等によって交付され、申請の可否の最終的確定まで更新可能な申請登録受領書は、在留のみならず、フランス本土ならどこででも自らの選択する職業活動を行うことを認めるものであった。

しかし、1991年9月26日のクレソン通達[455] はこうした状況を変更し、亡命申請者はもはや職業活動を行う権利を自動的に付与されなくなった。こうした労働市場へのアクセスの欠如は、UE加盟各国においてしだいに一般化されてきており、また、亡命申請の提起後1年すれば申請者が労働市場へアクセスできることを規定している2003年「受入」指令11条には違背していないものと考えられている。というのも、労働市場政策に関する理由を根拠に、加盟各国は、UE市民などの特恵的外国人や正規に在留する第3国民に雇用の優先権を認めることができるからである（同指令11条4項）。

フランスでも、労働市場へのアクセスは、国民およびすでに領土に居住している外国人に優先的に留保されており、亡命申請者に労働市場へのアクセスが認められるのは例外的でしかない。すなわち、申請者の責めに帰すことのできない理由により、OFPRAが申請の登録後1年以内に申請について判断を下さなかった場合、申請者は、暫定的労働許可を付与され、外国人労働者に適用される普通法の準則に服することになる（同指令11条2項；CESEDA R.742-2条）。

難民資格が認定されれば正規在留許可証が、補完的保護が付与されれば一時在留許可証がそれぞれ付与され、労働市場へのアクセスが可能となるが、仮にこれらの在留許可の申請段階で暫定的労働許可が付与されるとしても、それはあくまで申請手続と結び付くものでしかないがゆえに、労働の「権利」を保障

---

454)　同条は、OFPRAの施設の不可侵性もあわせて規定している。

455)　この通達による職業活動の禁止が、CADAの創設をもたらした。

260 第Ⅰ章 亡命権（庇護権）

するものとはいえない。申請が退けられた時は効力を失うし、また、実際にも、雇用状況が敵対的（opposable）でない場合、すなわち、求職数が求人数より上回っている場合しか、職業活動を行いえないのである（CESEDA 同条）。

それゆえに、申請手続中の生計の維持等にあっては、つぎの(B)で言及する国家による社会的保護が必要になってくる。

(B) 社会的権利の保障

先にふれたように、2003 年の「受入」指令は、亡命申請者の「物質的受入条件」として、「現物または金銭的手当もしくは引換券で支給される、住居、食料、衣服および毎日の手当」をあげている（2 条 j）。ここでは、とくに中心的なものとして、居住支援、財政的支援および医療等の社会的保護についてみていく。

(a) 居住支援　亡命申請者は、申請手続の継続する期間、CADA[456] に入所する。CADA は、亡命申請者の国内への受入れを促進する役割は担ってはいない。CADA への組織変更は、先の「受入」指令 14 条[457] の要請に対応するもので、CASF の諸条項（同 L.348–1 条～ L.348–4 条および R.348–1 条～ R.348–5 条）によってその体制が規律されている。

CADA は、OFII が調整（coordination）[458] を確保する、国家と協定を締結した私法上または公法上の法人によって管理される（同 L.348–2 条および L.348–3 条）。

CADA への入所の可能性については、在留許可を与える県知事等によって通知され、亡命申請者がそれを受け入れたならば、県知事等は県内にある CADA

---

456) CADA の前身は、一時宿泊施設（Centre provisoires d'hébergement）である。この施設は、1974 年のチリ難民の受入れの際に創設され、フランス国内への受入れの準備を助ける目的をもっていた。社会問題省の資金援助を受け、その管理は、協定（convention）によって亡命地フランス協会（Association France terre d'asile）に委託されていた。1991 年には、同施設の役割は、難民の地位を認定され、フランスに恒常的に居住する者だけを対象とするように限定され、亡命申請者に関しては、新たに CADA が創設されることになった。その結果、CADA での居住は、原則として申請期間だけとなり、また、国内への受入準備という役割を担うこともなくなったのである。

457) 物質的受入条件の諸様式について定める同条は、加盟各国に対して、とくに、家族生活を尊重し、家族、HCR および非政府組織とのコミュニケーションを可能としつつ、亡命申請の審査期間中の国境での宿泊施設、アパートまたはホテルにおける宿泊の可能性について規定することを課している。

458) 「調整」とは、多様な機関による異なった権限の行使とその調整の必要において重要性をもつ概念である。山口編、前掲書、129 頁。

の管理者に入所を申し出るよう促す（同 R.348–1 条）。入所は、同管理者が宣告する（同2条）。先にふれたように、CADA での滞在は、亡命申請手続と結び付いているがゆえに、OFPRA または CNDA の最終的判断が下されたときには、終了する（同3条）。すなわち、難民認定されるか、補完的保護を受けると、居住または居所の解決が示されるまで、3か月滞在が延長される（例外的にこの期間は1度更新される）（同Ⅰ1°）。申請が最終的に退けられた場合は、1か月以内に CADA から退所しなければならず、その後は、OFII に出身国への帰還のための援助を求めるか、OFII の応答後さらに1か月 CADA にとどまることを求めることができる（同Ⅰ2°）。

CADA に入所する外国人は、自らの資財に応じて入所料を支払わなければならないが、その資財が大臣アレテによって定められた額を下回る場合には、申請者が必要不可欠な生活必需品を賄うことができるよう CADA によって毎月の手当を受ける（同 R.348–4 条）。

(b) **財政的支援** 上の(A)でふれたように、亡命申請者は、申請によって自動的に労働市場にアクセスし、職業活動を行うことはできないことから、自らの生計を維持する手段を奪われている。それゆえに、難民資格が認定されて正規在留許可証を得るか、補完的保護が認められて一時在留許可証を得るまでの申請手続期間中、適切な条件で生活するだけの手当等の生活物資を支給されることが必要不可欠となる。

この支援については、2003 年の「受入」指令により、現物または財政的手当の形での「物質的受入条件」と「健康および生存にとって適切な生活水準」の保障が各国に課されている（13条）。

これを受けて、労働法典 L.5423–8 条以下によって創設されたのが先ほどから言及している ATA である。

具体的な条件については、先にあげた 2009 年 11 月 3 日の通達が定めている。これによれば、亡命申請者または補完的保護の対象となり ATA を申請できる者は、つぎの条件を充足しなければならない。(ⅰ)18歳以上であること、(ⅱ) OFPRA に亡命申請したこと（ただし、OFPRA または CNDA の最終的判断が下されていないこと）、(ⅲ)在留資格または「フランスで亡命申請した」と言及された在留資格申請の受領証を保持していること、(ⅳ)CADA に入所していないこと、

(v) OFPRA に再審査請求していないこと、(vi) CESEDA L.741–4 条 1°（他の加盟国の管轄となる申請であること）、3°（公の秩序への脅威を構成すること）および 4°（詐術的、濫用的または引延し的申請であること）に該当していないこと、(vii)積極的連帯収入（revenu de solidarité active）[459] の額を超える個人的資財を有さないこと、である（同通達 I 2.2）。

　デクレで定められる ATA はきわめて小額にとどまり [460]、居住費用を賄うにはほど遠いのが現状である。

　ATA の支給は、亡命申請の認否には関係せず、申請に関する最終的判断が下されるまで月ぎめで支払われる。

　なお、(vi)の要件が「受入」指令に違背し、コンセイユ・デタの判決を尊重するものではないことについては、すでにふれたとおりである。

　(c)　社会的保護　　亡命申請者は、「難民の地位申請の提出を確認する受領証」を保持するようになると、社会保障基金（疾病保険）に登録する可能性が開かれる（社会保障法典〔Code de la Sécurité sociale〕、D.115–1 条）。登録申請が充足すると、同基金から臨時登録証が交付され、医療費および医薬品代の払戻しを受けることができる。最終的には、「社会保険加入証（carte d'assuré social）」が送付される。

　社会保障基金への登録によって開かれる諸権利は、ATA の払込みに結び付いている。ただし、難民資格申請が拒否され当該外国人の情況が違法なものになっても、手当の払込みの停止後 12 か月は継続する（同法典 L.161–8 条）。

　亡命申請者は、CASF によって規律される普通法の諸条件に従って医療扶助（aide médicale）を受ける（同法典 L.251–1 条以下）。すなわち、申請者の個人的資財が、県によって異なる最低額を下回る場合には、他の者と同様に、社会保障基金によって負担されない医療費および医薬品代の一部を払い戻す医療保険で補完される。ここでも、申請者は、緊急医療措置および必要な場合の医療保護（fourniture de l'assistance médicale）による疾病治療へのアクセスを規定する 2003

---

459)　積極的連帯収入とは、求職または収入の改善を目的とする職業設計を行うことを条件に交付される最低収入を保障するための手当である。職業活動も行わない無収入の単身者ベースで、月額 475 ユーロである（2012 年ベース）。

460)　2012 年 2 月 10 日のデクレでは、日額 11.01 ユーロ、月額 330.30 ユーロに改定されている。*JO*, n° 0035, p.2359. ATA は、月払いである。

年の「受入」指令による保護を享有する（同指令 13 条）。

2　CNDA の判決と申請棄却者の地位

(1)　CNDA の判決

①　請求認容

CNDA が OFPRA の拒否決定を取り消すと、県知事等は当該判決をみたうえで、『難民認定（reconnu réfugié）』と言及され 3 か月有効で更新可能な在留資格申請の受領書（récépissé）をその申請から 8 日以内に当該外国人に交付する。この受領書により、労働も認められる。CNDA が、補完的保護を付与することを決定した場合は、『私生活および家族生活』の一時在留許可証の申請受領書が交付される。

②　請求棄却

逆に、請求が棄却された場合には、違法在留者となり、在留資格が更新拒否または撤回され、OQTF に付される。

ただし、申請棄却者は、CNDA の判決に対して、コンセイユ・デタへの破毀申立てを行うことも可能である。しかし、コンセイユ・デタは、亡命申請理由を再審査するのではなく、CNDA の判決の適法性の審査に限定されるがゆえに、申立ては少数にとどまる。破毀申立てで援用される議論は、CNDA における手続が違法であったこと、援用された理由に CNDA が明確に応えなかったこと、CNDA がジュネーヴ条約 1 条または 1946 年憲法前文 4 項に違背し、法的過誤を犯した判決を下したこと、である[461]。

破毀申立ては、CNDA の判決の通知から 2 か月以内に提起されなければならず、これには停止効は付かない。なお、コンセイユ・デタによる審査は、2 年から 3 年継続することもあり、司法扶助からは一般的に排除されている[462]。

---

461)　GISTI, *Le guide de l'entrée et du séjour des étrangers en France, 2011, op. cit.*, pp.312–313.

462)　それは、申請者が「恒常的かつ正規に（habituelle et régulière）」フランスに居住している必要があり、また、破毀申立てにおいては、「重大な理由（moyen sérieux）」が惹起されない限り、司法扶助は拒否されることが規定されているため、援助の申請において、CNDA の判決に異議をとどめうる理由を示さなければならないからである。

264　第Ⅰ章　亡命権（庇護権）

(2)　申請棄却者の地位

①　違法入国者としての取扱い

　申請が終局的に棄却ないしは却下されると、つぎの述べる「再審査」を正当化する事由が存在せず、また、在留の正規化が行われない限り、先にふれたように、正規の在留に必要な書類——通常は、パスポートおよびビザ——および特別に在留を認める書類—県知事等より発行された受領書——を欠くことになる結果、違法な入国者として扱われる（CESEDA L.211–1条～ L.211–2–1条）[463]。OFPRA の決定または CNDA の判決が通知されるまでは領土にとどまる権利を有するものの（同742–3条）、他の資格で在留が認められない場合は、先に言及した OQTF が通知され（同742–7条）、その義務に服そうとしないか服する意思のないような場合には、刑事裁判官によって、3年未満の拘禁刑（同624–1条）、国外退去措置が自動的に付加される最長10年の ITF（同624–2条）、が別個にまたは付加的に宣告されうる。この点で、刑事裁判官の裁量は非常に大きなものといえる。

　なお、上述したように、CESEDA L.742–3条の定める通知が当該外国人に届けられたことの証明は、行政機関側が負うことから、それが示されない限り、引き続き領土にとどまり、送還措置に付されることはない[464]。

　また、OQTF の執行にあたって行政機関は、ジュネーヴ条約33条および欧州人権条約3条を尊重すべきであることから、行政裁判官のコントロールのもとで、生命、自由あるいは身体的完全性が脅威にさらされる国へ送還されないように配慮する必要がある。

②　再審査請求

　請求棄却者は、OFPRA、そして場合により CNDA へ再審査を請求すること

---

463)　権限を有する行政機関は、立法条項が明示的に否定する場合を除いて、つねに、請求を棄却された申請者の在留を正規化する可能性を保持している。正規化には、通常、つぎの二つの状況が検討される。一つは、フランスに数年来居住し、家族と生活し、職業活動を行い、子どもが就学し、フランス社会に統合されている場合である。実際に、こうした正規化は、1981年の政権交代のときに初めて行われて以来、数度試みられてきた（1991、1997 ～ 1998、2006年）。他の一つは、出身国への送還が行われる場合に身の危険にさらされることを証明し、ノン・ルフルマンの原理を適用して、個別的な正規化が行われる場合である。前者は、多くの申請棄却者をいわゆる適法社会の周辺に追いやる行政上・裁判上の過去の法的運用を清算する目的を有するのに対して、後者は、本質的に人道的な観点から認められるものといえる。

464)　TA Rennes, 18 novembre 1999, *Burma*, req. n° 992991–992992.

ができる。再審査が受け入れられるためには、棄却の終局的判断の下された日以後の「新たな要素（éléments nouveaux）」[465]を援用できなければならない。したがって、これまでの審理ですでに援用されていた要素に関する新証拠は、この新たな要素を構成するものではない[466]。

OFPRA に再審査を請求するためには、県知事部局に出頭して在留許可を申請しなければならず（同 R.311–1 条）、県知事等は最初の申請と同じ暫定的在留許可を再発行する（同 723–3 条）。OFPRA による再審査期間は、8 日以内に限定される（同）[467]。

かつては、申請の登録から 96 時間以内に OFPRA 局長は、提出された諸要素を考慮し、再審査を行う根拠の有無についての決定を行うこと、この期間を過ぎても沈黙されているときは、請求は棄却されたものとされていたが（同旧規定）、これらは、2008 年 7 月 15 日のデクレ[468]により削除された。

OFPRA の拒否決定に不服のあるときは、その決定の通知から 30 日以内に CNDA へ訴訟を提起しなければならない（同 733–9 条）。沈黙による黙示的な拒否決定の場合には、とくに期間の定めはない。

再審査請求は、OFPRA が取り扱う書類のなかでかなりの量を占めるようになっている[400]ものの、上述した受理条件からして、請求が認められる件数はきわめてまれであるとされる[470]。

再審査請求者も亡命申請者であるがゆえに、その申請に付いて判断が下されるまではフランス領土にとどまる暫定的滞在権が保障されることになる。しかし、この原理を無限定かつ定型的に認めると、請求の認容に至らない請求の繰り返しによる在留の恒常化を招くことにもなりかねない。再審査請求において暫定的在留権が制限されているのは、こうした手続の濫用を防ぐためである。

---

465) これは、1997 年 3 月 27 日の通達（Circulaire 27 mars 1997, NOR : INTD9700049C）によって示されたものである。

466) GISTI, *Le guide de l'entrée et du séjour des étrangers en France, 2011, op. cit.*, p.314.

467) 申請者が留置に付されている場合の審査は、96 時間以内となる（同）。

468) Décret n° 2008–702 du 15 juillet 2008 relatif au droit d'asile, *JO*, n° 0165 du 17 juillet, p.11403.

469) 例えば、2006 年には 8,584 件（申請全体の 21.8%）、2007 年には 6,133 件（同 17.3%）を占めた。Droit des étrangers, code permanent（date d'arrêt des textes 1er juin 2010）, p.603.

470) *Id.*

266 第Ⅰ章 亡命権（庇護権）

上述したように、CESEDAが、知事部局へ出頭させ[471]、最初の申請と同様な県知事等によるAPS申請手続に服せしめているのは、とくに、同L.741–4条の優先的手続すなわち在留許可申請拒否の抗弁事由、なかでも手続の濫用による申請拒否で対抗できるようにするためであるといえる。

コンセイユ・デタは、再審査請求のため県知事等に新たにAPSを求める申請者の義務について、OFPRAの決定の通知まで領土にとどまる権利を奪う効果を有するものではなく、利害関係人が在留資格申請を登録するために、権限を有する部署に個人的に出頭したという条件に在留権の行使を服せしめるものと理解している[472]。これは、ジュネーヴ条約の諸条項に違背しない条件である。再審査請求はそれ自体で、暫定的在留権を付与するものではないのである。

第5節　亡命権と憲法改正

これまでにみてきたように、移民、そして亡命権に関する問題は、政権が変わるごとに重要政策として取り上げられ、議会のみならず国民的な議論を招来するのが常であった。とりわけこの問題は、大統領と議会与党とが異なる政治的党派に属するなかで政治が展開する、いわゆる保革共存政権において、先鋭化しがちである。それが最も端的に現れ、亡命権をめぐる憲法改正にまで至ったのが、社会党（PS）出身のF・ミッテラン大統領と、大統領選挙で同大統領と争ったJ・シラク氏の組織する議会与党の共和国連合（RPR）出身のE・バラデュール（Édouard BALLADUR）首相による第二回目のコアビタシオンの時であった。

第5節では、こうした政治過程のなかで、憲法改正論議を引き起こすことになった1993年8月13日の憲法院判決から、同年11月19日の亡命権に関する憲法改正までの議論の展開を詳細に追い、検討を加える。

8月13日の憲法院判決が引き起こした重大な憲法改正論議は二つである。一つは、憲法院の組織・権限等に関わるものであり、他の一つは、亡命権に関

---

471) したがって、郵便によって在留申請した場合は、OFPRAまたはCNDAによる最初の亡命申請の終局的棄却を理由に、国外退去措置の対象となりうる（CAA Versailles, 13 juillet 2007, n° 06VE02470, *Préfet du Val–d'Oise*）。

472) CE, 5 décembre 2001, *Préfet de Police c/ Ba*, req. n° 222662.

第5節　亡命権と憲法改正　267

わるものである。

　前者に関しても、多くの政治家・憲法学者を巻き込み、フランスにおける憲法裁判所の位置付けをめぐる法治国家についてのきわめて興味深い論争が展開された[473]。しかし、それは第五共和制の制度自体の根幹に深く関わるものであるため論議のまま終わり、後者が以後の政治・法律論議の中心を占めていく。

　以下では、まず、亡命権に関する憲法改正論議とその展開を取り上げ（1）、つづいて、改正に至るまでの政治過程を追い（2）、最後に、憲法改正後の亡命権概念とその評価を行う（3）。

1　改正論議──憲法学者の議論を中心に

　内務大臣のC・パスクワは、1993年8月23日付けの*Le Figaro*紙上において、自身が中心となって可決させた93年パスクワ法の中心的条項を違憲とした憲法院判決をオーバーライドするために、公然と憲法改正を要求した[474]。以後の論議はこの要求を巡って展開されるが、改正までの政治過程は2で取り上げ、ここではこの間に展開された憲法学者等の亡命権に関する改正論議を取り扱う。

　広く行なわれた論議は、おおむね、つぎのように要約できる。すなわち、8月13日判決が、1946年憲法前文4項の亡命権条項の直接効力性を認め、それを援用する亡命申請者の申請審査の義務を課し、そのための暫定的在留権を認めたことが、圏域内での亡命申請取扱いの「非重複性（non-duplication）」を原則とするシェンゲン条約の適用を困難なものとし、その結果、同条約の適用には憲法改正を必要とするか、というものである。

　この改正の必要性論議は、さらに、シェンゲン条約の諸規定と前文4項との抵触の問題（審査の「可能性（possiblité / faculté）」か「義務（obligation）」かの問題とそれに関わる在留権の問題）（(1)）、通常法（loi ordinaire）での解決可能性（または憲法改正の不要性）の問題（(2)）に区分されるが、両者は密接に関係し、(1)の評価が(2)に反映するのはいうまでもない。以下、この2点の論議をみてゆく。

---

473)　この時期に展開された憲法学者および政治家による憲法院改革に関する主要な論議については、拙稿「訳出資料──フランス憲法院をめぐる諸論争（1993年7月13日〜12月15日）」安田女子大学紀要28号（2000年）159〜179頁参照。

474)　*Le Figaro*, 23 août 1993.

268　第Ⅰ章　亡命権（庇護権）

(1) シェンゲン条約の諸規定と前文４項の抵触の問題

シェンゲン条約は、亡命申請者の取扱いに関して、審査責任国と他の条約加盟国の審査との「非重複性」を原則としている。同時に、「国内法に由来する特別な理由により」加盟国は、つねに、他の責任国の管轄に属する申請者に、庇護を認めることができるとする適用除外規定（29条4項）も有している。8月13日判決は、この「非重複性」原則の核心にふれ、従来の法律状態を変更するものであるのかがまず問題とされた。

この点に関して、L・ファヴォルは、同判決が、従来は国家の審査可能性であったものを義務に転換し準則を変更した結果、最初は例外であった29条4項が原則に転化し、この限りでシェンゲン条約体制が問題とされるに至ったものであると認識している[475]。そして、亡命権の尊重は、真性であろうとなかろうと、あらゆる潜在的利益享有者（すなわち、すべての難民）が、単にOFPRAの決定までではなく、裁判所の判決時まで、前文4項を主張して国内にとどまりうる可能性を付与したのであり、この原理に対する例外が認められるのは、公の秩序が脅威にさらされる場合だけで、「明らかに根拠を欠く」請求の概念に訴えて暫定的在留権をともなう訴願権の排除はできないものとしている。というのは、訴願権の有効性と防御権の尊重とは、申請者がその場にいればより良く保障されるからである[476]。

D・モス（Didier MAUS）も、8月13日判決とシェンゲン条約の適用の間には矛盾が存在するものと認識している。彼によれば、同条約29条4項は、特別な状況において他の責任国によってなされた亡命拒否を再審査できる可能性を規定しているが、同院は、この可能性を事実上一つの義務に変えている。同判決が区別した二つの範疇の申請者（ジュネーヴ条約の「難民」と前文4項の「自由の闘士」）の区別は、外国人が出現してくる国境検問所では事実上不可能である。それゆえに、他の責任国によって申請を拒否されたものは、フランスがその申請を審査すべきであると思慮する場合を除いて、国内での在留権を有さないとする、審査義務をともなわないシェンゲン条約の明確な準則[477]を採用する必

---

475)　L. FAVOREU, « Contribution au débat sur le droit d'asile », *Le Figaro*, 3 septembre 1993.

476)　L. FAVOREU, « ②L'octroi d'asile, obligation à la charge de l'État », *Le Figaro*, 23 septembre 1993.

要があるということになる[478]。

コンセイユ・デタ評議員で、公的自由に関する内務大臣顧問のP・ボルドリ（Pierre Bordry）も、同判決は、シェンゲン条約からその適用上のあらゆる実際的効果を奪っているとしている。彼は、同判決によって、同条約の二つの重要な利益——亡命手続の非重複性と責任国への身柄の送還——が侵害され、フランスはあらゆる亡命申請を審査する義務を有すると同時にOFPRAが判断を下さない限り、あらゆる亡命申請者を国内に受け入れ、身柄を保持する義務を負うことになるとする。その結果、フランスは亡命申請者の最終帰着地となり、OFPRAやCRRは申請者であふれる危険性があると述べている[479]。

高級官僚の匿名グループであるソロン（SOLON）も同様に、同判決は、シェンゲン条約の審査の非重複性のメカニズムを歪め、これは憲法改正によるしか解消されないとしている[480]。

8月13日判決は、従来の法律状態を一変させるものであるとする上記の議論に対して、D・ルソーは、見解を全く異にしている。彼は、同判決は、むしろシェンゲン・ダブリンの両条約が発効していない状態においては、正確かつ予期された解釈を行なったものとしている。すなわち、両条約は、申請の取扱責任国の確定は、他の締約国が国内法に由来する理由で同一の申請を取扱うことを禁止しておらず、憲法院は、この留保が存在していたがゆえに、1991年判決で、政治的庇護の付与に関する国の主権的行為を尊重する限りで同条約を合憲としたとしている。今回パスクワ法が違憲とされたのは、同法が他の責任国によって亡命申請審査が行なわれる場合に、申請者がOFPRAに対して（ジュネーヴ条約上の）難民資格認定請求ができないと規定し、それによって、上記の留保条項の適用を排除していたからであると解する。それゆえに、同法がシェンゲン条約およびフランス国内法に違背しているとの判決は、きわめて論理

---

477)　同条約34条1項は、「責任を有する締約国は、庇護申請が最終的に却下され、他の締約国の領土内に在留許可なく入国した外国人を引き取る責任を有する」と規定している。*AN, Doc.*, n°2028 Annexe.

478)　D. Maus, *Le Figaro*, 8 septembre 1993.

479)　P. Bordry, « Droit d'asile: faut-il réformer la Constitution? Nécessaire », *Le Monde*, 28 août 1993.

480)　SOLON, « Droit d'asile / En quoi la révision constitutionnelle est-elle nécessaire? », *Le Monde*, 9 septembre 1993.

270　第Ⅰ章　亡命権（庇護権）

的なものであると評価している。ただし、この場合は、申請を提出する権利に
とどまり、暫定的在留権を保障するものではない。他方で、申請者がジュネー
ヴ条約ではなく、前文4項を援用する場合には、審査は、可能性から義務とな
り、自らの事案に対する判断が下されるまでの暫定的在留許可の対象になると
している[481]。

　Le Monde 紙のT・ブレイエもつぎのように述べ、ほぼD・ルソーに同調し
ている。すなわち、国境検問所で、ジュネーヴ条約を援用して申請するものは、
憲法院判決によれば、単に防御権を根拠としてOFPRAへ書類を提出すること
ができるにすぎないことから、申請者は責任国へ送還される可能性があるが、
この際に前文4項を援用すれば、同判決はより拘束的となり送還は禁止される。
しかし、亡命申請者は、シェンゲン・ダブリンの両条約が発効しない限り、こ
の規定を援用できず、結局、申請者は入国できなくなるとする[482]。

　このように、8月13日判決によって、シェンゲン条約の規定と前文4項に関
する従来の法律状態に変更が生じたか否かに関しては、見解が対立している。

　D・ルソーおよびT・ブレイエは、両条約が発効していない現状を出発点に、
実際に違憲とされた判決部分（判決理由86、94および95）を中心に議論を展開し、
判決前後での法律状態の不変を主張している。これに対して、L・ファヴォル
以下の論者は、判決中の亡命審査に関する「可能性」から「義務」への変更と
暫定的在留権に関する解釈留保（判決理由84、85および88）を、シェンゲン条
約との関係からとくに重視し、法律状態の変更を説いているのである。この主
張の相違は、シェンゲン条約29条4項の適用除外規定の評価にともなう8月
13日判決の位置付けの差異に連なるものでもある。

　なお、D・モスおよびT・ブレイエは、国境での亡命申請を中心に述べてい
るが、シェンゲン条約適用協定29条1項は、条約締結国はその国内において
提起された亡命申請の取扱いに関して規定し、パスクワ法も国内における亡命
申請を規定していたこと（同31条Ⅰ）に留意しておかねばならない。

---

481)　D. Rousseau, « Une révision constitutionnelle sans motifs juridiques », *Libération*, 8
　　septembre 1993.

482)　T. Bréhier, « Un droit sacré », *Le Monde*, 26 août 1993.

(2) 通常法での解決可能性

　L・ファヴォルは、立法的・行政的解決の困難さ、すなわち、憲法改正の必要性をつぎのように主張している。まず、OFPRA を強化する提案があるが、これを受け入れるとしても、審査に要する「トランジット・ゾーン」または「留置施設」を作る必要が出てくる。また、より効率的な解決策としてドイツの事例と同様に、政治的迫害の不存在を宣言し亡命申請できない国のリストを作成することが考えられる。しかし、前者の場合には、再び憲法院に付託され違憲判断が下される可能性があるし、後者に関しても、この解決策を採用するためにドイツは、憲法改正を必要とした[483) 484)]。こうした観点からすれば、立法的解決は、現在の袋小路から抜け出る現実的手段とはいえず、結局、つぎの二つの手段しか残されていない。すなわち、亡命権の最初の概念に戻り、他の大部分の民主主義国家と同様に、ジュネーヴ条約の亡命権を適用するか、または、亡命権を主観的権利とするドイツの概念を維持しつつ、ドイツ基本法の改正と同様な規定を採用するかである[485)]。

　P・ボルドリも、いかなる立法条項も、8月13日判決を尊重しつつ、シェン

---

483)　L. FAVOREU, « Contribution au débat sur le droit d'asile », *op. cit.*

484)　フランスにおける亡命権論争において引用されることの多いドイツの事例とは、おおむね、つぎのようなものである。ドイツ基本法16 a条は、「政治的迫害を受けた者は、亡命権を有する。(Les persécutés politiques jouissent du droit d'asile.)」と規定している。これは、亡命権を国家に対する主観的権利として構成するものである。立法府は、難民の急増に対処するため、1982年7月および1992年6月の二回にわたり、亡命申請者の請求審査期間を短縮する法律を制定したが、憲法裁判所および通常裁判所は、手続の厳格な尊重という観点から、この法律の試みを無に帰せしめた。その結果、亡命申請者の数は1992年の12万1,000人から43万8,000人へと約3倍に増加した。判例が引き起こしたともいえるこの事態に対処するため、最終的に野党社会民主党との間で憲法改正の合意に至った政府は、1949年から数えて39回目の基本法改正を行い、1993年7月1日に施行された。これにより基本法16 a条に四つの項が付加された。おおむねつぎのように要約できる。
　①亡命権の享有対象者から、欧州共同体の他の11か国および人権に関する欧州条約を尊重する第三国から来た者を除外する国家リストを作成すること（2項）、
　②これに加えて、立法府は政治的迫害の不存在を推定させる第二の国家リストを作成することができること。ただし、この推定は、2項の場合と異なり覆されうること（3項）、
　③欧州共同体加盟国によって締結されたか、第三国と「亡命権に関する決定の相互承認」を規定する国際条約に完全な効力を与えること（5項）。*Id.*
　これによってドイツを陸続きで取り囲むすべての国が亡命申請者を排除できる対象国となった。また、5項により、主観的権利としての亡命権の承認をシェンゲン条約のような条約により排除できる可能性のあることも指摘しうる。

485)　L. FAVOREU, « ②L'octroi d'asile », *op. cit.*

272　第Ⅰ章　亡命権（庇護権）

ゲン条約を有効なものとする可能性を有さないとしている。すなわち、シェン
ゲン条約の基準に従い、OFPRA 等への申請を、受理可能性の審査に限定する
法律を制定したとしても、同条約によって創設された再入国制度（本章4節1
(2)①(A)(e)参照）の効果を弱めることになること、OFPRA の有用性に対する重大
な議論を惹起する可能性があること、前文4項の亡命申請を単なる受理可能性
の審査に限定しなかった憲法院判決の諸原理に違背すること、前文4項の対象
となる申請者の在留権を問題とする立法条項は、亡命権のみならず防御権をも
侵害するものであること[486]、である。

　これに対し、F・リュシェールは、同判決は、迫害を受けた自由の闘士に対
する亡命権を憲法上の権利としたが、その求めるところは、防御権に認められ
るあらゆる保障をともないつつ、亡命権の適用のために働く実際の組織である
OFPRA による審査を要求することであるとする[487]。ただし、国家が濫用的・
詐欺的申請から身を守るのは当然であるから、単に迫害を受けたとの主張は
APS を得るには不十分で、ここに OFPRA の役割とシェンゲン条約との間につ
ぎのような一定の調整が必要であるとする。すなわち、OFPRA が、行政留置
に置かれた亡命申請者の申請の誠実性または濫用性に関して判断を下し[488]、
濫用的であると判断されれば、シェンゲン条約の規定により責任国に送還され
る。この場合、OFPRA 創設法が定める訴願手段を、この国から行使すること
は妨げられない。逆に、OFPRA の決定を待ちつつ APS が与えられるのは、申
請が誠実なときだけということになる。こう述べたうえで、F・リュシェール
は、こうした調整は OFPRA に関する通常の立法および行政立法の修正で可能
であり、憲法を改正するいかなる必要性も存在していないと結論付けるのであ
る[489]。

　T・ブレイエは、まず、1993 年の憲法院判決が、ジュネーヴ条約を援用して
難民申請した者が、送還された責任国から防御権を根拠とする OFPRA への申

---

486)　P. BORDRY, « Droit d'asile », op. cit.

487)　F. リュシェールは、これに関して、利害関係者がフランスにいないか、法律の規定に従い
　　　送還された場合には、OFPRA による可否決定が妨げられることはないものの、利害関係者が
　　　国内または国境で申請する場合には、OFPRA の決定に要する時間を確保することが求められ
　　　ていると述べている。F. LUCHAIRE, « Droit d'asile: faut-il réformer la Constitution? Inutile »,
　　　Le Monde, 28 août 1993.

488)　OFPRA がこの判断をなすには 48 時間あればよいとされている。Id.

第5節　亡命権と憲法改正　273

請書類の提出を求めているとしても、この者に入国のいかなる権利も認めておらず、申請者は CRR に口頭で（oralement）請求できると規定している 1952 年法の文面を修正するだけで十分であるとする。また、前文4項を援用するものに対しても、知事がその申請を「故意の不正行為に基づくもの、または、亡命手続の濫用的行使を構成するもの」であるとみなせば、7日を限度に申請者を裁判所のコントロール下に「行政留置」することができるが、この期間は、OFPRA が申請書類を検討するには十分であるし、CRR の審査期間中には在留権は認められいない。したがって、憲法改正は必要ないと主張している[490]。

O・デュアメル（Olivier Duhamel）は、つぎのように述べている。

「（迫害を受けた自由の闘士に亡命権を認める必要性に関する――筆者）コンセンサスが存在している以上、唯一の技術的問題は、濫用的亡命申請の取扱いに関するものである。利害関係人にとって悲惨でないやり方、すなわち、例えば、留置キャンプの増加を含まないようなやり方でこの問題に対処するには、立法的解決を見出すことができる。その核心は、亡命申請者の地位の審査に対する訴願権と国内での在留権との区別に存在するであろう。技術的観点からすれば、中心点はそこにある。明らかに根拠を欠く入国の不許可、または国外退去が考えられよう。憲法院判決はこのことを認めている。技術的解決策は、もし政治的対立の外にある法的問題を解決することを望むならば、考慮されうることである。」[491]

G・ヴデルも同様に通常法での解決を主張しているが、その立論はより意欲的である。彼は、シェンゲン条約締結国の一つによる亡命申請の拒否決定後フランスに提起された申請、すなわち「二次（de seconde main）」申請を考察の出発点としている[492]。この場合、一次申請は、締結された条約においても、国

489）　1952 年の OFPRA 創設法は、5条4項で、「利害関係人は、CRR に対してその釈明を提出することができる」と規定している。また、同法に関わる 1953 年5月2日のデクレは、19条1項で、OFPRA が難民資格の認定を拒否した場合に、「訴願は、CRR の事務局に提出される。この場合、同事務局により、申請者に対して受領証書が交付される」と規定している。なお、同条2項は、受取証明付き書留によっても訴願を提出できることも規定している。

490）　T. Bréhier, « Un droit sacré », op. cit.

491）　O. Duhamel, Le Figaro, 8 septembre 1993.

492）　これは、違憲とされたのは、他の条約加盟国の一つによる申請拒否後にフランスに提出された保護請求の不受理に対するものであるとの解釈による。G. Vedel, « Les Petits cailloux de Schengen », Le Nouvel Observateur, 9–16 septembre 1993, n° 1505, p.41.

274 第Ⅰ章 亡命権（庇護権）

内法においても、亡命申請に応じる有効な理由を見出だされなかったことになるが、この際に、フランスと同様の亡命権概念に依りフランスの機関によって審査される場合と同程度の書類が厳密に取り扱われたものと当然に考えられる。それゆえに、二次申請では、締約国が否定的回答をしたにもかかわらず、フランスが国内法との関係で、申請書類のいかなる特殊性（spécificité）をもとに肯定的回答を正当化するかを審査の対象としなければならないという事実上の推定（présomption de fait）が働いている。二次申請の大部分には、こうした特殊性は存在せず、一次「取扱」責任国の決定につながる事実上の推定を覆すような重大な要素をともなっていないものといえるであろうから[493]、この申請に対する選別は速やかに行われうる。しかも、特別な場合を除いて、書面により行われることとなる。また、亡命権の保障が申請者の暫定的入国許可をともなうとすれば、それは申請者の安全が脅威にさらされている場合でしかないが、大部分の事例では、二次申請者はすでに迫害者からの保護下にある。とすれば、当然に、申請書類の審査は、申請者を保護するためにも、申請に対する選別を行なうためにも、申請者がその場にいることを要求するものではないことになる。

　以上の理由からヴデルは、憲法院判決に実質的反論を加えず通常法により、フランスを上訴機関としてしまうとの政府の危惧に応えることができ、コンセイユ・デタを頂点とし、こうした手段を求め利用することに欠けるものはないと断言している[494]。

　立法的解決の可否に関するこうした見解の対立は、濫用的亡命申請者を通常法により排除できるか否か、亡命申請のための訴願権と防御権行使のための暫定的在留権を分離しうるか否か、の二点を中心に展開されていることが理解できる。L・ファヴォルは、この点に関し、訴願権の有効性と防御権の尊重は申請者がその場にいればよりよく保護されることから、「明らかに根拠を欠く」申請排除の概念に訴えても暫定的在留権をともなう訴願権は排除されないと主張することにより、立法的解決は困難であるとしている。これに対して、F・

---

493) G・ヴデルは、事実上の推定を覆す特殊性、すなわち「迫害」および「自由のための行動」というフランスの基準が、二次的請求において適用されるうるであろうまれな事例として、申請者がフランスの旧植民地の歴史に関係付けられた場合を想定している。*Id.*

494) *Id.*

第5節　亡命権と憲法改正　275

リュシェール以下の学者は、すべての亡命申請者が暫定的在留権を享有できるのではなく、濫用的・詐欺的申請の排除は当然であるとの観点から、訴願権と暫定的在留権の分離を可能とし、G・ヴデルも、「迫害」と「自由のための行動」というフランスの基準からする特殊性からして、亡命権に暫定的在留権がともなうのはその安全が脅威にさらされている場合だけとし、ともに通常法による解決の可能性を強く主張しているのである。ここでは、訴願権と暫定的在留権を不可分とするL・ファヴォルが憲法改正の必要性を、両者を可分とするF・リュシェール以下が改正の不必要性を主張するという構図となっている。

　また、予想される改正案に対して、G・ヴデルは、それが事前に二次申請者を締め出すと同時に共和国によって厳粛に宣言された亡命権を擁護するという、解決不可能な問題（quadrature de cercle）を提起する恐れがあり、こうした理由からも通常法によるべきものとしている[495]。同様に、D・ルソーも、改正案は、例えば、国際条約の尊重のもとに亡命権を適用するというものとなろうが、すでに憲法55条で国際条約の優位を、1946年憲法前文14条[496]で国際公法の遵守を定めている以上、さらなる規定は不要と述べている[497][498]。

2　改正に至るまでの政治過程

　憲法学者により亡命権をめぐる憲法改正論議が活発に戦わされている間、政治過程においても大統領と首相を両軸にして激しい駆け引きが展開されていた。憲法改正を望まない社会党出身のF・ミッテラン大統領と、限定的・技術的・議会的手段による憲法改正[499]で済まそうとする保守の共和国連合のE・バラ

495）　G・ヴデルは、改正案は、二次申請で考慮されるべきフランスの特殊性──「迫害」と「自由のための行動」──を排除するものとなろう（それでは、1946年憲法前文4項を否定することに通ずる）が、あわせて大革命以来の共和国の伝統にも忠実であろうとする（それでは、前文4項を肯定することに通ずる）二律背反な内容のものとなるに考えているように思われる。

496）　1946年憲法前文14項は、「フランス共和国は、その伝統に忠実であり、国際公法の諸規範に従う」と規定している。

497）　D. ROUSSEAU, « Une révision constitutionnelle sans motifs juridiques », *op.cit.*

498）　M・デュヴェルジェ（Maurice DUVERGER）は、さらに、こうした改正は、合憲性に関する裁判的コントロールを有する他のヨーロッパ諸国（イギリスを除く）から、法治国家に違背し、議会の票決あるいは人民レフェレンダムによって法的判決を無効とするための策略（manœuvre）とみなされる恐れがあることからも回避すべきであるとする。M. DUVERGER, « Éviter la révision à tout prix », *Le Monde*, 3 septembre 1993.

276　第Ⅰ章　亡命権（庇護権）

デュール首相の思惑が対立していたからである。両者の長く困難な駆け引きの末、最終的に憲法改正の政府案が確定することになるが、この過程でとくに重要なのは、対立の袋小路から抜け出る方策として採用されたコンセイユ・デタへの諮問（(1)）と両者の妥協による政府案の確定（(2)）である。

(1)　コンセイユ・デタの意見

首相は、大統領の提案に従う形で、9月7日、亡命権に関する憲法改正の必要性についてコンセイユ・デタに諮問した。諮問文は、つぎのように起草された。

「1993年8月13日の憲法院判決によって定められた準則は、亡命申請者の審査がシェンゲン条約により他の一国の管轄に属するが、自由のための行動により迫害を受けたとされる者によって提起された申請の審査を、同条約により免除されているように、フランスが行なうことを強制されず、したがって、たとえ暫定的にであれ、当該申請者を国内に受け入れる義務を有さないとする通常法の規定を政府が議会に可決せしめることを認めるものであるか？」[500]

この諮問文は、条件的で回りくどい言いまわしが用いられており、憲法改正について文言上は直接言及せず、「通常法の規定」という表現しか使われていないが、実際は、憲法改正の有無が問われている。しかも、なされるべき答申が、二つの条件を充たすべきことを課すものといえる。一つは、シェンゲン条約の対象となる亡命申請者が、たとえ前文4項を主張していても、暫定的にも受け入れる義務を負わないことであり、他の一つは、こうした外国人の亡命申請審査を強制しないということである。

コンセイユ・デタは、諮問を担当する内務部[501]にこの件を送付した。9月

---

499)　「議会的手段による改正」とは、国民投票（レフェレンダム）による改正（憲法89条2項）ではなく、両院合同会議による改正（同3項）を意味している。これは、両院合同会議招集権を有する大統領に、改正に至る政治過程において一定の主導権を認めるものである。首相による議会的手段の選択は、大統領との全面対決を避け、また、改正を限定的・技術的なものとするのは、その政治性を隠蔽し、議論の拘泥化を避け、速やかな改正を行おうとする意図からくるものであることが窺える。

500)　*Le Figaro*, 8 septembre 1993; *Le Monde*, 9 septembre 1993.

501)　内務部は、諮問的権限を行使する行政関係編制（formations administratives）の一部会をなし、1993年7月16日のアレテ（*JO*,18 juillet, p.10138）により、首相、司法相、内務相、海外県・海外領土相、文化相、情報相、青少年・スポーツ相の諮問を受けるものされていた（同1条）。

第5節　亡命権と憲法改正　277

22日、内務部は報告者であるP・ソゼ（Philippe Sauzay）の報告を受け、憲法改正は不可欠であるが、憲法前文の修正によらず一憲法律（une loi constitutionnelle）の制定によって条約と憲法の両立を確保できると結論付ける意見草案を起草し、大多数で採択した。翌23日には総会が開かれ、全体としてP・ソゼの報告を了承し、つぎの内容を骨子とする意見を採択した[502]。

(i)国際条約により亡命申請取扱責任国を決定することは、条約がフランスに対し、国内法に固有な諸規定を適用して、亡命申請の取扱いを保障する場合のみ受け入れられる。

(ii)前文4項は、フランスの行政・司法機関に、条約の対象となる亡命申請者、すなわち、自由のための行動により迫害される恐れのある者の地位の審査義務を課している。

(iii)こうした要件の尊重は、利害関係人が自らの事案に対して判断が下されるまで、暫定的在留許可の対象となることを想定している。

(iv)憲法院判決は、前文4項の原理は、法律または国内法に導入された国際条約によって適用されるとしており、法律は、亡命権をより実効あらしめ、憲法的価値を有する他の規範・原理と調整するために、その行使条件を定めることができると明確に述べている。

(v)この結果、憲法が、シェンゲン条約による申請取扱責任国に審査を委ねることに障害を設けていても、立法者が申請の審査を行う諸条件を定めることを禁じてはいない。

(vi)それゆえに、例えば、防御権の保護のような憲法上の要請に照らして十分な保障を提示するOFPRA等の機関により、申請者が迫害のない国において迫害を受けたと主張するような、明らかに根拠を欠く請求を拒否できる緊急手続を創設する法律を定めることができる。

(vii)この場合、法律によって、行政監獄に属さない場所で、この緊急手続により申請に必要とされ、通常は7日を超えない期間、申請者を留置でき、また、この期間を越える場合には、居住指定をなすことができる。

(viii)審査を容易にすることができるこうした立法規定によっても、フランスは、

502）コンセイユ・デタの9月23日の意見の全文に関しては、*RFDA*, 9(5)septembre-octobre 1993, pp.899–900 ; *Le Monde*, 25 septembre 1993参照。

依然として憲法院判決によって示された諸原理に合致する審査を行う義務を有する。

(ix)こうした立法規定によっても、他国の責任に属する申請を審査し、自国に受け入れる可能性を規定しているシェンゲン条約29条4項を厳格に適用することはできない。

(x)この審査義務は、憲法院判決によれば、前文4項の原理から生じており、フランスは、憲法律によってしか、こうした義務から免除されない。

(xi)この憲法律は、前文を修正せず、条約によってフランスと結ばれ、同一の条約を尊重する国と申請取扱に関する協働を可能とすることを目的とするものである[503]。

　コンセイユ・デタの上記の意見は、1991年7月25日判決((i))および1993年8月13日判決((ii)〜(iv))を引用し、後者の判決にコンセイユ・デタの解釈を加え((v))、具体的な立法例を示し((vi)および(vii))、最後にシェンゲン条約の「厳格な」適用のための憲法改正の必要性に関する意見((viii)〜(x))と改正の具体的方法を述べる((xi))という順番をたどっているといえる。

　これをみてわかるのは、今回の意見は、異なる二つの部分から成り立っており、首相が諮問した問題に厳密に答えるだけにとどまっていないことである。すなわち、意見はまず、通常法によって8月13日判決とシェンゲン条約の両立が可能かを示す法律次元での検討から始めている。そして、亡命申請が同条約によって確定された第一国による拒否の後で、前文4項による申請審査を課されていても、憲法は立法府がこの審査の諸条件を定めることを禁じておらず、例えば、「明らかに根拠を欠く」申請者を「OFPRAが拒否できる緊急手続を創設できる」としている（前記(i)〜(vii)）。しかし、諮問は、法律によって前文4項を根拠とする亡命申請審査を免れうるかを問うもので、法律の具体的な規定に関わるものではなかった。つづいて意見は、後半で本来の諮問に答え、前文4項に基づく亡命申請審査義務は、憲法改正によってしか取り除かれえず、同時に、同項にふれることなく一修正条項を付け加えることで足りるとしたのであった（前記(viii)〜(xi)）。

---

503)　コンセイユ・デタの意見を公表するか否かは全く政府の裁量に属し、公表されないことが大部分である。今回は首相府によりコンセイユ・デタのコミュニケが公表された。

第5節　亡命権と憲法改正　279

　コンセイユ・デタの今回の意見は、何ら法的拘束力はないものの[504]、政治的袋小路から抜け出るための手段として、大統領により示唆され、首相により付託された経緯からして、事実上憲法改正に道を開く政治的契機となるものといえた。それゆえに、以後の手続は、大統領、首相および議会の三者の協働が必要な、憲法89条3項[505]の規定に従うものとなった。そして、政治の中心場面は大統領と首相のいずれもが対面を保つ形での妥協を目指す改正案の規定内容自体の起草へと移るのである[506]。

(2)　政府案の確定

　首相は、コンセイユ・デタの意見を受け、早速大統領に改正草案を提出した。両者は、手紙または会談を通して妥協点を探ったが、合意に至るのは容易では

---

504)　今回の憲法改正過程では、二回の諮問が行われた。憲法改正の必要性に関する9月7日の諮問が、一回目のものであり、これは、任意的諮問である。この諮問の場合、その意見（答申）に法的拘束力はない。10月7日の二回目の諮問は、憲法改正法案の内容に関するものであり、これは、義務的諮問である。義務的諮問に答える場合の義務的意見（avis obligatoire）には、決定機関を拘束しないもの（avis simple）と拘束するもの（avis conforme）の二つがある。拘束的意見は、国籍取得に関するもの等きわめてまれで、政府は、それを採用するかしないかの権限しか有さなくなる。一般に、コンセイユ・デタが義務的意見を提出する場合に、政府は、コンセイユ・デタの意見に従わず、自らの第1案を採用することができるが、政府提出法案に対するものを除いて、コンセイユ・デタで審議されなかった第三案を採用することはできない。なお、義務的諮問の場合、それを欠けば、憲法院による法律の合憲性審査を規定する憲法61条2項に従い、同院に付託された際にサンクションされる可能性があるものの、これは、机上の論理とされる（例えば、Yves Robineau et Didier Truchet, *Le Conseil d'État*, PUF, Que sais-je?, Paris, 1994, n° 2855,1^{er} éd., pp.62–63）。
　　なお、コンセイユ・デタの意見はつねに従われてきたとされている。G. Vedel et P. Delvolvé, *Le système français de protection des administrés contre l'administration*, Paris, Sirey, 1991, pp. 45–46.
505)　同項は、「ただし、政府提出の改正案は、共和国大統領が両院合同会議として招集される国会に付託することを決定したときは、国民投票にかけられない。この場合、同改正案は、有効投票の5分の3の多数を集めなければ、承認されない。両院合同会議の理事部は、国民議会の理事部とする」と規定している。
506)　この間議会でも憲法改正に関する論議がなされており、例えば、元老院議員のE・デリ（Étienne Dailly）は、憲法院が、1789年の人権宣言や1946年憲法前文または共和国の諸法律によって認められた原理を「憲法ブロック」として合憲性コントロールに際して援用する限り、亡命権に関する今回のような改正が繰り返される可能性があるとし、憲法院が前文等を根拠に合憲性コントロールをなすことを禁じ、憲法典の条項自体に限定することを規定する議員提出の憲法改正案を9月15日に提出している（この改正案は、否決された）。*Sénat, Déb.*, 29 septembre 1993, p.2670. ただし、憲法ブロックに1789年の人権宣言や1946年憲法前文を含めないと、憲法院が人権に関する条約や法律の合憲性を審査する根拠法を欠くことになる点には注目してよい。なお、E・デリは、1995年3月、元老院議長のRené Monoryにより憲法院のメンバーに指名されたが、翌1996年12月に他界した。

280 第Ⅰ章 亡命権（庇護権）

なかった。両者の7日間に及んだ議論は、一点においてつまずいたとされる[507]。すなわち、申請の審査「義務」を負わないことだけを規定するか、亡命権付与の「可能性」をも規定するかである。

　当初、首相は、シェンゲン条約締結国によってすでに拒否されていた申請を再度フランスが審査する義務を負わないとする後述の合意案の1項だけを意図していた。大統領は、自らが亡命権侵害の共犯と映ることを望まなかったことから[508]、フランスの機関が、自由のための行動により「迫害を受けたあらゆる外国人に庇護を認める（accorder l'asile à tout étranger persécuté）」2項を付加することを首相に求めた（10月4日）。首相は、これに対して「庇護を認める」ことに代えて「亡命申請を審査する権能（droit d'examiner la demande d'asile）」を有するとの対案を出したが（同月5日）、大統領は再びこれを拒否し、政府は改めて「亡命申請を審査し、受け入れる権能（droit d'examiner et d'accueillir la demande d'asile）」とする案を提出した（同月7日）。しかし、大統領は、これをも拒否した。その結果、政府も最後には大統領が望む形で2項を受け入れ「庇護を与える権能（droit de donner asile）」と起草されることになった[509]。

　この合意を受けて首相は、2項からなる1か条の憲法改正草案をコンセイユ・デタに付託した旨のコミュニケを発表した[510]。なお付託には、今回の改正を正当化する付託理由書（exposé des motifs）が付されている[511]。

　以上の交渉経緯が示すように、1項には首相の、2項には大統領の意思が反映されている。首相の意味するところは、8月13日判決が「義務」としていたものを取り除くことであったのは明白だが、大統領の希望する「可能性」とは、同判決にいう「義務」を意味するものではなく、シェンゲン条約29条4項を憲法上明記するものとなっている。

　改正草案は、国際条約に関する憲法第Ⅵ章に、つぎのような二項からなる53条ノ1を挿入することを規定した。

---

507)　*Le Monde*, 9 octobre 1993.

508)　Éric Dupin, « Droit d'asile: C'est parti pour la révision », *Libération*, 21 octobre 1993.

509)　*Id.*

510)　Olivier Biffaud, « L'exercice du droit d'asile en France », *Le Monde*, 9 octobre 1993 ; *Le Monde*, 27 octobre 1993.

511)　付託理由書の内容に関しては、*Le Monde*, 10 et 11 octobre 1993参照。

「共和国は、亡命、人権および基本的自由の保護に関して、共和国と同じ取極めを尊重するヨーロッパ諸国と、自国に提起された亡命申請を審査するため各国の管轄を規定する条約を締結することができる。

しかしながら、この条約により申請が自国の管轄に属さない場合であっても、共和国の機関は、自由のための行動により迫害を受け、または、他の理由によりフランスにその保護を求めるすべての外国人に庇護を認める権能をつねに有する。」[512]

付託を受けたコンセイユ・デタは、前回同様、F・ソゼを報告者に指名し、10月15日に内務部会、16日に総会を開き、改正草案に若干の修正を施したうえで、同日政府に意見を答申した。修正点は、つぎのとおりである。

(i)当該条項を憲法第Ⅵ章ではなく、第ⅩⅤ章（『CEおよびUE』）に挿入すべきこと、

(ii)草案1項中の「……取極めを尊重する（...qui respectent des engagements）という文言に代え、「……取極めによって結ばれる（...qui sont liés par des engagements)」という表現を用いること、

(iii)草案2項に関しては、9月23日の意見の方針に従い、つぎのような文面を提案した。「申請の審査が、わが国の責任の対象とはならず、また、それゆえにこの審査を行なう義務を有さない場合においても、フランスは、つねに、迫害を受けたすべての者に対して亡命を与えることができる。」[513]

上記の修正の意図はおおむねつぎのようなものと考えられる。すなわち、(i)は、シェンゲン・ダブリンの両条約の適用に必要不可欠な条項は、マーストリヒト条約の批准を可能とするために創設された章への挿入が望ましいこと、(ii)は、条約加盟国が亡命権および人権を「尊重する」方法に関して、フランスの機関——とりわけ憲法院——が解釈を施す可能性を回避すること、(iii)は、前回の意見答申の文面と同様に、亡命は「共和国の諸機関」ではなく、「フランス」によって与えられる可能性であり、義務でないことを明確に示し、可能性の付与の対象範囲を前文4項の定める自由の闘士に限定すること。

---

512)　*Id.*

513)　*Le Figaro*, 18 octobre 1993; *Le Monde*, 19 octobre 1993 ; *AN, Congrès du Parlement, Déb.*, 20 novembre 1993, p.11.

282 第Ⅰ章 亡命権（庇護権）

その後、改正草案は、10月20日、大臣会議によって採択され、これにより政府案が確定した。政府案は、先のコンセイユ・デタの意見を完全に踏襲するものではなかった。すなわち、コンセイユ・デタの三つの修正提案のうち、前記(ⅱ)の提案だけが採用され、その他の点に関しては草案がそのまま維持された[514]。翌21日に、政府案は、国民議会法務委員会に付託された。そして、11月2日に国民議会[515]が、11月16日に元老院[516]がそれぞれ政府案を無修正で可決した。この日、大統領により、11月19日に両院合同会議[517]を招集し、亡命権に関する憲法改正の政府案を付託する旨のデクレが発せられた[518]。

3 改正による亡命権概念とその評価

ここでは、両院合同会議における、首相を始め議会各派の代表による亡命権に関する議論を取り上げ ((1))、つぎに、憲法改正後の亡命権概念を明らかにし ((2))、最後に、その評価を行う ((3))。

---

514)　国民議会の法務委員会は、報告者としてUDFのJ-P・フィリベール（Jean-Pierre Philibert）を指名した後、政府案を検討した。そして、P・メエヌュリ（Pierre Méhaignerie）司法大臣を長時間にわたり聴聞し、社会党代議士から提出されていた不受理の抗弁（exception d'irrecevabilité）＊および前提問題（question préalable）＊＊を否決し、政府案を無修正で可決し本会議に上程した。

　　なお、J-P・フィリベールの報告（AN, Doc., n° 646）は、条約および立法条項の詳細な検討を含んでいるが（Id.）、D・モスの指摘するように（D. Maus, « La pratique institutionnelle française », RFDC, n° 17, 1994, p.89）、とりわけ、9月23日および10月16日のコンセイユ・デタの二つの意見が援用されている。

　　10月27日の本会議では、共産党のA・ボケ（Alain Bocquet）の不受理の抗弁および社会党のM・マルヴィ（Martin Malvy）の前提問題をそれぞれ否決し11月2日に原案無修正のまま、賛成447、反対85で可決し、元老院へ送付した。AN, Déb., 2 novembre 1993, pp.5223-5225.

＊　不受理の抗弁とは、提出された法案の文面が憲法条項に違背することを知らせる目的を有する手続上の動議で、これが可決されれば、法案の否決または議論の中断という効果をともなう。

＊＊前提問題とは、不受理の抗弁後に提出されるもので、審議すべき理由の不存在を求めるもので、可決されれば不受理の抗弁と同じ効果を有するが、法文の合憲性に関するものではなく、合目的性にかかわる。

　　詳しくは、Pierre Avril et Jean Gicquel, Droit parlementaire, Paris, Montchrestien, 1988, pp.145-146 参照。

515)　元老院では、法務委員会報告者に共和国連合のP・マソンを指名した。同委員会は、司法大臣の聴聞は行わず、11月3日、原案無修正で可決し、本会議に上程した。Sénat, Doc., n° 74.

　　11月16日の本会議は、第1読会において、賛成225、反対83により原案無修正のまま、可決した。Sénat, Déb., 16 novembre 1993, p.4251 à 4298.

第5節 亡命権と憲法改正 283

(1) 両院合同会議における議論——亡命権に関するものを中心に

大統領のデクレにより、11月19日、ヴェルサイユ宮殿に亡命権に関する憲法改正のための両院合同会議が召集された。

両院合同会議は、国民議会規則からの示唆を受けている[519]「両院合同会議に関する規則（Règlement du Congrès du Parlement)」において定められている手続に従い進行する[520]。手続の変更がある場合には、議場に待機する憲法院により直ちに審査され、変更された規則が合憲と判断される必要がある。今回は、こうした規則の変更は行なわれず、したがって、バラデュール首相の演説を皮切りに、各派代表が賛否に関する意見を表明し、その後採決に移った[521]。

① バラデュール首相の演説

最初に登壇した首相は、パスクワ法の正当性と8月13日の憲法院判決の問題点、憲法改正に至った理由と経緯を説明し[522]、つぎのように改正案の説明

---

516) 元老院での議論のなかで、とくに注目を集めたのは、社会党議員で大統領顧問でもあるM・シャラス（Michel CHARASSE）の議論であろう。他の社会党議員と意見を異にする彼は、個人的立場と断ったうえで、8月13日の憲法院判決は「現存する法に人工的に手を加えることで、国際条約に違背するものであ」り、シェンゲン条約を完全に適用するために憲法改正は避けられないと述べた（Id., p.4271）。また彼は、T・ブレイエとO・デュアメルの議論は誤りであると指摘している。すなわち、前者は、47年間にわたりナフタリン漬けされ眠っていた1946年憲法前文4項が、一度も適用されなかったことに気付いておらず、哀れにも悲壮なまでに、この文面にしがみついているとし（Id., t p.4272）、また、後者に対しては、「改正後亡命権は、理由は何であれ、フランスが自らの好みに応じて与える一つの可能性なのである」と述べている こと（L'Express, 28 octobre 1993）を取り上げ、この主張は、改正によっても、最初からフランスに亡命申請するものに適用可能な規範には、変更が加えられていないことを認識していないと批判している（Id.）。なおM・シャラスは、2010年3月当時の保守の国民運動連合（UMP: Union pour un Mouvement Populaire）のサルコジ大統領により憲法院の委員に任命された。

517) 両院合同会議とは、憲法改正案を審議・議決するために、大統領のデクレによってヴェルサイユ宮殿に招集される国民議会議員と元老院議員による合同の会議のことである。

518) Décret du 16 novembre 1993 tenant à soumettre un projet de loi constitutionnelle au Parlement convoqué en Congrès. JO, 17 novembre 1993, p.15846.

519) P. AVRIL et J. GICQUEL, Droit parlementaire, op. cit., p.192.

520) AN, Congrès du Parlement, Déb., 21 décembre 1963, pp.2-3.

521) 両院合同会議では、改正案の内容は変更できず可否を決するだけである（同規則19条）。

522) 首相は、とくに立法的解決を断念した理由として、立法による緊急手続の創設は、何十万人もの申請者に適用不可避なもとになる結果として迅速手続が採用され、亡命申請者の利益と共和主義的伝統に違背することになるであろうこと、憲法院判決が承認した在留権は、法律によっては阻止できず、違法状態にある外国人の増加をもたらすであろうこと、行政留置によってしかこうした危険に対処することはできないであろうこと、をあげている。AN, Congrès du Parlement, Déb., 20 novembre 1993, p.4.

284　第 I 章　亡命権（庇護権）

を行っている[523]。

　1 項は、フランスが亡命権の取扱の協働に関する条約を、UE 諸国のみならず、他の民主主義国家とも締結する可能性を承認するものであり、それゆえに、第 X V 章ではなく第 VI 章に挿入されている[524]。

　2 項は、亡命権の付与を個人の権利（droit de l'individu）ではなく、国家の権能（prérogative de l'Etat）とするものであり、その結果、立法府がその行使条件を自由に決定できる。そして、同項の存在により、政府は 8 月 13 日判決が違憲としたものと同じ条項を再可決するよう議会に求めることができ、自国の管轄に属さない亡命申請者の審査をフランスの機関が行うことは、亡命申請者が前文 4 項を主張する場合も含めて、執行府の完全な自由裁量に委ねられる一つの可能性に復帰するものである。同様に、亡命申請者を暫定的に国内に受け入れる義務からも免れる[525]。

　首相は、さらに、この改正案は亡命権を憲法前文から憲法の本文の条項自体へと移しかえるものであること、フランスが責任を負う亡命申請者の権利には何ら変更がないこと、他の亡命申請者もジュネーヴ条約に従い、フランスと同じ亡命権を適用する国に申請ができること、これによって亡命権はシェンゲン圏域内において縮小するものではないこと、庇護の自由な付与という国家主権の行使は妨げられないこと、亡命権の享有者の範囲が「自由の闘士」からあらゆる範疇の亡命申請者にまで拡大されたことをあげて、この改正案は、亡命権を完全に尊重し、亡命地フランスの伝統を継承するものであると正当化した[526]。

---

523)　首相は、両院合同会議での演説を結ぶにあたって、つぎのように激しく憲法院を批判している。「われわれの歴史で初めて、憲法制定権力が、憲法院によって違憲とされた立法条項の採決と審署を可能とするために招集されている。憲法院がそのコントロールを憲法前文の尊重にまで広げることを判決して以来、この機関は、ときに法的というよりは哲学的で政治的な、また、ときとして相容れず、さらには現在とは非常に異なる時代に創設された一般原理に対する法律の合憲性コントロールを行うようになっている。そして、今では、憲法院は、自らそれらを創造するところまで至ってしまったと考える者もいる。」(Id. p.5.) この首相発言は、政府内からも反論を招き、また、R・バダンテール憲法院院長は、11 月 23 日、Le Monde 紙上に初めて公式に、「権力と反権力（Le pouvoir et le contre-pouvoir）」と題する論稿を寄せて反論した (Le Monde, 23 novembre 1993)。事態の推移を重視したミッテラン大統領は、「公権力の正常な運営を確保する」仲裁者の立場から（1958 年憲法 5 条）、翌 24 日両者を大統領官邸に招き個別に会談をもった後、「憲法院に関する論争は終結したものと思慮されねばならない」とする談話を公表した (Le Monde, 26 novembre 1993)。この翌日、憲法改正法は審署された。

524)　*AN, Congrès du Parlement, Déb., op. cit.*, p.4.

525)　*Id.*, p.5.

②　各派代表の演説

　首相の演説につづいて、両院の各派代表がそれぞれ5分の持ち時間で演壇に立った。両院合同会議での演説は、これまでの議会での審議を要約・総括するものであるため、以下簡略に亡命権にふれるものだけを拾い上げてみる[527]。

(A)　与党会派

　J-J・イエスト（Jean-Jacques HYEST）（フランス民主連合〔UDF〕・国民議会議員）は、「シェンゲン条約適用協定29条4項に規定されている主権の留保を憲法化することにより、われわれは、憲法院が1991年に解釈したように、1946年憲法前文の文言と精神を完全に尊重しているということを付け加えておかなければな」らず、「国際情勢に適合し移民の統制に必要不可欠な亡命権を擁護する憲法改正が必要なのである」[528]と述べた。

　P・マソン（RPR・元老院議員）は、ジュネーヴ条約の方が難民に寛容であることから、OFPRAおよびCCRはこれまで一度も前文4項を援用して決定を下したことがないことを両機関への聞取りの結果から述べたうえで、憲法院判決がこの仕組みに変更をもたらしたとした。また、新条項は、条約または裁判上の規範を参照せず、主権の判断だけで何人をも保護できる一種の国王特権を憲法に含めるようなものであると評している[529]。

　B・ポンス（Bernard PONS）（RPR・国民議会議員）は、今回の改正はフランスの伝統に結び付く亡命権にいかなる侵害をももたらすものではなく、逆に、憲法それ自体に亡命権を加え、具体的内容を与え、その行使条件を拡大することにより、亡命権を確立するものであるとしている。そして、従来、前文4項は亡

---

526)　Id. D・ルソーは、この20年来静かではあるが何らの障害もなく、古典的民主主義（数の民主主義）から新たな民主主義（コミュニケーション民主主義）へと進んできたフランスは、両院合同会議での首相発言と新条項への解釈によって、民主主義の後退を経験していると批判している。詳しくは、D. ROUSSEAU, « Quand la démocratie régresse », Le Nouvel Observateur, 25 novembre–1ᵉʳ décembre 1993, n° 1516, p.68.

527)　両院合同会議での演説は、議会での審議および各会派の主張をいわば総括するものであり、議員たちが憲法院の役割、憲法判例の展開、憲法改正権の行使等に関してどのような見解を有しているかを知るうえできわめて興味深いものであるが、本稿とは直接関係を有さないことから、ここでは多くふれない。詳しくは、JO, Congrès du Parlement, op. cit., pp.3–14参照。なお、与党会派の弁士の演説は、今回の改正は8月13日の憲法院判決によって引き起こされたものでとして同院を非難し、改正の必要性を正当化する点で共通している。Id.

528)　Id., pp.5–6.

529)　Id., pp.7–8.

命申請者により一度も明確に参照されたことがなく、見せかけ（façade）にすぎなかったが、以後、フランスは、新条項により「自由の闘士」に加えて「他の理由によりその保護を求めるの者すべて」に庇護を与えることができるであろうと述べている[530]。

与党会派に所属する弁士の演説は、新条項は亡命権を前文から憲法本文自体へと移し替え、また、自由の闘士以外のものにも亡命権を付与できる可能性が記されたことで、亡命権が強化されたとする点でほぼ共通するものである。しかし、それが意味するネガティヴな面には、当然ながらふれられていない。

(B) 野党会派

M・ドレフュス－シュミット（Michel DREYFUS-SCHMIDT）（PS・元老院議員）は、首相の解釈と対照をなすつぎのような法律解釈を展開している。すなわち、改正案は、シェンゲン条約の適用される場合を含め、その理由が何であれ、フランスの保護を求めるあらゆる外国人に庇護を認める可能性を国内法に導入するという、従来の状態を一点だけ修正するものにすぎない。フランスが迫害された自由の闘士に庇護を与える権能を保持しているのは条約締結国に対してであり、この権能は利害関係者に対しては、フランスにとって一つの義務として姿を現す。締約国に対するフランスの主権的権能は、この義務を完全に尊重するよう立法府に保持されるものと理解されねばならないために、同条約は違憲ではないのである。それゆえに、フランスは、同条約の一般準則と53条ノ1第1項にもかかわらず、同条約29条4項と53条ノ1第2項の存在により、自由の闘士に常に亡命を与える権能を有することになり、前文4項から、従来どおり自由の闘士に亡命権を認める義務を有する[531]。

M・マルヴィ（PS・国民議会議員）は、今回の改正はフランスに直接亡命申請するものには何ら修正をもたらすものではなく、真の問題解決とはなっていないとし、それをもたらすのは、OFPRAの真剣かつ迅速な対応手段であると、統計を示しながら反論している[532]。

530）　*Id.*, p.10.

531）　*Id.*, pp.11–12.

532）　*Id.*, p.13. M・マルヴィは、1989年には6万1,000人いた亡命申請者が、OFPRA の作業により、1992年には2万8,000人に、1993年上半期には1万4,000人へと激減し、許可率も1992年には30％となっている、と指摘している。*Id.*

A・ボケ（フランス共産党〔PC〕・国民議会議員）は、「亡命権は、フランスの国民的アイデンティティの中心にある民主主義の戦いの遺産として、普遍的ヒューマニズムの最良のものに属する」もので、改正案は、こうした「国民的アイデンティティを損なうものである」と述べた。そして、シェンゲン圏域と亡命権とは二者択一で、前者を選択するのは後者に関する国民主権の放棄を意味するものとであるとする[533]。

H・リュク（Hélèn Luc）（PC・元老院議員）女史は、政府は、一方で、亡命権を問うことは移民に対する戦いの改善であると主張することで、人権の尊重と経済的・社会的現象、すなわち、移民とを政治的に同一視しており、他方で、改正案は亡命権を強化するものであると主張することで、亡命審査の義務を可能性に変えるという、それ自体矛盾する二つの虚偽的議論をなし、フランス人民を欺いていると非難した。そして、亡命権に関する主権を他国に移譲することを認める今回の改正は、「超国家的で非民主主義的な一つのヨーロッパ建設に結び付く新たな主権の放棄」であると位置付け、欺瞞的法文に反対すると宣言した[534]。

社会党は亡命権原理に反するとの理由から、共産党は国民主権に反するとの理由から改正案に反対する立場は共通しているが、前者はシェンゲン条約には賛成、後者は反対という違いがある。また、とくに、社会党議員は、53条ノ1の条項を限定的に解釈しようとしていることが理解されよう。

(2) 改正後の亡命権概念

各党代表の意見表明につづいて、採決が行われた。投票総数875票、可決に必要な5分の3が513票であるのに対して、賛成698票、反対157票、棄権20票の大多数により、改正案は可決された[535]。その後、大統領の審署を経て、11月25日の憲法律第9311256号として、翌26日の官報に掲載、公布された[536]。文面は、つぎのとおりである。

---

533) *Id.*, pp.6-7.
534) *Id.*, pp.8-9.
535) 憲法89条3項により、有効投票の5分の3の多数による承認を得なければ改正案は成立しないが、与党議員が圧倒的多数を占め、造反議員が少ないことから可決は両院合同会議招集以前から決まっていた。なお、*Id.* pp.14-18 参照。
536) *JO,* 26 novembre 1993, p.16296.

288 第 I 章 亡命権（庇護権）

「単一条項——以下に起草された53条ノ1が、憲法VI章『国際条約および協定』に付加される。

『53条ノ1 共和国は、亡命および人権と基本的自由の尊重に関して、共和国と同一の取極めによって結ばれるヨ—ロッパ諸国と、各国に提起される亡命申請の審査に対する各国の権限を定める協定を締結することができる。

しかしながら、この協定により、審査請求が自らの権限に属さない場合においても、共和国の諸機関は、自由のための行動により迫害され、あるいは他の理由によりフランスの保護を求めるあらゆる外国人に対して庇護を付与する権能をつねに有する。』

本法は、国法として執行される。」

本節第2(2)でみたようにこの文面は、大統領と首相の妥協により起草されたものである。ここでは、その際の経緯、コンセイユ・デタの意見との比較および①でみた両院合同会議での発言に留意しつつその内容を検討すると、おおむね、つぎにような指摘ができる。

1項は、前文4項の厳格な直接適用に対する一つの例外を規定し、2項は、欧州の他の一国による申請拒否後でもフランスが独自に庇護を付与できることを規定し、例外を定める1項の例外をさらに定めるという形式となっている。すなわち、ここでは8月13日判決が定めた審査義務は可能性へと転化されている。別ないい方をすれば、亡命申請者の主観的権利が国家の主権的権能へと転化したのである。ただし、これは1946年憲法前文4項が直接適用されないものと考えられていた8月13日判決以前において、一般的に妥当していた概念である。

2項は、こうした権能を有する機関、その機関が尊重すべき基準・手続に関しては何も規定していない。したがって、詳細は法律に委ねられることになるであろうから、立法府の裁量の幅は非常に大きなものとなる可能性がある。しかし、立法府は、亡命権のような微妙な問題に関する積極的な立法を躊躇しているとされる[537]ことから、実際上は、政府（首相の両院合同会議での発言におけ

---

537) L. FAVOREU, « Le droit d'asile: aspect de droit constitutionnel comparé », in *Immigrés et réfugiés dans les démocraties occidentales* sous la dir. de D.TURPIN, Economica d'Aix-Marseille, 1989, p.214.

る「執行権」）の裁量の余地がきわめて大きなものとなることは想像に難くない。

　今回の改正の意図からすれば奇妙なことといえるが、2項が、コンセイユ・デタの意見が唯一の亡命権享有の対象者としていたいわゆる「自由の闘士」に加えて、「他の理由により」亡命申請するものも言及することによって、申請者の範囲は、前文4項、すなわち、8月13日判決が示す範囲よりも拡大されている。これは一般的には、ジュネーヴ条約上の難民を想定するものといえようが、それにとどまらず、フランスの機関は自らが望むものに対して、自由かつ何らの制約もなく亡命を認めうること（P・マソンが両院合同会議で形容した「国王特権」）を憲法上の原理として確認したものといえる。

　さらに、同条は、コンセイユ・デタの意見を退け、憲法第XV章の『CEおよびUE』ではなく、第VI章の『国際条約および協定』内に挿入された。これは、共同体以外の国とも亡命権に関する条約を締結する可能性を想定しているものといえよう。

　新条項は、一般的には、シェンゲン条約の適用を前提とし（53条ノ1第1項）、国内法から生じる特別な理由から庇護を付与できるとするものである（同2項）ことから、結局のところパスクワ法を憲法化したものであるともいえる。

　なお、この憲法改正後、パスクワ内務大臣により移民統制法案が改めて議会に提出された。同法案は、両院での審議、両院協議会による成案を経て、12月13日に国民議会、同月15日に元老院でそれぞれ承認を受け、最終的に成立した。当然ながら今回の法案は、バラデュール首相が両院合同会議で述べていたように、憲法が改正されたことを理由として、違憲判断が下された条項の文言をそのまま踏襲するものであった[538]。

(3)　改正に対する評価

　今回の改正でも解決したとはいえない問題が二つ指摘できる。

　一つは、亡命申請者が最初に入国した国を取扱責任国とすることを一般原則にすることで、庇護の付与という国家の主権的権能からその実質を奪い取っているとの従来からの批判は、原理的に払拭されたわけではないことである。ただし、53条ノ1は、最終項で、共和国の諸機関は、「フランスの保護を求めるすべての外国人に対し、庇護を付与する権能をつねに有する」と規定すること

---

538)　*AN, Déb.*, 26 novembre 1993, pp.6459–6466; *Sénat, Déb.*, 15 décembre 1993, pp.6330–6333.

290　第Ⅰ章　亡命権（庇護権）

で、国家の主権的権能としての庇護の付与について条文上の手当は行っている。

　他の一つは、フランスに直接亡命申請する者——他国を経由しない国境での亡命申請者——に如何なる準則が適用されるのかが不明確であることである。大統領も首相も、今回の改正は直接請求する者に対しては何ら影響を及ぼさないと述べた[539]のであったが、それは、直接亡命申請する者は、前文4項の規定する主観的権利としての「亡命享受権」を有することを意味するのか、それとも単に、国家の主権行使の裏返しとしての「庇護請求権」を有するにすぎないのかは明確にされてはいない。

　とくに後者に関連しては、フランスに直接亡命申請する者は亡命申請者全体の4％に過ぎず、残りの96％のものはほとんどが違法に入国した者[540]で、この大部分の者は、申請しても却下される可能性がきわめて高く、したがって当然ながら申請を控えつつ、フランスでの違法な在留生活を選択することは間違いないものとされる[541]。この点で、「移民ゼロ」を目指したパスクワ法の実効性が疑問視されるがゆえに、逆に同法の政治的プロパンガンダ性が浮き彫りとなるのである。

　D・ロシャクは、今回の改正によって、亡命申請者が受入国を見つけることが事実上より困難なものとなるであろうと評している[542]。すなわち、憲法院判決は、亡命申請者が少なくともOFPRAによって審査されることを認めるものであったが、まさにこの点で、亡命申請者を面接する知事の最初の対応は、その申請者の取扱いに関する責任がフランスにないことを証明しようとするものとなろうから、OFPRAの審査を受けることのできる申請者は、飛行機で来るものでしかなくなるであろう。しかし、この場合でもその者がトランジット・ゾーンを過ぎれば「明白に根拠を欠く申請」を持ち出し、徹底した審査もなさずに送還することもできる[543]。それゆえに、亡命権は絶対ではなく、フランス領土への受入れを回避するためにすべてがなされ、この権利が制限され

539）　大統領は、10月25日のFrance 2局でのテレビ番組に出演して、フランスに直接亡命申請する外国人には何ら変化のないことを強調した。*Le Monde*, 27 octobre 1993. 首相も同様に、両院合同会議での演説（本節3(1)①参照）において、同じことを述べている。

540）　*Le Monde*, 27 et 28 janvier 1994.

541）　F. BERNARD, « L'application des accords européens de Schengen reste problématique », *Le Monde*, 20 novembre 1993.

542）　D. LOCHAK, *Libération*, 21 octobre 1993.

るものになろうと述べるのである。

　同様に、T・ブレイエも、亡命権の享有者は、事実上、政治的発言の場を持たない非合法移民であるだけに、厳しい経済不況と失業に直面するなか、保守陣営によって政権獲得以来繰り出される政策が目にみえるほどの効果をあげないでいる状況にあっては、一種の「スケープ・ゴート」とされたのが彼らであり、害なわれたものが伝統的な共和主義原理であり、後退するものが憲法院の役割と法治国家である、と指摘している[544]。

　ただし、法的観点からみた場合、憲法改正権の行使は、合憲性審査機関である憲法院の正統性を論拠付けるものでもあり、憲法院判決によって設けられた障害を除去するため、政府が亡命権に関する憲法改正を考えることは不適切なものではなく、むしろ比較憲法的にみて常道であるということにはなろう[545]。

総　括

　近代以降、庇護権（亡命権）は、領土主権を有する二つの国家を前提とし、出身国（迫害国）の主権の排他性からもはや国内では庇護を受けることができない者に対して、受入国という新たな主権国家が、特権的に付与するものとなった。したがって、国際法上は、庇護を付与する主体はあくまでも主権国家であるといえる。アムステルダム条約による亡命政策の「共同体化」は別にして、亡命権は、国際法上生ずるものではなく、あくまでも国内法から生ずるものなのである。

　欧州諸国における亡命権に関する国内法上の取扱いをみてみると、最初は、外国人は、法外的位置に置かれ、治安の対象としてしかみなされたいなかったことから、庇護の付与も、国家（より具体的には、外国人治安を担当する内務大臣）の自由裁量により、個別的に付与されるものであったといえる。その後、法的

543）　これは、国内における亡命申請と国境における亡命申請とを区別して議論していることが理解される。

544）　T. BREHIER, « Des libertés sans gardiens », *Le Monde*, 20 novembre 1993.

545）　L. FAVOREU, « La légitimité du Conseil constitutionnel tient à ce qu'il n'a pas le dernier mot », *Le Figaro*, 27 août 1993（この論考は、G. VEDEL, « Schengen et Maastricht », *RFDA*, 8 (2), mars-avril 1992, pp.173 et s. に依っている）。

枠組みのなかでの規制に組み込まれるようになるのであるが、その場合まずは、外国人に関する一般法制、すなわち、移民法のなかで包括的に規定される。ここでは、移民と亡命とを明確に区別しないのが一般的である。フランスのように、革命期の共和主義的伝統に従い、独立した憲法上の1条項を割いてその権利を保障しようという行き方は、決して一般的なものではなかった。しかし、第二次世界大戦後は、大戦の教訓から亡命権を憲法上の主観的権利として規定するものも登場した。あわせて、亡命申請者よりもより広い領域をカバーする1951年のジュネーヴ条約（難民条約）の国内的適用が図られるのであるが、それによって、憲法上の権利と条約上の権利とが整序されないまま、両者の混同状態が展開する。しかし、国家の主権的権限に属する移民および亡命に関する諸権限のCEへの移譲が問題とされるに及んで、両者の調整をはかる必要が生じてくる。共同体の枠組みでの調整は、ジュネーヴ条約を前提としつつ、共通した厳格な移民政策と亡命申請者の限定化・特殊化という形で行われた。亡命権の享有者の限定化・特殊化は、移民政策の厳格化と表面上は逆説的にみえるものの、移民全体のなかから真正な亡命者を選別することによって、逆に、それに含まれない移民の流入を抑制しようとする政治的意図に対応しているといえる。

　亡命権の国内法上の法源に目を向けると、憲法中に規定するものと法律の規定にとどまるものに区分されよう。前者の例としては、1946年のフランス憲法、1947年のイタリア憲法、1949年のドイツ基本法、1976年のポルトガル憲法、そして1978年のスペイン憲法があげられ、後者の例としては、ベルギー、オーストリアおよびスイスがあげられる。

　F・モデルヌの分類に従うならば、憲法上の権利とされる場合でも、亡命権を直接適用される主観的権利として構成するフランス、ドイツおよびポルトガルと、間接適用される主観的権利とされるイタリア、スペインに二分される。両者の規定の差は、法律がなくても、法上、権利として主張されうるかどうかに通じてくる（ただし、法律がその適用様式を明確にするために制定されることを排除するものではない）[546]。

　しかし先にふれたように現在では、亡命権ないしは亡命政策は、欧州統合の展開による「共同体化」にともなってこうした国内的取扱いから、共同体法の

対象となるに至っている。UE 条約のなかでは、ジュネーヴ条約の保障の枠組みのなかで、難民政策は移民政策のなかに包摂される形で規定され、それが国内法へと跳ね返り、加盟各国の亡命権に関する規定の自律性は縮小してきている。フランスでは、亡命権に関する権限の共同体への移譲を行う憲法改正の際に、敢えて国家の主権的権限の行使としてのつねなる亡命権の付与を規定すること（憲法53条ノ1第2項）によって、大革命以来の国民主権への伝統的愛着とUE の将来的展開との折り合いを付けたのである。

2000 年 12 月 7 日にニースで採択された『UE 基本権憲章』は、2009 年 12 月 1 日のリスボン条約の発効により、欧州基本条約と同一の法的価値を有することになった（同条約6条1項）。同憲章は、第Ⅱ章『諸自由（Libertés）』Ⅱ.–18 条で、亡命権についてつぎのように規定している [547]。「亡命権（庇護権）は、難民の地位に関する 1951 年 7 月 28 日のジュネーヴ条約および 1967 年 1 月 31 日の議定書の諸準則の尊重と憲法に従って、保障される。」[548] ここでは、ジュネーヴ条約に従った亡命権の保障が明確にされている。さまざまに生じうる障害を克服し、新たな自律的システムを構築するよりも、古めかしくはあるが、難民の諸権利に関する唯一の法的な保護文書と捉えられ、長い適用の伝統と慣行のあるジュネーヴ条約の体制に依拠することが、統合的亡命政策の推進に与するものとの了解があったことが理解されよう。

亡命申請をジュネーヴ条約に依拠せしめることは、しかしながら、フランスのように個人の主観的権利として亡命権を構成する国にあっては、保障の後退を招く余地がある。同条約は、難民資格の認定を国家主権の行使と位置付けて

---

546) F. MODERNE, *op. cit.* 同教授は、「自律的な憲法上の権利」という区分に対応させるために、ベルギーやスイスのように、憲法によって承認された一般的権利を介して出てくる亡命権を「自律的でない憲法上の権利」としての亡命権と位置付けている。そして、「国家の国土に存在するすべての者に帰属する他の憲法上の権利を介してしか、憲法裁判官に付託されない」（強調著者）ものとしている（*Id.,* p.292）。しかし、それでは、もはや外国人のなかの特殊な者のみを対象とする固有の意味での亡命権の概念には対応しないものではないかとの疑問も生ずる。

547) 同憲章が、人権条約によって保障された権利と合致する権利を含む場合は、その権利の意義と射程は人権条約によっ　て定められたものと同一とされる（同憲章52条3項）が、すでに指摘したように、人権条約には、亡命権を保障する規定はない。

548) 欧州人権裁判所も、こうした立場に立っているものといえよう。例えば、*Ammur c/ France, op. cit.,* §43 参照。なお、同憲章の国内的適用に関しては、序章第2節1(2)②(D)参照。

294　第Ⅰ章　亡命権（庇護権）

おり、また、アムステルダム条約後、難民政策は共同体の権限へと移行したのであるが、この共同体化は、寛容な政策を採用する国ではなく、厳格な国を基準とする形で行なわれる可能性が高いことが容易に想像できるでからである。

　フランスは、大革命以降、伝統的な「亡命地」として外国人の人権に配慮した亡命政策と、欧州統合の推進役として、難民の大量流入の統制という欧州的意思とを調整しなければならない立場に置かれている。領土的庇護を導入した1998年のシュヴェヌマン法や補完的保護に関する規定を置いた2003年のドヴィルパン法も、こうした背景に対応するものである。また、1993年の憲法院判決が、立法権へのいわゆる「歯止め効果」を意図し、1997年以降の判決がそれを放棄するという判例変更も、重心の移動という面があるように思われる。

　1993年の判決で、憲法院は、亡命申請者の審査を受ける権利を、国籍の有無を問わず何人に対しても保障される憲法的性質の防御権と結び付けたが、それ以降可決された諸法律、そしてCESEDAをみると、申請者の手続上の諸権利の保障に配慮する意思がみられることは本章で検討したとおりである。それはまた、外国人への（手続的）法治国家原理の拡張過程であるとみることもできよう。

　コンセイユ・デタも、ジュネーヴ条約上の難民資格の認定申請に対して判断が下されるまでの暫定的在留権を、難民に適用される「法の一般原理」と構成してきたのであり、現在ではさらに一歩進んで、難民の地位の申請に対する審査権とともに憲法上の亡命権保障のコロラリーと位置付けている。

　ところで、「亡命」政策が、アムステルダム条約により共同体権限へと移譲され、つづいてリスボン条約でUEへと引き継がれたことから、CJUE（旧CJCE）も、同政策について管轄権を有することになったが[549]、あわせて法人格を有するUE（同条約47条）が、欧州人権条約に加入することとなった（UE条約6条2項）。これは、欧州人権条約がUEにも適用され、CEDHの判決に拘束されることも意味している[550]。他方で、フランスのコンセイユ・デタは、判決を下すにあたって、外国人のなかの特定のカテゴリーに属する難民に関す

---

549)　くわえて、アムステルダム条約に付されたアズナール議定書は、緊急事態における欧州人権条約上の加盟諸国の義務の適用除外に関する15条に直接言及しており、加盟諸国が同条に訴える正当性についてCJUEが審査することで、人権条約の適用をコントロールする可能性がある。

るジュネーヴ条約だけではなく、外国人をも含めた一般的人権保障に関する普通法である欧州人権条約を多く援用してきている。それはまた、欧州人権条約の解釈を介して、CEDH の判例がフランスの裁判所に浸透していくことを意味するとともに[551]、フランスにおける伝統的な亡命権概念の揺らぎを促進する効果を生み出すものでもあろう[552]。

---

550) CJUE（旧 CJCE）と CEDH の人権に関わる管轄権についての整理は単純ではない。リスボン条約の発効までは、CE 自体が欧州人権条約の当事者ではなかったがゆえに、CEDH は、共同体の行為に対する訴訟には権限を有しないことは当然であった（ただし、共同体加盟国は同時に人権条約の加盟国であるがゆえに、その行為は、CEDH からコントロールを受けていた）。リスボン条約の発効後は、法人格を有する UE が人権条約に加盟した結果、CE 自身が CEDH のコントロールを受けるとともに、共同体条約によって帰属せしめられた権限の枠内で、CJUE のコントロールも受けうるということになる。ここでの問題は、権限の積極、消極の抵触である。

551) 亡命権に関する事案ではないが、フランス憲法院は、2004 年 11 月 19 日の判決で初めて CEDH の判決を引用した。また、2013 年 4 月 4 日の QPC 判決によって UE 運営条約の規定する先行判決手続を初めて利用して、CJUE の解釈を求めた（これについては、序章注 177 参照）。なお、こうした諸裁判所の相互作用については、いわゆる「諸裁判官の対話（dialogue des juges）」として語られるところである。

552) H・ラベルは、フランスにとどまらず欧州レベルにおいて、亡命権に関して引き出されてきた近年の諸原理の適用は、つぎの二つのほろ苦さを残していると指摘している。一つは、国際社会が半世紀かけても迫害と暴力をくい止めることができないできたこと、他の一つは、思想の自由と政治的表現の権利とを内在している亡命権の漸進的消滅である。そして、亡命権を国家の権能としている視点を転換し、民主的透明性（transparence démocratique）のなかで確立することが重要であると説いている。H. LABAYLE, « Le droit d'asile », op. cit., pp.268-269.

第Ⅱ章　家族呼寄せ権

　国家は、主権の行使として、外国人の入国、在留および出国をコントロールする権能を有する。この点で、たとえ正規の資格で国内に在留していようと、その外国人が出身国に残してきた家族を居住国に呼び寄せることを、自らの権利行使という文脈に位置付けることは困難である。他方で、「あらゆる社会のなかで最も古く、またただ一つ自然な社会」[1]とされる家族は、前国家的・前憲法的なものである。国民のみならず、外国人がその家族と一緒に生活したいという欲求——正常な家族生活を営むことに対する欲求の一つ——は、人間の根源的な権利の正当な表明でもある[2]。この観点からすれば、主権を楯に、離れて住む家族の再結合を一方的・恣意的に禁ずることの正統性は弱まっていく。

　伝統的に移民の受入国であったフランスは、とりわけ第二次世界大戦後、フランス社会への移民の「統合（intégration）」を移民政策の中心に位置付けた[3]。そのことは、当然ながら、統合の目的が、差別（区別）の目的に優先することを意味し、そのコロラリーとして、諸権利の平等な保障の要求が導き出される[4]。それは家族生活の権利においても、内外人間のあらゆる差別を排除する方向に作用する。

　現憲法下でも憲法的価値を有する 1946 年 10 月 27 日の憲法前文も、「家族（famille）」に対する国家の特別な配慮の必要性について言及している（10 項）[5]。

　家族に対する特別な取扱いは、フランス国内にとどまらず欧州的、そして国

---

1)　J-J・ルソー、桑原武夫・前川貞次郎訳『社会契約論』（岩波書店、1993 年）16 頁。
2)　H. LABAYLE, «Le droit de l'étranger à mener une vie familiale normale, lecture nationale et exigences européennes», *RFDA*, 9(3) mai-juin 1993, p.511.
3)　*Id.*, p.512.
4)　*Id.*

際的なものでもある。1957年3月25日のローマ条約（CEE条約）は、条約加盟国民である「移動労働者」に保障される移動の自由の派生的権利として、家族呼寄せの権利[6]を保障しているし[7]、1950年11月4日に締結された欧州人権条約[8]も、家族生活の尊重の権利を「すべての者（toute personne）」に保障している（8条1項）。国民国家を前提に、権利の享有の有無ないしは程度を規定する国籍は、ここでは、直接その要件として言及されていない。また、この欧州人権条約に着想を与えた1948年12月10日の世界人権宣言[9]や1976年3月23日に発効[10]した国際人権規約B規約[11]も家族について言及している。くわえて、1989年11月20日に国連総会で採択された子どもの権利条約が、子どもの「最善の利益（intérêt supérieur）」を図る観点から家族の重要性を認識している。後で検討するように、2000年12月7日のUE基本権憲章も、欧州人権条約に類似した規定を有している（II章7条）。

---

5) 「家族」のみならず、その構成員である親・子の保護に関する規定も同前文中には存在する。11項は、「子、母」に対して、「健康の保護、物質的安全、休息および余暇」を保障しているし、13項は、「子」に「教育、職業訓練および教養についての機会均等」を保障している。

6) 家族呼寄せという場合、フランス国籍保有者（フランス国民）が（外国人）家族構成員をフランス領土に呼び寄せることも含まれる——広義の家族呼寄せ——が、本書では、厳密な意味ないしは狭義の家族呼寄せ、すなわち、フランス国籍を有さない者（外国籍または無国籍の者）が、同じくフランス国籍を有さない家族構成員をフランスに呼び寄せる場合を主眼としている。こうした限定からすれば、フランス国籍を有さないUE市民やそれに類する特恵的地位を与えられている者による家族呼寄せも問題となってこようが、これらの者にはフランス国籍保有者に類する保護的な地位が認められることから、本書の検討では二次的な取扱いにとどめる。

7) 同条約は、「労働者の自由な移動が、共同体内で確保される」（48条1項）と述べたうえで、公の秩序、公安、公衆衛生によって正当化される理由を留保として、そのなかに含まれる権利として、圏域内での移動・在留・居住の権利をあげている（同条3項b）、c）、d））。加盟各国は、居住権に対する制約を漸進的に廃止していかなければならず（52条）、新たな居住制限を導入してはならないものとされていた（53条）。

8) フランスは、1974年に欧州人権条約を批准した。同条約は、これに続く公布によって、フランス国内において、法律に優先する規範的効力を有することとなった（第五共和制憲法55条参照）。

9) 同宣言は、「家族は、社会の自然かつ基礎的な単位であって、社会および国の保護を受ける権利を有する」（16条3項）と述べている。加えて、自己およびその家族が人間の尊厳にふさわしい生活を保障する報酬を受ける労働者の権利（23条3項）、母と子が特別な保護と援助を受ける権利（25条2項）も保障している。

10) 国連総会での採択は、1966年12月16日である。

11) 同規約は23条1項で、世界人権宣言16条と同じ表現を繰り返した後で、家族生活におけるプライヴァシーに言及している。

第1節　「家族」の概念——「婚姻」の概念も含めて　299

すでにふれたように、フランスそして欧州では、1974年の移民政策の大転
換後でも、家族呼寄せが、亡命申請とともに、外国人の入国に開かれた二つの
ドアの役割を果たしてきた。「移民ゼロ」を目指した1993年のパスクワ法が、
亡命申請と家族呼寄せをワンセットとしての規制を加えようとし、その後の移
民法制においてもこの方向性が維持されていることからも理解されるように、
両者の規制は、外国人の定住的入国に対する抑制策の中核となっている。

　第Ⅱ章では、家族呼寄せ権、そしてより広く外国人の家族生活の尊重の権利
を取り上げる。まずは、考察の前提となる「家族」概念を検討し（第1節）、つ
づけてこの権利の保障の法的根拠（第2節）と展開過程（第3節）を追ったうえ
で、最後にこの権利の内容および限界について議論を進めていく（第4節）。

第1節　「家族」の概念——「婚姻」の概念も含めて

　家族呼寄せ権は、当然ながら家族の存在を前提としており、家族概念を明確
にしないで家族の保護を論じることはできない。

　現代の家族は、通常、夫婦とその間の子、別ないい方をすれば、両者の合意
〔契約〕によって成立する水平的な「夫婦関係」と、生殖に依拠する運命共同
体的な垂直的な「親子関係」との結合関係として形成されるのが一般的である。
子の誕生と存在を前提として家族の権利を語るならば、前者の夫婦関係の形
成・維持は、「婚姻の自由」・「夫婦生活の権利」として、後者の親子関係のそ
れは「家族形成の権利」・「家族生活の権利」として、一応分けて論じることが
できるとしても、両者は密接に重なりあう部分が多い。

　いずれにせよ、外国人の家族呼寄せ権、そしてより一般的に、正常な家族生
活を営む権利をめぐって、まずは、誰が家族構成員に含まれるかを確定するこ
とが重要となってくる。

　これに関しては、一般的にみて、限定的に捉える行き方——伝統的概念付け
——と、拡張的なそれ——現代的概念付け——とが対立している。その対立は、
本質的には、現代社会における家族の存在理由と多様な家族形態の評価の捉え
方の違いに由来するものでもある。

　従来、前者の概念付けを採用するフランスの裁判官と、後者の概念付けをと

る欧州裁判官との間に対立が存在していると主張されてきた[12]。

そこで、そうした対立が実際に存在するのか、そして存在するならば、それが外国人家族の形成にどのように反映するのかという問題意識を持ちつつ、以下では、両者の家族に関する概念付けを検討したうえで（**1**）、家族の形成に密接な関係をもつ婚姻に対する両者の概念付けを吟味する（**2**）。

1 「家族」概念と外国人家族

(1) フランスにおける「家族」概念と外国人家族

ここでは、1946年憲法前文10項の「家族」概念（(1)）と、外国人の入国・在留に関する普通法であるCESEDAが想定する外国人「家族」の概念付け（(2)）について検討を加える。

① 1946年憲法前文10項の「家族」概念

(A) 立憲者意思

1946年憲法前文10項は、「国は、個人および家族に対して、その発展に必要な条件を確保する」と規定している。これは、現在の憲法ブロックのなかで、家族それ自体に言及する唯一の条文である。そこで、1946年の立憲者は、前文10項の家族をどのように捉えていたのかを吟味しておく必要がある。

まず最初に確認しておかなければならないのは、憲法自体は同項の受益者である家族の定義を欠いているという事実である。

同憲法の制憲過程をみてみると、前文10項の起草の際に家族という名詞に「婚姻による（légitime）」という形容詞を付ける修正案が提案された[13]ものの、結局この案は否決された。その結果として、「婚外の（naturelle）」家族にも憲法上の市民権が与えられることになった[14]点を考慮すると、法律上の婚姻を前提とする「婚姻家族（famille légitime）」に加え、それを前提としない「非婚家族（婚外家族〔famille naturelle〕）」も含まれることになる[15]。1946年の立憲者

---

12) F. JULIEN-LAFERRIÈRE, « Les étrangers ont-ils droit au respect de leur vie familiale ? », *op. cit.*, pp.291-293.

13) Amendement de MM. JULY et DESJARDINS, *JO., Débats AN constituante*, 29 août 1946, p.3405.

14) F. LUCHAIRE, *Le Conseil constitutionnel, tome II -Jurisprudence première partie: L'individu*, Economica, Paris, 1998, p.173.

15) *Id.*

が同項で想定する家族には、婚外子（非嫡出子）の存在も含め、法律上の婚姻に基づかない家族関係も想定していたものと理解できるといえる。ただし、立憲者が、両家族の平等な取扱いを明記しなかったのは、「今日的でない問題の対立があるところに取り組む」[16] ことを否定せざるをえなかった憲法制定時の状況に加え、それをむしろ立法レベルで解決すべき問題としたことが指摘されている[17]。この指摘の妥当性は、後の憲法院判決によっても示されることになる。

　両家族の取扱いに関しては、憲法院も、例えば生命倫理に関する1994年7月27日の判決[18] において、不妊治療または子への重大な疾病の遺伝を回避するため、人工生殖等の医療技術の補助を受けることができる者を、「婚姻した男女のカップル」だけでなく、「2年以上の共同生活を証明できる男女のカップル」、すなわち、事実婚のカップルにも広げている（判決理由6）が、ここでは、1946年の立憲者意思に沿う形で、両家族を同列に扱っていることが理解できる。

(B) 「家族」の立法的確定

　1946年の立憲者意思を前提として、つぎに問題となるのは、具体的に、誰が、何を基準に、どの範囲の者を家族構成員として確定するかである。

　これについては、二つ行き方が可能である[19]。一つは、出産・出生を中心に据え、子と産みの親をもって家族を捉えるものであり、他の一つは、そもそも婚姻家族か非婚家族かを問うことなく、立法者によって家族と規定されるものを家族として捉えようとするものである[20]。いいかえるならば、自然的な行き方と法的・人為的な行き方ともいえる。

　憲法院は、先の1994年判決のなかで、「1946年憲法前文のいかなる条項も、法律によって規定される諸要件のもとで、配偶子または胚（dons de gamètes ou

---

16)　*JO., Débats AN constituante*, 29 août 1946, p.3406.

17)　L・ファヴォルー、植野妙実子訳「フランスにおける家族と憲法」西海真樹・山野目章夫編『今日の家族をめぐる日仏の法的諸問題』（中央大学出版会、2000年）10頁参照。

18)　Décision n°94-343/344 DC du 27 juillet 1994, *Rec.*,100. この判決に関する邦語の解説としては、例えば、小林真紀「生命倫理法と人間の尊厳」辻村編、前掲『フランスの憲法判例』87頁以下参照。

19)　F. Luchaire, *Le Conseil constitutionnel, tome II, op. cit.*, p.173.

20)　*Id.*

d'embryons）の提供によって、家族の発展の諸条件が確保されることに対する
障害を設けてはおらず」（判決理由11）、「憲法的価値を有するいかなる規範や原
理も、人工生殖から生まれた子と胚提供者との親子関係の形成（établir un lien
de filiation）に対して立法者が禁止規定を定めることを禁じていない」と述べた
（判決理由17）。これは、先の二番目の行き方を採用し、親子関係、そして家族
関係を確定する権限が立法府に帰することを認めたものといえる。別ないい方
をすれば、後述の婚姻の定義の場合と同様に、「社会のテーマ／社会問題（sujets
de société / questions de société）」については、憲法院に評価権限はなく、それは、
1958年憲法34条によって「夫婦財産制（régimes matrimoniaux）」について定め
る権限を付与されている立法府が評価するということである[21]。つまり、憲
法院は、「正常な家族生活を営む権利」や「婚姻の権利」を憲法上の権利とし
て承認するものの、家族や婚姻それ自体の定義（定義しないことも含む）や、そ
の構成員の範囲、さらにはその法的地位については、憲法の条文を根拠に、立
法府の評価権限を認めているのである。

　ただし、この場合でも、1946年憲法の立憲者意思からして、正当な理由なく、
婚姻家族と非婚家族とを差別的に取り扱うことは許されないであろう。

　② CESEDAによる外国人「家族」概念

　立法府が家族構成員の確定権限を有し、他方で、家族生活を営む権利が、公
の秩序の維持と調整されつつ、家族の結合とその結合関係の継続性を要素とす
ることを考えれば、入国・在留・送還に関連付けて立法の規定する外国人家族
のカテゴリーを認識できる。

　これに関する基本法であるCESEDAは、「家族呼寄せ」に関するⅣ編
L.411–1条以下で、少なくとも18か月以上フランスに正規に居住する外国人が、
家族呼寄せ権を行使することができると規定した上で、呼寄せの対象となる者
をつぎのように定めている[22]。

21）　これは、人工妊娠中絶（Interruption volontaire de grossesse、IVG）に関する1975年判決
　　（Décision n° 974-54 DC du 15 janvier 1975, *Rec.*, p.19）以降、確立した判例といえる。
　　Commentaire sur le décision du 17 mais 2013, p.19. 最近では、この注釈の対象ともなってい
　　る同性婚に関する2013年5月17日の判決（Décision n° 2013-669 DC du 17 mai 2013, *Rec.*,
　　P.721）でも確認されている。

22）　なお、家族呼寄せ資格でフランス領土に正規に入国した家族構成員は、「家族呼寄せ」資格
　　の一時在留許可証を「当然に」受け取る（同L.431–1条）。

第1節　「家族」の概念──「婚姻」の概念も含めて　303

(i) 18歳以上の配偶者および夫婦間の18歳未満の未成年の子[23][24]（同L.411-1条）、

(ii) 親子関係が、片方の親とだけ証明されているか、片方の親が死亡または親権を剥奪された、申請者または配偶者の18歳未満の未成年の子（同L.411-2条）、

(iii) 親権の行使[25]として、申請者またはその配偶者の一方に委ねられた、申請者または配偶者の18歳未満の未成年者の子（同L.411-3条）、である。

　同法典は、また、公の秩序への脅威を留保として、「私生活および家族生活」と言及される一時在留許可証または正規在留許可証を「当然に」交付される外国人を規定している（同L.313-11条以下）が、その主要なものをあげると、

(iv) 多重婚（polygamie）でないこと、婚姻以来共同生活が断絶していないこと、配偶者がフランス国籍を保持し続けていることを条件に、フランス国民と婚姻している外国人（同L.313-11条4°）[26]、

(v) 出生時からまたは少なくとも2年以上扶養および教育を実際に行っているとの条件で、フランスに居住するフランス国籍を有する子の父または母である外国人（同条6°）、である。

　さらに同法典L.511-4条は、通常手続に従って出国または国外退去させられない外国人[27]のなかに、

(vi) 多重婚状態になく、出生時からまたは少なくとも2年以上扶養および教育を実際に行っているとの条件で、フランスに居住するフランス国籍を有する未成年者の父または母である外国人」（同条6°）、

(vii) 婚姻以来共同生活が断絶していないこと、配偶者がフランス国籍を保持し続

---

23)　この条件は、出身国の成人年齢とは無関係で、フランスの成人年齢に従う。CE, 29 juin 1990, *GISTI, JCP G*, 1990, II, n° 47, p.21579, note Josiane TERCINET. 18歳未満を未成年者とするのは、2011年の「改訂」指令とも合致する。

24)　呼び寄せられる18歳未満の未成年者は、嫡出子、申請者またはその配偶者と親子関係が証明される非嫡出子、縁組の適法性が検察官によって検認されることを条件とする養子、前婚で生まれた子で、一方の親の死亡、親権の喪失、または不明を条件とする者、である。X. VANDENDRIESSCHE, *Jurisclasseur administratif, op. cit*, p.28 ; du même auteur, *Le droit des étrangers, op. cit*, p.57.

25)　フランス国民がフランス国籍を保持するとともに、共同生活が維持されていることを条件とする。

26)　これ以前の規定には、「フランスへの入国が正規である」こととの一節があったが、法典化の際に削除された。これは、入国の正規性の条件が、3か月以上の長期在留ビザの提出を一時在留許可証の付与条件とする別の様式に置き換えられたからである。

27)　国外追放の対象とはならない外国人についても、類似の規定がある（同L.521-3条3°および4°参照）。

304 第Ⅱ章 家族呼寄せ権

けていることを条件に、フランス国籍を有する配偶者と少なくとも3年以上
の婚姻関係を有する外国人」（同条7°）、を含めている。

以上の規定からみると、CESEDA は、婚姻した両親とその間に生まれた18
歳未満の未成年の子から構成される、いわゆる核家族（famille nucléaire）を外国
人の家族概念の基礎として想定していることが理解される。こうした限定的家
族概念は、憲法院判決やコンセイユ・デタ判決によっても支持されているが[28]、
それには、つぎの例外が存在する。

「フランス国籍を有する国民から生まれた外国人の子で、18歳から21歳ま
でであるか、または、その両親の扶養下にある者[29]」および「フランス国籍
を有する国民とその扶養下にある配偶者の尊属（ascendants）」には、正規在留
許可証が交付される（同 L.314-11 条2°）。同許可証の交付はまた、フランス国民、
難民、無国籍者の子で、法的に親子関係が証明される子と同様に、養子（enfant
adopté）にも拡張される（同条9°）[30]。ここでは、年齢と扶養、そして養親子関
係の観点から、家族の範囲が立法的に拡張されていることがわかる。

フランスでは、2013年5月17日の法律[31]で、同性婚を認める民法典の規定
（143条）[32]が置かれ、あわせて、法律の抵触（準拠法）に関する規定（202-1条）[33]

---

28) 1993年の8月13日の憲法院判決（本章第3節2②(A)）および1978年12月8日のコンセイ
ユ・デタの *GISTI* 判決（本章第3節1(3)①）参照。両判決は、家族呼寄せの対象者として、
「配偶者および未成年の子」に言及している。

29) 「両親の扶養下にある子」に関しては、年齢制限がないことに留意を要する。また、親がフ
ランス国籍を有するか否かで、家族呼寄せの対象となる子の年齢に相違を設けること（外国人
の子は18歳未満であるのに対してフランス国籍を有する子は21歳未満）は、正当化の困難な
ことであると指摘されている。P. KAYSER, *op. cit.*, p.237.

30) 養子縁組の決定が外国で宣告された場合には、その適法性が検察官によって確認
（vérification）されなければならない（同条9°）。

31) Loi n° 2013-404 du 17 mai, *JO* du 18 mai 2013. この法律は、憲法によって合憲とされた。
これに関しては、本節2①(A)(b)参照。

32) 同条は、「婚姻は、異性または同性の2人の者によって締結される（Le mariage est
contracté par deux personnes de sexe différent ou de même sexe.）」と規定している。

33) 同条は1項で、「婚姻を締結するための資格および条件は、配偶者の各々にとって、その属
人法によって規律される」と、2項で、「しかしながら、同性の配偶者は、少なくとも配偶者
の一方にとって、その属人法、または、自らが住所または居所を有する区域のある国家が許容
するときには、婚姻を締結することができる」と定めた。2項は、1項の適用除外を規定して
おり、将来の配偶者の一方が、フランス国民であるか、フランスに居所を有する場合には、属
人法を排除し、同性者間の婚姻を可能にしている。したがって、フランスに居所を有する外国
人は、フランスで同性婚することができるということになる。

第 1 節 「家族」の概念——「婚姻」の概念も含めて　305

も創設された。CESEDA でとくにこれらを排除する規定が存在しないことから、同性婚した外国人カップルにも適用される。ただし、婚姻の実体的要件に適用される法律が、配偶者の属人法であることを規定する二国間条約をフランスが締結している場合には、その国の出身者である１人または２人の同性の配偶者には民法典の同性婚規定は適用されない[34]。法規範の序列によって、国際的取極めが法律に優越するからである。

　ここで一つ問題となるのは、連帯民事契約（Pacte civil de solidarité、以下 PACS と略す）のパートナーの取扱いに関してである。後述するように、憲法判例は、PACS を婚姻とは同列に扱ってはいない[35]。これを受け CESEDA もそのパートナーの在留資格の交付に関する個別的な規定を置いていない。ただし、CESEDA L.313–11 条7°は、在留拒否が外国人の私的および家族的な生活の尊重の権利に均衡を欠く侵害（atteinte disproportionnée）をもたらすような「個人的および家族的な諸関係（liens personnels et familiaux）」を有する外国人には、家族呼寄せやその他の規定されたカテゴリーに入らない場合でも、在留許可証が当然に交付されることを認めている。他方で、PACS に関する 1999 年 11 月 15 日の法律[36] 12 条は、在留資格の交付に関して、「PACS の締結は、在留資格を得るために、フランスにおける外国人の入国および在留の条件に関する 1945 年 11 月 2 日のオルドナンス n° 45–2658 第 12 条 bis 第 7°（現行 CESEDA L.313–11 条7°——著者）の意味するフランスにおける個人的な関係（liens personnels）の評価要素の一つ（un des éléments d'appréciation）を構成する」と規定し、家族的な関係には言及せず、また、評価要素の一つに限定することで、婚姻と PACS とを同列には置いていない[37]。したがって、PACS のパートナー

---

34)　Circulaire du 29 mai 2013 de présentation de la loi ouvrant le mariage aux couples de personnes de même sexe（dispositions du Code civil）, Nor: JUSC 1312445 C（BOMJ n° 2013–5 du 31 2013–JUSC 1312445 C）. こうした二国間条約は、現在のところ、ポーランド、モロッコ、旧ユーゴスラビア諸国（ボスニア・ヘルツェゴビア、モンテネグロ、セルビア、コソボ、スロベニア）、カンボジア、チュニジアそしてアルジェリアと結ばれている。

35)　Décision n° 99–419 DC du 9 novembre 1999, *Rec.*, p.116.

36)　Loi relative au pacte civil de solidarité du 15 novembre 1999, *JO* n° 265 du 16 novembre, p.16959.

37)　コンセイユ・デタも、PACS 法に関する内務省通達（circulaire du ministère de l'Intérieur du 10 décembre 1999 INT/D/99/00251/C [BOMI 1999–4]）が争われた事例で、このことを認めている（CE, 29 juillet 2002, *GISTI et autres*, n° 23118）。

は、(周知の)(notoire)内縁者と同列にとどまり、配偶者とは扱われていない。

なお、行政判例上は、家族の範囲も幾分緩和され、義理の親子関係[38]、兄弟姉妹の関係[39]、おじ・おばと甥・姪の関係[40]も、完全に排除されているわけではない。

(2) 欧州人権条約における「家族」概念と外国人家族

フランス法の伝統的な限定的概念付けは、実際の風俗、とりわけ、大多数の外国人の生活様式とは一致していないものと評されている[41]。こうした概念付けに対して、現実の家族関係を中心に据え、家族概念を拡張的に捉えているのがCEDHである。ここでは、同裁判所の判例による人権条約上の「家族」概念についてふれ(①)、つづいて、外国人法へのこの概念の適用について検討する(②)。

① 欧州人権条約上の「家族」概念

同条約は、8条と12条で「家族」に関する規定を置いている。12条は、婚姻の権利との関係が強い条項であるので、本節2(2)①で検討することにし、ここでは8条についてみていく。

(A) 同条約8条

8条1項は、「すべての者は、その私的および家族的な生活、住居および通信の尊重を受ける権利を有する」と規定し、「家族生活の尊重の権利」を保障

---

38) 最近の例としては例えば、CAA Marseille, 4 juillet 2015, *M. Boullduh*, n°14MA0813 et 14MA0831参照。ここでは、人権条約8条の適用が問題となるなかで、夫婦間に生まれた子と、再婚した妻の連れ子との間に違いはないこと、すなわち、義理の親子関係も同条の保護の対象となるものと判断されている。

39) 例えば、CE, Ass., 19 avril 1991, *Belgacem, Rec.*, p.399. 最近のケースとしては、フランスに入国して1年半しか経たず、それまでコンゴ民主共和国で離れて生活し、また、成人に達したときのフランスでの在留歴も証明されていない妹たち(フランスで県の児童社会的扶助機関の保護下にいる)との間で、「十分に安定した関係(relations suffisamment stables)」を証明していないことを理由に、姉に対して在留資格を付与しなかった知事の決定は人権条約8条を侵害するものではないとした例がある(CAA Lyon, 7 novembre 2013, *Mme Djamba Otshumba*, n°12LY02389)。

40) 例えば、おじ・甥の関係に関しては、CE, 8 décembre 1997, *Yao*, req. n°160973. このケースは、母の死後、健康状態のよくない父によりコートジボワール国籍を有する子(申請時12歳)の親権が、同国裁判所の決定によって、フランス国籍を有するおじに与えられたものであった。コンセイユ・デタは、子への正規在留許可証の交付拒否を人権条約8条に違背するものと判断した。

41) F. JULIEN-LAFERRIÈRE, «Les étrangers ont-ils droit au respect de leur vie familiale ?», *op. cit.*, p.292.

している[42]。

　CEDH はこの権利保障の嚆矢となった 1979 年 6 月 13 日の *Marckx* 判決[43] 以降の判決において、つぎのような三つの原理を引き出しているといえる。すなわち、8 条は、

(i)家族の存在を前提とし、

(ii)「非婚」家族の家族生活も「婚姻」家族のそれと平等に扱っており、

(iii)公権力の恣意的介入から個人を擁護することを本質としているとしても、家族生活の効果的尊重[44] に内在する国家の積極的義務（obligations positives）[45] を含んでいる、というものである。

　とりわけ、家族生活の尊重の権利に関して CEDH の判例が寄与した本質的な点は、8 条の保護のもとに、非婚家族を婚姻家族と平等に位置付けること、すなわち、上記(ii)の原理であったといわれる[46]。

　具体的にみてみると、CEDH は、例えば先の *Marckx* 判決で、「8 条は、『非婚』家族の『家族生活』と『婚姻』家族のそれとに同じ価値を与えており」、誕生から中断なく扶養している娘と母親との間には「現実の家族生活（vie familiale effective）が存在していたし、現在も存在している」と述べ（§31）、また、1986 年 12 月 18 日の *Johnston* 判決[47] では、申請者とその娘との間の「非

---

42)　同条 2 項は、1 項の権利行使に当たって、法律に基づき、国家の安全・公共の安全・国家の経済的福利のため、健康・道徳の保護のため、他者の権利・自由の保護のため民主社会において必要とされるもの以外、公的機関による干渉を排除している。

43)　CEDH, 13 juin 1979, *Marckx c/ Belgique*, série A n°31. このケースでは、未婚の母とその娘（婚外子）に対して、母子間の親子関係の設定、家族の法的範囲、相続権に関して、既婚の母子関係に比して不利益な取扱いをしているベルギー民法典の妥当性が争われた。

44)　ただし、「尊重」の概念が不明確であることから、その要請は、締約国における慣行と諸条件に応じて多様であり、締約国は、条約の遵守を確保するための広い評価権限を有するものとされる。

45)　「積極的義務」の概念は、人権条約によって保障された権利の実効性を確保するために CEDH によって作り出された概念で、国家は条約の執行のためにより積極的な措置の実施を求められるというものである。詳しくは、例えば、Jean-Pierre Marguénaud, *La Cour européenne des droits de l'homme*, 2ᵉ éd., Dalloz, Paris, 2002, p.36 以下参照。例えば、同条約 8 条の家族生活の尊重の権利に関してみると、家族構成員の国外追放が問題となるときは「消極的義務」に、家族呼寄せが問題となるときは「積極的義務」に言及される。とくに家族生活の尊重の権利については、積極的義務によって著しく拡大されてきており、親子関係の正常な発展を可能とするよう行動する国家の義務が示されている。CEDH, *Marckx, op. cit.* また、CJUE による「積極的義務」と「主観的権利」の捉え方については、本章第 3 節 **2**(2)③参照。

46)　J.-P. Marguénaud, *op. cit.*, p.62.

婚家族関係の正常な展開は、娘が、法的かつ社会的に、婚内子の地位と等しい地位に置かれることを求めている」として（§74）、それぞれ、幼い娘と独身の母親、婚外子と両親の間に、家族生活の存在を認めている。さらに、1994年5月26日の*Keegan*判決[48)]では、「その誕生から直ちに、そしてその誕生自体を事実として」、子と両親の間には、「家族生活の権利を設定する関係が存在する」と述べ（§45）、内縁関係の破綻後母のもとで誕生した子と父親との間に、また、1994年10月27日の*Kroon*判決[49)]では、「『家族生活』の『尊重』は、生物学的・社会的現実が、法的な嫡出推定に優先する」と述べ（§40）、遺伝上の父親との間に、それぞれ家族関係が存在することを認めている。

非婚家族の生活を尊重するということは、婚姻という法的に限定された家族概念に縛られることなく、家族生活の現実性（effectivité）を強調することに通じる結果、家族の「開かれた」「寛容な」概念付けが擁護されることになる[50)]。このことは逆に、家族生活が「潜在的なもの」にとどまっていてはならないこともまた意味している[51)]。

現実的で事実上の家族生活が存在する限り、家族は、法律上ものであろうとなかろうと、8条の保護の射程内に入ってくる。つまり、婚姻によって形成される法的関係は、8条の適用にとって必要不可欠なものではなくなってくるのである[52)]。それゆえに、事実婚のみならず、一人親家族も同条の保護の対象となる[53)]。

ここで、**CEDH**が家族関係の存在を評価する要素としては、(i)夫婦間・親

---

47) CEDH, 21 mai 1986, *Johnston c/ Irland*, série A n° 112. このケースでは、離婚を禁止しているアイルランド憲法をはじめとする国内法によって、婚外子として扱われることになった子に対する適切な法制度が存在しないことが、家族生活の尊重を欠くものと判断された。

48) CEDH, 26 mai 1994, *Keegan c/ Irland*, série A n° 290. このケースは、内縁関係の破綻後母のもとで生まれた子の養子縁組が、父の知らない間にその同意なく行われたことの妥当性を争ったものである。

49) CEDH, 27 octobre 1994, *Kroon c/ Pay-Bas*, série A n° 297-C. このケースでは、夫の失踪後、同居の他の男性との間で生まれたものの、夫の戸籍に記載されていた子との間の父子関係の確定が争われた。

50) F. SUDRE, *La convention européenne des droits de l'homme, op. cit.*, p.106.

51) F. JULIEN-LAFERRIÈRE, « Les étrangers ont-ils droit au respect de leur vie familiale ? », *op. cit.*, p.293.

52) *Id.*, p.292; CEDH, 28 mai 1985, *Abdulaziz, Cabales et Balkandali c/ Royaume-Uni*, série A n° 94.

53) CEDH, 13 juin 1979, *Marckx c/ Belgique*, série A n° 31.

子間の共同生活の有無、(ii)共同生活期間、そして、(iii)夫婦間にあっては子（婚内子、婚外子を問わない）の存在、の三つが考慮される[54]。一般的に、(i)および(ii)の要素が事実上の家族関係の存在を判断する原則的要素となろうが、子の誕生・存在という(iii)の要素は夫婦関係・家族関係の継続性を示すものとして、前二者の要素が欠ける場合でも、例外的にそれらを上回る評価要素とされている[55]。

　親子の家族関係は、子が成人してもその扶養下にある場合のように、断絶されていないときには、継続する[56]。また、婚姻関係が、離婚によって解消されても、親子関係は継続する。婚姻関係は、法的なものにとどまらず、「共同生活」の実態がなければ正当化されないが、親子関係は、共同生活のなくなった親との間でも引き続く。こうしたケースでは、家族生活の現実性以上に、関係の緊密性・永続性が重要な要素となってくることになる。

(B)　拡張的概念付けの採用

　事実上の家族関係を重視する CEDH の行き方は、より一般的な観点からすれば、家族の最も自由な概念付けへと至りうるものであろう。というもの、家族といった場合、婚姻家族、養親子家族、そして婚外家族が一般には想定されようが、婚外家族のなかには、通常のものに加えて、不倫家族（famille naturelle adultère）、かりそめの家族（famille naturelle éphémère）、断続的ではあるが子をなす家族（famille naturelle intermittente mais prolifique）、も含まれるからである[57]。

　CEDH は、夫婦・親子関係以外にも家族関係を拡張し、*Moustaquim* 判決[58]で兄弟姉妹間、1998 年 6 月 9 日の *Bronda* 判決[59]で祖父母と孫との間でも同条約 8 条の保護する「家族生活」を援用できることを認めた。ただし、こうした

---

54)　例えば、CEDH, 22 avril 1997, *X, Y et Z c/ Royaume-Uni, Rec., 1997-II*, § 36 参照。このケースでは、男性に性転換した X とそのパートナーである Y との結合関係と、Y が人工授精によって産んだ Z と X との父子関係が、8 条の家族生活の尊重の権利との関係で争われた。同裁判所は、後者の関係は否定した。

55)　J.-P. Marguénaud, *op. cit.*, p.62.

56)　CEDH, 18 février 1991, *Moustaquim c/ Belgique*, série A n° 193.

57)　J.-P. Marguénaud, *op. cit.*, p.62.

58)　CEDH は、兄弟姉妹の存在に言及することによって、モロッコ人居住者のベルギーからの国外追放措置は 8 条に違背すると判決したことがある（CEDH, *Moustaquim, op. cit.*, § 45)。しかし、この判決は、兄弟姉妹の存在にふれてはいるもののその内容からみれば、追放対象者の「私生活」の考慮を中心に据えていたものとみるべきものである。

59)　CEDH, 9 juin 1998, *Bronda c/ Italie, Rec., 1998-VI* (40/1997/825/1030)

関係にまで家族概念が拡張されてくると、概念性そのものの必要性や存在意義までもが相当に希薄なものとなってくる余地は出てこよう。

つぎに問題となってくるのは、婚姻の権利とも関わってくるが、ホモセクシャルのカップルの位置付けである。このカップルは、通常、内縁（concubinage）、PACSそして婚姻（同性婚）という形態で結合関係を形成できるが、これらの者にも、形態の別も含め、人権条約8条の保護が拡張されるかが問われる。先にみたように、CEDHは、1986年の*Rees*判決以後、2002年7月11日の*Christine Goodwin*判決で判例変更を行うまで、加盟各国内での個別的な保護は別にして、厳格な婚姻概念を採用していた。しかし、同性婚が問題となった後者の判決のなかで、大部分の加盟国で同性のカップルに対する社会の態度が急激に変化し、UE法もこのカップルを家族の観念のなかに含めていることを考慮すると（§93）、「異性間のカップルとは反対に、ホモセクシャルのカップルが、8条の意図する『家族生活』を経験しえないと考え続けることは不自然であ」り、結局、「安定的に（de manière stable）実際に同棲しているホモセクシャルのカップルは、同じ状態にある異性間のカップルと同じ資格で、『家族生活』の観念の範疇に入る」と述べ（§94）、本件が、「私生活」の観念ともあわせて、同条の適用領域に入ることを認めたのであった（§95）。ただし、ホモセクシャルのカップルの生活を保護する準則の国内立法への導入に関して、加盟各国間でコンセンサスが得られておらず（§105）、この問題に関する多数が形成されていない段階では、加盟各国は、引き続き同性の者の婚姻へのアクセスを制限しうる一定の評価の幅を有するものとしている（§108）。

CEDHは、同性婚の場合と同様に、ここでもこの問題に対する風俗と意見の展開に配慮するとともに、関係の安定性を議論の中心に据えることで、コンセンサスの形成後の判例変更の前触れとなる過渡的判断を行っているといえよう[60]。

② 外国人「家族」への限定的適用——*Slivenko*判決[61]を手掛かりに

CEDHのこうした拡張的な家族概念は、外国人家族に対しては修正され、

---

60) CEDHは、この判決のなかで、問題となっている領域は、確立したコンセンサスがなければ（sans consensus établi）、権利が発展し、加盟各国が立法改革を採用する進度を選択するための評価の幅を有しなければならない分野と思惟されるべきことに言及している（§105）。

61) CEDH, 9 octobre 2003, *Slivenko c/ Lottonie, Rec.,1998-I,* §94.

第 1 節 「家族」の概念──「婚姻」の概念も含めて　311

限定的なものとなる点には留意を要する。

　例えば、ロシアとリトアニアで結ばれたロシア軍の撤退条約の適用によって、リトアニア政府が、退役した元ロシア軍兵士、その妻と娘（この両者が本件の請求者である）に対してなした国外追放措置の妥当性が争われた 2003 年 10 月 9 日の *Slivenko* 判決では、両申請者は、当該送還措置の違法性を根拠付けるために、正規の資格を得てリトアニアに居住するロシア人の年老いた両親（妻の両親で、娘の祖父母にあたる）との家族生活の存在を主張していた。これに対して、同裁判所は、「外国人の『家族生活』は、通常、中核的家族（noyau familial）に限定される」と述べ、その請求を退けた。すなわち、CEDH はここで、ロシア人の両親と中核的家族を形成しない成人が対象となっており、また、両親が自らの扶養下にもない以上、家族生活の存在を援用することはできないと判断したのである（§ 97）。ここでいう「中核的家族」とは、いわゆる「核家族（famille nucléaire）」を意味する [62] ことから、CEDH にとっては、両親とその間の未成年の子が中心的な家族構成単位となり、依存的要素を補充的に示さない限り成人の子と親との間には、家族生活は存在しないということになろう [63]。

　CEDH は、先の *Bronda* 判決で、国民に対しては、祖父母と孫との間でも 8 条の家族生活の尊重の権利を援用できると述べていたことからすれば、*Slivenko* 判決の厳格さが理解できよう。

　ここでは、CEDH が外国人に対してこのようにきわめて厳格な「家族」概念を採用した理由が何であったのかをみておかねばならない。

　まず考えられるのは、年老いた両親とは核家族を形成せず、家族生活を援用できないと判断したことの裏返しとして、核家族を形成する外国人家族はこの関係を援用できることになろうが、本件では、核家族を形成する家族構成員が分断されることなく、全員が国外追放されたがゆえに、追放先国であるロシアで家族生活を再構築でき、したがって家族生活を侵害するものではないと考えられたことがあげられよう。

　つぎに、人権条約 8 条は、自らの出身国でない他国で家族生活を形成するい

---

62)　F. Sudre, « Droit de la Convention européenne des droits de l'homme Chronique d'actualité », *JCP G*, n° 5, 28 janvier 2004, p.184.

63)　CEDH, Points-clés de jurisprudence, Les notions de "Vie privée" et de "Vie familiale".

かなる権利も与えるものではないとする 1985 年の *Abdulaziz* 判決（§34）や 1996 年の *Gül* 判決（§38）、そして 2001 年 8 月 2 日の *Boultif* 判決[64]（§39）が先例として引用されていることからすれば（§94）、CEDH は、本件においても従来の判決を踏襲し、リトアニア国民ではない申請者にリトアニアで家族生活を営む権利までも同条の保護の射程に入れることはできないと判断したといえる。その背後には、移民政策に関する締約国の広範な裁量権への配慮があることはいうまでもない。

　最後に、「私生活の尊重の権利」を「家族生活の尊重の権利」から自律したものとして援用した解釈ないしは判例政策もまた家族概念の広狭に関係してこよう。つまり、従来一体的に捉えられてきた「家族生活および私生活の尊重の権利」を、「家族生活の尊重の権利」と「私生活の尊重の権利」とに概念的に区分したうえで別個の保護を図ることは、通常、家族概念の縮小をもたらすことに通ずるからである。CEDH も、*Slivenko* 判決で、「家族生活」の保護に対する侵害は認めなかったが、「私生活」の保護に対する侵害は認めた。その理由は、たとえ送還先国のロシアで市民権を得たとしても、両申請者はいずれも出生時から中断なくリトアニアで生活し、修学し、リトアニア語を解するなど、そこで「すべての人の私生活を構成する個人的、社会的あるいは経済的諸関係（relations personnelles, sociales ou économiques qui sont constitutives de la vie privée de tout être humain）」を形成し（§96）、リトアニア社会に十分に統合されている（§125）というものであった。これから理解できるように、親から独立した成人の第二世代以降の世代にあっては、通常、親との家族生活から派生する権利を主張できないがゆえに、その保護を図るには私生活の尊重の権利を援用する必要が出てくるのである。別ないい方をすれば、私生活概念や私生活の尊重の権利を広く捉えれば、家族概念や家族生活の尊重の権利を厳格に解しても、全体として保護の縮減をもたらすものではなく、むしろ保護の射程を広げる効果を有することになりうるのである。

　ただし、CEDH のその後の判例展開をみると、例えば、居住移民の国外追

64）　CEDH, 2 août 2001, *Boultif c/ Suisse, Rec., 2001–IX.* このケースでは、スイス国籍を有する妻を配偶者とするアルジェリア国籍の Boultif 氏に対する在留許可証の更新が、彼の犯罪行為による公の秩序への脅威を理由に、スイス政府によって拒否された決定が争われた。

放措置が争われた *Üner c/ Pays-Bas* 判決[65] では、家族生活が存在するかどうか
に関わりなく、居住移民の追放が、自らの私生活の尊重の権利への侵害である
と分析されると思慮しつつ、「『私生活』面に関してというよりはむしろ『家族
生活』の面を強調することが望ましいかどうかを決定するのは、CEDH にも
たらされた事案の諸状況（circonstances）に応じてなのである」と述べている[66]
ことからすれば、両者を別個の概念として自律的に扱いそれぞれに判例を展開
させるというよりは、事案の現実的解決をはかるうえで、自律的に取扱うか、
統合的に取り扱うかを決めるというのが、CEDH の行き方であるように思わ
れる。いずれにせよ、こうした CEDH の行き方は、締約国の広い裁量権の行
使に抑止的に働く可能性を強めることは指摘できよう。

2 「婚姻」概念と外国人の「婚姻の自由」

(1) フランスにおける「婚姻」概念と外国人の「婚姻の自由」

いわゆる「憲法ブロック」を形成する諸規範のなかで、「婚姻（mariage）」そ
れ自体を規定したり、先にみたように、婚姻と家族を結び付ける条項は存在し
ない。それゆえに、婚姻や婚姻の自由さらには家族との関係を憲法上どのよう
に位置付けるかは、憲法院等の解釈や立法規定に負うところが多い。

① 「婚姻」の定義

(A) 憲法判例と「婚姻」の立法的確定

憲法院は、その判決のなかで婚姻そのものを定義していないが、それを考え
るにあたって導きの糸となる基本的認識を示している。

(a) 多重婚の排除　1993 年 8 月 13 日の判決のなかで同院は、「正常な家族
生活の諸条件は、多重婚を排斥している受入国であるフランスで通用している
諸条件であり、多重婚者の家族呼寄せに法律によってもたらされた諸制約とそ

---

65) CEDH, Gr. Ch., 18 oct. 2006, *Üner c/ Pays-Bas*, req. 46410/99. このケースでは、10 年以上オ
ランダに居住していた父親によって、母親と 2 人の兄弟とともに 12 歳のときに呼び寄せられ
たトルコ国籍の原告が、オランダ国籍の女性との間に 2 人の子（いずれもオランダ国籍）をも
うけたものの、数度の犯罪を犯した末、過失致死罪で懲役 7 年の有罪判決を受けた後、司法大
臣によって、公共の安全、秩序の維持および犯罪の防止の観点から、刑期終了後 10 年間の入
国禁止措置に付され、トルコに追放されたことが、人権条約 8 条を侵害するものであるかが争
われた。CEDH は、オランダ政府の当該措置は、同条に違反しないと判決した。

66) *Id.*, §59.

れに付随する制裁は、憲法に反しない」（判決理由77）と述べた[67]。婚姻の自由や正常な家族生活を営む権利が、フランスにおける公の秩序との調整を必要とするとの指摘（判決理由3）もあわせて考えると、多重婚は、フランスの公の秩序に違背するものと捉えられているといえよう。

こうした言及からすれば、憲法院は、直接的ではないものの、一夫多妻婚が支配的であるイスラム教的婚姻観に対置するものとしてのキリスト教的婚姻観をもって、フランスにおける婚姻と認識していることは明らかなように思われる。

(b) 同性婚の承認　キリスト教的婚姻観という点では、同性婚も排除されるということになろうが、憲法院は、これが争点となった二つの判決、すなわち、2011年1月28日のQPC判決[68]と、2013年5月17日の判決で、1958年憲法34条によって立法府に付与されている権限を広く認め、自らには同61条1項によって、議会の権限と同質の一般的な評価と決定の権限は付与されていないと明確に述べ（それぞれ判決理由5および14）、これに関する法的評価は、立法によって確定されることを明らかにしている。

具体的にみると、女性同士のカップルが民法の異性婚を前提とする規定[69]を争った前者の事案[70]では、憲法院は、民法典の規定は、同性のカップルが内縁関係で生活し、またはPACSの法的枠組みを享有する自由に障害をもたらすものではないと述べ（判決理由8）、同様に、「婚姻は、（1人の）男性と（1人の）女性の結合である（union d'un homme et d'une femme）」との原理を維持する

---

67) 憲法院は、この判決のなかで、多重婚を含む属人的地位の保持を保障している1958年憲法75条との関連については言及していない。なお、同条は、「34条で唯一定められる普通法上の民事的身分（statut civil de droit commun）をもたない共和国の市民は、それを放棄しない限り、属人的地位を保持する」と規定している。その後憲法院は、2003年7月17日の判決で、この規定に言及し、多重婚が通用していたマヨットでのフランス市民権の優越性を承認し、それを廃止する条項を設けることは憲法上可能であるとの判断を下している。

68) Décision n° 2010-92 QPC du 28 janvier 2011, *Mmes Corinne C. et Sophie H., Rec.* 87.

69) 争われた規定である民法典75条には、「両当事者が、夫および妻（mari et femme）となることを望む宣言」との言及が、また、同144条には「男性と女性は（l'homme et la femme）、満18歳にならなければ婚姻をすることはできない」との言及があった。

70) 破毀院は、この判決以前に、市長（身分吏）によって挙行されたホモセクシャルの婚姻を取り消したボルドー控訴院の判決を確認するなかで、「フランスによれば、婚姻は（1人の）男性と（1人の）女性の結合であ」り、「この原理は、欧州人権条約およびUE基本権憲章のいかなる条項にも違背しない」と述べていた。Cass., Civ.1ère, 13 mars 2007, n° 511.

ことによって、立法者は、憲法34条が帰属せしめている権限を行使して、同性のカップルと（1人の）男性と（1人の）女性から形成されるカップルとの間の状況の相違は、家族法規範（règles du droit de la famille）に関する取扱いの相違を正当化することができるものと思慮した」とし、この件については同院には平等原則（1789年の人権宣言6条）に関する状況の相違の評価に関する権限のないことを明らかにしている（判決理由9）。

　また、後者の事例のなかでは、同性婚を導入する民法典の規定[71]が、PFRLR（これについては、序章注37参照）に反する違憲なものであるとの付託者の主張に対し、憲法院は、PFRLRと認められる条件[72]の一つを欠くものと認め、「この準則（異性間の婚姻〔hétérosexualité du mariage〕――著者）」は、1946年憲法前文1項の意味するPFRLRの一つを構成しえない」と述べ（判決理由21）、それを退けた。これによって同院は、家族法において立法するのは議会の権限である[73]との伝統を認めたのである。別ないい方をすると、先にふれたように、婚姻のような「社会のテーマ／社会問題」の原型をなす問題への対応は、議会に委ねられているということである[74]。

---

71)　問題となった民法典143条は、「婚姻は、異性または同性の二人の者によって締結される（Le mariage est contracté par deux personnes de sexe différent ou de même sexe.)」と規定している。

72)　PFRLRに関する憲法院の判例によれば、この原理が存在するというためには、次の三つの条件が充足しなければならないものとされる。すなわち、(i)「基本的」であるため、原理は十分に重要な規範を表明し、十分な一般性（généralité）のレベルを有し、基本的な権利および自由、国民主権または公権力の組織のような、国民の生活（vie de la Nation）にとって本質的な領域に関係するものでなければならないこと、(ii)原理は、1946年以前の共和主義体制下で定められた一つまた幾つかの法律のなかに法文上の投錨（ancrage）を見出さなければならないこと、(iii)1946年憲法の発効後の共和国の法律によって、この原理に違背することは決してないこと、である。*Commentaire du Conseil constitutionnel*, Décision n° 2013-669 DC du 17 mai 2013.

73)　Xavier Dupré de BOULOIS et Diane ROMAN, *Le Figaro*, 19 novembre 2012, « Le mariage, Napoléon et la Constitution ». これに対して、同性婚の禁止は、PFRLRの一つであるとして、それを認めるためには、憲法改正を必要とする見解も主張されていた。例えば、P. DELVOLVÉ, « Mariage: un homme, une femme », *Le Figaro*, 7 novembre 2012. これらをみて理解できるように、この論争の法的要素として、ナポレオン帝政期に制定された1804年の民法典が共和主義的であるか（前注のPFRLRの条件の(ii)）についての評価に相違があったといえる。

74)　*Le Cahier du Conseil constitutionnel*, n° 30, Décision n° 2010-39 QPC du 6 octobre 2010, *Mmes Isabelle D. et Isabelle B.*

316 　第Ⅱ章　家族呼寄せ権

(B) 行政判例

　これに対して、コンセイユ・デタは、1980年7月11日の著名な*Montcho*判決[75]で、多重婚制（本件では一夫多妻婚）それ自体はフランスの公の秩序に反するものではなく、また、外国人の属人法（loi personnelle）を優先させて、別ないい方をすれば、家族生活の「正常性」は、利害関係人の「属人的地位（statut personnel）」に基づいて判断されるべきものであるとして、属人法が多重婚を認めているならば、複数の配偶者を呼び寄せることにフランスが障害を設けることはできないと判決した。

　しかしその後、1996年10月2日の*Lakhal*判決[76]で、第一夫人および第二夫人との間にできた子と第二夫人とともにフランスに居住する夫に合流した第一夫人に対する国外退去措置は、欧州人権条約8条の家族生活の尊重の権利に対する不均衡な侵害をもたらすものではないと述べ、また、1997年6月18日の*GISTI et France terre d'asile*判決[77]で、1993年のパスクワ法の施行以前にすでに多重婚状態で生活していた外国人は正規在留許可証の自動的更新の権利を有さないと述べ、憲法院の立場に接近してきたといえる[78]。

(C) 立法的対応

　民法典147条は、「前婚の解消後でなければ、新たな婚姻をなすことはでき

---

75)　CE, Ass., 11 juillet 1980, *Montcho, Rec.*, 315; *JCP G*, 1981, II, 19629, conclusion ROUGEVIN-BAVILLE. このケースでは、呼び寄せることができるのは夫人1人とその間の子のみであるとして、すでにフランスにいる第二夫人とその間に生まれた8人の子の出身国への送還を命ずる知事の決定が争われた。

76)　CE, 2 octobre 1996, *Préfet du Calvados c/ Lakhal*, req. n° 156257.

77)　CE, 18 juin 1997, *GISTI et France-Terre d'Asile*, req. n° 162517. 1993年のパスクワ法によって修正された1945年のオルドナンスは、多重婚家族であることが判明した場合の正規在留許可証の「撤回（retrait）」を規定していたが、同法の施行以前にすでに多重婚状態で生活していた家族にはその規定が適用されないものとしていた（15条ノ2）。しかし、「更新（renouvellement）」については規定しておらず、通常、自動的に更新される10年有効の正規在留許可証が、多重婚家族にも更新されるかが争われたのが本件である。判決では、更新に関する条項について、「行政は、既存の法定された諸条件以外の事項を審査することはできない」ものとされた。すなわちこれは、在留許可証の更新拒否に関して、行政は羈束権限しか有さず、法律が適用除外を定めていない以上、更新拒否に関して裁量権を有さず、したがって多重婚状態で生活する外国人による更新申請を拒否する以外許されないということである。

78)　下級審判決のなかには、既婚男性とフランス国籍を有する女性との交際を「事実上の」一夫多妻となる潜在的な危険性があるとしても、呼寄せ申請の拒否を正当化する脅威とすることはできないと判断するものもある。TA Besançon, 28 mars 1996, *El Ouahab c/ Préfet du Jura*, n° 941009.

ない」と規定している。外国で行われた多重婚形式での婚姻を認めないということではないが、この規定によって、フランスでは明確に多重婚は禁止される。国際条約がとくに適用除外規定を置く場合を除いて、外国人は、民法典11条の相互主義規定[79] にも関わらず、フランス国民と同じ民事上の権利を享有するものではないというのが、1948年7月27日の *Lefait* 判決[80] 以降の破毀院の立場である[81]。

　CESEDAは、多重婚の状態で生活している外国人には、「私的および家族的生活」と言及された一時在留許可証が交付されないことを規定している（同L.313–11条4°〜8°）。とくに、将来のフランス国籍の取得へと通ずるフランス国籍を有する者の配偶者に関しては、婚姻以降共同生活が継続していること、他方配偶者がフランス国籍を保持し続けていること、婚姻が外国で行われた場合には、フランスの戸籍簿への移転登録が事前に行われていること、という条件が付されている（同条4°）。したがって、ここでは、婚姻は、単に法定の形式的要件に合致していればよいのではなく、配偶者間の共同生活の現実性が問われるのである。それゆえに、例えば、CESEDAは、呼び寄せられた配偶者に交付されていた在留許可証は、交付後3年内に共同生活が断絶すると、撤回または更新拒否の対象となることを規定している（同L.431–2条）[82]。この共同生活は、婚姻の成立した日から形式的に計算されるのではなく、婚姻前から継続している共同生活も評価することが、コンセイユ・デタの判決で示されている[83]。

　同性婚を認める条文（143条）が民法典に挿入されたことはすでに述べた。

②　外国人の「婚姻の自由」

　外国人の婚姻の自由に関しては、公の秩序との関係から、とくに、フランス国籍保有者との偽装結婚と、婚姻形態としての多重婚が問題となってくる。

---

79)　同条は、「外国人は、自らが帰属する国との条約によってフランス国民に認められ、または認められるであろう民事上の権利と同一の権利を享有する」と規定している。

80)　Cass. civ., 27 juillet 1948, Lefait.

81)　E. AUBIN, *Droit des Étrangers, op. cit.*, p.244.

82)　ただし、共同生活の断絶が、一方配偶者の暴力行為を原因とする場合には、県知事等は、一時在留許可証の更新を認めることができる（同条）。これは、2003年の第一サルコジ法によって書き加えられたものである。

318　第Ⅱ章　家族呼寄せ権

(A)　憲法判例における「婚姻の自由」と合憲性の統制

(a)　「婚姻の自由」の憲法上の位置付け──1993年8月13日判決と2003年11月20日判決──「個人的自由」から「人格的自由」へ　　憲法院は、1993年8月13日の判決で、外国人にも適用される婚姻に関する民法典の規定を修正し、婚姻による夫婦の結合（union matrimoniale）以外の目的だけで婚姻が企てられている場合、すなち偽装結婚を推測させる重大な徴憑（indices sérieux）が存在するときは、身分吏（挙式を行う市町村長）は、共和国検事に付託し、同検事は15日以内に、最長3か月間の挙式の延期の可否を決定できると規定したものの、この決定に対して異議を唱える出訴手段が付随していなかったパスクワ法（31条）を審査した。この際同院は、婚姻の自由の憲法的価値を承認したうえで（判決理由3）、挙式を出訴手段を欠くこうした事前の条件に服せしめることは、「個人的自由の構成要素の一つである婚姻の自由の原理（principe de la liberté du mariage qui est une des composantes de la liberté individuelle）」に違背するものであると判決した（判決理由107）。

　他方で、2003年11月20日の判決では、1993年のパスクワ法と同様に、偽装結婚が行われることを推測させる重大な徴憑があるときに、挙式を行う身分吏は、検察官に付託し、検察官は、理由を付した決定により、婚姻の続行、禁止もしくは延期を行うことができるとし、また、ここでいう重大な徴憑として、外国人が自らの居住の正規性を証明できないことをあげていた2003年の第一サルコジ法（76条）の合憲性が争われた。この判決のなかで同院は、婚姻の自

---

83)　CE, 26 août 20088, ord. réf., *Rec.*, nº 319941. このケースは、CESEDA L.211-2-1条が規定している在留資格の付与のための6か月間の共同生活期間の算定が中心的な争点であった。同条は、フランスに正規に入国し、フランス国籍保有者とフランスで婚姻した外国人による長期在留ビザの申請は、その配偶者と6か月以上の共同生活をしていることを条件に、フランス国内の権限を有する行政機関に提起されることを規定している。つまり、こうした要件を充足する外国人は、入国のための長期在留ビザ申請を出身国でフランスの外交・領事機関に行う必要がないのである。今回、県知事等による出国命令に異議を唱えた申請者（フランス国民との前婚の解消によって、「私的および家族的生活」と言及される一時在留許可証の更新を拒否されていた）から付託を受けた地方行政裁判所の急速審理裁判官は、同条の規定する共同生活は婚姻後のものではならないと判断したが、コンセイユ・デタは、同条の議会審理や同条を適用するための2007年3月19日の内務大臣通達からして、同裁判官は「法的過誤」を犯したと判断した。なお、このケースでは、申請者のパキスタン人男性は、前婚の配偶者との別居後、離婚を正式に認める大審裁判所の判決が出る以前から、後婚の配偶者となる別のフランス国籍の女性との共同生活を始めていた。

由を、1789年の人権宣言2条および4条によって保護された「人格的自由の構成要素（liberté du mariage, composante de la liberté personnelle）」と位置付けたうえで（判決理由94）、居住の違法性が他の要素と関連付けられ、一定の状況において偽装結婚として行われることを推測させる重大な徴憑を構成するとしても、正規性を証明できないことが、「あらゆる場合において（dans tous les cas）、（婚姻の）合意を欠くことの重大な徴憑となるものと考えることによって、立法者は、婚姻の自由の憲法原理に侵害をもたらしたのである」（強調著者）と述べた（判決理由95）。要するに、外国人の滞在の違法性それ自体は、当該外国人の婚姻の障害とはならず、外国人が滞在の合法性を証明できないことをもって、すべての場合に、偽装結婚の重大な徴憑と扱うことは婚姻の自由を侵害するということである。

　両判決をみると、憲法院による婚姻の自由の憲法上の位置付けに差があることが認識されるが、これはいかなる意味をもつものであろうか？

　まず、裁判官管轄権についてである。1993年判決の独創性は、婚姻の自由を1946年憲法前文10項に基礎付けるのではなく、個人的自由に基礎付けたことにある[84]。婚姻の自由を個人的自由のカテゴリーのなかに組み込むことは、「司法裁判所を個人的自由の守護者」としている1958年憲法66条2項の規定から、この権利の侵害に対する司法裁判所の排他的関与が導き出されることを意味する。2003年判決は、これを人格的自由へと位置付けし直したのであるが、このことは、以後、婚姻の自由の侵害については、司法裁判所が専属的な管轄権を有さないことを意味するものである。

　つぎに、憲法上の根拠条文に関してである。2003年判決は、1789年の人権宣言2条および4条を直接引用することによって、人格的自由の構成要素の一つとして婚姻の自由を「生来の〔自然の〕権利（droits naturels）」の内容としている。憲法ブロックを構成する諸規範の法的価値はどれも同じであるが、1789年の宣言の歴史的・政治的な重みからして、このなかに位置付けることは、少なくとも婚姻の自由に対する憲法院の愛着の強さを示すものといえそうである。

　さらには、婚姻の自由と正常な家族生活を営む権利との関係に関してである。1993年判決が、婚姻の自由に憲法的価値を与えるために家族の保護に関する

---

84)　L・ファヴォルー、前掲論文、14頁。

1946年憲法前文10項を参照しなかったことは、家族と婚姻とを分離する憲法院の意思の表れであると解釈されている[85]が、そうした行き方は現実的には矛盾をはらむものではないかということである。つまり、1993年判決では、正常な家族生活の権利の享有者は、フランスでの居住が安定的かつ正規な状態でなければならないとされたが、2003年判決では、違法在留者にも婚姻の自由が認められている。婚姻が家族生活の前提としての重要な一要素であることを考えれば、両概念とその適用範囲が整理されない限り、違法在留者には婚姻は認められるが、家族生活の権利は認められないということにもなりかねないのである。例えば、憲法上の正当な権利行使として婚姻した違法在留者に子が誕生した場合には、それをもって直ちに違法在留が正規化されるわけではないから、その者の正常な家族生活の権利は憲法上保障されないという一種のパラドックスが生じることにもなるのである。別ないい方をすれば、婚姻を憲法上の権利として認めながら、子をなして家族生活を営むことは認めないという行き方は矛盾に満ちたものであろうということである。ともあれ、憲法院が婚姻の自由を、政治的・歴史的な意味で立法者に対してより制限的であると思われる1789年の人権宣言に根拠付けたことが、今後、外国人の家族生活の権利に対して、裁判管轄の問題も含め、より保護的なものとなるか否か注目されるところである。

　なお、憲法院のその後の判決でも、2003年の位置付けが維持されている[86]。

　(b)　**合憲性の統制と偽装結婚への法的対応**　　憲法院は、先の1993年の判決で、「共和国領土に居住するすべての者」に認められる憲法的価値の権利として、婚姻の自由を認め、それが、同判決の本質的部分であると評せられる[87]のであるが、フランス国籍の取得や移民だけを目的とするいわゆる偽装結婚はその保障の対象ではない。しかし、婚姻の自由の擁護と偽装結婚への対抗、とりわけ婚姻の事前の統制との調整は困難をきわめる。とくに、「重大な徴憑」に関しては、徴憑の要素とその重大性の判断にあたって恣意性がともないやすいだけに、内容の確定に慎重さが求められる。

---

85)　同論文、14頁。

86)　例えば、Décision n° 2006-542 DC du 9 novembre 2006, *Rec.* p.122; Décision n° 2010-92 QPC, *op. cit.* 参照。

87)　L・ファヴォルー、前掲論文、14頁。

第1節 「家族」の概念——「婚姻」の概念も含めて 321

　憲法院は、フランス国内での婚姻に関して、1993年判決では、偽装結婚が行われる重大な徴憑があるものと推測される場合、検察官による挙式の停止決定に異議をとどめる訴訟手続がともなわないことを、また、2003年判決では、違法滞在をもって直ちにこの重大な徴憑の存在を判断することを、それぞれ違憲とした。

　その後、2006年11月9日の判決[88]では、外国で行われるフランス国民と外国人との婚姻に関して、外国の機関によって行われる婚姻に先立って必要とされる諸様式について規定し、婚姻の無効を招来するような重大な徴憑がある場合、共和国検事が対抗しうる諸条件を定め、いわゆる偽装結婚を予防するよう、立法者が婚姻の有効性に対するコントロールを強化する規定を設けることは、婚姻の自由や正常な家族生活を営む権利を再問題化するものではないと述べ（判決理由4および13）、2006年11月14日の法律に合憲判決を下している。

　こうした憲法院の判断を受けて、民法典175-2条は、共和国検事がなした理由付きの挙式延期（最長1か月間）および再延期の決定処分に、婚姻予定配偶者が不服のあるときは、大審裁判所長に対して当該決定に異議をとどめることができ、同所長は10日以内に判断を下すことを規定している。この判断に不服のあるときは、さらに、控訴院へ上訴することができる。外国の機関によって、外国で行われたフランス国民と外国人との婚姻についても、類似した形で規定されている（同171-1条以下）。

　同様に、現行のCESEDAも、移民目的での偽装結婚に対抗するため、フランス国民の配偶者への「私的および家族的生活」と言及される一時在留許可証の付与条件として、入国の正規性のみならず、（3か月以上の滞在のための）長期在留ビザの提示を求め、いわゆる普通法の準則に服せしめている（同L.311-7条）。このことは、行政機関が、配偶者間の婚姻契約の誠実性に関して必要な確認を行うことを可能とするものといえよう。

(B)　行政判例における外国人の婚姻の統制

　多重婚に関してのコンセイユ・デタの立場は、1993年の憲法院判決以降、先に検討したように、これまでの柔軟な判決を修正してきているように見受けられる。

---

88)　Décision n° 2006-542 DC du 9 novembre 2006, *op. cit.*

322　第Ⅱ章　家族呼寄せ権

　他方、偽装結婚については、厳格な態度をとっているといえる。例えば、フランス国籍の女性と婚姻し、フランス国籍を取得した後、この婚姻前に離婚していたモロッコ国籍の前妻と再婚したモロッコ国籍男性が、モロッコ国籍妻と未成年の子を呼び寄せるためにビザを申請したケース[89]では、離婚と再婚は、フランス国籍を取得し、家族とフランスで居住することが唯一の目的であると考えた行政機関を支持し、ビザの交付の拒否は、私的および家族生活の尊重に対する不均衡な侵害はなく、欧州人権条約8条に違背していないと判断している。

　同様に、事実婚（内縁）に関しても厳格であるといえる。例えば、内縁関係にあった期間を考慮せず、10日間でしかなかった婚姻期間の短さを理由に国外退去処分を正当化したケースもあれば[90]、内縁の夫との間に2人の子をもつ外国人女性による家族呼寄せの援用を、法律上の夫婦でないことを理由に退けたものもある[91]。

(2)　欧州人権条約における「婚姻の権利」と外国人

　欧州人権条約で定義される自由および権利は、加盟各国の管轄権内にあるすべての人に対して保障される以上、外国人もその管轄権にある限り保障の法的枠組みに入ってくる。

①　同条約12条における「婚姻の権利」

　同条約12条は、「婚姻適齢から、男性および女性は、この権利の行使に関する国内法に従い、婚姻し、家族を形成する権利を有する」と規定し、婚姻の権利と家族形成の権利を並列的に定めている。同条は、結婚そのものについては定義していない。それは、締約国の国内法の枠組みのなかに位置付けられているからである。

89）　CE, 11 avril 2008, *Mme El Kihel*, n° 305231. このケースでは、呼寄せの対象者で短期ビザを申請していたモロッコ国籍の妻は、シェンゲン条約適用協定5条（第三国出身者のシェンゲン圏域への入域条件に関する条項）の規定するあらゆる条件を充足していた。

90）　CE, 10 novembre 1995, *Ignjatovic, D*, 1996, p.106, observation F. JULIEN-LAFERRIÈRE 参照。ただし、婚姻期間に関する要件を幾分緩和する判決もある。(v)CE, 5 février 1997, *Lopes Pereira*, req. n° 177447. これは、内縁関係（違法在留者と正規在留者の内縁関係）にあっても、フランスで生まれた子や正規に就学している子がいる場合には、当該外国人の国外退去処分は、人権条約8条に違背すると判断したものである。

91）　CE, 2 février 1990, *Benouisse*, req. n° 96336. この要素以外にも、内縁の夫の失業と妻子への扶養料の支払いにともなう所得の不十分さも根拠としてあげられている。

第1節 「家族」の概念──「婚姻」の概念も含めて 323

　欧州人権委員会は、同条に関して、相手方配偶者と共同で生活しえない受刑者にも婚姻の権利を認めることで、婚姻と生殖とを区別し、また、性転換者（transsexuels）の婚姻を認めることで、生殖能力を婚姻の基本的条件・本質的目的とはしないという拡張的な婚姻概念を採用していた[92]。

　CEDH は、これに対して、婚姻の権利の行使条件を限定していた。同裁判所は、1986 年 10 月 17 日の *Rees* 判決[93] のなかで、12 条は、「婚姻の権利を保障することによって、……生物学的に異なる性である 2 人の間での伝統的婚姻を対象としている」と述べた。CEDH は、ここで、(i) 2 人の間での婚姻であること、(ii) 2 人の性は生物学的に異なっていなければならないこと、(iii) 伝統的婚姻でなければならないこと、との準則を立てることで、明示的ではないものの、多重婚と同性婚とを認めていないキリスト教的婚姻観を前提に、生殖と結び付いた「家族の基礎としての」婚姻を 12 条による保護の対象としているといえた。

　これによると、ホモセクシャルの婚姻はもちろんのこと、性転換者の婚姻も、同条の保障の対象外とされることになる[94]。

　しかし、CEDH は、2002 年 7 月 11 日の *Christine Goodwin* 判決[95] で、社会の展開によって婚姻制度は一変したこと、医療と科学の発展が、性転換の領域における激変をもたらしたこと、加盟各国間で医師のコミュニケーションや保健衛生機関による性同一性障害（trouble de l'identité sexuelle）への医学的認識、転換後の性に可能な限り近付ける外科施術、転換後の性による社会的役割の受入れによって、純粋に生物学的な基準だけで性を確定することを 12 条が認め続けることには説得力がないと述べ（§80）、*Rees* 判決で示された立場を修正している。なお、この判決では、8 条の領域においても、性転換者の生物学的な性の不一致が、法的にも、性転換の拒否を認めることを正当化しえないこと、

---

92)　F. Sudre, *La Convention européenne des droits de l'homme, op. cit.,* pp. 105 et 106.

93)　CEDH, 17 octobre 1986, *Rees c/ Royaume-Uni*, série A n° 106, §49. 本件では、性転換後も、婚姻などにおいて転換に対応した法的地位を付与しないイギリス法の妥当性が争われた。

94)　*Rees* 判決は、その後の *Cossey* 判決（*Cossey c/ Royaume-Uni*, 27 septembre 1990, série A n° 184, p. 15）および *Sheffield et Horsham* 判決（*Sheffield et Horsham c/ Royaume-Uni*, 30 juillet 1998, *Recueil des arrêts et décisions* 1998–V, p. 2021, §35.）でも維持されていた。

95)　*Christine Goodwin c/ Royaume-Uni*, 11 juillet 2002, n° 29857/95. これは、性転換者の転換後の婚姻を認めないことをはじめ性転換者の法的地位への配慮を欠くイギリスの法制の、人権条約 8 条および 12 条への適合性が争われたものである。

324 第Ⅱ章 家族呼寄せ権

類似の規定を置く欧州連合基本権憲章が人権条約12条では存在する「(婚姻適齢から)男性および女性」という用語を用いていないことにも言及されている(同)。

このように判例が展開してくると、つぎは、同性婚の問題に判断を下すことが求められるのは当然であった。上述した(iii)の伝統的婚姻の要件は別にして、性転換者の婚姻は、(ii)の要件をみたさない点では、同性婚と同じだからである。

CEDHは、2010年6月24日の*Schalkand Kopf*判決[96]のなかで、この問題を取扱うことになった。CEDHは、「12条の文言は、それ自体、2人の男性間または2人の女性間の婚姻(mariage entre deux hommes ou deux femmes)を排除しないであろう解釈に対応している」(§55)と述べることで、解釈上、同性婚の承認に含みを残しつつも、加盟各国間でこれに関するコンセンサスが存在しておらず(§62)[97]、UE基本権憲章9条[98]も同様に同性婚を認めるか否かの自由を各国に委ねており(§60)、「婚姻の問題は、各国の社会の要請(besoins de leur société)」に適合する準則を定めるに最もよい立場にある各国の権限に属する」(§62)[99]ものとしている。

これをみる限り、CEDHは、社会の展開により婚姻制度が一変したとの認識を示すことで、*Rees*判決の要件(iii)を事実上放棄したといえる。今後同性婚を認める加盟国が増えてくれば、人権条約12条の解釈を変更することは予想

---

96) CEDH, 24 juin 2010, *Schalk et Kopf c/ Autriche*, n°30141/04. このケースは、同性婚を認めない国内法と裁判所判例が、人権条約8条、12条および14条に違背するかが争われたものである。

97) *Schalk et Kopf c/ Autriche*判決のなかでは、当時、人権条約加盟国47か国中、同性婚を認めているのは6か国(ベルギー、スペイン、オランダ、ノルウエー、ポルトガル、スエーデン)、同性婚は認めないもののフランスのPACSに該当する立法を有する国は13か国(ドイツ、アンドレ、オーストリア、デンマーク、フィンランド、フランス、ハンガリー、アイスランド、ルクセンブルグ、チェコ共和国、イギリス、スロベニア、スイス)、後者の立法の準備過程にある国が2か国(アイルランド、リヒテンシュタイン)、PACSまでは至らないものの限定的に同棲を認める国が1か国(クロアチア)であり、その大部分がここ10年間に創設されたことが示されていた(§27~§30)。フランスは、2013年5月17日の法律で同性婚を認めた。

98) 欧州人権条約12条とUE基本権憲章9条との規定の差は、本文中でも指摘したように、後者に「(婚姻適齢から)男性および女性は」の文言を欠くことである。この差を根拠に、後者はホモセクシャルの婚姻を認めるものであるとの主張もある(*Schalkand Kopf, op. cit.*)。

99) フランス憲法院が、2013年5月17日の判決で、フランスにおいてこの準則を定める権限は、1958年憲法34条に従って立法府に帰属せしめられていると判決したことはすでに述べた(本章第1節2(1)(A)(b)参照)。

されるところである。また、こうした夫婦間の自然的な生殖を前提とする従来の婚姻に関する準則の変更は、人権条約8条の家族関係の存在を判断するにあたって、先の*Kroon*判決で示された生物学的な親子関係を法的な親子関係に優先させる行き方にも修正を迫ることになるであろう。

ただし、依然として要件(i)に関わる多重婚については否定されている。

② 「婚姻の権利」と「正常な家族生活を営む権利」の相克？

CEDHは、1997年の*X,Y et Z c/ Royaume-Uni*判決で、性転換者の家族生活の権利を承認した。これによって、性転換者は、*Rees*判決で示された12条の解釈から、婚姻の権利は有さないものの、家族生活の権利は承認されることになったのである。こうした立場は、いくつかの問題点を招来しないわけにはいかない。すなわち、出産は婚姻の絶対的条件ではないのに、性転換者に婚姻の権利を否定することは論理的であるのか、婚姻に対して生物学的な「性」の相違を課し、家族生活に対してはそれを課さないのはどうしてか、例えば、女性から男性への性転換者が家族を形成し、カップル間で養育することになった子がいる場合、その社会的父親（père social）となる資格が出てくるにもかかわらず（この点で、ホモセクシャルのカップルとは異なる）、国家はその者に法的父親（père juridique）の資格を拒否できるのか、という問いが当然ながら発せられるからである。

第2節 家族呼寄せ権の法的根拠

共同体指令や国内法であるCESEDAでは、「家族呼寄せ」として規定されるものの、行政判例では法の一般原理から「正常な家族生活を営む権利（droit de mener une vie familiale normale）」が、憲法判例では憲法条文から「正常な家族生活の権利（droit de la vie familiale normale）」、「正常な家族生活を営む権利」ないしは「家族生活の尊重の権利（droit au respect de la vie familiale）」がまずは導き出され、つぎにこの権利の中核をなすものとして家族呼寄せの権利が位置付けられる。CEDHは、人権条約8条から、「家族生活の尊重の権利」を引き出している[100]。

そこでまずは微妙に表現の異なるこれらの権利が異なる内容を有するもので

326　第Ⅱ章　家族呼寄せ権

あるかが問われなければならないことになる。憲法院判決とコンセイユ・デタ判決との相関性・類似性については論をまたないが、問題はCEDH判決との異同である。第3節でも検討するように、コンセイユ・デタが人権条約8条の国内適用に積極的であることも考慮すると、これに関しては、H・ラベルも指摘するように、この権利にもたらされる公権力による侵害の形態がどのようなものであれ、家族が再結合し、正常な発展をとげるために結合し続けることができなければならないという基本的な権利の行使に対する公権力の恣意的な介入を禁止するという点で、ほぼ同じ内容を有するもの[101]と考えてよいであろう。ただし、家族呼寄せ権については、後で検証するように、国内裁判所およびCJUEは、個人の主観的権利であると捉えるのに対して、CEDHはその権利性を否定している。

1　国内法上の根拠

⑴　1946年憲法前文10項

　最高法規群である憲法ブロックを形成する1946年10月27日の憲法前文10項は、個人および家族の発展に必要な条件を確保する国の責務を規定している[102]。ここでは、国籍要件は記されておらず、享有者として「個人（individu）」と「家族（famille）」とだけ言及されている。これ以外にも、1946年憲法前文は、そこで保障する原理や権利の享有主体として「市民（citoyen）」に言及するよりも、時としてより広い適用範囲をもちうる「母（mère）」「子（enfant）」「労働者（travailleurs）」「大人（adulte）」をあげている。こうした規定のあり方から、国籍との関係を持ち出すことを嫌うフランス憲法の特質も指摘される[103]。ただし、宣言的性質が強く、この規定の法源としての実効性は、立法的措置による補充や、裁判機関の解釈による関与に依拠する要素が強いものといえる。

---

100)　CEDHも、欧州人権条約8条の適用に関する初期の判決文中で、「正常な家族生活を営む」という表現を併用していたこともある。例えば、CEDH, *Marckx, op. cit.*, §31, §53 et §61; CEDH, *Abdulaziz, op. cit.*, §63 et §68.

101)　H. LABAYLE, « Le droit de l'étranger à mener une vie familiale normale », *op. cit.*, p.526.

102)　「家族」のみならず、その構成員である親や子の保護に関する規定も同前文中には存在する。11項は、「子、母」に対して、「健康の保護、物質的安全、休息および余暇」を保障しているし、13項は、「子」に「教育、職業訓練および教養についての機会均等」を保障している。

103)　H. LABAYLE, «Le droit de l'étranger à mener une vie familiale normale», *op. cit.*, p.516.

第2節　家族呼寄せ権の法的根拠　327

　憲法院は、つぎでふれるコンセイユ・デタの1978年の*GISTI*判決の15年後、1993年8月13日の判決（詳しくは、本章第3節3(2)②(A)参照）で、初めて1946年憲法前文10項を援用し（判決理由69）、同項から引き出される憲法上の権利として、「外国人が正常な家族生活を営む権利」があり、さらにそのなかに、「と・く・に、外国人が、配偶者と未成年の子を自らの手元に呼び寄せる権能」（強調著者）を含んでいると判決した（同70）。この判決では、外国人にとって正常な家族生活を営む権利が憲法上の権利であることと、家族呼寄せ権がその中心をなすものであることが明確に示されている。

　ただし、この権利の行使は、フランスでの居住が「安定的かつ正規であること」が前提とされており、「憲法的価値の目的としての性質を有する公の秩序の擁護と公衆衛生の保護」から生ずる制約に服する（同）。

(2)　CESEDA

　CESEDAは、Ⅳ章で、「家族呼寄せの条件」（Ⅰ節、L.411–1 ～ L.411–8条）、「申請の審査」（第Ⅱ節、L.421–1 ～ L.421–4条）、「在留資格の交付」（Ⅲ節、L.431–1 ～ L.431–3条）、そして「共通条項」（Ⅳ節、L.441–1条）からなる「家族呼寄せ（Le groupement familial）」と題する一章を置いている。この立法条項の適用条件については、CESEDAのR.411–1条～ R.431–1条で定められている。

　最初の条文であるL.411–1条は、「本法典または国際取極めによって規定される少なくとも1年の有効期間のある資格の保証のもとに、18か月以上フランスに正規に在留する外国人居住者は、家族呼寄せ資格で、18歳以上の年齢に達していることを条件にその配偶者と、夫婦間の18歳未満の未成年の子によって合流される権利の享有を申請することができる」と規定している。

　とくに、L.411–5条以下では、家族呼寄せの拒否事由を列記することで、これ以外の場合には、家族呼寄せが認められることを規定している。後で詳しく検討するが、それは、収入要件（家族の必要を充たすに十分かつ安定した収入を証明しないこと〔L.411–1条1°〕）、住居要件（通常〔正常〕とみなされる住居を保持しないこと〔同2°〕）、そして家族生活の本質的諸原理要件（受入国であるフランスの法律に従って家族生活を規律する本質的諸原理に合致しないこと〔同3°〕）、である。これ以外にも、家族構成員の存在が公の秩序に対する脅威を構成するとき（同L.411–6条1°）、国際衛生規則にあげられる疾病に罹患しているとき（同2°）、す

328　第Ⅱ章　家族呼寄せ権

でに国内に居住しているとき（同3°）、にも認められないし、多重婚の婚姻形態をとっているとき（同L.411-7条）や共和主義的統合（言語および共和国の諸価値の認知、同L.411-8条）からする制約も規定されている。

(3)　法の一般原理

　コンセイユ・デタは、後述する1978年12月8日の *GISTI* 判決[104]で、いわゆる法の一般原理として、外国人の正常な家族生活の権利を認めたうえで、とくに家族呼寄せの権利をそのなかに含めた。

　法の一般原理とは、コンセイユ・デタの判例によって形成されてきた行政法上の主要概念の一つである。これは、例えば1946年憲法前文にあるような文章化された諸条項をはじめとする実定法は、それに先行して存在する一般原理を表明する媒体にすぎないとの考えに基づいている。そうであるがゆえに、正常な家族生活の権利は、1946年憲法前文10項のみならず、さまざまな国際条約、家族法典、民法典等のなかに容易にその結び付きが見出されるとされるのである。

　その規範的効力は、法律と命令の中間に位置付けられるものとして、立法府（法律）はその適用を排除することはできるが、政府や行政機関はそれを尊重しなければならない強制力を有する[105]。

　後で詳細な検討を行うが、コンセイユ・デタは、この判決のなかで、参照法文として1946年憲法前文とだけ言及し、10項に直接ふれることはなかったが、実体的な論理構成と形式上の表現からして、明らかに1993年8月13日の憲法院判決（判決理由7および70）の下敷きを提供したといえる。

　コンセイユ・デタは、この判決で、つぎの三つの要素を認めたものといえるであろう。一つは、1946年憲法前文から、正常な家族生活を営む権利と家族一体性（unité familiale / unité de la famille）の維持の権利、すなわち、家族呼寄せの権利という一般原理を引き出したこと、二つには、この原理は、フランス国民の家族だけに関わるものではなく、外国人をも対象とすること、そして三つには、家族構成員の就職を制限することは、正常な家族生活を営む権利への侵

---

104)　CE, Ass., 8 décembre 1978, *GISTI, Rec.*, 493, commentaire dans M. Long, P. Weil, G. Braibant, P. Delvolvé, B. Genevois, *op. cit.*, pp.606-618.

105)　山口編、前掲書、457頁。

害となること、である。

2 共同体法、欧州法および国際法上の法的根拠

「家族の権利」に言及する国際的取極めとして、後述するように、欧州レベルでは、1961年の欧州社会憲章、1977年の移動労働者の法的地位に関する欧州協定（Convention européenne relative au statut juridique du travailleur migrant）があげられる。これらは、政治的な宣言としての色彩が強かったり、適用に必要な批准が得られなかったりと、裁判規範としての実効性の弱いものにとどまっている。法的規範力の強さと権利救済の実効性の確保という観点から重要なものは、CE条約（派生法を含む）と欧州人権条約である。また、2000年のUE基本権憲章[106]も、2009年リスボン条約の発効により、欧州基本条約と同一の法的価値を有することになった（同条約6条1項）。

国際レベルでは、1976年に発効した国際人権規約が、A規約およびB規約で、家族の権利について規定しているし、また、1990年に発効した子どもの権利条約は、子の最善の利益を配慮するなかで家族を位置付けている。

国際的取極めのなかには、規範的効力の強いものもあるが、権利侵害に対する救済の実効性の確保という観点からすれば、国内裁判所による適用をまたなければならない面が強い。

(1) 共同体レベル

① CE条約およびその派生法[107]

加盟諸国の経済的統合を視野に入れるローマ条約は、共同体加盟国出身労働者の域内における自由な移動（3条c）、48条1）、および、居住権（droit d'établissement）を保障している（52条以下）。そして、労働者の自由な移動をより効果的なものとするためには、その延長として労働者がその家族と同居することが必要であると認識されるようになってきた。これを端的に述べたものが、

---

106) 同憲章は、7条で、「すべての者は、私生活、家族生活、住居およびコミュニケーションの権利を有する」と定めている。この条文は、欧州人権条約8条中の「通信」という表現を、技術の進歩を考慮に入れ、「コミュニケーション」と置き換えただけで、他はすべて人権条約8条と同じである。

107) 派生法（droit dérivé）とは、欧州共同体条約に従って共同体の機関によって制定される規範のことで、規則、指令〔命令〕、決定、勧告そして意見の五つがある。それぞれの効力および適用範囲については、序章注192参照。

330　第Ⅱ章　家族呼寄せ権

1968年10月15日の「共同体内における労働者の自由な移動に関する理事会規則」(n° 1612 / 68)[108]であった。ここでは、以下のように、一定の家族構成員が居住労働者と合流する権利について言及されている。

10条1項では、a)配偶者および21歳以下もしくは扶養下にある卑属(descendants)、b)条約加盟国出身の国内居住労働者（移動労働者）もしくはその扶養下にある配偶者の尊属(ascendants) も、国籍の区別なく、居住労働者とともに居住国で同居する権利を有することが規定されている。すなわちここでは、同居を介した居住国での在留権が、a)およびb)に該当する家族構成員にまで拡張されているのである。

同条2項では、1項に規定されていない者でも、居住労働者の扶養下にあるか、その住居で同居している家族構成員ならば、加盟各国は、その入国を「促進する (favorise)」ものとされた。

同条3項では、1項および2項の適用のために、国民労働者と他の加盟国出身労働者を差別することなく、「労働者は、自らが雇用されている地域の国民労働者にとって通常（正常）とされる家族のための住居を保持しなければならない」と定められた。なお、同規則中には、この条項以外に家族構成員の入国を規制するものはなく、適正な住居の確保が唯一の呼寄せ条件となっていた。

くわえて、11条では、配偶者および子は、受入国であらゆる職業につく権利も保障された。

しかし、共同体条約自体は、あくまでも居住労働者しか対象としておらず(48条)、労働者の家族は、その派生法である共同体規則を介してしか姿を現さない。つまり、家族構成員が労働者と居住する権利は、同規則上の「基本的権利」にとどまったのである。

それでも同規則の諸条項は、CJCEのきわめて自由な判例展開により、UE条約8A条[109]によって、圏域内を自由に移送・居住する権利を含むUE市民権が承認される以前においても、「『共同体加盟国国民（ressortissant

---

108)　*JOUE* L 257/2, 15 octobre 1968. 同規則は、「自由な移動の権利 (droit de libre circulation) が、自由と尊厳の客観的諸条件のなかで行使されうるためには、……労働者の移動 (mobilité) に敵対する諸障害、とりわけ労働者がその家族と合流する権利 (droit de se faire rejoindre par sa famille) および受入国の環境にその家族を統合する諸条件にかかわる諸障害、が除去されることを要請するものである」と規定している (5ᵉ considérant)。

communautaire)』に対して、国内の諸機関に対抗しうる権利を与え、（他の）外国人と区別される超国家的身分（identité transnationale）を与えられた加盟国国民の輪郭を描くことに寄与した」ものと評される[110]。

その後発せられた共同体指令も、十分な所得と公の秩序・公安・公衆衛生という制限は設けつつ、他の加盟諸国内での在留権を確保・拡張する方向で進んでいく[111]。

そしてこの理事会規則は、2004年4月29日の「加盟各国の領土に自由に移動し在留するUE市民およびその家族構成員の権利に関する欧州議会および理事会の指令」[112]によって修正された。この指令は、居住労働者の権利ではなく、UE市民およびその家族構成員の権利として移動および在留の権利を設定している（3条1）。ここでいう家族構成員には、配偶者（2条2)a)）のほか、受入国の国内法に基づいて登録されたパートナー（2条2)b)）、21歳以下かまたは扶養下にある直系卑属および配偶者または上記のパートナーの直系卑属（2条2)c)）、そして扶養下にある直系尊属および配偶者または上記のパートナーの直系尊属（2条2)d)）が含まれる。したがって、欧州市民以外の配偶者やパートナーの外国人家族にも権利が開かれている。また、この指令にも、上記の家族構成員以外の家族構成員の移動と在留を「促進する」各国の責務が規定されている（3条2）。ここで対象とされている構成員には、出身国（pays de provenance）においてUE市民の扶養下にあるか、世帯（ménage）を構成する者、または、重大な健康上の理由からUE市民が義務的ないしは個人的に面倒をみなければならない構成員（3条2a)）、および正式に証明されたUE市民の恒常的パートナー（同b）が含まれている（いわゆる「拡大された家族構成員（membres

---

109) 同条は、「連合市民はすべて、本条約およびその適用のために採られる諸規定によって定められる制限と条件を留保として、加盟諸国の領土内において、自由に移動し、居住する権利（droit de circuler et de séjourner librement sur le territoire des États membres）を有する。」と規定している。当然ながら、ここでUE市民権を有するのは、条約加盟国の国籍を持つ者であり、条約に加盟する一国においてすでに在留権を有しているとしても第三国出身者はこの権利の享有主体ではない。

110) Jean Boulouis et Roger-Michel Chevallier, *Grands arrêts de la Cour de justice des communautés européennes*, tome 2, 4ᵉ éd., Sirey, Paris, 1997, p.87.

111) その展開に関しては、例えば、Piet Van Nuffel, « L'Europe des citoyens: vers un droit de séjour généralisé», *RMUE*, 1991, pp.89–109参照。

112) Directive 2004/CE Parlement et du Conseil du 29 avril 2004, *JOUE*, L 158 du 30 avril 2004.

de la famille élargie)」)。CJUE は、3 条 2 の規定する促進条項を規範的に捉えようとしており、「金銭的かつ物質的な依存関係（lien de dépendance pécuniaire et physique)」を判断基準とし、受入国は、申請者の個人的状況の徹底した審査を行わなければならないこと、申請を拒否する場合には、受入国において効果的な救済手段を享有すべきこと、を課しているとされる [113]。

②　UE 基本権憲章

2000 年 12 月 7 日に採択された同憲章は、Ⅱ章 7 条で、「すべての者は、その私的および家族的な生活、住居およびコミュニケーションの尊重を受ける権利を有する」と規定している。同条は、欧州人権条約 8 条ときわめて類似しているし、憲章が人権条約によって保障された権利と合致する権利を含む場合、その権利の意義と射程は、人権条約によって定められたものと同一とされる（同憲章 52 条 3 項）。

すでにふれたように、同憲章は、アムステルダム条約の批准により、UE 基本権条約と同一の法的価値をもつものとなった（同条約 6 条 1 項）。なお、この憲章が保障する権利の国内への適用等については、序章第 2 節 1 (2)②(D)参照。

③　家族呼寄せに関連する共同体指令

アムステルダム条約の適用により、亡命および移民に関する政策が、共同体権限へと移行した結果、家族呼寄せを含む在留資格の付与に関する権限も共同体に移行されることになり（61 条 b)、63 条 3)-a))、つぎの諸指令の規律するところとなった。

(A)　2003 年 9 月 22 日の家族呼寄せに関する指令 [114]（以下、「家族呼寄せ」指令と略す）

この指令は、加盟国内で正規に居住している第三国出身者の家族呼寄せ権の行使条件を共通した準則に従って定め、加盟各国の国内立法を調整することで、この権利の享有者の法的安全性を確保するために発せられたものである。

この指令では、序文 2 項でとくに、この指令が、UE 条約 8 条および UE 基本権憲章で認められた諸原理を尊重し、遵守することが言及されている。

---

113)　詳しくは、例えば、Chahira BOUTATER, « Le régime jurisprudentiel du droit au regroupement familial du citoyen de l'Union », *RUE*, n° 568, 2013, pp.287-296. 参照。

114)　Directive 2003/86/CE du Conseil, 22 septembre 2003, *JOUE*, L251/12 du 3 octobre.

この指令によれば、対象とされる家族構成員には、配偶者と未成年の子とからなる「核家族」は当然に含まれる（序文9項）。すなわち、4条1項では、より詳細に、配偶者（同a））、呼寄せ人およびその配偶者の独身である未成年の子（養子を含む）（同b））、呼寄せ人またはその配偶者が親権を有し扶養する独身である未成年の子（養子を含む）（それぞれ同c)および同d)）、と規定されている。また、加盟各国の国内法（立法または行政立法）によって、呼寄せ人と正式に証明される継続的かつ安定的な関係（relation durable et stable dûment prouvée）を有するか、呼寄せ人と登録されたパートナーシップによって結合される第三国出身の非婚パートナーも対象とされている（同条3項）。加盟各国は、強制結婚を避けるために、呼寄せ人および配偶者が21歳に達していることを要求することができる（同条5項）。呼寄せ人またはその配偶者の直系尊属および健康状態から自立できない独身成人の子の呼寄せに関しては、各国の判断に委ねられた（同条2項a)）。

なお、12歳以上の子が部分的に呼び寄せられるときは、加盟各国は、当該指令の履行日にすでに存在している国内立法によって提供される統合条件への適合を吟味することができること（同1項最終段）、多重婚の場合の呼寄せに制限を設けることができることも規定された（同4項）。

各国が呼寄せ申請者に求めることのできる条件とは、つぎのとおりである。(i)類似する規模の家族にとって通常（正常）とみなされる住居（7条1項a)）、(ii)申請者本人および家族メンバーに対する疾病保険（assurance maladie）（同b)）、(iii)社会的扶助に頼ることを回避するための安定的、定期的で十分な収入（同c)）、である。

呼寄せ申請は、2年の居住期間が経過しないと提起できないことも定められた（8条）。

各国は、国内立法により、利害関係人を統合のための諸措置（mesures d'intégration）に服せしめ（7条2項）、また、公の秩序、公共の安全もしくは公衆衛生を理由として申請を拒否できることも規定された（6条1項）。

他方で、この指令によって以下の諸権利が承認された。

まず、在留資格に関してであるが、家族メンバーは、最初1年の在留資格を得、5年経過後、家族呼寄せとは異なる別個の在留資格を有する（15条1項）。

334　第Ⅱ章　家族呼寄せ権

ただし、各国は、配偶者の死亡、離婚、別居あるいは特別に困難な状況により、この期間の経過以前にそうした別個の在留資格を付与することも可能である（同条3項）。

つぎに、呼ひ寄せられた者は、呼寄せ人と同じように、教育、雇用市場そして職業訓練にアクセスする権利を有する（14条1）が、雇用市場の状況により、最大で1年間同市場へのアクセス権が停止されうる（同2項）。

この指令は、2006年7月24日の法律[115]によってフランスの国内法であるCESEDAに編入された。

ただし、この指令の編入は、全体として、より保護的であったフランスの家族呼寄せ制度に実質的な変化をもたらすものではなく、逆にこれによって、例えば、従来は正規在留許可証が付与されていた呼寄せ人である長期在留者の家族構成員には、以後、一時在留許可証が付与されるにとどまるなど後退がみられるものもあった（同L.431–1条）。

(B)　2003年11月25日の「長期在留者の地位に関する指令」[116]（以下、「長期在留者指令」と略す）

この指令は、条約加盟各国に少なくとも5年以上正規かつ継続して在留する第三国出身居住者に、公の秩序や公的安全保障への脅威（同指令17条）や公衆衛生への脅威（同18条）の不存在などの一定の条件のもとで、「長期居住者（résident de longue durée）」としての在留権の主張を認めるものである。有資格者は、国民との平等な取扱い（同11条）と送還措置に対する保護（同12条）からみて、フランスにおける正規在留許可証の有資格者に近いものといえる。この指令もまた、欧州人権条約とUE基本権憲章で認められた諸権利の尊重を謳っている（序文3項）。

長期居住者の資格は、在留権を認められた国（第一受入国）と同様に、他の国（第二受入国）においても俸給を受ける職業活動を行うために居住し、在留資格を得ることを可能とするもので、いわゆる給与生活者の域内での転勤を容易にするものといえる。

同指令はとくに16条で、第二受入国で長期居住者が在留権を行使し、第一

---

115)　Loi n° 2006–911 du 24 juillet 2006, *JO*, n° 170 du 24 juillet, p.11047.

116)　Directive 2003/109/CE du 25 novembre 2003, *JOUE* n° L.16, 23 janvier 2004.

受入国ですでに家族が形成されていたときに、「家族呼寄せ」指令4条1項に
規定する家族構成員は、当然に第二受入国への呼寄せが認められ（同条1項）、
また、同条1項で規定されていない構成員についても、加盟各国の判断で認め
られうることを規定している（同2項）。ただし、第二受入国は、社会的扶助に
頼ることなく安定的かつ定期的な収入があること等を証明するように求めるこ
とができる（同4項）。なお、家族が第一受入国で形成されていなかったときは、
「家族呼寄せ」指令が適用される（同5項）。

　この指令も、「家族呼寄せ」指令と同様に、2006年7月24日の法律により、
フランス国内法に編入された（CESEDA L.313-11-1条）。

　(C)　2003年1月27日の「受入」指令

　これについては、第Ⅰ章第2節2(2)⑥(B)参照。

　この指令では、家族が出身国ですでに形成され、同一国に存在していること
条件に、その対象となる家族構成員を、亡命申請者の配偶者または安定的関係
にある登録した非婚のパートナー（2条d)(i)）と、これらのカップルまたは亡
命申請者の扶養下にある未婚の子（同(ii)）、である。ただし、非婚のパートナ
ーが家族構成員とされるためには、加盟各国で有効な立法（législation）または
慣行が、外国人に関する立法によって、非婚カップルに対して、婚姻カップル
に対する扱いと同等の扱いをしていることが条件とされる。また、子に関して
は、婚内子、婚外子または国内法に従った養子であるかは問わない。

　住居の提供にあたっては、でき得る限り家族結合が維持されるよう適切な措
置のなされることが規定されている（8条）。

　(D)　2004年4月29日の「資格」指令および2011年12月13日の「改訂」指令

　これについては、第Ⅰ章第2節2(2)⑥(C)参照。

　2011年「改訂」指令では、「資格」指令が明確にしていなかった「家族構成
員」が定義されている（2条j)）。それによれば、以下の者が家族構成員とされ
る。

(i)家族が出身国ですでに形成され、同一国に存在していること条件に、国際的
　保護の享有者の配偶者または安定的関係にある登録した非婚のパートナー。
　ただし、非婚のパートナーが家族構成員とされるためには、加盟各国で有効
　な法または慣行が、第三国出身者に関する法の枠組みにおいて、婚姻したカ

ップルと非婚のカップルとを同等に扱っていることが条件とされる。

(ii)これらのカップルまたは国際的保護の享有者の未婚である未成年の子[117]。

この場合、婚内子、婚外子または国内法の定義する養子であるかは問わない。

(iii)国際的保護の享有者の父母または当該享有者が未婚の未成年者である時は加盟各国で有効な法または慣行によってその責任者（responsable）である他のすべての成人、である。

これらの指令は、CESEDA L.314–11条8°およびL.313–13条において、それぞれ難民および補完的保護の配偶者および子の在留資格として国内法に編入されている。

(2) 欧州（欧州評議会加盟国）レベル

① 欧州社会憲章

これについては、すでにふれた（序章2節1(2)③(C)）。同憲章は、家族生活の社会的・法的・経済的な保護を促進することを条約当事国に求める（16条）とともに、家族呼寄せに関しては、19条6項で、条約当事国は、領土での居住を認められた移動労働者（travailleur migrant）の家族呼寄せを、「可能な限り（autant que possible）」促進することも課されているが、経済的・社会的権利について規定するものであるがゆえに、政治的な宣言としての色彩が強く、国際法規としての実効性は弱い。

② 1977年の移動労働者の法的地位に関する欧州協定

同協定は、12条で、呼寄せ対象となる家族構成員（移動労働者の配偶者、受入国の立法により未成年とみなされる未婚の子および扶養下にある子）、正規の雇用や通常（正常）とみなされる住居、家族を扶養するのに十分な所得という呼寄せ条件、入国待機期間の12か月以下への設定、等について定めている。ただし、適用に必要な批准がなされておらず、裁判規範としての実効性は弱い。

③ 欧州人権条約

保障の広さと実効性の確保という点で重要な影響力を有しているが、欧州人権条約である。これについてもすでにふれた（序章第2節1(2)③(A)）。

国籍との関係を持ち出すことを嫌うフランスの1946年憲法の普遍主義的性

---

117)　「改訂」指令はまた、これまで国内法に委ねていた未成年者の定義も明確にし、「第三国出身者または無国籍者で18歳未満の者」としている（同条k）。

第2節　家族呼寄せ権の法的根拠　337

質は、「すべての者」に適用されるこの条約との同質性を促進するものである
と述べられる[118]。

それを例証するように、コンセイユ・デタは、1990年12月21日の判決[119]
で、欧州人権条約には、相手方当事国による条約の適用を条件とする憲法55
条の相互主義の要件が課されないことを承認したし、憲法院もまた、1999年1
月22日の判決[120] で従来の判例を変更し、人権の保障に関する国際的取極め
の国内での適用に際して、相互主義の要件が求められないことを認めた。この
取極めのなかには、当然ながら、欧州人権条約も含まれる。

同条約8条の解釈においてとりわけ要点となるのは、1項関係では、「家族」
の定義、2項関係では、「法律」の意義、国家の安全保障をはじめとする正当
な目的による「民主社会において必要不可欠な」公権力の介入措置の該当性と
必要性である。

(3)　国際（国際連合加盟国）レベル

①　1951年の難民に関するジュネーヴ条約に関わる最終議定書

これについては、本章第4節1(1)②(A)参照。

②　1966年の国際人権規約

同規約については、序章第2節1(2)④(D)で、人権委員会への申立制度につい
ては、序章第2節2(2)①でふれた。

同規約は、とりわけA規約（いわゆる社会権規約）10条1項およびB規約（い
わゆる自由権規約）17条、23条1項および2項で、家族の保護に関する規定を
おいている。A、B両規約に登場する点で、家族は、公権力からの恣意的介入
を受けないという自由権的側面と、他方で、その保護に対する公権力の積極的
な関与を求める社会権的側面とを有するのである。

A規約当事国は、同規約の規定する権利の実現を「漸進的に」達成するため
の努力義務を負うにすぎない（同2条）のに対して、B規約当事国は、同規約
の規定する権利を即時に実施する義務を負う（同2条）。それゆえに、負うべき

---

118)　H. LABAYLE, « Le droit de l'étranger à mener une vie familiale normale », *op. cit.*, p.516.

119)　CE Ass., 21 décembre 1990, *Confédération nationale des associations familiales catholiques*, *Rec.*, 369, conclusion Bernard STIRN.

120)　CC, n° 98-408, DC du 22 janvier 1999, *RFDA*, 1999, p.285, note B. GENEVOIS, et p.715, observation P. AVRIL et B. GENEVOIS.

338　第Ⅱ章　家族呼寄せ権

義務の強さからしても、B規約が重要なものとなってくる。B規約に定められた権利の保障は、政府報告書の審査や選択議定書に基づく個人通報の審査を介して、その実効性が高められているものの、最終的には国内裁判所による諸規約の効力の承認とその適用に負うところが大きいことはすでに指摘したとおりである。

③　1990年の子どもの権利条約

近年その重要性が高まってきているのが子どもの権利条約である。同条約中で、家族生活の権利との関係でとりわけ重要な条項は、公私の社会福祉施設・裁判所・行政機関・立法機関において、子どもに関するあらゆる決定に関して子どもの最善の利益を規定する3条1項、親との別離の条件を定める9条1項、家族の再結合を目的とする子どもおよび父母の出入国の権利に関する10条、そして私生活および家族生活の尊重に対する子どもの権利を定める16条1項である。同条約も、国際人権規約と同様、国内裁判所による国内適用が重要になってくる。

第3節　権利保障の展開

「家族呼寄せ権」は、「正常な家族生活を営む権利」の中核をなすものであるが、両者は同一物ではない。後者の権利の内容および射的については、第4節で明らかにすることにし、本節では、これらの権利保障の展開を、前節で取り上げた法源の変遷の観点から、時系列的に検討していく。

1　国内的保障の展開期——移民政策から「法の一般原理」へ

(1)　通達による規制——1974年以前

外国人労働者の家族の国内受入れは、フランスにおける人口政策の古い伝統の一つであった[121]。例えば、第一次世界大戦直後に締結された移民に関する1919年9月30日のフランス・イタリア条約は、移民労働者に提供される諸便益とその家族が有すべき諸便益とを平等に取り扱っていた[122]が、それは、フ

121）　Jean Massot, « L'immigré et sa famille: le regroupement familial », *RDSS*, 23(2), avril-juin 1987, p.238.

ランス国内への家族の受入れを促進するためのものであった。こうした伝統は第二次世界大戦後も引き継がれ、ド・ゴール将軍は、初めて人口省（ministère de la Population）を創設し、「外国人家族の定住を促進する」任務を与えるデクレを定めた[123]。これが外国人の家族生活に関する国内法制の最初の礎石といえるものであった[124]。

その後、外国人移民労働者の家族呼寄せの重要性を強調し、受入れを組織するために、1947年以降、保健・人口省によって一連の通達が発せられ、急速に先のデクレにとって代わるようになった[125]。例えば、同年1月20日の通達[126]では、外国人労働者の国内労働市場への移入政策の成功とフランス社会への統合のためには、その家族をフランス社会へ統合させることが重要であると指摘されていた[127]。ただしここでは、外国人労働者が本国から家族を呼び寄せ、フランス社会に移り住む申請をなすよう強制されていたことが注目される[128]。戦争によって疲弊した人口・労働力の確保と増強、別ないい方をすれば、市場と雇用に関わる功利主義的観点が主眼とされ、家族呼寄せは、外国人労働者の権利ではなく、人口計画上の観点からする義務だったことが窺えるのである[129]。あわせて同通達は、受入れ家族によるスラム街の形成を避けるという衛生上の配慮も重視していた[130]。

また、1965年3月17日の人口・社会行動局長通達[131]では、こうした衛生上の配慮にくわえて、つぎのような経済的関心が示されている点が注目される。すなわち、外国人労働者家族の入国・居住許可は、家族呼寄せによる家族の再集という社会目的のために認められるものであって、呼び寄せられた家族構成員がフランス国内において雇用を求める経済的な目的に動機付けられるもので

---

122) *Id.*

123) *Id.* 1945年12月24日のデクレ3条8号。*JO*, 24 décembre 1945, p.8559.

124) H. LABAYLE, « Le droit de l'étranger à mener une vie familiale normale », *op. cit.*, p.514.

125) *Id.*

126) Circulaire n° 18 du 20 janvier 1947, *JO*, 5 et 6 février 1947, p.1230.

127) J. MASSOT, *op. cit.*, p.238.

128) *Id.*, p.239. その強制は、家族を呼び寄せない者に、出身国への家族手当の送金を停止するという形で行われていた。

129) J. MASSOT, *op. cit.*, p.239.

130) *Id.*, p.240.

131) *BO*, ministère de la Santé publique, n° 8768, *JO*, 11 janvier 1980, p.71.

340 第Ⅱ章 家族呼寄せ権

はないとされていたのである[132]。ここでは、外国人労働力の安定的確保と雇用市場の不安定化を避けようとする政策目的から、独立した成人の呼寄せが排除されるとともに、呼寄せ条件の緩和化に通じる、数次にわたる部分的家族呼寄せ（regroupement familial partiel; regroupement familial fractionné）も否定されたのである[133]。

　ともあれフランスは戦後約30年にわたって、主に人口的・経済的な理由から、家族移民を受け入れ続ける[134]。この間に採用された、外国人労働者とその家族のフランス社会への「統合」を目的とするフランス流移民モデルは、しだいに、諸権利の享有における内外人平等取扱いへと向かうことを促すのであった。ここに至ってはもはや家族呼寄せが従来のように義務であると論じることはできず、外国人労働者の一つの権利であると認識されるのである。

　ただ、この権利は法律によって保障されたものではなかった。外国人の入国・在留条件に関する一般法である1945年11月2日のオルドナンス（現行CESEDA）も当初の条文中に、フランスでの在留が認められた外国人の家族構成員に関する規定はなく、上述の通達と、とりわけ旧植民地諸国と個別に締結された二国間条約とによって規定されるものにとどまったのである。

　後でふれるように、法律が沈黙を破るのは、このオルドナンスを修正する1980年1月10日の法律（ボネ法）[135]および1981年10月29日の法律[136]の制定まで待たなければならなかった。

(2) 行政立法による規制—— 1976年4月29日のデクレ[137]と1977年11月10日のデクレ[138]

　1974年7月の政策転換による移民の厳格な受入れ制限は、通達を介して行

132）　J.MASSOT, *op. cit.*, p.240.

133）　*Id.*

134）　家族移民は、従来の給与労働者の積極的受入れ政策を転換した1974年以降減少に転じた。1970年から1974年までの5年で年間8万人から、1977年までの3年は6万人、さらに1983年までの6年は5万人、そして1986年までの3年は4万人、という具合であった。その減少傾向の特徴は、トルコ系・アフリカ系の家族移民の増加、マグレブ系の現状維持、イベリア系の減少、に要約される。*Id.*, pp.238–239.

135）　ここでは、帰国保障の提供と職業活動に就く場合の許可の免除に関して規定された。

136）　Loi n°81–973 du 29 octobre 1981, *JO*, 30 octobre, p.2970. これは、滞在条件に関する書類の提出の免除に関するものである。

137）　Décret n°76–383 du 29 avril 1976, *JO*, 2 mai 1976, p.2628.

第3節　権利保障の展開　　341

われた。しかし、1974年から1977年までに発せられたほとんどすべての通達は、無権限を理由に、行政裁判官によって取り消された[139]。

　国内法のなかで家族呼寄せに関する最初の一般的法文として制定されたのは、現在の呼寄せに関する法文の原型を提供している1976年4月29日のデクレであった[140]。このデクレは、1条で、つぎのように規定していた。

　「外国人の配偶者および未成年の子は、以下の五つの理由のいずれか一つに該当する場合にしか、フランス領土へのアクセスの承認および在留資格の付与を拒否されない。

(i)関係外国人（家族を呼び寄せる国内居住外国人のこと——著者）が、正規の状態でフランスに1年間居住したことを立証しないこと、

(ii)関係外国人が、自分の家族を扶養するのに十分かつ安定した資力を有しないこと、

(iii)関係外国人が、自らの家族のために確保しようとする住居の条件が不適切なものであること、

(iv)フランス領土における自らの存在または家族構成員の存在が、公の秩序に対する脅威を構成すること、

(v)出身国において本人もしくは家族のメンバーが受けなければならない医療検査の結果によって、公衆衛生、公の秩序もしくは公安に危険を及ぼしうる疾

138)　Décret n°77-1239 du 10 novembre 1977, *JO*, 11 novembre 1977, p.5397; *JCP*, 30 novembre 1977, n°48, Ⅲ. textes 46425.

139)　このように違法な通達が立て続けに制定された理由については、序章第3節 **3**(1)②(A)参照。

140)　その後、このデクレの諸原理は、1984年12月4日のデクレ（Décret n°84-1080 du 4 décembre 1984, *JO*, 5 décembre, *JCP*, 84, Ⅲ, texts, 56447）によって定義し直され、つづいて1993年8月24日のいわゆるパスクワ法が、1945年11月2日のオルドナンス中に、Ⅶ章「家族呼寄せ」として独立した1章を割き、その内容を明確にした。その後法典化にともない、現行CESEDA中のⅣ章に「家族呼寄せ」として移しかえられている。前者の1984年のデクレに関しては、在留資格と労働資格とを統一する現在の在留許可証制度（正規在留許可証と一時在留許可証からなる）へと制度を改めるために1945年11月2日のオルドナンスを修正する1984年7月17日の法律（Loi n°84-622 du 17 juillet 1984, *JO*, 19 juillet, p.2324）が、家族呼寄せ資格による在留許可証の交付のために定めた条件以上の条件を違法に付加するものとして、GISTIによって取消訴訟が提起された。コンセイユ・デタは、同デクレの規定は、「公の秩序、公衆衛生および利害関係人の社会的保護の必要性によって、十分に明確にされ、正当化される諸準則を示し」ており、1945年のオルドナンスのみならず、正常な家族生活を営む関係人の権利を侵害するものでもないとして、その主張を退けた（CE 26 septembre 1986, *GISTI*, *Rec.*, 219, note L. Richer, *AJDA*, 1987, p.54）。また、後者のパスクワ法についても憲法院で争われたが、詳細は本節 **3**(2)②(A)参照。

病に罹っているかまたは障害を被っている（infirmités）ことが明らかになったこと。」

このデクレは、1974年の政策転換後のもので、上記の五つの要件のすべてを充足しない限り家族呼寄せを認めないという点で、きわめて制限的なものと評価できようが、フランスの国内法令上はじめて、外国人とその家族の再集と在留の権利を保障したものであることには留意しておく必要がある。

(3) コンセイユ・デタによる「法の一般原理」の承認

① 1978年12月8日の *GISTI* 判決 [141]

政府は、1977年11月10日のデクレによって、上記の五つの要件に加えて経済的観点からする要件を加重しようとした。それは、1976年のデクレに規定された手続に従った家族構成員の入国は、その者が、フランスの国内雇用市場にアクセスすることを望まない場合に限り認められ、そうでなければ3年間暫定的に停止されるというものであった [142]。

こうした制約を新たに課すことは、1946年憲法前文10項の定める原理の侵害であると主張するGISTI（Groupe d'information et de soutien des travailleurs immigrés）等の請求を受けて下されたのが、本判決である。

コンセイユ・デタは、おおむね、論告担当官のP・ドンドゥ（Philippe DONDOUX）の論告 [143] に沿いつつ、外国人労働者の物質的・精神的利益の擁護は申請者であるGISTI等の組織の活動対象であり、同組織は、本件デクレの取消しを求める十分な利益（intérêt suffisant）があるとして請求を受理したうえで、つぎのように述べた。

「法の一般原理、とりわけ1958年10月4日の憲法が参照している1946年10月27日憲法の前文から、正規にフランスに居住している外国人は、国民と同様に、正常な家族生活を営む権利を有する。この権利は、とりわけ、当該外国人にとって、その配偶者と未成年の子を自らのもとに呼び寄せることのできる

---

141) CE, Ass., 8 décembre 1978, *GISTI*, *Rec.*, 493, commentaire *in* M. LONG, P. WEIL, G. BRAIBANT, P. DELVOLVÉ, B. GENEVOIS, *op. cit.*, p.606.

142) J. MASSOT, *op. cit.*, p.241. 同デクレ1条参照。

143) 同氏の論告は、1946年憲法前文が、「単に市民の権利だけでなく、人の権利を厳粛に宣言することに導かれていた伝統に忠実であり、その享有者に関して、国境の枠組みを一般的に越える諸原理を宣言している」と述べ、フランス憲法の普遍主義的伝統を強調している点で興味深い。Conclusion P. DONDOUX sous CE, Ass., 8 décembre 1978, *GISTI*, *DS*, 1979, p.61.

権能（faculté de faire venir auprès d'eux leur conjoint et leurs enfants mineurs）を含ん
でいる。」

　つづけて、越権訴訟裁判官（これについては、序章第2節2(1)②(A)参照）のコン
トロールとフランスの締結した国際的取極めの留保のもとに、「この原理と、
公の秩序、外国人とその家族の社会的保護から生ずる要請とを調整する権限は
政府にある」としたものの、政府は、外国人居住者の家族構成員の就職を一般
的に（par voie de mesure générale）（強調著者）禁止することはできないがゆえに、
当該デクレは違法であり、取り消されるべきものと判断した。

　この判決のなかで、コンセイユ・デタは、1946年憲法前文10項中にある
「家族の発展（développement de la famille）」という表現や、1974年にフランスが
批准した欧州社会憲章のなかで言及されていた「家族呼寄せ（regroupement de
la famille）」という表現、あるいは1977年のフランス・ポルトガル協定のなか
で使用されていた「家族呼寄せ（regroupement familial）」という表現を直接また
は中心的に採用せず、より広い権利を含みうる「正常な家族生活を営む権利」
の存在を、とりわけ憲法前文から引き出される「法の一般原理」として認めた
のである[144]。そうであるがゆえに、ここで承認された法の一般原理は、単に、
家族の結合（droit à l'unité）と呼寄せの権利にとどまるものではなく、判決では
直接ふれられてはいないものの、それを超え、家族の発展に必要不可欠な物質
的諸条件の保障が想定されているように考えられるとも指摘される[145]。

　ただし、コンセイユ・デタは、1946年憲法前文に言及しつつも、「正常な家
族生活を営む権利」を「法の一般原理」と位置付けることに主眼を置き、前文
の具体的条項、すなわち10項を援用していないこと、別ないい方をすれば、
前文10項を直接参照しうる憲法規範とみなしていないことには留意を要する[146]。

　コンセイユ・デタは、同時に、この権利が正規に在留する外国人の「絶対的
な権利」ではなく、「公の秩序」と「外国人およびその家族の社会的保護」を
内容とする「一般利益」（公益）によって制限されうることも明確にしている

---

144)　M. Long, P. Weil, G. Braibant, P. Delvolvé, B. Genevois, *op. cit.*, p.609. こうしたコンセイ
　　　ユ・デタの行き方は、「法の一般原理」の自律性を映し出すものと指摘される。*Id.*
145)　*Id.*
146)　Philippe Terneyre, Le Conseil d'État et la valeur juridique des droits sociaux proclamés
　　　dans le Préambule de la Constitution du 27 octobre 1946, *RFDC*, 6, 1990, p.322.

344 第Ⅱ章 家族呼寄せ権

（詳しくは、本章第4節2参照）。

② 1980 年 7 月 25 日の *Touami ben Abdeslem* 判決 [147]

すでにみたように、フランスでは、適法に批准された条約は、その公布によって法律に優先する効力を有し（1958年憲法55条）、法律より下位の規範的効力しか有しない法規範や処分の条約適合性をコントロールするのは、コンセイユ・デタの役割である。本件で援用されている欧州人権条約も 1950 年に署名され、フランスでは 1974 年に批准、公布されている。

本件は、レイプによる有罪判決で服役していた Touami 氏に対して、釈放時に彼を国外追放に処すべく公の秩序への脅威を理由に、追放のアレテを発した内務大臣の決定の取消しを求めるために、「家族生活の尊重の権利」について規定している欧州人権条約8条1項を援用できるか否かを問うたものであった。

コンセイユ・デタは、自らが対象となっている国外追放措置の取消しを求めるために、同氏は、「欧州人権条約のみならず、正常な家族生活を営む権利を有するとの法の一般原理をも有効に援用することはできない」と述べ、同条約の国内適用性を否定した。

ここでは、まず何よりも、コンセイユ・デタが、本判決において、同条約8条の適用を拒否した理由を問わなければならないであろう [148]。

H・ラベルは、これについて、コンセイユ・デタはこの判決のなかで納得できる形でその理由を明らかにしているわけではないものの、欧州人権条約中には、外国人の国外追放それ自体に対する保障規定は存在していなかったこと、この判決当時は、同条約中の条文の「リバウンド（はね返り）効果」による適用（間接適用）も CEDH によって判例上確立されておらず、フランス国内法によっても考慮される域に達していなかったこと、同裁判所の判決を引き出す個人申立て（recours individuel）制度 [149] も存在していなかったことをあげている [150]。

---

147) CE, 25 juillet 1980, *Touami ben Abdeslem*, Leb.Tables, p.820, *JCP*, 1981.II.19613, note B. PACTEAU. この判決は、欧州人権条約8条の適用の可否に関してきわめて重要であるにもかかわらず、*Lebon* 判例集では一覧表（Tables）に公表されたにすぎない。

148) Conclusion Ronny ABRAHAM sous CE, 18 janvier 1991, *Beldjoudi, Rec.*,19.

149) 個人申立ては、人権条約に違背して諸権利を侵害されたと主張するあらゆる自然人、非政府団体または集団に対して、CEDH への提訴を開くものであり、締約国はこの権利の効果的な行使を妨げてはならない（現34条）。この制度は、1990年11月9日の第9議定書により導入された（1994年11月1日に発効）。

しかし、より本質的な理由として、彼は、送還措置（国外追放や国外退去等）は、送還先国まで家族が付き添いそこで家族生活を送ることができるがゆえに、個人の家族生活に対する侵害をもたらす余地はないこと[151]、外国人治安に関しては利害関係を有する外国人の個人的状況よりも公の秩序が優先するとの行政裁判官の伝統的な考え方が通用していたこと、そして、条約を援用しての送還措置の取消しは、自らが創り出し、強い愛着を示す「法の一般原理」の使命、そしてこの原理への違背を理由とする取消しシステムを無にしかねないとの危惧があったからであろうと指摘している[152]。

なお、コンセイユ・デタは、欧州人権条約のフランス国内での直接適用性それ自体を否定しているのではなく、上述の理由から、外国人の送還措置に関してのみ、その適用を排除する立場に立っているといえる。

その後も例えば、国外追放のアレテが再び問題となった1985年12月6日の*Chrouki*判決[153]において、コンセイユ・デタは、欧州人権条約8条や国際人権規約B規約23条を「正常な家族生活の権利に対する一般原理」を承認するものと捉えることで、両条項を直接の参照条文としなかった[154]。このことは、H・ラベルが本質的理由としてあげる最後の指摘の通用性を物語るものといえそうである。

この*Touami*判決のは、以後10年以上にわたって維持されることになる。

③ 1986年6月6日の*Fédération des fonctionnaires, agents et ouvriers de la fonction publique et autres* 判決[155]

社会保障基金に関する制度を修正し、雇用者の負担を軽減するために、一定

---

150) H. LABAYLE, « Le droit de l'étranger à mener une vie familiale normale », *op. cit.*, p.521.

151) こうした見解は、あくまでも机上のものにすぎず、実際かつ法的な諸問題を解決するものではないと批判されることになる。Conclusion R. ABRAHAM, *Beldjoudi, op. cit.*

152) H. LABAYLE, « Le droit de l'étranger à mener une vie familiale normale », *op. cit.*, pp.521–522.

153) CE, 6 décembre 1985, *Chrouki, D*, 1986, pp.281–282.

154) この判決では、欧州人権条約には存在する法律による規制と公の秩序の維持の必要性を条件とする私生活・家族生活への公権力の「介入（ingérence）」に言及する文言が、国際人権規約B規約中には存在しないことが、規制の可否に関連するかも問題となった。コンセイユ・デタは、「たとえ国外追放が、家族構成員を分離する点で、家族生活への侵害を構成するものであっても、規約23条が、絶対的にそれを禁ずるものと認めることはできない」と述べ、「公の秩序」の維持の必要性は、厳格に評価されるべきとの条件で、国際法・国内法のいずれにおいても、正常な家族生活を営む権利の規制を正当化できるとした。

額の収入を超す夫婦に対する家族手当の支給を廃止し、それに充たない者には、収入に応じて手当を調整する措置の違法性が争われたのが本件である。

論告担当官のJ・マソ（Jean MASSOT）は、扶養家族補償（compensation des charges familiales）に対する法の一般原理の法的根拠として、国際法上の法文では国際人権規約A規約10条と欧州社会憲章16条を、国内法上の法文では1946年憲法前文をあげていた。

コンセイユ・デタは、国際法上の法文にはふれず、また「1946年憲法前文」という文言も使用せずに、「国は、家族に対して、その発展に必要な諸条件を確保し、とくに、子および母に対して、物質的安全を保障する」「法の一般原理」を承認した。ここでは、前段部分で「家族に対して、その発展に必要な条件を確保」すると憲法前文10項が、また、後段部分で「子および母」に対する「物質的安全」の保障に言及することで、憲法前文11項[156]の一部が引用され、両項が一体的に「法の一般原理」として認められている。この点で先の1978年判決と微妙な表現の差が認識される。結局のところ、コンセイユ・デタにとって、前文10項の条項は全体として行政法上の参照規範を表しているもののそれにとどまり、依然として憲法上の直接の参照規範ではなかったと評価されるのである[157]。

それゆえに、コンセイユ・デタは、この時期、つぎでふれる二国間協定が適用される場合を除いて、正常な家族生活を営む外国人の権利は、表現に微妙なニュアンスはあるものの、国内法を根拠とする「法の一般原理」としていたといえる。

しかし、「法の一般原理」は、法律よりも下位の規範的効力しかもたないため、立法者によるこの権利の規制に対しては保護が弱まることになる。

こうしたいわば中間的段階を越えてさらに一歩踏み込むのが、本節3(1)①でふれる1990年3月7日の判決である。

---

155) CE 6 juin 1986, *Fédération des fonctionnaires, agents et ouvriers de la fonction publique et autres, Rec.*, p.158 ; *DS*, 1986, p.725, conclusion J. MASSOT.

156) 同11項は、「国は、すべての人、とりわけ子、母および老齢の労働者に対して、健康の保護、物質的安全、休息および余暇を保障する」と規定している。

157) P. TERNEYRE, *op. cit.*, p.322.

2 国際的保障の展開期――二国間協定による保障から多国間協定に よる保障へ

本節 1(2)でふれた 1976 年のデクレは、フランスの締結した国際条約の留保 のもとに適用されるものであったがゆえに、マグレブ諸国との間の二国間条約 や欧州共同体条約のような多国間条約の対象となる外国人には適用されなかっ た。その結果、このデクレが創設した普通法制度は、フランスにいる外国人の 約 4％の者にしか適用されず、残り 96％の者は条約制度の対象であったとされ る[158]。ただし、実際には、いずれの制度が適用されるかについては、明確な 準則があるわけではなかった。

国際的保障については、とりわけ国内裁判所による協定等の国内的適用が重 要な要素となることから、ここでは、二国間協定による保障から、多国間協定 による保障へとその範囲が拡大していく過程を、国内裁判所（コンセイユ・デタ）、 CJUE そして CEDH の判例展開のなかで検討していく。

(1) 二国間協定による保障

これに関しては、フランスに居住するアルジェリア人の状況が象徴的な事例 を提供している。彼らの法的地位は、1985 年 12 月 22 日の付属議定書によって 補完された 1968 年 12 月 27 日のフランス・アルジェリア二国間協定[159] によっ て規定されている。法的にみた場合、この協定と 1974 年に批准された欧州人 権条約、そして 1945 年のオルドナンスとの関係が問題となってきた。すなわ ち、欧州人権条約との関係では、国際条約相互間での規範的効力の問題が、ま た、1945 年のオルドナンスとの関係では、国際条約と法律とのそれが問題と なってきたのである。

まず前者について、コンセイユ・デタは、アルジェリア人居住者の事例は、 この二国間協定によって解決されるがゆえに、欧州人権条約 8 条の適用はない ものと考えた[160]。そこでは、「後法は、前法を廃する」／「特別法は一般法に 優先する」の準則が妥当するものとされたわけである。こうした判例の立場は、 アルジェリア人居住者に対して、在留資格の付与等を拒否する理由を提供し、

---

158) P. DONDOUX, *op. cit.*, p.63.

159) Accord franco-algérien du 27 décembre 1968 relatif à la circulation, à l'emploi et au séjour des ressortissants algériens et de leurs familles, *JO* du 22 mars 1969.

160) H. LABAYLE, « Le droit de l'étranger à mener une vie familiale normale », *op. cit.*, p.524.

348　第Ⅱ章　家族呼寄せ権

家族生活を営む権利に対して、異常かつ正当化されない差別をもたらしたと評されるのである[161]。

つぎに後者に関して、行政当局は、法律に優位する条約の規範的効力により、1945年のオルドナンスを彼らには適用しなかった。

本節1(3)で検討したように、正常な家族生活を営む外国人の権利は、「法の一般原理」にすぎず、憲法的価値を有するものでもなければ、法律に優位するものでもない。こうしたなかで、状況に応じて多様で、しかも欧州人権条約よりも厳格でさえある多くの二国間協定が存在することは、たとえ、コンセイユ・デタが行政立法や行政処分の条約適合性をコントロールすることができるとしても、保護の効果を減じさせてしまう結果をもたらす。しかも、法律は一般意思（主権）の表明であるとのルソー的観念の強いなかで、コンセイユ・デタが法律よりも国際条約を優先させることには、依然としてジレンマが残り、そのコントロールをデリケートなものとする[162]。

コンセイユ・デタは、その後、1992年5月22日の*Larachi*判決[163]および*Zine El Khalma*判決[164]で、正常な家族生活を営む権利を援用して、前者の問題に関する従来の判例を位置付けし直した。つまり、フランス・アルジェリア協定と欧州人権条約とは対立する二つの法文を構成するのではなく、相補的な一つの法文として理解することが可能であるとの観点から、判例変更を行ったのである[165]。

こうして二国間協定に関する問題は整理されたものの、正常な家族生活を営む権利の憲法的価値の承認の問題は残されたままであった。

---

161)　*Id.*

162)　*Id.*, pp.523–524.

163)　CE 22 mai 1992, *Larachi*, req. n° 99475, p.203; *RDP*, 1992, p.1793. これは、フランス国籍を有する未成年の子の母であるアルジェリア国籍のLarachi夫人に10年有効の正規在留証（certificat de résidence）を交付しなかった行政機関の決定が、欧州人権条約8条に違背するかどうかが争われたものである。コンセイユ・デタは、同夫人がその息子を引き連れて行くことにはいかなる障害もないことから、同条の規定する家族生活の尊重の権利を侵害するものではないとして、その請求を認めなかったものの、同条の援用自体は肯定した。

164)　CE 22 mai 1992, *Zine El Khalma*, req n° 106985, conclusion R.ABRAHAM, *RDP*. 1992, p.1794. このケースでは、両親も居住し、また、フランス国籍を有する娘とともに生活しているフランスにおいて、APSを得て5年以上にわたり居住しているアルジェリア国籍の女性への正規在留証の交付を拒否したことが、欧州人権条約8条に違背するものとされた。

第3節　権利保障の展開　349

⑵　多国間協定による保障

ここでは地域的適用範囲から、CE レベルで CJCE（後の CJUE）の（①）、欧州（欧州審議会加盟諸国）レベルで CEDH の判例の展開について（②）、検討を加えていく。

①共同体レベル── CJCE（CJUE）の判例展開

(A)　1989 年 5 月 18 日の *Commission c/ RFA* 判決[166]

当初、CJCE は、直接、家族呼寄せ権について関心を示さず、とりわけ、雇用の領域における諸権利の平等について判例を展開していた[167]。CJCE が家族呼寄せ権に中心的な関心を示したのが本判決である。

CJCE は、この判決で、他の共同体加盟国出身労働者の家族の在留資格の更新にあたって、家族呼寄せ時のみならず、在留の全期間にわたって適切とみなされる住居条件を充足しなければならないと定めていたドイツ国内法は、前述の共同体規則 n° 1612/68 第 10 条 3 項に違背するものであるとの委員会の申立てを受けて下されたものである。CJCE は、本規則の求める要件は、呼寄せ時においてのみ妥当していればよく、それ以後の労働者の状況は、国民労働者と同一の条件のもとで判断されなければならないと判決した。このなかで、同規則は、移民労働者に対する人道的観点から、自らの家族を呼び寄せることの重要性と、労働者とその家族を国民との関係ですべての点で不平等に取り扱わず、受入国に統合させることに配慮している同規則のシステムと目的に従って解釈されねばならないと指摘する（判決理由 11）にとどまらず、「欧州人権条約 8 条によって言及されている家族生活の尊重の要求に照らして、解釈されなければならない。この尊重は、……本裁判所の変わらざる判例に従い、共同体法によって承認されている基本的諸権利の一部を構成する」と述べた（判決理由 10）。

---

165)　もう一つの立論の仕方として、1958 年憲法 55 条にいう「相互主義」の要件に依拠する古典的な条約とは異なるものとして、欧州人権条約を位置付け、客観的な義務を創設するものとする行き方もあった。H. LABAYLE, « Le droit de l'étranger à mener une vie familiale normale », *op. cit.*, pp.524-525. この立場を採用すれば、特別法・後法の優越性の準則は克服できよう。なお、こうした立論は、1989 年 7 月 7 日の *Soering* 判決（CEDH 7 juillet 1989, série A n° 161）によって、欧州人権条約が古典的な国際条約に優位するものであることを示した議論に依拠するものである。

166)　CJCE, 18 mai 1989, *Commission c/ RFA*, A 249 / 86, *Rec.*, 1989, p.1263.

167)　H. LABAYLE, « Le droit de l'étranger à mener une vie familiale normale », *op. cit.*, p.519.

350　第Ⅱ章　家族呼寄せ権

　こうした立場は、人権条約8条2項に基づき、公権力の介入を是認し、家族呼寄せの権利を限定的に捉えるCEDHのアプローチよりも一応は肯定的なものと評価される。この観点からすれば、CJCEのアプローチは、CEDHのそれと対照的なようにみえるが、当時のCJCEは、「家族」概念を限定的に捉えていたこと——傍系家族の排除と規則 n° 1612/68 の10条1項の意味する「配偶者」の法律婚配偶者への限定——からして、保護の効果は減じられていたといえる点にも留意しておかなければならない[168] [169]。

　1989年判決の注目すべき点は、前述の判決理由10から窺えるように、共同体法上の「家族呼寄せ権」を、「すべての者」に適用される（人権条約1条）欧州人権条約8条の影響下に位置付けしているように読み取れることであろう[170]。

　ただし、共同体法はあくまでも、共同体加盟諸国出身労働者の移動の自由を前提とし、諸権利の保障はこれと結び付けられる場合を想定していたことから、結局のところ、CJCEにとって、人権条約8条の対象となりうるのは、共同体加盟国出身者に限定されていたと思われる。

　なお、共同体加盟諸国の国籍をもつ家族構成員に関しては、つぎでふれるように、マーストリヒト条約が創設したUE市民権の内容を成す自らの固有の権利行使として、圏域内を自由に移動し、居住することができるようになった。

　それに対して、共同体に加盟していない国（第三国）の出身者である家族メンバーに関しては、その諸権利は、自らの固有の権利ではなく、あくまでも派生的権利にとどまる[171]。つまり、この家族メンバーの権利は、配偶者を主と

---

168)　当時、CJCE は、婚姻していないパートナーは、たとえ労働者と安定的関係（本件の場合5年の内縁関係）にあるとしても、共同体規則 1612/68 の10条 §1 の意味する配偶者と同視しないとの限定的立場をとっていた。CJCE, 17 avril 1986, *État Néerlandais c/ Reed*, A 59/85, *Rec.*, *1986*, p.1283.

169)　CE 法は、内縁者の在留権を明確には承認していないものの、CJCE は、ある加盟国が、第三国出身者である内縁者を入国させる権利を国民に承認するならば、移動の自由を保護する観点から、国籍を理由とするあらゆる差別的取扱いを禁ずる同規則7条からして、他の条約加盟国出身労働者に対しても、同じ権利を認めなければならないものとした。*Id.*

170)　CJCE は、人権条約8条の援用を、共同体の公職に就いている職員の私生活に関わる医療上の秘密の保持に関する訴訟と家族呼寄せ訴訟の二つの領域に限定しようとしているものと指摘される。« Chronique de jurisprudence européenne comparée », sous la dir. de Laurence BURGOGUE-LARSEN, *RDP*, n° 4–2000, p.1142.

第3節　権利保障の展開　351

する共同体加盟諸国出身労働者の存在と、この労働者による「移動の権利」の
行使を前提とする共同体法の性質と構造に条件付けられるのである[172]。

　それゆえに、非共同体加盟諸国出身者である家族メンバーは、前者の条件か
らして、自らの権利を個別的に主張して、加盟諸国内に入国・在留することが
できないだけでなく、後者の条件からして、つぎのような制限にも服する。す
なわち、共同体加盟諸国出身労働者が、出身国に留まり共同体内での「移動の
権利」を行使しない場合や[173]、自らの出身国に対しては、共同体法による保
護を主張することができないということである[174]。

　結局のところ、共同体法は、保障の範囲がこのように限定的であったことも
あり、影響力も弱く、国内法に対する「導火線の働きを演じなかった」とも評
されている[175]。

---

171)　CJCE, 13 février 1982, *Diatt c/ Land Berlin*, A 267/83, *Rec.*, 1982, p.578. これは、セネガル
国籍のDiatta夫人が、ベルリンでフランス国籍の夫と婚姻し、職を得ていたが、その後離婚
の意思をもって夫と別居し、在留延長を求めたところ、拒否されたケースである。同夫人は、
1968年の規則11条を根拠として、自らの固有の在留権を主張したが、CJCEは、同条は、10
条とは独立した在留権を主張しうる法的根拠を設定するものではないとして11条に基づく在
留権の自律性を認めず、同夫人の訴えを退けた。

172)　H. LABAYLE, « Le droit de l'étranger à mener une vie familiale normale », *op. cit.*, p.519.

173)　CJCE, 27 octobre 1982, *Morson et Janthan c/ Pays-Bas*, A 35 et 36/82, *Rec.*, *1982*, p.3723;
CJCE, 18 octobre 1990, *Dzodzi c/ Belgique*, A 297/88, *Rec.*, *1990*, p.3780; note Pierre RODIÈRE,
RTDE, 1991, p.565. 前者のケースは、オランダ国籍の子をもつスリナム国籍の両夫人が、それ
ぞれの子たちからの扶養を受けるべく、1968年の規則10条を根拠として提出した在留許可申
請をオランダ政府が拒否し、国外追放措置に処したことに対して、CJCEは、同条は、ある加
盟国出身労働者が、他の加盟国で雇用されているときは、その労働者と特別な関係にある者
（被扶養者等）は、国籍に関わりなく、雇用されている国へ入国・在留できることを保障して
いるものの、出身国（本件ではオランダ）で雇用されている者（本件では両夫人の子）と特別
な関係にある者を対象としておらず、結局、移動の権利を一度も行使したことのない労働者に
は適用されず、加盟国が第三国の国籍を有する家族構成員の入国・在留を拒否することを禁止
していないと判決した。後者のケースでCJCEは、1968年の規則10条は、共同体のある加盟
国出身の労働者が、他の加盟国内で労働している場合、労働している国での居住権を配偶者に
保障するものであるがゆえに、ベルギー国内で居住・労働し、ベルギー国籍の夫と婚姻して同
国にとどまるトーゴー国籍の妻が、配偶者の資格で同国にとどまることができるかは、国内法
上の問題であるとした。

174)　ただし、共同体の一国で労働するために移動の権利を行使した後で、自国に帰還した者が、
共同体加盟国の国籍を有しない配偶者を呼び寄せることは可能となる。CJCE, 7 juillet 1992,
The Queen c/ Singh, A 370/90, *Rec.*, 1992, p.4265. このケースでは、イギリス国籍の妻と婚姻
したインド国籍のSingh氏が、夫婦一緒にドイツで働いた後、妻とともに妻の出身国であるイ
ギリスに戻った場合には、妻が圏域内移動の権利を行使しドイツで労働した以上、夫の国籍に
関係なく、イギリスで在留する権利のあることが認められた。

352 第Ⅱ章 家族呼寄せ権

(B) 2006年6月27日の *Parlement c/ Conseil* 判決

2003年の「家族呼寄せ」指令は、全会一致による採択を要したためほとんど満足いく結果が得られなかったこと、多くの適用除外措置により、指令の明晰さと読みやすさが損なわれ、一種の「目くらまし」的協調となってしまったことが、フランス国民議会の報告書で指摘されている[176]。別ないい方をすれば、自由・安全・正義の圏域の規範的赤字（déficiences normatives）を象徴し、25か所もの適用除外規定が存在することから、法文には、両義性と矛盾の標柱が立っている[177]とまで評されている。その不整合性に異議をとどめるために、理事会を相手方として、欧州議会によって提訴されたのが本件である。

同議会が取消しを求めた条項は、同指令の4条1節最終項[178]、同条6節[179]、および8条[180]である。

本件の主要な争点は、取消し訴訟の受理可能性に関するもの[181]と、適用除外条項のなかに規定された国内法の効力に関する現状維持条項（clause de standstill）の存在[182]であったが、この争点の背後には、「家族呼寄せ権」の可否の問題があったといえる。すなわち、欧州委員会とドイツ政府[183]によって

---

175) H. LABAYLE, « Le droit de l'étranger à mener une vie familiale normale », *op. cit.*, p.513.

176) *AN, Rapport*, n° 1238, 19 novembre 2003, pp.20–21.

177) H. LABAYLE, « Le droit des étrangers au regroupement familial, regards croisés du droit interne et du droit européen », *op. cit.*, p.108.

178) 他の家族構成員とは別個に入国する12歳以上の子が呼寄せの対象であるときには、その入国・在留を認める前に、加盟各国は、本指令の適用日以前に存在する自国の立法による統合基準を充足しているかどうかを審査することができるとする適用除外規定である。

179) 加盟各国は、本指令の適用日以前に有効な国内立法に従って、未成年の子の呼寄せ申請が、15歳以前になされることを求めることができるとの適用除外規定である。

180) 加盟各国は、申請者が、家族の呼寄せ以前に、加盟各国の領土に2年を上限に合法的に在留したことを要求することができるとの規定に対する適用除外として、本指令の採択日に加盟各国において存在する立法が、受入能力について配慮しているときに、呼寄せ申請の提起と家族構成員の在留資格の交付との間に最大で3年の待機期間を設定できるとする規定である。

181) この点に関してCJCEは、当該条項が加盟各国に対して一定の評価の幅を認め、同指令の定める準則に対する国内法による適用除外を定めることができるという事実は、本件で争われている諸条項を、CE条約230条（CJCEによる理事会および委員会の議決の合法性審査に関する規定）が規定する同裁判所の適法性コントロールから免れさせる効果をもちえず（point 22）、また、共同体の行為（acte communautaire）の条項は、明示的または黙示的に、それが加盟各国に基本的諸権利を尊重しない国内法の可決や維持を課しまたは承認しているとしても、それ自体で、基本的諸権利を尊重しないものでありうる（point 23）がゆえに、取消訴訟が機関の行為に事実上向けられたものではないという事実から引き出される受理不可能性の抗弁は退けられるべきであると結論付けている（point 24）。

第3節　権利保障の展開　353

支持された理事会は、家族生活は、例えば出身国においても可能であるとの
CEDH の判例を根拠に、人権条約 8 条の「家族生活の尊重の権利」は、「家族
呼寄せ権」とは等価なものではなく（point 46）、また、移民政策の枠組みにお
ける家族呼寄せの拒否は、同 8 条 2 項に列記される諸目的の一つによって正当
化されている、と主張した（point 47）のに対して、議会側が反対の立場に立っ
ていた。

　これに関して、CJCE は、同指令が「家族構成員に対して、加盟各国の領土
に入国する主観的権利を創設するものではない」（point 59）ことを確認しつつ
も、同指令 4 条 1 項は加盟各国に対して、同指令によって確定された仮説のな
かで、各国が評価の幅を行使しうることなく、呼寄せ人の一定の家族構成員の
呼寄せを認めることを課しているがゆえに、「同項は、明確な積極的義務を加
盟各国に課しており、これらの義務は、明確に定義された主観的権利と一致し
ている」（point 60）と述べたのであった。

　国家の明確な積極的義務の裏返しとしての個人の明確な主観的権利を設定し
ている CJCE のこのような解釈は、家族呼寄せ権を主観的権利として認めず、
主権的権限の行使の枠内に位置付けている後述の CEDH の判例とは異なるも
のである。

　結果として、CJCE は欧州議会の訴えを退けたのであるが、この判決を介し
て、人権条約とともに UE 基本権憲章に照らして本指令を解釈することを決定
し（point 38）[184]、共同体圏域内における基本的諸権利の保護のなかで補完的な
一歩を形成したと評されている[185]。

---

182)　これに関して CJCE は、状況に応じた統合基準の考慮を加盟各国に認めることによって、共
　同体立法者は家族生活の尊重の権利にいかなる侵害ももたらしてはいないがゆえに、加盟各国
　はこの承認に対して自由に制限を定めることができるのであり、こうした国内立法が本指令の
　適用日に存在しなければならないか、採択日に存在しなければならないかということは重要で
　はないと判断した（point 72 および 89）。

183)　両者は、理事会側を支持する訴訟参加者（intervenants）として加わっていた。

184)　リスボン条約の発効（2009 年 12 月 1 日）によって、UE 基本権憲章は、基本条約と同一の
　法的価値を有し、同憲章上の権利、自由および原則は、「その解釈およびその適用を規律する
　憲章第 7 編の規定に従い、憲章にいう説明であってこれらの規定の淵源を述べたものに適正な
　考慮を払って解釈されなければならない」（6 条 1 項）のである。

185)　H. LABAYLE, « Le droit des étrangers au regroupement familial, regards croisés du droit
　interne et du droit européen », *op. cit.*, p.110.

354　第Ⅱ章　家族呼寄せ権

(C)　2010年3月4日の *Chakroun c/ Minister van Buitenlandse Zaken* 判決[186]

　このケースでは、1970年以降期間の定めのない通常在留許可証（permis de séjour ordinaire pour une durée indéterminée）を得てオランダで居住しているモロッコ国籍の Chakroun 氏（2005年以降は失業保険を受給していた）に、1972年に婚姻した配偶者の Chakroun 夫人が合流しようと在ラバトのオランダ大使館に一時在留許可証（permis de séjour provisoire）を申請したところ、Chakroun 氏の収入が受入要件にみたないとの理由で拒否され、その後の大臣への異議申立てにおいても、また、ハーグ地方裁判所（Recchtbank's-Gravenhage）においても、同夫人の訴願は根拠なし（non fondé）と宣告された。それは、2003年の「家族呼寄せ」指令の国内法への編入に当たって制定されたオランダ国内法が、婚姻の成立が入国の前であるならば「家族呼寄せ」として、後であるならば「家族形成（formation de famille）」として、異なる制度を創設し、後者の場合には、より高い収入要件を課していたからであった。Chakroun 氏の当時の収入は、国内法の「家族呼寄せ」制度の収入要件はみたしていたが、「家族形成」制度のそれ（「家族呼寄せ」制度の収入要件の120％が設定されていた）よりは低かったのである。

　それに対して、同夫人は、コンセイユ・デタ（Raad van State）に上訴して、こうした過重な収入要件を課すこと、および「家族呼寄せ」指令が規定していない婚姻時期が入国時期の前後で異なる二つの制度を設けることは同指令に違背していると主張したのであった。

　同裁判所は、UE指令の解釈が問題となっていることから、訴訟を中断し、CJUE に先行判決を求めた。

　これを受けた CJUE は、先の *Parlement c/Conseil* 判決を先例として援用（point 41 による前述 point 60 の援用）したうえで、「家族呼寄せの承認は、一般的準則であり、指令7条1節 c）[187] で規定される権能は、厳格に解釈されねばな

---

186)　CJUE, 4 mars 2010, *Chakroun c/ Minister van Buitenlandse Zaken*, C-578/08, *JO* C 113 du 1 mai 2010, p.13.

187)　同条 c）は、「関係する加盟各国の社会的扶助システムに依存することなく、自らおよびその家族構成員の必要を維持するため、安定的、定期的かつ十分な収入」について、各国は、その収入の性質と定期性との関係からこの額を算定し、また、家族の報酬、国の最低年金額、構成員の数のレベルを考慮することができるとの規定を置いている。

らない。それゆえに、加盟各国に認められる行動の幅（marge de manœuvre）は、家族呼寄せを促進するという同指令の目的と有効な効果とに侵害をもたらすようなやり方で行使されてはならない」（point 43）との方向性を示した。そのうえで、指令指令7条1節 c)が定める「自分自身およびその家族構成員を養うのに」「安定的、定期的かつ十分な収入」があることを証明した呼寄せ人に呼寄せを拒否するような国内規制の採用を可能とするものではないと解釈されねばならず（points 43, 51, disp.1）、また、指令7条1節 c)が定める収入要件に対しては、家族関係が呼寄せ人の入国の前であるか後であるかに応じて区別を設ける国内規制とは相反する方向で解釈されなければならない（points 64, 66, disp.2）と結論付けたのである。

　この判決でも、指令の解釈にあたっては、「より個別的には」欧州人権条約と UE 基本権憲章によって認められた家族生活の尊重の権利に照らして解釈されねばならないと述べ、とくに同憲章によって定められた権利、自由および原則の承認を規定する UE 条約6条1節1項に言及している（point 44）。

　この判決は、2006年の *Parlement c/Conseil* 判決を踏襲するものであるが、国内法に対する指令の規律性を強める点で、2006年判決を一歩進めるものであるといえる。

　② 欧州（欧州審議会加盟国）レベル──CEDH の判例展開

　家族呼寄せ権は、UE の諸指令によってだけでなく、欧州人権条約が保障する家族生活の尊重の権利を介しても保障される。

　CEDH は、つぎの二つの重要な判決によって、同条約8条によって保障された家族生活の尊重の権利と、同条2項によって正当化される家族生活への公権力の介入に関する基本的視点を示した。もちろんながら、家族呼寄せ権は、家族生活の尊重の権利ないしは正常な家族生活の権利そのものではないが、CEDH は、前者を間接的に介して、後者の保護に直接取り組んだと評される[188]。

　(A) 1985年5月28日の *Abdulaziz, Cabales et Balkandali* 判決[189]

　その嚆矢となったのが、本判決である。これは、イギリスに正規に居住して

---

188) H. LABAYLE, « Le droit des étrangers au regroupement familial, regards croisés du droit interne et du droit européen », *op. cit.*, p.104.

189) CEDH, 28 mai 1985, *Abdulaziz, Cabales et Balkandali*, série A n° 94.

356 第Ⅱ章 家族呼寄せ権

いる外国籍の妻たちが、同じく外国籍を有する夫たちをイギリス領土に入国させることが問題となったものである[190]。

　同裁判所は、8条は本質として、公権力の恣意的介入から個人を守ることを目的としており、家族生活の実効的な尊重に根ざした積極的義務を生み出すものであること、ただし、婚姻した夫婦による共同住居の選択を尊重し、国民ではない者の自国での定住を受け入れる加盟諸国の義務をともなうものと解釈されてはならないこともあわせて述べている。くわえて、同裁判所自身も、十分に確立された国際法の原則によって、各国が移民ないしは国民以外の者の入国をコントロールする権能を有しているとの認識を明らかにした。

　(B) 1988年6月21日の*Berrehab*判決[191]

　ここでは、オランダ人女性と離婚し、親権が母親に委ねられているオランダ国籍を有する子の父親であるモロッコ国籍の男性の国外追放措置が争われた。同裁判所は、同条2項の経済的安定の擁護（人口密度と雇用市場の規制）を根拠とするオランダ政府の移民政策に理解を示しつつも、政府による家族生活への介入は、「差し迫った社会的必要性、とりわけ追求される正当な目的と均衡する」ものでなければならないと指摘した。そのうえで、本件国外追放措置は、すでに数年間にわたって父と娘との間に存在する非常に緊密な関係を断絶させ、正当な目的との均衡を欠き、8条に違背するものと結論付けた。このケースでは、8条を根拠として、自分の幼い娘を訪問する父親の権利（訪問権〔droit de visite〕）の恒常的行使と、国家の移民・雇用政策との均衡性が争点となっていたのである。ここでは父親の訪問権を承認するにあたって、同じく原告となった幼い子の利益への配慮がきわめて重要な視点とされていることも注目される。

　CEDHは、8条を援用して引き出される家族呼寄せの権利は、同2項が主権行使の発現ともいえる公の秩序の古典的な理由である「国の経済的福利」[192]

---

190)　本件では、Abdulaziz夫人が無国籍、Cabales夫人がフィリピン国籍（その後イギリスに帰化）、Balkandali夫人がエジプト国籍（その後イギリス国籍の夫との婚姻により「在住権者 (patrial)」となった後に離婚）、それぞれの夫は、婚姻時、期限付き訪問資格をもつポルトガル国籍保持者、イギリスに居住していないフィリピン国籍保持者、違法状態にあるトルコ国籍保持者であった。

191)　CEDH, 21 juin 1988, *Berrehab c/ Pays-Bas*, série A n° 138.

192)　H. LABAYLE, « Le droit des étrangers au regroupement familial, regards croisés du droit interne et du droit européen », *op. cit.*, p.104.

第3節　権利保障の展開　357

を理由とする正常な家族生活を営む権利への干渉を認め、国家の移民政策に直接関わることから[193]、慎重な態度を取っているものといえる。

③　小括

これまでの検討を通して、家族呼寄せに関して、2003年の「家族呼寄せ」指令と欧州人権条約8条、そしてそれぞれの法文を解釈するCJUEとCEDHとの立場の違いが明確にされたように思われる。すなわち、前者は、家族呼寄せを国家の積極的義務＝個人の主観的権利と位置付け、加盟諸国間での裁量を認めず、最初の入国の個人的権利と居所の選択権を認めるのに対して、後者は、それを各国の主権の領域に属するものとし、国家の広い評価の幅を承認し、最初の入国に関しても受入国と個人との間の利益を考慮することから積極的義務と認めるものはまれで、居所についても受入国以外での共同生活の可能性を斟酌している。つまり、2003年の指令とそれを解釈するCJUEが認める権利と保護の領域は、人権条約8条とそれを解釈するCEDHによる保護よりも広いものであるということができる。H・ラベルは、CEDHが、CJUEとは違って、主観的権利としての家族呼寄せ権を認めない理由として、国家の移民政策に直接関わる「国の経済的福利」を理由に家族生活への干渉を認める人権条約8条2項の存在という法文上のものと、共同体秩序という統合された法秩序が存在しないという技術的なものの二つを指摘している[194]。

家族呼寄せ権については、UE基本憲章7条も関わってくる。先にふれたように、同条は、人権条約8条1項によって保障された権利に対応する権利を含んでいることから、同条約8条1項に付与されるものと同一の意義と射程を有する（憲章52条3項）。しかし、憲章の諸条項は、UE加盟各国が欧州法を適用する場合にしか援用されず（同51条1項）、また、憲章は、UEの権限を越えてUE法の適用を拡張したり、新たな権限を創設するものではないがゆえに（同2項）、憲章7条の適用については、申請者の置かれた状況が欧州法の適用の対象になるかがまずは検討されなければならない。対象となる場合には、同7条が適用されるが、もしその対象とならない場合には、人権条約8条1項に照ら

---

193)　例えば、CEDH, 28 mai 1985, *Abdulaziz, op.cit.*, §67.では、8条からの家族呼寄せ権の援用は、「単に家族生活のみならず、移民にも関わりをもつ」ことが意識されている（§67）。

194)　H. LABAYLE, « Le droit des étrangers au regroupement familial, regards croisés du droit interne et du droit européen », *op. cit.*, p.104.

358　第Ⅱ章　家族呼寄せ権

して、国内裁判所が、家族的生活の保護の権利の侵害に該当するかどうかを判断することになる[195]。

3 国内的保障の再展開期——諸条約の国内適用と憲法上の権利としての承認

これまでコンセイユ・デタは、たとえ1946年憲法前文を参照する場合であっても、正常な家族生活を営む外国人の権利を、法の一般原理としてしか承認してこなかったことはすでに検討したとおりである。

しかし、国内法的にみて、法の一般原理にとどまることは、立法者によるこの権利の侵害に対しては保護が弱まることを意味する。

こうした危険性を克服する手段としては、通常、二つの行き方が考えられうる。一つは、コンセイユ・デタが、行政行為の妥当性を判断するにあたって、適法性の審査に優先させて、法律に優位する規範的効力をもつ条約への適合性、すなわち合条約性のコントロールを行うことである。他の一つは、憲法院が、正常な家族生活の尊重の権利を侵害するような法律に対する合憲性のコントロールを行うことである。

(1) 行政判例の展開——諸条約の国内適用

本章本節 1 (3)②でみたように、コンセイユ・デタは、1980年の *Touami* 判決で、人権条約 8 条の国内的適用を退けていた。コンセイユ・デタのこうした抵抗は、1980年代の CEDH の判例の展開を前に、しだいにその通用力を失っていき[196]、つぎの②で取り上げる1991年の *Beldjoudi* 判決[197] によって、コンセイユ・デタは、判例変更を行うのである。

① 1990年3月7日の *Union nationale des associations familiales* 判決[198]
——1946 年憲法前文10 項の援用

社会保障給付の効果が生ずる期日を、当月から翌月の初日に繰り越す措置が、憲法34条の法律事項か、それとも37条の命令事項かが中心として争われた本

---

195)　CJUE, 15 novembre 2011, *Dereci c/ Verwaltungsgerichtshof (Autriche)*, C-256/11, *Rec.*, 2011-11315. Point 72.

196)　H. LABAYLE, « Le droit de l'étranger à mener une vie familiale normale », *op. cit.*, p.523.

197)　CE, 18 janvier 1991, *Beldjoudi*, req. n° 99201.

198)　CE, *Union nationale des associations familiales*, req. n° 47651.

件において[199]、コンセイユ・デタは、攻撃されている規定は、「国は、個人および家族に対してその発展に必要な諸条件を確保する」と規定する1946年憲法前文10項中に表明された原理に違背するものではないと述べ、先にふれた1978年の *GISTI* 判決や、1986年の *Fédération des fonctionnaires, agents et ouvriers de la fonction publique et autres* 判決で使用されていた法の一般原理という表現をもはや用いることなく、直接同10項にふれ、「1946年憲法前文のなかで表明された原理（principe exprimé dans le préambule de la Constitution de 1946）」と表現している。法の一般原理に対するコンセイユ・デタの愛着はすでにみたところであるが、本判決ではそれに言及していないこともあって、こうした判決の動機付けのなかに、コンセイユ・デタによる憲法院判決の権威の承認と行政法の法源の憲法化をみてとる見解もある[200]。

② 1991年1月18日の *Beldjoudi* 判決——欧州人権条約8条の国内適用

コンセイユ・デタは、1980年の *Touami* 判決以降、国外追放措置に対する人権条約8条の国内適用を退けてきたが、それを変更したのがこの判決である。

本件では、フランスで生まれ、教育を受け、フランス国籍の女性と婚姻し、フランスに居住し続けていたアルジェリア国籍のBeldjoudi氏の8年の懲役刑を含む犯罪行為と行動全体の公の秩序への脅威を理由とする国外追放措置の妥当性が争われた。

コンセイユ・デタは、同措置は、家族生活を危険に陥れるものではあるが、同氏の犯罪行為の重大性を鑑みれば、公の秩序維持のための追放措置は、人権条約8条に違背するものではないとして、その訴えを認めなかった。しかし、CEDHによる1988年の *Berrahab* 判決（本章本節2(2)②(B)参照）および1991年の *Moustaquim* 判決[201]にならう形で、外国人の国外追放に対抗するために、人権条約8条を援用しうるとした。つまり、同条約8条に照らして国外追放措置をコントロールすることを認めたのである。このことは、コンセイユ・デタにとって、追放措置に関わる領域において、法の一般原理に道を譲らせ、人権条

---

199) 1958年憲法は、34条4項で、「社会保障」に関する基本原則は、法律で定めることを規定するとともに、37条で、34条の対象となる事項以外のものは命令の対象となるべきことを定めている。本件において、コンセイユ・デタは、繰り越し措置を定める規定は、社会保障の組織様式の対象となる措置であって、命令によって定められると判決した。

200) P. Terneyre, *op. cit.*, p.327.

360 第Ⅱ章 家族呼寄せ権

約8条の適用へと展開することを意味していた。

なお、Beldjoudi 氏は、*Touami* 判決によって、フランス国内における最高行政裁判所であるコンセイユ・デタの否定的判例が確定していたために、事前に国内的救済手段を全うすることなく[202]、コンセイユ・デタ判決に先立って、人権条約8条を援用して、個人申立てを欧州人権委員会に直接付託したが、同委員会は、1989年7月11日の決定によって、彼の請求の受理を宣言していた[203]。そして、これに関する CEDH の判決[204] が下される約半年前に、コンセイユ・デタの本判決が下されたわけである。

この判決を契機として、コンセイユ・デタは、8条の適用を、国外追放に限定せず、国外退去、ビザの交付、在留資格の付与そして追放のアレテの適用除外の領域へと拡張し、豊かな判例を形成していくことになる。

この判決以降、正常な家族生活を営む外国人の権利を、国内法の法源だけに依拠せしめることは不可能となり、人権条約8条および CEDH の判決を視野に入れた判決構成が必要となってくる。そこには、本章第4節2で検討するように、コントロール様式に関するものも含まれる。

この判決は、分会（sous-sections）で下されたものであるが、3か月後の大法

201) CEDH, *Moustaquim, op. cit.* この事件は、1歳のときにベルギーに呼び寄せられたモロッコ国籍の Moustaquim 氏が、147個の犯罪行為によって、その存在が公の秩序に対する重大な脅威になることを理由に、国外追放されたものである。CEDH は、1985年の *Abdulaziz* 判決および1988年の *Berrehab* 判決に沿って、外国人の入国・在留・送還に関する国家のコントロール権に配慮しつつも、同氏が追放によって家族から引き離されること、20年をベルギーで過ごしその間バカンスで二回しかモロッコに帰っていないこと、フランス語の義務教育を終えていること等の事情を考慮して、追放措置は、8条の家族生活の尊重の権利に対する不均衡な侵害を構成するものと判決した。判決は、家族生活の尊重の権利侵害を理由にあげているが、厳密には、最初のものを除いて、むしろ私生活の尊重に関わるものといえる。

202) 「国内的な救済手段を尽くした後での申立ての受理」の準則は、人権条約26条に規定されていた。同条は、「同委員会は、国内におけるすべての救済手段手段を尽くした後でしか付託されない」と明確に述べ、国内における最終的決定の日から6か月以内の付託期間を設けていた。裁判機関が CEDH に一本化された後も、「同委員会」を「同裁判所」に変え、35条1項として規定されている。

203) Comm. EDH 11 juillet 1989, req. n° 12083/86. 通常、欧州人権委員会（現在では CEDH）への付託は、国内の救済手段をすべて尽くした後でしか受理されないが、フランスのコンセイユ・デタは、1980年の *Touami* 判決で、人権条約8条の適用を否定していたため、同条約26条（当時）の定める「効果的かつ十分な救済手段」を行使できないものと判断され、本件申立ての受理が認められたものであった。

204) CEDH 26 mai 1992, *Beldjoudi c/ France*, série A n° 234. この判決は、この件に関するコンセイユ・デタ論告担当官 R. ABRAHAM の論告を完全に再製（コピー）するものであった。

廷判決である *Belgacem* 判決[205] で確認されることになる。

③　1995 年 3 月 10 日の *Demirpence* 判決[206] ──国際人権規約 B 規約 17 条の国内適用

　この事案では、フランスでの在留許可証を保持するトルコ国籍をもつ配偶者の夫で、自身もトルコ国籍を有し、また、両者間に生まれた子の父親でもある Demirpence 氏に対する国外追放措置の国際条約適合性が争われた。結局のところ、コンセイユ・デタは、本件追放措置は、Demirpence 氏の家族生活の尊重の権利に対して均衡を欠く侵害をもたらすものではないとして、その請求を退けた。ここで同氏は、申請を支える法的根拠として、欧州人権条約、国際人権規約 B 規約そして子どもの権利条約の 3 条約を援用していた。

　国際条約の直接適用性に関するコンセイユ・デタの線引きの基準は、条項が、もっぱら国家対国家の関係を規律するものである場合や、個人の諸権利の保護を対象とする場合であっても、非常に一般的な形式で規律されている場合には、直接適用されないが、条項が、明確（précise）、完全（complète）かつ無条件に（inconditionnelle）、個人の諸権利を設定している場合には、直接適用されるというものである[207]。より具体的にみてみると、決定的ではないものの、規定の仕方が、「締約国は、……を保障することを約する」とか、「締約国は、……の権利を承認する」という様式で定められているかどうか、そして、個人的な決定権限（pouvoir de décision individuelle）の行使において、行政機関を直接対象としているかどうか、が示唆的であるとされている[208]。

　この基準からすると、欧州人権条約は、第 1 条で、「締約国は、……の権利および自由を保障する」規定しており、また、同条約 8 条についてみると、明確性・完全性・無条件性から個人の権利を設定していることは明らかであるから、直接適用されることになる。事実、同条約 8 条に関して、コンセイユ・デタは、先にみた *Beldjoudi* 判決以降、その直接適用性を承認しており、今回の事案に同条が適用されたのは驚くに値しない。

　また、国際人権規約 B 規約については、条文ごとにその直接適用性を判断

205）　CE, *Belgacem, op. cit.*
206）　CE,10 mars 1995, *Demirpence*, conclusion R.ABRAHAM, *RGDIP*, 1995, note D. ALLAND, p.1013.
207）　Conclusion R. ABRAHAM sur CE, 23 avril 1997, *GISTI*, req. n° 163043.
208）　Conclusion R. ABRAHAM sur CE, 22 septembre 1997, *Cinar, RFDA*, p.562.

362 第Ⅱ章　家族呼寄せ権

しており、本件でも、同規約 17 条の直接適用性を肯定したのであった。

なお、破毀院も同 B 規約については、コンセイユ・デタと同様に、条文ごとに直接適用性を判断し、1989 年 12 月 13 日の *Bull* 判決[209]で、同 B 規約 23 条を直接適用した[210]。

④　*Demirpence* 判決および 1997 年 9 月 22 日の *Cinar* 判決[211]──子どもの権利条約 16 条 1 項および 3 条の国内適用

(A)　*Demirpence* 判決

上の③で示した基準により、コンセイユ・デタは、子どもの権利条約についても、条文ごとにその直接適用性を判断しており[212]、先の *Demirpence* 判決のなかでは、同条約 16 条を直接適用した。国際人権規約 B 規約 17 条と子どもの権利条約 16 条 1 項とは、きわめて類似した条文であり、一方が直接適用されるならば、他方の適用も肯定されるというのが論理にかなうものであったろうと推測される。ただし、コンセイユ・デタは、両条項の直接適用性は肯定しているものの、後者の条文のみを適用している。子どもの権利条約の直接適用性を承認しない破毀院ならば（後述）、両者の適用を同時に否定する形で判決の

---

209)　Cass., civ. 13 décembre 1989, *Bull*, 1989, n° 389, pp.260-261. この事案は、契約により、不妊の妻・パートナーに代わって出産する代理母（mère porteuse volontaire）をその斡旋から人工授精、妊娠、出産そして養子縁組まで引き受ける Alma Mater という団体が、法律および公序良俗に違背する（contraire aux lois et aux bonnes mœurs）法令違反の目的を有し、1901 年 7 月 1 日の結社（非営利社団）契約に関する法律 3 条を根拠に同団体を無効とした控訴審判決に対して、同条の侵害と、欧州人権条約 12 条、国際人権規約 B 規約 23 条および 24 条を主張した論告に判断を下さなかったことを理由に、破毀申立てを行ったものである。破毀院は、判決のなかで、同団体の契約は、人の身分の不可処分性（indisponibilité de l'état des personnes）という公の秩序の原理（principe d'ordre public）に違背し、結社（非営利社団）契約に関する 1901 年 7 月 1 日の法律 3 条により、その目的の法令違反を理由にこの団体を無効とすることは正当であると判断するとともに、欧州人権条約 12 条と国際人権規約 B 規約 23 条によって認められた婚姻し家族を形成する権利は、「生まれてくる子の運命に関わる契約を第三者と締結する権利を含むものではなく、論告に対応するこうした法的理由によって、控訴審判決は法的に正当化される」と述べ、人権条約 12 条と B 規約 23 条を並列的に参照条文とした。なお、同法 3 条は、「法律または公序良俗に違背する違法な原因または目的によって設立され、または国土の完全性と政府の共和政体に侵害を及ぼすような結社はすべて無効である（nul et de nul effet）」と規定している（*JO* du 2 juillet 1901, p.4025）。

210)　コンセイユ・デタおよび破毀院の判決による直接適用の対象となる条文については、例えば、Note D. ALLAND sur CE, 10 mars 1995, *Demirpence, op.cit.* p.1015 参照。

211)　CE, 22 septembre 1997, *Cinar*, *RFDA*, 1998, p.562, conclusion R. ABRAHAM, *RDSS*, 34(1), janvier-mars 1998, note Françoise MONÉGER, p.174.

212)　Conclusion R. ABRAHAM sur CE, 23 avril 1997, *GISTI, op.cit.*

第3節　権利保障の展開　363

整合性が保たれるであろうが、条項に応じて直接適用性を考慮するコンセイ
ユ・デタにとっては、こうした異なる対応は、それ程体系的なものとは言い難
く、以後、適用上の困難さを生ぜしめるものであろうと指摘されている[213]。

(B) 1997 年 9 月 22 日の *Cinar* 判決

この判決から 2 年後に下された *Cinar* 判決では、子どもの権利条約 3 条 1 項
の直接適用性が認められた。このケースは、自らも家族呼寄せでフランスに来
たトルコ国籍を有する未婚の Cinar 嬢が、トルコで出産した 4 歳の息子を違法
にフランスに入国させた後、家族呼寄せ資格での在留許可を県知事に求めたと
ころ、申請が退けられ、フランスからの息子の出国を求めるアレテが発せられ
たことに対して[214]、欧州人権条約 3 条および 8 条、子どもの人権条約 3 条 1 項
を侵害するものとして、その取消しを求めたものであった。

コンセイユ・デタは、まず、欧州人権条約の適用について、本件で争われて
いる県知事のアレテは、Cinar 嬢とその息子に対する「非人道的もしくは品位
を欠く取り扱い」(3 条) には該当せず、また、同嬢は、現在でも息子を呼び寄
せるための諸条件を充たしているがゆえに、いったん帰国させたうえで改めて
呼寄せでき、そのため親子を引き離すものであっても、それは一時的なものに
すぎないことから、家族生活の尊重 (8 条) に対する過度の侵害を構成するも
のではないと判断した。

しかし、コンセイユ・デタは同時に、トルコでは父親の所在が知れず、これ
まで息子の養育を手助けしたことがないこと、家族のなかに息子を受け入れて
くれる近親者がいないことを考慮して、4 歳の子をトルコに送り返し、たとえ
一時的なものであろうとも母親と引き離すことになる県知事のアレテは、子の
最善の利益を侵害し、子どもの権利条約 3 条 1 項に違背するものとみなされな
ければならないと判断したのであった。

この判決のなかでコンセイユ・デタはさらに、同条約 3 条 1 項は、越権訴訟
を介して効果的に援用されること、行政機関は、自らの権限を行使してなされ
る子に関わるあらゆる決定のなかで、子の最善の利益に最重要な配慮 (attention

---

213)　*Id.*, pp.1018 et 1019.
214)　1993 年 8 月 24 日のパスクワ法によって呼寄せ手続が厳格化され、家族呼寄せの対象となる
　　ものがすでにフランス国内に滞在する場合には、申請が拒否されるべきことが規定されていた
　　(29 条 I 5 項、現行 CESEDA L.411-6 条 3°)。

364　第Ⅱ章　家族呼寄せ権

primordiale）をなさなければならないことを明確に指摘している。

　この判決は、家族呼寄せに関して、移民のコントロールに対する国家の権限を承認した 1996 年 2 月 19 日の *Gül c/ Suisse* 判決[215] と並んで、欧州人権条約 8 条の適用の限界を示すだけでなく、子ども権利条約による保護の有用性を明らかにしたものと評価できよう[216]。というのも、Cinar 嬢のケースは、子の利益を持ち出して争わなければ、公の秩序の維持の観点からなされる子の一時的送還措置を、家族生活の尊重に対する過度の侵害として構成することができない事例だったからである。

　ところで、ここでいう子の最善の利益とは、両親と引き離されないこと、そして、子の健康と教育に関し、最大の保護を確保する国で生活することである[217]とされる。とすれば、仮にこの判決が一般的に援用されることになれば、とりわけ若年の未成年者に対する送還措置は、ほとんどすべてが取消しの対象となりうる余地が出てくるものといえよう。

　同条約 3 条 1 項は、その後の判決でも子の家族呼寄せに関して援用されている[218]。

　なお、破毀院は、1993 年 3 月 10 日の *Le jeune* 判決[219] およびその後の判決で、

---

215) これは、スイスで 7 年間正規に労働し、配偶者を呼び寄せていたトルコ国籍の男性が、6 歳の息子を呼び寄せようとしたところ、スイス当局が経済的理由を援用してその申請を拒否した決定を争った事例である（CEDH, 19 février, *Rec., 1996-I*）。CEDH は、人権条約 8 条は、「国家に対して、婚姻したカップルによる自国領土内での共同居住の選択を尊重し、家族呼寄せを可能とする一般的義務」を負わせるものではなく、また、家族生活はトルコでも再構築できるのであり、スイス当局の決定は、当該利害関係人の家族生活に対する重大な侵害をもたらすものではないと判断した。ここでは、F・スュードルが適切に指摘しているように、「家族呼寄せの権利は、移民のコントロールの必要性に道を譲っている」のである（*Gül c/ Suisse, JCP*, 1997, I, 4000, n° 36, observation F. SUDRE）。

216) F. MONÉGER *op. cit.*, p.179.

217) *Id.*

218) CAA Lyon, 5ᵉ ch., 31 juillet 2008, *Boubekki*, n° 07LY0012. これは、正規に在留するアルジェリア人の両親による、申請より 3 年前にすでに入国していた子の呼寄せ申請を認めない判決を取り消したものである。

219) Cass., 1ᵉʳ civ., 10 mars 1993, *Le jeune c/ Sorel, JCP G* 1993, IV, 1212. この判決は、共同生活の解消後、父親が娘に対する訪問および宿泊の権利の諸様式を定めるようを求める訴えを提起したところ、社会調査（enquête sociale）の結果および専門家医師の鑑定を受けた家事裁判官（juge aux affaires matrimoniales）によってそれを退けられた父親が、控訴審でも原審を容認する決定が下されたことに対して、この決定は、自由に意見表明できなかった子の最善の利益を宣明していないものであるがゆえに、子どもの権利条約の諸規定（1、3、9 および 12 条）に違背しているとして、破毀院への破毀申立てがなされたものである。

子ども権利条約の直接適用性を全面的に否定している[220]。

(2) 憲法判例の展開

これまでの展開からみてわかるように、正常な家族生活を営む外国人の権利は、一方で国内法である1946年憲法前文、他方で欧州人権条約等の条約を介して、行政裁判官の関与によって、法的変動を経験してきたことが理解される[221]。とりわけ、1989年10月20日の*Nicolo*判決[222]によって、後から成立した法律に対しても国際条約の優先性が認められ以来——いわゆる「衝立法（loi-écran）理論」[223]の排除——、法律に優越した規範的効力をもつ欧州人権条約8条を援用した行政裁判官のコントロールが確保されたことは、立法者による権利侵害に対する保護の確保をはかる点から、積極的な意味をもつものであった。

220）破毀院は、「締約国は、この条約において承認される権利の実現のために必要とされる、すべての立法的、行政的ならびにその他の措置を講ずることを約する。締約国は、経済的、社会的および文化的権利に関しては、自国が保持する最大限の能力の枠内で、また、必要な場合には、国際的な協力の枠組みのなかで、これらの措置を講ずる」と規定している4項を根拠として、子どもの権利条約は、子およびその親が裁判所において援用することのできる諸権利を設定するものではなく、諸国家の負担すべき責務を設定するものにとどまるとの理由から、条約全体の直接適用性を否定している。Cass., 1er civ., 10 mars 1993, *Le jeune c/ Sorel, op. cit.*別ないい方をすれば、破毀院にとって、4条は、同条約が列記する諸権利は、国家の関与を介して保障されることを準則として定めているがゆえに、直接適用されない性質を同条約全体に及ぼしているということなのである。Note D. ALLAND, sur CE, 10 mars 1995, *Demirpence, op. cit.*, p.1017.

221）H. LABAYLE, « Le droit de l'étranger à mener une vie familiale normale », *op. cit.*, p.514.

222）CE. Ass., 20 octobre 1989, *NICOLO, Rec.*, 190, conclusion Patrick FRYDMAN ; *Les grands arrêts de la jurisprudence administrative, op. cit.*, p.647. ここでは、1957年5月25日のCEE創設条約（ローマ条約）の条文と1977年7月7日の法律の規定とが対置され、後から制定された法律がそれ以前に存在する条約に違背する場合でも、後者の条約が優越するものとされた。コンセイユ・デタは、1958年憲法55条によって課された原理——適法に批准された条約は、その公示後直ちに法律に優越する効力を有するとするもの——を念頭に置き、条約に反する法律は、当然に（nécessairement）、この憲法条文の原理に反する法律であると判断したのである。周知のように、コンセイユ・デタは、法律の合憲性を判断する機関ではない。しかし、憲法55条によって例外的に、裁判所は、憲法に違背することを理由として、先に批准された国際法規範に適合しない法律の適用を排除する権限を与えられているという立場を採用したのである。René CHAPUS, *Droit administratif général*, tome 1, Montchrestien, Paris, 1993, 7e éd., p.113.

223）衝立法理論とは、憲法と行政行為とを遮断するために、その間に「衝立られた」法律が存在する場合、行政裁判官は、法律の違憲性を理由に、その法律の適用を拒否することはできないとする判例理論である。近時この理論は、合憲性のコントロールの法理が強力になるにつれてしだいに衰退してきている。M. DE VILLIERS, *op. cit.*, p.141. なお、前注もあわせて参照。

366 第Ⅱ章 家族呼び寄せ権

しかし、フランスでは依然として、「法律＝一般意思（主権）の表明」とい
う伝統的観念が強く、また、立法府が事後にあえて条約に反する法律を制定し、
それに従って行政行為がなされたような場合には、コンセイユ・デタによる条
約適合性のコントロールは、ジレンマの多いものとなりうるであろう。

それゆえに、憲法院による正常な家族生活を営む権利の憲法的価値の承認は、
この権利の法的安定性の確保に大いに寄与することになる。

1980年代以降は、難民の大量流入に対する国内および欧州レベルでの取組
みの必要性等から、外国人の入国・在留を規律する1945年11月2日のオルド
ナンスを修正する法律が、政権交代の度に制定されるようになった。それに応
じる形で、外国人の権利保護に関しても、合憲性審査機関としての憲法院の役
割が増大するようになった。

憲法院判決は、外国人の権利保障の基本的枠組みを提供したといえる1993
年8月13日の憲法院判決を境に、「憲法上の権利」としての未承認期と承認・
展開期とに区分されようが、承認・展開期においても、違憲判断の積極的な時
期と消極的な時期とが認識されることから、ここでは、三期に区分し、同院の
主要判決を検討することでこの権利の展開過程をみていく。

① 「憲法上の権利」としての未承認期

(A) 1986年9月3日判決[224]──「家族の諸権利」の言及

1945年のオルドナンスを修正する1986年9月9日の法律[225]は、9条Ⅰで、
国外追放されない者のリストを作成し、そのなかに、フランス国籍の配偶者を
もち、夫婦共同体としての生活が現実に維持され、婚姻関係が1年以上継続し
ている外国人を含めていた。しかし、同条は、同時に、「絶対的に緊急」な場
合と、国家の安全保障および公の秩序にとって「切迫した必要性」のある場合
には、このリストに載る外国人も国外追放できるとの適用除外規定を置いてい
た。

この適用除外に関する条項は、1946年憲法前文10項に違背し、追放される
外国人のフランス国籍の配偶者から、個人と家族の発展に必要な諸条件を奪う
ものであるとして、社会党国民議会議員によって、憲法院に付託されたのが本

---

224) Décision n° 86-216 DC du 3 septembre 1986, *Rec.*, 199, note B. GENEVOIS, *RFDA*, 1987, p.120.
225) Loi n° 86-1025 du 9 septembre 1986, *JO*, 12 septembre, p.11035.

第3節　権利保障の展開　367

件である。

　同院は、家族の諸権利が公益[226)]の要請と調整される諸条件を評価するのは立法府の責務であると述べたうえで、立法府が、外国人を国外追放する権限ある機関に対して、「必要ならば、家族状態を含むあらゆる評価の要素を考慮に入れる」ことを許容し、そうした要素のなかで公の秩序を優先させるものであるとしても、それによっていかなる憲法条項も侵害していないと判断した（判決理由18）。

　憲法院は、この判決で初めて「家族の諸権利（droits de la famille）」に言及したことから、はたしてこの権利を憲法上承認したといえるのかがまずは問われることになる。

　この判決では、家族の諸権利に割かれた判決理由は、形式的にも三つにすぎず（判決理由16～18参照。そのうち、一つは付託者理由の要約、一つは憲法条文の引用にとどまる）、また、内容的にも、前文10項に言及するものの、その要素について積極的に明確にしようとする意図は読み取れない。憲法院のこのような表面的なものにとどまる慎重な表現・言いまわしを考慮するならば、憲法上の権利の承認というほど積極的に捉えることはできず、ここでは、立法府は家族の諸権利が公の秩序と調整されるための条件付けを行うことができるとの準則が示されたにすぎないとの評価[227)]が妥当であるように思われる。

　(B)　1989年7月28日判決[228)]——「家族単位の一体性」への言及

　(A)でふれた1986年の法律は、外国人への正規在留許可証の交付に関して、当該外国人の領土における存在が、公の秩序に脅威を及ぼす場合、および、配偶者の一方がフランス国籍を有する者であっても、両配偶者が実際に共同生活をしておらず、1年以上婚姻生活を送っていないときには、交付を拒否できるものと規定していた。1989年8月2日の法律[229)]は、それに修正を加え、3条および6条でそれぞれ、正規在留許可証の交付を拒否できる条件から、上の二つの事由を取り除こうとした。これに対して、右派国民議会議員および同元老

---

226)　「公益」すなわち「一般利益」とは、「公の秩序」よりも広い概念であり、「社会的保護」も含む。

227)　H. LABAYLE, « Le droit de l'étranger à mener une vie familiale normale », *op. cit.*, p.516.

228)　Décision n°89-261 DC du 28 juillet 1989, *Rec.*, 81; note B. GENEVOIS, *RFDA*, 1989, p.691.

229)　Loi n°89-548 du 2 août 1989, *JO*, 8 août, p.9952.

院議員そして首相から付託を受けたのが本件である。

元老院議員は、とくに、公の秩序を理由とする同許可証の拒否条項を取り除くことは、「国家からその存在に内在する」権限を奪うことであり、また、外国人を国民よりも優遇した法的状況に置くものであるとの異議をとどめた。

これに対して、憲法院は、外国人の在留に適用される措置に関する立法府の権限を承認したうえで[230]、3条および6条が、公の秩序への影響にこだわることなく、当該外国人に有利に在留許可証を交付しているのは、「人道的見地から、家族単位の一体性（unité de la cellule familiale）を、再び問題とすることを必要とせず、一定の範疇の外国人がフランスへ統合されることを確保するという目的においてであ」り、絶対的緊急性と切迫的必要性のある場合を適用除外として、当該外国人を国外追放できることが法律によって規定されている等の理由から、両条項は、公の秩序の擁護という目的に違背するものではないと判決した（判決理由13）。

憲法院は、ここで「家族単位の一体性」にふれているものの、1986年判決ではふれていた家族の諸権利と公の秩序との調整の必要性には言及していない。この判決が、判別しにくいものと評されている[231]所以である。こうした判決構成となったのは、本件では、正常な家族生活を営む権利が直接問題とされなかったことにもその理由が求められよう[232]。

(C) 小括

この時期、憲法院は、「家族の権利」や「家族単位の一体性」という表現を使い判決構成しているものの、これらの権利が1946年憲法前文10項に直接結び付く憲法上の権利であると位置付けていたわけではないし、そこから立法に対する拘束的な効果を引き出していたわけでもない[233]。同院は、外国人の「家

---

230) 同院は、「たとえ公の秩序の擁護が憲法的価値の一つの目的を構成するものであるとしても、フランスにおける外国人の在留に適用される措置に関して、立法府は、この目的の適用様式が、あるいは、外国人に特殊な治安規範に依拠し、あるいは（すべての個人を対象とする——著者）刑事制裁に依拠し、あるいはまたこの二つの制度の組合せに依拠するかを決定することができるのである。いずれにせよ、立法者が定める条項は、憲法的価値の規範および原理に合致しなければならない」（判決理由12）と述べている。

231) H. LABAYLE, «Le droit de l'étranger à mener une vie familiale normale», *op. cit.*, p.516.

232) *Id.*

233) F. LUCHAIRE, *Le Conseil constitutionnel, tome II, op. cit.*, p.41

族の権利」と「公益」との調整を行う立法府の広い裁量権を認め、「家族の権利」に対する「公の秩序」の優越性を承認するにとどまっていたといえるであろう。

② 「憲法上の権利」としての積極的展開期

(A) 1993年8月13日判決[234]

1993年判決も「家族の権利」と「公益」および「公の秩序」との関係について、1986年判決（判決理由18）を基本的に踏襲する表現を用いながら（判決理由21）、「家族生活の権利（droit à la vie familiale）」の存在（同22）とこの権利が「正規に（régulièrement）」入国した外国人に留保されること（同21）を明確に示した。

1993年8月29日のパスクワ法は、1945年のオルドナンス中に「家族呼寄せ」という一章（VI章）を割き、2年以上正規に在留する外国人居住者に対する家族呼寄せ権の行使条件を定めるとともに、それが拒否されうるケースを列記し、従来、デクレ、アレテあるいは通達によってしか定められていなかったこの権利を法律中に規定した[235]。

これに対して、社会党・急進左翼運動の国民議会議員および元老院議員は、この条項が1946年憲法前文10項に違背すること等を理由として憲法院に付託した。

同院は、この判決のなかでまず、「憲法的価値のいかなる原理も、いかなる規範も、外国人に対して、領土への入国と在留に関する一般的かつ絶対的性質の権利を保障していない」と述べることで、その後の判決のなかでも踏襲され、この件に関する「憲法判例の要（clé de la jurisprudence constitutionnelle）」[236]と評

---

234) Décision n° 93-325 DC, *op. cit.*

235) 「家族呼寄せ権」に関して、この法律が整理したものとしては、他に、国際移民局（Office des migrations internationales）の吏員が、現場で住居要件を確認すること、正規に入国してきた家族構成員は、当然に、在留許可証を受理すること、家族呼寄せの諸条件が充足しないときに申請は却下されうること、家族呼寄せ資格以外で、配偶者および子を呼び寄せた場合などにおける、呼寄せ申請者である外国人の在留許可証の更新拒否または撤回について規定したこと、多重婚家族の呼寄せ対象者を限定したこと、である。「（違法）移民ゼロ」（パスクワ内務大臣〔*Le Figaro*, 15 et 22 août 1993〕）を指向する法律全体の厳格さの評価は別にして、この権利の「法定化」それ自体は肯定的に捉えられなければならない。

236) Gilles Pellissier, « Le statut constitutionnel des droits et liberté des étrangers », *LPA*, 27 juin 1997, n° 77, p.6.

370 第Ⅱ章 家族呼寄せ権

される準則を提示したうえで、1946年憲法前文10項を引用した。そして同院の判例展開のなかで始めて、同項から引き出される憲法上の権利として、「正常な家族生活を営む外国人の権利」について、つぎのように述べ明確な位置付けを行った。すなわち、「フランスでの居住が、安定的かつ正規である（stable et régulière）外国人は、国民と同様に、正常な家族生活を営む権利を有しており、この権利は、とりわけ、憲法的価値の目的となっている公の秩序の擁護と公衆衛生の保護から生ずる諸制限を留保として、当該外国人が自らのもとに、その配偶者と未成年の子を呼び寄せることができることを含んでいる。こうした諸要請を調整することによって、この権利を尊重する責めは立法府に帰する。」（判決理由70）（強調著者）

　つづけてとくに家族呼寄せに関してつぎのような九つにもわたるコメントを加えている。

(ⅰ)家族呼寄せ権行使の前提となる2年間の先行的在留期間に関して、この権利の効果的保護の観点から、呼寄せの申請自体は、この期間の満了前にも提起されうること（同71）、

(ⅱ)呼寄せの条件とされる所得要件は、外国人に対してのみ要求されること（同72）、

(ⅲ)子の利益を図る観点からの部分的家族呼寄せは、認められうるとするのではなく、必ずや認められなければならないこと（同73）、

(ⅳ)学生だけに家族呼寄せを禁ずる条項は、他の潜在的な呼寄せ申請者の状況と差を設けていることから、「1946年憲法前文が家族呼寄せに付与している一般的性質（caractère général）に鑑みて、正当化されない」（強調著者）こと（同74）、

(ⅴ)前婚の解消または取消しから2年を経過しなければ、家族呼寄せ資格で新たな配偶者を呼び寄せることができないという規定は、正常な家族生活を営む権利に違背すること（同75）、

(ⅵ)呼寄せのための標準的な住居の保持の確認（vérification）については、外国人住居占有者が確認作業を拒否する明確な意思を表明した場合のみ、この条件の不充足とみなされること（同76）、

(ⅶ)正常な家族生活の諸条件は、受入国であるフランスで通用しているものにあ

わせられ、その結果、多重婚は排除され、これに付随する制裁は憲法に反しないこと（同77）、

(viii)立法者は、呼寄せの諸条件に服することの拒否がその態度から明らかな外国人に対する在留資格の撤回およびその申請時に条件を充足していない場合の申請の拒否を規定できること（同78）、

(ix)立法者は、家族呼寄せの承認が失効する期間の決定を、コンセイユ・デタの審議を経たデクレに委任することができること（同79）、

である。

ここで、同院は、判決理由71および同73（上記(i)および(iii)）で解釈留保を、同74および同75（上記(iv)および(v)）で違憲判断を下している。

ところで、正常な家族生活を営む権利の位置付け、そしてそれにともなうこの権利の享有者に関しては必ずしも明確でない部分がある。というのも、同院は、いわゆる社会権を中心に列記している1946年憲法前文[237]を引用しつつ、この権利を「共和国領土に居住するすべての者に認められる憲法的価値の自由および基本的諸権利」である「個人的自由」のなかに位置付けているからである（判決理由3）。つまり、憲法院は、根拠条文の法的性質と享有者の範囲をとくに問うことなく、この権利を自由権的に捉え、その憲法的価値を承認し、外国人を含むすべての者を享有者としている。正常な家族生活を営む権利を個人的自由のカテゴリーのなかに組み込むことは、「司法裁判所を個人的自由の守護者」としている1958年憲法66条の規定から、この権利の侵害に対する司法裁判所の排他的関与が導き出されることになる[238]。

---

237) 同前文は、1項で1789年の権利宣言によって確立された人および市民の権利と自由、そして、共和国の諸法律によって承認された基本的諸原理を再確認したのにつづいて、2項で、現代にとくに必要なものとして、「政治的、経済的および社会的諸原理」を宣言しているのであるが、そのなかに、家族の発展に必要な条件を確保する国家の責務を規定している。

238) L. FAVOREU et L. PHILIP, *op. cit.,* p.222. こうした結び付けは、司法裁判官が、独立して職権を行使できるからだけでなく、同裁判官が行使する急速審理によるアンジョンクション権限によって、自由の侵害を直ちに差し止めることができるからでもある。ただし、「個人的自由」―「司法機関の排他的関与」という図式が、今日では微妙な差異を含み、「個人的自由」の概念の縮小により、憲法院が1993年の判決においてこの概念から引き出した諸自由が、個人的自由の枠組みからしだいに解き放たれてきていることが指摘されている。Olivier LECUCQ, « La liberté de mariage des étrangers en situation irrégulière, note sous Conseil constitutionnel », 20 novembre 2003, *D*, 20 mai 2004, p.1405参照。これに関しては、序章第1節**2**(2)①(B)(a)参照。

372   第Ⅱ章　家族呼寄せ権

　この判決では、正常な家族生活を営む権利を行使しうる条件として、在留の安定性と正規性が必要とされていることからすれば、違法状態にある外国人は、保護のきわめて軽減された権利しか享有せず、家族呼寄せの権利を当然に援用することはできないということになろう[239]。

　なお、この判決で憲法院が家族呼寄せを「権利」として承認したのは、人権条約8条およびCEDHの影響によるものであると指摘される[240]。

(B)　1997年4月22日判決[241]

　1997年の判決は、1997年4月24日のいわゆるドブレ法を社会党所属の国民議会議員および元老院議員が争ったものである。その主張の中心は、「当該外国人の存在が、公の秩序に対する脅威」を構成する場合は、10年有効な正規在留許可証が、当然には更新されないとする規定が、行政機関に「ほぼ完全な自由裁量権（pouvoir quasi-discrétionnaire）」を付与し、個人的自由および家族生活の権利を侵害するというものであった。

　憲法院は、公の秩序に対する「単なる脅威（simple menace）」のみで、正規在留許可証の更新拒否を根拠付けるのは、利害関係人の「家族生活および私生活の尊重の権利」に対する過度の侵害を構成すると述べ、付託者の異議を正当なものと認めた（判決理由45）。

　この判決は、表現上も、付託者の異議を再録するものを除いて、判決中で五回も「正常な家族生活の権利／正常な家族生活を営む権利」という文言を使うなど[242]、基本的に1993年判決を踏襲するものといえようが、つぎの二つの特徴点を指摘できる。

　一つは、1993年の判決で憲法院が1946年憲法前文10項から引き出した「正常な家族生活を営む権利」に加えて、「（安定的かつ正規にフランスに居住する）外

---

239)　Bertrand MATHIEU et Michel VERPEAUX, « Les règles et principes constitutionnels du droit de l'immigration en France: Bilan de la jurisprudence constitutionnelle », *ERPL / REDP*, vol. 7, n° 3, autome 1995, p.781.

240)　H. LABAYLE, « Le droit des étrangers au regroupement familial, regards croisés du droit interne et du droit européen », *op. cit.*, p.104. ただし、CEDHは、主観的権利としての「家族呼寄せ権」の存在は承認していない。これに関しては、本節2(2)②および③参照。

241)　Décision n° 97-389 DC du 22 avril 1997, *Rec.*, 45.

242)　判決理由36、38、39、44および47で各一回この表現を用いている（付託理由書の再録部分は除く）。

国人の私生活の尊重に対する権利の重大な違背は、国民に対するのと同様に、外国人に対しても、その個人的自由に侵害をもたらしうるものである」と述べ、外国人の「私生活の権利」を前文10項から引き出される個人的自由と位置付けていることである（判決理由44）。これに対応する形で、表現上も「家族生活および私生活の尊重の権利」と、欧州人権条約8条に類する形で両者を並列的に位置付けている（判決理由45）。その後憲法院は、1999年7月23日の判決で、「私生活」の尊重の権利を1789年の人権宣言2条によって宣言されている「自由」に含まれるものと明示的に述べ[243]、この立場はその後の判決でも維持されている[244]。

　他の一つは、フランスにおける在留の「安定性」の評価にあたって、在留期間をはじめ、当該外国人と受入国であるフランスとの間の「多様な関係 (liens multiples)」を持ち出してきていることである（同）。

　最初の特徴点に関しては、まず、「家族生活」の尊重と「私生活」の尊重との関係が問われる。両者は、家族生活の侵害は同時に、侵害を受ける家族構成員の私生活・個人生活の侵害を意味する点で重なり合う部分が多いし、また、人格は幼少期以降家庭内で表出するものであることをフランスの国内判例は確認し、私生活に認められる保護は、家族生活にも拡張されてきた[245]。しかし、両者は密接な関係を有するものの必ずしも不可分なものではない。それは、家族を持たない独身成人のいわゆる「移民第二世代」の例をみれば明らかである。これに関しては、例えば、CEDHは、人権条約8条によって保障される私生活の尊重の権利には、「自らの固有の人格の発展と尊重のために、とりわけ感情的次元において、他の人間と関係を形成し、維持する権利も等しく含まれている」[246] と述べているが、ここでは、家族のみならず、自らの属する他の社会環境への個人の同化も強調されている。このことは、例えば、退去措置を回避する際にもあえて家族への帰属を持ち出す必要性が希薄化してくることを意味しよう。家族の基準が決定的なものでなくなるという点において、両者間には

243）　Décision n° 99-416 DC du 23 juillet 1999, *Rec.*, p.100, considérant 45.

244）　例えば近時のものとしては、Décision n° 2009-580 DC du 10 juin 2009, *Rec.*, p.107. 判決理由 22 参照。

245）　J. ROBERT et J. DUFFAR, *op. cit.*, p.485.

246）　CEDH, 26 mars 1992, *Beldjoudi c/ France*, série A n° 234, § 80.

374　第Ⅱ章　家族呼寄せ権

潜在的な対立さえも予想されるところである[247]。それはまた、私生活の尊重という私益と公の秩序の維持という公益との対立を先鋭化するものでもあろう[248]。今後、とりわけフランスで生まれ成長しながら、フランス国籍も家族も有さない独身成人の「移民第二世代」以降の世代に対する国外追放措置をめぐって、「家族生活」の尊重と切り離された「私生活」の尊重の問題が出てくることになるであろうことは容易に予想される[249]。

　第二の特徴点に関してみると、10年有効の正規在留許可証の更新にあたって、外国人は、少なくとも10年間という正規在留期間の長さに由来する在留の安定性を援用できるだけでなく、フランス社会との「多様な関係」も考慮されうることを意味している。先にみた1989年の判決のなかにも、正規在留許可証の交付に関連して、「フランスと形成された関係の古さ（ancienneté des liens noués avec la France)」という表現がみられるが（判決理由13）、ここで「多様な関係」が援用されていることは、関係の古さ（期間の長さ）のみならず、言語等の文化的観点、習俗等の社会的観点、雇用をはじめとする経済的観点をもが総合的に考慮されなければならないことを意味していよう。とすれば、在留許可証の交付申請にあたって、審査機関には申請者のこうした諸状況の個別的な判断が求められることになる。そしてこれは、2006年の第二サルコジ法で具体化される（本節3(2)③(C)参照）。

　(C)　小括

　この時期、憲法院は、外国人の「家族生活の権利」と「公益」との調整を行う立法府の広い裁量権を認める80年代の判例を踏襲しつつも、在留の安定性と正規性の枠組みのなかで、外国人の「正常な家族生活を営む権利」を憲法上の権利として承認し、この権利を不均衡に規制する立法に違憲判断を下すことをためらっていなかったようにみえる。

---

　247)　H. LABAYLE, « Le droit de l'étranger à mener une vie familiale normale », *op. cit.*, pp.528-529.

　248)　P. KAYSER, *op.cit.*, pp.243 et 244.

　249)　CEDH も 2003 年 10 月 9 日の *Slivenko* 判決で、人権条約 8 条の解釈に当たりこの憲法院判決と類似の方向性を示している（第 1 節 1(2)②参照）が、それはまた類似の問題を抱えているということでもある。

③ 「憲法上の権利」としての消極的展開期

(A) 2003年11月20日判決[250]

同院はその後、1945年のオルドナンスを修正するいわゆる第一サルコジ法を審査したこの判決で、正常な家族生活を営む権利は、「その根拠を1946年憲法前文10項に見出される」と述べ、その憲法的価値を再確認している（判決理由29）。ただし、家族呼寄せの対象者に交付される在留許可証の種類の変更——10年有効の正規在留許可証から、1年で更新しなければならない一時在留許可証への変更——は、立法者の裁量の範囲内であると判決するなど、公の秩序の維持を優先し、広範な立法と行政の裁量権を認める同院の態度に、憲法上の権利および自由の擁護の後退をみてとろうとする立場もある[251]。

理論上この判決の注目すべき点は、「婚姻の自由」の位置付けであろうと思われるが、それについては、すでに、本章第1節2(1)①(A)でふれた。

(B) 2005年12月15日判決[252]

2006年社会保障基金財政法[253]は、社会保障法典L.512-2条1項を補足し、立法、行政立法または国際条約等によって、フランスに正規に居住するために必要とされる資格を保持する外国人は、同法典の定める諸条件に従い、当然に（de plein droit）、家族手当を有すると定め、この手当を受けるために外国人居住者の子は、フランスで生まれたか、家族呼寄せ手続の枠組みのなかで正規にフランスに入国したことを条件としていた（同法89条）。社会党の国民議会議員および元老院議員は、この規定は、国外で生まれた外国人の子に対する家族手当の支給を正規の家族呼寄せ手続の枠組みに限定することから、平等原則および正常な家族生活を営む権利を侵害すると憲法院に異議を申し立てた。

同院は、正常な家族生活が問題となっている事案に対して従来から繰り返されてきた位置付け[254]を行ったうえで、「CESEDA第Ⅳ章によって創設された家族呼寄せ手続は、フランスに安定的かつ正規に在留する外国人の、フランス

---

250) Décision n° 2003-484 DC du 20 novembre 2003, *Rec.*, 438.

251) Nicolas FERRAN, « La politique de maîtrise des flux migratoires et le respect des droits et libertés constitutionnelles（Décision CC n° 2003-484 DC du 20 novembre 2003）», *RDP*, n° 1-2004, p.275.

252) Décision n° 2005-528 DC du 15 décembre 2005, *Rec.*, 157.

253) Loi n° 2005-1579 du 19 décembre 2005 de financement de la sécurité sociale pour 2006, JO, n° 295 du 20 décembre, p.19531.

で正常な家族生活を営む権利の法的保障（garantie légale）である」（判決理由15）と述べ、この手続は、適切かつ均衡のとれた準則を定めており（同）、また、立法者が定めた家族呼寄せ手続の枠組みのなかで入国した子と、この手続に違背して入国した子との相違は、その目的に応じたものであるがゆえに平等原則に反しないものの（判決理由17）、すでにフランスに入国していた子の状況の正規化が、家族呼寄せ手続の枠内で行われるときには、この子にも家族手当の権利が開かれなければならず（同18）、こうした留保条件において、付託された89条は合憲であると判断した（同19）。

　憲法院によるこの解釈留保には、家族呼寄せを事前的手続に服せしめ、いわば家族手当を当てにして子を呼び寄せようとする親の目論みを打ち砕こうとする立法者の意図に反し、子の利益の観点から、「その場における（sur place）」呼寄せ手続を認めようとする憲法院の意思が汲みとれる。

　この判決の特筆すべき点は、CESEDAの定める「家族呼寄せ手続」を「正常な家族生活を営む権利」の「法的保障」と位置付けたことであろう。1993年判決ですでに、家族呼寄せは、正常な家族生活を営む権利の一要素とされていたが、本判決では、その一般性が確認され、外国人の正常な家族生活を営む権利は、家族呼寄せ手続を介して行使されるとの認識が示されたものといえよう。とくに、憲法上の権利である「正常な家族生活を営む権利」と家族呼寄せ権との関連付けは、出身国でも正常な家族生活は可能であるがゆえに、家族呼寄せ権を保障しなくても、正常な家族生活を営む権利は保障されうるとの主張を退ける論拠となるものである。

(C)　2006年7月20日判決

　この判決で、憲法院は、「追従的（課された／服せしめられた）移民から、選別的移民へ」をスローガンに、家族移民の統制と共和主義的統合のための受入・統合契約を主眼に据えるいわゆる第二サルコジ法（序章第3節6(4)参照）を審査した。同法は、具体的に、新たにCESEDAなかに「家族呼寄せ」と題するIV

---

254)　それは、1946年憲法前文10項の言及・援用と、外国人はその在留の安定性と正規性を条件に国民と同様に前文10項から引き出される正常な家族生活を営む権利を有すること（判決理由13）、憲法的価値を有するいかなる原理も規範も外国人に対して領土に入国・在留する一般的かつ絶対的な権利を付与しておらず、同じく憲法的価値の目的である公の秩序との調整の確保は立法者の責任によること（判決理由14）、である。

第3節 権利保障の展開　377

章を割き要件を明確化するとともに、すでに11項目の受益者を数えていた
CESEDA L.313–11条の修正を行うことによって、「私的および家族的生活」と
言及される在留資格の受益者としての家族移民をコントロールすることを目指
すものであった。

　とくに同法は、他のどのような在留資格に該当しない場合でも、在留拒否が
その理由からみて、私的および家族的生活の尊重の権利に不均衡な侵害をもた
らすような「フランスにおける個人的関係および家族的諸関係（liens personnels
et familiaux en France）」を有する外国人に、「私的および家族的生活」という一
時在留許可証が交付されることを規定していた（同法31条による CESEDA L.313–
11条7°の修正）。付託者は、ここで言及された諸関係が、行政機関によって、
「とくに、関係の強さ、古さ、安定性、当該利害関係人の生活条件、フランス
社会への同化、そして出身国にとどまる家族との関係の性質によって評価され
る」ことに関して、人格的自由と私的生活の尊重の権利を認める1789年の人
権宣言2条および4条に反すると主張したものの、同院はそれを退けた（判決
理由9）。

　同様に、在留の安定性と正規性を条件とする「正常な家族生活を営む権利」
が、1946年憲法前文10項に由来するものの、立法府による公の秩序の擁護と
の調整を必要とするとの1993年判決以降の準則を踏襲した（判決理由13）[255]
うえで、家族呼寄せ人に求められる正規の最低在留期間をこれまでの12か月
からから18か月へと延長したことは、在留の安定性の評価にとどまるもので、
立法府はいかなる評価の過誤も犯してはいないと判断した（判決理由14）。

　また、同法は、家族呼寄せは、「共和国の諸法律（lois de la République）に従い、
受入国であるフランスにおける家族生活を規律する本質的諸原理（principes
essentiels）」に服しない外国人には拒否されると規定していた（同法45条／現行
CESEDA L.411–5条3°）が、憲法院は、議会審理を引き合いに、ここでいう表現
は、「共和国の諸法律によって認められた基本的諸原理」を意味しているとの
解釈留保を行っている（判決理由20）。周知のように、「共和国の諸法律によっ
て認められた諸原理（PFRLR）」は、1958年憲法前文が参照する1946年憲法前

255）　ただし、本判決では、1993年判決では「公の秩序の擁護」とともに登場していた「公衆衛
　　　生の保護」への言及が消えている。

文のなかで参照され、憲法院の判決によって、「憲法ブロック」の一角を形成するもので、合憲性の統制規範である。ここでいう「共和国の諸法律」とは、通常、第四共和制以前の共和制下で制定された法律を意味している（これについては、前注72参照）。それに対して、第二サルコジ法が規定した「共和国の諸法律に従う本質的諸原理」は、この条文だけをみれば、現行の第五共和制下で制定され、または今後制定される法律も含まれる余地があり、こうした法律は合憲性の被統制規範である。類似した表現ではあるが、両者の違いは大きい。憲法院が、ここで解釈留保を付したのは、移民立法に関する立法府の広範な裁量権にも憲法上の限界が存在することを明示するにとどまらず、何が共和国の諸法律によって認められた原理であるかを解釈・確定する同院の権限を介して、合憲性コントロールを確保する効果をともなうものであることには注目してよいと思われる。

　なお、この判決に付されたコミュニケ（Communiqué de presse）のなかで、同院は、PFRLRという表現によって理解されるべきフランスにおける正常な家族生活を規律する本質的諸原理として、一夫一婦制（monogamie）、男女平等、青少年の身体的完全性の尊重（respect de l'intégrité physique）、婚姻の自由の尊重、就学の規則正しさ（assiduité scolaire）、民族的・宗教的相違の尊重、フランスが非宗教の共和国であることに応じた準則の承認、をあげている。

(D)　2006年11月9日判決

　この判決については、「婚姻の自由」との関連ですでにふれた（本章第1節2(1)②(A)(b)参照）が、憲法院は、外国で外国の機関により行われたフランス国民と外国人との偽装結婚を排除するための事前の諸規制を定める条項は、「婚姻の自由だけでなく、正常な家族生活を営む権利を再問題化するものではない」（判決理由13）と述べた。また、行政機関との関係における市民の諸権利に関する2000年4月12日の法律[256]を修正し、提出された外国の身分証明書の真正さまたは正確さに疑いがある場合には、フランスの行政機関は、外国の身分証書の証明力に関する民法典47条を適用して、権限を有する外国機関に対して効果的な確認を行うことができ、また、8か月間内に行政機関側からの応答がない場合には、当該申請は却下決定されたものとなるとの規定を設けることは、

256)　Loi n° 2000-321 du 12 avril 2000, *JO*, n° 88 du 13 avril, p.5646.

行政機関が、家族呼寄せ資格でなされる申請に対して、過度の期間にわたり反対することを可能なものとするがゆえに、正常な家族生活を営む権利を侵害するものであるとの付託者の主張に対して、このシステムは、家族呼寄せ手続の実体的適用準則を修正するものでもなれば、家族呼寄せに関する外国人の権利を再問題化するものでもないとし、それを退けている（判決理由15および16）。

　本判決で審査された2006年11月14日の法律は、婚姻に関する民法典の規定を修正するもので、「婚姻の自由」に対する規制が憲法上の争点となっていたことからすれば、上記の判決理由13で、「婚姻の自由」と「正常な家族生活を営む権利」とを同列的に侵害すると述べることが、1993年の判決で「婚姻」と「家族」を分離する方向性を示していたこととの関連でどのように理解されるのかが気になるところである。おそらくそれは、両者の侵害を主張する付託者の立論への対応と、外国で行われた婚姻のフランスの戸籍簿への登録に関する規制の民事上の効果が、両配偶者のみならず、その間の子にも関係してくることから、「正常な家族生活を営む権利」の侵害もあわせて引用されたものと考えるのが妥当なように思われる。他方、判決理由15および16で「正常な家族生活を営む権利」に言及したのは、行政機関による8か月の応答なしのケースでは、外国の身分証書の拒否が、当該証書の真正さの疑義からする家族呼寄せの拒否へと通ずることから、是認されるところである。

(E)　2007年11月15日判決

　CESDEA L.111-6条を補完する2007年11月20日の移民の統制、統合および亡命権に関する法律[257] 13条は、民事的身分（état civil）を認証する組織がない国の国民で、家族呼寄せによって親に合流しようと望むビザ申請者は、身分証書の不存在の場合または領事機関等によってその証書の真正さに重大な疑念（doute sérieux）があることを通知されたときは、母親との間の生物学的親子関係の検査（いわゆるDNAテスト）による本人特定を求めることができると規定していた。この際、領事機関等は、有用なあらゆる調査と対審的審査を行ったうえで、DNAテストによる本人特定を行わせる必要性について、遅滞なく、ナント大審裁判所に付託することも定められた。この措置がとられる対象国の実験的リストの作成等の諸条件については、コンセイユ・デタの審議を経たデ

257)　Loi n° 2007-1631 du 20 novembre 2007, *JO*, n° 270 du 21 novembre, p.18993.

380　第Ⅱ章　家族呼寄せ権

クレが定めることとされた。

　こうした事前的条件付けを規定する条項の創設に関して、憲法院は、「立法者は、正常な家族生活を営む権利、子および父親の私生活の尊重、ならびに不正行為に対する戦いを含む公の秩序の擁護との間の明らかに均衡を欠くとはいえない調整を確保するのに適切な措置を採用した」（判決理由11）と評した。

　また、家族呼寄せ権を、母親との DNA テストによる親子関係の検査に条件付ける措置は、親子関係の存在を証明する身分証書の不存在の場合または領事機関等によってその証書の真正さに重大な疑念が存在する場合であって、コンセイユ・デタのデクレで対象とされた国での当該措置の適用も、領事機関等が、裁判官のコントロールの下で、身分証明書の確認を行うことを免除するものではないと留保を付して、「1946年憲法前文10項によって保障された正常な家族生活を営む権利を、直接的にも間接的にも、侵害するものではない」（判決理由16）と判決している。

(F)　小括

　この時期、憲法院は、「正常な家族生活を営む権利」そして「家族呼寄せ権」について判決のなかで当然のように引用しつつも、立法者によるこの権利の侵害を認定していない。とりわけ、2006年の判決以降は、「定型的に（systématiquement）この権利を参照することによって、違憲性の抗弁を排斥している」と評されてもいる[258]。ただし、2005年12月15日判決において、（CESEDA 第Ⅳ章によって創設された）家族呼寄せ手続を、正常な家族生活を営む権利の法的保障として明確に位置付けている点は、両者の分断から生ずる不利益を回避しうる方向性（本章第3節3(2)③(B)参照）を示すものとして注目してよいと思われる。

第4節　権利の内容・限界と裁判的コントロール

1　権利の内容

　ここでは、家族呼寄せ権に限定せず、より広くこの権利が引き出される正常

---

258)　H. LABAYLE, « Le droit des étrangers au regroupement familial, regards croisés du droit interne et du droit européen », *RFDA*, janvier-février 2007, p.105.

な家族生活を営む権利を取り上げる。

1946年憲法前文10項を介して保障される「正常な家族生活を営む権利」の意義を明確に確定することは容易なことではない[259]が、憲法院は、その判決のなかで一定の輪郭を描いていることが、判決注釈によって示されている。これによれば、同院はこの権利を、「家族生活の営み（conduite de la vie familiale）」を、直接または間接に、事実上不可能としまたは妨げる諸措置に対する保護と認識していること、そして、この権利が、ある法的地位への権利ではなく、ある生活を営む（mener）権利であることを意味しているものと指摘される[260]。

別ないい方をすれば、問題となっている法規範がこの権利を侵害するものと認識されるのは、ある法的地位へのアクセスが不可能であることが、ある正常な家族生活を営むことを阻害する効果を有するときであるということである[261]。

この権利の保障を考える場合、家族生活の存在が、前提条件となる。この条件は、まずは、家族の一体性が再形成され、つぎに、再形成されたこの一体的関係が維持されることを要求する。以下では、この両観点から権利の内容を検討していく。

この際に重要となるのが、「正常性」に関する理解である。この正常性には、国家が外国人に対して負う責務——とくに、「正常な」生活を維持するための社会的保護を付与する義務——という面と、権利の有資格者が備えるべき責務——例えば、「正常な」生活のための住居・収入の確保や、公の秩序に違背しない生活を送る責務——という面があり、両者は相補的に関連し合っている。

(1) 一体的家族単位の再形成から導かれる権利

① 家族呼寄せ権（家族再集権〔droit au regroupement familial〕）

コンセイユ・デタは、先駆的な1978年の *GISTI* 判決で、「正常な家族生活を営む権利」として、「とりわけ、外国人が自らのもとにその配偶者と未成年の

---

259) H. Labayle, « Le droit de l'étranger à mener une vie familiale normale », *op. cit.*, p.526.

260) *Les Cahier du Conseil constitutionnel*, Cahier n° 30, Décision n° 2010–39 QPC du 6 octobre 2010 (*Mmes Isabelle D. et Isabelle B.*) ; Les Nouveaux cahiers du Conseil constitutionnel, Cahier n° 32, Décision n° 2010–92 QPC du 28 janvier 2011 (*Mmes Corine C. et Sophie H.*).

261) 憲法院が、2011年1月28日のQPC判決で、婚姻が立法者によって、異性の2人に限定されていることは、内縁関係で生活し、または、PACSの法的枠組みを享有する自由を侵害するものでないため、「この権利は、同性のカップルが婚姻の権利を有することを意味していない」と述べている（判決理由8）のも、この文脈で理解できる。

子を呼び寄せる権能を含んでいる」（強調著者）ことを承認していたし、憲法院もこの判決を下敷きに、1993年8月13日の判決で、同じ表現を用いてこの権利を承認している。同院は、さらにその後の2005年12月15日の判決で、フランスに安定的かつ正規に在留する外国人にとって、家族呼寄せ手続は、「正常な家族生活を営む権利の法的保障」であると述べている。つまり、正常な家族生活を営む権利は、家族呼寄せ権の憲法的承認に「その全体的な意義」[262]が見出されるのである。先の憲法院判決の検討の際にもふれたように、とくに、「正常な家族生活を営む権利」と「家族呼寄せ権」との関連付けは、重要な意義を含んでいる。というのも、両権利を分離し、「正常な家族生活を営む権利」のみが憲法上ないしは条約上保障されるとの立場をとると、出身国から居住国へ家族を呼び寄せなくても、出身国において正常な家族生活を営むことができることを理由に、呼寄せを認めないことが正当化される余地も出てくるからである。

　こうした判決の言及から理解できるように、「正常な家族生活を営む権利」とは、すでに正規にフランスに居住し、法定の諸条件を充足した外国人が主体であり、その者が、配偶者と未成年の子を自らのもとに呼び寄せ、家族の再集をはかることができることをまずは意味している。

　したがって、入国時にすでに、家族が離散した状態にあったならば、その家族単位は再形成されなければならないことになる。それは、取り残された家族構成員の入国を国家に対して義務付けることに通ずる[263]。国家のこうした義務は、しかしながら、正規に居住している外国人との間で生ずるものであり、当然ながら非合法居住者は排除される。

　こうした義務が生ずるがゆえに、H・ラベルが適切に指摘しているように[264]、すでに領土に正規に在留している外国人を、「個人の資格」でのみ認識することは、「正常な家族生活を営む権利」との関係では不充分であり、外国人に在留資格を付与することは、直ちにその家族の自国内への受入れをも意味することを、国家は理解しておかなければならいのである。受け入れられる外国人の

---

262)　B. Genevois, *RFDA*, 1993, *op. cit.*, p.879.
263)　H. Labayle, « Le droit de l'étranger à mener une vie familiale normale », *op. cit.*, p.526.
264)　*Id.*, p.527.

側からみれば、家族で生活する権利その他自らに属する権利をともなって、いわば「一まとめにして（dans sa globalité）」[265]領土に受け入れられるのである。

しかし、家族で生活する権利は、外国人が自分たちの居住国を自由に選択する権利を意味するものではない。この点に関しては、CEDHも明確に、「人権条約8条は、婚姻した夫婦による共同の居所の選択を尊重し、自国において自国民以外の配偶者の居住を承認するという一般的義務を国家に課すことを意味するものと解釈されてはならない」[266]と述べている。ただ、「一般的義務」を負わないとの表現は、具体的・特殊なケースにおいては、義務が生じる可能性があるとも読める。この場合、国家が受入義務を負うためには、利害関係を有する外国人の方で、他国の領土での居住が重大な支障や困難を生じることを証明する必要があるということになろう[267]。

なお、呼び寄せられた家族には、その存在が公の秩序に対する重大な脅威とならないことを条件に、「私生活および家族生活」と称された1年有効の一時在留許可証が当然に付与され（CESEDA L.313–11条1°）、職業活動を行うことができる（同L.313–12条）。CESEDAは、上記の在留資格の付与を可能とする「フランスにおける個人的関係および家族的関係」について、呼び寄せられる家族のフランス社会との結び付きの強さ、古さ、安定性、生活条件、同化（insertion）そして出身国にとどまる家族との関係の性質をとくに考慮して評価され、資格の交付の拒否が、私生活および家族生活の尊重の権利に不均衡な侵害をもたらさないことをあげている（同7°。なお、この条項に関しては、本章第3節3(2)③(C)の憲法院判決も参照）[268]。

家族呼寄せ権でつぎに議論となるのは、いわゆる部分的家族呼寄せである。家族呼寄せは、家族の再結合を目指すものである以上、家族が分割・区分されることを禁止するのが論理である[269]。1993年8月24日のパスクワ法によって

---

265) *Id.*

266) CEDH, 28 mai 1985, *Abdulaziz et autres, op. cit.*, §68.

267) H. LABAYLE, « Le droit de l'étranger à mener une vie familiale normale », *op. cit.*, p.527.

268) これらの条文の原型は、フランスに根をおろして家族生活を営んでいる外国人に在留資格を付与するために、1998年5月11日のシュヴェヌマン法によって導入されたものである。それはまた、CEDHの判例およびそれを受け入れたコンセイユ・デタの判例の要請に対応するものであったとされる。R. d'HAËM, *op.cit.*, pp.75–76.

269) X. VANDENDRIESSCHE, *Jurisclasseur administratif, op. cit.*, p.32.

初めて導入された部分的家族呼寄せの禁止により、以後の家族呼寄せは、受け入れ可能なすべての家族構成員に関わるものでなければならないものとなった。ただし、同法を審査した1993年8月13日の憲法院判決によって、「子の利益に因る理由（motifs tenant à l'intérêt des enfants）」が存在する場合、子のための部分的家族呼寄せは必ず認められなければならない義務的なものとされた（判決理由73）。CESEDAは、義務的なものとはしていないが、子の利益に因る理由での部分的家族呼寄せが認められうることを明確に規定している（同L.411-4条）。したがって、例えば、出身国に配偶者と子を残してきた場合に、配偶者だけを呼寄せることは、子の利益を欠くものとして、家族呼寄せを構成しないものとされるのである[270]。

1994年11月7日の通達によれば、子の利益を図る部分的家族呼寄せが認められる理由として、子の健康、就学、家族の居住条件（申請外国人が、すべての家族を受け入れるのに十分な広さの住居を有しているかどうか）、外国における教育課程への在籍、医療上の移動の困難さ、気候への不適合などがあげられている[271]。

ところで、通常、子の利益の第一次的判断権は、行政機関に帰属することになろうが、これまでのところ、その評価をめぐって争われた事例は多くない[272]。

なお、呼寄せの対象となる家族構成員の範囲については、本章第1節1(1)②を、その条件については、本節2(2)①を参照。

② 難民家族の一体性の権利

(A) 家族の一体性の原理（principe d'unité de la famille）

「難民は、普通の外国人ではない（Le réfugié n'est pas un étranger comme un autre）」[273] 保護を受ける。この言及は、コンセイユ・デタにおいて、その正当性を保持し続けているものとされる[274]。実際に、フランスの入国法制におい

---

270) TA Montpellier, 5 octobre 1994, *Arrais c/ Préfet du Gard, Juris-Data*, n° 036101.

271) X. VANDENDRIESSCHE, *Jurisclasseur administratif, op. cit.*, p.32.

272) 例えば、最寄りの中学が住居から遠いために学業継続が困難であると申請者が主張したケースにおいて、そうした状況が子の出身国においてよくみられた状況であることを理由に、行政機関が部分的呼寄せを拒否することは、子の利益をはかるものではないとした判決がある。TA Amiens, 19 décembre 1996, *Silly Kante c/ Préfet du I'Oise*, req. n° 961613.

273) Conclusion Mme Martine DENIS-LINTON sur *Agyepong*, CE, Ass., 2 décembre 1994, *RFDA*, 1995, p.86.

274) Florence POIRAT avec la collaboration d'Albane GESLIN, «Jurisprudence française en matière de droit international public», *RGDP*, tome 106, 2002, p.458.

て、フランス国民の外国人配偶者・未成年者と同様に、難民の配偶者・未成年者は、「家族呼寄せ」手続には服さず、その存在が公の秩序への脅威を構成しないことを条件に、CESEDA L.314–11条の正規在留許可手続に服する（同条8°）。それはより保護的であることの証左である[275]。

1951年の難民に関するジュネーヴ条約には、難民資格申請者の家族の一体性に関する規定は何ら存在しない。難民家族の一体性の原理は、全会一致で採択され、同条約とともに公表された難民・無国籍者の地位に関する国連全権会議最終議定書[276]に規定された法文[277]に対するコンセイユ・デタおよび特別行政裁判所であるCRR（現CNDA）の解釈から生じている。

この原理は、難民の配偶者等は、自ら個別的に難民認定されない場合や、個別的に難民の地位を求める場合でなくても、難民の配偶者として、難民自身と同一の保護を受けることを内容とするものである。つまり、難民の配偶者等には、ジュネーヴ条約が基本としている迫害の脅威の個別的審査が課されることなく、いわば迫害の脅威の存在が推定されるというものである[278]。それゆえに、難民の家族構成員は、難民と同様に難民資格が認定され、難民と同じ10年有効の正規在留許可証が付与される（CESEDA L.314–11条8°；同L.311–2条2°）。

したがって、この原理が適用される限り、ジュネーヴ条約の適用が停止するケースの一つとして同条約1条C(5)が規定する難民認定の根拠となった事由が消滅し、「国籍国の保護を受けることを拒むことができなくなった場合」、その効果は、当該難民のみならずその家族構成員についても同様に及ぶと考えられるから、在留許可証の更新拒否等もまた全家族構成員に妥当するものといえる。

CRRは、非常に早い段階で、しかも一貫して、難民家族の一体性の原理を承認していた。

---

275) 無国籍者にも、難民と同様の条件で正規在留許可証が交付される（同条9°）。

276) 議定書の名称は、L'acte final de la conférence de plénipotentiaires des Nations Unies sur le statut des réfugiés et des apatrides である。*RTNU*, vol., 189, n° 2545.

277) 同議定書は、次のように規定している。「社会の自然的かつ基本的な要素である家族の一体性は、難民の本質的な一つの権利であるが、この一体性が絶えず脅威にさらされていることを考慮し、……とくに、1)とりわけ、家長がある国への入国に必要な諸条件を充足した場合には、難民家族の一体性の維持を確保し、2)……未成年の難民、とりわけ離別した子女の保護を確保するために、難民家族の保護に必要な諸措置をとることを政府に勧告する。」D. ALLAND, *Textes du droit d'asile, op. cit.*, p.23.

278) Laurent TOUVET et Jacques-Henri STAHL, *AJDA*, 1994, p.882.

386　第Ⅱ章　家族呼寄せ権

　他方、破毀裁判所として関与するコンセイユ・デタは、1994年12月2日の大法廷判決である*Agyepong*判決[279]で、外国人に適用される法の一般原理――「正常な家族生活を営む権利」――の存在と併行して、家族生活の尊重のもとに「難民に適用される法の一般原理」[280]として「家族一体性の原理」が存在することを承認した。

(B) この原理の適用の制限

　(a)　ジュネーヴ条約の規定および解釈からする制限　　コンセイユ・デタは、まず、同条約1条A項(2)の難民の定義、とくに「国籍国の外にいる者であって、その国籍国の保護を受けることができない者または……国籍国の保護を受けることを望まない者」という一節を根拠に、配偶者は難民と同一の国籍を保持していなければならないとの条件を課している[281]。この同一国籍保持の条件は、迫害が国境を越えて行われ、国籍の異なる者同士の婚姻が考えられる現代的状況においても、妥当性を保ちうるか疑問も残る。

　つぎに、コンセイユ・デタは、難民資格の申請者を、ジュネーヴ条約の適用されない者を列記している同条約1条F項の対象者[282]でない者に限定している。つまり、配偶者に難民資格が付与されたとしても、同条約の適用除外に該当する者は、その配偶者との家族結合の原理を主張できないということである[283]。これは、ジュネーヴ条約と、国連全権会議最終議定書から引き出された難民家

---

279)　CE, Ass., 2 décembre 1994, *Agyepong*, req. n° 1122842; conclusion R. ABRAHAM, *RFDA*, 1995, p.86; L. TOUVET et J.-H. STAHL, *op. cit.*, p.878. ただしこの判決は、Agyepong夫人が、夫との「夫婦関係（lien matrimonial）」を十分に証明しなかったとして、家族一体性の原理を主張する彼女の訴えを退けた。同夫人は、同時に、夫によって認知された難民の子の母としての資格でも訴えていたが、それも、難民の地位を付与するには不十分なものとされた。なお、同夫人は、自分自身への個人的迫害の脅威も主張していたが、CRR判決の事実認定に沿って、これも退けられている。

280)　他にも難民に適用される法の一般原理としては、難民の出身国へのノン・ルフルマンの原則の適用（CE, *Bereciartua Echarri*, 1er avril 1988, « Les grandes arrêts de la jurisprudence administrative », *op. cit.*, p.726)、難民資格申請者の申請に対して判断が下されるまでの一時的在留権（CE Ass.,13 décembre 1991, *Nkodia, op.cit.*）があげられる。

281)　CE, Ass., *Agyepong, op. cit.*

282)　同条は、(a)平和に対する犯罪、戦争犯罪および人道に対する犯罪に関して規定する国際文書の定めるこれらの犯罪を行った者、(b)受入国において難民認定される以前に、受入国以外で、普通法上の重大な犯罪（政治犯罪を除く）を行った者、(c)国際連合の目的および原則に反する行為を行った者、には適用されないこと、すなわちその保護から排除されることを規定している。

283)　CE, 24 octobre 2001, *Wingi Diamawete*, req. n° 211309.

族の一体性の原理という法の一般原理との間の規範的効力の問題という形でも現れてくるが、コンセイユ・デタは、前者のジュネーヴ条約の優位性を承認したのである。したがって、難民資格の取得条件である家族一体性の原理は、1951年のジュネーヴ条約の適用領域から排除されない者にしか適用されないのである[284]。

(b) **家族構成員の範囲からする制限** 外国人家族の場合と同様に、難民家族の範囲も限定的である。CRRは、1950年代後半の一連の判決で、配偶者、未成年の子、そしてこれまでは迫害の脅威が非常に「間接的なもの (indirecte)」として、排除されていた尊属についても、扶養下にあることを条件に、この原理を順次適用し、難民資格を付与してきた[285]。1981年には、保護の範囲を、内縁者にまで広げている[286]。ただし、両者の関係が、多重婚[287]や不倫の内縁関係[288]のように合法的でない場合には、この原理が適用されないことを明らかにしていた。

他方、コンセイユ・デタは、難民家族に対して、厳格な概念付けを採用してきたといえるが、それは、20世紀後半以降のフランスにおける一般的な家族形態である核家族をイメージしたものと説明される[289]。しかし、前述した1999年の*Agyepong*判決では沈黙していたといえる内縁者に対して、1997年5月21日の*Gomez Botero*判決[290]で、「難民に適用される法の一般原理は、……難民と家族を形成するために十分に安定的かつ継続的な関係 (liaison suffisamment stable et continue) を保持することを課している」と述べ、法律婚か、内縁かを問うよりも、両者の関係の合法性や現実性に重点を置く姿勢へと転換したといえる[291]。

---

284) F. POIRAT, *op. cit.*, p.459.

285) 1957年3月12日の*Baselga*判決（req. n° 1474）で配偶者、1958年3月27日の*Atanasio Meijas*判決（req. n° 1778）で未成年の子、1959年12月3日の*Rubio*判決（req. n° 3584）で扶養下にある尊属へとこの原理を拡張していった（ただし、1995年10月16日の*Mme Veuve Nadarajah*判決〔req. n° 176883〕で、孫・ひ孫への適用は否定され、これはコンセイユ・デタによっても確認された）。F. POIRAT, *op. cit.*, p.458, note 5; *AN, Rapport, n° 817, op. cit.*, p.25.

286) CRR, 2 juin 1981, *Adhietty*, req. n° 11995.

287) CRR, 29 novembre 1993, *Temur, Rec., CRR*, p.95.

288) CRR, 22 juillet 1994, *Woyakana Shako, Rec., CRR*, p.67.

289) L. TOUVET et J.-H. STAHL, *op. cit.*, p.882.

290) CE, 21 mai 1997, *Gomez Botero*, conclusion Mme DENIS-LINTON, *Rec., CRR*, p.58.

388 第Ⅱ章 家族呼寄せ権

共同体レベルでは、2003年1月27日の指令が、「家族構成員」を、「庇護申請者の配偶者、締約国の立法または慣行が、外国人に関する立法によって、婚姻カップルに留保される取扱いと同様の取扱いを非婚カップルにも留保している場合は、安定的関係にある非婚パートナー」（2条d)i)）および「婚姻から生まれたか、婚姻外で生まれたかもしくは養子縁組されたかを問わず、国内法に従って、未婚かつ扶養下にあることを条件として、i)で対象とされたカップルまたは申請者の未成年の子」と定義している（同ii)）。

また、2004年4月29日の指令は、「家族構成員」について、難民の地位または補完的保護によって付与される地位の享有者の配偶者、または加盟各国の立法または現行の慣行が非婚カップルの身分を、外国人に関する権利の枠組みのなかで婚姻カップルの身分と同等に扱っている場合には、安定した関係(relation stable)にある非婚カップルのパートナー、およびこれらの者の子で、独身で扶養下にある未成年の者（婚内子か婚外子は問わない／国内法の定義する養子も含む〔2条h〕）と、2003年の指令と同様の規定を置いており、公の秩序または国家の安全保障に結び付く切迫した理由（raisons impérieuses）によって対抗する者でない限り（24条）、加盟各国に対してジュネーヴ条約によって規定される家族の一体性の維持に配慮することを求めている（23条）。

(c) 家族関係の形成時期からする制限　　コンセイユ・デタは、先の*Agyepong*判決で指摘したように、十分に安定的かつ継続的な関係が、難民としての入国申請時に存在していなければならないことを求めた。つまり、配偶者間の夫婦関係が、難民がその地位を申請した日時以前に成立していなければならないということである。これは、詐欺的な難民申請を抑止するためのものといえる。

難民の家族呼寄せについても適用されることを規定している（9条1項）2003年9月22日の「家族呼寄せ」指令も、他の家族呼寄せ一般の場合と異なり、難民についてはその家族関係が、入国以前に形成されていなければならないと規定している（9条2項）。

---

291) この判決は、「難民と婚姻によって結び付けられた（uni(e)par le mariage à un réfugié)」という表現を使っており、いわゆる「内縁関係」については明確に判断を下していない。そこで、この表現は、広く解釈されうると指摘するものもある。L. Touvet et J.-H. Stahl, *op. cit.,* p.882.

(2) 家族単位の一体性維持から導かれる権利

家族生活の「正常性」は、単に、離散していた家族の再結合を求めるだけでなく、家族構成員が強制的送還措置にさらされている場合（①）や、家族生活に値する物質的条件が充たされないとき（②）にも、危殆に瀕する。したがって、これらに対応する権利の保障が重要な要素となってくる。

① 送還を免れる権利

送還措置には、通常、OQTF、政治犯罪人引渡し、国外退去、国外追放、そして亡命審査責任国への再入国手続が含まれる（詳しくは、第1章4節1(2)①(B)参照）が、外国人の家族生活の尊重の権利との関係では、とりわけ、OQTFと国外追放が関わってくる。こうした送還措置の妥当性を争うために、とくに援用される機会が多いのがさまざまな国際的取極めである。

在留が適法でも、フランス領土におけるその存在が、公の秩序に侵害をもたらす場合に適用されるのが、国外追放である。それに対して、フランスでの在留が非合法な者に適用されるのが、OQTFである。いずれの送還措置も、家族生活の尊重の権利に対する侵害の可能性はあるが、OQTFの場合には、権利侵害は例外的なものとして取り扱われるのが一般的である。というのは、OQTFは、違法在留を終了させるものにすぎず、また、出国の効果としても、例外的にしか、正常な家族生活の尊重の権利を侵害しないものと考えられるからである。それは、出国させられても、当該外国人がその家族と外国で家族生活を営むことができ、また、一度出国させられても、入国禁止措置（Interdiction de retour sur le territoire français : IRTF）が付加されない限り、正規の書類等を備えれば再入国することも可能で、家族関係の断絶は一時的なものにとどまることによる。

他方、欧州人権条約には、直接、送還措置を規制する規定それ自体は存在しない。しかし、こうした措置が結果として人権条約で保障された権利の行使に侵害をもたらす場合には、いわゆる「はね返り（リバウンド）効果」として同条約が送還措置にも適用される[292]。

欧州人権条約8条との関連では、とりわけ親子関係における子の最善の利益

---

292) この効果に関しては、序章注194参照。とくに、同条約3条に関してこの効果が援用される。F. Sudre, *La Convention européenne des droits de l'homme, op. cit.*, p.91.

390   第Ⅱ章　家族呼寄せ権

が尊重されることも指摘される[293]。親子関係は、家族生活の基礎であり、一般的にいって、家族生活の尊重の権利は、国家に対して、子の最善の利益に配慮することを条件として、親と子を結合させるに適した措置を採る積極的義務を課しているものと考えられるからである[294][295]。

②　物質的保障の権利ないしは社会的保護の権利

　コンセイユ・デタは、1978年の *GISTI* 判決のなかで、「正常な家族生活を営む」権利を、「法の一般原理」として承認した。判決は沈黙しているものの、この原理は、単に家族の一体性を維持・確保する権利という枠組みを超え、他の側面、すなわち、「家族の発展に必要不可欠な基礎的物質的諸条件」に対する面をともなうものであることが権威ある注釈書のなかで指摘されていた[296]。

　物質的保障の権利は、家族生活の「正常性（通常性）」を介して理解され、「それが欠ければ家族生活が営めない諸事項に対する権利」[297] である。一般的には、教育、社会的保護 (protection sociale)、法の下の平等等がその対象となる[298]。

　こうした「社会的な法の一般原理 (principes généraux du droit en matière sociale)」の承認は、マージナルな状態に置かれているために保護の枠外に置かれるカテゴリーの者に対して、法文による保護の適用範囲を拡張することを可能にするものである[299]。このカテゴリーには、外国人家族も含まれる。

　解釈の方向としては、1946年憲法前文10項から「家族」の社会的保護の原理を引き出す拡張的立場と、例えば、「すべての者」に健康の保護や物質的安全等を確保する国の責務を規定する同憲法前文11項のような別の条項による保障を家族にも及ぼす立場が考えられる。後者の場合、前文11項以外にも根拠としてあげられる法文には、「女性」を対象とする性に関する平等原理（3項）、

---

293)　*Id.*, p.108.

294)　*Id.*

295)　子どもの権利条約3条1項の子の最善の利益の保護の観点から、外国籍の親の送還措置をコントロールする行政判例の検討については、Fabrice LANGROGNET, « L'intérêt supérieur de l'enfant lors de l'éloignement des étrangers », *RFDA*, 6, novembre-décembre 2014, p.1131 参照。

296)　M. LONG, P. WEIL, G. BRAIBANT, P. DELVOLVÉ, B. GENEVOIS, *op. cit.*, p.609; J. MASSOT, *op. cit.*, p.245.

297)　H. LABAYLE, «Le droit de l'étranger à mener une vie familiale normale», *op. cit.*, p.529.

298)　*Id.*

299)　M. LONG, P. WEIL, G. BRAIBANT, P. DELVOLVÉ, B. GENEVOIS, *op. cit.*, p.618.

第4節　権利の内容・限界と裁判的コントロール　391

「各人」を対象とする雇用もしくは労働の権利（5項）、「すべての人」に対する組合活動の自由（6項）、「すべての労働者（tout travailleur）」による参加原理（8項）、「すべての者（tous）」、「子」、「母親」および「老齢の労働者（vieux travailleurs）」の物質的安全（sécurité matérielle）の権利（11項）、「子」および「成人」に対する公教育の原理（13項）がある[300]。これ以外に、外国人の物質的保障の権利はとくに国民との平等取扱いの問題に深く関わってくることから、法律の前の平等を定める1789年の人権宣言6条や1958年憲法1条の平等原理[301]などがあげられる。

　両者を比較した場合、前者の拡張的立場よりも、後者の行き方のほうがよりよい解決策を提供するものと指摘される[302]が、おそらくそれは、解釈上前文10項に余りに多くの負荷をかけることなく、また、「フランス国民」を権利の享有者として限定していないことから、保護の対象者を広げる余地が出てくるためであろうと思われる。こうした解釈の方向付けには、フランス憲法に伝統的な普遍主義的性向が読み取れる。

　例えば、コンセイユ・デタは、1989年6月30日の*Bureau d'aide sociale de Paris c/ Lévy*判決[303]で、親の教育休暇手当て（allocation de congé parental d'éducation）の受給に関して、平等原則を根拠に、パリ市が行った外国人家族とフランス国民の家族との差別的取扱いを無効としている。

　憲法院も、1990年1月22日の判決[304]で、国民連帯基金（fonds nationaux de solidarité）の補充手当は、共同体規則または相互主義原則を定める国際条約の適用による場合しか、外国人に支払われないと規定する社会保障基金法典の規定の合憲性について審査した際、この手当は、「老齢者、とりわけ労働しえなくなった者」に、「その出身は何であれ、必要最低限の生活費を保障する」ためのもので（判決理由34）、フランスに正規に在留する外国人をこの手当の受給

---

300)　1946年10月26日憲法前文の諸条項に関する判例の分析と動態に関しては、P. TERNETRE, *op. cit.*参照。

301)　両条文は、「すべての市民（tous les citoyens）」に法律の前の平等を保障する規定の仕方であるが、政治的諸権利に関するものを除く他の領域では、市民に保障が限定されるものではない。

302)　M. LONG, P. WEIL, G. BRAIBANT, P. DELVOLVÉ, B. GENEVOIS, *op. cit.*, 10ᵉ éd., 1993, p.690.

303)　CE, 30 juin 1989, *Bureau d'aide sociale de Paris c/ Lévy, Rec.*, 157.

304)　Décision n° 89–269 DC du 22 janvier 1990, *Rec.*, 33.

392 第Ⅱ章 家族呼寄せ権

から排除することは、憲法上の平等原則に反すると判断した（判決理由35）。この判決は、前文10項の拡張的解釈いかんに関わるものではなく、また、家族生活の保護を対象とするものでもないが、前文11項[305]を念頭に、外国人に平等原則を及ぼす方向性を示すものといえよう。こうした方向性は、1993年判決においても確認されるところである（判決理由115〜134参照）。

2 権利行使の要件と裁判的コントロール

ここでは、正常な家族生活の権利の行使に関する制約と裁判的コントロールを取り上げるが、まずは、この権利に関する国内および欧州レベルでの裁判的コントロールのあり方について概説したうえで（(1)）、入国・在留と送還のそれぞれ（(2)および(3)）において、「公の秩序」と「社会的保護」からするこの権利行使の要件と裁判的コントロールの検討を加えていく。

(1) 概説
① 国内裁判所によるコントロールのあり方

コンセイユ・デタは、1978年の *GISTI* 判決のなかで、正常な家族生活を営む権利は、「一般利益」と調整されなければならないことを認めていた。この判決で示された一般利益とは、「公益」のことであり、「公の秩序」の擁護と「外国人およびその家族の社会的保護」を含んでいる。

憲法院も1993年8月13日の判決で、家族呼寄せ権は、憲法的価値を有する「公の秩序」と「公衆衛生の保護（protection de la santé publique）」から生ずる制約のもとに行使できると述べ（判決理由70）、外国人の正常な家族生活を営む権利が絶対的なものでないことを明らかにしている。

CESEDAも、こうした観点から、つぎの(2)①で検討するように、家族呼寄せが認められない要件を課している。

とくに、「公の秩序」による規制は、国家主権の行使の発現形態といえ、かつては国民と外国人との差別を正当化するものであったが、立憲民主制を組み込む法治国家においては、その評価も法的コントロールの対象となることはい

---

305) 11項は、「国は、すべての者、とりわけ子、母親および老齢の労働者に対して、健康の保護、物質的な安全、休息および余暇を保障する。年齢、肉体的または精神的状態、経済的状態によって労働しえなくなった者はすべて、生存にふさわしい諸手段を公共体から受ける権利を有する」と定めている。

うまでもない。事実、行政裁判官は、「脅威の現実性（réalité de la menace）」に関するチェックを行い[306]、また、「仮定的で論拠の乏しい脅威（menace hypothétique et faiblement étayée）」による処分は取り消すのである[307]。

② CEDHによるコントロールのあり方

欧州人権条約は、8条2項で、家族生活への公的機関（autorité publique）[308]の介入（ingérences）[309]を正当化するための二つの要件を課している。それは、介入が法律（loi）によって規定されなければならないことと、その介入が、「民主的社会における」「国家の安全」をはじめ、公共の安全、国家の経済的福利、無秩序の防止、犯罪の防止、健康の保護、道徳の保護、他者の権利・自由の擁護という、2項に限定的に列挙されている八つの「正当な目的（but légitime）」をみたすために必要なものでなければならないことである。とくに前者の法定の介入に関しては、国際法の領域で伝統的に用いられてきた解釈手法に反して、「法律」を制限的・形式的に解釈せず、実質的にその用語を理解しなければならないとの立場を採っている。それゆえに、単に議会によって可決された法文だけが法律の効力を有するのではなく、法律に上位するか否か、文書化されているか否かにかかわらず、十分にアクセスでき、認識可能な法的根拠が存在しているかどうかが審査されることになる。

CEDHは、こうした「合法性（légalité）」、「正統性（légitimité）」、そして「必要性（nécessité）」という三つの準則に従ってコントロールを行うものとされている[310]。具体的には、まず、締約国が援用する目的が正当であるかどうかを審査し、正当であると認めると、つぎに、介入に法律上の根拠があることを審

306）　例えば、CE, 7 octobre 1996, *Préfet de police de Paris c/ Ferchach*, req. n° 177082 参照。このケースでは、学生としての在留資格の更新申請を拒否し国外退去処分を課すために、1年近く講義を受けなかったことを隠し虚偽の成績表を提出した原告の行為を、パリ警視総監が公の秩序への脅威をなすものと根拠付けたことが、法的過誤として取り消された。

307）　Conclusion R. ABRAHAM sous CE, 4 juillet 1997, *Bourezak*, *RFDA*, p.815. このケースに関しては、後注340参照。

308）　この概念もそれ程明確なものではない。その結果、司法機関、警察機関、軍隊、税関・税務署、行刑施設も含まれるし、国家レベルのみならず、地方レベルの機関、例えば市長なども含まれている。Chronique de jurisprudence européenne comparée, *op. cit.*, p.1144.

309）　「介入」とされるには、それがどのような形態をとるかにかかわらず、明示的であろうとなかろうと、関係人の同意なく強制的に行われるものでなければならない。*Id.*, p.1145.

310）　Y. STREIFF, *op. cit.*, p.42.

査したうえで、最後に、追求される目的と採用された手段との必要性と比例性〔均衡性（proportionnalité）〕について詳細な検討を行うのである[311]。

さらに、CEDHは、国家の介入を排除するという消極的な義務のみならず、同じく8条を根拠に、締約国に対する明確な積極的義務の存在を確認している。例えば、*Marckx*判決中で、「8条は、まずは、2項で述べられている厳格な諸条件の下でしか、国家がこの権利（1項の家族生活の尊重の権利――著者）の行使に干渉することができないことを意味している。……それは、『本質的に（essentiellement）』、公権力の恣意的介入から個人を保護することを目的としている。しかしながら、同条は、国家に対してこうした介入を抑制するよう強制するにとどまるものではない。こうしたどちらかといえば消極的な責務に、家族生活の効果的『尊重』（"respect" effectif de la vie familiale）に内在する積極的な義務を加えることができるのである」（§31）と明確に指摘し、親子関係の正常な発展を可能とするよう国家が行動すべきことを求めている[312]。

問題は、この積極的義務として具体的に何を認識するかということにある[313]。

外国人に対するこの義務として考えられるものに、正規に在留している外国人労働者の家族呼寄せの承認がある。しかし、これについて、CEDHは、*Abdulaziz*判決のなかで、「明確に確立した国際法上の原則から、国家はその領土内への国民でない者（non-nationaux）の入国をコントロールする権限を有しており」（§67）、「8条は、婚姻した夫婦の共同住居の選択を尊重し、国民ではない配偶者の領土への居住を受け入れる一般的責務を締約国に課すものと解釈されることはできない」（§68）と判旨し、国家に対して積極的に家族呼寄せを承認する責務を課してはいない。

③ 欧州判例の国内への影響

国内において、行政機関は、一般的に、外国人の入国、在留、出国に関して広い裁量権を有する。それゆえに、行政裁判官は、これに関してなされた行政機関の警察措置に対して、最小限のコントロール〔限定的コントロール〕[314]し

---

311)　*Id*; Chronique de jurisprudence européenne comparée, *op. cit.*, pp.1147-1152.

312)　この立場は、それ以後の判決でも踏襲されている。例えば、CEDH, *Abdulaziz, op. cit.*, §67参照。

313)　CEDH, *Gül, op. cit.*, §37.

314)　行政裁判官による適法性コントロールに関しては、序章第2節**2**(1)②参照。

第4節　権利の内容・限界と裁判的コントロール　395

か行使しない。つまり、「権限濫用」や「評価の明白な過誤」等の古典的なコントロールに限定されるのである[315]。

しかし、利害関係を有する外国人によって人権条約8条の家族生活の尊重の権利が援用されている場合は、これにくわえて、CEDH の判例で一般的に通用している「比例性コントロール」――最大限のコントロール――を行使し、なされる決定・措置が、追求される目的との関係で、家族関係に対して過度の侵害をもたらしていないかどうかという準則に従って判断されることになる。具体的にいえば、

(ⅰ)家族関係の性質と緊密さ、

(ⅱ)警察措置がそれにもたらしうる侵害の程度、

(ⅲ)一般利益、とりわけ公の秩序にとって、領土における当該外国人の存在が構成する危険性、

の三つの要素が比較考量されるのである[316]。

未成年の子がいるときは、こうした均衡性の尊重に、子どもの権利条約にいう「子の最善の利益」の尊重が付け加えられることになる。

(2)　入国・在留に関して

通常、家族呼寄せは、三つの手続段階を経る。

最初の手続は、申請と許可に関するものである。国内に正規に在留する外国人は、1976年4月29日のデクレを原型とする CESEDA が法定する諸要件を充足したうえで、県知事等に家族構成員の呼寄せを申請する。仮に法定の諸要件が充足しない場合でも、とくに、人権条約8条によって保障された家族生活の尊重の権利に対して均衡を欠く侵害がもたらされないかどうか、子どもの権利条約に従って、子の最善の利益を図っているかに配慮したうえで、県知事等は可否を決定する[317]。

---

315)　こうした限定的コントロールが適用されるのは、CESEDA L.521-2条および L.521-3条の規定により、通常は国外追放の対象とはならない者に対する追放決定に対してである。追放措置が、「絶対的に緊急な場合」または「国家の安全ないしは公共の安全にとって切迫した必要性のある場合」には、両規定の適用除外を規定する L.522-1条および L.521-2条が適用されて、通常は国外追放とならない者が追放の対象となるには、通常のコントロールを行使するというのがコンセイユ・デタの確立した判例である。ただし、18歳未満の外国人は、上述の場合でも、国外追放の対象とはなりえない（同 L.521-4条）。

316)　F. JULIEN-LAFERRIÈRE, *op. cit.*, p.294.

つぎに、呼び寄せられる家族構成員が、自国にあるフランスの領事機関に対して、入国ビザを申請する。この際、県知事等によって発せられる事前の呼寄せ許可があっても、入国ビザは免除されない。

最後に、県知事等による在留資格の交付である。

こうしたすべての段階で、裁判的コントロールが問題となりうる。

①　権利行使の要件（制約原理）

CESEDA は第Ⅳ章『家族呼寄せ』のなかの L.411–1 条以下で、家族呼寄せが認められる諸要件を定めている。まず、呼寄せ側の在留外国人によって充足されるべき条件としては、

(i)少なくとも 18 か月以上正規にフランスに居住すること（L.411–1 条）、

(ii)家族を養うための安定的かつ十分な収入を有すること（L.411–5 条 1°）、

(iii)地理的に同じ地域で（dans la même région géographique）生活する類似した家
　　族にとって通常（標準）と考えられる住居を有すること（同条 2°）、

(iv)共和国の諸法律に従って、受入国であるフランスにおける家族生活を規律す
　　る本質的諸原理（principes essentiels）に服すること（同条 3°）、

である。

つぎに、呼び寄せられる家族構成員によって充足されるべき要件としては、

(v)その存在が公の秩序に対する脅威を構成しないこと（同 L.411–6 条 1°）、

(vi)国際衛生規則（règlement sanitaire international）に登録された疾病に罹ってい
　　ないこと（同条 2°）、

(vii)フランスに居住する家族構成員でないこと（同条 3°）、

である。

以上の要件を充足した場合に、権限を有する行政機関（同 L.421–1 条）（県知事またはパリ警視総監〔同 R.421–20 条〕）によって家族呼寄せが認められるが、とくに、(ii)および(iii)に関しては、申請者の居住地または居住予定地のコミューンの市町村長が確認することになっている（同 L.421–2 条）。また、市町村長は、(iv)に関する理由を付した意見書を提出することができる（同 L.421–3 条；同 R. 421–19–1 条）。

こうした諸要件は、以下で検証するように非現実的なものも多く、これによ

---

317)　Conclusion R. Abraham sous CE, 4 juillet 1997, *Bourezak, op. cit.,* p.816; CE, *Cinar, op. cit.*

って逆に、違法移民を作り出しているとも指摘される[318]。

　なお、上記の諸要件を充足し、在留資格を与えられた配偶者であっても、つ
ぎの場合には、その資格が再問題化する。すなわち、最初の在留資格の交付後
3年以内に、呼寄せを申請した外国人との共同生活が、死亡によらず断絶した
場合には、資格の撤回または更新が拒否されうる（同 L.431-2 条）し、多重婚の
外国人申請者が、すでに最初の配偶者とフランスで生活している場合には、合
流する他の配偶者の在留資格は拒否または撤回される（同 L.411-7 条）。この際、
サンクションとして、当該外国人申請者の在留資格も同様に撤回される（同）。

　また、16 歳以上 65 歳以下の外国人が呼び寄せられるときには、その者のフ
ランス社会における共和主義的統合（intégration républicaine）を準備するために、
居住国において、フランス語と共和国の諸価値（valeurs de la République）の認
知レベルの評価が行われ、必要と認められる場合には、2 か月を越さない期間、
居住国での研修が課され、この修了証書を提出しない限りビザは発行されない
（同 L.411-8 条）。これは、2007 年のオルトフ法によって付加されたものである。

　ここでは、上記の諸要件を「公の秩序」と「社会的保護」の二つの制約原理
の観点から分類し、それぞれについて検討を加えていく。

(A)　「公の秩序」からするもの

　この制約原理に関するものとしては、上記の(i)、(v)、(vii)があげられる。

(a)　(i)の正規の在留期間について　　憲法院は、1993 年 8 月 13 日の判決で、
1946 年憲法前文 10 項から、「その居住が、安定的かつ正規である外国人は、
国民と同様に、正常な家族生活を営む権利を有する」と述べ、この権利の行使
を、在留の安定性と正規性に結び付けていた（判決理由 69 および 70）。この判決
の下敷きとなった 1978 年 12 月 8 日のコンセイユ・デタの *GISTI* 判決も、「正
規に居住している外国人」に対して、国民と同様にこの権利の享有を認めてい
た。

　正規の在留期間は、政権が交代するごとに改められるのが常であったが、現
行の CESEDA では 18 か月となっている（同 L.411-1 条）。審査に要する期間を
考慮して、申請は、在留期間の要件を充たす日時の 6 か月前に提出することが
できる[319]。

---

318)　H. LABAYLE, « Le droit de l'étranger à mener une vie familiale normale », *op. cit.*, p.533.

398 第Ⅱ章 家族呼寄せ権

申請者は、正規在留許可証または一時在留許可証を保持していなければならない（同R. L.411-1条）。

1993年の憲法院判決は、学生の資格でフランス領土に居住する外国人に対して家族呼寄せを禁止していたパスクワ法の規定を無効とした（判決理由74）が、学生には、(ii)の要件の所得の安定性の欠如を理由に、ほとんど無条件にその申請を退けることができるものと思われる。

(b) (v)の公の秩序に対する脅威について　これは、外国人法のほぼすべてに見出すことのできる要件である。入国以前にフランスの公の秩序への脅威を問題とするのは、多重婚に該当したり、犯罪歴が多い場合などを除けば、その評価基準が明確でなく、恣意的運用の危険性がつきまとう。

それゆえに、この概念は、厳格に理解されるべきものとされる。すなわち、当該外国人の個人的行動に結び付く脅威でなければならず、例えば、申請者の居住している市町村ではすでに移民の割合がきわめて高いといった事実に結び付く経済的・社会的秩序を考慮に入れることは許されない[320]。同様に、居住地区での社会的な受入れの困難さや排除の危険性の存在というようなすべての家族が経験しうる理由は、申請拒否を正当化する公の秩序に対する脅威を構成しない[321]。

この要件をめぐって最も問題となるのは、多重婚に関してであるが、これについては、すでに本章第1節2で検討した。

(c) (vii)のフランス領土内に居住していないことについて　この要件は、家族呼寄せ手続の濫用を阻止しようとする立法者の意思を表している[322]。すなわち、旅行ビザで入国した後、その在留が正規化されることを防ぐ目的を有しているのである。1976年当時はこの要件がなかったため、入国してきた外国人の事後的な正規化が行なわれていたが、違法移民の温床となっただけでなく、移民家族の構成員の大部分がそのままフランス領土にとどまったことから、1984年12月4日のデクレ（いわゆるデュフワ〔DUFOIX〕デクレ）によって、これが家

---

319) Circulaire du 9 juillet 1998, IV. B-1, *JO*, 9 novembre 1994, p.15939.

320) GISTI, *Le guide de l'entrée et du séjour des étrangers en France*, 1995, *op.cit.*, p.162.

321) TA Rouen, 12 août 1996, *Moustakil c/ Préfet de Seine-Maritime*, n° 951373.

322) X. VANDENDRIESSCHE, *Le droit des étrangers, op. cit.*, p.49; du même auteur, *Jurisclasseur administratif, op. cit.*, p.31.

族呼寄せの要件の一つとして取り入れられ、その後 1993 年 8 月 24 日のパスク
ワ法によって 1945 年のオルドナンスなかに移しかえられ、その後の法典化に
より現在に至っている。

この要件が課されることによって、たとえ配偶者がすでにフランスに正規に
在留している場合であっても、家族呼寄せでの在留資格を得るためには、一度
出身国に帰国しなければならないことになる。

ただし、行政機関は、この要件に関して羈束的権限しか有さないとされるの
ではなく、家族構成員が分断されてしまう場合や、疾病・医療状況によっては、
「その場での〔sur place〕」家族呼寄せを承認することもできる[323]。それゆえに、
行政機関は、とりわけ、呼寄せの拒否が、正常な家族生活に対する利害関係者
の権利に均衡を欠く侵害をもたらすものでないか、子の最善の利益を図るもの
であるかを吟味することが必要とされるのである[324]。

正規に居住している外国人が、1 年有効の一時在留許可証しか保持していな
い外国籍の者と結婚した場合、後者の外国人は入国手続を経ることなく、家族
呼寄せを受けることが認められうる（CESEDA R.411–6 条）。

(B) 「社会的保護」からするもの

この制約原理に関するものとしては、上記の(ii)、(iii)、(vi)が関わってくる。

(a) (ii)の安定的かつ十分な収入について　　ここでは、収入の「安定性」と「十
分さ」が問われる。

まず、安定性に関してであるが、この要件の充足性を判断するために、行政
機関は、申請者の過去および将来の職業活動に関する審査を行うことになる[325]。
そこでは、期間の定めのある雇用契約や解雇計画の情報は、申請の拒否を招き
うる。しかし、申請者が、申請に先立つ 12 か月に得た十分な所得を証明する

---

323)　例えば、家族構成員の個人的援助を必要とする家長の病気または重大な障害が生じた場合や、
すでに部分的家族呼寄せが行なわれ、家族構成員を分断しないことが必要とされる場合などが
あげられる。X. VANDENDRIESSCHE, *Le droit des étrangers, op. cit.*, p.49; GISTI, *Le guide de
l'entrée et du séjour des étrangers en France*, 1995, *op. cit.*, p.162.

324)　前出 *Cinar* 判決（本章第 3 節 3(1)④(B)）参照。

325)　1994 年 11 月 7 日の通達は、申請者がその状況に応じて提出しなければならない書類を列記
している。それによれば、給与生活者は、最新の課税通知書、申請に先立つ 1 年間に受け取っ
た所得を証明する給与明細書を添付した雇用者作成の労働証明書を提出しなければならない。
GISTI, *op. cit.*, 1995, p.159.

400 第Ⅱ章 家族呼寄せ権

以上、臨時雇用もしくは期間の定めのある雇用契約であっても、当然に申請拒否に向かうべきではないものとされる[326]。

フランスに在留する外国人学生の家族呼寄せが拒否されるのは、この要件の充足が困難なためである。というもの、学生は1年を越える在留許可証を保持することはできないことから、学生の雇用契約も、1年を越えない暫定的なものにとどまる結果、いかなる安定性ももたらさないからである。

つぎに、所得の十分さについてであるが、これを評価するために考慮される最低基準額は、月額SMICである。SMICを基準とするのは、申請者家族がこの額を下回ることによって社会的扶助制度による扶助を受けることがないようするためである。したがって、所得額には、予想される家族手当（prestations familiales）を算入することはできない。複数の所得は、その出所の証明が可能であるとの条件で合算が認められている。

1993年のパスクワ法では、申請者自身の個人所得にかかわるものでなければならないとの要件があったが、1998年のシュヴェヌマン法によって、フランスにいる配偶者の所得も合算できるように修正された[327]。これによってすでにフランスに正規に居住している夫婦が、出身国に残した子を部分的家族呼寄せにより呼び寄せることが可能となる。2003年のサルコジ法でも、この合算方式が維持され現在まで来ている（現行CESEDA L.411-5条；同 R.411-4条）。

なお、収入条件の確認は、つぎの住居条件の確認と同様に、申請者が居住するまたは居住を予定している市町村の長が行う（同 L.421-2条）。

(b) (iii)の標準的な住居（logement considéré comme normal）の確保について　この要件の充足は、外国人家族によるフランス社会への統合が成就したことと浮浪者化しないことを象徴するものである[328]。

この住居要件は、衛生上の条件と居住面積に関する条件とからなる。

前者の衛生上の条件とは、家族の迎え入れを計画している住居に、給水栓、トイレ、そして暖房装置が設置されていることである。

---

326)　*Id.*, p.160.

327)　配偶者がすでにフランスにいる場合、収入不足から社会的扶助を受けていることも考えられる。これによる収入を合算しうるか否かは議論のあるところであるが、現在では、家族手当を算入することはできない（CESEDA L.411-5条1°）。

328)　H. LABAYLE, « Le droit de l'étranger à mener une vie familiale normale », *op. cit.*, p.532.

第 4 節　権利の内容・限界と裁判的コントロール　401

　後者の居住面積は、フランス国民の家族が住居手当を受け取るのに必要な面積基準に相当するものである。2006 年のオルトフ法によって、「地理的に同じ地域」毎に条件が規定されることになったことから（CESEDA L.441-5 条 2°）、現在では、フランス全土を区分けする A 〜 C ゾーン毎に、子どもの数に応じた居住面積が定められている（同 R.441-5 条 1°）[329]。

　申請者は、原則として、その住居の所有者であるか、賃借人もしくは賃貸借契約の当事者でなければならない[330]。ただし、申請者が、安定的かつ適法に住居を占有していることを証明できれば、又貸しや無償による住居使用、さらには両親との同居を排除するものではない。

　求められる住居要件をみたしているかどうかの確認は、その充足を証明する書類を審査することによって、市町村長が行う（同 L.421-2 条）。そのために、市町村の社会問題・住居担当部門の特別に委任された吏員、または市町村長の要求により、OFII の吏員が、住居に赴いてその場で確認する（同）。同吏員は、住居占有者の同意をあらかじめ得ておかなければならないが、拒否されると、呼寄せを可能とする住居要件は、みたされなかったものとみなされる（同条；同 R.421-15 条）。申請者が、必要とされる住居を申請時に有していなかったために確認が行えなかった場合には、他の諸条件が充足され、市町村長が書類に基づいて住居の特性とその保有日時を確認した後でなければ、家族呼寄せは認められない（同）。定められた日に申請者が不在の場合でも、申請拒否の理由とはならないが、新たな日時が設定される。もし再度不在の場合は、住居要件がみたされなかったものとみなされる。確認を求めるための新たな日時の設定は申請者側で行わなければならず、申請者がそれをなさなければ、申請は退けられる[331]。

---

329)　例えば、パリ市が含まれる A ゾーンでは、子どものない家族（2 人）は 22 m²、8 人まで 1人増えるごとに 10 m²、8 人以上は 1 人増えるごとに 5m² が加算される（その他のゾーンでは、子どものない 2 人家族の居住面積が、B ゾーンで 24m²、C ゾーンで 28 m² に増えるものの、その後の加算基準は、A ゾーンと同じである）。かつては、フランス全土を標準にし、例えば、1994 年 11 月 7 日の通達（Ⅲ.C.2.2.）によれば、2 人で 16 m²、以下 8 人まで 1 人増えるごとに 9m² が加算されていた。Circulaire interministérielle du 7 novembre 1994, *JO*, 9 novembre 1994, p.15939.

330)　*Id.*

331)　CE, 2 mars 1998, *Diarra*, req. n° 164096.

402　第Ⅱ章　家族呼寄せ権

　住居条件の充足は、かつては、県知事等による申請の許可決定日に評価されていた。したがって、この日以後の住居の改築等[332]や基準に適した新たな住居の賃借[333]は、拒否決定の合法性に影響を及ぼすものではなかった。しかし、1998年のシュヴェヌマン法で、この要件が緩和され、呼び寄せられる家族がフランスに到来する日を基準日とするものとなった（現行 CESEDA L.411–5条2°）。

　しかしながら、こうした居住要件は、現実とは遊離している。というのも、フランス国民の多くが生活している住居自体が、この要件に照らすと不十分なものに当てはまってしまうものと考えられているからである[334]。

　いずれにせよ、もちだされる基準が、あまりにも機械的に適用されるならば、決して機能しないことを証明してみせるのが、この要件であると評されている[335]。

　(c) (ⅵ)の疾病について　　家族呼寄せは、呼び寄せられる家族構成員が、国際衛生規則Ⅴ章の対象となる疾病（ペスト、コレラ、黄熱病）に罹患しているときは認められない。1998年のシュヴェヌマン法までは、これに加えて、公衆衛生、公の秩序もしくは公安に危害を加える疾病に罹っていないことも加えられていた。したがって、進行性の結核、公の秩序または人的安全（sûreté des personnes）を侵害する麻薬中毒患者および精神障害者が呼寄せから排除されていた[336]が、2003年の第一サルコジ法では削除された。なお、エイズ（SIDA〔後天性免疫不全症候群〕）は、この疾病のなかには含まれていない。

　医療検査証明書の未提出は、呼寄せ申請の拒否をもたらすものの、同証明書の提出の有無は、「公の秩序」への脅威の評価とは無関係なものとされる[337]。

　② 裁判的コントロール

　以上の諸要件を充足の可否により、家族呼寄せの可否を決定する権限を有するのは、県知事またはパリ警視総監である（CESEDA L.421–1条）。県知事等は、申請書の提出から6か月以内に当該申請に対する判断を下さなければならない

---

332)　TA Marseille, 16 octobre 1995, *Al Maskine c/ Préfet des Bouches du Rhône*, req. n° 921189.

333)　TA Marseille, 25 novembre 1996, *Bouamrane c/ Préfet des Bouches du Rhône*, req. n° 96.1447.

334)　GISTI, *op. cit.*, 1995, p.159.

335)　H. LABAYLE, « Le droit de l'étranger à mener une vie familiale normale », *op. cit.*, p.532, note 103.

336)　X. VANDENDRIESSCHE, *Jurisclasseur administratif, op. cit.*, p.31.

337)　CE, 20 mars 1991, *Ministre de l'Intérieur c/ Lamraoui, Rec.*, p.94.

（同 R.421-20 条）。

　決定が可である場合、申請者に書面で通知される。その際、当該家族は、フランス領土への入国のために 6 か月の期間が与えられる。もし、この期間内に、入国しない場合には、期間の延長が認められるときを除いて、知事の決定は失効する（同 L.421-4 条）。

　決定が否である場合には理由が付されなければならない。もし申請の提出後 6 か月を経てもいかなる決定も下されないときは、当該申請は拒否されたものとみなされる（同 R.421-20 条）。

　拒否決定に対しては、序章第 2 節 2(1)①／②でふれたように、行政争訟における二つの制度により争うことが可能である。一つは、知事に対する異議申立てとその上級機関である内務大臣への階層的申立てからなる行政不服申立てであり、他の一つは、行政裁判所への訴訟、すなわち越権訴訟の提起である[338]。

　ところで、越権訴訟によって取消判決が下されても、活動行政に携わる機関がその判決に服さず申請を店晒し状態にしたり、判決を考慮した決定を行わなければ、判決の実効性が損なわれることになりかねない。こうした事態に対処するため、1995 年 2 月 8 日の法律[339] は、行政裁判所に対して、行政機関等に対するアンジョンクション（作為命令）権限を付与した。当初、下級審とは対照的にコンセイユ・デタは、この権限の行使にきわめて慎重であった。しかし、1997 年 7 月 4 日の *Bourezak* 判決[340] において、家族呼寄せの領域で積極的にこの権限を行使した。権利救済の実効性確保とコンセイユ・デタの態度変更とい

---

338)　先にみたように、国内的な訴願手段を尽くした後で、CEDH への提訴という道も残されている。

339)　Loi n° 95-125 du 8 février 1995, *JO*, 9 février 1995.

340)　CE, 4 juillet 1997, *Bouzerak*, req. n° 156298, *RFDA*, 1997, p.815, conclusion R. ABRAHAM. このケースでは、10 年有効の正規在留許可証を有するアルジェリア国籍の Bourezak 夫人が、家族呼寄せ資格で夫をフランスへ入国させようとしたところ、呼寄せ条件はすべてみたされ、県知事も呼寄せを許可していたにもかかわらず、アルジェのフランス領事館が入国ビザの交付を拒否したために、両夫妻が人権条約 8 条違背を理由に、領事への入国ビザの交付を命じ、罰金強制（astreinte）を課す申請をともなう越権訴訟を提起したものである。コンセイユ・デタは、罰金強制は課さなかったものの、8 条違背を認め、領事に対してビザの交付を命ずる判決を下した。本件のように、アンジョンクション手続の枠組みのなかで罰金強制の判決を得ることが困難な理由は、行政に対する善意（bonne foi）の推定であるとされる。CE, 4 juillet 1997, *Bouzerak*, *RDP*, 1998, note P. WACHSMANN, p.283. したがって、罰金強制は、行政の明らかな悪意が示されている場合に限定されることになる。*Id.*

404　第Ⅱ章　家族呼寄せ権

う観点からみて、注目に値する判決であったといえた。現在では、2001年1月1日に導入された急速審理手続によるコントロールが効果的に機能している（これについては、序章第2節2(1)②(B)参照）。

　一般的にみて、コンセイユ・デタは、家族呼寄せによる入国・在留の領域において、これに関する先駆的判決である1978年の*GISTI*判決以来、そのコントロールを強化してきているといえる。

　この領域においても、人権条約8条の適用可能性が問題となる。先にみたように、コンセイユ・デタは、1991年1月18日の*Beldjoudi*判決で、国外追放措置に対する同条の国内的適用を認める判例変更を行い（本章第3節3(1)②参照）、直後の1991年4月19日の*Belgacem*および*Babas*[341]の2件の大法廷判決（本節2(3)②(b)(ii)参照）においても、それぞれ国外追放措置および国外退去措置へ同条を適用すること（およびそれにともなう比例性コントロールの採用）でその変更を確認したが、出国と入国との関連性や体系性からして、外国人の入国が関わる諸問題に対して、出国に関わる両判決と同じ方向で判断を下すことは、不可避であったといえる[342]。

　申請の審査を行う権限は行政機関（県知事またはパリ警視総監）に帰属し、一般に同機関が、広範な裁量権を有することは前述したとおりであるが、その際にも、拒否決定が、追及される目的に比して均衡を欠くものでないかどうかが、人権条約8条の「家族生活の尊重の権利」の観点から、問われることになる。行政裁判所は、安定的かつ十分な収入を欠くといった要件をはじめ、たとえ法文によって規定されている先の諸条件を充足しない場合であっても、県知事等による拒否決定の取消しをためらってはいないとされている[343]。

(A)　「公の秩序」に関するコントロール

　これに関わるコントロールとしては、ビザの交付拒否および在留資格の付与・更新拒否（入国・再入国拒否決定を含む）に対するものが問題となってくる。

(a)　ビザの交付拒否に関して　　本節2(2)でふれたように、家族呼寄せ手続の

---

341)　CE, Ass., 19 avril 1991, *Babas, Rec.*, p.400.

342)　H. LABAYLE, « Le droit de l'étranger à mener une vie familiale normale », *op. cit.*, p.533.

343)　X. VANDENDRIESSCHE, *Jurisclasseur administrative, op. cit.*, p.27. 収入がSMICを下回る場合であっても、個別的に申請を審査すべき義務を行政機関に課すものとしては、例えば、TA Montpellier, 19 janvier 1994, *Mellouki c/ Préfet de l'Hérault, Juris-Data*, n° 036092参照

第4節　権利の内容・限界と裁判的コントロール　　405

第二段階として登場するのが、領事機関による入国ビザの交付である。

　通常、ビザの交付は、移民に対する最初のコントロール装置の役割を果たしており、伝統的に、大使館・領事館等の交付機関の自由裁量に属する。

　コンセイユ・デタは、例えば1986年2月28日の *Ngako Feuga* 判決[344] において、つぎのように述べている。

　「フランスでの居住を望む外国人に対して、ビザが拒否されるケースを定める条約上、立法上もしくは行政立法上の規定が何ら存在せず、また、こうした拒否決定の性質を鑑みるに、外国にあるフランスの諸機関は、この件に関して広い評価権限を有しており、その決定を公の秩序に基づく理由付けのみならず、一般利益に関わるあらゆる配慮に根拠付けることができるのである。」

　この判決からはつぎの二点が読み取れる。

　まず、ビザの交付機関は、単に「公の秩序」のみならず、より広く「一般利益（公益）」を援用することによって拒否決定を下すことができることである。別ないい方をすれば、ビザの交付に関する広範な評価権限は、主権の行使に依拠し、また交付の拒否決定は、合目的性の可否の問題、すなわち、当不当の問題にすぎないということである[345]。それゆえに、行政裁判官は、評価の明白な過誤の判断に留まる限定的コントロールしか行使しない。

　つぎに、条約をはじめとする諸規範が存在しない場合には、行政機関の自由裁量権と、そのコロラリーとしての行政裁判官の評価の明白な過誤による限定的コントロールという上述の図式が適用されるが、逆にそれらの諸規範が存在する場合には、この図式が妥当しないということでもある。

　そこで、条約上の規範としての人権条約8条が、ここでいう諸規範の一つを構成し、ビザの拒否決定を争う場合に適用されるかが問われることになる。

　コンセイユ・デタは、1992年4月10日の *Ayakan* 判決[346] で、この件に関し

---

344)　CE, 28 février 1986, *Ngako Jeuga, Rec.*, p.49.

345)　したがって、ビザの拒否決定は、警察措置ではなく、明確な理由付けを必要としないことになる。*Id* ; CE, 27 mai 1998, *El Hadi Souilah*, req. n° 181092. このケースも *Ngako* ケースに類似したものである。

346)　CE Sect., 10 avril 1992, *Ayakan, RFDA*, 9(3)mai-juin 1993, pp.541 et s. このケースは、ドイツ領内での麻薬取引で刑に服し、拘留中にフランス国籍を有する女性と結婚したトルコ国籍のストラスブール大学生である Ayakan 氏が、刑期の終了する直前、この配偶者と合流し、勉学を終了するためにビザを申請したが、領事によって拒否されたものである。

406 第Ⅱ章 家族呼寄せ権

て判断を下す機会を得、トルコ国籍を有する Ayakan 氏に対するビザの拒否決定に対して、人権条約8条の適用があること、すなわち、同条約が *Ngako Feuga* 判決で言及された諸規範の一つを構成すること、そしての審査基準である比例性コントロールが適用されることを承認した。同氏の請求は、結局のところ、「フランス領土における Ayakan 氏の存在が、公の秩序に影響を及ぼすものと思われる脅威をもって、……総領事が彼にビザの付与を拒否したことは、その拒否を以って家族生活の尊重に対する利害関係人の権利に対抗するための目的と均衡を失するような侵害をもたらすものではない」として認められなかった。それは、本件では、両配偶者間の共同生活の不存在から家族生活の緊密性を欠いていたこと、フランス国籍の配偶者が存在するとしても、麻薬取引という犯罪行為の重大性は無視しえないものであることが考慮に入れられたからであろうと思われる（それぞれ、本節2(1)③であげた準則の(i)および(iii)）。

現在、行政裁判官は、家族呼寄せのためのビザの拒否決定に対して、一般的なビザの拒否の場合とは異なり、通常の審査による全面的なコントロールを行使している。くわえて、先にふれた *Bourezak* 判決におけるように、アンジャンクション権限の行使により、ビザの交付領域における裁判的コントロールの実効性が高められたし、現在では急速審理手続による救済も図られうる。

(b) **在留資格の交付・更新拒否に関して**　本来的に自由裁量の領域であったビザの交付拒否決定に、人権条約8条の適用が可能とされるならば、在留資格付与の拒否決定ないしはその更新の拒否決定、さらには、国外追放のアレテの適用除外の拒否を含む入国・再入国拒否決定に対する同8条の適用は、それほど困難さをともなわない。というもの、こうした拒否決定は、いずれも8条の適用対象とされる送還措置の前提となるものだからである。

コンセイユ・デタは、1992年4月10日の *Marzini* 判決[347]において、一時在留許可証の付与の拒否に異議をとどめたモロッコ人居住者に対する人権条約8条の適用可能性を認めた。同じ日に下された *Minin* 判決[348]においても、国外追放のアレテの適用除外の拒否に同8条の適用を承認した。

こうした一連の判決が下された背景には、国外追放および国外退去に対して

---

347)　CE Sect., 10 avril 1992, *Marzini*, RFDA, 9(3) mai-juin 1993, pp.541 et s.

348)　CE Sect., 10 avril 1992, *Minin*, RFDA, 9(3) mai-juin 1993, pp.541 et s.

人権条約8条の適用可能性を認めたケースと全体的な体系的統一性を図ろうとする CEDH の意思の存在が指摘されている[349]。

　したがって、今日では、外国人の入国・在留・送還に関して、国内法に合致してなされた措置であっても、行政裁判所によって、家族生活の尊重の権利を侵害し、人権条約8条に違背するものとして取り消されうるのである[350]。

(B)　「社会的保護」に関するコントロール

　これについては、収入の安定性と十分さに関わるものと住居の適正性に関わるものとがとくに問題となってくる。

(a)　収入の安定性と十分さに関して　　本節2(2)①(B)でみたように、収入が安定的かつ十分なものでない場合には、家族呼寄せは拒否される[351]。ただし、収入の安定性と十分さを欠く場合であっても、拒否決定が、正常な家族生活を営む利害関係人の権利に過度の侵害（atteinte excessive）をもたらす場合には、呼寄せが認められなければならないとする裁判例もある[352]。

(b)　住居の適正性に関して　　従来、これに関しては、住居費用と申告された所得額との間に一定の比率を課す慣行が行政機関によって行われてきた。これは法定の対抗要件ではないために違法と想定されるものの[353]、家賃額が所得に比して明らかに均衡を欠く場合には、所得の十分さに関する要件を欠くものとして、申請が拒否される余地がある[354]。また、不適格な電気回路しかない場合のように、居住設備がきわめて不十分なものであったり、建物が危険な状態であったり、飯場小屋（baraquement）、または非衛生的もしくは過密な住居である場合には、この要件はみたされない[355]。

　ただし、住居の標準性は、衛生および居所の表面積の条件だけから評価されるのであり、例えば、申請者の住居予定地の状況[356]や勤務場所との距離とい

---

349)　CE Sect., 10 avril 1992, 1)*Ayakan*, 2)*Marzini*, 3)*Minin*, conclusion Martine DENIS-LINTON, *RFDA*, 9(3)mai-juin 1993, p.544.

350)　P. KAYSER, *op. cit.*, p.236.

351)　例えば、CE, 6 mai 1996, *Ministre de l'Intérieur c/ Khainnhar*, req. n° 161582 参照。

352)　例えば、TA Marseille, 1er juillet 1996, *Camara c/ Préfet des Bouches du Rhône*, n° 934102 参照。

353)　Circulaire du 7 novembre 1994, Ⅲ.C.1.1.-c).

354)　GISTI, *op. cit.*, 1995, p.159.

355)　Circulaire du 7 novembre 1994, Ⅲ.C.2.2.

356)　TA Rouen, 12 août 1996, *Moustakil c/ Préfet Seine-Maritime, op. cit.*

う要素は考慮に入れられない。住居の粗悪さや老朽さを単に確認するだけでは、拒否の理由付けとしては明確さを欠く不十分なものと判断されている[357]。

こうした住居の標準性基準を援用して、申請の拒否権限を有するのは県知事等であり、この決定に先立ち、住居および収入に関して確認を行った住居所在地（予定地も含む）の市長に求められる意見は、県知事等の決定権を拘束するものではない。

なお、2006年のオルトフ法を審査した憲法院は、先に取り上げた2006年7月20日の判決のなかで、居住要件の準拠地として「フランスにおける（en France）」という要件を課していた従来の規定を「地理的に同じ地域における」と修正することは、居住要件が以後、全国的ではない地域的な比較基準に依拠して判断されることになるがゆえに平等原則に違背するとの抗弁を退けたが（判決理由15、16、19参照）、それは、フランス全土で不動産市場に不均衡があり、新たに採用された概念は、「地方公共団体のカテゴリー（catégorie de collectivités territoriales）」ではなく「地方の現状（réalité locale）」を参照するものであるとの留保を付けてであった（同17）。

(3) 送還に関して

① 権利存続の要件——「公の秩序」からするもの

国家は、たとえ正規に居住する外国人であろうとも、主権の行使として、「公の秩序」への脅威を理由に、領土から送還できる。しかし、正常な家族生活を営む権利が問題となるときには、その行使に制約が課される。

② 裁判的コントロール

1990年2月18日の*Moustaquim*判決にみるように、CEDHは、家族メンバーとの別離が生じうるがゆえに、国外退去（現行制度では、OQTFが一般制度）、国外追放を問わず、強制的な送還措置（mesure d'éloignement forcé）は、必然的にその対象となっている者の家族生活に侵害をもたらすという明白な事実認識に基づいて判断しているとされる[358]。

しかし、コンセイユ・デタは、こうした認識を共有することなく、本章第3節1(3)②および同3(1)②で検討したように、1980年の*Touami*判決以後、1991

---

357) TA Monpellier, 20 avril 1994, *Hariat c/ Préfet du Gard*, *Juris-Data*, n° 036089.

358) H. LABAYLE, « Le droit de l'étranger à mener une vie familiale normale », *op. cit.*, p.534.

第4節　権利の内容・限界と裁判的コントロール　409

年の*Beldjoudi*判決による判例変更まで、この領域において、きわめて制限的
な立場を踏襲していた。この時期のコンセイユ・デタには、外国人の家族的・
個人的状況が、送還措置に対するコントロール機能を果たすことに基本的なた
めらいがみられ、逆に、公の秩序の擁護に対する配慮が、その精神のなかで明
らかに優越していた[359]とされるのである。コンセイユ・デタにとって、自分
の家族との別離は、当該外国人にとって、単なる「付随的事柄」でしかなく[360]、
それゆえに、出国に関わるコントロールを行なうために、正常な家族生活を営
む法の一般原理のみならず、欧州人権条約（8条）の適用をも拒否していたの
である。

　しかし、コンセイユ・デタは、1991年の*Beldjoudi*判決によって、人権条約
8条の国内適用を認めて以降、出国の領域においても急速にCEDHの立場に接
近する[361]。まずは、同判決の下された直後の1991年4月19日の*Belgacem*判
決で国外追放に同条約8条を適用した*Beldjoudi*判決を確認し、ついで、同じ
日に下された*Babas*判決で、違法状態にある外国人の国外退去に同条を適用し
たのである。

　それゆえに、行政機関は、領土から送還させる以前に、当該外国人の家族関
係を考慮しなければならないことが、コンセイユ・デタの判決の本質的部分と
して語られるのである[362]。

　なお、コンセイユ・デタは、1996年の*Lakhal*判決で、一夫多妻家族への人

---

359)　*Id.*

360)　*Id.*

361)　従来、CEDHは、いわゆる「移民第二世代」に関しては、人権条約8条を適用し、ほとんど
すべてのケースで、国外追放からの保護を図ってきたが、1996年の二つの判決（24 avril
1996, *Boughanemi c/ France, Rec., 1996–II* ; 7 août 1996, *Chorfi c/ Belgique, Recueil 1996–
III*）でその立場を修正し、国家による一般利益の判断を優先していることが指摘されていた
（F. SUDRE, Chronique Droit de la Convention européenne des droits de l'homme, *JCP*, 1998,
pp.182–183）。CEDHは、その際、利害関係人の家族生活の形成・存在が、犯罪行為そしてそ
れを理由とする国外追放措置よりも先行しているか否か、居住国以外の国で生活できないか否
か、とくに子の「祖国喪失（déracinement）」を生じるか否か、送還措置が追求される目的と
の関係で、不均衡な家族離散をもたらすか否か、を考慮している。*Id.* このなかで、とくに最
初のものは、追放措置後でも形成されうる家族生活の現在性を考慮しないことに通じる点は指
摘されてよい。しかし、近時の判決（13 février 2001, *Ezzouhdi c/ France*; 2 août 1996, *Boutif
c/ Suisse, Rec., 2001–IX*）では、*Moustaquim-Beldjoudi*判決への回帰が指摘されている。J.
-P. MARGUÉNAUD, *op. cit.*, p.66.

362)　H. LABAYLE, « Le droit de l'étranger à mener une vie familiale normale », *op. cit.*, p.534.

権条約8条の適用を否定したことはすでに検討した（本章第1節2(1)①(B)参照）。

このように、コンセイユ・デタは、1991年の*Beldjoudi*判決による判例変更以来、送還にかかわる分野でも、CEDHの判決を視野に入れつつ、そのコントロールをしだいに強化してきているといえるものの、その関心はあくまでも公の秩序の維持に向けられていると指摘される[363]。この点で、コンセイユ・デタとCEDHとの相違が認識されうる。この差は、個人的諸権利への公権力の干渉の比例性〔均衡性〕、具体的には、家族生活の尊重の権利に対する送還措置から生じうる均衡の欠如の有無、の評価から生じている[364]。

送還措置によって外国人の家族生活にもたらされる侵害の不均衡性を判断する際、フランスの行政裁判官は、つぎの三つ事柄を問う。すなわち、

(i)外国人は、フランスにおける家族生活を証明しているか、

(ii)送還措置は、この家族生活に侵害をもたらすものであるか、

(iii)その侵害は、均衡を欠くものであるか、

である[365]。

まず(i)の家族生活の証明についてであるが、フランス領土で「現実の」家族生活を送っている者にとって、その証明は、比較的容易と考えられる。逆に、家族としての共同生活の実態を欠くような場合には、それが証明されたことにはならない。外国人家族構成員の範囲に関して、行政判例は、欧州判例とほぼ同じ立場に立っていることはすでに検討したとおりである（本章第1節1参照）。親子関係と同時に夫婦関係や兄弟姉妹関係を主張するように、異なる形態の家族関係は競合しうる。この場合、比例性〔均衡性〕コントロールにおける家族生活の比重が強化されることになる[366]。

つぎに(ii)の家族生活の侵害については、とくに、未成年の子が存在する場合が問題となってくる。CESEDAは、送還不可能な者のリストのなかに、18歳未満の未成年の子をあげている（国外退去に関しては同L.511-4条1°、国外追放に関しては同L.521-4条）。そこで、その両親もまた、いわゆる家族の一体性の原理により、送還不可能な者として保護されるかどうかが問われることになるの

---

363) *Id.*, p.534 et p.540.

364) *Id.*, p.535.

365) R. d'HAËM, *La reconduite à la frontière des étrangers en situation irrégulière, op. cit.*, p.93.

366) *Id.*, p.94.

である。

　判例は、1991 年 7 月 26 日の *Ciftci* 判決[367] で示されているように、送還対象
とならない未成年者の親の送還は、親がその子を引き連れて退去しうることを
条件として、可能であるとしている。これは逆にいえば、親の送還が、子を家
族から引き離す結果を生むような場合には、不可能であることを意味する。そ
して、判例があげる、引き連れて退去できない状況としては、親の出身国（送
還先国）では処置が不可能と思われるようなフランスでの入院治療を要したり[368]、
移動に重大な医療上の危険性がともないフランスでの継続的治療を必要とする
といった子どもの健康状態[369] 等があげられる。しかし、子どものフランスで
の就学は、それだけでは送還国への引き連れ不可能な事由とはならないとされ
る[370]。

　最後に(iii)の、侵害の不均衡さに関してであるが、ここでは、その重大性が問
われることになる。コンセイユ・デタは、その判断においてさらに、「家族生
活の期間」、「家族関係の現実性」、そして「出身国における家族関係の欠如」、
という競合しうる三つの準則を立てている[371]。

　第一の家族生活の期間の準則は、行政裁判所による取消判決のなかで最も明
確に確認できるものである[372]。家族生活は、時間、すなわち、領土での現実
の居住期間を介して根を張るものである。つまり、フランスで形成される家族
関係によってフランスに根付き、それが長期に及ぶことによってフランス社会
への統合も可能となる。それゆえに、送還措置は、たとえ一時的・暫定的なも
のでも、生活期間の長い者にとっては、均衡を欠くものと一般的に判断される
のである[373]。ここには、二つのカテゴリーの外国人が存在する。一つは、呼
び寄せられた後フランスで長期にわたり生活していた者であり、他の一つは、
フランスで誕生し家族の枠組みのなかで恒常的に生活していた者である。いず

367）　CE, 26 juillet 1991, *Préfet de Seine et Marne c/ Ciftci*, req. n° 123711.

368）　CE, 18 mars 1994, *Ouman*, req. n° 141640.

369）　CE, 7 juin 1995, *Préfet du Val de Marne c/ Lusafi Nkunga*, req. n° 148446.

370）　CE, 29 juin 1992, *Yesil*, req. n° 127827.

371）　R. d'HAËM, *La reconduite à la frontière des étrangers en situation irrégulière, op. cit.*, pp.96-100.

372）　*Id.*, p.96.

373）　*Id.*

412 第Ⅱ章 家族呼寄せ権

れの場合も、取消しを命じる行政判例は、未成年者の利益を尊重していること
が窺える[374]。

第二の準則の家族関係の現実性についてコンセイユ・デタは、二つの要素を
考慮していることが指摘される[375]。一つは、家族構成員間の家族関係の安定
性であり、他の一つは、送還対象者をフランスにとどめる事がその家族にとっ
て有する利益である。前者を理由とする取消判決は、コンセイユ・デタの多く
の判決のなかにみられ、後者は、それ程明確には定式化されていないものの、
略された形で、大部分の判決において、配偶者や子という「家族のための利害
関係人の存在利益（intérêt de la présence de l'intéressé pour sa famille）」が示されて
いると指摘される[376]。

第三の準則の出身国における家族関係の欠如に関しては、家族的な結び付き
のすべてがフランスでのみ見出されること、いいかえると、出身国においてい
かなる家族的結び付きも保持していなかったこと、またはそれを失ってしまっ
たことが求められる[377]。

均衡を欠く侵害に関する上記の三準則は、同じ重要度をもつものではなく、
フランスにおける「家族生活の期間」に関するものが最も決定的であるとされ
る[378]。コンセイユ・デタの判決には、この期間の準則を根拠として、送還措
置を取り消すものが多い[379]。諸判決を概観すれば、フランスにおける在留期

---

374) これについては、*Id.*, pp.96-97 に記載された諸判決を参照。

375) *Id.*, p.97.

376) *Id.*, p.98. 例えば、判決のなかには、難民申請がCRRによって最終的に拒否されて7年後に
国外退去を命じられた父（正規に在留しているザイール人妻と結婚していた）が、3人の子の
扶養と教育に参加している場合（CE, 31 juillet 1992, *Loko*, req. n° 133289）や、80％の身体障
害率をもつフランス国民と結婚している場合（CE, 21 novembre 1994, *Alrached*, req. n°
153141）を考慮するものがある。

377) R. d'HAËM, *La reconduite à la frontière des étrangers en situation irrégulière, op. cit.*, p.99.

378) *Id.* ただし、コンセイユ・デタの判決のなかには、利害関係人の配偶者が、後天的な身体障
害者であるなどの、厳密に人道的な配慮から、フランス領土に形成された家族関係が短く、期
間の要件が充足しない場合であっても、送還措置が均衡を欠く侵害を構成するものと判断する
ものもある。CE, *Alrached, op. cit.* このケースでは、婚姻から国外退去のアレテが下されるま
で9日間しか経ていなかった。

379) ただし、国外追放措置を規定しているCESEDA L.521-2条および同3条の適用領域と、人
権条約8条の解釈によるそれとは完全に一致しているわけではない。CESEDAの両条文の対
象となる外国人は、必ずしもフランスにおける「家族関係」を有している者に限定されない点
で、人権条約8条よりも広い。

間が5〜6年以上に及ぶ場合、送還措置に処することが家族生活に対する重大な侵害を構成しうるとの一般的な判断があるようである。

　ところで、OQTFが国外退去措置に取って代わって送還に関する一般的な制度となるまで、コンセイユ・デタは、国外退去と国外追放とを明確に区別してコントロールする態度をとっていた。そこで、これまでの裁判的保護のあり方の検証として、ここではこの両者についてまとめておく。

(A)　国外退去に関するコントロール

　コンセイユ・デタは、ここでも、人権条約8条の家族生活の尊重の権利に対して、送還措置から生じうる均衡の欠如をサンクションすることになるが、国外追放の場合に比して、国外退去が惹起する侵害に対する裁判官の理解は、極端に薄いものと評されていた[380]。

　例えば、アルジェリア国籍を有し、正規在留許可証を保有するモロッコ国籍の居住者である父によって認知された子の母親であり、国外退去のアレテの発せられたときに妊娠状態にあった夫人がその取消しを求めた1991年4月19日のBabas判決で、論告担当官のR・アブラアムは、「実際において、国外退去措置が、欧州人権条約8条、より一般的には、家族生活の尊重の権利に違背するものと判断されうるのはきわめて例外的であろう」と述べている。これを受けたコンセイユ・デタも、同夫人のフランスでの「在留の期間および諸条件を全体的に考慮し、国外退去措置の諸効果からすれば、……県知事のアレテは、家族生活の尊重に対する当該利害関係人の権利に、当該アレテが発せられた目的と不均衡な侵害をもたらすものではな」く、人権条約8条に違背しないと結論付けていた[381]。

　こうした結論が導かれた理由として、在留の「非正規性（irrégularité）」と「一時性（précarité）」という二つの要素[382]、そして「退去の効果」があげられ

---

380)　Id., p.537.

381)　Babas夫人は、自らの身体状態（妊娠）が、国外退去に対抗しうることを証明していなかったが、コンセイユ・デタは、このケース以前に、国外退去のアレテの執行による移動で、妊娠の継続が危険な状態に至ることを医師の診断書の提出によって証明していたErmiser夫人に対する退去の取消しを認めたことがあった（CE, 28 septembre 1990, *Préfet de la Corrèze c/ Ermiser*, req. n° 117839）。ちなみにこのケースでは、Ermiser夫人は、違法に入国していただけなく、夫の収入が不充分なことにより、家族呼寄せに関わる在留資格も有しておらず、この点での県知事の退去決定は合法であると判断されていた。

よう。まず、前者の二要素に関しては、退去措置の対象となっている者は、違法に入国してきたか、正規の在留資格を欠く者であり、また、フランスに入国したばかりで、長期の居住者ほどにはフランスと深い結び付きをもっておらず、出身国との関係が断絶していないこと、が指摘できる。後者の効果に関しても、追放決定が取り消されるまで再入国が禁止される国外追放とは異なり、必要な書類を携帯すれば直ちに再入国でき、あるいは、退去されても、当該外国人がその家族と外国で家族生活を営むことができるがゆえに、家族関係の断絶は一時的なものに留まると考えられたのである。

H・ラベルは、こうした行き方をみて、国外退去が、正常な家族生活を営む権利を侵害しうることに対する行政裁判官の理解が極端に薄く、退去を正当化する在留の違法性が、家族生活を営む権利のあらゆる適用を禁じているかのように、そしていかなる法的な違背もないかのようにすべてが展開していると総括的に評していた[383]。

(B) 国外追放に関するコントロール

行政判例が、行政機関に対して当該外国人の犯罪歴から自動的な国外追放の決定を禁じている[384]としても、行政機関による追放決定は、犯罪歴に依拠しており、それが一般的にみて決定的な要素の一つとなっている[385]。

コンセイユ・デタは、「家族関係の緊密性・現実性」と、「公の秩序の侵害の程度」とを衡量し、追放の正当性を判断する。

前者の家族関係の緊密性・現実性に関しては、共同生活の有無[386]、財政的扶養関係[387]、法的・形式的関係にとどまらない社会的・実態的家族関係の存

---

382)　R. d'HAËM, *La reconduite à la frontière des étrangers en situation irrégulière, op. cit.*, p.92.

383)　H. LABAYLE, « Le droit de l'étranger à mener une vie familiale normale », *op. cit.*, p.537.

384)　例えば、1992 年 2 月 3 日の *Belrhalia* 判決（req. n° 107725）において、コンセイユ・デタは、「外国人によって犯された犯罪行為が、それだけでは、国外追放措置を法的に正当化することができないとしても、証拠書類からは、本件アレテの日時に、申請者のフランス領土における存在が、公の秩序に対する脅威を構成するかどうかを決定するために、Belrhalia 氏の行動の要素全体（ensemble des éléments）を内務大臣が審査しなかったことにはならない」（強調著者）と述べている。

385)　H. LABAYLE, « Le droit de l'étranger à mener une vie familiale normale », *op. cit.*, p.535.

386)　例えば、CE, 15 mai 1991, *Treheux*, req. n° 122041. 参照。このケースでは、獄中結婚のように、共同生活の実態を欠く婚姻は、たとえ配偶者がフランス国籍を有する場合であっても、正常な家族生活を営む権利の侵害とはならず、国外追放措置の取消しには至らないとされた。

在[388)]、等が考慮される。

　後者の公の秩序の侵害の程度は、対象となる「行為の重大性（gravité de comportement)」の評価を介して行なわれる。重大性の評価に際しては、「人身への侵害（atteinte aux personnes)」と「財産への侵害（atteinte aux biens)」が区別される[389)]。

　人身への侵害の例としては、テロ行為[390)]、レイプ[391)]、暴力をともなった公然猥褻行為[392)]、強盗・殺人[393)]、麻薬売買[394)]、があげられる。こうした事例において、コンセイユ・デタは、家族関係が緊密で現実的であっても、公の秩序を優先させ、人権条約8条の違背はないものと判断している。これに対して、

---

387)　例えば、CE, 7 décembre 1992, *Souag*, req. n° 121831 参照。1945年のオルドナンスは、フランスに居住するフランス国籍を有する子の外国人の父または母は、その子の（部分的）親権を行使しているか、子を扶養している場合には、国外追放されないことを定めていたが（25条3号)、本件では、Souag氏は、フランス国籍を有する非嫡出子を認知したものの、親権を行使せず、恒常的に扶養にも寄与しなかったため追放措置は取り消されなかった。

388)　例えば、CE, 14 octobre 1992, *Halladja*, req. n° 124896 参照。このケースにおいて、Halladja氏は、国外追放手続が通知される直前に、非嫡出子であるフランス国籍を有する子を認知したものの、先の*Souag*ケースと同様に、親権を行使せず、子の必要にも事実上応えなかったため追放措置は取り消されなかった。

389)　H. LABAYLE, « Le droit de l'étranger à mener une vie familiale normale », *op. cit.*, p.538.

390)　例えば、CE, 29 décembre 1997, *Karker*, req. n° 168042 （フランスおよび欧州諸国でのテロ活動への積極的支援を公安に対する脅威をなすものとして発せられた国外追放のアレテは、人権条約8条に違背しないとされたケース) ; CE, 12 octobre 1992, *Abdulqadir*, req. n° 127572 （イラク軍によるクエート侵攻に対してフランス軍が作戦を展開しているなかで、イラク諜報部と関係を保っていることが公安に対する脅威をなすものとして発せられた国外追放のアレテが、人権条約8条に違背しないとされたケース) ; CE, 8 juillet 1991, *Faker*, req. n° 108810 （パリで実行されたテロ行為に関わるテロ集団の指導者と関係を保ち、この組織を支援したことを理由とするイラン外交官の追放措置が、他国で家族生活を送りうることもあり、人権条約8条に反しないとされたケース) 参照。

391)　例えば、CE, 30 juillet 1997, *Abaidia*, req. n° 163710 （フランス国籍の配偶者をもち、フランス国籍の子の父であり、自らも10年以上フランスに居住していることから通常は国外追放されないものの、レイプにより9年の禁固重労働の刑を科されたAbaidia氏に対する追放措置は、家族生活に侵害をもたらすものではあるが、同氏の「行為全体、とりわけ有罪と宣告された行為の性質の著しい重大性に鑑み」、公の秩序の擁護にとって必要不可欠な程度を超えた侵害を家族生活にもたらすものではないと判断された) ; CE, 3 février 1992, *El Baied*, req. n° 107597 （フランスで生まれた5人を含む6人の子の父に宣告されたレイプによる5年の服役を理由とする追放措置を、*Abaidia*ケースと同様の理由から妥当なものとした) 参照。

392)　例えば、CE, 10 juin 1992, *Ekinci*, req. n° 105252 参照。このケースでは、10年以上フランスに居住し、両親と姉妹もフランスで生活しているものの、暴力をともなう猥褻行為と数個のレイプで有罪と宣告された同氏に対する追放措置が、公の秩序の擁護の観点から人権条約8条に反しないとされた。

416 第Ⅱ章 家族呼寄せ権

財産への侵害の場合は、人身への侵害とは異なり、その侵害が重大なものでない限り、正常な家族生活を営む権利の侵害を正当化できず、追放は認められないという意識がコンセイユ・デタには存在している[395]と説明される。

総 括

1 憲法と家族ないしは婚姻

家族は、社会の基本的・基礎的単位である。

ユダヤ・キリスト教文明は、何世紀にもわたり、伝統と美徳とが涵養される特権的な場所として家族を捉えてきた[396]。

しかし、1789年の人権宣言の沈黙が象徴しているように、以後のフランスの諸憲法は、王皇位の継承に関わる王皇族を別にして[397]、「家族」や「婚姻」に関する規定をもたないのが常であった。唯一の例外といえるのが、1791年9月3日の憲法であった。同憲法は、第2編7条で、「法律は、婚姻を民事契約としてのみ考える。立法権は、出生、婚姻および死亡が認定される方法を、す

---

393) 例えば、CE, 18 janvier 1991, *Beldjoudi, op. cit* ; CE, 3 février 1992, *Berlhalia, op. cit*（国籍国に親類縁者がなく、両親・兄弟姉妹のすべてがフランスに居住していたものの、集団暴力による強制猥褻罪と強盗罪で、それぞれ18か月および5年の刑が宣告された同氏に対する追放措置が、人権条約8条に違背しないとされた）; CE, Sect., 10 avril 1992, *Minin, op. cit.*; CE, 22 juillet 1992, *Boughriet*, req. n° 124516（10歳未満でフランスに入国し、10年以上居住していた同氏が、強盗により9年の刑を宣告され、追放措置に付されたことが、人権条約8条に反するものではないと判断された）; CE, 23 octobre 1992, *Ichouti*, req. n° 127135（9人の兄弟姉妹中5人までもがフランス国籍を有し、自らもフランスで誕生し、また、国籍国であるアルジェリアに1人の知合いもいない同氏が、数度にわたる押込み強盗と殺人で12年の禁固重労働に処せられた後、追放を命じられた際に、母親との同居を根拠に追放措置を免れようとしたものの、独身で子もおらず、家族の扶養も行っていないことを理由に、当該追放措置は人権条約8条に反しないと判断された）; CE, 18 décembre 1992, *Abidi*, req. n° 132097（強盗未遂罪で服役後、武器使用強盗未遂罪で5年の禁固重労働の刑に服し、さらにその後、留置場内での麻薬取引で6か月の刑を宣告された、独身で扶養家族もいない同氏に対する国外追放措置が人権条約8条に違背しないとされた）参照。

394) 例えば、CE, *Halladja, op. cit.* 参照。これは、数度にわたり、窃盗、盗品隠匿および麻薬取締法違反で有罪を宣告されていたことから、追放措置が正当とされたケースである。

395) H. LABAYLE, « Le droit de l'étranger à mener une vie familiale normale », *op. cit.*, p.538.

396) J. ROBERT, *Enjeux du siècle, Nos libertés*, Economica, Paris, 2002, p.145.

397) 例えば、フランスでは、1791年憲法Ⅱ章Ⅲ節（「王族について」）、1804年5月18日の元老院決議Ⅲ章（「皇族について」）、1852年12月25日の元老院決議、1870年5月21日の元老院決議Ⅳ章（「皇帝について」）が、王皇族についての規定を置いていた。

べての住民に対して差別なしに定める。立法権は、それらの証書を受理し、かつ、保存する公の吏員を指名する」と規定した。しかし、そこでは、「婚姻の世俗化」＝「教会からの解放」が憲法上想定されているのであって、家族を独自の法的主体として位置付けることは意図されていなかったといってよいであろう。しかしながら逆に、家族が個人主義的に解体されることもなかったのである[398]。すなわち、国家と個人の二極構造を徹底化させたフランス革命ではあったが、家族という集団については中間団体として否認されることがなかっただけでなく、1804年のナポレオン民法典のなかではむしろ好んで積極的に位置付けられたのである[399]。それは、家族を、国家―個人間に介在し、自由を束縛する中間団体として敵視していたというよりも、国家を代位し、それを補完する権力機構として家族関係を家族外から強制する最大の強制者であった教会から、婚姻ないしは家族を解放すること、別にいいかえると、中間団体としての教会の影響力を排除し、婚姻を当事者と国家が関与する「民事契約」へと転換する文脈に位置付けることを意味するもの[400]であろうと思われる。

　体制の別を問わず、王皇族に関するものを除いて、その後のフランスの諸憲法のなかに、「婚姻」という語が、再び登場することはなかった。「家族」に関する言及も、1848年11月4日の第二共和制憲法が、前文IV項で、自由・平等・博愛を共和国の原理として宣言した後で、「共和国は、家族、労働、所有そして公の秩序を基礎とする」と宣言し、また、ペタン元帥の政府へ新憲法制定の全権を委譲する1940年7月10日の憲法律も、「本憲法は、労働、家族そして祖国の権利を保障しなければならないであろう」と言及したにすぎなかった[401]。

　ところで、近代「個人」主義が、じつのところ「家長」個人主義にほかならず、家族がその構成員の抑圧の装置であったのと同時に、国家からの自由を確保する盾となったことは事実である[402]。しかし、さらに進んで、家族を人格

---

398)　稲本洋之助『フランスの家族法』（東京大学出版会、1985年）314頁以下参照。
399)　詳しくは、稲本、前掲書、329頁以下参照。
400)　稲本、前掲書、314〜318頁。
401)　ここでは、大革命以来の伝統であった「自由・平等・博愛」というスローガンが、「労働・家族・祖国」に置き換えられている。O・デュアメルは、ここでいう家族の防衛は、「女性の服従（soumission de la femme）」として理解されなければならないものと指摘している。O. DUHAMEL, *Histoire constitutionnelle de la France*, Points, Édition du Seuil, Paris, 1994, p.113.

418 第Ⅱ章 家族呼寄せ権

化して、一個の権利主体と認めることは、「個人」を主体とする「人」権保護
を究極の理念とする近代憲法の前提を一般的に否定することに通ずる。近代憲
法の理念が原則として妥当するとすれば、家族に関する憲法上の権利を考えて
いくにも、それは人格化された集団としての「家族」に保障される権利ではな
い点をまずは確認しておく必要がある。

第二次世界大戦は、憲法と家族の関わりを一変させたといえる。戦争による
家族の崩壊と疲弊という現実に対応するため、戦後制定された欧州諸国の憲法
は、家族の存在と維持に重大な価値を与えたのである。これは、亡命権の憲法
化とともに、欧州諸国の現代的憲法における人権保障体系の特徴ともいえるも
のである。

L・ファヴォルは、ヨーロッパにおける比較法的見地から、憲法上の家族の
位置付けとして、国王一家に関するものを別にすると、(ⅰ)家族に対する言及が
ないもの、(ⅱ)家族的結合の基本的価値を承認するもの、(ⅲ)社会を構成する基本
として家族を認めるもの、(ⅳ)家族に対する社会制度の保護を保障するもの、の
四つのカテゴリーに分類している[403]。これに従うならば、本章で取り上げた
1946年のフランス第四共和制憲法前文10項は、類似の規定を有する1948年の
イタリア共和国憲法[404]や1949年のドイツ連邦共和国基本法[405]と同様に、最
後の(ⅳ)のカテゴリーに分類される。

本章で考察の対象としたフランスでは、一方で、大革命後の憲法（典）の沈
黙のもとでの家族概念の形成と[406]、他方で、第二次世界大戦後の憲法（典）
上の家族規定と家族の保護に言及する国際的取極めを根拠に、外国人家族の社
会的統合を図るため、その保護が拡張されてきたのである。

2　婚姻の多様化に対する法的評価

CEDHは、1986年の*Rees*判決のなかで、人権条約12条の意味する婚姻とは、

---

402) 樋口陽一『憲法Ⅰ』（青林書院、1998年）35頁、同『憲法と国家──同時代を問う』（岩波
書店、1999年）108頁。

403) L・ファヴォルー、前掲論文、6～10頁。

404) 同憲法は、「共和国は、婚姻に基づく自然共同体としての家族の権利を認める」（29条1項）、
「共和国は、経済的および他の措置により、家族の形成およびそれに必要な任務の遂行を助け
る。大家族に対しては、特別の配慮を行う」（31条）と規定している。

405) 基本法6条1項は、「婚姻および家族は、国家秩序の特別の保護を受ける」と定めている。

生物学的に異なる性である二人の者の間での伝統的婚姻を対象とするものであると明確に述べた。これは、生物学的に異なる男女間の婚姻（異性婚）であることと、多重婚ではなく二人の間の婚姻であること（一夫一婦制）を前提とする、いわゆるユダヤ・キリスト教的婚姻観を基礎とするものであり、ヨーロッパそしてフランスにおける伝統的な婚姻観でもある。

　憲法解釈上の観点からすれば、異性婚か同性婚か、そして多重婚制か一夫一婦制かといいう問題は、家族生活（婚姻）の「正常性」と「公の秩序」の判断に関連してくる。そしてこの判断は、その準拠地をどこに求めるかという問題にも通じてくる。つまり、受入居住国であるフランスの婚姻形態を基準にするのか、それとも当該外国人の出身国のそれを基準にするのかということである。「公の秩序」に関しては、かつてその構成要素の一つとされ、外国人のみを不利益に扱っていた「経済的秩序」はもはやフランスでは存在せず、多重婚を禁ずる「道徳律（ordre moral）」が存在するにすぎない[407]と述べられる。

　まず同性婚については、すでに検討したように、憲法院は同性婚を認める法律の合憲性を認めたし（本章第1節2(1)①(A)参照）、CEDH も、社会の展開から婚姻制度が人権条約12条は必ずしも同性婚を排除していないと述べ、上記の *Rees* 判決を事実上修正し（本章第1節2(2)①参照）、今後の判例変更が予想されるところである。

　つぎに多重婚に関してであるが、1993年のパスクワ法は、多重婚はフランス世論によって受け入れられておらず、その家族呼寄せは統合への障害をなすとの理由から、多重婚者の家族呼寄せを認める従来のコンセイユ・デタ判決（*Montcho* 判決）をオーバーライドする形で、一夫多妻家族の呼寄せを制限した[408]。パスクワ法の付託を受けた憲法院は、先にみたように、1993年の判決で、コ

406）　この沈黙は、憲法上の議論としては、いわゆるナポレオン民法典をPFRLRの一つとして位置付けうるかという問題と関わってくる。これに関して、民法学者のJ・カルボニエ（Jean CARBONNIER）は、「民法典は、フランスの真の憲法である（Le Code civil est la véritable Constitution de la France.）」（J. CARBONNIER, « Le Code civil », sous la dir., de Pierre NORA, Les lieux de mémoire, tome 2, « La Nation », Paris, Gallimard, 1986, p.309) と述べているのに対して、憲法学者は、一部を除いて、その定式に否定的である（前注73参照）。ただし、カルボニエの定式は、改廃と試行錯誤を繰り返してきた憲法や政治生活に比して、制定以来一体性を保持し続けてきた民法典と社会生活の継続性の認識するものであったといえる。なお、PFRLRに関する憲法院の立場については、前注72参照。

407）　H. MOUTOUH, *op. cit.*, p.426.

420 第Ⅱ章 家族呼寄せ権

ンセイユ・デタではなく、立法者側の立場を支持することを宣明した。一般に
は、フランスで居住する多重婚家族は、第二配偶者等が出身国にいる限り、出
身国との関係を完全に断ち切っておらず、また場合により、出身国に帰還する
ことで多重婚家族としての正常な家族生活を送ることができることを考えれば、
「正常性」判断の準拠地は、受入国であるフランスであり、婚姻形態もフラン
スで公序と捉えられているものに準ずることが求められると考えるのが妥当で
あろう。

　これは、CEDH も同じ立場であろうといえる。

　なお、フランスにおける多重婚制に関しては、「属人的地位」(1958 年憲法 75
条) に付随するものとしてそれ (一般的には、一夫多妻制) を認めるかが問われ
ることがある。もっとも、属人的地位を承認されているのは、海外領土等の共
和国市民 (citoyens de la République) であることから、この地位を主張すること
で、一夫多妻制を正当化しうる余地があるのは、マヨット (Mayotte〔コロモ諸
島の一つ〕) やワリス・エ・フツナ諸島 (Îles Wallis et Futuna〔メラネシアのワリス
諸島〕) という海外領土の市民ということになる。したがって、この身分を持
たない外国人の属人的地位は、フランス社会への統合政策上の問題は残るとし
ても、憲法解釈上の問題とはならないといえよう。ただし、こうした地域にお
いてもフランス市民権の優越性が憲法上認められるようになっている現状につ
いては序章第 1 節 2(1)でふれたとおりである。なお、2006 年 7 月 20 日の憲法
院判決 (正確には、判決コミュニケ) によれば、一夫一婦制は PFRLR の一つとさ
れることはすでに指摘した (本章第 3 節 3(2)③(c)参照)。

　こうした問題の根底には、婚姻に関する西欧的概念付け、すなわち、ユダ
ヤ・キリスト教的婚姻観が、内部的には、西欧社会の風俗の展開のなかで質的
転換を余儀なくされている現状が、外部的には、とりわけイスラム教的婚姻観
との衝突[409]と、ライシテ (laïcité〔政教分離〕) 関わるフランスの共和主義的伝

---

408) CESEDA L.411-7 条参照。同条は、1 項で、「多重婚の外国人が、第一配偶者とフランス領
土に居住している場合、家族呼寄せは、他の配偶者には認められない。第二配偶者が死亡また
は親権を喪失した場合を除いて、第二配偶者と間の子にも家族呼寄せは認められない」と述べ、
つづけて 2 項で、第二配偶者やその間の子を呼び寄せた外国人居住者の在留資格の撤回につい
て規定している。フランスに正規に在留する第一配偶者と離婚した後、第二配偶者のためにな
される家族呼寄せの申請は、受け入れられない (Note d'information DPM / DM 2-3 / 96 /
655, 23 octobre 1996)。

統、そして男女同権の原理の優先性の問題が横たわっているのである。

3 国内的および国際的な「家族生活の尊重の権利」の保障

戦争による家族の崩壊と疲弊に対応するために、家族の存在と維持を図るのは、国内法の次元にとどまらず、家族に関わる国際的な条約の目的ともされた。

規範的効力に欠ける憲章や宣言を別にすれば、欧州人権条約、国際人権規約、子どもの権利条約、そして2003年の家族呼寄せに関するUE指令が重要性を有している。周知のように、フランス国内で、国際条約は憲法院による合憲性のコントロールを経て1958年憲法55条の権威を介してフランス国内で適用されるし、欧州人権条約は、CEDHによって直接その裁判的保護が確保され、2003年のUE指令に関してはCJUEが適法性をコントロールする。

正常な家族生活を営む外国人の権利に関する、フランス憲法院、CEDHそしてCJUEの判例は、類似性と補完性によって特徴付けられると評される[410]。この三つの裁判所は、その裁判権の行使の違いはあるにせよ、国籍を有さない国への入国・在留が問題となっている時には、自らの家族状況を根拠として、外国人がその居住地を選択することを可能なものとする一般的性質の権利は存在しないという点で一致している[411]。別ないい方をすれば、入国・在留を規律する国家の主権的権能は、正常な家族生活を営む権利の要請によっても、無に帰せしめられることはないということである[412]。

この認識を前提に、憲法院は1946年憲法前文10項を根拠に、CEDHは人権条約8条を根拠に、家族呼寄せ権より広い保障の射程を有する「正常な家族生活を営む権利」ないしは「家族生活の尊重の権利」の保障を介して、CJUEが諸指令や基本権憲章の解釈をとおして確認した「家族呼寄せ権」を、直接的または間接的に、保障しているのである[413]。コンセイユ・デタ等の国内裁判所も、欧州人権条約のみならず、家族の保護に関わる国際条約の国内適用に肯定

---

409) F. JULIEN-LAFFERIÈRE, « Le mythe de "l'immigration zéro" », *AJDA*, 20 février 1994, p.87.

410) H. LABAYLE, « Le droit des étrangers au regroupement familial, regards croisés du droit interne et du droit européen », *op. cit.*, p.101.

411) *Id.*, p.111.

412) *Id.*

413) ただし、CEDHは、家族呼寄せ権を明示的・直接的に認めているわけではない。これに関しては、本章第3節2(2)②参照。

422　第Ⅱ章　家族呼寄せ権

的である。とりわけ近時では、子どもの権利条約の影響のもと、「子の利益」
が優先的に捉えられていることが指摘できる[414]。

　欧州法の影響が判例だけにとどまっていないことは、人権条約8条に示唆を
受けて1998年のシュヴェヌマン法が導入した「私的および家族的生活」と言
及される在留資格の創設や、2006年7月24日の法律による2003年の家族呼寄
せに関する指令のフランス国内法（CESEDA）への編入等の例をみれば明らか
であろう。

4　フランス流統合概念と外国人家族

　本章で考察したように、諸条約の国内適用の過程では、集団としての家族で
はなく、家族を形成する個々の構成員の権利・利益の擁護が重要な課題とされ
ていた。こうした現代的特徴を認識するならば、「家長」を唯一の権利主体とす
る近代型家族「組織」を越え、家族の各構成員が結び付く家族「関係」から、
各構成員に認められる権利として構成されねばならないことが確認される[415]。
ただし、家族におけるこうした「個人」の重視は、「家族」生活よりも「私」
生活の尊重により親和的なものであろう。とすれば、後者の私生活の保護の適
用領域の拡大は、前者の家族生活のそれの縮小をもたらすことにもなりうるも
のといえる。

　外国人の「正常な家族生活を営む権利」・「家族生活の尊重の権利」に関して
は、通常、入国に関する家族呼寄せ権と出国に関わる送還措置に対する保障が
重要な要素となってくる。入国の自由に対する国家主権という伝統的議論が毎
度持ち出される前者に比して、後者は国家に対してより制約的なものでありう
る[416]。送還対象者が、フランスで長期的かつ緊密な現実的家族生活を営んで

414）　それは、家族を中心的に取り扱う学問分野である家族法の領域においても重大な変化をもた
　　らしている。この条約によって、子どもがもはや単なる保護の対象ではなく、法的主体として
　　の資格が付与されたこと、別にいいかえれば、子に固有な権利が承認された結果として、家族
　　法の軌道修正が指摘されることとも合致していよう。J. CARBONNIER, *Flexible droit*, LGDJ,
　　Paris, 1979.（Jean-Claude MONIER, « Les interactions du droit et de la famille », in *Le droit
　　dans la société*, Cahier français, n° 288, Paris, octobre-décembre 1998, p.67 の引用による）。

415）　J・カルボニエは、「家族は、その構成員と区別されるような一つの統一体ではなく、構成員
　　各々におけるものなのである。家族化されるのは、こうした人格の一部なのである」と述べて
　　いる。*Id.*

いる場合には、送還措置が家族生活の保護に対して均衡を欠く侵害をもたらすことになるが、家族がいない場合でも、「家族生活」に代わる同様な「私生活」を営んでいる場合には、同様の侵害をもって、送還措置が違法とされる余地があるからである。いずれに場合においても、送還措置における従来からの切り札であった「公の秩序」、「主権」そして「国籍」といった概念の絶対性の揺らぎが、ここではみてとれる。くわえて、家族生活の正常性を介して理解される物質的保障の権利への拡張は、外国人家族のフランス社会への統合に寄与するものである。

「統合」を目的とし、そこから取扱いの「平等」が帰結されるフランス流の行き方は、先に取り上げた2003年9月22日の「家族呼寄せ」指令にもみられるように、今ではこの件に関するUEの共通した認識であるとさえいえよう。この指令ではとくに、「家族呼寄せは、家族での生活を可能とするために必要不可欠な一つの手段である。それは、締約国内にいる第三国出身者の統合を促進する社会文化的安定性の創出に寄与するとともに、本条約（CE創設条約のこと――著者）で表明された共同体の基本目的である、経済的・社会的結合の促進を可能とするものである」（序文(4)）と明確に述べられている。

ただしそれでも、例えば出身国において多重婚状態で生活していたイスラム男性にとって、出身国に残る配偶者の1人とそれに連なる子だけの呼寄せしか認められないことは、逆に、フランスにおける統合が困難となりうることもある点が指摘される[417]ように、宗教・風俗・文化の相違を前提とした統合には、容易に克服できない要素が存在する。こうした要素は、宗教の自由や自己決定による多様な婚姻形態が認められ、多文化主義も強調される現代にあっては、さらに増幅されるうる余地がある。

---

416) CEDHは、前者を「積極的義務」、後者を「消極的義務」として、人権条約8条に結び付けている。他方で、CJCE（CJUE）は、2003年9月22日の指令の解釈のなかで、国家の「積極的義務」を個人の「主観的権利」に転換している。詳しくは、本章第2節2(2)①(C)参照。

417) F. Julien-Lafferière, « Le mythe de "l'immigration zéro" », *AJDA*, 20 février 1994, p.87.

結章　日本国憲法と亡命権および家族生活の尊重の権利

　本書の目的は、序章で示したように、相対的観点からする「視野の拡大」という比較法研究における基本的認識に立ったうえで、戦後のフランスおよび欧州レベルにおける外国人の権利の保障、なかでも亡命権と家族生活の尊重の権利の保障の理念的・原理的あるいは制度的・権利的（法的）な考察を行うことで、わが国のこの分野における権利保障に関する研究の深化への示唆を得ようとするものであった。

　そこで本章では、論考を結ぶにあたって、まずわが国における亡命権保障への示唆を（第1節）、つづいて家族生活の尊重の権利へのそれを行ったうえで（第2節）、最後に若干の総括を行う（総括）。

第1節　日本国憲法と亡命権

　日本国憲法の概説書のなかでは、人権の享有主体の一つとして「外国人」に言及し、外国人の類型化と権利性質説に従って享有しうる権利に言及されるのが一般的であるものの、さらに進んで亡命権について立ち入って考察するものは多くない[1]。日本国憲法上、人権や権利の享有主体性や国際的な人権保障に関して外国人の権利保障が学問的関心と興味の対象となることはあっても、亡

1）　例えば、佐藤幸治「第3章　国民の権利および義務」樋口陽一・佐藤幸治・中村睦男・浦部法穂『憲法　Ⅰ　前文・第1条〜第20条』（青林書院、1994年）189頁は、亡命権に関する日本の学説状況について簡略にふれる（佐藤幸治『日本国憲法論』〔成文堂、2011年〕144頁も同様）。他には、簡略な学説状況に加え、難民認定法の改正による「一時上陸」制度の創設に表面的に言及し、政治犯罪人不引渡し原則が慣習国際法によって認められているかどうかを判例を引き合いに出しながらふれるものが多い。例えば、松井茂記『日本国憲法　第3版』（有斐閣、2007年）352頁、渋谷秀樹『憲法　第2版』（有斐閣、2013年）111頁。

命権までもがその対象となることはなかったのである。まさに「わが国では憲法上も法律上もその保障・保護が十分考慮されていな」[2]かったのである。

立法の領域にあっても、「移民」を受け入れない基本的政策のもとで、亡命者や難民の保護が、出入国管理令を原初的法源とする、外国人の入国・在留という一般的枠組みのなかで特殊化されることはなかったといえる。その方向性は、1981年の難民条約の批准によって、難民申請手続の法定化に向け、同令が翌1982年に「出入国管理及び難民認定法」（以下、「入管・難民認定法」と略す）として法律化されてからも維持されているように見受けられる。政令から法律へと規範としての保護の保障度は形式的には高まった。しかし、2005年に難民認定制度の一部改正が行われるまで20年以上にわたって一度の改正もなかったことは、難民保護が重要な政治課題として意識されなかったことを意味しないではない。日本の難民保護制度は、保護に向けた法改正の少なさをもっても特徴付けられそうである。

以下では、日本国憲法における亡命権（庇護権）の解釈（**1**）および現行法制の理解と留意点（**2**）について検討する。

1　日本国憲法における「亡命権」の解釈

学説および判例の整理

①　学説

学説のなかでは、亡命権に関する憲法の沈黙、すなわち、亡命権保障の明文規定が存在していないことを理由に、憲法上の権利として、亡命権を否定する見解と、憲法の他の規定ないしは主義・原理からそれを引き出す見解に大別される。

なお、わが国の学説のなかで、亡命権のヤヌス性——国家の主権的権能としての亡命権と個人の主観的権利としての亡命権——を識別して[3]、あるいは、亡命（申請）者と難民（資格申請者）とを明確に区別して[4]、法的議論を展開するものはほとんどないといってよい。

(A)　否定説ないしは立法裁量説

亡命権の付与を立法上規定することが、違憲であるとするいわば積極的な否

---

2)　伊藤正己『憲法　第3版』（弘文堂、1995年）358〜359頁

第1節　日本国憲法と亡命権　427

定説はみられない。亡命権付与の可否は、立法上の問題であるとする消極的否定説が支配的であるように思われる[5]。

　（消極的）否定説は、明文規定の欠如を根拠に消極的に解する点で共通している。

　これを前提に、政治的に迫害されて入国する難民に、「庇護権」を認める規定を有するドイツ基本法との比較的検討から、「日本国憲法にはこうした明文規定がなく、難民に憲法上当然に庇護権が認められるとまでは解しえないであろう」[6]とする。もっとも、「当然に」との言及は、憲法は直接に庇護権を保障するものではないが、庇護権を認める立法の制定を違憲とするものではないであろうから、出口としては立法裁量に委ねられるということになるものと思われる。

　また、亡命権プロパーについては、憲法にも法律にも特別の定めはなく条約にも加入していないので、憲法上の保障はないと一般に解されてきたが、難民条約への加入を契機として出入国管理令が改正され、「入管・難民認定法」が成立し、そこに一時庇護（temporary refuge）の制度が定められた（同法18条の2）結果、不完全ながら一種の亡命権を認めることになったということができるとするものもある[7]。これも法律ないしは条約レベルでの亡命権規定は憲法の許容するところであるとの消極的否定説・立法裁量説[8]といえる。

　3）　ただし、芦部博士は、亡命権を「亡命者もしくは難民が、国籍国以外の外国（避難国）の憲法もしくはその国との条約によって保護を与えられる権利、または憲法ないしは条約上の規定をもたない外国（避難国）が国家の権利として有する庇護権に基づいて庇護請求者に保護を与えることを決定した場合に、それを享受する権利を言う」と定義され、いわゆる亡命権規定のヤヌス性に目を向け、両者を意識的に区別しているといえる。芦部信喜『憲法学Ⅱ　人権総論』（有斐閣、2001年）143頁、芦部信喜「人権享有の主体」芦部信喜編『憲法Ⅱ　人権』（有斐閣、1978年）18頁。樋口教授も、庇護権を国際慣習法上の「国の権利」と捉えたうえで、第二次世界大戦後の憲法における「個人の亡命権ないし庇護請求権」の規定の出現を指摘しておられることからして、区別の意識が見受けられる。樋口陽一『憲法　第3版』（創文社、2007年）（178）頁。

　4）　例えば、初宿教授は、法的意味における«難民（refugee）»を、難民条約・難民議定書により「難民条約の適用を受ける者」をいい、《亡命者》ともいう、とされる。初宿正典『憲法2 基本権　第3版』（成文堂、2010年）80頁。しかしながら、ドイツ基本法は、亡命権を主観的権利として規定し、その享有要件として「政治的迫害」をあげるものの、ジュネーヴ条約上の「難民」資格の付与要件とは必ずしも合致しないことに注意しておきたい。

　5）　例えば、芦部、前掲論文、18～19頁。

　6）　初宿、前掲書、80頁。

　7）　芦部、前掲書、143頁、芦部、前掲論文、18頁。

(B) 肯定説

肯定説は、その根拠を、前文2項の国際協調主義、とくにそのなかの平和的生存権、本文98条2項の国際法規の遵守、さらには第3章の人権保障規定全体から引き出すのが一般的である[9]。

とくに、前文2項に依拠する見解のなかには、同項中の「恐怖から免れる権利」を根拠に、出入国管理と難民認定にあたって法務大臣の裁量を制約する可能性を主張するものもある[10]。ここでは、前文2項とそれが前提としている1941年の大西洋憲章との関連から、同憲章中の「恐怖から免れる希望」が、前文では「恐怖から免れる権利」（強調著者）に置き換えられている、まさにそこにこそ日本国憲法前文の固有の意味が存在することが強調されている[11]。ただし、この見解は、恐怖から免れる「権利」を認め、その具体的な保障を出入国管理と難民認定に及ぼそうとするもので、直接そこから亡命権の保障を引き出そうとするものではないようにも読める。

同じく、「恐怖から免れる権利」を宣言したところに、亡命者保護の積極的姿勢が示されており、これを平和的生存権および9条の平和主義の規定が裏付けていると主張する説がある[12]。この説も、「確立した国際法規の媒介なしに直接わが国憲法に依拠して亡命を求めることができると解しうるほどの具体的な法的内容をそなえていないから、亡命権一般を憲法上の権利とすることには躊躇する」[13]と述べていることからすると、憲法上の個別具体的な規定に亡命権を根拠付けることには消極的にならざるをえないことを認めているものといえる。

そこで、つぎに援用されるのが、98条2項の国際法の遵守規定である。すなわち、国際法上確立した原則が存在する場合、その範囲で亡命権が憲法上保

---

8) ほかにこの見解をとるものとしては、樋口陽一・佐藤幸治・中村睦男・浦部法穂『注釈日本国憲法　上巻』（青林書院新社、1984年）197頁（佐藤執筆部分）参照。

9) 例えば、和田英夫『現代日本の憲法状況』（法学書院、1974年）232～238頁、萩野芳夫『基本的人権の研究』（法律文化社、1980年）238～244頁、参照。

10) 樋口、前掲書、178頁～179頁。

11) 樋口陽一『憲法　Ⅰ』（青林書院、1998年）453頁。

12) 小林武「亡命者・政治犯人の保護──尹秀吉事件」芦部信喜・高橋和之編『別冊ジュリスト憲法判例百選　第3版』（有斐閣、1994年）17頁参照。

13) 同上。

障されていると解すべきであるとする見解が代表例である[14]。この立場をさらに敷衍して、具体的には、「政治犯罪人不引渡し原則」と「亡命者追放・送還禁止（ノン・ルフルマン）の原則」とが、すでに確立した慣習国際法となっているものとみられるならば、憲法上もこれを亡命権の一部をなすものとして扱うことができるとする見解もある[15]。

　また、国際法規の遵守との関連で、難民条約が政治的理由等による迫害を受ける恐れがある者に対する亡命権を認め、ノン・ルフルマンの原則を規定していることから、国家の自由裁量による入国拒否権が制約されていると解する説もある[16]。入国に関わる国家の裁量権を制限する効果を目指す点で、根拠法源は異なるものの、先の「恐怖から免れる権利」を論拠とする説と類似するものである。

② 判例

　通常、この種の事件では、入管・難民認定法61条の2に基づく法務大臣の難民不認定処分の取消し、または、法務大臣が同法50条の特別在留許可を与えないことが裁量権の濫用であるとして不許可処分の取消しを求める行政裁判として争われるのが一般的であり、憲法上の亡命権それ自体が中心的争点となることは皆無といってよい。判例上、これまで亡命権そのものを肯定したものは1件もない。

　この点で、亡命権に類似する「政治犯罪人不引渡し原則」をめぐって争われた、いわゆる「尹秀吉事件」は特筆すべきものである。

　この事件は、密入国の疑いで入国管理事務所に収容されていた原告が、軍事クーデタによって朴政権が誕生した韓国を送還先とする法務大臣の退去処分に対して、政治犯罪人不引渡し原則が国際慣習法として確立していることを主張して、その取消しを求めた事件である。なお、原告が訴えを提起した1962（昭和37）年には、日本はまだ難民保護に関するジュネーヴ条約を批准していなかった。

　第一審東京地裁は、政治犯罪人不引渡し原則は、国際慣習法であると認めた

---

14)　大須賀明・戸松秀典・笹川紀勝・浦部法穂・藤井俊夫・平松毅・横田耕一『憲法講義　2』（有斐閣、1979年）226頁（浦部執筆部分）、小林、前掲論文、17頁。

15)　小林、同上。

16)　辻村みよ子『憲法　第4版』（日本評論社、2012年）130頁。

ものの、そこに「一定の限度のもとにおいて」との条件付けを行っている。この条件とは、純粋の政治犯罪であることと、本国から政治犯罪処罰のための引渡し請求など本国における処罰が客観的に確実である場合の手続的要件[17]を充足していることである。そして、本件の場合は、いずれもの要件も充足されているとして、この原則の適用を肯定し、憲法98条2項に依拠して、退去強制令書の発付処分を取り消した[18]。

第二審東京高裁は、この原則は、自由と人道に基づく国際通誼ないし国際慣行であるがいまだ確立した一般的な国際慣習法であるとは認められないと認定した。つづけて、「政治犯罪人を庇護するのは、亡命国の権能であって義務ではなく、個人として政治犯罪人は亡命国に対し不引渡しを請求する国際法上の権利を有するものではない」と述べた[19]。

最高裁は、第二審判決を支持し、上告人に請求を退けた[20]。

③　検討

以上をみて最初に認識できるのは、わが国における「亡命権（庇護権）」をめぐる憲法上の議論は、学説および判例のいずれにおいても決して豊かなものとはいえず、議論も表面的なものにとどまっていることである。

その最も大きな法的要因は、繰り返し指摘しているように、日本国憲法に明文の規定のないことであるといえる。であるがゆえに、亡命権はジュネーヴ条約上の難民資格申請権と置き換えられ、憲法上表面的にふれられることはあっても議論の余地がないか狭いものと捉えられ、むしろ国際法のカバーすべき領域へと放擲された観がある。

最高裁判所はいわゆるマクリーン事件判決のなかで、憲法22条1項は、「外国人がわが国に入国することについてはなんら規定していないものであり、このことは、国際慣習法上、国家は外国人を受け入れる義務を負うものではなく、特別の条約がない限り、外国人を自国内に受け入れるかどうか、また、これを

17）　東京地裁が指摘する手続的要件とは、この他に、政治犯罪につき有罪判決を受けるか、起訴されるか、逮捕状が出ているか、少なくとも客観的にこれらと同視すべき程度に処罰の確実性があると認められる事情がある等本国における処罰が客観的に確実である場合、である。

18）　東京地判昭和44年1月25日判例タイムズ230号89頁。

19）　東京高判昭和47年4月19日判例タイムズ276号89頁。

20）　最判昭和51年1月26日判例タイムズ334号105頁。

第1節　日本国憲法と亡命権　431

受け入れる場合にいかなる条件を付するかを、当該国家が自由に決定すること
ができるものとされていることと、その考えを同じくするものと解される」と
判示し[21]、入国の自由が外国人に保障されないことは、昭和32年6月19日の
大法廷判決[22]以来の最高裁の確定した判例になっていることを明らかにして
いる。ここで、最高裁は、「特別の条約」による保護の可能性にも言及してい
るが、条約の国内適用に消極的であることはつとに認識されるところである[23]。
亡命権に関する意識もまた、ここでいう「入国の自由」の一形態にとどまりそ
れを超えるものではないことのように感じられる[24]。

　確かに、フランスでも欧州でも、主権的ないしは主観的な「亡命権」が、
「欧州化」の過程のなかで、「難民資格申請権」と置き換えられてきているが、
それは、主権的ないしは主観的な亡命権を確認したうえでのことであって、わ
が国のようにこの確認なくして、その置き換えが当然あるいは無意識に行われ
るのとでは、理念をはじめ亡命権について語られる次元と領域に相当な差があ
るように思われる。

　ここでは、フランスとの比較法的考察も手掛かりにしながら、上記の学説お
よび判例を以下の諸点を中心に検討していく。

(A)　立憲過程と憲法の沈黙

　先にふれたように、日本国憲法中には、亡命権を直接的・個別的に保障する
規定は存在しない。マッカーサー草案のなかにも亡命権を保障する規定は存在
していなかったし[25]、立憲過程において、日本側からもこの権利が取り上げ
られた形跡はない。

　とすれば、まずは、こうした憲法の沈黙が、亡命権の保障に対して有する意

---

21)　最大判昭和53年10月4日民集32巻7号1223頁、判例時報903号3頁。

22)　刑集11巻6号1663頁。

23)　たとえば、元最高裁判所判事であった伊藤正己博士は、国際人権規約違反の主張に対する最
　　高裁判所の態度を、「冷淡であ」り、「極端にいえばその主張を黙殺しているといってもよい」
　　とまで述べられている。伊藤正己「国際人権法と裁判所」国際人権1号（信山社、1990年）
　　10頁。

24)　通説も判例と同様に、憲法22条は外国人の入国の自由を保障しておらず、国際慣習法上、
　　主権の属性として外国人の入国の規制は国家の裁量に委ねられていると解していることが指摘
　　されている（中村睦男『論点憲法教室』〔有斐閣、1990年〕69頁）。

25)　草案作成時において、アメリカ合衆国憲法に亡命権に関する規定は存在していなかった。こ
　　れは、欧州諸国がこの権利を憲法中に規定したこととの対比において興味深い。

味を検討することから始めなければならない。

まず最初の確認は、この沈黙自体が、亡命権を憲法上積極的に認めないこと、いいかえると、憲法は亡命権を敵視しており、亡命権を認める立法や条約の締結までも禁じていることが含意されているのかどうかということである。これに関しては、第二次世界大戦後制定された欧州諸国の憲法に共通した要素の一つとして亡命権（庇護権）の保障規定があげられること[26]や、国際条約による主権の制約を承認し国際協調主義を採用していることに着目すれば、こうした憲法と価値を共有し、前文で国際協調主義を、98条2項で国際法の遵守規定を置いている日本国憲法が亡命権に関して沈黙し明文規定をおいていないことは、それを積極的に敵視ないしは否定することを意味するものではないといえる。

(B) 国家の主権的権能か、個人の主観的権利か？

つぎに確認しておかなければならないのは、亡命権のいわゆるヤヌス性である。これを認識しておかないと、亡命権をめぐる混同と混乱が生ずる。第Ⅰ章で検討したように、亡命権には、国家がその主権的行為として庇護を付与する権能としてのものと、個人が国家から庇護を受ける主観的権利としてのものがある。亡命権に関する憲法規定の欠如は、国家の主権的行為としての庇護権の性質に対応するものといえなくはない。問題は、さらに一歩進んで、主観的権利としての亡命権を保障しているとまでいえるかどうかである。

すでに検討したフランスの事例が示しているように、亡命権を個人の主観的権利として規定する明文の規定がない限り、亡命権とは主権国家が自らの主権の行使として、亡命申請者に対して「庇護を認める国家の権利（droit de l'État d'accorder l'asile）」、申請者側からすれば「庇護を求める権利（droit à demander l'asile）」にすぎず、決して「亡命を認める国家の義務（obligation de l'État d'accorder l'asile）」としては構成されないこと、そして、実際にも憲法上の亡命権保障の規定を有し、規定の仕方も命令的なものであるにもかかわらず、それを具体的に適用する法令が欠け、ジュネーヴ条約上の難民認定手続と混同され、その手続のうえに乗せられたことから、亡命の付与が、あくまでも裁量的な国家の主権的行為にとどまり、その自律性が奪われる結果となってしまっていた

---

26) 樋口、前掲書、『憲法Ⅰ』、413頁。

状況を認識すれば、亡命権を直接規定することのない日本国憲法が、主観的権利として「亡命権」を直接保障していると考えるには議論の相当の飛躍があろうと思われる。

　この点で、政治犯罪人への（領土的）庇護の付与において、（政治的）亡命権と類似する「政治犯罪人不引渡し原則」に関し、伊秀吉事件控訴審判決のなかで東京高裁が、庇護の付与は、「亡命国の権能であって義務ではな」いと位置付け、また、仮にこの原則が確立した国際慣習法であるとしても、それは単に「個人として政治犯罪人は亡命国に対し不引渡しを請求する国際法上の権利」（強調著者）にとどまるものであるとしたことは法的には正当である。ここでは、請求の認否は、国家の裁量的判断に委ねられるのである。

　(C)　「亡命権（庇護権）」と「難民認定権」

　先にふれたように、わが国における亡命権に関する議論では、ジュネーヴ条約上の政治的な「難民」との概念的異同および法的差異はほとんど顧みられない[27]。

　これまでの検討で明らかなように、亡命権は、たとえそのヤヌス性が認められるとしても、この権利の認める本質的保障は、「領土的庇護」の承認である。つまり、国家の主権的権能の行使としてであれ、個人の主観的権利の行使としてであれ、政治的迫害を受けた個人は、領土内において「庇護」を受ける。他方で、ジュネーヴ条約上の政治的難民に関しては、その認定権はあくまでも国家に委ねられ、仮に認定されたとしても、同条約は、領土内において庇護されることまで要求していない。同条約が唯一求めているのは、迫害を受けうる国の国境へのルフルマンの禁止、すなわち、「ノン・ルフルマンの原理」の尊重なのである。別ないい方をすると、「ノン・ルフルマンの原理」が規定されているとしても、それは、亡命権の本質的保障である「領土的保護」の保障を意味するものではないし、また、「ノン・ルフルマンの原理」＝「入国拒否権の制約」でもないのである。それゆえに、ジュネーヴ条約が追放ないしは送還に関する原理である「ノン・ルフルマンの原理」を規定していることをもって、直ちに国家の自由裁量による入国拒否権の制約、すなわち、国内受入義務に結

---

27)　例えば、青山武憲「亡命権」（岩間昭道・戸波江二編『別冊法学セミナー　司法試験シリーズ　憲法2——基本的人権　第3版』〔日本評論社、1995年〕）25頁。

び付けることは、いくぶん厳密さを欠くように思われる。

(D)　憲法の国際協調主義と国際法規の遵守

　肯定説のなかには、国際協調主義を根拠としてあげるものもあるが、国際協調主義の保障から、直接、亡命権の保障を引き出すのは、相当な力業であろう。主義とか原理というのは、その方向性や大枠を示すものであって、国際協調主義も、国際協調の一環として、亡命権を保障する国際条約を締結したり、国際条約によって保障された亡命権を国内的に適用する法制度の確立を求めているとはいえるものの、そのための積極的な法的義務を立法府に課すものとまではいえないであろう。また、この原理から直接に主観的権利としての亡命権の保障を引き出すことは、国際協調主義がきわめて漠然かつ広範な概念であるだけに、政策的主張としてはともかく、法的次元においてはかなりの困難さをともなうように思われる。

　また、本文98条を根拠とする学説は、おおむね、国際法上確立した原則が存在する場合、その範囲内で亡命権が憲法上保障されていると解すべきことを主張する。具体的には、「政治犯罪人不引渡し原則」と「ノン・ルフルマンの原則」とが、すでに確立した慣習国際法となっているものとみられるならば、憲法上もこれを亡命権の一部をなすものとして扱うことができるとする。

　しかし、仮にこうした見解が、個人の主観的権利としての亡命権を語るものであるならば、妥当なものとはいえないであろう。というのも、すでに検討したように、個人の主観的権利としての亡命権は、（国家の主権的権能の移譲の結果として、移譲を受けた機関が個人の主観的権利として亡命権を規定する場合は別として）あくまでも憲法をはじめとする国内法から生じ、そこで主観的権利として規定されない限り、国家の主権的権能として理解されなければならないからである。政治犯罪人不引渡し原則も、引き渡されないという政治犯罪人の主観的権利としてではなく、引渡しの可否を決する国家の主権行使として行われるものなのである[28]。また、そこで亡命権の一部をなすものとして取り上げられている（ジュネーヴ条約に由来する）ノン・ルフルマンの原則は、上記(C)でも指摘したように、生命または自由が脅威にさらされるおそれのある領域の国境へ

---

　28)　フランスでは1937年までこの原則は、統治行為として、一切のコントロールが排除されていた点に注目しておきたい。

の追放・送還措置を禁ずるものにとどまり、入国の権利を保障するものではない。入国の可否は、条約等の国際法の制約を受けることはあるものの、法上、あくまでも主権国家の裁量的判断に委ねられている。このことは、世界人権宣言14条1項が「すべて人は、迫害を免れるため、他国に避難することを求め、かつ、避難する権利を有する」と規定し、とくに後段部分であたかも主観的権利としての亡命権を規定しているようみえても、実際には、あくまでも亡命請求権を規定するものと考えられているし、また、同宣言の規範的効力を強化するために条約化された国際人権規約B規約においても、亡命権の保障は意識的に条文として規定されなかったのである（第I章注50参照）。

　くわえて、この説にいう、国際法上確立した原則が存在する場合、「その範囲内で亡命権が憲法上保障されている」（強調著者）とは、いかなる意味をもつものなのかは必ずしも明らかでない。これが、法律に対する国際法の優位を説くにとどまる場合、別ないい方をすれば、国際法が98条2項を介して憲法の権威を援用しうると主張する場合はともかく、亡命権に関する国際法上の原則が確立していることを前提としつつ――その確立の確認自体も容易なものではない――、「国際法上の亡命権が憲法によって保障される」というのであれば、憲法は国際法上の亡命権を具体化するにすぎないものであること、別にいいかえれば、亡命権の内容を確定するのが国際法であるということにもなりかねない。しばしば、国家主権の制限様式として国際法が持ち出されるが、国際法それ自体、その内容を詳細にコントロールする、主権国家の意思に依存している点は指摘されてよい。

　さらに、国際慣習法上、政治犯罪人不引渡原則とノン・ルフルマン原則が認められるとすれば、日本国憲法上も亡命権の一部を保障したものと考えるという主張に対しても、上記の批判にくわえて、すでに確立したものとされる一個の国際慣習法をわざわざ亡命権に結び付ける必要性と必然性がはたしてあるのかも問われるところである。

　その他、解釈論としては、13条のいわゆる幸福追求権を根拠とすることも考えられなくはないが、同条のみに亡命権を根拠付ける見解は今のところみられない。

　いずれの説によるにせよ、日本国憲法の解釈として、亡命権を個人の主観的

権利として構成するには、クリアしなければならない問題が多く、立法的解決に委ねる消極的見解が支配的であることは首肯できる。先述したように、判例もまた現在まで亡命権それ自体を肯定したものは一つもないのである。

(E) 「恐怖から免れる権利」の射程

亡命権を国家の主権的権能の行使であると位置付けるとしても、法治主義を採用する日本国憲法が、これについて何らの制約もないいわゆる「国王特権」と捉えているとは考えにくい。その点で、保障の不明確・不確定な亡命権に直接言及せず、また、国際条約にも根拠を求めず、前文2項の「恐怖を免れる権利」から、法務大臣の裁量権の制約を導く説は、より現実的であるといえる。別ないい方をすると、「恐怖から免れる権利」＝「亡命権」の保障ではないものの、送還に対する保護も含めて入国に関する法務大臣の裁量権がこの規定を根拠に一定の制約を受けるとの立論は、本来的な亡命権保障が領土的庇護であることを考えれば、同じ効果を生み出す点で実を取る解釈でもある。しかも、亡命権が国際条約から生ずるものではなく、憲法をはじめとする国内法に依拠するとの理論的前提を崩していない。

ただし、恐怖から免れる権利といっても、あまりにも抽象的にすぎ、それだけで法務大臣の裁量権を制限できるほどに有効性をもちうるかの疑問は残る。欧州の諸憲法で言及され、また、ジュネーヴ条約でも取り上げられている迫害との相違、恐怖を惹起する主体の確定、恐怖の程度——主観的なものか、客観的要素を必要とするのか等——、この権利の享有主体等の具体的内容が確定されない限り——ただし、これらに照らして解釈するいかなる必要性・必然性がアプリオリに存在するわけではないが——、例えば、申請者の生死に関わる重大な危害発生という目前の緊急事態に対応して、人道的見地から、法務大臣の裁量権が収縮する場合があるというくらいに限定されてしまう可能性もなくはないであろう。

2 現行法制の理解と留意点

現在、わが国には、亡命申請者および難民資格申請者を含めた外国人の入国・在留に関する法律として、入管・難民認定法が存在する。

この法律は、1951（昭和26）年に制定された出入国管理令[29]がその原形とな

第 1 節　日本国憲法と亡命権　　437

っている。これは、いわゆる移民法ではなく、外国人の出入国に関する一般法である。本書で取り上げたフランスをはじめとする欧州諸国では、外国人の入国管理に関する法規は、大きな政治的論議の対象となり、改正も頻繁に行われてきたのに対して、わが国の場合は、政策的重要度も低く、また、国民的な議論にもならなかったことから、修正や改正があまり行われないのが常態化してきた[30]。

　この法律のなかには、亡命権それ自体を正面から規定したものは存在せず[31]、ジュネーヴ条約上の難民資格認定に一元化されたシステムが採用されている。一元的システム自体は、欧州における現在の傾向と同じものである[32]が、欧州では、濫用されうる難民認定手続から真正な難民を保護する意図が底流に流れていることは第Ⅰ章で指摘したとおりである。

　以上を踏まえ以下では、同法の解釈および制度運用の理解に関しとくに留意されるべき点をあげる。

(1)　審査請求権と暫定的在留権、および送還措置

　わが国では、亡命権に関する憲法をはじめとする国内法規定が存在しないこ

---

29)　出入国管理令は、いわゆるポツダム政令の一つとして、1951 年 10 月 4 日公布、同年 11 月 1
　　日に施行された（昭和 26 年政令 319 号）。

30)　出入国管理令から今日に至るまでの改正の中で、最も大きなものといえるのは、1981 年の
　　難民条約への加盟にともない、難民認定関連手続が同令に追加され、名称も「出入国管理及び
　　難民認定法」と法律化されたことである。

31)　例えば、1976 年 10 月 13 日の衆議院外務委員会において、政府委員は、「難民」と「亡命
　　者」について一義的な定義を行ったり、その間の区別を明確にすることは困難であるものの、
　　強いて異同をあげるとすれば、「難民」の概念は、滞在国における保護、待遇の面に着目して
　　とらえられるものと思われるのに対して、「亡命者」の概念は、迫害を理由として他国の庇護
　　を求めていることとの関連で、その国がその者の入国滞在を認め庇護を与えるか否かという観
　　点から捉えられるものと思われる、と述べている（山本達雄「難民条約と出入国管理」法律の
　　ひろば 34 巻 9 号（ぎょうせい、1981 年）18 ～ 19 頁）。また、日本が難民条約を採択する際、
　　英語の refugee という用語の訳として、「政治的信条を奉じる面を強調する『亡命』より、中
　　立的な『難民』を訳語として選んだ」とされる（読売新聞 1996 年 6 月 23 日朝刊）。ここには、
　　明らかに、両概念の法的性質の異同に着目しない混同と、政治的配慮をみてとることができる。

32)　これに関しては、第Ⅰ章総括参照。また、各国の取扱いをあげてみると、例えば、亡命権を
　　憲法上の権利としているスペインでも、1994 年 5 月 19 日の法律によって、亡命権をジュネー
　　ヴ条約上の権利に位置付けており、前法（1984 年 3 月 26 日法）によって創設されていた亡命
　　申請者とジュネーヴ条約上の難民認定申請者との区別を排除した。類似の展開は、イタリアで
　　もみられる。F. MODERNE, « Les aspects constitutionnels du droit d'asile: bénéficieres ou
　　titulaires de droits fondamentaux en France », AIJC, VII-1991, p.291 も、こうした立場に立っ
　　ている。

438　結章　日本国憲法と亡命権および家族生活の尊重の権利

ともあり（入管・難民認定法上の一時庇護は除く）、もっぱら、とくに入管・難民認定法の次元に限定した形で、難民認定申請が語られるにすぎない。

　難民認定制度が、法律の構造上も、実際の運用上も、入国管理制度の枠内に位置付けられている[33]　わが国においてはとくに、違法に入国して、国内で難民申請する外国人は、違法入国者として送還措置の対象となる危険性がきわめて高い。そのなかには、難民に該当しない者も少なからずいるであろうが、真正な難民も含まれている。申請が、手続の濫用的行使に該当したり、明らかに根拠を欠いているよう場合は別にして、申請の審査期間中は当然ながら、認定拒否の場合でも、法務大臣に対する異議の申立てに対して決定が下されるまでは、暫定的在留権を保障すること、別ないい方をすれば、異議申立てに、送還に対する停止効を与えることも法定されるのが制度の趣旨に沿ったものといいえよう。

　実際にも、法務大臣に異議の申立てがなされたときは、これまでも慣行上、送還措置が差し控えられていたようであるが[34]、2004年6月2日の入管・難民認定法の改正[35]により、新たに「仮滞在」許可制度が導入された（61条の2の4）。これは、難民申請があったときは、法務大臣は、除外事由に該当する場合を除き、申請者に本邦に仮に滞在することを許可するものである（同1項）。仮滞在期間中は、退去強制手続が停止される（同6第2項）。さらに、難民不認定処分に対する異議申立てを却下ないしは棄却する旨の決定があったときは、仮滞在期間の終期が到来したものとされ、法務大臣は、仮滞在を取り消すことができるとされている（同5項；同法61条の2の5）。これは、一般的には、異議申立てに対する決定が下されるまでは仮滞在が認められうるとの解釈を導くものといえる。

　この制度改正は、難民認定手続と退去強制手続とは別個のものであるとの従

---

33)　難民認定に限らず、「外国人に対する憲法の基本的人権の保障は、……外国人在留制度のわく内で与えられているものにすぎないと解するのが相当であ」る（前注21、マクリーン事件最高裁判決）と、外国人の人権保障は、入国管理制度の枠内へと矮小化されている。権利の保障よりも、国家の裁量が優先されるのである。

34)　難民問題研究フォーラム『日本の難民認定手続──改善への提言』（現代人文社、1996年）29頁。

35)　平成16年法律73号。難民認定制度の改定に関わる今回の改正は、ジュネーヴ条約への加盟にともなって、1982年に同法が制定されて以来初めてのものである。

来からの認識と運用によってきわめて不安定であった難民認定申請者の法的地位を明確化・安定化しようとするものである点は評価できる。ただし、不認定決定後の再申請を制限する規定がないことから、何度でも申請が繰り返され、便法として利用されることで、半恒久的な滞在を招来しかねない制度の欠陥も指摘できよう[36]。

　つぎに、審査を受ける権利に関して援用されることも多い「安全な出身国」および「安全な第三国」のリストの作成についてであるが、これには十分慎重であってよい。前者に関しては、ジュネーヴ条約自身が規定するところではあるが、集団的難民を前提とせず、迫害の個別性とそれに由来する審査の個別性に立脚する同条約の趣旨からするならば、リストを作成する場合でも、それの形式的・画一的な当てはめによるのではなく、個別的審査の可能性を残すことが求められよう。2004年の入管・難民認定法の改正で、難民認定を受けた者で、在留資格非取得者である者は、法務大臣への申請によって、原則として、在留資格——ただし、同法は、「難民」という在留資格を設定していない——を与えられるが（61条の2の2第1項）、除外事由の一つとして、「その者の生命、身体又は身体の自由が難民条約第1条A(2)に規定する理由によって害されるおそれのある領域から直接本邦に入ったものでないとき」（強調著者）があげられている。とすれば、いわゆる「安全な第三国」、たとえば難民に関するジュネーヴ条約の批准国をリスト化し、それを形式的・画一的に当てはめて、その国を経由して日本に間接的に来た者の難民申請を拒否することも考えられよう。しかし、こうした取扱いは、ジュネーヴ条約に違背するものである以上、この除外事由は、限定的に理解されなければならないことになる。さらにいえば、ジュネーヴ条約自身も、難民保護にとって万能なものでない現状をみれば、欧州でも採用されているいわゆる「補完的保護」ないしは「領土的庇護」の概念（(3)でふれる「一時庇護」はこれに相当するものであるといえる）を法定しその要件を具体的に明示することで、保護を系統化するのが、現実に即した対応策であろうと思われる。申請が多くなり、審査体制がパンクするような場合には、い

---

36)　仮に、在留資格がある間に難民認定が申請された場合には、「特定活動」という6か月有効の在留資格が新たに与えられ、申請の結果に対する異議申立てに対する決定が出るまで、更新され続ける。この決定までは、就労も認められる。したがって、留学等の在留資格で入国後、労働目的で難民申請を繰り返すことも考えられる。

わゆる「加速化された手続」の導入も視野に入ってくるが、これも定型的・固定的なものとしてではなく、通常の手続への移行や、（消極的）判断に対する救済措置を考えておくことが、より保護的な制度といえる。

　なお、わが国では、亡命申請者ないしは難民資格申請者が申請期間中に一時滞在できる施設や生活費用の支弁という財政的・物質的援助——フランスにおけるCADAのような施設やTATのような資金扶助——を、申請権に結び付けて議論するものは全くといっていいほど見受けられない。申請権の実質化を図るうえでは、政策的な次元にとどまらず、法的次元での議論が望まれる。

(2)　申請者情報の「秘匿性」の原理と独立した審査機関の設置

　第Ⅰ章第3節2(1)③(A)で検討したように、フランス憲法院は、申請者情報の秘匿性原理を亡命権の「本質的」[37]保障と位置付けている。亡命申請者の保護を担当する独立した行政機関であるOFPRA等の保持する申請者情報が、警察機関に提供され、または漏洩されては、いわばマッチポンプ的なものとなって、真正な亡命申請者の保護にはならないからである。

　翻ってわが国の状況をみてみると、入管・難民認定法の定める一時庇護（後述）および難民申請を担当する機関である難民認定室と、入国の管理・取締りを担当する他の部局はいずれも法務省入国管理局に置かれ（法務省組織令9条、51条〜56条、法務省組織規則17条）、組織的に分離されていないだけでなく、難民調査官は、入国審査官のなかから法務大臣によって指名される（入管・難民認定法2条12の2号）。これでは、申請者情報が、保護のためにではなく、取締りのために流用される危険性は否めない。難民資格認定申請権の実質的保障の観点からすれば、独立性の高い審査機関もしくは独立して職権を行う審査官の設置は当然の帰結であろう[38]。この点では、わが国とは裁判制度の違いはあるものの、申請者情報の秘匿性原理から、特別行政裁判所であるCRR（現CNDA）の公平性と独立性が亡命権の本質的保障であると、保障の射程を機関

37）「本質的（essentiel）」とは、単に重要であるという程度に置き換えられてはならない。それなしではその存在が考えられない要素として把握されなければならないのである。

38）アムネスティ・インターナショナルも、その調査報告書のなかで、独立した保護機関の設置の必要性を特に強調している。アムネスティ・インターナショナル『日本における難民の保護——国際的な義務を果たさない日本政府 日本政府に対する勧告』（日本評論社、1993年）38〜39、84〜85頁。他にも、難民問題研究フォーラム、前掲書、参照。

の組織原理まで及ぼそうとしたフランス憲法院の判決は、示唆に富むものといえよう。

　わが国では平成17（2005）年の法改正により「難民参与員」制度が導入された。この制度では、難民不認定処分等に不服がある外国人からの異議申立てに対する決定を行う場合、法務大臣は学識経験者からなる参与員（同法61条の2の10第2号）の意見を聴かなければならず、参与員は異議申立人等の意見陳述手続に立会い、審尋する権限を有する（同法61条の2の9第3〜6号）。ただし、参与員の意見には法的拘束力はなく、法務大臣は決定に当たってその意見を尊重するにすぎない。この点は、同参与員が決定権者である法務大臣の任命によるとされ（同法61条の2の10第2項）、独立して任命されていないこととあわせて、難民参与員制度が中立の第三者機関として独立した形で運営されていないことの証左とされる[39]。

　一次審査であれ二次審査であれ、審査制度を実効的なものとし、利害関係人の権利・利益に配慮し、（手続的）法治国家原理を尊重する観点からは、弁護人、補佐人、通訳等の申請に必要不可欠な人員の確保とそれらの者へのアクセス権の承認、さらには行政手続法の適用[40]ないしはその精神を尊重する制度運用も視野に入ってきてよいものと思われる[41]。

(3)　「一時庇護による上陸許可制度」（同法18条の2）の位置付け

　この制度は、1981年に日本がジュネーヴ条約に加入した際に設けられたものである。

---

39)　「自由権規約委員会第94回会議　ジュネーヴ2008年10月13日−31日　規約第40条に基づき契約国より提出された報告の審査　自由権委員会の最終見解」（2008年10月30日CCPR/C/JPN/CO/5）http://www.mofa.go.jp/mofaj/gaiko/kiyaku/pdfs/jiyu_kenkai.pdf。

40)　行政手続法は、外国人の出入国、難民の認定または帰化に関する処分および行政指導を適用除外としている（同法3条10号）。

41)　国際人権規約B規約14条3項(a)および(f)は、それぞれ刑事裁判における、被告人の理解可能な言語での罪状・理由の告知と無料で通訳を受けることを保障している。これは、規定通り刑事被告人を念頭に置いたものであるがゆえに（この点では、同項(f)の保障の無条件性・絶対性を理由に、刑の言渡しにおける訴訟費用の被告人負担を定める刑事訴訟法181条1項本文による被告人への通訳費用の負担を認めなかった東京高判平成5年2月3日〔法務省刑事局外国人関係事犯研究会編『外国人犯罪裁判例集』（法曹会、1994年）55頁〕は注目に値する）、直接には、この条項を難民資格認定申請者に妥当せしめることには困難さが避けられない。しかし、難民申請の特殊性と外国人への手続的法治国家理念の適用の観点からして、通訳等の扶助は制度化されてしかるべきものといえよう。

442 　結章　日本国憲法と亡命権および家族生活の尊重の権利

　周知のように、わが国への入国・在留を希望する外国人は、入管・難民認定法所定のいずれかの在留資格を保有していなければならないが、この原則の例外として、船舶や航空機の外国人乗員や外国人乗客に対し、一定の条件をみたす場合に査証等の提示を求めることなく、簡易な手続により一時的に上陸を認める「特例上陸」制度がある（同法14〜18条の2）。これには六種類のものが規定されている[42]が、その一つとして新たに制度化されたのが、一時庇護による上陸許可制度である。一時庇護による上陸申請は、他の種類のものと異なり[43]、申請者本人が請求する（同法18条の2、同法施行規則18条）。

　これは、本来ならば入国許可が付与されない外国人に対して、入国審査官が、「難民条約第1条A(2)に規定する理由その他これに準ずる理由により、その生命、身体又は身体の自由を害されるおそれのあつた領域から逃れて日本に入つた者」（同法18条の2第1項1号）で、「その者を一時的に上陸させることが相当である」（同項2号）と判断したときに付与されるものである。

　この制度は、入国審査官の判断により、簡易な手続で迅速に一時的な上陸・在留を認めることができるようにするもので、その本質は、領土的庇護の付与であると説明される[44]。

　1項1号中の「これに準ずる理由」とは、性別、年齢、出生、門地などのほか、戦争、内乱等に際しての個別的事情も該当するとされ、また、同項2項の「一時的に上陸させることが相当である」とは、人道的配慮からとりあえず本邦への上陸を認め、本国からの追及を断ち切り、あるいはその他何らかの保護を与えるのが相当であると思料されることをいうとされる[45]。

　一時庇護のための上陸許可制度は、人道的見地からなされる領土的庇護の付与という国家の主権的行為と位置付けることができ、付与の理由も、ジュネーヴ条約のものよりも広く、また、戦争や内乱の犠牲者も想定されている。この制度は、導入当時は、世界に例のないもので[46]、第Ⅰ章で検討したフランス

---

42)　同法の規定する特例上陸には、「一時庇護上陸」以外に、「寄港地上陸」（14条）、「通過上陸」（15条）、「乗員上陸」（16条）、「緊急上陸」（17条）、「遭難上陸」（18条）がある。

43)　一時庇護による上陸許可制度以外の特例上陸は、外国人が乗ってきた船舶の船長や飛行機の機長またはその船舶等を運航する運送業者が行う（同法14〜18条）。

44)　山本達雄、前掲論文、21頁。

45)　同上、21頁。

46)　同上、20頁。

第 1 節　日本国憲法と亡命権　　443

における領土的庇護ないしは補完的保護を先取りしたものともいえる[47]。ただし、留意すべき点が二つある。

　一つは、「その生命、身体又は身体の自由を害されるおそれ」という要件が、「迫害を受けるおそれがあるという十分に理由のある恐怖」というジュネーヴ条約の規定する要件と比較して、迫害概念の制限的解釈を導く可能性があるという点である[48]。

　他の一つは、入国審査官による上陸の「相当」性の判断基準の曖昧さである。「相当」とみなされない場合として、他国の船に拾われてきたが、すでにその国が受入れを約束していたり、第三国へそのまま行ける、またはその船で引き続き船員として使ってもらえることなどが指摘されている[49]。しかし、少なくとも、第三国で庇護を求めることが可能であるという理由を「相当でない」との判断に用いること——いわゆる「安全な第三国」概念の採用——は、一時庇護制度の目的を損なう要素が強く[50]、避けるべきであるといえよう。

　制度の死活を左右する運用およびその実績からみても、この入国許可制度によって、わが国に上陸を許可された者は、同条約への加入前の 1978 年の閣議決定で「特別枠」とされたインドシナ難民を除くと、1982 年から 1991 年までの 20 年間で計 28 人にすぎない。申請者数は、判明している 1990 年から 2001 年までで、31 人（その内 22 人が 1982 年に集中し、その後急激に減少している）で、この間許可された者は 2 人、許可率はわずかに 6％にすぎない。これをみる限り、この制度が死文化しているとの批判もあながち的外れではない[51]。

　憲法前文の「恐怖から免れる権利」から亡命権を直接引き出すことは、先にふれたように、解釈上クリアすべき問題が多いが、入管・難民認定法の「一時

---

　47)　ただし、あくまでも「一時的」なものであるがゆえに、上陸期間は 6 か月を超えてはならず、住居や移動の制限があるほか、報酬活動も禁止される（入管・難民認定法施行規則 18 条 5 項）。
　48)　川島慶雄「出入国管理及び難民認定法における一時庇護制度について」自由と正義 34 巻 1 号（日本弁護士連合会、1983 年）36 頁参照。
　49)　川島、前掲論文、37 頁注(6)による衆議院法務委員会議事録等の参照による。
　50)　同上、37 頁。
　51)　毎日新聞 2002 年 7 月 22 日朝刊。近年では、船で日本に漂着したいわゆる「脱北者」（朝鮮民主主義人民共和国〔北朝鮮〕の政治体制や生活環境から逃れるために同国を脱出した者）に対してこの制度を利用して一時上陸させた例がある（2007 年 4 人、2011 年 9 人）（読売新聞 2011 年 9 月 14 日夕刊）。これらの脱北者が、単に北朝鮮での生活環境に耐えかねて脱北した場合は、真正な意味での政治難民には該当しない。

444 結章 日本国憲法と亡命権および家族生活の尊重の権利

庇護による上陸許可制度」が、「恐怖から免れる権利」を立法上具体化するものと位置付けることには何らの障害はないはずである[52]。

なお、この制度の法定をもって、国家の自由裁量による入国拒否権が制約されていると解する見解もある[53]。

第2節 日本国憲法と家族生活の尊重の権利

外国人のこの権利を論ずる（2）にあたっては、まず日本国憲法が「家族」そして「家族生活の尊重の権利」をどのように位置付けしているのかを理解することから始めなければならない（1）。

1 日本国憲法における「家族」の理解

(1) 24条の制定過程

日本国憲法は唯一24条で「家族」に言及している[54]。しかし、その規定の仕方は、家族や家族生活の保護・尊重を主眼とするものではないといえそうである。

それは、同条の立憲過程をみても推測できる。すなわち、総司令部の第二次草案では、「婚姻と家庭とは、法の保護を受ける」という条項を置いていたが、こうした規定はむしろ憲法ではなく法律によって規定すべきであるとの指摘により、マッカーサー草案から削除された。憲法化を避けたこの行き方にこそ、戦後の欧州諸憲法との感度の差が感ぜられる。また、同条の原型を提供したマ

---

52) なお、本書の趣旨に沿った報告を仏語でまとめたものとして、Y. MIZUTORI, « Le droit d'asile et la Constitution », in *Le nouveau défi de la Constitution japonaise*, LGDJ, 2004, Paris, pp.251-268 もあわせて参照。

53) 辻村、前掲書、164頁。たしかにこの法定により、上陸を認めない行政処分を裁量権の濫用として裁判所により争える可能性があることから、入国拒否に関する自由裁量権の制限と捉えることはできよう。ただし、難民の保護に関するジュネーヴ条約の定める「ノン・ルフルマンの原則」が、入国拒否権の制約の根拠として持ち出されていることについては、第Ⅰ章第1節で検討したように、ジュネーヴ条約の定める「ノン・ルフルマンの原則」が、国家の領土主権を制限し、難民の受入れを義務付けるものではないという観点からの反論の余地はある。

54) 24条の成立の経緯と解釈をめぐる学説の整理に関しては、例えば、君塚正臣「日本国憲法二四条解釈の検証——或いは『「家族」の憲法学的研究』の一部として」関西大学法学論集52巻1号（2002年）1頁以下参照。

ッカーサー草案では、「家族ハ人類社会ノ基底ニシテ其ノ伝統ハ善カレ悪シカレ国民ニ滲透ス」（23条）と同条の冒頭で規定されていた[55] [56]が、政府の憲法改正草案要綱のなかでは、別段の法律的意味がないと判断されたことや、体裁上も日本流の法文形式になじまないという気持ちから加えられなかったとされる[57]。さらには、要綱を審議した衆議院の特別委員会小委員会で、「家族生活は保護される」と規定してはどうかという修正案が出されたが賛同を得るに至らず、また、同じく貴族院の特別委員会においても、「家族生活は、これを尊重する」という一節を加える修正案が提出されたがこれも否決された[58]。その結果、24条は、婚姻と家族とについて、双方に等しく重点を置いて規定するものから、漸次、主として「婚姻」について規定するものとなっていったのである[59]。

　こうした一連の経緯からして、1946年の立憲者の意思は、日本国憲法中に、第二次世界大戦後のフランス、ドイツあるいはイタリアの諸憲法が規定しているような国家による家族の保護条項を積極的に組み入れるものではなかったといえる。

(2)　儒教的・封建的家族から西洋近代型家族、そして現代型家族へ

　仏教や神道は、国家体制の維持のために、民衆支配の装置として国家によって組み込まれ利用された歴史がある。仏教は、江戸時代に幕府の庇護を受けな

---

55)　高柳賢三・大友一郎・田中英夫編『日本国憲法の制定過程　(2)』（有斐閣、1980年）169～170頁。

56)　これに続く部分は以下のとおりである。「婚姻ハ男女両性ノ法律上及社会上ノ争フ可カラサル平等ノ上ニ存シ両親ノ強要ノ代リニ相互ノ同意ノ上ニ基礎ツケラレ且男性支配ノ代ワリニ協力ニ依リ維持セラルヘシ此等ノ原則ニ反スル諸法律ハ廃止セラレ配偶ノ選択、財産権、相続、住所ノ選定、離婚並ニ婚姻及家族ニ関スル其ノ他ノ事項ヲ個人ノ威厳及両性ノ本質的平等ニ立脚スル他法律ヲ以テ之ニ代フヘシ」

57)　佐藤達夫著・佐藤功補訂『日本国憲法成立史　第3巻』（有斐閣、1994年）78頁。この条項の削除には、「家」制度廃止論者であった日本側の民法改正起草委員の強い圧力があったと指摘するものもある。八木秀二『反「人権」宣言』（筑摩書房、2001年）123頁以下参照。

58)　高柳ほか編、前掲書、169～170頁、佐藤達夫、前掲書、79頁、佐藤達夫著・佐藤功補訂『日本国憲法成立史　第4巻』（有斐閣、1994年）906～909頁。

59)　樋口陽一・佐藤幸治・中村睦男・浦部法穂著『注釈日本国憲法　上巻』（青林書院新社、1984年）560頁（中村執筆部分）。こうした規定のあり方が、旧「家」制度の否定という文脈のなかで、24条を平等権的に捉える通説の形成に影響を及ぼしていることは明らかなように思われる。しかし、通説も、「平等の中でも、あまりにも同条を男女平等の特則として特化して読み込んできたきらいが強かった」と評されるのである。君塚、前掲論文、28頁。

がら檀家制度を介して「家（イエ）」と結び付いたし、神道は、天皇家の宗教ないしは国家神道として神権天皇制を精神的・思想的に支えていた。こうした歴史的展開からして、明治期の日本においてキリスト教は、「家（イエ）」からの個人の解放のシンボル、あるいは社会の近代化をリードする宗教として受容されたし、戦後は「新生日本」「民主日本」の建設のためにふさわしい思想として歓迎された[60]のは当然であったともいえる。

① 24条の立ち位置とその解釈

24条は、戦前の日本に特有であったこの旧「家」制度[61]を否定する文脈で、西洋近代型家族を憲法上の公序として強制するものでもあった[62]。旧「家」制度を支えていた思想は、儒教的・封建的家族観である[63]のに対して、西洋近代型の家族観の基礎にはキリスト教がある。とすると、まずは、キリスト教的婚姻観、すなわち、生物学的に異なる二つの性による一夫一婦制が基礎的婚姻形態として想定されていたとはいえそうである。ただし、これはあくまでもほのめかしないしは示唆にすぎず、条文上も「両性」の合意による婚姻と明記されるにとどまっているのである[64]。

ところで、西洋近代型家族といった場合、その理解に関して留意しておかなければならない点がある。もしこれが、近代個人主義の主体であった家長による構成員の抑圧と保護とを想定する家族を意味するならば、とりわけ一般条項として「法の下の平等」を定め「性別」による不平等取扱いを禁じる14条に加えてさらに24条が「両性の本質的平等」に言及している意味を過小評価することにつながりかねないことになる。すなわち、24条は、「外」に対しての

---

60)　小野泰博ほか編『日本宗教事典』（弘文堂、1985年）549、547頁（鈴木範久執筆）。

61)　青山博士は、戦前の家族制度は、キリスト教以後の西欧の一夫一婦制家族ではなく、祖先教を原理とする家父長的大家族制度であり、婚姻家族（famille conjugale）たる近代家族ではないことは明らかであると指摘されている。青山道夫『現代の家族法』（岩波書店、1964年）192～199頁。個人の自由な人格性を中心とする近代民法の原理とは異質な精神のうえに旧「家族」制度を築いたのは、「天皇制絶対主義を基礎付ける巨大な支柱の役割」を担わせるためであった。したがって、国民主権の採用は、天皇制の下部構造として構想された家族制度を当然に廃止するものとなる。同書、197頁。

62)　樋口、前掲書、『憲法Ⅰ』、35～36頁、樋口、前掲書、『憲法と国家』、109頁。

63)　川島武宜「新憲法と家族制度──民法改正要綱を中心として」『川島武宜著作集　第十一巻　家族および家族法2』（岩波書店、1986年）2～36頁。

64)　戦後改変された民法も、重婚を禁ずる規定はあるが（732条）、婚姻それ自体を定義する規定はない。なお、刑法も重婚処罰の規定を有している（184条）。

平等のみを主眼とする家長個人主義と、「内」における男女の役割分業と性支配の構造から成り立っていたフランス革命期の家族を打ち破ることを意図したものであり、この点で、近代型家族をも超克した現代型家族を保障したものであると理解される必要がある[65][66]。

問題は、さらに「公序」の捉え方にも関わってくる。この意味するところが、異性婚・一夫一婦制という婚姻形態を唯一のものとする排他的なもの、すなわち、他の婚姻形態、例えば多重婚や同性婚を一切認めないものなのか、それとも基本的形態を示すにとどまり他の婚姻形態も許容する余地があるのかということである。

思うに、国家による積極的な家族保護条項の存在は、家族に対する国家の責務をもたらすにとどまらず、逆に、保護の名における家族への干渉をも正当化するに至る可能性も否定できない。日本国憲法がこうした条項を規定せず、また、憲法第3章の人権条項一般に妥当し、「個人の尊重」を宣言する13条に加えて再度24条が「個人の尊厳」という表現を用いているのは、旧「家」制度にみられたように、家族内部における個人の抑圧を禁ずるにとどまらず、国家が特定の家族形態のみを正当な理由なく保護したり差別することをあわせて禁ずる趣旨のものといえなくはない[67]。

比較法的にみても、婚姻に関して、「両性の平等」にとどまらず「個人の尊厳」までも規定する日本国憲法の行き方はまれである[68]ことからしても、そこにこそ24条の特別な法意を読み取らなければならないものと思われる[69]。家族は、それぞれの歴史と多様性とを基礎とする千差万別な個性を育むいわば

---

65) とくにこの点を強調されるのは、辻村教授である。法学セミナー583号（日本評論社、2003年）100頁。

66) 24条が西洋型近代家族形態を「公序」として規定するものであるとの立場をとられる樋口教授も、13条に加えて、24条が再度「個人の尊厳」を強調していることから、同条が、西洋型近代家族にとっての解体の要因を内在させていることを指摘されている。樋口、前掲書、『憲法I』、36頁、樋口、前掲書、『憲法と国家』、110頁。解体後の婚姻形態は、多種多様であろう。

67) 横田耕一「日本国憲法からみる家族」『法学セミナー増刊　これからの家族』（日本評論社、1985年）94頁、米沢広一『子ども・家族・憲法』（有斐閣、1992年）276頁。

68) 青山、前掲書、193頁。

69) 君塚教授は、24条を平等権的に捉える通説を批判して、24条に「個人の尊厳」との文言が「両性の本質的平等」と並んで記されていることにほとんど考慮してこなかったとされている。君塚、前掲論文、29頁。

448　結章　日本国憲法と亡命権および家族生活の尊重の権利

運命共同体ではあるが、個々の構成員を超越した価値を体現するものではなく、人権の主体たる個々の構成員の成熟の場として形成・維持されなければならない[70]。とすれば、家族の形成・維持の権利は、個人主義に依拠して理論付けられねばならず、このことは、13条にその権利の根拠を求めることに親和的であるといえる。学説の多くも、そのあり方も含め家族形成の権利を13条から引き出している[71]。いわゆる家族生活の「正常性」も、こうした個人主義を起点として判断されねばならない。

くわえて、公序は、社会の意識・価値感や倫理感情の変化等いわゆる時代の流れにより内容が規定されうるものである[72)73)74]。

とすると、憲法が明確に婚姻について定義をしていない以上、それは、「個人の尊厳」と「両性の本質的平等」の原理を尊重する方向性を踏まえ、いわゆる風俗——フランス憲法院の判決について語られる「社会のテーマないしは社会問題」に相当するものといえよう——の展開を考慮しつつ立法権が法律をもって確定することになろうと思われる。

この点で示唆的なのが、平成15（2003）年に制定されたいわゆる性同一性障害者特例法[75]に関する婚姻および家族形成に関する取扱いである。同法は、

---

70)　この場合でも、個々の構成員の単なる結合体にとどまると考えるのか、その結合体自身も「基本的人権」の主体とみるのかという違いが出てくる。後者の場合、さらに、対国家的な関係にとどまらず、家族内部における個々の構成員との関係で、どこまでその権利を認めるのかという問題も出てこよう。

71)　例えば、芦部信喜・高橋和之補訂『憲法　第5版』（岩波書店、2011年）(121) 頁、佐藤幸治『日本国憲法論』（成文堂、2011年）190～191頁、参照。

72)　最高裁も、例えば、平成19年3月8日の判決（民集61巻2号518頁、判例時報1967号86頁）で、遺族年金不支給処分の取消しを求めた訴訟で、「生活期間の長さなどに照らして反倫理性、反公益性が著しく低ければ受給権は認められる」との判断を示し、民法が禁じるおじとの近親婚関係にあった女性の請求を認めた。

73)　日本国憲法下でも、ホモセクシャルや一夫多妻家族も等価として、同等に尊重擁護されなければならないとの主張もある（横田、前掲論文、94頁）。こうした考え方によれば、多様な婚姻形態の「等価」・「同等」を主張する点で、「公序」を語る必要性と必然性はほとんど消え失せてくる。

74)　大正時代以降、形成されてきた民法の判例法理も、事実婚保護にあたって、重婚的関係と近親婚的関係については公序良俗の視点から問題があるとして保護の限界としてきたものの、1970年代以降、これらの関係についても、婚姻関係の形骸化（前者）や、反倫理性の低さ（後者）から、それを保護しようとしていると指摘される。二宮周平『家族と法——個人化と多様化の中で』（岩波書店、2007年）60～63頁参照。

75)　平成15法律111号。

第2節　日本国憲法と家族生活の尊重の権利　449

一定の条件のもとに、性の転換を裁判所が認め、転換後の性で戸籍も新たに創
設できることを規定している（同法4条）。この場合、生物学的な同性同士の婚
姻も可能であり、すでにそうした婚姻も行われ他者からの精子や卵子の提供に
よる出産も行われ、その間の子も嫡出子と認められている[76]。生物学的な異
性婚が排他的な公序として位置付けられるならば、特殊例外的な事例ではある
としても、こうした性転換者の婚姻は違憲ということにならざるをえないであ
ろうが、最高裁は、自然的な性別によらず、法律上の性別を前提に（あるいは
これにとどまり）、同法によって生じうる生物学的な同性の婚姻関係と血縁関係
で結び付きえない親子関係の存在を認めたものといえる。最高裁が、法的カテ
ゴリーとしての性別にとどまらず、さらに進んで生物学的なカテゴリーとして
の性別をも問題視せず、同性婚の容認にまで至るのかは、現時点では判断はつ
かない。ただし、これに積極的であろうとするならば、解釈上24条の「両性」
は、「性」というカテゴリー概念ではなく、「個」としての個別的概念を前提と
することになろう。

　ともあれ、24条が西洋近代型家族を想定しつつも、それ超克しうる現代型
家族をも保障していること、家族の定義や確定は、憲法の「個人の尊厳」と
「両性の本質的平等」の観点から、法律により確定されうるものであることを
考えるならば、24条の「婚姻」とは、異性婚・一夫一婦制を基礎とする西洋
型家族を基礎的婚姻形態として想定しつつも、これ以外の婚姻形態を完全に排
除していると考えることは、13条に加えて24条が再度「個人の尊厳」を規定
した意義を減じることになるし、13条を根拠とする家族形成に関する自己決
定権の尊重にも適合的でないともいえる。しかし、日本国憲法は、家族の個人
主義的「解消・解体」に至るところまで想定しているとはいえないであろう。
日本国憲法は、その個人主義的「形成・維持」にとどまっているものと考えら
れるからである[77]。他方で、他の婚姻形態と比較して、異性婚・一夫一婦制
が基礎的婚姻形態であることを理由に、より保護的な取扱いを行うことは、そ
れを正当化・合理化する積極的要素があれば許容されるところであろうと思わ

---

76)　最三小決平成25年12月10日民集67巻9号1847頁、判例時報2210号27頁。この事案は、
　　同法の適用により、男性への性別取扱いの変更の審判を受けた夫（生物学的には女性）の妻
　　（生物学的には女性）が婚姻中に懐胎した子は、妻との性的関係の結果もうけたものでありえ
　　なくても、夫の子と推定される（民法772条）と判断したものである。

450　結章　日本国憲法と亡命権および家族生活の尊重の権利

れる。これについても、原則として立法政策に委ねられる部分が多いといえる[78]。

②　日本国憲法における「家族」の範囲

つぎに、日本国憲法が想定する「家族」の範囲に関わる問題がある。これに関しても、家族の定義と同様に、立法府の裁量に委ねられる部分が多いといえる[79] [80]。

制憲過程における議論をみてみると、戦前の戸主中心主義の封建的な大家族制度を排し、「良キ意味ニ於ケル家族制度」を維持するのが、24条の趣旨であり[81]、「親子、夫婦、兄弟」の「安住ノ場所タルコノ家族」が維持されなければならないものと述べられ[82]、また、家族制度をどのようなものとすべきかについては、24条の規定の仕方は、夫婦の「同等」と「両性の本質的平等」、そして「個人の尊厳」の三つの標準を基礎として考えるべしというだけで、「家族制度ソレ自身ヲ如何ニスベキカト云フコトニ付キマシテハ、相当幅ノアル規定デアル」とされるにとどまり[83]、この件に関してこれ以上の論議は避けられている。こうした議論の消極性ないしは曖昧さは、いわゆる核家族を家族構造の基本とする西洋近代型家族の積極的受入れの忌避と、戸主中心の家族制度の積極的否定の回避を意味するものととれなくはない。憲法の建前は別にして、当時の議員の多くは、忠孝を根本思想とするタテ関係を主軸にした大家族の保護を本音としていたと推測されるのである[84]。しかし、日本国憲法自

---

77)　横田教授は、議論をさらに進めてつぎのように述べられている。「『家族』の多様化の趨勢を考慮すれば、多義的な『家族』保障として問題を把握するよりは、独立した諸個人のさまざまな連帯を保障し、それぞれの生活を保障する問題として考える方が妥当なように思われる。」（横田、前掲論文、94頁）。これが、家族の解体の論理であるならば、直ちには賛同し難いものである。

78)　初宿、前掲書、(288) 頁。

79)　米沢、前掲書、276頁。

80)　最高裁は、国籍法に関する判決（最大判平成20年6月4日集民228号101頁）で、家族生活や親子関係に関する意識や実態の変化に適合した規定の仕方を考慮すべきものとしたが、それは立法目的を達成するための合理的手段の選択において、常に社会環境等の情勢の変化を裁量のなかに取り込んでいくべきことを述べたものといえる。このことは、国籍法の領域に関わらず、それと密接な関連を有する家族法の領域においてもいえることである。

81)　憲法制定過程における貴族院での質疑における木村司法大臣の答弁参照。佐藤達夫、前掲書、『第4巻』、907～908頁。

82)　同上、908頁。

83)　貴族院での金森大臣の答弁参照。同上、907頁。

体は、先にみたように、夫婦と未婚（未成年）の子からなる核家族を「家族」として想定していることは明らかである。最高裁も、昭和48年4月4日の大法廷判決で、戦前の「家」の制度は、日本国憲法により廃止されたものであるとの認識を示すことによって[85]、間接的・逆説的にではあるが、核家族を家族の前提として想定しているといえよう[86]。

③ 「家族生活の尊重の権利」の法的性質

「家族生活の尊重の権利」については、その法的性質に関わる問題がある。つまり、この権利を、性質上、自由権と位置付けるか、社会権と位置付けるか、ないしは社会権的性質を併有するものとするかである。

この問題は、後でふれるように、外国人のこの権利について考える際に、いずれの権利として位置付けるかによって、保護の可否ないしは射程が異なる余地が出てくることにも通ずる。この点、人権保障体系の変質や個人の家族関係のおける選択の自由への国家の介入による歪みが生じる危険性の回避からすれば、この尊重の権利は、本質的に自由権として構成され、その法的根拠は、まずは13条のいわゆる幸福追求権に求められ、それが24条2項における「婚姻及び家族に関する」法律制定の際の「個人の尊厳」（と「両性の本質的平等」）の指針という形で表されているものと考えるのが妥当なように思われる[87]。憲法上積極的な家族保護規定を有するフランスにおいても、家族の社会的保護に関しては、とりわけ平等条項の守備範囲として、家族の保護規定に過剰な重荷を担わせない行き方がとられていることをみても、そこまで積極的な保護規定をもたない日本国憲法の理解において、これに社会権的性質を読み取ろうとすることは可能であるとしても、社会権そのものと位置付けることには、ためらいがある[88]。この点でたとえば社会権の一般的保障に関する憲法25条に読み込む行き方の妥当性も主張されるのである。

---

84)　横田、前掲論文、88〜89頁。

85)　刑集27巻3号265頁、判例時報697号3頁。

86)　ただし、ここでいう核家族は、法律婚（同性婚を含む）をした夫婦とその間の嫡出子（婚内子）だけによって構成されるものではなく、事実婚・内縁の夫婦とその間の非嫡出子（婚外子）や養子によって構成されるものも含まれる。

87)　米沢、前掲書、278〜280頁。

88)　ただし、社会権の一般的保障に関する憲法25条に読み込む行き方の妥当性が主張されることもある。同上、279頁。

452　　結章　日本国憲法と亡命権および家族生活の尊重の権利

2　外国人の家族生活の尊重の権利

　ここでは、こうした家族一般に対する日本国憲法の理解[89]を前提に、外国人の家族生活の尊重の権利の憲法上の位置付けと法の現状についてみていく（(1)）とともに、積極的な家族保護条項を有する国際条約の国内的適用も合わせて検討する（(2)）。最後に、この問題に関して残された問題を指摘する（(3)）。

(1)　憲法上の位置付けと法の現状

　判例・通説は、外国人の権利保障一般に関して、いわゆる「権利性質説」を採用している。最高裁判所は、外国人の政治活動の自由が争点とされたマクリーン事件判決のなかで、「憲法第三章の諸規定による基本的人権の保障は、権利の性質上日本国民のみをその対象としているものを除き、わが国に在留する外国人に対しても等しく及ぶべきであ」ると述べている。そこでつぎに問題となるのは、外国人の類型の相違に留意しつつ、いかなる人権がどの程度に外国人に保障されるのかを具体的に判断することである[90]。

　この点、家族生活（形成・維持）の尊重の権利は、本質的に13条に依拠する自由権として構成されるものと考えられるから、入国の自由に関わる制限を除いて、日本国民と同様に、外国人にも保障されるものといえよう。ただし、この場合でも、外国人ないしは外国人家族が、わが国を新たな家族生活の地として選択する自由、別ないい方をすれば移民や移住の権利を有するものでないことはいうまでもない。これは、入国の自由の一形態として、一般的には、国家の主権的権能の対象、すなわち、政策的自由裁量の対象となる領域と考えられる。

　したがって、家族生活の尊重の権利を享受しうる外国人は、すでにわが国で、合法的かつ安定的に居住しているか、居住することの期待される者に限定され

---

89)　とくに日本国憲法における「家族の保護」の解釈に関しては、すでに引用しているが、きわめて示唆に富む米沢教授の先行業績（前掲書）がある。同教授は、つぎの意味において、家族が憲法上保護されていると解釈されうると指摘されている。国家は家族の自律を尊重して家族内部の問題に不当に干渉してはならないという意味、家族の保護は正当な立法目的たりうるという意味、家族の形成・維持に関する自由（結婚、離婚、出産、堕胎、子どもの養教育の自由）を個人の権利として保障しているという意味、（限定的にではあるが）家族を保護する積極的責務を国家に課しているという意味、である。米沢、前掲書、274～280頁。本書は、最後の国家の積極的保護義務については、より限定的な立場をとっている。

90)　芦部、前掲書、『憲法　第5版』、90頁。

ることになろう。類型的にみた場合、一時的旅行者などは当然に排除されるが、正規の資格をもって長期にわたり日本で労働するような外国人（長期滞在外国人や長期留学生等）、すでに日本に生活の拠点を置き、永住資格を有している永住者・特別永住者、難民条約等の適用により日本に受け入れられた難民等は、この権利を享受するものと考えられる。

　家族生活の尊重の権利は、家族の一体的結合関係の形成と維持の観点から、家族呼寄せの権利（①）と送還措置から免れる権利（②）とをその中心的な要素とするといえるから[91]、以下これらをみていく。

①　家族呼寄せ権

　まず、前者の家族呼寄せ権に関してである。「安定的かつ正規に」居住している上記のカテゴリーに属する外国人はこの権利が保障されよう。それは、本国にとどまる家族構成員の日本国内への入国許可および在留資格の付与に関して、本来的に自由裁量の領域とされてきた法務大臣の裁量権を制限する方向で働く。別ないい方をすると、例えば、法務大臣が外国人労働者の受入れを許可する際には、当然ながら、その家族構成員の潜在的受入れを想定しておかなければならないということでもある。ここでいう家族構成員は、日本国憲法24条が公序として前提する家族を構成するものであるから、異性婚・一夫一婦制を基礎とするいわゆる核家族、すなわち、夫婦とその間の未成年の子が一応は想定されているといえる。しかもこの公序は、受入国であるわが国に通用するものであるから、多重婚の家族構成員の呼寄せは、排除されうる。ただし、本節1⑵①で検討したように、この形態の家族のみに保護の対象を限定することを意味せず、個々の家族構成員の発展と成熟を目指す観点や人道的観点あるいは、風俗や家族観の変遷等から、祖父母や孫、兄弟姉妹さらには事実婚やパートナーシップで結ばれるカップルのような拡張的な家族構成を法律上規定することも可能であろう。なお、現行の入管・難民認定法は、「家族滞在」という在留資格の対象者を「配偶者および子」[92]としている（同法別表第一の五）。

91）　なお、家族生活の尊重の権利に関わる家族の社会的保護ないしは物質的保障の権利については、在留の正規性と安定性を前提として認められるであろうが、家族の積極的保護規定を有さない日本国憲法では、国家の裁量的要素が強いといえよう。

92）　なお、ここでは、「扶養を受ける子」であることが条件とされているが、「未成年の子」とはとくに言及されていない。

454 結章 日本国憲法と亡命権および家族生活の尊重の権利

しかし、外国人の家族呼寄せの権利は絶対的なものではなく、法務大臣は、家族構成員がテロリストであるような場合など、国家主権の行使に連なる公の秩序の維持の観点から、当該家族構成員の入国・在留を拒否できることはいうまでもない。ただし、完全な自由裁量の領域に属するというのでは、外国人に関する（手続的）法治国家原理の適用が拡大される現代的傾向と家族呼寄せ権の保障化という観点からして好ましいものではない。例えば現在、入国拒否決定を含め、外国人の出入国に関する処分と行政指導には、行政手続法の適用はないが（同法3条1項10号）、少なくとも「配偶者および子」という核となる家族構成員の入国・在留に関する処分については、いわゆる適正手続四原則（告知・聴聞、文書閲覧、理由付記、処分基準の設定・公表）を促進する方向が望ましいように思われる。

② 送還を免れる権利

ここでは、送還措置が結合的家族生活の維持にとって均衡を欠く重大な侵害をもたらすものであるかどうかが、問われることとなる。この場合、送還の対象となる外国人は、わが国において相当な期間、家族としての共同生活の実体が存在していること、当該送還措置は、こうした家族生活の維持に不均衡な侵害をもたらしていることを主張することになる。したがって、偽装結婚のように、法定の要件は表面的に充足しているものの、婚姻の意思もなければ、家族生活の実態も存在しない場合には、もとより送還措置を阻止することはできない。逆に、事実婚の場合でも、例えば両者間に子がいて、実態的な家族生活が営まれている要素が存在する場合には、送還措置を回避することも可能となりえよう。ここでも送還措置に対する手続的保障が重要となってくることはいうまでもない。

日本の入管・難民認定法制は、外国人のわが国からの退去に関して、フランスでみられるような「OQTF（かつての国外退去）」と「国外追放」とを区別する制度を採用しておらず、したがって、在留期間の更新や変更を受けないで在留期間を経過した者（いわゆるオーバーステイ）も、日本国の利益や公安を害する行為を行った者も区別なく、退去が強制されうる（同法24条）。軽微な罪を犯すことによって送還の対象となり、家族離散がもたらされる例もある[93]。一体的結合的な家族生活の尊重の権利を保護する観点からすれば、家族離散を

引き起こす送還措置の執行の適法性の判断にあたって、家族生活の実態を個別的に十分に考慮したうえで、送還の原因となった違法行為の重大性と、送還がもたらす家族生活への侵害度とを比例的に勘案することが求められよう。

また、行政処分である送還措置の執行不停止により（行政事件訴訟法25条1項）、一度送還されると、送還以前の家族生活を回復する見込みがない場合が生じるため、仮の救済が必要となってくる。裁判所が執行停止を命ずるためには、「重大な損害」を避けるため「緊急の必要」がなければならない（同2項）が、この「重大な損害」の判断にあたっては、「損害の回復の困難の程度」が考慮され、損害の性質や程度、さらには処分の内容や性質も勘案される（同3項）。平成16（2004）年の行政事件訴訟法の改正以前は、執行停止を命ずるためには「回復困難な損害」が必要とされ（旧2項）、現在の3項の規定もなかった。この改正以前に、不法滞在を理由とするフィリピン人母子に対する退去強制令発布処分の適法性が争われたヨランダ・マリ事件[94]で、大阪地裁は、平成2年12月25日、同処分中の母子の送還部分の執行が、行政事件訴訟法25条2項（旧規定）にいう「回復困難な損害」を惹起し、執行を停止すべき緊急性があると判断する理由として、母子の日本における滞在の長期性と生活の安定性、子の教育への配慮、申立人である子が日本人である父親との面会が困難であることをあげている[95]。現行規定の「重大な損害」の要件は、「回復困難な損害」要件よりも厳格ではないといえること[96]からすれば、改正後の規定は家族生活の尊重にとってこれまで以上に寄与することになりうるはずである。

(2) 国際条約の適用可能性

入国に関する子どもの呼寄せと、入国後の親子の別離を伴う送還措置に関しては、国際人権規約や子どもの権利条約の適用も視野に入る。こうしたいわゆる国際人権法の国内的適用に関しては、条約と憲法そして法律との規範的効力

93）　ただし、いわゆる特別永住者には、平和条約国籍離脱者等入管特例法（いわゆる「入管特例法」）によって、より保護的な対応がなされている（9条）。

94）　判例タイムズ753号91頁。

95）　ただし、裁判所は、「家族生活の尊重」という表現もしていなければ、憲法13条や24条に根拠付けているわけではない。むしろ、あげられた中心的な理由をみてみると、家族生活の尊重というよりは、私生活の尊重や「子の優先的利益」の法理として理論構成することになじみやすいものであろうと思われる。

96）　山本和彦「行政事件訴訟法の改正について」ジュリスト1277号（2004年）40頁。

456 結章 日本国憲法と亡命権および家族生活の尊重の権利

の問題をはじめ[97)]、条約の受容体制[98)]、自動執行力（self-executing）の可否の判断基準等克服しなければならない問題も多い。日本の裁判所は、こうした国際条約の適用に消極的であるといわれる[99)]。条約を直接適用して事案を解決した判決がきわめて少ないこと[100)]もその証左であろう。とすれば、裁判所のこうした態度が改められない限り、より現実的な救済を求める観点からすれば、憲法をはじめとする国内法規範がすでに存在する場合には、まずはその適用を図るというのが、一般的にいって順当な行き方であり、それがない場合、条約の直接適用を考えるか、憲法の一般条項、例えば13条を介することで、間接的に適用することになろう[101)]。

　直接適用の場合、条項に自動執行力があるかどうかという問題を議論しなければならないのに対して、間接適用の場合はそうした問題は回避される。また、仮に国際人権規約を直接適用することを考えてみると、最高裁判所をはじめとする日本の裁判所が、国際人権規約委員会等の国際機関の判断や勧告を尊重し、事実上それに拘束されることにもなりうる。国内裁判所、とりわけ最高裁がそ

97) 条約に関しては、憲法より下位、法律より上位の規範的効力を有するとするのが現在の通説である。日本国憲法制定当時は、条約優位説が有力であったが、日米安保条約などを契機に1950年代後半には憲法優位説が主流・多数説となった。ただし近時、「確立された国際法規」ないしはそれを法文化した条約には憲法に対する優位を認める見解も登場している（前者として、樋口陽一『憲法　第3版』〔創文社、2007年〕100～101頁、後者として、佐藤幸治『日本国憲法論』〔成文堂、2011年〕89～90頁）。

98) わが国は、いわゆる「一般的受容体制」国である。したがって、条約は、その批准および公布によって、それ以上の措置を講ずることなく国内法としての地位を得る。

99) とりわけ最高裁判所は、上告理由が憲法違反に限られていることからも、人権規約等の取扱いに関しては消極的とならざるをえないところがあろう。それゆえに、法律以下の国内法規範の人権規約違反の主張を憲法違反に準じせしめ、「上告理由に該当するものとして取扱う」ことが主張されるのである。樋口、前掲書、『憲法I』、411頁。

100) 直接適用の代表例としては、指紋押捺拒否をめぐる国家賠償請求事件に関する1994年10月28日の大阪高等裁判所判決（大阪高判平成6年10月28日判例タイムス68号59頁、判例時報1513号71頁）があげられる。同高裁は、「同規約（国際人権規約B規約──著者）は、その内容に鑑みると、原則として自力執行的性格を有し、国内での直接適用が可能であると解されるから、B規約に抵触する国内法はその効力を否定されることになる」と述べている。

101) 間接適用の代表例としては、少数民族としてのアイヌ民族に国際人権規約B規約27条の「文化享有権」があるとした1997年3月27日の二風谷ダム事件札幌地判決（札幌地判平成9年3月27日判例時報1598号33頁）がある。この事件において同地裁は、同規約27条を、憲法98条2項の規定に照らして誠実に遵守する義務はあるとしたものの、直接適用せず、規約27条保障の観点から、支配的多数民族による少数民族の利益の尊重原理として憲法13条の読み直しを行い、「憲法十三条により、その属する少数民族たるアイヌ民族固有の文化を享有する権利を保障されている」と解した。

れをよしとしない傾向があることも考えれば、間接適用を図る後者の行き方の方がより現実的なものとなる（このことは当然ながら、裁判所が直接適用をしてはならないということを意味するものではない）。別ないい方をすれば、国際人権規約や子どもの権利条約などの国際人権法は、国内法規範が存在しない場合、ないしは国内法規範を超えてそれに上乗せ・幅出ししている場合に適用が考慮されうるということである。

こうした行き方からすれば、日本国憲法は、国籍を問わず、家族が形成・維持・発展されることを13条や24条で保障していると捉えるのが妥当であろうから、外国人に対しても、その在留の安定性と正規性ないしは合法性を条件として、家族呼寄せと送還措置に対する保護を憲法条文や原理から引き出したうえで、上乗せ・幅出しとして、たとえば、子どもの権利条約にいう「子の最善の利益」の配慮が、条約の間接的適用として求められることになろう。具体的にみた場合、日本政府は、1994年4月、子どもの権利条約の批准に際して、親との別離の条件に関する9条1項と家族再集を目的とする子および父母の出入国の権利に関する10条1項に解釈宣言[102]を行った。したがって、この宣言が撤回されない限り[103]、送還措置に対抗することはできない。しかし、子どもの家族生活の尊重に関する16条1項にはこうした宣言は付されていない。しかも、日本国憲法は、子の利益を図る積極的な家族保護規定を有していない。とすれば、子ないしは父母が送還措置に付されるときには、たとえば憲法13条を介し同条約16条1項を間接適用することによって、たとえ9条1項が適用されない場合でも、送還措置から家族を保護しうる可能性が残されているようにも思われる。

(3) 残された問題

違法在留する外国人が婚姻し、子をなし、わが国において家族生活を営むこ

---

102) 解釈宣言とは、採択された条約の特定の規定、文書または事項の適用について複数の解釈が許容されている場合に、自国の了解を示しまたはその中の一つの解釈に限り拘束されるとの意思を表示するための一方的な宣言をいう。この宣言は、自国の立場を明確化するだけのもので、採択された条文の文言の適用を変更したり排除するものではない。山本草二『国際法　新版』（有斐閣、1994年）（514）頁。

103) 日本政府は、解釈宣言を行って同条約を批准した後、第一回報告書を提出するにあたり、両条項の解釈宣言の見直しの可能性について検討したが、現時点では撤回の考えがないことを表明した。

とは当然に考えられる。たとえ違法在留者といえどもわが国の公序に反しない限り婚姻の自由は保障されるものであるし、子の誕生を阻止することはできない。違法在留者は、こうして日本でも家族生活を営むのである。

　ここでは、「婚姻」から「家族生活」へと至る一連の自然的かつ当然の展開過程のなかで、法的には、「違法在留」外国人の「婚姻の自由」と「正規在留」外国人の「家族生活の権利」が分断される事態が存在するのである。すなわち、通常、婚姻および子の出生によって在留が正規化されることはないがゆえに、違法在留外国人には、婚姻の自由は認められるが、家族生活の権利は認められないという矛盾にみちた状況が生じうるのである。

　違法在留を理由に、家族構成員が一体として、その生命・身体への脅威が生じないことを留保として、いまだ現実的な結び付きの残る国へと送還される場合は、結合的な家族生活への侵害度は極端に高いものとはいえないかもしれない。しかし、夫と妻、あるいは安定的な関係にあるパートナー、親と子が強制的に引き離され、国籍の違いから別個に現実的な結び付きのない国へと送還される事態も生じうる。家族離散をともなう送還措置は、公の秩序への脅威がどれ程存在するかとの現実的評価の問題も加わって、家族生活の尊重の権利や子の最善の利益を侵害する余地が相当に高いものといえよう。くわえて、子どもの権利条約にいう子の「最善の利益」が最大限にまで尊重される場合には、子を親から引き離す送還措置に付することはほぼ不可能なものとなるであろう。ここに至れば、国家の領土主権を論じる意味は相当に消え失せる。

　また、違法在留期間が長期にわたり、出身国との結び付きも途絶え、逆にわが国との社会的・経済的・文化的結び付きの方がはるかに強くなったような場合には、家族生活の尊重の権利だけでは論じきれない場面も想定され、そこでは当該外国人の「私生活」の尊重の権利の侵害という観点から、送還を免れる権利を捉えなければならない場面も出てこよう。

総　括

　日本国憲法は、第二次世界大戦後制定された憲法であり、同じく戦後に制定された欧州諸国の憲法とともに、現代立憲主義的憲法に位置付けられる。しか

し、日本国憲法には、欧州の主要諸国の憲法の人権保障を特徴の一つといえる
亡命権の保障と家族の積極的保護に関する規定は存在しない。日本国憲法にお
ける人権宣言である第3章は、「アメリカ・フランス両革命の人権宣言の嫡流
に属する」[104]とまで称されながら、彼我にはこうした相違が存在するのであ
る。

　それはいかなる原因によるものなのであろうか。

　さまざまな理由があげられようが、その一つとして、新憲法の誕生にあたっ
て、それを生み出すきわめて重要な要因の一つであった第二次世界大戦と敗戦
を文明史的にどのように総括し、そこから新憲法に何を組み入れる必要がある
のかという立憲者の意思、そしてそれを展開する立法者の意思に相当の違いが
あったことは否めないように思われる[105]。その前提的意識として、日本が移
民国家であるとの自覚が薄いこともあるように感じられる[106]。

　亡命権についていえば、権利の享有主体が外国人、そのなかでも一部の者に
限定されることから、国民と国家の契約としての憲法の対象として意識されに
くいのは事実である。しかし、ファシズムやナチズムに抗してレジスタンス運
動を展開した経験や、逆に、迫害の主体となったことに対する贖罪と反省は、
欧州各国によるこの権利の憲法化にとって重要な要素だったのである。第Ⅰ章
で取り上げたフランスをみても、第二次世界大戦中、ド・ゴール将軍は、イギ
リスのロンドンに亡命政権を樹立していたし、戦後の立憲議会においても、亡
命権を憲法中に規定することは、党派の違いを越えて当然なことと認識、共有
されていたのである。

　同様に、家族を積極的に保護しようとする憲法の規定についても、戦争によ
る一家離散と家族の崩壊を前に、国家としてその保護をどう図っていかなけれ
ばならないのかという意思が問われたのである。この憲法規定は、第二次世界
大戦後のフランスにおいて外国人労働者を国内雇用市場に取り込み、社会への

---

104)　宮沢俊義『憲法Ⅱ　新版』（有斐閣、1971年）193頁。
105)　当然ながらその背景として、「移民が20世紀の政治的伝統の歴史を理解するための最初の重
　　要な要因であるフランス」（G. Noiriel, « Immigration et traditions politiques », *Pouvoirs*, n°
　　42, 1987, p.83）とは異なる政治文化を有してきたことはあげられる。
106)　宮島教授は、日本が自らを「移民国」だと考えるべきことを出発点として、必要な施策を考
　　えるべきことを強調する。宮島喬「日本の移民政策の盲点と課題」クロード・レヴィ゠アルヴ
　　ァレス他、前掲書、169頁。

統合を図るためには、その家族の統合もまた必要不可欠なものであるとの認識が共有され、法的保護を外国人家族に及ぼしていく際の終局的な拠り所となったことは第Ⅱ章でみたとおりである。

亡命権と家族生活の尊重の権利はまた、戦後、難民保護に関するジュネーヴ条約と欧州人権条約によって、各国の憲法の枠組みを超えた共通した保護の必要性を示すものとし認識されてきたことは本書を通じて明確にしてきたところである。

第二次世界大戦の文明史的総括として、フランスそして欧州では、1946年憲法前文4項とジュネーヴ条約が、1946年憲法前文10項と欧州人権条約8条が、それぞれ亡命申請者（難民）と家族に関して、国内外での対応法文として位置し、国外法文が国内法文へと浸透する形で、対象者の権利の保護が図られてきたといっても過言ではないと思われる。

日本国憲法には、こうした条項は存在しない。しかし、条項の不存在をもってすべてを消極的ないしは否定的な理解を正当化する免罪符とすることは、日本国憲法の体現する普遍主義的原理を形骸化しうる余地がある。

それは、政策的にみても好ましいものではないであろう。現在の日本の入国管理政策は、移民を認めない前提で作られている。しかし、今後の少子高齢社会のなかで、世界的規模で展開するブレイン・ドレイン（頭脳流出）競争に対応し、質の高い労働力の継続的・安定的確保を図るためには、外国人労働者のみならずその家族の受入れと日本社会への統合の促進が不可欠なものとなる[107]。

こうした展開は、政策次元に閉じ込められることなく、権利の領域においても、外国人の家族生活の尊重の権利に正面から取り組む必要性が出てくること、より大きく捉えれば、外国人／外国人法を、「管理の対象（客体）」／「治安（警察）の体系」から「権利の主体」／「法の体系」へと転換する必要性のあることを、フランスおよび欧州の経験は物語っている。

この点で、カントが『永遠平和のために』のなかで、永遠平和のための第三

---

107) 5年ごとに策定される法務省の「第4次出入国管理基本計画」（平成22〔2010〕年3月策定、http://www.immi-moj.go.jp/seisaku/keikaku_101006_honbun.pdf）は、本格的人口減少社会の到来という基本認識をもとに、日本社会の活力の維持と持続的発展を図るため、高度人材の積極的な受入れを施策の第一に掲げているが、「移民」受入政策への根本的政策転換がないために、受け入れられた外国人の配偶者や家族に関する関心はそれほど高くはない。

確定条項——世界市民法は、普遍的な友好[108]をもたらす諸条件に制限されなければならない——として、次のように述べたことは、本書で取り上げた問題を考えるにあたって理念的な示唆に富むものである。

「問題とされているのは人間愛ではなく、権利であって、友好（よい待遇）と言っても、それは外国人が他国の土地に足をふみ入れても、それだけの理由でその国の人間から敵意をもって扱われることはない、という権利である。……この権利は、地球の表面を共同に所有する権利に基づいて、たがいに交際を申し出ることができるといった、すべての人に属している権利である。」[109]

外国人の亡命権や家族生活の尊重の権利は、絶対的なものではない。しかし、人間存在の偶然性、そして戦後憲法の有する文明史的な意義を考えるとき、それは決して無視されて然るべきものではない。

---

108) フランス語では、« hospitalité » である。
109) カント著、宇都宮芳明訳『永久平和のために』（岩波書店、2012 年）49 頁。

索 引

ア 行

明らかに根拠を欠く（manifestement infondée）	85
明らかに根拠を欠く申請	147, 234
アズナール議定書	147
アムステルダム条約	40, 147
アラン、D.	251
アレテ（arrêté）	5, 37
アンジャンクション（injonction）	56
安全な受入第三国	208
安全な国	149
「安全な国」のリスト	199
安全な出身国	169, 174, 227
安全な出身国リスト	177
安全な第三国（pays tiers sûr）	147, 174, 227, 235, 439
家（イエ）	446
域内庇護（asile interne）	169, 198
異議申立て（recours gracieux）	52
一時在留許可証	100
一時待機手当（allocation temporaire d'attente: ATA）	212, 217, 261
一時庇護	427, 441
一時保護（protection temporaire）	100
「――」指令	51
一般意思（主権）	348
一般的受容体制	456
一般利益（intérêt général）	25, 343, 405
→ 公益	
一夫一婦制（monogamie）	378
一夫多妻家族	409
移動待機ゾーン	118
移動の権利	351
移動労働者	298
意図的欺罔	185, 186
意図的詐術（欺罔）行為（fraude délibérée）	230
違法在留	458
移民者	3
移民ゼロ（immigration zéro）	86, 299

移民第二世代	373
移民担当省の設置と移民の統制、統合および亡命に関する 2007 年 11 月 20 日の法律 → オルトフ法	
移民、統合および国籍に関する 2011 年 6 月 16 日の法律 → ベソン法	
移民・統合・国民的アイデンティティ・相互発展大臣	180
移民と統合に関する 2006 年 7 月 24 日の法律 → 第二サルコジ法	
移民に関する 2003 年 11 月 26 日の法律 → 第一サルコジ法	
移民法（droit de l'immigration）	6, 70
医療検査証明書	402
インドシナ難民	443
ヴィシー政府	66
ヴェイユ、P.	78, 91
受入証明書（attestation d'accueil）	92, 99
「受入」指令	151, 212, 335
受入第三国（pays tiers d'accueil）	147
受入・統合契約（contrat d'accueil et d'intégration）	106
ヴデル、G.	134, 273
永住許可証（carte de résident permanent）	112
越権訴訟	167, 403
遠隔法廷（audience à distance）	185, 187, 203
黄金の 30 年（Trente glorieuses）	72
欧州共通亡命制度（régime d'asile européen commun: RAEC）	148, 150
欧州社会憲章（Charte sociale européenne）	46, 336
欧州諸国	142
欧州人権裁判所（CEDH）	60
――による 2007年4月26日の Gebremedhin 判決 → Gebremedhin 判決	
欧州人権条約	336
欧州政治犯罪人引渡し協定	45
欧州選挙権	28
欧州評議会（Conseil de l'Europe）	143
欧州連合基本権憲章	42, 43, 150, 332

欧州連合司法裁判所 59
欧州連合市民 4
欧州連合市民権（citoyenneté de l'Union européenne） 4
欧州連合条約 4
欧州連合の法的行為 59
欧州市民権（citoyenneté européenne） 27
往来の自由 18
オーバーステイ 454
公の秩序 362, 392, 398, 404, 405
　　等への重大な脅威 229
　　に対する重大な脅威（menace grave pour l'ordre public） 248
オルドナンス 2, 65
オルトフ法 111, 179, 237

カ 行

会計検査院（Cour des Comptes） 171
外交的庇護 125, 127
外国人・移民受入機構（Agence de l'accueil des étrangers et des migrations〔ANAEM〕） 102
外国人学生 400
外国人家族 310
外国人在留委員会（Commission du séjour des étrangers） 90
外国人治安 111
外国人の「婚姻の自由」 317
外国人の裁判官 20
外国人の入国・在留および亡命権に関する法典（Code de l'entrée et du séjour des étrangers et du droit d'asile: CESEDA） 1, 35, 105, 302, 327
外国人法（droit des étrangers） 6, 7, 63
外国人の憲法上の地位 11
解釈宣言 457
解釈留保 19
階層的申立て（recours hiérarchiques） 52
核家族（famille nucléaire） 311
家族（famille） 297, 444
　　　一体性（unité familiale / unité de la famille） 328
　　　一体性の原理 387
　　移民 176, 340
　　関係の現実性 412

　　生活の尊重の権利 30
　　生活の期間 411
　　生活の現実性（effectivité） 308
　　生活の「正常性」 316
　　生活の尊重の権利 312, 451
　　滞在 453
　　単位の一体性 367
　　の一体性の原理（principe d'unité de la famille） 52, 218, 384, 410
　　のための受入・統合契約（contrat d'accueil et d'intégration pour la famille） 112
　　の呼寄せ（regroupement familial） vi
　　保護規定 451
　　呼寄せ 302, 396
　　呼寄せ権（家族再集権〔droit au regroupement familial〕） 352, 370, 381, 453
　「　呼寄せ」指令 332
「家長」個人主義 417
活動限定性の原則 16
仮滞在 438
仮の亡命権 191
慣習国際法 51
完全裁判訴訟裁判所 56
カント 461
帰化 71
ギグ、E. 91
ギグ法 90
帰国保証（garanties de son rapatriement） 99
偽装結婚 102, 319, 320
偽装旅行者（faux touristes） 73
基本的自由 205, 210
義務的意見 269
義務的諮問 269
急速審理 209
行政警察 19, 21
　　的措置 120
強制結婚（mariage forcé） 102
行政控訴院（cour administrative d'appel） 53
行政訴訟（recours contentieux） 53
行政判例の「受入─適応（réception-adaptation）」 204
行政不服申立て（recours administratifs） 52
行政留置 97
共同決定手続 148
嚮導主義（dirigisme） 72

索引 465

共同体化 133
共同体規則 n° 1612/68 349
恐怖から免れる権利 428, 436
共和国行政斡旋官（メディアトゥール、
　Médiateur de la République） 57
共和国の諸価値（valeurs de la République） 397
共和国の諸法律（lois de la République） 377
――によって認められた基本的諸原理
　（PFRLR） 12, 315, 378
共和主義的統合（intégration républicaine） 106,
　179, 328, 397
居住協定 38
居住権（droit d'établissement） 329
居住指定（assignation à résidence） 249
国別フィルター（filtre national） 200
クレソン、É. 85
クレソン通達 259
継続的判例解釈（interprétation
　jurisprudentielle constante） 202
月額最低賃金（salaire minimum de
　croissance mensuel: SMIC） 85, 93, 400
決議 147
血統主義（jus sanguinis/ droit de sang） 70
現状維持条項（clause de standstill） 352
現代型家族 445
憲法改正 266
憲法上の亡命権（asile constitutionnel） 138
憲法的価値の原理 188
憲法的価値の目的 12
憲法適合性（constitutionnalité） 33
憲法ブロック 11, 12
権利性質説 13, 452
権利擁護官（Défenseur des droits） 56
公益（intérêt public） →　一般利益 25, 374
効果的救済 182
――手段 239
――（訴願）の権利 238
合憲性の優先問題（Question prioritaire de
　constitutionnalité: QPC） 15
公財政の負担（crédit public） 70
公衆衛生の保護 392
公序 447
公然猥褻行為 415
拘束的意見（avis conforme） 174
公的自由（libertés publiques） 14, 34

強盗・殺人 415
幸福追求権 435
合法性（légalité） 393
公務就任権 29
拷問 156
国王特権（droit régalien） 63
国外退去 248
国外追放 248
国際衛生規則 402
国際慣習法 430
国際協調主義 434
国際人権規約 49, 337
――B 規約 361
国際ゾーン 232
国際的取極め 140, 141
国際法の一般原則 51
国際労働機関（OIT） 50
国籍 1, 70
――の剥奪（déchéance de nationalité） 2, 95
――法 94
国内における亡命申請 221
国民国家（État-nation） v
国民戦線（Front national: FN） 77
国連難民高等弁務官事務所 76
個人的自由 17, 318
――の守護者 17, 98, 371
個人の尊厳 451
個人申立て（recours individuel）制度 344
国家庇護権裁判所（Cour nationale du droit
　d'asile: CNDA） 56, 115, 181, 184, 263
国境における亡命申請 221, 231
子どもの権利条約 338, 362
子の最善の利益 457
コラボ（collaborateur） 127
コルシカ人民 10
婚姻 299
――家族（famille légitime） 300
――の自由 318
――の世俗化 417
――の多様化 418
コンセイユ・デタ 53
――への破毀申立て 263

サ 行

最小限のコントロール（限定的コントロール）

394

再審査請求 264

最善の利益（intérêt supérieur） 298, 364, 389, 458

再入国（réadmission） 86, 226

——禁止（Interdiction de retour sur le territoire français: IRTF） 119

——手続 249

裁判権の分離 232

裁判のよき運営（bonne administration de la justice） 192

「——」の原則 121

裁判を受ける権利（droit au juge） 22

在留許可証 69, 80

在留資格委員会（Commission du titre de séjour） 93

在留資格の交付・更新拒否 406

在留特別許可（admission exceptionnelle au séjour） 113

暫定的在留権 226, 242, 437

「資格」指令 152, 335

シェンゲン協定（Accord de Schengen） 143

シェンゲン協定施行条約（Convention d'application de l'Accord Schengen） 2, 143, 144

シェンゲン情報システム（Système d'Information Schengen: SIS） 229

シェンゲン条約 268

死刑 156

事実婚 308

ジスカール・デスタン、V.（大統領） 72, 73

私生活の権利 24, 373

私生活の尊重の権利 312, 458

視聴覚遠距離通信手段（télécommunication audiovisuelle） 98, 114, 185, 187, 203

私的および家族的生活 321

自動執行力（self-executing） 456

司法警察 19

司法裁判所の排他的関与 371

司法扶助（裁判援助、aide juridictionnelle） 185, 186, 203

市民権 8

指紋検索リスト（fichier informatisé des empreintes digitales） 194

社会的・社会医療的施設（établissements sociaux et médico-sociaux） 178

社会的父親（père social） 325

社会的な法の一般原理（principes généraux du droit en matière sociale） 390

社会的保護 392, 399, 407

——の権利 25, 390

社会のテーマ／社会問題（sujets de société/ questions de société） 302

社会保障基金協定 39

釈放と拘禁の裁判官（juge des libertés et de la détention: JLD） 17

シュヴェヌマン、J-P. 91

シュヴェヌマン法 90, 162, 196

宗教的庇護 125

重大な損害 455

重大な徴憑（状況証拠、indices sérieux） 102

自由のための急速審理 54, 205, 209, 243

自由のための行動 130

自由の闘士 138, 165, 166, 207

就労権 85

主観的権利 134

儒教的・封建的家族 445

宿泊証明書（certificat d'hébergement） 79

主権的権能 132

主権的行為（acte de souveraineté） 133

出国義務（obligation de quitter le territoire français: OQTF） 108, 244, 389

出身国における家族関係の欠如 412

出生地主義（jus soli/ droit du sol） 70

出入国管理及び難民認定法 426

出入国管理令 436

ジュヌヴワ、B. 190

ジュネーヴ条約 144

——上の「難民」 125, 128

消極的義務 394

承認（法） 190

情報カード 101

情報データの秘匿性（confidentialité des éléments d'informations） 194

条約上の亡命権（難民資格の認定に結び付けられた亡命権）（asile conventionnel） 143

条約適合性（conventionalité） 33

職業移民 176

所属民 3

シラク、J. 73

索 引　467

人格的自由（liberté personnelle）　19, 318
人権委員会　58
人権および基本的自由の保護のための条約
　（欧州人権条約）　44
審査請求権　437
審査を受ける権利　250
申請却下者（débouté）　76
申請者情報の秘匿性の保障　257
「真正な」亡命権　191
正規在留許可証（carte de résident）　80
政教分離　→　ライシテ
政治犯罪人引渡し　247
政治犯罪人不引渡し原則（principe de non-
　extradition）　247, 429, 433, 434
正常性　381, 448
正常な家族生活の権利（droit de la vie
　familiale normale）　325
正常な家族生活を営む権利（droit de mener
　une vie familiale normale）　23, 325
性転換者　323
性同一性障害（trouble de l'identité sexuelle）　323
　──特例法　448
正統性（légitimité）　393
西洋近代型家族　445
世界人権宣言　46
積極的義務（obligations positives）　307, 394
絶対的緊急性　249
切迫的必要性　249
選挙権および被選挙権（droit de vote et
　d'éligibilité）　27
全国移民局（Office national d'immigration:
　ONI）　67
選別的移民　95, 105
相違への権利（droit à la différence）　78
送還措置の執行不停止　455
送還を免れる権利　389
相互主義（réciprocité）　93, 142, 337
争訟的見解請求（demande d'avis contentieux）
　186, 187
属人的地位　420
属人的身分（statut personnel）　10
祖国解放　66

タ　行

第一サルコジ法（SARKOZY 1）　96, 375

第一回保革共存政権（コアビタシオン
　〔cohabitation〕）　81
待機ゾーン（zone d'attente）　82, 240
第三共和制　64
第三国出身外国人　4
第三の柱（troisième pilier）　146
対審制　252
　──原理（principe du contradictoire）　251
第二共和制憲法　417
第二サルコジ法（SARKOZY 2）　105, 176
第二世代の移民（immigrés de la deuxième
　génération）　3
多重婚（polygamie）　303, 313
　──家族　316
ダブリン条約　144
ダブリンⅡ　224
　──規則　148
多文化主義　423
単一手続（procédure unique）　154
男女同権　421
タンペレ（Tempere）首脳会議　7
地方行政裁判所（tribunal administratif）　53
「長期在留者」指令　334
追従的移民　95, 105
追跡者リスト（Fichiers des personnes
　recherchées: FPR）　229
通信の秘匿性（confidentialité de la
　communication）　98, 185
通達　37
通訳依頼権　256
停止的訴訟制度　114
適正手続四原則　454
適法性コントロール　54
デクレ（décret）　5, 37
デクレ-ロワ（décret-loi）　65
「手続」指令　153
手続的法治国家原理　294, 441
デュアメル、O.　273
デュヴェルジェ、M.　275
テュルパン、D.　78, 135, 189
テロ行為　415
ドヴィルパン法　168
ドゥヴィリエ、M.　250
統合（intégration）　v, 297
同性婚　305, 324

道徳律（ordre moral）	419	バダンテール、R.	284
特定多数決制	148	歯止め効果	194
特例上陸	442	バラデュール、E.（首相）	266, 282
ド・ゴール将軍	67, 339, 459	犯罪人引渡し協定	39
特恵的外国人	4	庇護（亡命）（asile）→　亡命	129
ドブレ、J-L.	87	庇護権（亡命権）→　亡命権	291
ドブレ法	87	非婚家族（婚外家族〔famille naturelle〕）	300
トランジット・ゾーン（zone de transit）	82, 188	非婚カップル	335
取消訴訟（越権訴訟）	53	非宗教性（laïcité）	43
取締検査（contrôle）	226	非重複性（non-duplication）	267

ナ　行

非人道的もしくは品位を欠く刑罰または取扱い

			156
内縁（concubinage）	310	必要性（nécessité）	393
——関係	308	避難（refuge）	127
内部的保護（protection interne）	104	避難民（personnes déplacées）	149
ナポレオン民法典	417	評価の明白な過誤	405
難民参与員	441	平等原則	158
難民資格	166	平等原理	12
難民訴願委員会（CRR）	84, 104	比例性コントロール	54, 395, 406
難民調査官	440	ファヴォル、L.	189, 268, 271, 418
難民に適用される法の一般原則	48, 386	ファビウス、L.	83
難民認定室	440	ファビウス通達	259
難民の刑事免責の原則	48	夫婦財産制（régimes matrimoniaux）	302
難民の地位に関するジュネーヴ条約	47	付託理由書（exposé des motifs）	280
二重処罰	96	普通法（droit commun）	5
二重の出生地主義（double jus soli）	71	——上の裁判的保護	21
日本国憲法	425	——上の民事的身分（statut civil de droit	
入国管理局	440	commun）	314
入国禁止措置（Interdiction de retour sure		物質的受入条件	217
le territoire français: IRTF）	389	物質的条件	212
入国禁止措置（Interdiction du territoire		物質的保障の権利	390
français: ITF）	94	部分的家族呼寄せ	340, 400
入国審査官	440	不変的な法典化（codification à droit	
入国ビザ	405	constant）	105
ニューヨーク議定書	47	フランス移民・統合局（Office français de	
任意的諮問	269	l'Immigration et de l'intégration: OFII）	255
人間の尊厳性の原理	22	フランス市民	9
ノン・ルフルマン（non-refoulement）の原則		フランス難民・無国籍保護局（OFPRA）	84, 104
	48, 130, 224, 429	フランス流統合概念	422
		ブレイエ、T.	270, 272

ハ　行

		ブレイン・ドレイン（頭脳流出）	460
パートナーシップ	333	ベソン法	117, 184
配偶者および子	453	弁護人・弁護士依頼権	256
迫害主体	104	防御権（droit de la défense）	20
パスクワ、C.	86	傍系家族	350

索引　469

法定違法在留者（irréguliers légaux）　90
法の一般原理　211, 328, 338, 342
亡命　→　庇護（亡命）
──権（droit d'asile）→　庇護権　vi, 30, 83
──権に関する2003年12月10日の法
　律（ドヴィルパン法）　103
──権のヤヌス性　131
──ショッピング　124
──申請者受入施設（Centre d'accueil
　pour demandeurs d'asile: CADA）　178, 260
──申請の単一的取扱いの原則（非重複
　性の原則）　225
──地（terre d'asile）　32, 72
法律事項　34
法律の抵触（準拠法）　304
法律の要接近性　176
法律の要理解性　176
法律の留保（réserve de loi）　233
暴力行為（voie de fait）　54
保革共存政権　77
補完的保護（protection subsidiaire）　103, 155,
　439
ボネ法　74

マ　行

マーストリヒト条約　4, 145
マクリーン事件判決　430, 452
マゾ、P.　116
マッカーサー草案　431, 444
窓口一本化（guichet unique）　172
麻薬売買　415
マンデート（sous mandat）難民　163
ミッテラン、F.　77
身分証書（acte de l'état civil）　113
身分証明検査　18
民事契約　417
無国籍者の地位に関する条約（Convention
　relative au statut des apatrides）　48
命令事項　34
モス、D.　268
モデルヌ、F.　135, 189, 292
モンターニュ派憲法　126

ヤ　行

優先的審査手続（procédure prioritaire

d'examen）　198
ユダヤ・キリスト教的婚姻観　419
尹秀吉事件　429
四つの抗弁事由　224
ヨランダ・マリ事件　455

ラ　行

ライシテ（laïcité〔政教分離〕）　420
ラベル、H.　357, 382, 414
濫用的訴願（recours abusif）　230
利害関係人の「属人的地位（statut
　personnel）」　316
リシェール、L.　135
リスボン条約　41
リバウンド効果（effet par ricochet）　61
留置施設（centre de rétention）　89
留置「施設（centre）」　197
留置施設および留置場のコントロールに関
　する全国委員会（commission nationale
　de contrôle des centres et locaux de
　rétention）　98
リュシェール、F.　272
両院合同会議　282, 283
領土的庇護　130, 155, 162, 166, 433, 439
類型化論　13
ルソー、D.　196, 269, 285
ルペン、J-M.　77
レイプ　415
連帯民事契約（Pacte civil de solidarité）　305
労働許可　101
ローマ条約　7, 40
ロシャク、D.　290
ロベール、J.　190
ロンドン決議　146, 208

A・B・C…

ADN（DNA）テスト　112, 113, 379
ATA　→　一時待機手当
CADA　→　亡命申請者受入施設
CEE創設条約　→　ローマ条約
CEDH　→　欧州人権裁判所
CESEDA　→　外国人の入国・在留および
　亡命権に関する法律
CJUE　→　欧州連合司法裁判所
CNDA　→　国家庇護権裁判所

CRR → 難民訴願委員会

DNA テスト → ADN（DNA）テスト

FPR → 追跡者リスト

Gebremedhin 判決　181, 238

GISTI（Groupe d'information et de soutien des travailleurs immigrés）　342

HCR → 国連難民高等弁務官事務所

OFPRA → フランス難民・無国籍保護局

OQTF → 出国義務

PFRLR → 基本的諸原理

Rogers 判決　234

SIS → シェンゲン情報システム

SMIC → 月額最低賃金

UE 基本権憲章 → 欧州連合基本権憲章

UE 市民 → 欧州連合市民

UE 市民権 → 欧州連合市民権

UE 条約 → 欧州連合条約

1・2・3…

1793 年のモンターニュ派憲法 → モンターニュ派憲法

1927 年 3 月 10 日法律　64

1940 年 7 月 10 日の憲法律　417

1945 年 10 月 19 日のオルドナンス　70

1945 年 11 月 2 日のオルドナンス　68, 160

1946 年憲法
　── 前文 4 項　138
　── 前文 10 項　326

1951 年のジュネーヴ条約 → ジュネーヴ条約

1952 年 7 月 25 日の法律　161

1958 年憲法 53 条ノ 1　140

1966 年の国際人権規約 → 国際人権規約

1977 年の移動労働者の法的地位に関する欧州協定　336

1980 年 1 月 10 日法律 → ボネ法

1985 年 5 月 17 日の首相通達　83

1990 年の子どもの権利条約 → 子どもの権利条約

1993 年 8 月 24 日および 12 月 30 日のパスクワ法 → パスクワ法

1996 年 12 月 18 日の *Rogers* 判決 → *Rogers* 判決

1997 年 4 月 24 日のドブレ法 → ドブレ法

1998 年 3 月 16 日のギグ法 → ギグ法

1998 年 5 月 11 日のシュヴェヌマン法 → シュヴェヌマン法

2001 年 7 月 20 日の指令 → 「一時保護」指令

2003 年 1 月 27 日の指令 → 「受入」指令

2003 年 9 月 22 日の家族呼寄せに関する指令 → 「家族呼寄せ」指令

2003 年 11 月 25 日の「長期在留者の地位に関する指令」 → 「長期在留者」指令

2003 年 12 月 10 日の法律 → ドヴィルパン法

2004 年 4 月 29 日の指令 → 「資格」指令

2005 年 12 月 1 日の指令 → 「手続」指令

2006 年 7 月 24 日の法律 → 第二サルコジ法

2007 年 11 月 20 日の法律 → オルトフ法

2011 年 6 月 11 日の法律 → ベソン法

2011 年 12 月 13 日の指令（2011 年「改訂」指令）　152, 335

2013 年 6 月 26 日の指令（2013 年「改訂」指令）　153

著者紹介

水鳥　能伸 （みずとり・よしのぶ）

略歴
1983 年　立命館大学法学部卒業
1993 年　パンテオン−アサス　パリ第2大学　第3課程　大学上級免状「憲法」取得
1995 年　広島大大学院社会科学研究科博士課程後期（法律学専攻）単位取得満期退学
2006 年　博士（法学）　広島大学
　　　　　安田女子大学を経て、2006 年4月より大阪府立大学大学院経済学研究科教授
2014 年　リヨン第2大学招聘教授

主要業績
　« Liberté universitaire : un concept dépassé ? », *in* Rencontre franco-japonaise autour des transferts de concepts juridiques, sous la direction de P. BRUNET, K. HASEGAWA et H. YAMAMOTO, mare & martin, 2014.
　『リーガル・マインド入門』（共著、有信堂、2013 年）
　« Les frontières constitutionnelles et juridiques du droit au respect de la vie familiale des étrangers au Japon », *in* 『法・制度・権利の今日的変容』（上野妙実子編、中央大学出版部、2013 年）
　『謎解き　日本国憲法』（共著、有信堂、2010 年）
　『判例で学ぶ日本国憲法』（共著、有信堂、2010 年）
　『国際人権法概論』（共著、有信堂、1997 年、第4版 2006 年）
　« Constitution japonaise et le droit d'asile : quelle consécration ? », *in* Le nouveau défi de la Constitution japonaise, L.G.D.J., 2004.
　« Les mécanismes de la révision constitutionnelle au Japon », *in* La constitution et le temps, sous la coordination d'Alexandre VIALA, L'Hermès, 2003.
　『これでわかる！？　憲法』（共著、有信堂、1998 年、第2版 2001 年）

亡命と家族──戦後フランスにおける外国人法の展開

2015 年3月31日　　初　版　第1刷発行　　　　　　　　　　　　　　　〔検印省略〕

著　者ⓒ水鳥能伸／カバーデザイン　廣島はるみ
発行者　髙橋明義　　　　　　　　　　　　　　　印刷・製本　中央精版印刷

東京都文京区本郷 1-8-1　振替 00160-8-141750　　　　　発 行 所
〒113-0033　TEL（03）3813-4511　　　　　　　株式　有信堂高文社
　　　　　　FAX（03）3813-4514　　　　　　　　会社
　http://www.yushindo.co.jp/
　　ISBN 978-4-8420-1075-5　　　　　　　　　　　　　Printed in Japan

亡命と家族——戦後フランスにおける外国人法の展開　水鳥能伸著　一〇〇〇〇円

リーガル・マインド入門　西村裕三編　二〇〇〇円

謎解き 日本国憲法　阪本昌成編　二二〇〇円

判例で学ぶ日本国憲法　西村裕三編　二三〇〇円

公共空間における裁判権　日仏公法セミナー編　五八〇〇円

国際人権法概論〔第四版〕　水上千行編　三四〇〇円

立憲主義——過去と未来の間　阪本昌成編　七〇〇〇円

リベラリズム／デモクラシー〔第二版〕　阪本昌成著　二〇〇〇円

給付行政の理論　村上武則著　近刊

憲法と人権条約　建石真公子著　九〇〇〇円

分権国家の憲法理論　大津浩著　七〇〇〇円

フランス憲法と現代立憲主義の挑戦　辻村みよ子著　七〇〇〇円

外国人の退去強制と合衆国憲法　新井信之著　七〇〇〇円

アメリカ連邦議会と裁判官規律制度の展開　土屋孝次著　四六〇〇円

憲法の「現在」——いまなぜ日本国憲法か　杉原泰雄著　三〇〇〇円

世界の憲法集〔第四版〕　阿部照哉編　畑博行編　三五〇〇円

★表示価格は本体価格（税別）

有信堂刊